玲珑轮胎国际化发展战略

三十多年的厚积薄发，始终如一地秉承科技兴企的理念，玲珑轮胎依托 3700 万套的年产能力，超过 3000 个规格的优秀产品，涵盖了几乎所有的市场需求，多年入围世界轮胎 20 强，中国轮胎前 5 强。近年推进的研发国际化、品牌国际化、营销国际化、制造国际化的战略发展规划，标志着玲珑正稳步向着具有世界一流竞争力的国际大企业行列迈进。

研发国际化

公司同时拥有国家认定企业技术中心与博士后科研工作站，在国内同行业率先建设了噪声实验室和具备独立检测滚阻能力且获得欧盟认可的低滚动阻力实验室，每年超过企业销售收入 5% 额度的科研投入，斥巨资购进动态印痕实验机、滚动阻力试验机、LMS 系统等世界领先试验检测设备 500 多台套，为产品质量检测、新产品研发及性能提高提供了强有力的硬件保障。公司现已承担国家 863 计划、火炬计划等多项技术攻关课题，主持和参与制定及修改了 60 项国家及行业标准。自主研发的高新技术产品 GREEN-Max UHP 轮胎在 2011 年夏季芬兰轮胎世界评测中与两大世界一线品牌并驾齐驱，成为历次测试中表现较好的中国轮胎；″低断面抗湿滑低噪音超高性能轿车子午线轮胎″荣获 2010 年度″国家科技进步二等奖″，中国轮胎产品率先获此殊荣；进入 21 世纪，玲珑又率先倡导低碳、绿色先行，致力于环保节能轮胎的研发与推广，截至 2013 年 6 月底，公司通过美国 SmartWay 认证的产品数量总数位居世界前列，成功应对欧盟标签法，个别产品达到 A 级、部分达到B级、大多数处于C级。招远、北京和北美研发中心的同时运作，一流的设备设施，与世界同步的科研创新理念，标志着玲珑研发国际化步伐有力稳定。

品牌国际化

抓管理、重改善、提质量的同时，玲珑始终坚持品牌形象建设。成功签约携手中国女排，独家组建国内首支女子专业赛车队，培养出国际象棋棋后侯逸凡，多年连续赞助支持澳超冠军布里斯班狮吼足球俱乐部等系列活动，大幅提升了企业知名度和影响力，带动玲珑品牌价值连年攀升，2013 年以 143.72 亿元再次稳居国内同行业前列，向国际化优势品牌再迈一步。常年设立玲珑轮胎助学基金，捐建希望小学，开展″爱在玲珑、金秋助学″活动，帮助困难学生圆梦大学等行动，凝聚了玲珑人关注社会公益事业的大爱情怀，更体现了玲珑品牌高度的社会责任感和使命感。

营销国际化

稳定可靠的产品质量，成熟健全的质量管控体系，赢得了全球消费者的认可。合理布局，国内国际市场共同健康发展。国内实施“千店工程”，建立健全 2000 多个零售网络，成功配套 50 多家主机厂，国外着力铺展辐射全球的国际大网络建设，产品畅销 180 多个国家和地区，通过多家全球前十大汽车厂商的质量管理体系资格评审，现已成功进入通用、福特、印度塔塔、俄罗斯雷诺日产、菲亚特、巴西现代等全球汽车供应商的配套体系。营销国际化战略已在稳步进行中。

制造国际化

精益求精的科学管理，敏锐准确的行业发展预测，完善的营销服务和适应的产品支持，直接带动玲珑市场份额的良性提升，走出本土，扩张产能势在必行。公司先后在山东德州、泰国和广西柳州设立子公司，利用成熟的信息化技术平台，网络共享，充分整合当地地理资源优势，降低物流成本，优化产品结构，有效解决产销矛盾。2012 年 11 月，泰国公司高性能子午线轮胎项目奠基并将于 2013 年底投产，开启了公司制造国际化跨越式发展的新纪元。

放眼未来，玲珑轮胎必将走向世界，再创辉煌。

安全舒适 绿色节能
CVA
玲珑轮胎
中国国家女子排球队赞助商
中国轮胎前5强
世界轮胎20强
中国企业500强
销售收入201亿元
海外销售收入近10亿美元
3000多个规格品种
年产能3700万套

天津鹏翎胶管股份有限公司

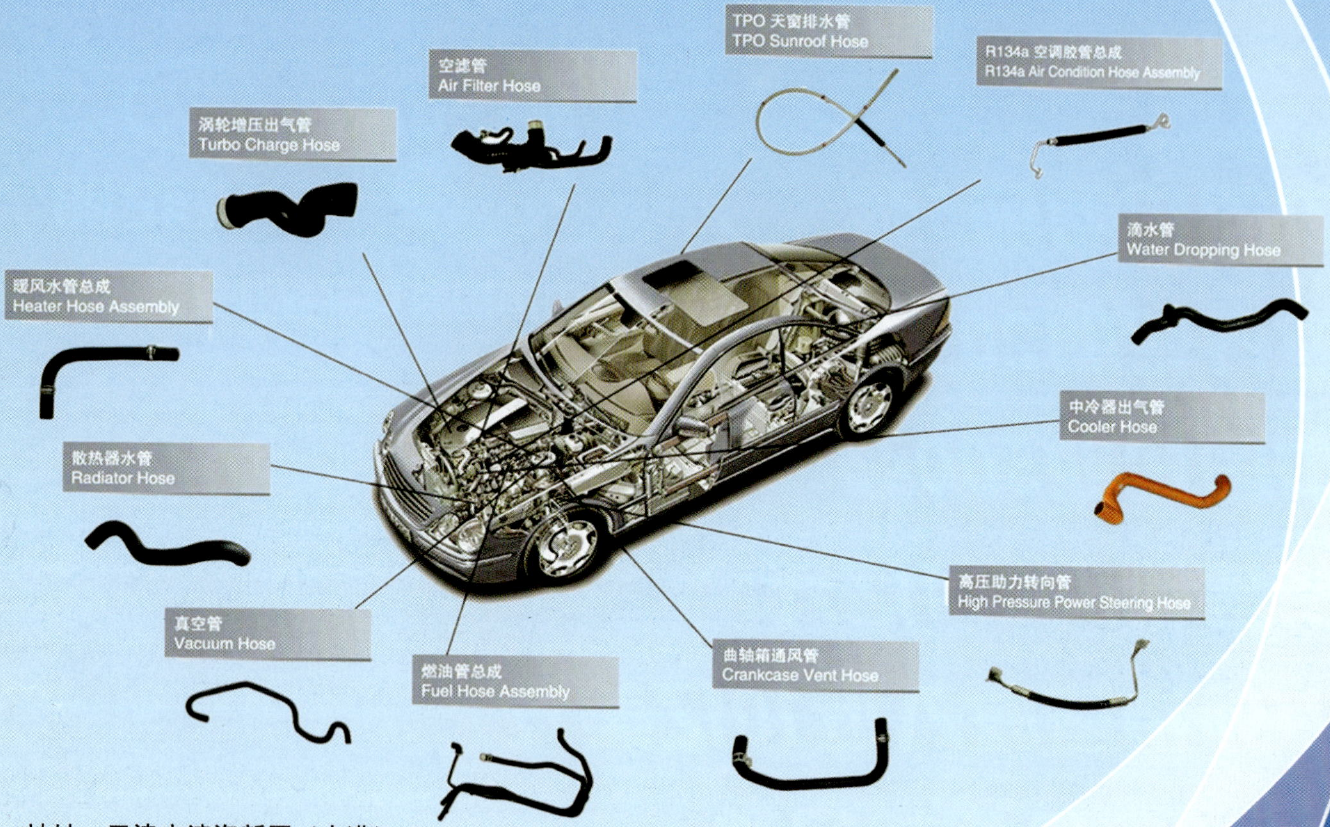

地址：天津市滨海新区（大港）
葛万公路1703号
邮编：300270
电话：022-6326 9287
传真：022-6326 9741
网址：www.pengling.cn
电子邮箱：office@pengling.cn

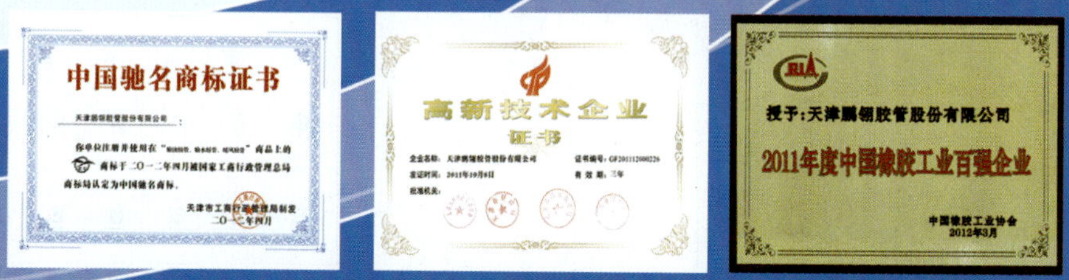

天津鹏翎胶管股份有限公司成立于1988年，经过二十四年的不断发展壮大，已成长为国内规模较大、科技水平较高的专业汽车管路制造企业之一，国家高新技术企业，全国胶管十强单位，“鹏翎”商标被认定为 “中国驰名商标”。2012年，公司应中国橡胶工业协会胶管胶带分会邀请，参加《非轮胎橡胶制品标准汇编》编制工作，参与胶管行业标准的制定。

公司现有总资产6.8亿元，员工1300余人，设有成都、合肥子公司及华苑分公司。公司建有天津市级企业技术中心、国家认可实验室，并先后通过了ISO/TS16949质量管理体系认证、ISO14001环境管理体系认证及GB/T28001职业健康安全管理体系认证。

目前，公司已形成冷却管路系统、燃油管路系统、空调管路系统、助力转向管路系统、涡轮增压管路系统、天窗排水管路系统及模压制品共七大系列，为国内外40多家优秀汽车厂的配套供应商，如德国大众、意大利菲亚特、一汽大众、上海大众、日本日产、丰田公司、北京现代、东风集团、江淮集团等，产品综合市场占有率达30%。

天津市大港胶管有限公司

TIANJIN DAGANG RUBBER HOSE CO.,LTD.

公司简介

天津市大港胶管有限公司于1983年8月14日注册，注册地点为天津市滨海新区（大港）中塘镇中塘村，注册资金2000.2万元，占地面积10万平方米，拥有员工600人，固定资产1.5亿元，2009年销售额2.5亿元，2010年销售额为3亿元，产量为6000万件套。

主要产品情况

公司拥有先进的生产设备和检测设备，集科研、开发、生产于一体，“津港”牌胶管是国内较早替代汽车进口中、低压橡胶软管的知名品牌，公司规模、产品性能及质量保证能力在同行业中居于领先地位，目前已经为北京奔驰-戴姆勒•克莱斯勒汽车有限公司、天津一汽丰田汽车有限公司、长安福特马自达汽车有限公司等国内近百家大型汽车、发动机主机厂配套，主要产品为THV燃油管（达到欧Ⅳ标准，实现零排放）、EFEP燃油管（达到欧Ⅳ标准，实现零排放）、电喷油管、散热器水管、曲轴箱通风软管组件、动力转向软管、发动机通气用胶管、耐高温油管、加注油软管、真空软管、真空助力软管、燃油蒸发软管、硅橡胶软管等2000多个品种，产品各项性能指标均达到美国、德国、日本等发达国家标准。

公司始终坚持“以技术为动力，以创新求发展”，设立技术开发中心专门负责产品的开发、研制，目前中心拥有本科以上学历的专业技术人员46人，使用国际上先进的C3P、CATIA、UG、PRO-E、CAD等工程设计软件作为设计开发平台，开发周期最长为15天；同时公司积极为技术人员提供专业化的学习空间，定期安排经验丰富的高级工程师针对产品开发整个流程进行全面的培训，以便技术人员在工作中不断地充实自己。

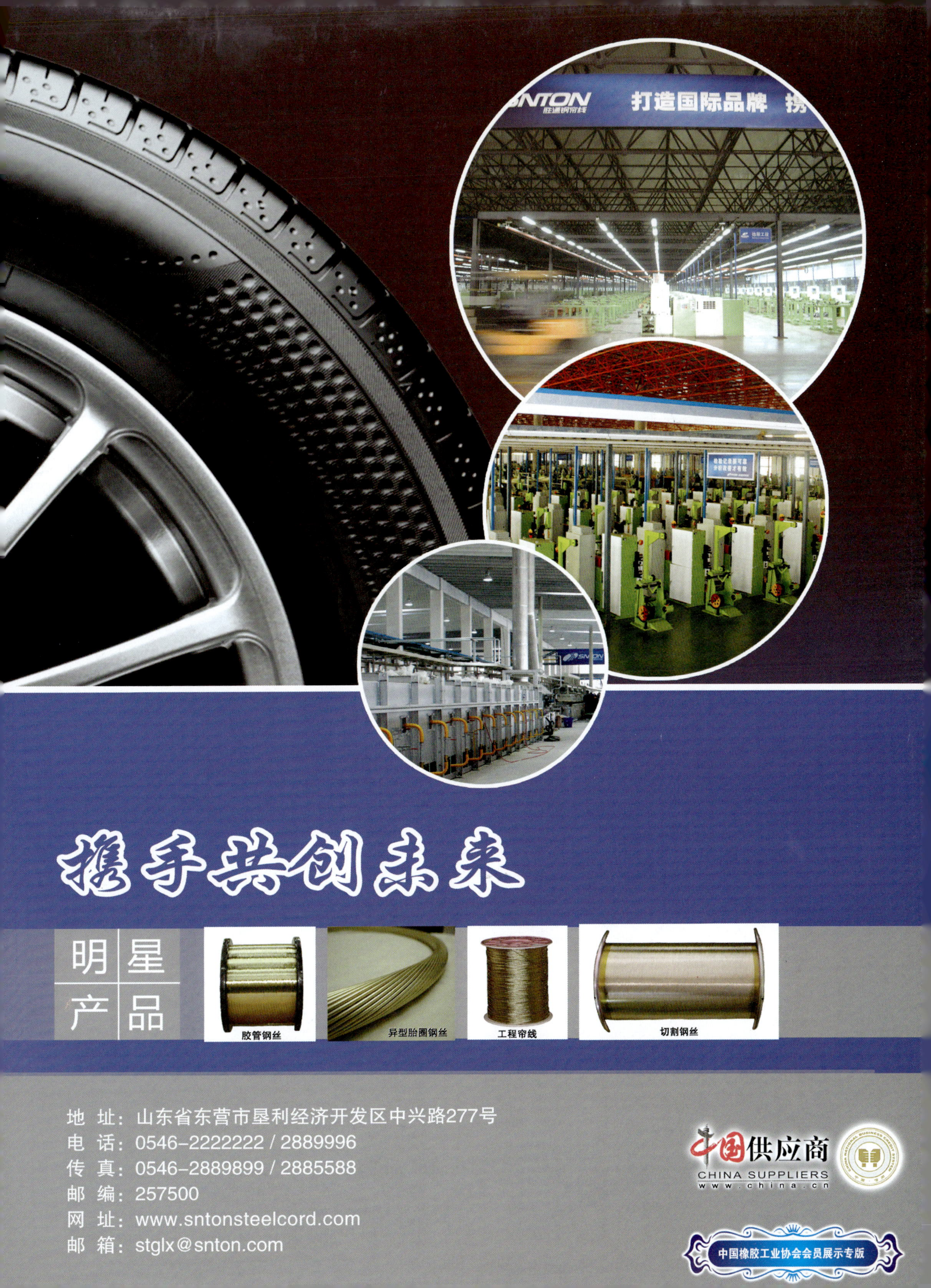
SNTON
胜通钢帘线
打造国际品牌
携手共创未来
明星产品
胶管钢丝
异型胎圈钢丝
工程帘线
切割钢丝
地 址：山东省东营市垦利经济开发区中兴路277号
电 话：0546-2222222 / 2889996
传 真：0546-2889899 / 2885588
邮 编：257500
网 址：www.sntonsteelcord.com
邮 箱：stglx@snton.com
中国供应商
CHINA SUPPLIERS
www.china.cn
中国橡胶工业协会会员展示专版

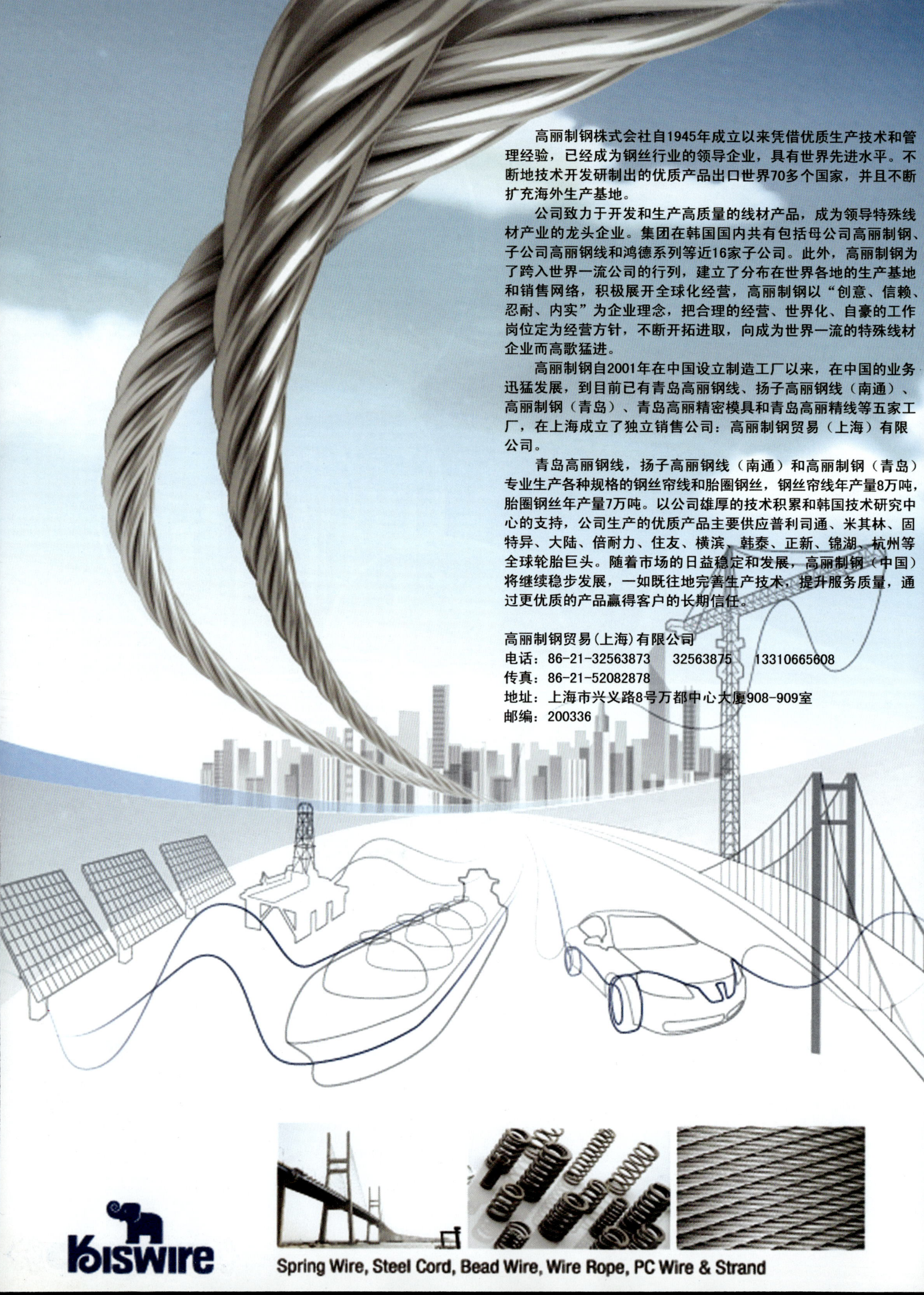
高丽制钢株式会社自1945年成立以来凭借优质生产技术和管理经验，已经成为钢丝行业的领导企业，具有世界先进水平。不断地技术开发研制出的优质产品出口世界70多个国家，并且不断扩充海外生产基地。
公司致力于开发和生产高质量的线材产品，成为领导特殊线材产业的龙头企业。集团在韩国国内共有包括母公司高丽制钢、子公司高丽钢线和鸿德系列等近16家子公司。此外，高丽制钢为了跨入世界一流公司的行列，建立了分布在世界各地的生产基地和销售网络，积极展开全球化经营，高丽制钢以“创意、信赖、忍耐、内实”为企业理念，把合理的经营、世界化、自豪的工作岗位定为经营方针，不断开拓进取，向成为世界一流的特殊线材企业而高歌猛进。
高丽制钢自2001年在中国设立制造工厂以来，在中国的业务迅猛发展，到目前已有青岛高丽钢线、扬子高丽钢线（南通）、高丽制钢（青岛）、青岛高丽精密模具和青岛高丽精线等五家工厂，在上海成立了独立销售公司：高丽制钢贸易（上海）有限公司。
青岛高丽钢线，扬子高丽钢线（南通）和高丽制钢（青岛）专业生产各种规格的钢丝帘线和胎圈钢丝，钢丝帘线年产量8万吨，胎圈钢丝年产量7万吨。以公司雄厚的技术积累和韩国技术研究中心的支持，公司生产的优质产品主要供应普利司通、米其林、固特异、大陆、倍耐力、住友、横滨、韩泰、正新、锦湖、杭州等全球轮胎巨头。随着市场的日益稳定和发展，高丽制钢（中国）将继续稳步发展，一如既往地完善生产技术，提升服务质量，通过更优质的产品赢得客户的长期信任。
高丽制钢贸易(上海)有限公司
电话：86-21-32563873　32563875　13310665608
传真：86-21-52082878
地址：上海市兴义路8号万都中心大厦908-909室
邮编：200336
Kiswire
Spring Wire, Steel Cord, Bead Wire, Wire Rope, PC Wire & Strand

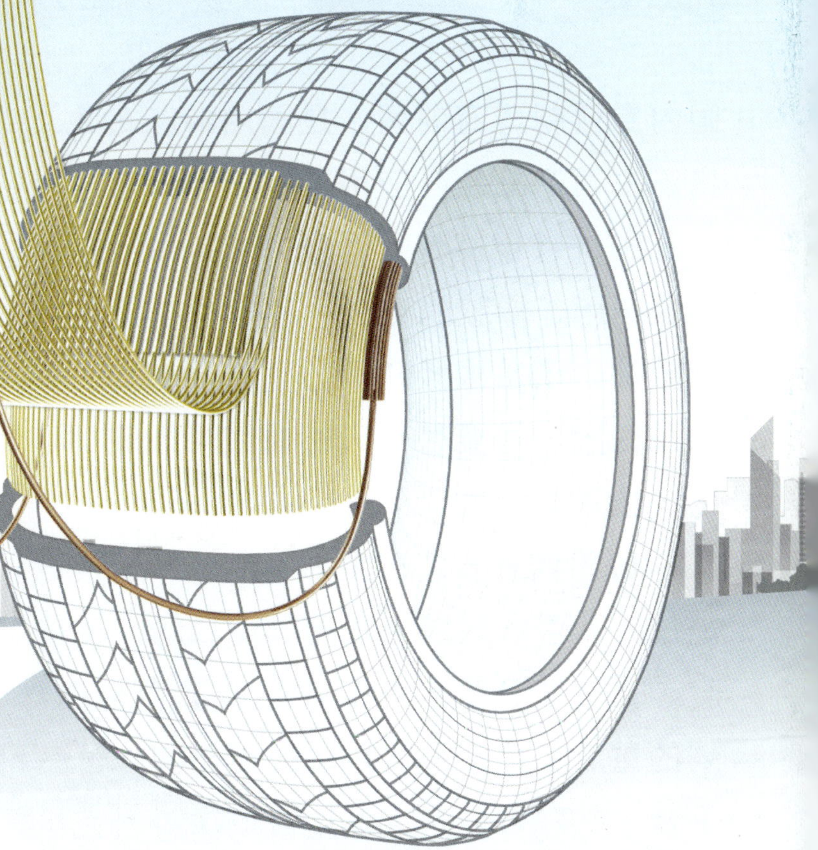

中国橡胶工业协会会员展示专版

和运新材料 Heyun New Materials

总理和董事长在俄参加签字仪式

国际合作

一、关于和运新材料

盘锦和运新材料有限公司隶属于盘锦和运实业集团有限公司，创建于2005年，位于辽宁省环渤海沿海经济开发带的盘锦市。和运实业集团有限公司创建于2001年，是集研发、生产、销售、仓储物流为一体的综合性的新材料与化工企业集团，集团总资产90亿元，2012年实现销售收入超过100亿元，现有员工2,600余人。公司长期致力于合成橡胶产业和C_4等有机化工原料深加工综合利用领域的研发与生产。目前公司的核心业务是MTBE（甲基叔丁基醚）、丁基橡胶、卤化丁基橡胶、异戊橡胶、异丁烯和异戊二烯等产品的研发、制造和营销。公司目前年产45万吨MTBE，位居国内专业制造商前列，是国内MTBE的主要供应商。

二、主要产品及其应用

MTBE（甲基叔丁基醚）主要用于提高汽油辛烷值，也可作石蜡、油品、香料、生物碱树脂、橡胶的溶剂、有机合成反应剂。异戊二烯，主要用于生产异戊橡胶、丁基橡胶等。丁基橡胶和卤化丁基橡胶，主要用于丁基内胎，轮胎气密层和医用胶塞等。异戊橡胶，主要替代天然橡胶用于轮胎和其他橡胶制品等。

三、技术与研发

公司拥有多项自主知识产权和引进的国际先进技术，技术与产品在国内处于领先地位，其中烯醛液相法制异戊二烯、卤化丁基橡胶项目将填补国内产业空白。丁基橡胶、卤化丁基橡胶和异戊橡胶项目被纳入国家“十二五”规划和战略性新兴产业规划的重点支持发展项目。公司与国外著名科研机构和国内大学建立了多边的技术合作平台，并联合多家俄罗斯合成橡胶研究机构和大连理工大学共同成立辽宁和运合成橡胶研究院，致力于丁基橡胶、卤化丁基橡胶、稀土异戊橡胶、锂系聚合物等产品的技术研发与工业化生产。公司分别于2007年引进美国烯烃骨架异构化技术，2008年引进俄罗斯异丁烷脱氢、异丁烯精制、丁基橡胶、卤化丁基橡胶生产技术，2009年与大连理工大学签署协议建立联合实验室，2010年引进俄罗斯稀土异戊橡胶生产技术，2011年引进俄罗斯异戊二烯生产技术。公司聘请了中、俄、美等国新材料领域的知名学者、

厂区

专家作为公司生产和研发顾问，成立院士工作站。已建立了由高分子与化工领域的博士、硕士和高级工程师组成的专业技术团队。

四、公司未来规划

年产100万吨MTBE，成为国内MTBE较大供应商之一

年产18万吨卤化丁基橡胶，成为国内较大卤化丁基橡胶生产商

实现50万吨/年异丁烷脱氢制异丁烯的生产能力

实现110万吨/年烯醛液相法制异戊二烯的生产能力

实现100万吨/年异戊橡胶的生产能力

五、我们的企业文化、愿景和使命

企业价值观—— 和衷共济 运合中兴

企业宗旨 —— 兴企为民 回报社会

企业精神 —— 以人为本 固本兴业

经营理念 —— 诚信 规则 共赢

行为准则 —— 承担责任 诚实做人

愿景：致力于成为中国高品质的新材料公司，为股东、客户、员工和社会创造价值。

使命：做一流的合成橡胶企业

做让员工幸福的企业

做受社会尊重的企业

董事长文谟统

文谟统同志，男，汉族，现年 70 岁，中共党员，省党代表，大竹县人大常委，省、市、县人大代表，高级工程师，四川川环科技股份有限公司董事长。

文谟统同志热爱祖国，拥护中国共产党的领导，以强烈的发展民族汽车配套工业的事业心和责任感，发扬自强不息，艰苦奋斗，锐意进取，敢为人先的精神，依靠科技进步，坚持自主创新，发展成为总资产 5 亿元，员工 1700 余人，“十二五”末年产销将达 10 亿元，税金 1 亿元。集高分子橡胶管研发、制造、销售及进出口于一体的国家火炬计划重点高新技术企业，为中国民族工业的振兴、行业的技术进步、中国汽车工业的发展做出了较大贡献。该同志领导的川环公司很多方面在达州市、四川省乃至全国同行业都实现了零的突破，在中国汽车胶管业发展史上谱写了光辉的篇章。

文谟统同志先后荣获：

达州市有突出贡献的优秀专家
达州市十大经济人物
达州十大杰出人物及百名优秀儿女
达州市十大创新人物
四川省劳动模范
四川省非公企业党建之星
四川省优秀基层党组织书记
省抗震救灾先进个人
四川第三届杰出创新人才奖候选人
四川省中国特色社会主义事业建设者
四川省杰出企业家
第五届全国创业之星
全国乡镇企业家
全国化工行业优秀工作者
中国橡胶行业企业发展领头人
中国科联经济发展研究中心研究员
世界生产率科学院院士等

先后受到了党和国家领导的接见并随同出访欧美等国家和地区。2012 年 12 月荣获全国优秀科技工作者荣誉称号。

2012 年度管带行业十强企业颁奖现场。

世界生产率科学院领导为院士授牌。

川环科技

企业荣誉

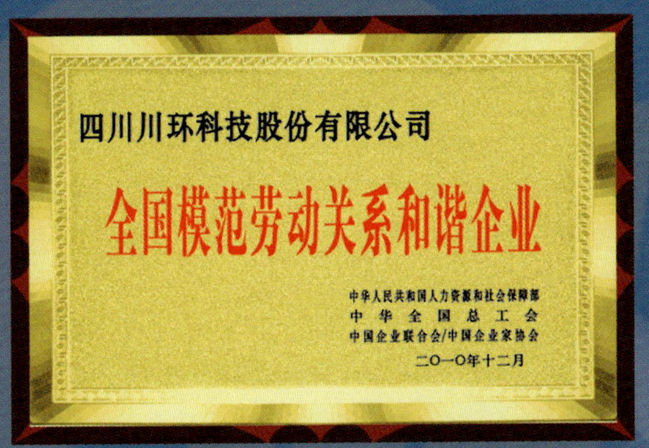

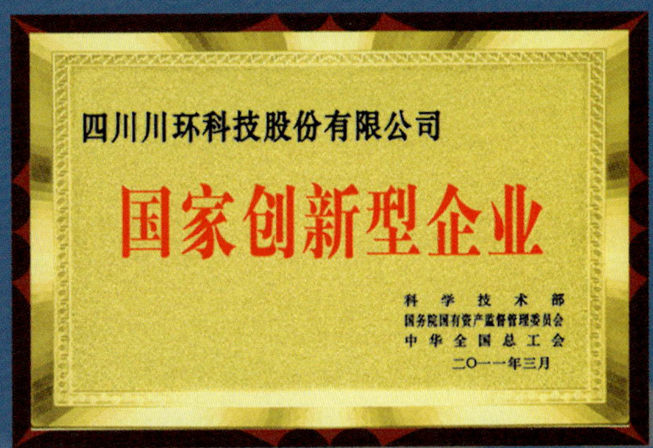

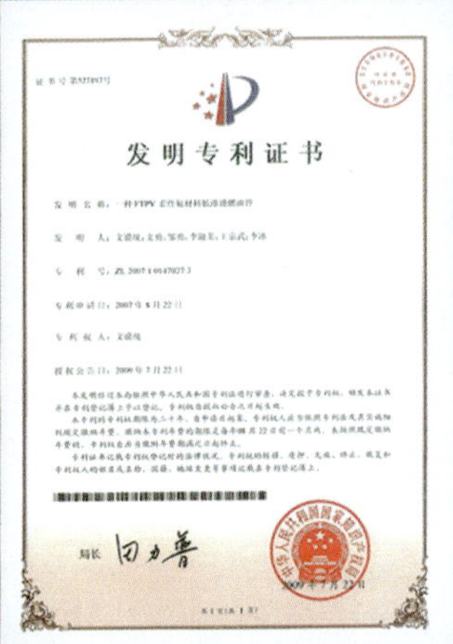

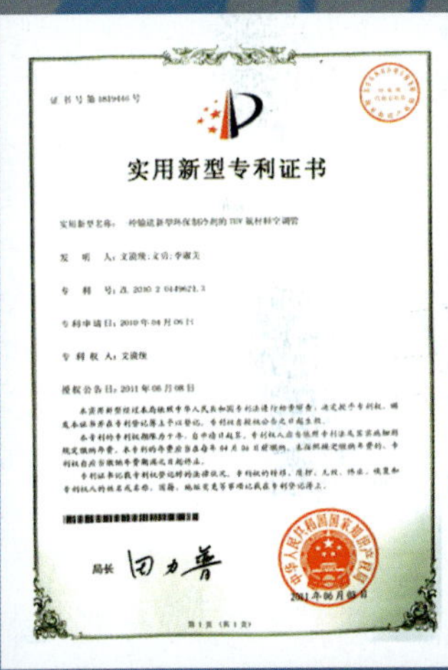

公司地址：四川省大竹县东柳工业区
公司法人：文谟统
电　　话：0818-6923358、6231544（传真）
网　　址：www.chuanhuan.com
电　　邮：chkj@chuanhuan.com
邮　　编：635100

四川川环科技股份有限公司

简介

四川川环科技股份有限公司是集科研、生产、销售和自营进出口于一体的国家火炬计划重点高新技术企业，专业生产汽车、摩托车、船舶和石化等机械用高性能、清洁环保节能的各类橡胶管。公司是全国创新型企业、全国模范职工之家、全国重合同守信用企业、全国实施卓越绩效模式先进企业、全国劳动关系和谐企业、全国工人先锋号、四川省科技创新先进单位、四川省 60 户重点上市培育企业、四川省建设创新型示范企业、四川省放心产品示范单位、四川省生产性服务业示范企业、银行信用等级“AAA”。川环商标是中国驰名商标，川环产品是四川名牌。公司荣获“中国胶管十强企业”称号，中国橡胶工业百强企业，具有行业制标权。

公司位于达州市大竹县东柳工业园区，占地 20 万平方米，现有职工 1500 余人，其中科技人员 400 余人。年产汽车、摩托车用各类胶管能力 10000 吨，拥有德国、意大利进口和国产先进的针织胶管生产线、缠绕胶管生产线和空调软管生产线共 40 条和一流的胶管检测专用设备 250 多台（套）。

近年来，公司始终坚持“科技兴企”的宗旨，走科技创新之路，与清华大学核能研究院建立了产、学、研的合作关系，与清华大学、四川大学共同组建的 2 个省级技术研究中心、1 个省级重点工程实验室和一个省级技术创新联盟，具有强有力的技术支撑和新产品研发实力。公司产品有 8 大系列 3000 多个品种，技术含量高、创新性强、市场前景好，解决了丁腈橡胶不耐臭氧的国内行业技术难题，产品达到了清洁、安全、节能、环保。其中“混合动力新能源汽车发动机燃料管路系统”等 8 项具有自主知识产权的创新产品，填补国内空白，技术水平国内领先或国际先进，均被列为“国家重点新产品”，获得了国家创新基金支持，列入国家火炬计划。公司研发出了多项新产品、新工艺、新材料，取得了多项自主知识产权。

公司产品以优异的性价比，受到了国内外广大汽车、摩托车生产企业的青睐而畅销全国，部分出口美国、日本、印度等国家和地区。现与一汽大众、上海大众、东风、长安、长安福特、江淮、吉利、华普、奇瑞、北汽、昌河铃木、上汽五菱、保定长城、建设、建设雅马哈、嘉陵、嘉陵本田、力帆、宗申、隆鑫、大长江、五羊本田等 300 多家汽车和摩托车生产厂建立了稳定的供配关系。进入了福特、法雷奥、菲亚特、百力通、比亚乔等大集团的国际采购体系。

公司严格按照《公司法》建立了完善的法人治理结构和质量保证体系，先后通过了 ISO9002 国际质量体系认证、中国汽车认证委员会产品质量认证、QS9000/VD6.1 质量体系认证、ISO14001 环保认证、OHSAS18001 职业健康安全认证、ISO/TS16949 质量体系认证、福特 Q1 认证、美国 CARB 认证和欧盟的 ROHS 认证，为川环产品进入国际市场建立了绿色通道。

目前，川环人正致力于打造“中国的川环、世界的品牌”，为实现“建中国胶管基地，兴川环百年企业”的宏伟目标而不懈努力。

主导产品

汽车、摩托车、高铁、船舶和石化等领域用各类软管及总成。公司专业研发、生产和销售各类车用软管及总成，主要产品包括：燃油管、冷却水管、制动软管、空调管、涡轮增压管等。

1. 燃油系统胶管及总成

燃油胶管在汽车燃料系统发动机、油箱、高压油泵与电控喷油器之间起着连接作用，输送燃料、油气及传递动力，工作温度 -40℃～125℃。

2. 冷却系统胶管及总成

冷却系统胶管主要包括：散热器管、暖风管、进出水管等。冷却水胶管连接发动机冷却系统各个部位，传输介质（冷却液、水或空气），工作温度 -40℃～160℃。空调胶管输送 R-134a 制冷剂介质，用于连接汽车空调系统冷凝器、压缩机和蒸发器，工作温度 -40℃～120℃。

3. 制动系统胶管及总成

制动软管包括液压、气压和真空液压制动软管三类。用于传输或储存汽车制动器加力的液压、气压或真空的柔性软管。通过输送制动液或空气介质，传递压力以达到汽车制动（刹车）的目的。

4. 动力转向系统胶管及总成

动力转向胶管是连接转向泵、贮油罐、转向器等转向系统主要部件的软管，输送介质为动力转向液，工作温度 -40℃～135℃，包括高压、低压动力转向胶管，通过动力转向液传输压力，实现汽车自由转向，起着控制方向的作用。

5. 进出气系统胶管及总成

进出气系统胶管主要包括：空滤胶管、涡轮增压胶管、中冷器胶管和曲轴箱通风管等产品。主要用于汽车涡轮增压系统增压器出气管、中冷器进出气管及其他各种波纹软连接管路，传输高压油气至发动机；通风管将曲轴箱内废气引入进气系统；空滤管是连接空滤器和发动机或增压器的波纹软管，传输空气和减缓震动，避免在发动机的震动或汽车在行驶中的颠簸等情况造成进出气系统连接管路的破裂；能很好地吸收运转中所产生的震动，起到缓冲和减震作用。

6. 车身附件系统胶管及总成

车身附件系统胶管包括天窗排水管、车灯洗涤管、底盘滴水管等，输送介质为冷水、洗涤剂，工作温度一般为 -40℃～100℃。

7. 其他专用软管

还可生产广泛用于汽车、摩托车、高铁、船舶和石化等行业特殊性能胶管，适用不同介质和不同环境温度，可根据用户需要的形式、规格、环境、空间等进行专门设计制造。

8. 模压及注塑制品

按用户要求设计制造。

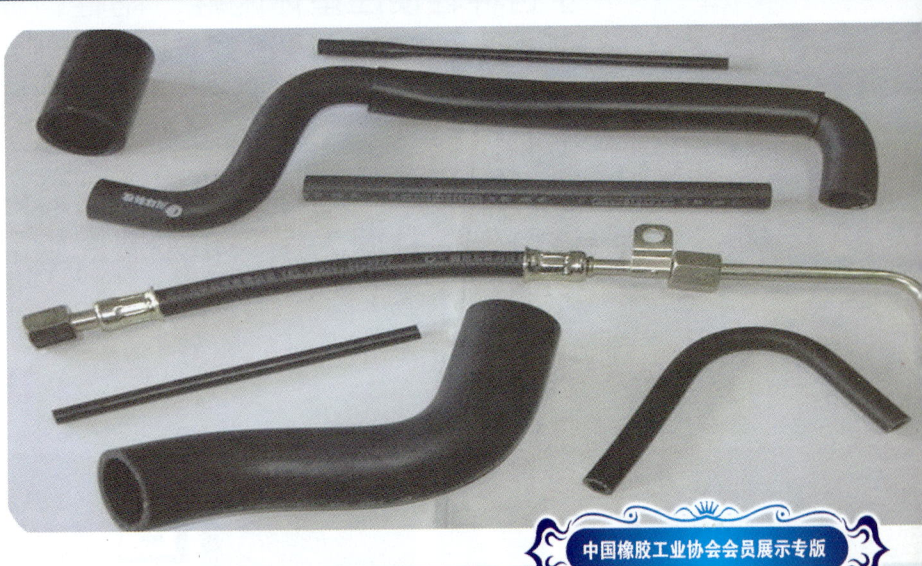

企业简介

上海回力鞋业有限公司是上海华谊(集团)公司旗下的全资子公司，专业从事回力牌运动鞋及各类鞋产品的研发、制造和销售，产品畅销全国，并出口东南亚、中东、欧美等几十个国家和地区。

回力鞋业创建于1927年，距今已有80多年的历史。“回力”商标注册于1935年，1997年被认定为上海市著名商标；1999年被认定为中国驰名商标。“回力”鞋类产品历获国家质量银质奖、原化工部及上海市优质产品奖，连续数年获上海市名牌产品称号和上海市出口免检证书，并荣获第21届西班牙国际质量奖，为回力产品赢得了国际声誉。企业通过了ISO9001:2008质量管理体系的认证。

回力公司立足“以人为本、崇尚运动、促进健康”的产品开发理念，坚持“时尚运动、健康运动、专业运动”三位一体的产品定位方向，坚持以技术创新为企业发展的核心动力，在积极开发普及型、大众化运动休闲鞋系列产品的同时，还着力研发具有较高技术含量的冷粘专业体育用鞋、户外健身运动鞋，以及彩绘时尚运动休闲鞋等系列产品并以品牌运作、技术管理的方式拓展了各种轻便注塑休闲鞋、雨鞋、凉鞋及室内外拖鞋等系列产品，努力为提高我国竞技体育和全民健身运动水平，以及创造美好生活而作出应有的贡献。

回力公司愿与全国各地及海内外经销商等竭诚合作，共同为振兴和发展民族品牌不断创造新的业绩。

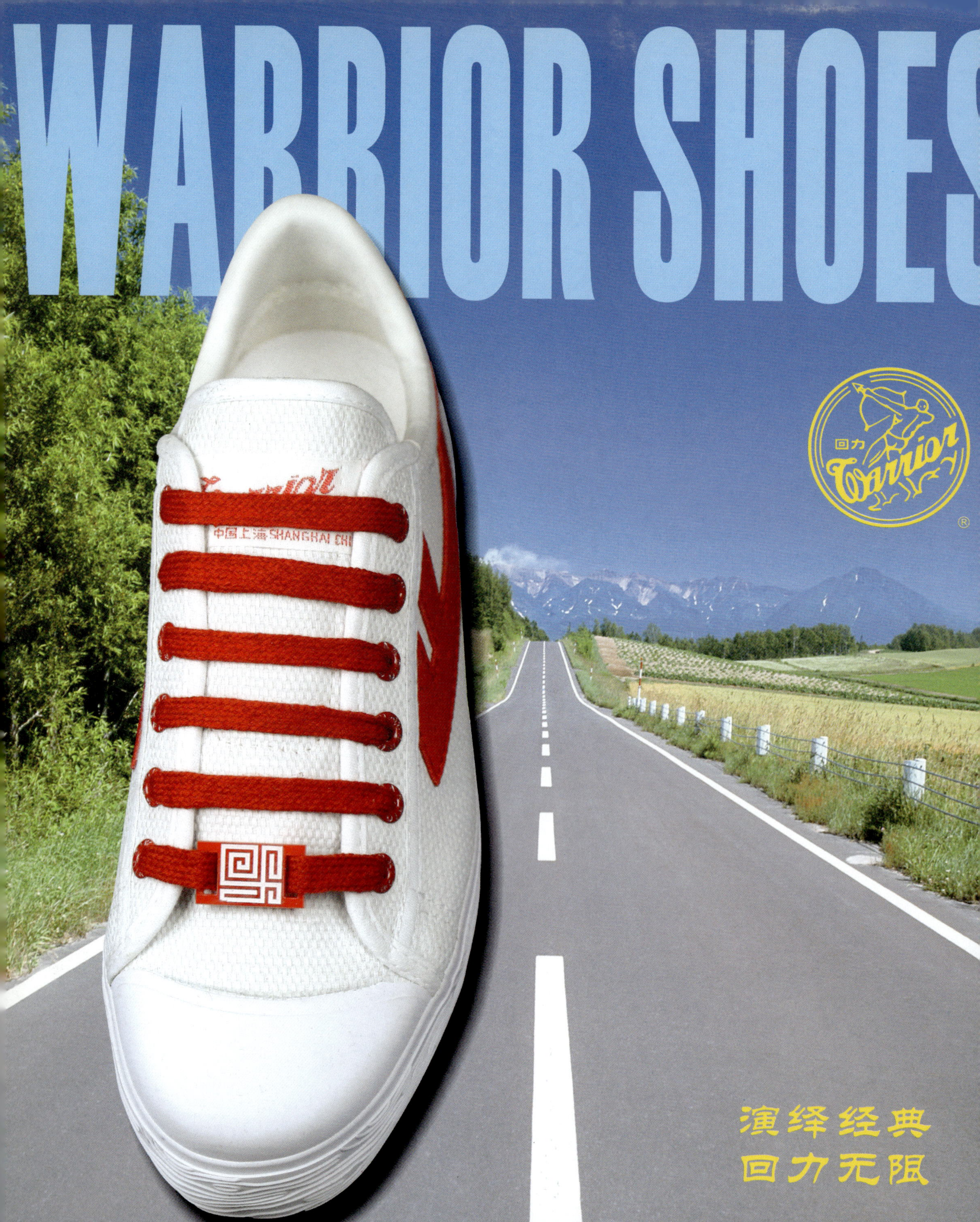
WARRIOR SHOES
回力
Warrior
演绎经典
回力无阻

www.warriorshoes.com

企业的使命
为广大客户提供高品质的产品与服务

企业的使命：为广大客户提供高品质的产品与服务

企业的核心文化：

创新是根本，质量是生命，务实是宗旨，战略是目标

为顾客创造价值，为员工实现理想，共创企业辉煌

服务客户成就员工，奉献社会和谐发展

对人感恩，对己克制，对事认真，对物珍惜

以诚为本，德才兼备；以人为本，和谐发展

品质决定效益，效益创造价值

企业的核心理念：

发展理念：做行业的领航人，做产品的指向标

创业理念：用方法战胜困难，用质量打造品牌

团队理念：激情梦想，真诚信任，服务合作，创享与共

经营理念：以信经商，依法行商，情理并重

竞争理念：人无我有，人有我优，创新与品质并航

服务理念：诚挚服务赢取客户满意，快速高效解决客户问题

工作理念：务实、创新、团结、奋进、拼博、进取

薪资理念：用数字说话，业绩决定绩效

晋升理念：创造业绩，培养人才，不拘一格，人尽其才

企业的发展战略：成为中国乃至世界具有影响力的环保橡胶软化剂研发基地和生产基地，为促进人类健康和谐发展作出贡献。

荣誉墙

中国橡胶工业协会
China Rubber Industry Association
理事单位
Director Company

中国橡胶工业协会
会员单位

怀化市华亿创新科技发展有限公司
"华亿"牌再生胶软化剂，被推荐为"环保型再生胶助剂"。
中国橡胶工业协会

中国再生橡胶行业
CTRA
环保型软化剂研发中心

怀化市华亿创新科技发展有限公司：
经中国再生橡胶行业专家委员会评审，决定授予你单位
"环保型橡胶软化剂研发中心。"
二〇一二年十一月二十日

中国轮胎翻修与循环利用协会
CTRA
China Tyre Retreading, Repairing & Recycling Association
会员单位

检验报告
TEST REPORT

长城质量保证中心
质量管理体系认证证书

长城质量保证中心
环境管理体系认证证书

CTI 华测检测
检测报告

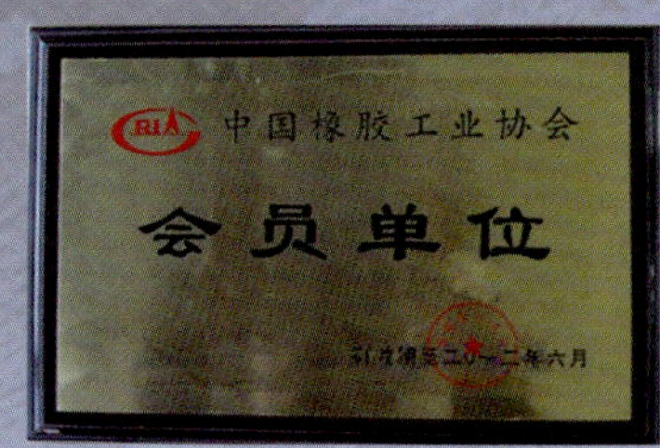

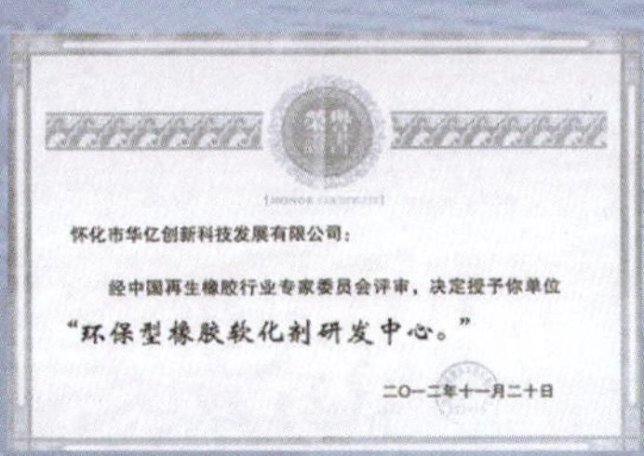

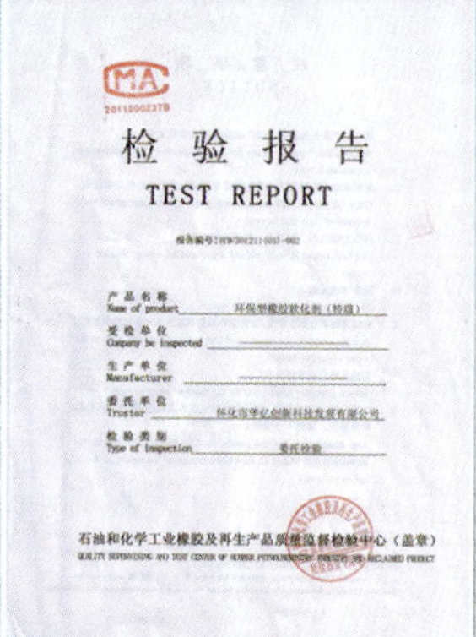

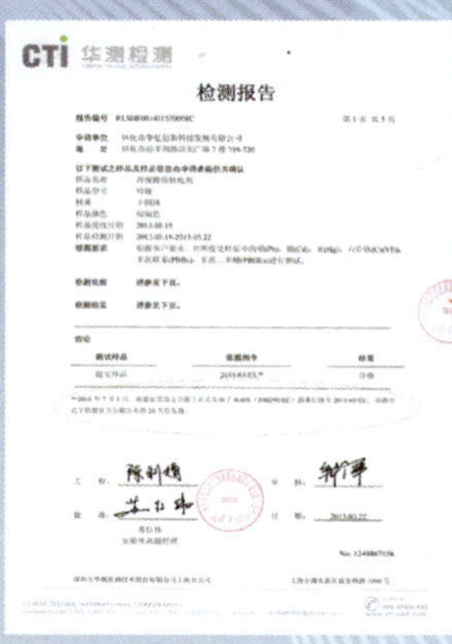

华亿品牌

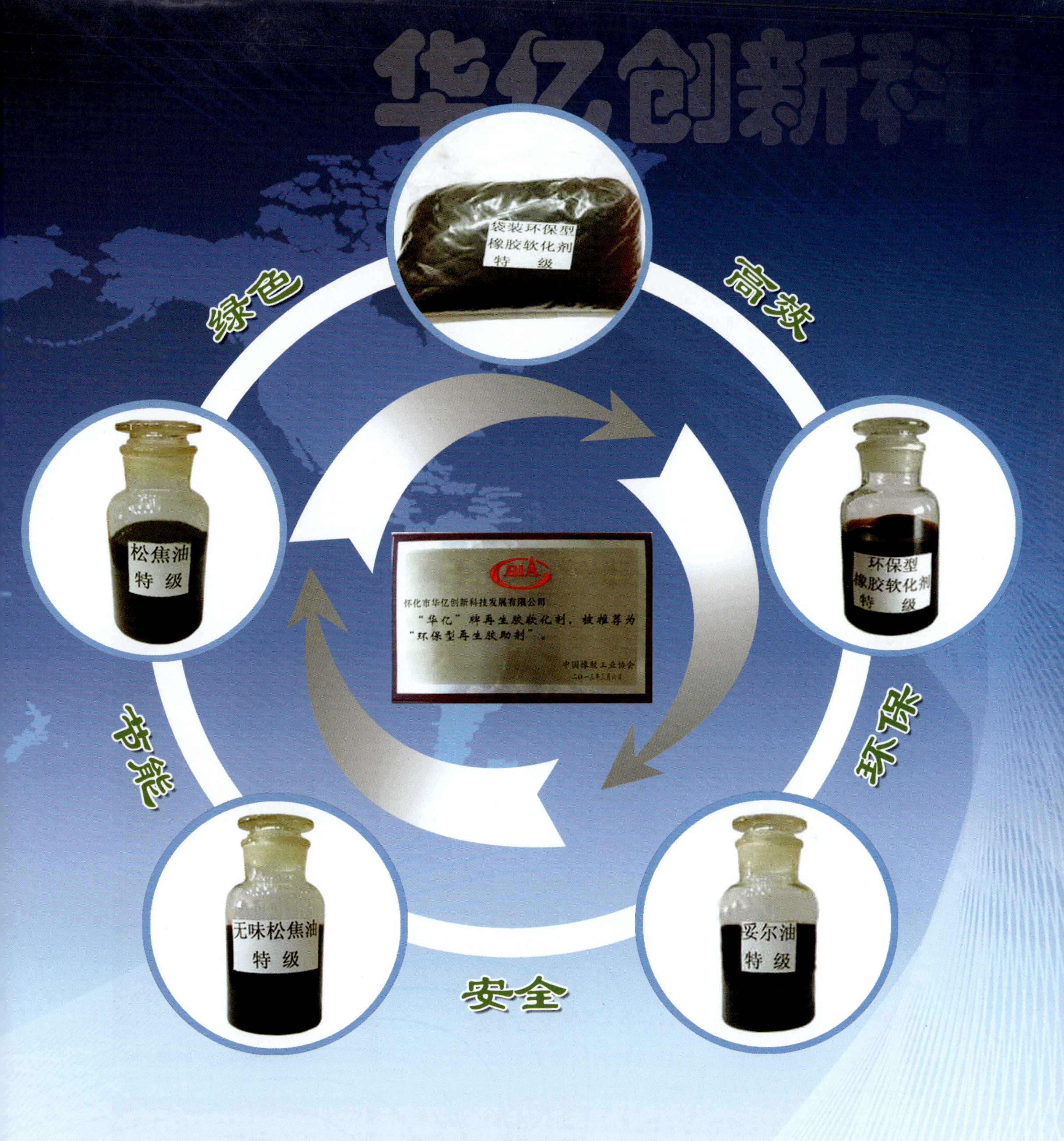

物流服务

24小时发货机制=迅速+快捷+高效

10吨以下12小时发货

10吨～50吨24小时内发货

50吨以上可以联系客服人员快速发货

全国范围1～3天内到达目的地，方便快捷，公司专人提供24小时物流信息查询服务，让您时刻了解订单动态，编制高效的生产计划，我们将为您提供优质服务。

高深橡胶
Gaoshen Rubber

关于我们

About Us

高深橡胶 是一家以昆明高深橡胶销售有限责任公司为贸易平台，嵩明高深橡胶有限公司、海南高深橡胶产业发展有限公司、德宏高深橡胶产业发展有限公司、西双版纳高深橡胶产业有限公司、普洱高深橡胶有限公司为加工工厂，老挝高深资源开发有限公司、缅甸高深资源开发有限公司为种植基地，并在华东地区（上海）、华南地区（厦门）、华北地区（天津）、山东地区（青岛）、香港特区及新加坡设立营销机构的集团公司。

长期以来，高深橡胶本着诚信经营的原则，积极进取、勇于创新的经营理念，以技术中心为研发平台，整合内部科研力量，着力提升企业自主创新能力，更在智权管理上努力耕耘，依靠人才凝聚、技术进步、科学有效的战略布局，基本形成以橡胶种植、加工、贸易、进出口为核心，涉及合成橡胶、石化原料、轮胎制造、商业物流的产业集群，经营业务遍布全国及东南亚、日韩、欧美等国家和地区，构建了稳固的营销网络，2011年销售收入达100亿元人民币。高深橡胶五个国际标准橡胶加工厂2013年可以全部达标达产，届时，高深橡胶年加工能力可达27.5万吨。老挝和缅甸两个种植基地的40万亩橡胶林也将于2018年全面进入丰产期。

“高瞻远瞩，深展无限”高深愿与全体同仁携手共进，全心致力于天然橡胶产业的发展！

http://www.gaoshengroup.com

橡胶种植基地

Rubber Planting

缅甸高深资源开发有限公司

2006 年 10 月经批准，在中国出口信用保险公司云南分公司的主持下高深橡胶与缅甸第二特区（佤邦）、温高县签订了《“替代种植”合作开发橡胶合同》，将种植罂粟为生的烟农转变为种植橡胶的胶农。温高县将所属的邦养区、纳高区、曼相区适宜种植橡胶的区域划定为租赁土地开发橡胶的范围，合同一期总投资 3 亿元，开发面积 30 万亩，远期 100 万亩。

缅甸第二特区（佤邦）毗邻中国云南省普洱市孟连县，距孟连县城约 80 公里，土壤、气候条件与中国西双版纳相似，十分适宜橡胶林种植。项目启动至今已经累计投入资金 9000 多万元，完成开发面积 15 万亩。目前境外项目公司设有四个管理部门，共有 65 名职工，59 个橡胶管理生产队，胶农 3308 户，18040 人，平均每户管理橡胶面积 45 亩。

老挝高深资源开发有限公司

老挝高深资源开发有限公司位于老挝人民民主共和国中部的波里坎赛省，距老挝首都万象 150 公里。公司是经云南省商务厅（云商经 [2006]343 号）批复，商务部（[2007] 商合境外投资证字第 000033 号）批准设立的境外独资企业，并获得了老挝相关主管部门颁发的《外国投资许可证》、《农业林业经营许可证》。

借助老挝地区非常适宜橡胶种植的土壤、气候等自然条件，2007 年公司启动了 30 万亩天然橡胶种植项目，总投资 4.5 亿元，项目总实施期为 35 年。

高瞻远瞩　深展无限

橡胶加工厂

Rubber Processing Factory

嵩明高深橡胶有限公司

嵩明高深橡胶有限公司位于云南省昆明市嵩明县杨林工业开发区内，5 万吨 / 年国际标准橡胶加工项目总投资 1000 万美元，于 2008 年 1 月建成投产，工厂占地面积 120 亩，是目前国内橡胶加工行业技术先进的企业之一，拥有自己的产品研发中心、产品检测中心、化验室等技术开发机构，拥有 3 项自主知识产权，并拥有一批专业的技术、管理人员，长期为国内外知名企业提供优质的天然橡胶高端成品原料。

公司 2009 年被认定为昆明市农业产业化重点龙头企业，2010 年经云南省农业产业化与农产品加工领导小组认定为农业产业化经营省级重点龙头企业。

主要产品：GSR5、GSR9710、GSR9720、GSR20、GSR CV、GSR RSS。

海南高深橡胶产业发展有限公司

依托海南省丰富的天然橡胶资源和系列产业政策优势，海南高深橡胶产业发展有限公司 7 万吨 / 年国际标准橡胶加工项目选址儋州市木棠工业园，占地面积 100 亩，2008 年 12 月开工建设，2011 年 1 月项目正式投产。目前该工厂是高深橡胶生产能力较大的一个工厂，也是我国一流的天然橡胶加工厂之一，该工厂是我公司国际标准橡胶加工产业在海南岛的一颗重要战略棋子。

耿马高深橡胶有限公司

耿马高深橡胶有限公司位于云南省临沧市耿马县孟定镇，拟建设年产 3.5 万吨国际标准橡胶加工厂，项目已完成前期工作，正在进行土地征用，计划 2014 年 8 月建成投产。

孟定是中国距离印度洋最近的天然橡胶植胶区，并可有效辐射镇康、沧源以及缅甸一侧的天然橡胶资源。耿马高深橡胶有限公司选址位于耿马（孟定）边境经济合作区孟定核心园区，可以有效整合境内橡胶资源、通道资源、口岸资源以及境外替代种植橡胶资源的优势。

德宏高深橡胶产业发展有限公司

云南省德宏州是我国橡胶种植的发源地，1904 年刀安仁先生引进的橡胶母树至今长势依然良好，成为德宏州橡胶生产和科研的活标本。作为云南省发展橡胶的重要基地之一，截至目前全州橡胶种植面积达 21 万亩，开割面积约 11 万亩，年产干胶约 1 万吨。

德宏高深橡胶产业发展有限公司年产 5 万吨国际标准橡胶加工项目 2010 年 4 月落户芒市工业园遮放片区，项目占地 100 亩，按计划 2012 年 7 月建成投产。作为云南省桥头堡发展战略的前沿，随着泛亚铁路西线工程的建成，本项目可以立足国内，覆盖东南亚丰富的天然橡胶资源。

西双版纳高深橡胶产业有限公司

西双版纳州是我国优秀的天然橡胶种植基地，作为云南省和西双版纳州的传统优势产业，云南省对进一步发展天然橡胶产业给予了高度的关注和支持，并被列为省和州“十二五”规划重点发展的产业，提出打造龙头企业，加大农产品工业化，有效转变经济增长方式的发展思路。

西双版纳高深橡胶产业有限公司 7 万吨 / 年国际标准橡胶加工项目具备良好的市场环境和政策环境。本项目计划分两期完成，Ⅰ期 3.5 万吨 / 年项目 2010 年取得备案证书，工厂建设地点距景洪市主城区 34 公里，2012 年 9 月建成投产。Ⅱ期项目拟选址磨憨经济开发区，计划 2013 年 9 月建成。

中国橡胶工业协会会员展示专版

GL226D

高度 不同，效果当然不一样

质量高度/服务高度
诚信高度/价值高度

贵州轮胎股份有限公司前称贵州轮胎厂，始建于1958年，1996年改制为上市公司。是全国十大轮胎公司和工程机械轮胎配套、出口基地，主要生产“前进”、“大力士”等品牌汽车斜交轮胎、全钢载重子午线轮胎、工程机械轮胎、农业机械轮胎、林业机械轮胎、工业车辆轮胎、矿用轮胎和实心轮胎，规格品种多达2000多个，是国内规格品种较为齐全的轮胎制造企业之一。 企业规模在2012年度世界轮胎厂商75强第28位。

贵州轮胎股份有限公司拥有雄厚的技术力量，建有国家企业技术中心和博士后科研工作站，长期从美国、日本、韩国、澳大利亚等国家聘请资深技术专家进行现场指导和产品研发。产品通过了ISO9001质量体系认证、ISO/TS16949质量体系认证、国家强制性（3C）认证、美国交通部DOT安全标志认证、欧共体E-mark产品认证和军工产品质量体系认证等。

贵州轮胎股份有限公司建立了完善的国内市场网络体系，产品除畅销国内市场外，还出口到美国、英国、意大利、南非等70多个国家和地区，年出口量占总销量的25%以上。产品连续多次被评定“中国名牌”，“前进”商标属中国驰名商标。

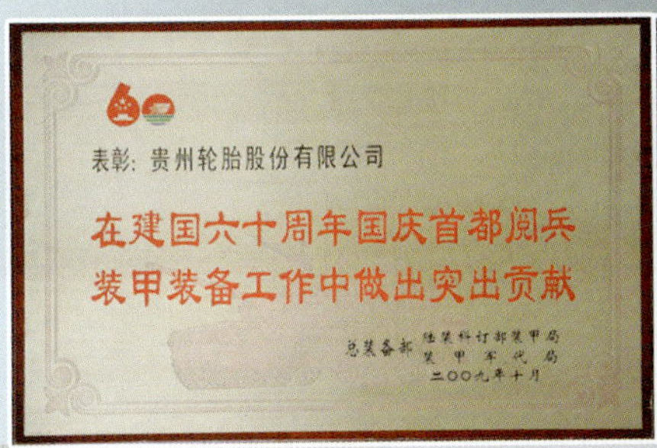

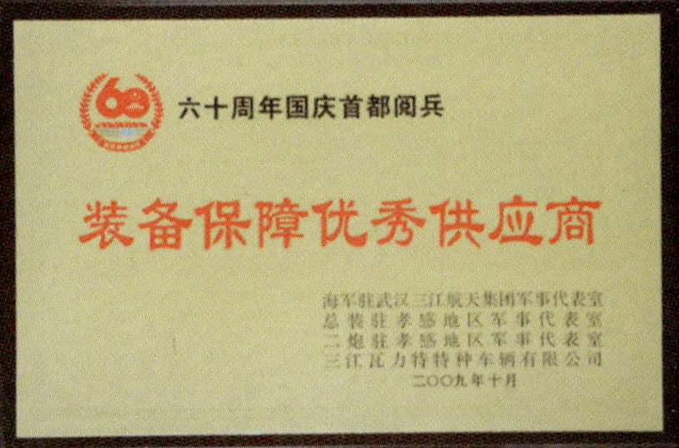

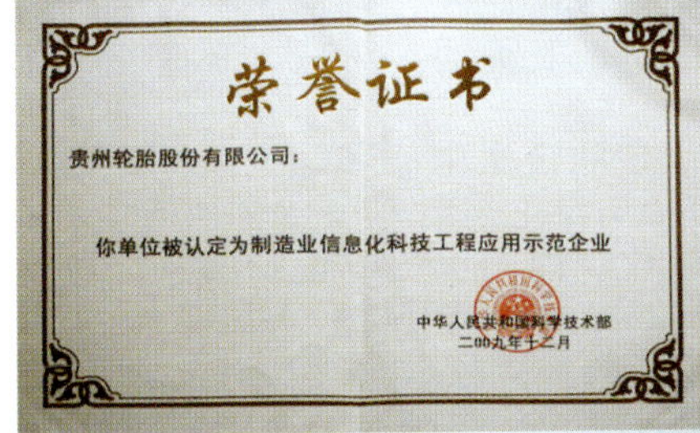

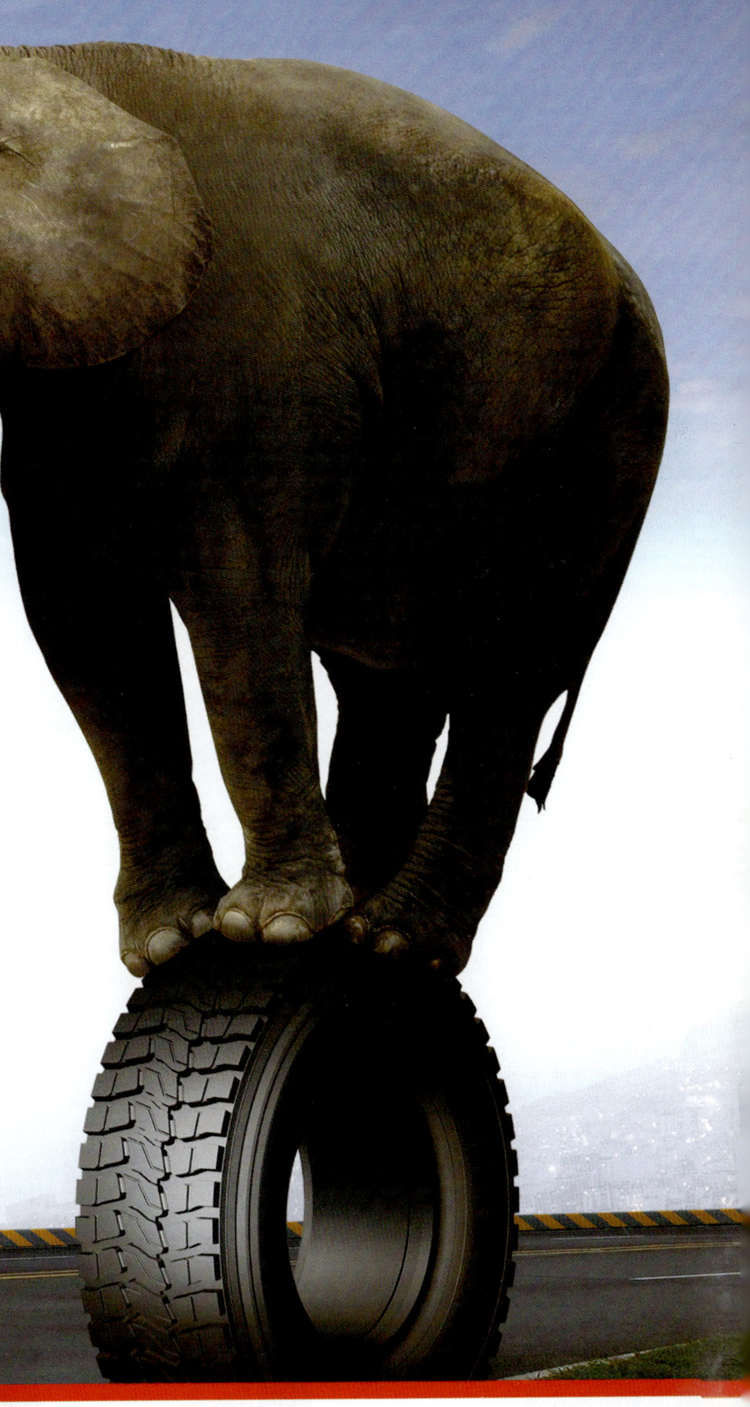

泰国天然橡胶
加工基地

泰国天然橡胶基地

打造完整产业链，利用泰国天然橡胶资源优势，建成投产泰国天然橡胶基地。为轮胎提供优质、可靠的、稳定的橡胶原料，并实现橡胶供应的持续保证，保证轮胎产品质量的稳定性。

国家认可实验室

国家认可实验室

公司技术力量雄厚，拥有国内先进的技术研发团队，并于2010年9月认定为省级技术中心，2011年4月通过国家技术实验室认可。拥有多项具有自主知识产权的技术。

全国前列
世界领先
一次法低温混炼技术

一次法低温混炼技术

应用世界领先的一次法低温混炼技术，促进轮胎原料均匀分布、高效炼合。极高地提升了产品的质量稳定性及产品的一致性。

双向散热·防磨损

双向散热技术

散热是实现轮胎耐磨和脱层的首要保证，八亿轮胎独有物理立体散热与原料配方降低生热双效保障，很好的保证了轮胎耐久性能和轮胎的行驶里程。

专利热贴合·防起鼓

专利热贴合技术

采用挤出压片贴合方式，将胶片和胎侧、三角填充胶以热的形式贴合在一起，消除界面间的存气，保证了界面间的清洁。实现橡胶层与层高度融合，确保轮胎各层面一体化，保证子口部位不易起鼓。实现产品品质飞跃。

强韧钢丝·防爆胎

高强防爆胎技术

高密度及均匀的钢丝密度排列，实现钢丝对轮胎立体保护，防止爆胎。

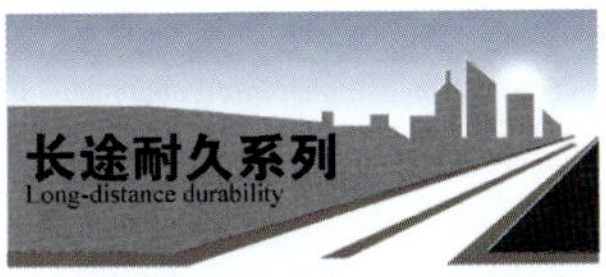

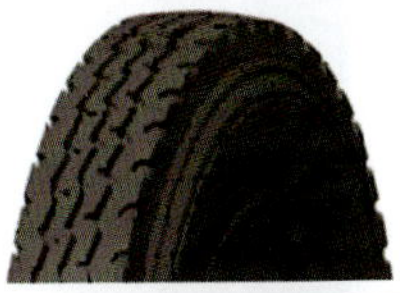

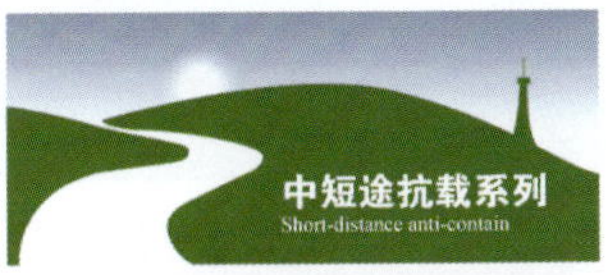

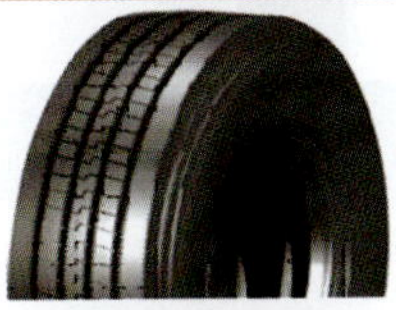

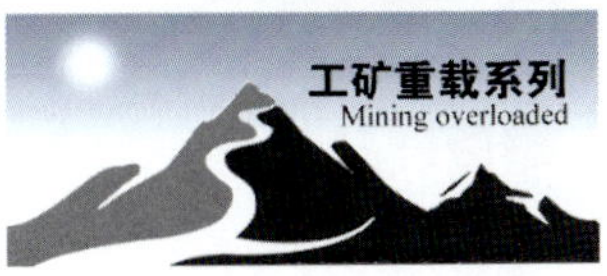

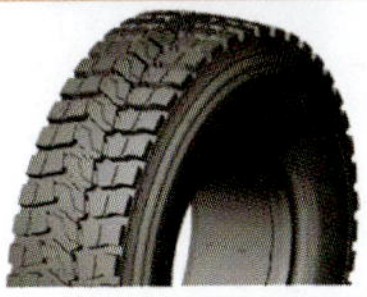

山西翔宇化工

我们一直致力为全球客户提供一流的橡胶助剂产品

we devote ourself to provide the best rubber auxiliary product for the global customers.

企业概况

Business summary

山西翔宇化工有限公司始创于2000年3月，是一家集研发、生产和销售橡胶防老剂、染料中间体产品为一体的科技型民营精细化工企业。公司位于山西省运城市临猗县丰喜工业园区，占地面积800余亩，注册资金16800万元，现有员工1000余人。公司拥有自己的技术与品牌——“洁荧”，技术力量雄厚，生产工艺先进，拥有一批经验丰富的专业技术人才和管理人才，质量可靠，管理科学。企业与国内外10余家科研机构和高等学校建立了长期良好的合作关系，致力于技术创新、产品创新和管理创新，从而确保我们的产品在同行业中具备强有力的竞争优势。目前公司年综合生产能力达40000吨，公司总资产15亿元以上，年实现销售收入10亿元。主要产品有：橡胶防老剂4020（6PPD）、橡胶防老剂4010NA（IPPD）、RT培司、吐氏酸、磺化吐氏酸等。公司拥有自主进出口经营权，产品自营出口，销往欧美、印度、日本、俄罗斯、新加坡、台湾、香港等国家和地区，深受国内外用户的青睐。

公司先后取得国家质量管理体系认证、环境管理体系认证、职业健康管理体系认证；通过欧盟REACH法规注册；各项经营资质齐全，连年被省、市确定为重点化工企业；公司的“洁荧”商标连年被评为山西省著名商标；公司先后获得“山西省百强民营企业”、“山西省百家信用示范企业”、“山西省重合同守信用企业”、“运城市先进企业”、“百家诚信三十佳诚信单位”和“临猗县功臣企业”；农行山西分行授予“AAA”级信用企业，是山西省重点支持发展的精细化工骨干企业之一。

RT培司
4-ADPA

防老剂4020
ANTIOXIDANT（6PPD）

防老剂4010NA
ANTIOXIDANT（IPPD）

THE BRIEF INTRODUCTION OF SHANXI XIANGYU CHEMICAL INDUSTRIES CO.,LTD.

Shanxi Xiangyu Chemical Industries Co.,Ltd. was found in March 2000,is a high-tech private fine chemical enterprise which devoted to research,product and sale of the rubber antioxidant,dyestuff intermediate products.The company is located in Fengxi Industrial Zone,Linyi County,Shanxi Province,covers 800 acres,the registered capital of 168 million yuan,more than 1,000 employees.The company has its own technique and unique brand"Jie Ying",strong technical force,advanced production technology,has a team of experienced professional technicians and management personnel,reliable quality,scientific management.The enterprise has established a long-term relations of cooperation with more than 10 domestic and foreign research institutions and universities,commit to technology innovation,product innovation and management innovation to ensure our products have a strong competitive advantage in the industry.Currently,the annual output is 40,000 tons,the total assets is 1.5 billion yuan and annual sales income is 1 billion yuan.The main products are:RUBBER ANTIOXIDANT 4020(6PPD),RUBBER ANTIOXIDANT 4010(IPPD),RT BASE,TOBIAS ACID,SULPHO TOBIAS ACID and so on.Our company has independent import and export operation rights of the PRC,the products are exported in Europe,India,Japan, Russia,Singapore,Taiwan,Hong Kong and other countries and regions,identified by domestic and foreign customers.

The company has acquired national quality management system certification,environmental management system certification, occupational health,Management system certification, Registration by the EU REACH regulation; the qualification is complete.Successive years be identified as the key chemical enterprise by the procince.The brand “jie ying” has been awarded the famous brand of shanxi province.Our company has won the” hundred private enterprises in Shanxi Province” 。 “the fires one hundred credit model enterprise of Shanxi Province” , “the trustworthy enterprise of Shanxi Province” , “the advanced enterprise of YunCheng” , “top thirty company of one hundred credit company” and “the hero enterprise of Linyi County” ,be awarded the “AAA” credit enterprise by the Shanxi Branch of Agricultural Bank of China,in one of the enterprise which Shanxi Province government to support the development.

地址：山西省临猗县丰喜工业园区　ADD: Fengxi Industrial Zone,Linyi County,Shanxi Province,China

电话（tel）:+86-0359-4062361 4062751 4062806 4062775 传真（fax）:+86-0359-4062694 4062750

原中国橡胶工业协会范仁德会长一行参观四辊压延车间

恒张力自动调控成型生产线

四辊压延机生产线

恒张力自动调控成型

炼胶中心

橡胶输送带压延生产线

轮胎纤维帘布压延生产线

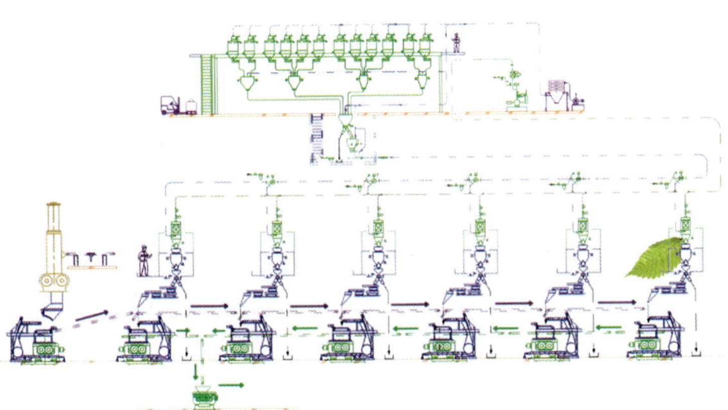

轮胎一次法低温炼胶机

现场安装、调试中的压延生产联动线

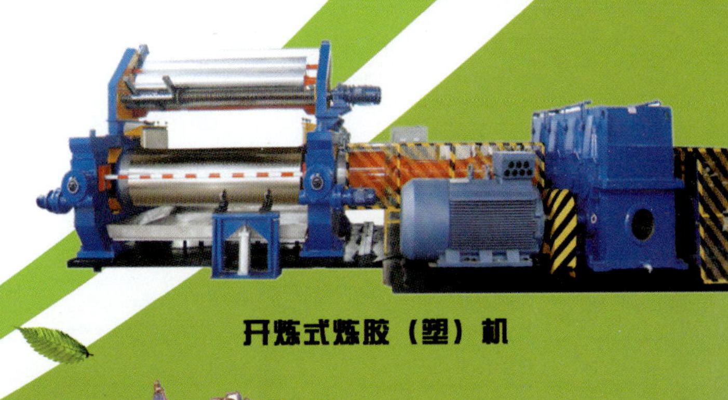

开炼式炼胶（塑）机

橡胶破胶机精炼级系列

废旧轮胎常温法制取胶粉生产线

直线：0510-88996860

地址：江苏省无锡市新区鸿山街道后宅中路156号

邮编：214145

电话：0510-88993888转8177\8107\8108\8109

传真：0510-88990983

E-mail: sales@wxsxxj.com

网址：www.wxsxxj.com

安徽攀登集团

安徽攀登集团坐落于安徽省历史文化名城、桐城派的故乡——桐城市。集团现有总资产9.68亿元，注册总资本达5.7亿元，占地面积45万平方米。拥有“Pan Deng攀登”、“PANDENG”、“OUNA欧耐”、“Kinson”注册商标，其中“Pan Deng攀登”商标系中国驰名商标、安徽省著名商标、安徽十大强省品牌。

集团是以安徽攀登重工股份有限公司为核心管理层企业，紧密成员企业有安徽欧耐橡塑工业有限公司、安徽欧耐传动科技有限公司、安徽攀登钢构工程有限公司。以连续输送机械设备、橡胶输送带、液力传动设备、建筑钢结构工程的研发设计、生产制造和安装服务为主导，铸造铸钢、工程塑料、橡胶制品的配套生产，很好地保障了主导产品的服务延伸，全力打造国内一流输送机、带一体化集团化企业。

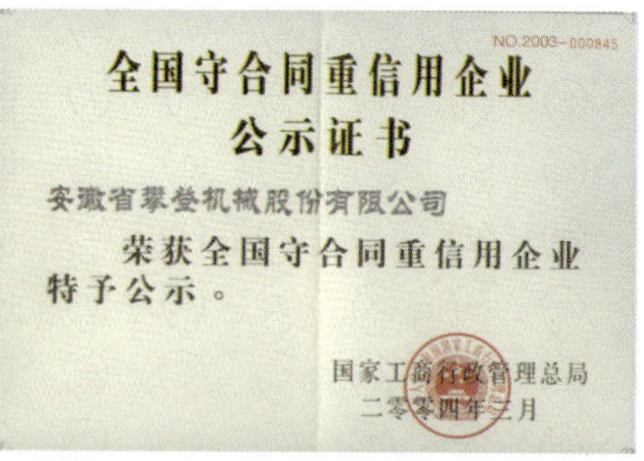

安徽攀登重工股份有限公司是由安徽攀登集团独资设立，占地面积420余亩，主要生产加工设备700多台（套），各类检测设备、试验设备齐全，单吊能力可达35吨，主要从事“攀登”牌系列输送机械设备和矿用装备的研发、设计、生产、销售和工程安装，于1999年获得国家颁发的生产许可证，并顺利通过国家安全标志中心颁发的“MA/KA”标志认证，是具有30多年历史的生产连续输送机械设备的专业厂家，并与北京起重运输机械研究所等全国30多家设计院（所）及国内有关高等知名院校建立了良好的合作关系，已形成了各类产品研发、设计、制造、安装调试及售后服务等一整套的技术质量运行和产品质量保障体系。公司先后被评为“国家高新技术企业、国家守合同重信用企业、中国驰名商标企业、安徽省十大强省品牌、安徽省著名商标和名牌产品、省级认定企业技术中心、中国优秀建材企业”。

安徽欧耐橡塑工业有限公司是由安徽攀登集团独资设立，总投资3亿元，注册资金11889万元，占地200余亩，建成钢构厂房80000㎡，系安徽省较大的工业用橡胶输送带制造商。

公司专业致力于钢丝绳芯阻燃输送带（含煤矿井下用钢丝绳芯阻燃输送带、普通钢丝绳芯输送带以及矿用防撕裂钢丝绳芯阻燃输送带）、织物芯分层输送带（含普通CC-56型输送带、尼龙（NN）输送带、聚酯（EP）输送带等）、矿用PVC/PVG织物整芯阻燃输送带、管状式输送带、花纹面输送带、提升式输送带等多系列产品的研制、开发与销售。

经过近年来的发展，依托集团公司“攀登”品牌优势，借助集团机带一体化的发展契机，我们始终秉承“质量一流、顾客至上”的宗旨，严格按照国家标准和国际标准生产，严格执行ISO9001：2008质量体系标准，确保从原材料、半成品到产成品全过程得到高质量的检查和控制，以保证用户得到质量始终如一的产品，销售网络逐步覆盖至山西、陕西、内蒙、云南、贵州等全国二十余省市自治区，产品涉及矿山、冶金、港口、电力、化工等行业，为国内众多重点项目工程提供了优质的产品和完善的配套服务并取得用户的一致好评。“欧耐品质”已得到广大用户和同行业的肯定，随着新材料的推陈出新，技术重组和自主知识产权产品的不断推出，加快了公司品牌推广力度同时也拓展了产品的应用领域和市场开发节奏。

集团公司遵循“诚信、敬业、团结、创新”的文化理念，遵循“高新技术产业化、高新产业技术化”的发展模式，以人为本，以市场为导向，以科技创新为动力，追求卓越、竭诚以更优质的产品和完善的服务回报用户，以更丰硕的成果回报社会。

省认定企业技术中心

安徽省经济委员会 安徽省发展和改革委员会 安徽省科学技术厅
安徽省财政厅 安徽省国家税务局 安徽省地方税务局 合肥海关

安徽攀登机械集团“攀登”品牌
荣获
首届安徽十大强省品牌（单位）

安徽省商务厅 安徽省工商行政管理局 安徽省经济技术协作办公室 安徽省质量技术监督局 安徽省科学家企业家协会

销售热线：0556-6688888/6569988
销售传真：0556-6688666/6569688
地址：安徽省桐城市南岛日华广场

陕西延长石油西北橡胶有限责任公司

SHAANXI YANCHANG PETROLEUM NORTHWEST RUBBER LLC

公司董事长：黄建华

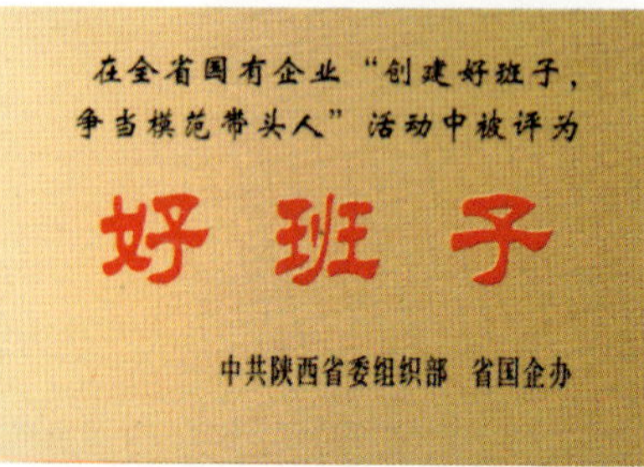

陕西延长石油西北橡胶有限责任公司是由原凯迪西北橡胶有限公司、陕西延长石油集团橡胶有限公司、延长橡胶（泰国）有限公司整合重组而成立的国有独立法人公司，隶属于陕西延长石油（集团）有限责任公司，于2012年12月注册成立，注册资本10亿元，是一家集天然胶种植与加工、子午线轮胎、橡胶制品制造销售研发于一体的大型橡胶企业。公司前身西北橡胶总厂，创建于1959年，是为西北地区军工配套的大型综合橡胶企业，是国内军工橡胶制品的“摇篮”，曾为我国的“两弹一星”、海上舰船艇以及“中国飞豹”、“神舟”系列飞船等国家重大建设项目提供科研成果和配套产品。

公司下设陕西延长石油集团橡胶有限公司、西北橡胶制品分公司、西北橡胶胶管分公司、延长橡胶（泰国）有限公司等4个实体单位，12个职能管理部门，总人数2800多人，其中具有高、中级专业职称的285人，总占地面积3650亩，主要产品有子午线轮胎、胶管、胶布制品、橡胶制品、板材、密封件、天然胶等七大系列，主要有全钢子午线轮胎、半钢子午线轮胎、工业钢丝管、中低压胶管、飞机软油箱、空投油罐、隔膜、飞机坐舱气密带、特种胶布、特种胶板、软体贮运容器、聚氨酯制品、橡胶零件、胶粘剂、军工混炼胶等上百个品种、千余种规格，主要应用于汽车、煤炭、工程机械、石油、化工、冶金、航空航天、国防军工、橡胶加工等行业。建立了覆盖全国的经营销售网络，打开了北美、欧盟、中东、澳大利亚、北非等国际市场，“双西”商标被认定为中国驰名商标。

陕西延长石油
西北橡胶有限责任公司

做领域精品　创延长特色

公司具有先进的生产技术和检测手段，拥有数百台套从国外引进的生产设备和检测设备，技术中心为“省级科研技术中心”。陕西省橡胶制品工程技术中心和陕西省橡胶产品质量监督检验站设在我公司。拥有进出口经营权和武器装备科研生产许可证，具有国家二级保密资格。通过了ISO9001：2000和GJB9001A-2001质量体系认证，公司检测中心被中石化协会认证为A级质量检验机构。

公司连续两年位列中国胶管和橡胶制品“十强企业”，进入中国化工企业500强，被评为陕西省“先进集体”，“国防科技工业协作配套先进单位”，获空装质量管理体系第二方审核一级承制单位，荣获国家科学技术进步特等奖。公司领导班子获得国有企业“好班子”、“四好”领导班子等荣誉称号。

未来，我们将坚持“团结兴企、自救自强、诚信用户、追求卓越”的企业精神，将发展定位于全球市场，走国际化发展之路，做产业的组织者，产品的带动者，打造国内一流、世界先进的现代化橡胶产业基地。

子午线轮胎

泰国天然胶生产场景

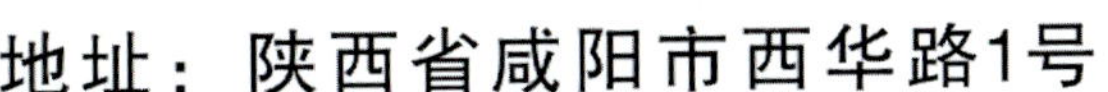

地址：陕西省咸阳市西华路1号
电话：029-33622691
33623827
传真：029-33623927
网址：http：//kdxx.sxycpc.com

地址:陕西省咸阳市秦都区沣河新区
电话:029-38001998
传真:029-38001949
网址:http://ycrubber.com/

高、中、低压胶管系列

橡胶制品系列

江西省萍乡市飞虎炭黑有限公司

董事长李秋阳

董事长致辞：

雄关漫道真如铁，而今迈步从头越。江西省萍乡市飞虎炭黑有限公司自2007年创建以来，产能逐年增加，规模逐年扩大。但我们深知，喜悦伴随着艰辛，成功伴随着汗水，遗憾激励着奋斗，只有脚踏实地辛勤耕耘，不断地上下求索，才能铸造企业的百年常青。

我们将坚持“文明生产，诚信经营，团结实干，奋发向上”的企业方针；

我们将坚持“一切为了事业发展，一切为了国家富强，一切为了社会进步”的企业宗旨；

我们将坚持“以客户为尊，以员工为荣，以品质为本，以创新为源”的经营理念；

我们将坚持“打造品牌上市企业，建设和谐美好家庭”的奋斗目标。

我们要保持敬畏的心情苛求我们的产品，市场乱云飞渡，产品决定企业的本质；

我们要保持敬畏的心情苛求我们的管理，管理千头万绪，流程决定经营的效率；

我们要保持敬畏的心情苛求我们的人才，人才转瞬即逝，团队决定创新的源泉；

我们要保持敬畏的心情苛求我们的品质，服务千变万化，质量决定企业的发展；

我们要保持敬畏的心情苛求我们的信誉，竞争你死我活，诚信决定企业的生命。

我们会感谢各界的倾力支持；

我们会感谢朋友的肝胆相照；

我们会感谢客户的关怀信赖；

我们会感谢同仁的相互促进；

我们会用感恩的心态，对待身边的每个人，庆幸走过的每一步。积跬步以至千里，积小流而成江河。面向未来，我们将永远坚持企业精神，时刻保持敬畏心情，始终怀抱感恩心态，一步一个脚印，做可以信赖的人，造可以信赖的产品！

飞虎炭黑　用科技打造一流品牌

公司简介：

江西省萍乡市飞虎炭黑有限公司是一家大型煤化工能源综合利用企业，主要生产多品种橡胶用硬、软质炭黑。硬质品种有N220、N234、N326、N330、N339、N375等，软质品种有N550、N630、N660、N774等，同时还生产工业萘、洗油、粗酚、炭黑油等化工原料。

飞虎炭黑公司拥有一批经验丰富的经营管理骨干和生产技术专家，产品供不应求。现拥有江西萍乡和湖南邵阳两个生产基地。飞虎炭黑公司年生产能力达13万吨，生产的“飞虎”牌和“安稳”牌炭黑已通过国家ISO9001：2000质量管理体系认证和国家ISO14000环境管理体系认证，符合欧盟标准。产品远销中国香港、台湾，韩国、马来西亚、泰国、美国等国家和地区，产品深受广大用户的好评。

萍乡生产基地位于江西省萍乡市经济开发区西区工业园，于2008年建成投产，注册资本9009万元，占地面积230亩，现在两条4万吨湿法炭黑生产线，一套15万吨/年煤焦油深加工装置，并配套有尾气发电、中心检验室、科技创新研发中心和品质保障客户服务中心。

邵阳生产基地位于湖南省邵阳市双清区田家栗山，于2006年建成投产，注册资本1000万元，占地面积280亩，现有两条年产2.5万吨湿法炭黑生产线，并配套有发电分厂和产品原料检验检测中心。

飞虎炭黑公司以现代化企业形象管理理念和丰富的企业文化为基础经营管理企业，以“一流品牌、一流形象、一流服务、一流企业”为目标而不懈追求。公司秉承诚信合作，互惠互利，共创互赢的经营理念，以质量求生存，以信誉求发展，力争扩张生产规模，扩大产品市场占有率，欢迎各届朋友客商携手共进，共创辉煌。飞虎炭黑公司将为客户提供最优质的服务，为客户创造最大化的价值。

中国橡胶工业协会会员展示专版

浙江收获橡塑有

山东晨光胶带有限公司

地处曾子故里、石雕之乡的嘉祥县。北依水泊梁山，南邻微山湖。东临孔孟之乡曲阜，西接牡丹之乡菏泽。距日东高速入口10公里，距济广高速入口8公里，距济宁机场35公里，地理位置得天独厚。公司总投资2.5亿元人民币，占地面积300余亩，现有职工860人，其中研究员3人，高工15人，工程师32人。

公司引进国际先进输送带生产技术，购进先进的PVC、PVG、钢丝绳带、分层带生产线，同时先后与上海煤科院、青岛橡胶研究所等科研院所紧密合作，采用一流的橡塑配方，年可生产各种规格型号的矿用阻燃输送带580万平方米，是专业生产输送带的大型企业。

公司拥有国际先进，国内领先的钢丝绳带、分层带、PVC、PVG生产线6条，所有设备全部从国内大型上市公司引进，保持了行业领先地位，并引进青岛软控的信息技术，形成编织带芯、塑化、密炼机组（胶料、炭黑、油料、粉料的储存、称量、配料、投料、除尘）全计算机联动控制，并与压延机组，硫化生产线做到信息共享，完善了信息网络建设，实现了全自动化、智能化控制。

公司坚持依靠科技创新，立足市场，走质量兴企的发展路子。公司专业生产“晨光”牌输送带系列产品。主要产品分为钢丝绳芯输送带、分层织物芯输送带、整芯输送带三大系列。包括标准结构型、抗撕裂型、整体钢网型、EP聚酯帆布型、NN尼龙帆布型、PVC带、PVG带等7大类型。其中PVC带、PVG带、钢丝绳芯带拥有自主知识产权12项。公司2009年被授予山东省“守合同、重信用”企业。2010年公司技术中心被评为市级技术中心，2011年公司产品质量信用等级被评为“AAA”级。公司产品具有强力高、成槽性好、接头强度高、盖胶和芯体粘合强度高，耐摩擦、耐老化、耐冲击、抗静电等优点。“晨光”牌矿用阻燃带于2007年9月被评为“山东名牌”产品，“晨光牌”商标于2009年荣获“山东省著名商标”，2011年11月被山东省评为“高新技术企业”，2012年荣获“省级技术中心”、“山东省消费者满意单位”荣誉。作为行业的龙头企业，公司参与起草了MT914-2008新的行业标准。

地址:山东省嘉祥县梁宝寺镇驻地　全国服务电话:400-885-6060　网址:www.cgr-china.com

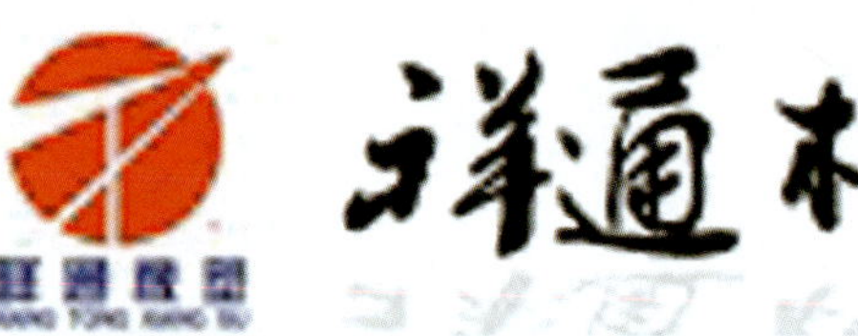

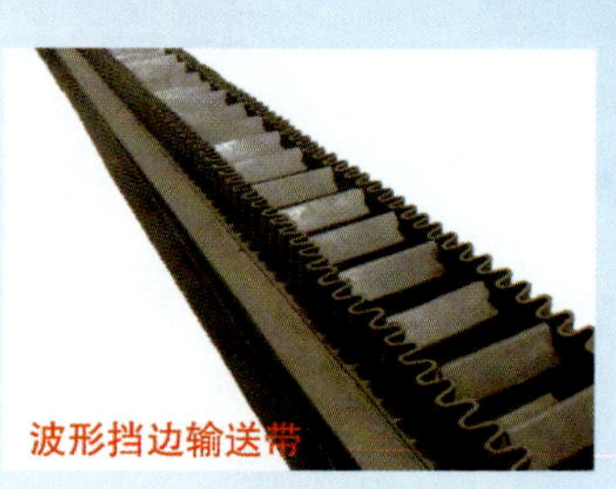

山东祥通橡塑集团有限公司是以生产各种品类、不同用途的橡胶输送带、橡胶密封件为主的橡塑、化纤制品的企业公司。公司成立于2003年5月6日，地址位于山东省济宁市高新技术产业开发区凯旋路1号。注册资本金1亿元人民币，总占地面积460亩。

山东祥通橡塑集团有限公司技术力量雄厚、设备先进，采取自主研发和引进相结合的发展策略，高起点、高水平、高质量的进行生产设备、生产工艺的改进，产品的内在质量和外观质量均已达到世界先进水平。集团下属山东祥通胶带有限公司、济宁祥通化纤有限公司、济宁祥通工贸有限公司3家企业。拥有规范的现代化生产厂区2个，有生产车间、厂房20余万平方米，国内先进的宽度2.6米及以下钢丝绳芯输送带生产线7条，鼓式及平板硫化机分层输送带生产线4条，生产宽度在2.0米及以下PVC、PVG阻燃输送带生产线8条，异形挡边输送带生产线2条，整体带芯编织机60余台，共计各类先进的输送带生产线21条，固定资产7.4亿元，是中国输送带生产行业中规模较大、发展潜力较强的专业化企业。公司现有员工856名，其中大中专生398名，专业技术人员126名。

先进的生产设备、专业化的管理团队、一流的工艺、一流的技术使山东祥通橡塑集团有限公司已成为国内同行业中具有较强竞争能力的企业，被行业和新老客户喻为中国橡胶输送带行业中的一匹“黑马”。全体祥通人有决心、有信心、有能力，以一流的技术、一流的品质、一流的服务、一流的信誉，全力打造“祥通”牌优质名牌输送带。

表面花纹输送带

钢丝绳芯输送带

PVC、PVG输送带

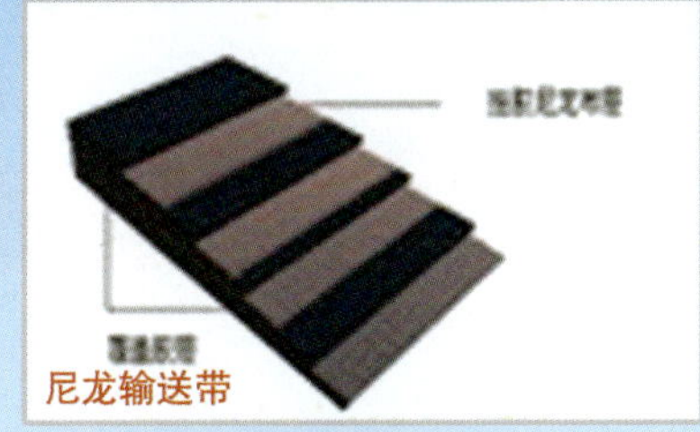

尼龙输送带

山东祥通橡塑集团有限公司经过近10年的发展，以过硬的产品质量、完善的售后服务赢得了广大用户的赞誉。公司已通过了ISO9001国际质量管理体系认证及ISO14001环境管理体系认证，产品在国内和国际市场上都占有较高的份额，远销美国、加拿大、德国、英国、澳大利亚、印度、印尼、泰国、巴西、南非、日本、中东等20多个国家和地区。

“质量铸造品牌、信誉赢得市场”，山东祥通橡塑集团有限公司用质量和信誉赢得了新老客户的关心支持和社会认同。山东祥通橡塑集团先后荣获“中国企业诚信经营示范单位”、“中国橡胶工业百强企业”、“中国输送带十强企业”、“全国质量、服务、信誉AAA级示范单位”、“中橡协胶管胶带分会副理事长单位”等荣誉称号。祥通牌产品先后被评为“山东省名牌产品”、“中国优质名牌产品”、“中国输送带领域具影响力品牌”、“山东省著名商标”等称号。

公司地址：山东济宁高新区凯旋路1号（祥通工业园）

电话：0537-2935111 2930111

传真：0537-2935111

邮编：272000

网址：www.sdxiangtong.com.cn

电子邮箱：sdxiangtong@163.com

分公司地址：山东省兖州市兖颜路鲁宝工业园

电话：0537-3771688

传真：0537-3778899

邮编：272107

潍坊市华东橡胶有限公司

全国免费服务热线：400-6785977

华东橡胶总经理：王克强

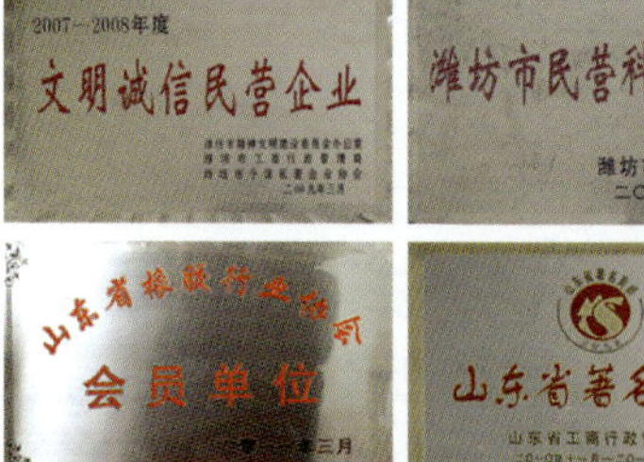

潍坊市华东橡胶有限公司，始建于1989年，位于中国“蔬菜之乡”的寿光市台头镇工业园。公司是集全钢、半钢子午线轮胎的研发、生产、销售、国际贸易于一体的大型轮胎企业。公司现有职工3000余人，工程技术研发人员360余人，高级工程师168人。下辖华东、昊华、金盾三大轮胎子公司，年产全钢子午线轮胎400万套，半钢子午线轮胎2400万套。

公司先后被评为：“山东省重合同守信用企业”、“山东省诚信企业”、“潍坊市重合同守信用企业”、“潍坊市诚信民营企业”、“潍坊市民营科技企业”，是“山东省橡胶协会会员”，金盾牌轮胎荣获“山东省著名商标”。公司产品通过了中国轮胎（CCC）、ISO9001及国际ECE、GCC认证。产品畅销全国，并出口销往中东、东南亚、欧洲和非洲30多个国家和地区。

公司始终坚持“和谐共赢”、“先做强后做大”、“以客户为上帝，以质量求生存”的经营理念，恪守“诚信为本、质量至上”的原则，为用户制造出性价比优，适应性好的优质产品，携全球广大客户，从成功到辉煌，共同走向美好的未来，为和谐社会做出应有的贡献。

公司地址：山东省寿光市台头镇
邮政编码：262735
销售热线：0536-2231268，2231266
全国免费服务热线：400-6785977
传真0536-2231600
公司网址：http://www.lanvigator.com

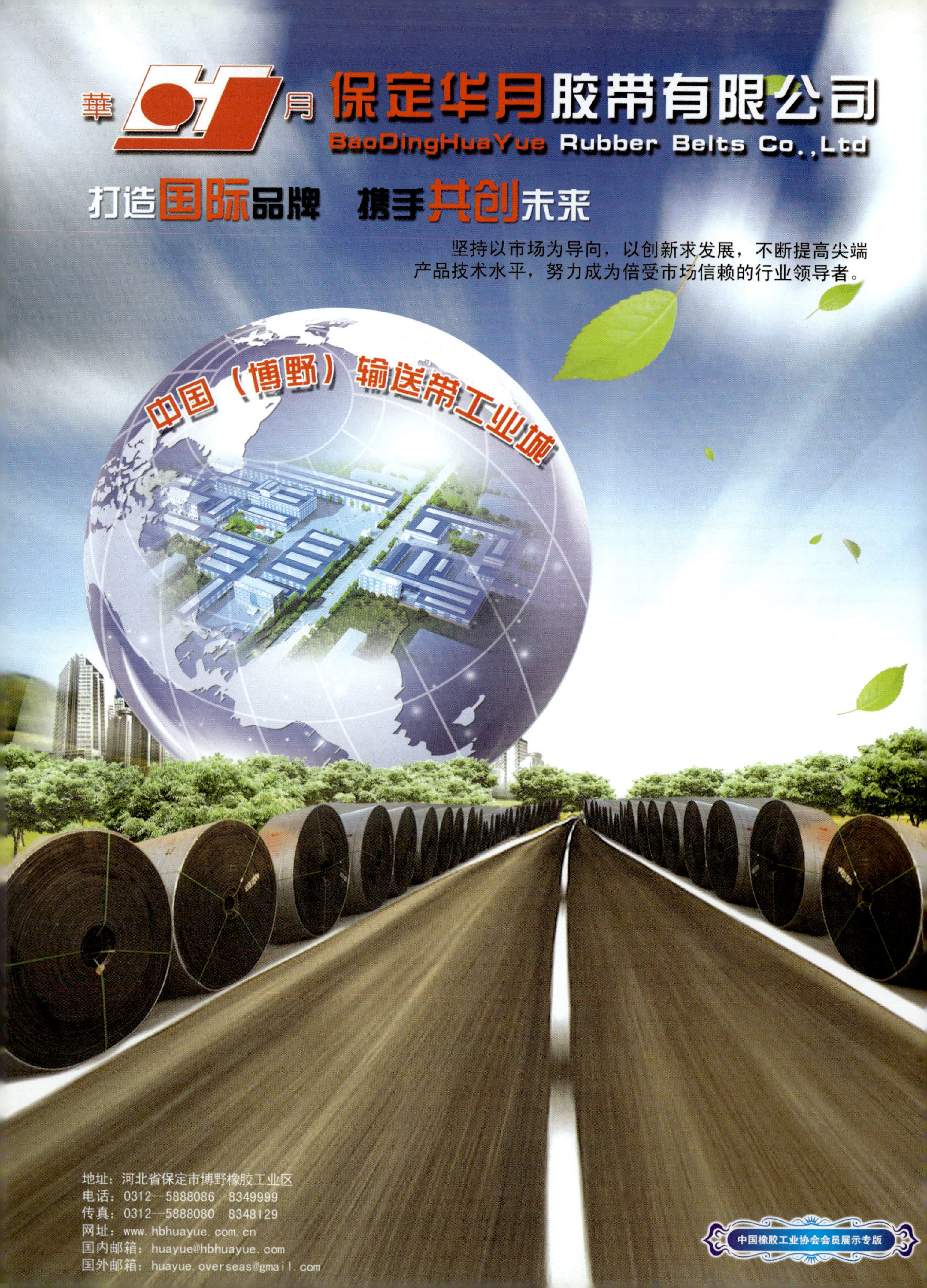

華 月
保定华月胶带有限公司
BaoDingHuaYue Rubber Belts Co.,Ltd
打造国际品牌 携手共创未来
坚持以市场为导向，以创新求发展，不断提高尖端
产品技术水平，努力成为倍受市场信赖的行业领导者。
中国（博野）输送带工业城
地址：河北省保定市博野橡胶工业区
电话：0312—5888086 8349999
传真：0312—5888080 8348129
网址：www.hbhuayue.com.cn
国内邮箱：huayue@hbhuayue.com
国外邮箱：huayue.overseas@gmail.com
中国橡胶工业协会会员展示专版

B MI 2708
DUNLOP

建新赵氏集团有限公司

一、企业简况

建新赵氏集团有限公司是一家专业生产汽车橡塑零部件的国家高新技术企业，其前身为宁海县建新橡胶厂，创建于1984年，1999年改制为宁海建新橡塑有限公司，2008年更名为建新赵氏集团有限公司，注册资金5000万元。拥有宁海建新密封条有限公司、宁海建新橡塑有限公司、宁波建新底盘系统有限公司等多家子公司。现有员工3200余人，2012年实现产品销售收入14.4亿元。

1、公司愿景：世界科研领先的汽车零部件提供商

2、发展模式定位：实现以技术创新驱动的经济发展模式，通过技术创新推动市场开拓，从而促进企业的经济发展

3、品牌定位：高新、高端

4、产品定位：行业同类产品A字的顶端

目前主要产品：中高档轿车密封条、减震件、底盘件等零部件

5、主要客户：一汽大众、上海大众、上海通用、武汉神龙、美国通用、克莱斯勒、德国大众、奥迪等。

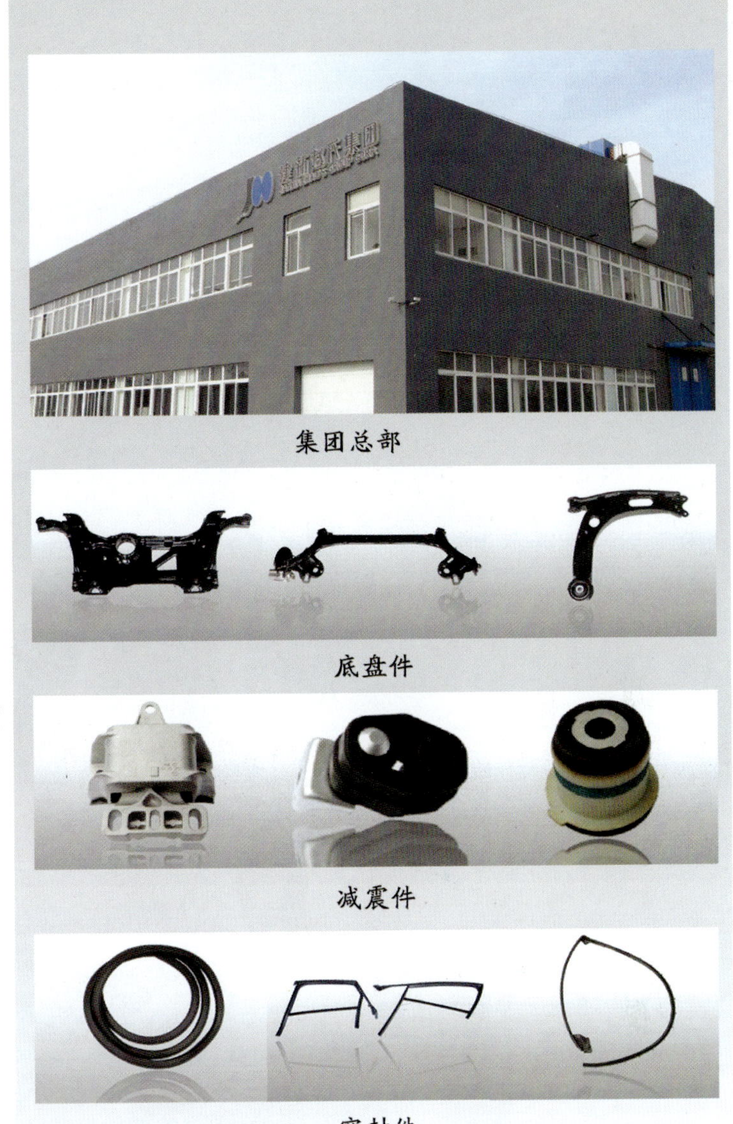

集团总部

底盘件

减震件

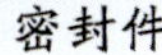

密封件

质量永远领先一步

中国石化集团南京化学工业有限公司（简称南化公司），是世界500强企业中国石化集团的全资子公司，创建于1934年。公司技术力量雄厚，拥有国家企业技术中心，先后荣获国家发明奖8项，国家科技进步奖及全国科学大会奖51项，部级科技进步奖100项。

经过近80年的发展，南化公司现已成为我国无机化工、有机化工、橡胶助剂、化学肥料、化工机械、催化剂、科研开发的重要基地，产品品种超过200个。其中橡胶助剂系列产品自我配套能力强，精细化程度高，自成上下游产业链，竞争优势明显，装置生产规模、技术水平在行业内处于领先地位。目前主要产品有橡胶防老剂TMQ（RD）、防老剂6PPD及防老剂4010NA等。企业通过ISO9001质量管理体系认证。

公司区位优势明显，交通便利快捷，拥有铁路专用线、专用码头和完善的储运系统，产品市场覆盖全国31个省、市、自治区，并远销欧美、东南亚等20多个国家和地区。

橡胶产品质量授信承诺书

【正本】

兰花牌 橡胶助剂 产品，经中国橡胶工业协会检测认定，符合质量授信条件，已核发该产品质量授信证书。被授信企业第一质量负责人向用户和社会公众郑重承诺：

1. 产品质量符合国家相关标准和企业内控标准，请用户放心使用；
2. 严格执行产品三包规定和售后服务规定，对用户负责；
3. 为保障消费者权益，请选用经质量授信的产品。

特此承诺。

证书编号：　QA-ZJ-09

企业法人代表：　[illegible]

中国石化集团南京化学工业有限公司

地址：南京市六合区葛关路189号

销售热线：025-57765909　传真：025-85239366

海丽化学成立于2000年，是专业的化学助剂、化工原料销售商，是一家代理和自主研发相结合的高科技企业。

海丽化学以“做中国专业的化学原料销售商”为企业愿景，先后获得中石化上海高桥精细化工DCP广东总代理及全国经销、美锌氧化锌全国总代理、台湾台懋活性氧化锌大陆总代理、德国巴斯夫丁苯乳胶全国代理等知名品牌的代理权，以及阿克苏诺贝尔过氧化物、德国莎哈利本钛白粉的代理销售业务。

海丽化学客户群包括鞋业、橡胶制品、力车胎、胶管胶带、电线电缆、EPS、电池、丁腈手套、涂覆磨具、碳雕工艺品、乳胶制品等行业。

“有理想才有目标，有行动自必会有成果”，经过十多年的发展，海丽化学总部设在广东东莞松山湖高新区，并在昆山、重庆、成都、泉州、福州、天津、青岛、临沂、衡水、台州、扬州、宁波、武汉等国内重要区域经济中心城市成立分公司及代表处，营销和服务网络遍及国内大部分地区，另外在越南胡志明市设立了代表处，并辐射东南亚大部分区域。

海丽化学在致力于销售网络建设的同时，全力投入技术研发体系的建设，成立技术中心，拥有橡胶实验中心、塑料实验中心、化学分析中心，配备有相关的实验设备和经验丰富的高学历研发人员，从事产品的检测、解析、研发及售后服务，为提高客户产品性能和优化生产工艺流程提供优质的服务，赢得众多品牌客户的赞誉。

产品系列：

A. 氧化锌系列（活性和间接氧化锌）B. 架桥剂系列（DCP、BIPB、TAIC）C. 发泡剂系列（高温、中温、低温和环保型发泡剂）D. 耐磨剂系列（型号为662、663、668等）E. 颜料系列（钛白粉、增白剂）F. 橡塑原料（轻质料、高弹料、EVA副牌料、玻璃胶等）G. 功能性助剂系列（快速料、流动助剂、抗收缩剂、增粘剂、橡胶分散剂、防喷霜剂、止滑剂、除氨剂、油酸酰胺和芥酸酰胺等）H. 树脂（古马隆、增粘树脂）I. 乳胶系列（丁苯乳胶、丁睛乳胶等）。

产品图片

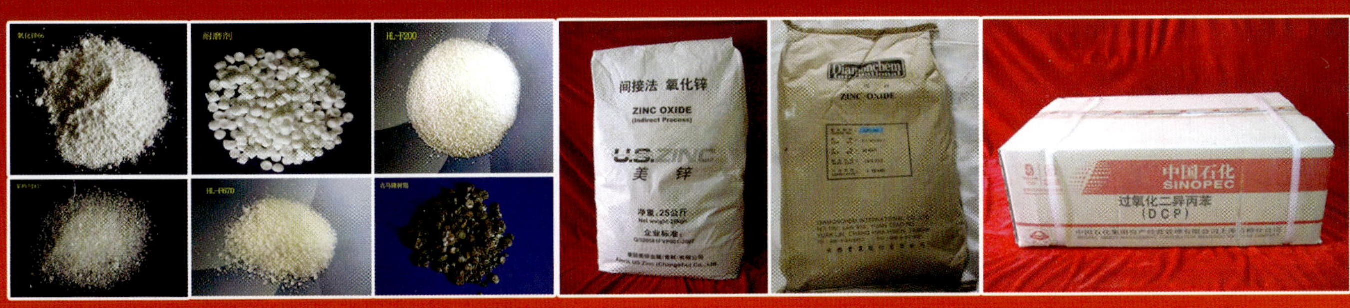

东莞市海丽商贸有限公司（总部）

地址：东莞松山湖科技产业园区生产力大厦1楼

电话：0769-23075188

传真：0769-22489117

网址：www.hailichem.com

E-mail:haili@hailichem.com

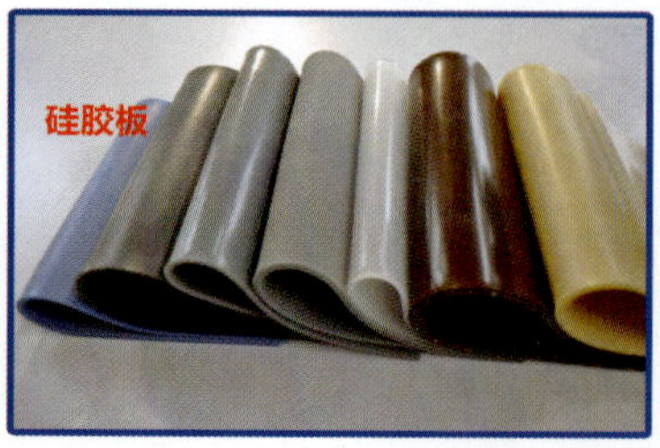

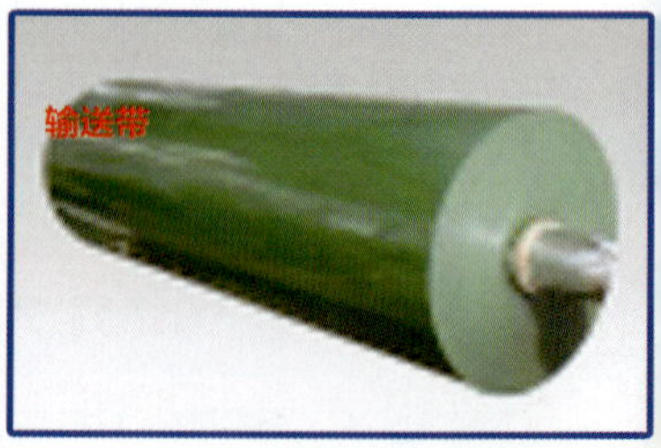

兴源集团地处全国百强县、孙武故里的东营市广饶县。是山东省优质产品生产基地龙头骨干企业。

集团创始于1994年，核心企业为兴源轮胎集团有限公司，辖10个子公司和一处三星级宾馆。是以轮胎制造为主导产业，集轮胎制造、内胎生产、国际贸易、热电联产、新型墙体、新型建材、精细化工、餐饮娱乐、新产品研发为一体，多元化经营的大型股份制民营企业集团，现有职工6800余人，工程技术人员680余人。

目前集团已形成年产580万套全钢载重子午胎、20万套全钢工程子午胎、15万套斜交工程胎、2万条巨型工程子午胎、年发电量12亿千瓦时、年产汽量300万吨的生产能力。主要有“兴源”、“华鲁”、“HILO”、“安耐特”、“国宝”、“强威”、“广大”、“AMBERSTONE”八大主导品牌，集团公司及产品已通过ISO/TS16949、ISO9001质量管理体系认证，ISO14001环境管理体系认证，CCC认证，17025国家实验室认可，美国DOT认证，欧洲ECE认证，巴西INMETRO认证，印度BIS认证，肯尼亚ITS认证，沙特GCC认证。

经过十几年的发展，集团公司已开发出18大系列、80多种规格、130多个花色品种的全钢载重/工程子午胎、斜交工程胎，相继在欧盟、美国、澳大利亚、南非、加拿大、中国等国家和地区自主知识产权62项，获得了61项自主知识产权。并在全国建立了100多个销售点，形成了覆盖国内30多个省市自治区、国外100多个国家和地区的销售网络。

兴源集团始终秉承“诚信立业，造福社会”的企业理念，以振兴民族工业为己任，着力打造中国轮胎产业知名品牌。先后获得“山东省橡胶行业综合实力50强企业”、“中国诚信经营企业”、“消费者满意单位”、“AAA级信用企业”、“国际化经营先进企业”、“2009年全国橡胶行业轮胎企业销售额第六名”、入围“全球轮胎75强”、“高新技术企业”、“海关A类企业”等荣誉称号。其中，公司生产的“华鲁”、“HILO”牌全钢载重子午胎、工程胎还被评为山东省名牌产品、山东省著名商标、山东省重点培育和发展的出口名牌，“华鲁”商标被认定为“中国驰名商标”。

华鲁
中国驰名商标
国家工商行政管理总局商标局
二〇一二年四月

2011-2013年重点培育和发展——
山东国际知名品牌
品牌：HILO
企业：兴源轮胎集团有限公司
山东省商务厅
二〇一二年一月

证 书
授予：兴源轮胎集团有限公司
创建山东省优质产品生产基地龙头骨干企业。
2011年12月

新东岳集团

青岛科技大学高分子学院辛振祥院长一行来公司调研

中国橡胶工业协会领导范仁德为李勇董事长授牌

行业技术专家组组长廖炳万一行到公司指导工作

新东岳集团是以生产经营轮胎、电动车、还原胶、橡胶机械、食品、房产开发与小额贷款于一体的现代化集团公司。集团位于五岳之首泰山西麓，风景秀丽的东平湖畔，济菏高速和105国道的交汇处，地理位置优越，交通便利。集团始建于1958年，2003年改制为民营企业。公司现有员工2600余人，各类专业技术人员500余名，高级顾问和专家组成员10名，企业占地面积58万平方米。集团下设：新东岳集团有限公司、山东东岳电动车有限公司、山东新东岳置业有限公司、山东新东岳再生资源科技有限公司、山东八里香食品有限公司、东平县银泰小额贷款有限公司、东平永立商贸有限公司、山东新智机械有限公司八个子公司。

新东岳集团在董事长李勇的带领下不断发展壮大。十年砥砺，铸就辉煌：企业先后通过了ISO9001质量管理体系、ISO14001环境管理体系、GB/T28001职业健康安全管理体系认证，摩托车胎"3C"国家强制认证及美国DOT标准认证；"东岳"牌轮胎先后获得"山东名牌"、"中国名牌"荣誉称号，"东岳"商标先后被认定为"山东省著名商标"、"中国驰名商标"；企业技术中心被评为"省级技术中心"；公司被评为"中国AAA级重质量守信用企业"、被山东省总工会授予"红旗单位"、被中华全国总工会授予"模范职工之家"荣誉称号。依靠雄厚的实力，公司入选"中国橡胶工业百强企业"，排名上升至第四十位，"东岳"品牌被评为"中国橡胶工业协会推荐品牌"，企业当选为新一届"中国橡胶工业协会力车胎分会理事长单位"，董事长李勇当选为中国橡胶工业协会副会长、力车胎分会理事长。

新东岳集团牢固树立"追求卓越、创造完美"的质量观，坚持"质量代表人品、质量代表道德、质量代表良心"的管理理念。秉承"市场零距离、客户零投诉"的服务理念，新东岳集团科学规范建立客户服务体系，多渠道进行客户满意度调查，不断满足客户需求，解除客户后顾之忧。依靠卓越的品质和优质的服务，公司产品畅销全国各地，并远销海外10多个国家和地区。公司将继续视产品质量为企业生命，不断加强自主创新，不断满足市场需求，不辜负社会各界朋友和广大客户多年来对新东岳集团的关爱与支持。期待我们真诚合作，共赢美好未来。

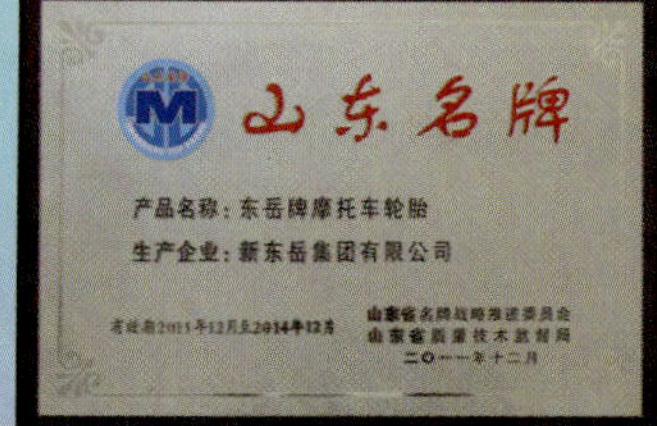

地址：山东省东平新东岳工业园 电话：0538-2821032
传真：0538-2821338 邮编：271500
网址：www.xindongyue.cn 邮箱：dongyuegongsi@163.com

TOYO TIRES 东洋轮胎

driven to perform

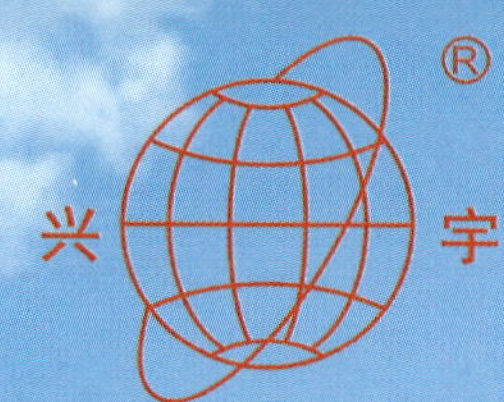

唐山兴宇橡塑工业有限公司

Tangshan Xingyu Rubber&Plastic Industry Co.,Ltd.

河北省著名商标企业

河北省工商行政管理局
二〇一〇年十二月

唐山兴宇橡塑工业有限公司位于京、津、唐三角中心地带的玉田县城，地理位置得天独厚。始建于1992年，下设天然再生胶厂、天然内胎厂、丁基再生胶厂、丁基内胎厂、胶粉厂五个分厂，一个橡胶制品研究所，总占地面积20万平方米，企业员工1500多名，其中工程技术人员180多名，是集科、工、贸为一体的橡胶系列产品的综合企业。公司现为中国橡胶工业协会主席团成员、中国轮胎翻修与循环利用协会副会长单位，中国废旧橡胶循环利用示范单位，被行业专家认定为中国北方较大的废旧轮胎综合利用与内胎专业化生产基地。2011年9月公司被确定为国家“城市矿产”示范基地。

公司主导产品为“兴宇”牌胶粉、再生橡胶、内胎及垫带，分为天然橡胶、丁基橡胶两大系列，100多个品种，年产各种天然再生胶、丁基再生橡胶7万吨，各种汽车、农用车、工程车内胎1200万条。销售网络遍布全国28个省市自治区，为国内多个知名轮胎厂家配套，并远销东　　南亚、中东等十几个国家和地区。

公司设备一流、技术先进，采用现代企业管理制度，具有完善的质量保证体系及严格的检测手段。公司已顺利通过了ISO9001质量管理体系认证；公司产品通过了CQC产品质量认证，企业技术中心被确定为河北省企业技术中心。公司产品被评为“中国橡胶工业协会推荐品牌”、“全国知名内胎十佳名优品牌”，“兴宇”牌商标被评为“河北省著名商标”。

公司董事长、总经理高世兴先生携全体员工以“团结、奋进、务实、创新”的企业精神和“实实在在为人，公道合理做事”的经营理念，真诚欢迎新老客户光临回顾，共谋发展。唐山兴宇橡塑工业有限公司以“国际品质、本土价位”的经营理念，不断为用户提供尽善尽美之产品和臻达之服务。

厂址：河北省唐山市玉田县城北马头山工业园区　邮编：064100　电话：0315-6166836 6169378
传真：0315-6166836　热线电话：400-6522-365　网址：www.tsxyxs.com
邮箱：xyxs_9681@163.com

湖北福星科技股份有限公司

HUBEI FUXING SCIENCE AND TECHNOLOGY CO.,LTD

钢帘线设备

2012年橡胶协会推荐品牌产品（钢帘线）

湖北福星科技股份有限公司经过33年发展，现已成为国家大型企业、国家重点高新技术企业、湖北省“巨人工程”企业、A股上市公司。先后获得“全国五一劳动奖状”、“全国质量管理先进单位”、“全国守合同重信用单位”、“全国诚信守法乡镇企业”、“全国文明示范乡镇企业”、“中国具挑战潜力十大民营企业”、“中国优秀诚信企业”、“全国文明单位”等荣誉，从2005年开始，连续被评为“中国工业行业排头兵”。公司主要生产钢帘线、预应力PC钢绞线、钢丝绳、轮胎钢丝等四大系列、80多个品种、1000多种规格的产品，新开发年产5000吨单（多）晶硅片切割钢丝，年生产能力为35万吨。现拥有员工6000多人，资产总额185亿元。2011年，金属制品业实现营业收入18.8亿元，出口创汇1523万美元。

质量管理通过了ISO9001:2008、ISO/TS16949:2009、英国劳氏船级社、欧盟CE认证，“福星”商标被认定为“湖北省著名商标”和“中国驰名商标”。“福星”牌钢帘线、PC钢绞线被中国钢铁工业协会评为冶金产品实物质量认定金杯奖；“福星”牌钢帘线被评为2012年度中国橡胶工业协会推荐品牌产品。

企业地址：湖北省汉川市沉湖镇福星街1号
邮　　编：431608
公 司 办：0712-8740058
传　　真：0712-8740089
销售电话：0712-8740098　0712-8740078
企业网址：www.chinafxkj.com

厦门正新橡胶工业有限公司

厦门正新橡胶工业有限公司属台商独资企业，是台湾正新橡胶工业股份有限公司通过英属开曼群岛玛吉斯国际有限公司转投资之独资公司，创建于1989年5月26日，注册资本7000万美元，1991年12月19日建成开业，各级领导参加了公司开业盛典。公司占地面积30万平方米，目前注册资本1.75亿美元，投资总额已达5.25亿美元。公司于1992年3月投产，主要生产自行车内外胎、摩托车内外胎、农工车内外胎及汽车内外胎等橡胶制品。

轮胎工业是资本密集、技术密集和劳力密集型的工业。本公司不仅拥有世界先进水平的设备和技术以及高效率的管理，而且坚持“诚实经营，品质至上，制造好产品，贡献人类”的经营理念，不断落实“品质至上，顾客满意”的品质方针，按照国际标准，产制高质量的轮胎，产品质量已于1992年6月15日获得美国交通部认可，符合美国交通部公路交通安全标准DOT标志产品；1994年8月又同时通过ISO9002质量体系国际评审、国内评审，并取得合格证书；1996年12月获欧洲经济共同体E-MARK标志；2000年8月又通过美国汽车行业QS9000品质系统标准认证，产品质量和质量管理已达到国际先进水平；2002年9月又通过国家强制性产品3C认证；“正新”及“CST图形”商标、“樱花”商标及“（樱花）图形”商标分别于2004年11月、2010年01月和2012年04月被认定为“驰名商标”。产品畅销世界各地，出口创汇逐年增长，各项经济指标居全国同行业的前列；企业历年被评为优秀外商投资企业、全国外商投资双优企业。为进一步发展正新轮胎国际集团，台湾总公司又于1993 年在江苏省昆山开发区创立了“正新橡胶(中国)有限公司”，总投资为3.15亿美元。2001年厦门正新又投巨资与厦门海燕实业有限公司、日本东洋橡胶工业株式会社合资创办“厦门正新海燕轮胎有限公司”，2004年一月又成立“厦门正新实业有限公司”，于2010年同时创建“正新（漳州）橡胶工业有限公司”及“正新（漳州）机电工程有限公司”。目前正新轮胎已成为家喻户晓的世界品牌，正新轮胎国际集团在国内外已享有较高声誉。

浙江奋飞橡塑制品有限公司

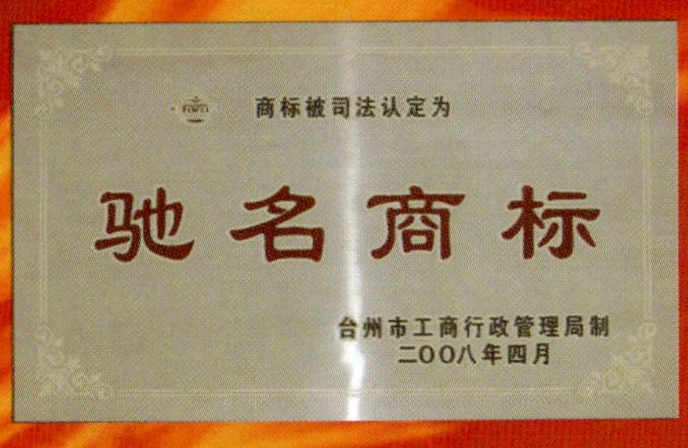

浙江奋飞橡塑制品有限公司座落于美丽的东海之滨、三门湾畔，北临杭、甬，南临温州，海、陆、空交通便利，是一家专业生产各种线绳V带和系列输送带产品的大型民营企业。

公司创建于1988年，占地面积约166500㎡，拥有国内先进的普通V带生产流水线及国内领先的运输带生产流水线，具有年产普通V带1.5亿A米、各种规格输送带1500万㎡的生产能力，产品出口占40%。公司已通过ISO9001质量管理体系、ISO10012计量检测管理体系、ISO14001环境管理体系、OHSAS18001职业健康安全管理体系等质量体系认证和企业标准化良好行为、产品采标、产品认证、企业质检机构认证、产品质量授信等方面的专业认证。

我公司是全国较大的橡胶制品生产企业之一，生产各种高性能输送带、传动带。公司按照中国国家标准组织生产，产品质量达到先进国家的技术标准，产品畅销国内市场，远销美、欧、中东、非洲及东南亚等国家和地区。

公司设有专门从事产品研究、设计、开发的功能性输送带市级高新技术研究开发中心，具备独立开发各类胶带新产品的能力。公司拥有先进的橡胶制品生产设备和优秀的管理团队，通过技术创新和管理创新不断提升企业竞争能力，以保持在国内橡胶制品行业强有力的竞争地位，赶超先进水平。

董事长兼总经理：郑志柳

主要产品

●普通V带 ●窄V带 ●阻燃V带 ●联组V带 ●农机V带
●普通输送带 ●耐高温输送带 ●耐油输送带 ●耐酸碱输送带 ●耐寒输送带 ●管状输送带
●耐热钢丝绳提升带 ●聚酯阻燃输送带 ●普通钢丝绳输送带 ●耐热钢丝绳芯输送带
●MT668煤矿井下用阻燃钢丝绳芯输送带 ●防撕裂聚酯输送带 ●防撕裂钢丝绳输送带
●耐灼烧聚酯输送带 ●耐灼烧钢网整芯输送带 ●特种花纹输送带 ●大宽度橡胶密封覆盖带
●鼓式硫化特种薄型输送带 ●特殊结构糙面输送带

内蒙古富特 FUTE INNER MONGOLIA
内蒙古富特橡塑机械有限公司
地址：内蒙古自治区呼和浩特市金川开发区
INNER MONGOLIA FUTE RUBBER & PLASTIC MACHINERY CO., LTD.
ADD: JIN-CHUAN DEVELOPMENT DISTRICT

内蒙古富特 FUTE INNER MONGOLIA
邮编：010080
电话：(0471)3601088
传真：(0471)3601969
Http:www.sinofute.com
HOHEHOT INNER MONGOLIA
CHINA P.R. 010080
TEL: (0471)3601088
E-mail:futerpm@vip.163.com

欧亚管业股份有限公司

欧亚管业股份有限公司是一家专业从事液压增强软管研发与生产的高新技术企业，是中国橡胶工业协会胶管胶带分会副理事长单位，通过了ISO9001质量体系认证和美国石油学会API认证，“欧亚”商标是河北省著名商标，“欧亚”牌胶管是河北省名牌产品，“欧亚”牌钢编胶管是中国橡胶工业协会推荐品牌。

公司主要生产钢丝缠绕胶管、钢丝编织胶管、钻探胶管、阻燃耐火高压胶管、海洋高压输油胶管、注水封孔器、海洋采油平台防腐立管等八大系列产品，年生产能力800万标米，先后被中国橡胶工业协会命名为“中国胶管十强企业”和“中国橡胶工业百强企业”。

公司技术力量雄厚，与大连理工大学、河北工业大学等科研院校建立了协作关系，成立了河北省橡塑研究所和河北省柔性特种管工程技术研究中心，每年都推出5项以上的新技术、新产品，共有11项产品获得自主知识产权，5项产品被评为国家重点新产品，6项产品获得省、市科技进步奖。

公司工艺装备先进，从韩国、意大利引进了缠绕机、编织机、爆破试验台、脉冲试验台等先进的生产、检测设备，除能生产国家标准的产品外，还可生产SAE和DIN等国际标准的产品。产品畅销国内二十多个省、市、自治区的石油、矿山、冶金、工程机械等领域，部分产品远销美国、俄罗斯、加拿大、阿根廷等国家。

公司先后被命名为河北省小巨人企业、河北省高新技术企业、河北省民营科技十强企业、河北省产业集群龙头企业、河北省质量效益型先进企业、河北省重合同守信用企业、AAA级信用企业等荣誉称号。

地　　址：河北省景县景新大街北侧
邮　　编：053500
电　　话：0318-4222310　4398333　4267899　4223612
传　　真：0318-4568777　4225288
网　　址：www.ouyahose.com
电子邮件：sales@ouyahose.com

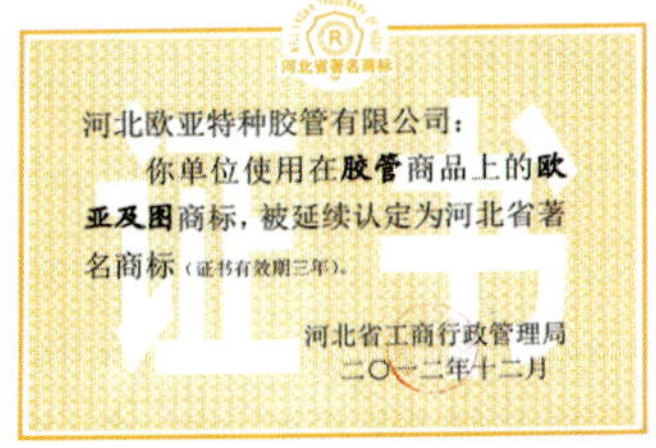

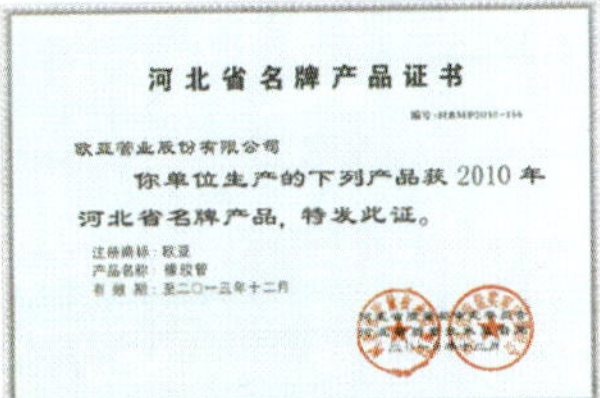

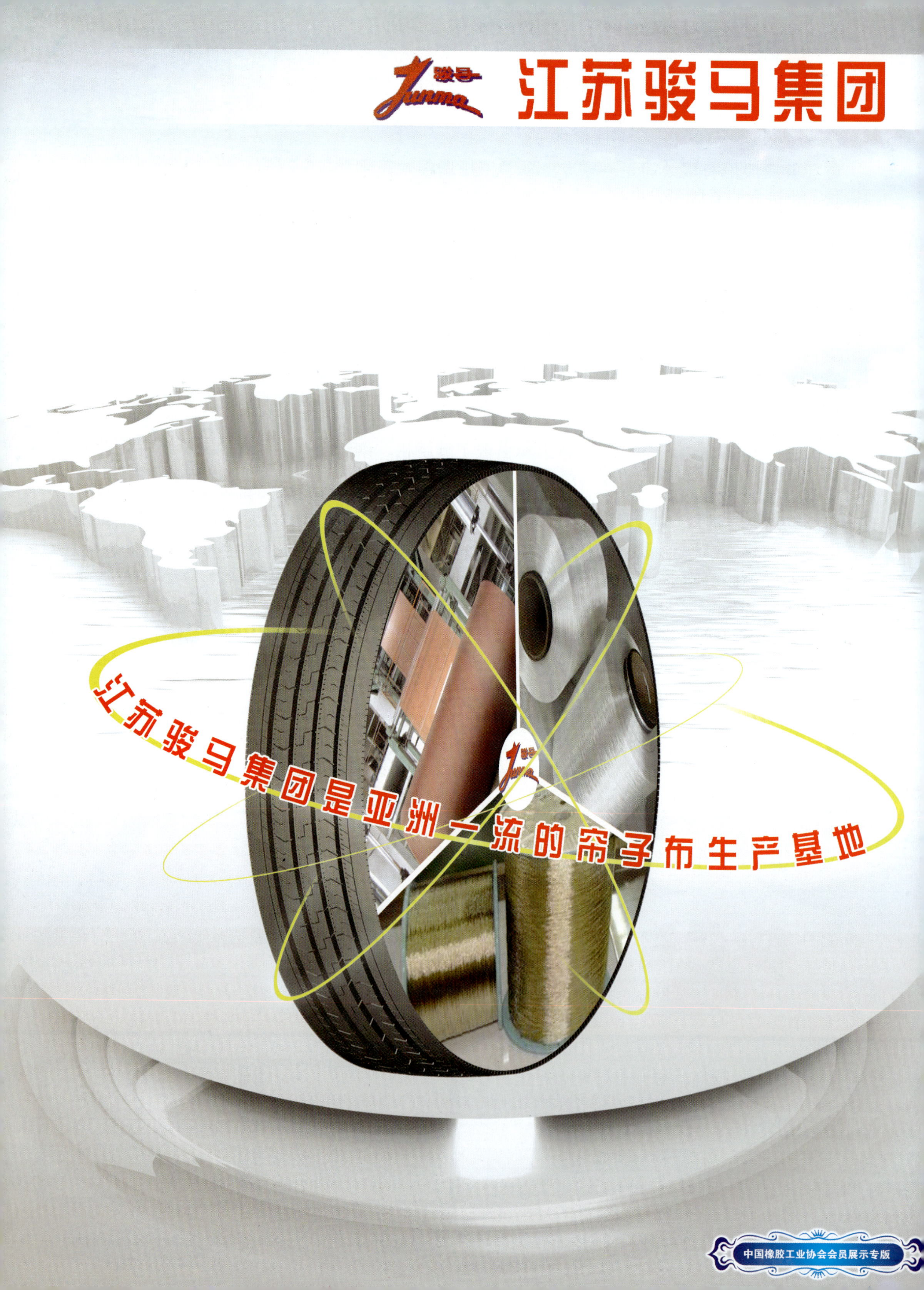
骏马
Junma
江苏骏马集团
江苏骏马集团是亚洲一流的帘子布生产基地
中国橡胶工业协会会员展示专版

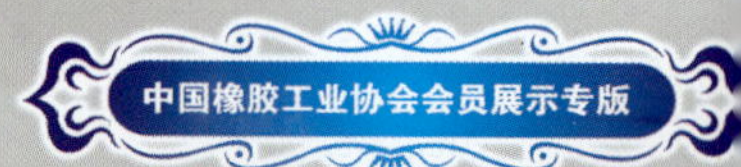

安徽中意胶带有限责任公司

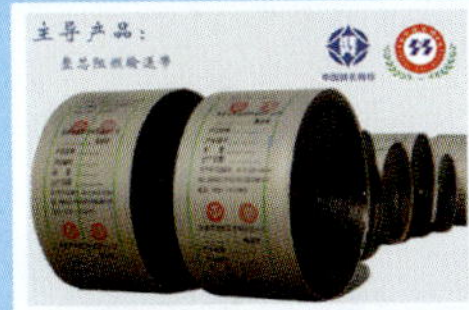

整芯阻燃输送带

阻燃带生产线

钢丝绳芯输送带生产线

整体带芯生产线

公司厂区掠影

新春联欢会

安徽中意胶带有限责任公司是国内专业生产输送带的大型胶带企业，是中国橡胶工业协会胶管胶带分会副理事长单位。企业注册资金壹亿零壹佰捌拾捌万元（1.0188亿元）。公司现拥有两条橡胶分层输送带生产线、四条钢丝绳芯输送带生产线和四条整芯阻燃带生产线。中意胶带公司目前是国家高新技术企业，安徽省高分子材料及制品工程实验室，安徽省矿用输送带工程技术研究中心，同时还是全国胶带行业橡胶科研博士后工作站。现在公司能生产各类输送带1680万m^2，生产各种橡胶制品、胶辊、筛网3000吨，其中从法国引进了国际先进的聚氨酯无模浇注煤矿井下用聚氨酯阻燃胶辊，是国内较少有此生产技术的企业。公司产品年销量连续十二年居全国同行业前列，连续五年被中国橡胶工业协会胶管胶带分会评定为中国“输送带十强企业”。

公司于2009年获全国五一劳动奖状，2011年获安徽省“模范劳动关系和谐企业”荣誉称号。公司“淮兴”牌橡胶分层、织物整芯、钢丝绳芯三大系列的高强力输送带于2007年获中国橡胶协会质量授信证书，同年被评为中国名牌产品。2012年“淮兴”商标以其品牌公信力强、市场占有率高、消费者口碑好、在行业内长期处于领先地位等众多优势被授予中国驰名商标。

公司坚持科技兴企之路，靠不断的技术创新来增强市场竞争力，先后完成了二十余项国家、省、市级科研成果，荣获国家及省市科技进步奖十五项，有四个国家新产品，六个省级新产品和十三项自主知识产权。公司有完善的质量保证体系和售后服务体系，先后通过ISO9001质量体系认证、ISO14001环境体系认证、ISO18001职业健康安全体系认证、计量检测体系认证和标准化体系认证，十几年来，一直保持安徽省质量管理奖的称号，2010年获市长质量奖，2011年获安徽省卓越绩效奖。

电话：0561-3022135
邮箱：ahzyjd@163.com
地址：安徽省淮北经济开发区淮海东路157号
网址：http://www.ahzhy.com/

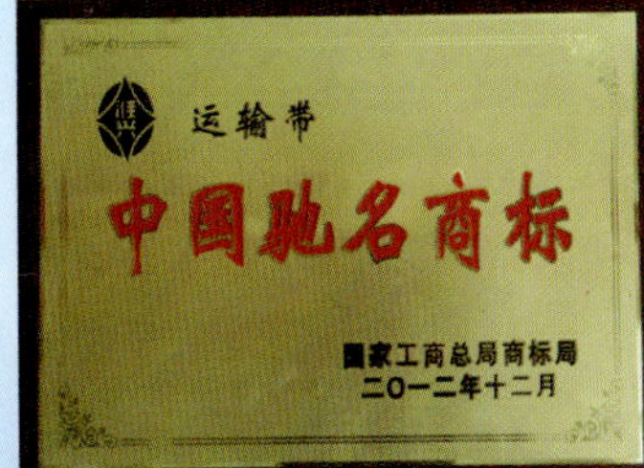

中国驰名商标

全国五一劳动奖状

中国输送带十强企业

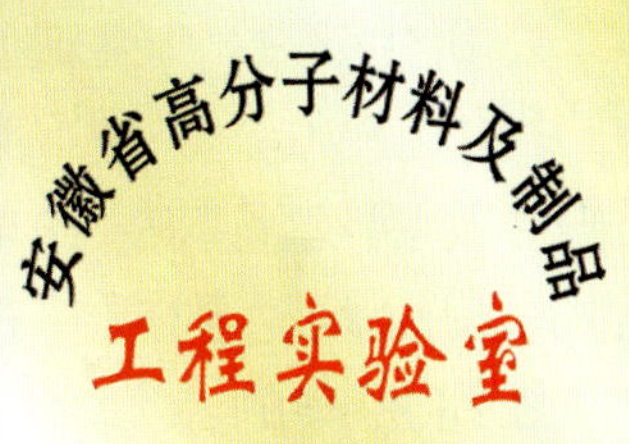

工程实验室

国家高新技术企业

安徽中意胶带有限责任公司
博士后科研工作站
（博士后创新实践基地）
POSTDOCTORAL PROGRAMME
安徽省人力资源和社会保障厅
二〇一〇年十二月

博士后科研工作站

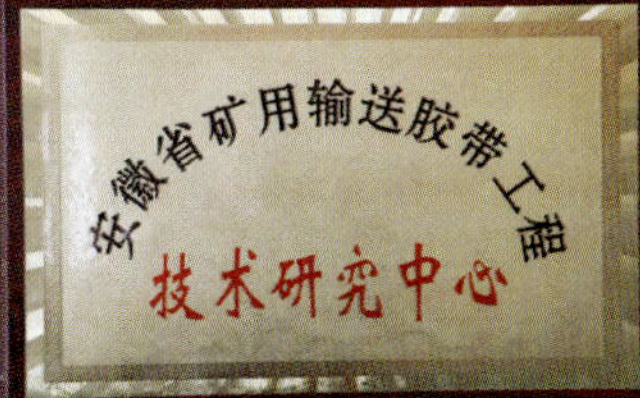

技术研究中心

安徽中意胶带有限责任公司
2012年
安徽省诚信企业

安徽省诚信企业

中意胶带 中国名牌
ZHONG YI RUBBER BELTS CHINA TOP BRAND

安徽中意胶带有限责任公司
ANHUI ZHONGYI RUBBER BELTS CO.,LTD.

京博 JINGBO 保定京博橡胶有限公司

保定京博橡胶有限公司始建于1990年，注册资金8800万元，位于中国（博野）输送带工业城区，现为中型股份制企业，是中国橡胶工业协会理事单位。公司拥有员工680人，现代化硫化生产线12条，分设织布、炼胶、压延、成型、硫化、质检和实验室等18个车间科室，设备先进，实力雄厚，公司现与北京多家科研院所合作，研发了多项新产品，为公司持续发展提供了技术支持。

保定京博橡胶有限公司是河北省化工行业重点企业，已于2002年通过了ISO9001:2000质量管理体系认证，2008年通过GB/T28001-2001职业健康安全管理体系认证和ISO14001-2004环境管理体系认证。“京博”商标注册于1997年8月，多年来公司多次被评为“重合同守信用单位”、“河北省质量信得过企业”、“河北省消费者信得过单位”、“河北省质量无投诉单位”。2003年公司产品被授予“河北省名牌产品”和“河北省优质产品”。注册商标“京博”也于2005年被认定为“河北省著名商标”。2012年“京博”商标被认定为“中国驰名商标”。

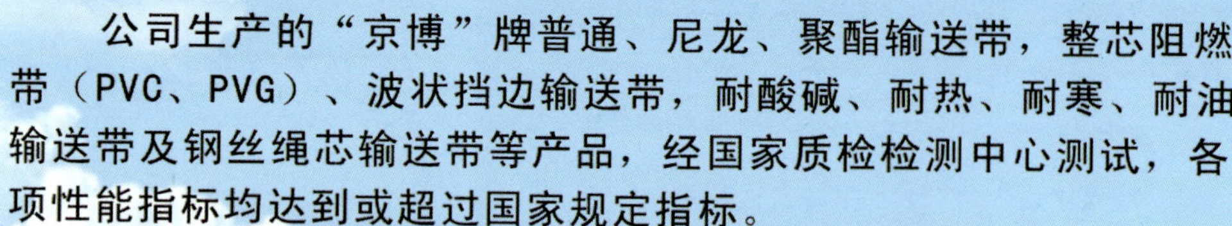

公司生产的“京博”牌普通、尼龙、聚酯输送带，整芯阻燃带（PVC、PVG）、波状挡边输送带，耐酸碱、耐热、耐寒、耐油输送带及钢丝绳芯输送带等产品，经国家质检检测中心测试，各项性能指标均达到或超过国家规定指标。

公司生产的京博牌输送带远销全国30多个省市自治区。公司在站稳国内市场的同时，开始不断开拓国际市场。公司恪守“质量至上，用户至上”的宗旨，生产满足客户需要的精品是我们的基本工作，为客户带来实实在在的效益则是我们追求的最终目标。公司以质量取胜市场，以创新求得发展，以管理获取效益。

京博以开放的胸怀欢迎四方有志之士的加入！

网址：http://hbjingbo.com　　电话：（+86）312-8348888　8349903

东海橡塑（合肥）有限公司

TRFH CO., LTD.

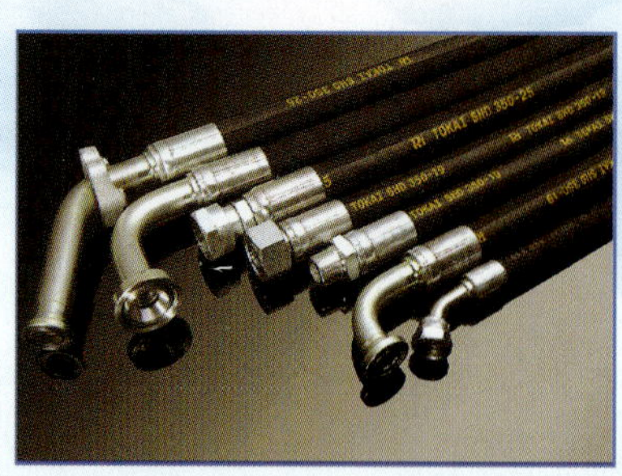

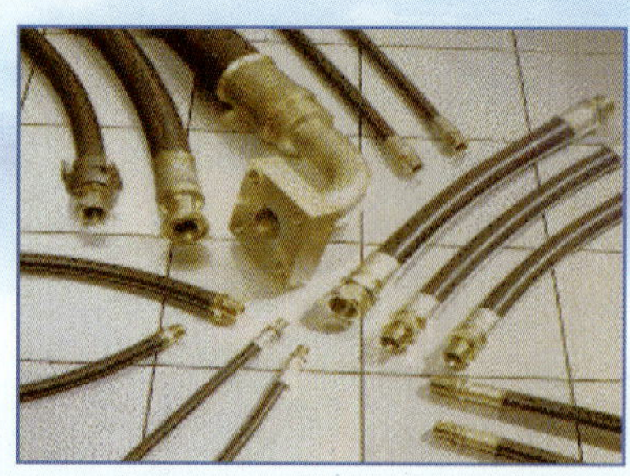

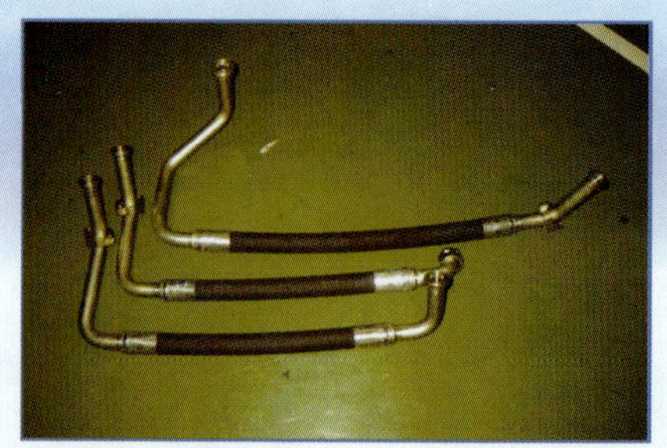

东海橡塑(合肥)有限公司是日本汽车用减震器及软管的生产厂家[东海橡胶工业株式会社]与其主要销售代理店[富国物产株式会社]联合投资的日本独资企业。东海橡胶在世界9个国家拥有20个生产厂点，是汽车用及各种产业用橡胶•塑料零部件的制造厂家。为对应以中国建设机械为主的各种生产设备等市场扩大的需求，公司在投资环境优越的安徽省合肥市经济技术开发区选址，生产、销售高技术的油压机器控制用高压软管组件及相关产品。自1995年东海橡胶在中国开展事业以来，公司成为第15个生产基地。

自2005年3月份量产以来，公司在国内建立了以建设机械为主，包括挖掘机、叉车、数控机床、混凝土搅拌车、混凝土泵车、橡胶硫化机等多行业的客户群。所生产的高压油管及相关产品同时出口美国、巴西、印度、日本、印度尼西亚等国。

因市场需求及公司规模的不断扩大，在增强接头及组装能力的基础上，2007年在同一开发区内购买了新的土地，开始建设高压软管本体生产工厂。随着新软管本体工厂在2008年1月开始量产，公司率先在日系企业中实现了在中国的软管、接头、组装的全面生产。新软管工厂的运作，将能够迅速应对世界范围内急剧增长的需求，也从而确立了在东海橡胶集团内做为第2大高压软管全球基地的供应体制。

2011年11月，为了应对中国工程机械市场的快速发展，也为了近距离为客户提供更好的服务，东海橡塑（合肥）有限公司常州分公司正式成立并营业运行，集中、快速地为华东地域客户提供东海橡塑的产品及服务。截止2012年底，又对软管工厂、接头工厂进行扩建，加大设备投资，提高生产产能，以更好地满足不断增长的客户需求。

TRFH is the Japanese enterprise invested by Tokai Rubber, which is the largest manufacturer of anti-vibration rubber and hoses for automobiles in Japan, together with its major sales agent Fukoku-Bussan in 2004. As one of the leading companies of automotive、 industrial use rubber and plastic parts, Tokai Rubber has established 20 production bases in 9 countries across the world. Tokai Rubber has expanded its business in China since 1995, and TRFH was established as the 15th base. In order to meet the growing demand of Chinese market for kinds of production equipments headed by construction machinery, TRFH was set up in economic and technological development zone of Hefei, the capital city of Anhui province and mainly focus on the manufacture and sales of high-pressure hoses and other related products.

Since mass production in March 2005, TRFH has been working with a customer base involves a diversified industry leading by construction machinery that include excavators、forklifts、numerical control machines、concrete mixers、concrete pumpers and rubber curing machines etc. High pressure hoses and other products are sold to America、Brazil、India、Japan、Indonesia and so on as well.

As the market demand grows and company size expands, TRFH bought new land in the same zone on which a new high pressure hose plant had been built in 2007. With mass production of hose started in Jan 2008, TRFH realized integrated production of hose、fittings and assembly among Japanese enterprises in China. The operation of new hose plant allows us to meet rapid worldwide demand increase promptly as the second global supply base in Tokai group.

To meet rapid growth of Chinese market for construction machinery and better serve the customers, Changzhou branch founded and started business in Nov 2010 in a position to offer customers products and service more intensively and promptly. By end of 2012, we made expansion to hose plant and fitting plant by increasing investment and improving capacity to accommodate growing demand of customers.

東海橡塑(合肥)有限公司

公司所在地:中国安徽省合肥经济技术开发区耕耘路27号

邮编：230601

销售电话：0551-63853670

销售传真：0551-63853671

河南荣光鞋业有限公司

河南荣光鞋业有限公司是国内大型鞋类生产企业。公司总面积16万平方米，其中生产区面积13万平方米，生活区面积3万平方米，现拥有员工6000多名，资产总值5.8亿元，年产“荣光”、“锐卡”牌布胶鞋、旅游鞋、注塑鞋3000多万双，年工业产值5亿元，年创利税5000万元。产品畅销国内市场并出口欧美、中非、东南亚等30多个国家和地区。企业拥有自营出口权，通过ISO9001国际质量体系认证，公司先后被授予“全国质量达标企业”、“出口创汇先进企业”、“河南省优秀民营企业”等荣誉称号。

荣光鞋业恪守“诚信为本，致力于久远”，将始终不渝地遵循“追求卓越、至臻至诚、回馈社会、造福世人”的发展理念，与时俱进，开拓创新，竭诚希望与海内外客商和各界朋友建立长期友好合作，共展宏图。

车　间

生活区大门

厂区大门

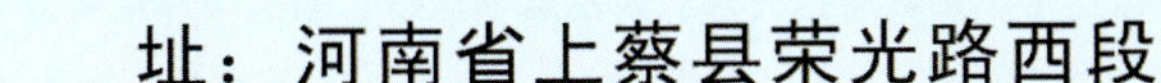

地　　址：河南省上蔡县荣光路西段
电　　话：0396-6939666
传　　真：0396-6939777

橡六

青岛橡六输送带有限公司

经营地址：青岛市华阳路36号
订货电话：0532－83848888
服务电话：0532－83847777
邮编：266021
传真：0532－83826304
网址：http：//www.rubber6.com

中国驰名商标

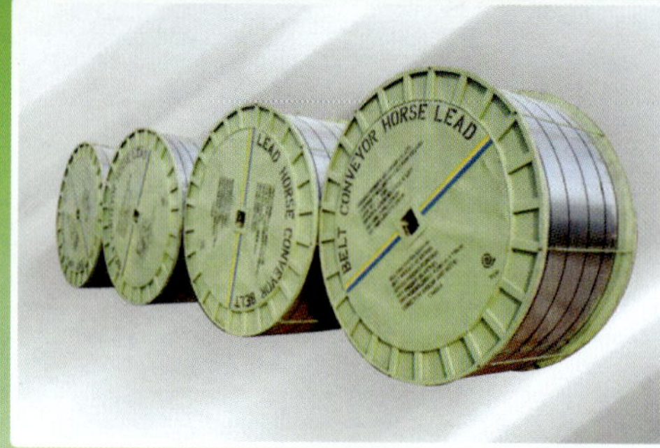

出口钢丝绳芯输送带

运行中的钢丝绳芯输送带

运行中的耐灼烧金属网芯输送带

青岛橡六输送带有限公司隶属于中国化工集团公司橡胶有限公司，其下属公司青岛橡六集团有限公司，始建于1952年，是主要从事输送带产品设计、制造的专业公司，拥有国家计划投资建成的中国高强力输送带生产基地和设施先进的省级技术中心。青岛橡六拥有国内享有盛誉的“橡六”、“中华”、“头马”等注册商标，其中“橡六”、“中华”商标分别获得山东省著名商标称号。2007年“橡六牌”高强力输送带在同行业中率先荣获中国名牌产品称号。2012年4月，“橡六”商标被认定为“中国驰名商标”。橡六输送带产品在国内和国际的输送带领域具有极高的知名度，经过多年的市场验证，公司的高端及高强力输送带产品在煤炭、冶金、水泥、港口、矿山、电厂等使用领域内具有不可比拟的竞争优势，多年一直保持较高的市场占有率；综合技术实力在国内同行业中位居前列。

青岛橡六建立了全面质量管理体系，在同行业中，青岛橡六率先于1997年顺利通过GB/T19001标准质量管理体系认证；2005年顺利通过GB/T24001标准环境管理体系认证；2007年顺利通过GB/T28001标准职业健康安全管理体系认证。

多年以来，青岛橡六不断加大科技投入，加大自主创新、调整产品结构的步伐，致力于节能型、安全型、环保型产品的研制开发。先后成功完成了耐灼烧金属网芯输送带、三元乙丙耐高温输送带、耐高温挡边输送带、耐高温提升带、耐高温钢丝绳芯输送带等耐高温系列输送带产品的研制开发，做到了“生产一代、研发一代、储备一代”，保持了公司在行业内的技术领先优势。先后完成国家重点项目及国家新产品项目21项、技术开发项目64项，其中49项填补了国内空白；产品拥有完全自主知识产权；获国家“高新技术企业”称号。作为行业的龙头企业，

公司主持起草了十几项国家标准，参与修订、审核了近百项行业标准。

根据中国化工橡胶总公司的总体发展规划，结合青岛市“环湾保护，拥湾发展”的发展战略以及青岛橡六公司的中、长期发展规划和对国际、国内输送带市场未来需求趋势的预测，制定了未来3～5年的发展规划。规划征用建设用地320余亩，实施期为5年，计划总投资6亿元。项目一次规划，分三期实施，最终形成3000万平方米输送带生产能力，可年产输送带3000万平方米，实现年销售收入18亿～20亿元，其中具有自主知识产权的产品占销售收入的60%以上；实现利润1亿元以上；新增就业400人，总体员工数控制在1200人以内，企业综合能力始终保持在国内同行业前三名水平。

青岛橡六正引领行业向安全、节能、环保方向发展，为社会稳定、和谐、科学发展作出新的更大贡献。

经营地址：青岛市华阳路36号　　传真：0532－83826304
邮编：266021　　网址：http：//www.rubber6.com
订货电话：0532－83848888　　服务电话：0532－83847777

获奖证书及质量认证证书

青岛橡六集团有限公司通过GB/T 19001－2000idt ISO9001：2000质量管理体系认证，获得中质协质量保证中心质量管理体系认证证书。

国家质量银质奖

山东名牌

山东省名牌奖牌

山东省著名商标奖牌

连续多年被评为宝钢“A级合格供应商”

青岛市高新技术企业奖牌

免检企业

青岛市免检企业奖牌

山东橡胶行业50强企业荣誉证书

企业AAA信誉等级证书

山东振泰集团位于山东高密仁和工业园，为中国农业装备轮胎较大的生产制造基地之一，省级守合同重信用、大型企业，农业部名牌重点企业，产品为山东名牌。公司一贯秉行“诚信振泰、德行天下”的企业理念，荣获“全国质量诚信AAAA级企业”、“国家标准化良好行为AA级企业”、“山东省四会理事”、“潍坊市民营科技企业”、“潍坊市文明诚信民营企业”、“质量信得过企业”、“潍坊市劳动关系和谐企业”、“劳动保障诚信单位”、“潍坊市科技中心”，“进出口工作先进企业”等荣誉称号，并通过了ISO9001国际质量体系认证和国家“CCC”安全认证，拥有自营进出口权。

公司占地面积270多亩，目前建筑面积7万多平方米。公司注册资金1亿元，总资产额近4亿元。集团公司下设子午轮胎、斜交轮胎、轮胎帘布、橡胶国际贸易、进出口、地产等8家子公司。

公司拥有完善的轮胎生产、检测及原材料化验设备，引进美国、德国、意大利、韩国、日本等先进生产设备，主要生产半钢子午、农业子午及斜交农业、工业、工程、林业、轻卡及出口等各系列轮胎产品，400多个品种和规格。企业产品国际市场主要出口美国、加拿大、墨西哥、南美洲、欧洲、澳洲、南非等40多个国家和地区。国内市场遍布全国各地，并为五征集团、北汽福田雷沃重工、山东常林集团、时风集团、山拖农机装备、洛阳一拖、江苏沃德农机、烟台海山机械、山东金亿机械、泰安国泰农机、潍坊华夏拖拉机、山潍拖集团、长拖集团、黑龙江一拖等60余家国内著名农机企业配套，得到了国内外广大客户的充分认可。

公司在保持原有斜交胎优势的基础上，新上半钢子午轮胎及农业装备子午轮胎，该项目已于2013年投产运营。企业将进一步向着产业化、多元化、集团化、全球化方向稳步迈进！

中国诚信企业家、潍坊市优秀企业家、潍坊市政协委员、高密市工商联副主席、人大代表、董事长邱昱华先生暨潍坊市劳动模范、总经理张福昌先生偕全体员工竭诚欢迎国内外客商莅临指导，同谋发展、共享双赢！

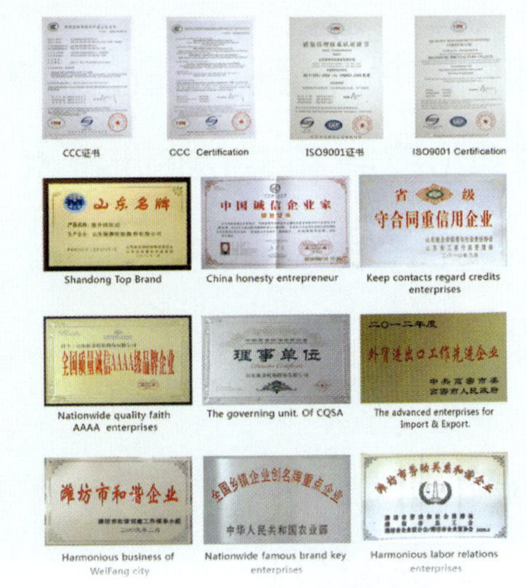

CCC证书　CCC Certification　ISO9001证书　ISO9001 Certification

Shandong Top Brand　China honesty entrepreneur　Keep contacts regard credits enterprises

Nationwide quality faith AAAA enterprises　The governing unit. Of CQSA　The advanced enterprises for Import & Export.

Harmonious business of WeiFang city　Nationwide famous brand key enterprises　Harmonious labor relations enterprises

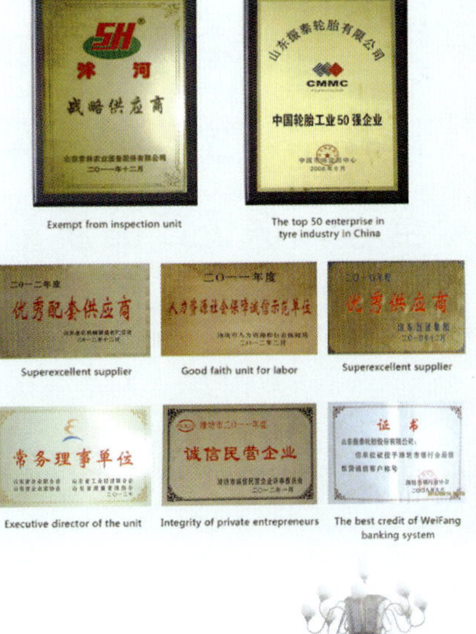

Exempt from inspection unit　The top 50 enterprise in tyre industry in China

Superexcellent supplier　Good faith unit for labor　Superexcellent supplier

Executive director of the unit　Integrity of private entrepreneurs　The best credit of WeiFang banking system

中国橡胶工业协会会员展示专版

中国橡胶工业年鉴

CHINA RUBBER INDUSTRY YEAR BOOK

(2012～2013年)

中国橡胶工业协会　编

中国商业出版社

图书在版编目(CIP)数据

中国橡胶工业年鉴. 2012～2013／中国橡胶工业协会编.
－北京：中国商业出版社，2013.10
ISBN 978－7－5044－8274－7

Ⅰ. ①中… Ⅱ. ①中… Ⅲ. ①橡胶工业－中国－
2012～2013－年鉴 Ⅳ. ①F426.7－54

中国版本图书馆 CIP 数据核字(2013)第 250348 号

责任编辑　张超美

中国商业出版社出版发行
010－63180647　www.c－cbook.com
(100053　北京广安门内报国寺 1 号)
新华书店总店北京发行所经销
北京科信印刷有限公司印刷
※　※　※
889×1194 毫米　大 16 开　21 印张　600 千字
2013 年 10 月第 1 版　2013 年 10 月第 1 次印刷
定价:300.00 元

《中国橡胶工业年鉴》(2012～2013)编辑委员会

（委员名单排列以姓氏笔画为序）

《中国橡胶工业年鉴》编辑部人员名单

编辑说明

《中国橡胶工业年鉴》是由中国橡胶工业协会组织编写的一部综合性资料工具书，具有橡胶行业公报和编年史册的性质。

作为社会各界了解橡胶行业的窗口、投资橡胶行业的指南，《中国橡胶工业年鉴》按年度逐年编纂出版，宗旨是全面、系统、准确地反映我国橡胶工业的发展历程，为我国橡胶工业的发展指明方向。在编辑过程中，注意强化时代感和地方区域特色，突出反映新情况、新成就，实现“知往鉴来，服务现实”之目的，同时力求发挥该书在橡胶工业发展中的资政、参谋、信息作用。

2012～2013年版《中国橡胶工业年鉴》为第12版，在保持基本框架相对稳定的前提下，对部分内容进行更新、调整、充实。文章以2011年和2012年的数据为主、2013年上半年的数据为辅，辑录了2011年和2012年中国橡胶工业的发展情况，包括轮胎、航空轮胎、力车胎、翻新轮胎、胶管、胶带、胶鞋、橡胶制品、乳胶制品、医用制品、密封制品、天然橡胶、合成橡胶、杜仲橡胶、炭黑、白炭黑、橡胶骨架材料、橡胶助剂、橡胶机械、轮胎模具、废橡胶综合利用等行业，及主要省（市、自治区）橡胶工业发展现状和项目进展情况，同时辑录了橡胶工业进出口贸易、橡胶工业年度重大科技成果、行业主要新闻、大事记和橡胶行业近五年的统计数据、2012年中国橡胶工业协会工作报告及会员单位销售收入排行榜、国外轮胎行业发展概况等多个板块，资料丰富，内容翔实，数据可靠。

“品牌建设”已成为橡胶工业强国的战略措施，经过几年的发展，区域品牌建设取得了突出成效。2012年又添加了“博野输送带工业城”一章，继续为区域发展贡献新的经验。

2012～2013年版《中国橡胶工业年鉴》力求行业内容的全面性，对软管和密封制品标准现状及实施情况进行了详细解读，反映我国橡胶行业在社会发展中的与时俱进，有利于规范橡胶行业科学发展，促进技术进步，加快建设我国橡胶工业强国。同时，医用橡胶制品一章对于医用行业的橡胶制品和原材料相关要求进行了阐述。

由于各单位搜集数据的来源或口径不同，计算可能略有差异，编辑部工作人员做了最大努力，力求做到数据统一、准确。

在编纂和出版过程中，承蒙各单位和诸多专家的大力支持，在此，特向为本书撰稿、审稿的有关单位和专家致以衷心的感谢！

编辑出版工作是一项系统工程，涉及到方方面面。由于编辑水平有限，因稿源、编校、印刷等问题所造成的疏漏在所难免，恳祈各界人士继续给年鉴工作以更多的支持帮助，对书中错漏之处给予批评指正，以利于今后改进。

《中国橡胶工业年鉴》编辑部

目　录
Contents

中国橡胶工业
China Rubber Industry

主要橡胶制品及其配套行业
Major Rubber Product and Associated Industries

部分省市橡胶工业
The rubber industry in some provinces and cities

区域品牌建设
Regional Brand Construction

橡胶工业主要科技成果
Major science and technology achievements in the rubber industry

橡胶行业标准
Rubber industry standard

检测与认证
Detection & Certification

贸易摩擦
Trade friction

大事记
Chronicle of Events

橡胶工业进出口贸易
Import and export trade in the rubber industry

中国橡胶工业统计
Statistics of China Rubber Industry

全球橡胶工业概况
Survey of global Rubber Industry

扉 10～13：四川川环科技股份有限公司

扉 14～17：上海回力鞋业有限公司

扉 18～21：怀化市华亿创新科技发展有限公司

扉 22～25：云南高深橡胶有限公司

扉 26、27：上海宏特化工有限公司

扉 28、29：贵州轮胎股份有限公司

扉 30、31：山东八一轮胎制造有限公司

扉 32、33：山西翔宇化工有限公司

扉 34、35：河北安耐胶带有限公司

扉 36：大连橡胶塑料机械股份有限公司

扉 37：四川亚西橡胶机器有限公司

扉 38、39：无锡双象橡塑机械有限公司

扉 40、41：安徽欧耐橡塑工业有限公司

扉 42、43：中国化学工业桂林工程有限公司

扉 44、45：陕西延长石油集团橡胶有限公司

扉 46、47：萍乡市飞虎炭黑有限公司

扉 48、49：台州收获橡塑有限公司

扉 50、51：山东省晨光胶带有限公司

扉 52、53：山东祥通橡塑集团有限公司

扉 54、55：山东昊华轮胎有限公司

扉 56：大连巅峰橡胶机带有限公司

扉 57：乐清市万泰橡塑厂

扉 58：保定华月胶带有限公司

扉 59：住友橡胶（中国）有限公司

扉 60：江西黑猫炭黑股份有限公司

扉 61：建新赵氏集团有限公司

扉 62：山东阳谷华泰化工股份有限公司

扉 63：山东尚舜化工有限公司

扉 64：中国石化集团南京化学工业有限公司

扉 65：东莞市海丽商贸有限公司

扉 66：江阴天广科技有限公司

扉 67：成都盛帮密封件股份有限公司

扉 68：北京市城南橡塑技术研究所

扉 69：兴源轮胎集团有限公司

扉 70：新东岳集团有限公司

扉 71：东洋轮胎（上海）贸易有限公司

扉 72：唐山兴宇橡塑工业有限公司

扉 73：湖北福星科技股份有限公司

扉 74：厦门正新橡胶工业有限公司

扉 75：浙江奋飞橡塑制品有限公司

扉 76：内蒙古富特橡塑机械有限公司

扉 77：欧亚管业股份有限公司

扉 78：骏马化纤股份有限公司

扉 79：安徽中意胶带有限责任公司

扉 80：保定京博橡胶有限公司

扉 81：浙江科达利实业有限公司

扉 82：东海橡塑（合肥）有限公司

扉 83：河南荣光鞋业有限公司

扉 84：青岛橡六输送带有限公司

扉 85：山东振泰轮胎股份有限公司

扉 86：福建省三明正元化工有限公司

扉 87：北京万向新元科技股份有限公司

扉 88：《中国橡胶》形象宣传

扉 89：芜湖华烨工业用布有限公司

扉 90:风神轮胎股份有限公司

扉 91、92:东北助剂化工有限公司

扉 93、94:阜新环宇橡胶(集团)有限公司

插 95:杭州中策清泉实业有限公司

插 96、97:东营中一橡胶有限公司

插 98、99:沧州鼎信化工有限公司

插 100、101:北京敬业机械设备有限公司

插 102、103:平陆康乐橡塑科技开发有限公司

插 104:河北华密橡胶有限公司

插 105:青岛森麒麟轮胎有限公司

插 106:科迈化工股份有限公司

插 107:雅吉国际贸易(上海)有限公司

插 108:安徽中鼎密封件股份有限公司

插 109:安徽迈吉尔模具有限公司

插 110:亚东工业(苏州)有限公司

插 111:南宁海钱贸易有限公司

插 112:河北一川胶带集团有限公司

插 113:无锡市万丰橡胶厂

插 114:潍坊市跃龙橡胶有限公司

插 115:天津市万达轮胎集团有限公司

插 116:河北协美橡胶制品有限公司

插 117:福建省海安橡胶有限公司

插 118:山东亿和橡胶输送带有限公司

插 119:宜昌市聚金信化工有限公司

插 120:广州明峻巴夫斯胶管有限公司

插 121:博野县橡胶工业协会

插 122:广州钻石车胎有限公司

插 123:揭阳市天阳模具有限公司

插 124:山东豪克国际橡胶工业有限公司

插 125:浙江三维橡胶制品股份有限公司

插 126:广州市世达密封实业有限公司

插 127:汉高(中国)投资有限公司

插 128:浙江环球鞋业有限公司

插 129:桂林市产品质量监督检验所

插 130:镇江苏惠乳胶制品有限公司

插 131:青岛双凌科技设备有限公司

插 132:广西远景橡胶科技有限公司

插 133:烟台中策橡胶有限公司

插 134:上海诺甲仪器仪表有限公司

插 135:俄罗斯西布尔有限责任公司北京代表处

插 136:青岛亚东机械集团有限公司

插 137:烟台宏泰达化工有限责任公司

插 138:江苏宝钢精密钢丝有限公司

插 139:无锡天翔模具工业有限公司

插 140:江苏海门港新区管理委员会

插 141:济南仙峰泰山化工设备有限公司

插 142:泉州金鹰机械有限公司

插 143:上海瑞洋橡胶化工有限公司

插 144:好友轮胎有限公司

插 145:中国橡胶网

插 146:山东永泰化工有限公司

中国橡胶工业

2012 年橡胶行业经济运行情况及 2013 年预测

2012 年，受欧债危机和国内需求不足的共同影响，我国经济增长率十年来首次破 8，经济调整下行压力加大。2012 年，我国橡胶企业面对国际国内日趋严峻的经济环境，积极转变经济发展方式，把握难得的发展机遇和有利条件，克服了下行压力，经济运行趋于平稳，经济运行质量有所提升。

一、2012 年橡胶行业经济运行情况和特点

1. 增长速度大幅放缓，生产经营实现企稳回升

据中国橡胶工业协会对轮胎、力车胎、胶管胶带、橡胶制品、胶鞋、乳胶、炭黑、废橡胶综合利用、机械模具、橡胶助剂、骨架材料 11 个分会 443 家重点会员企业统计，2012 年工业总产值同比（下同）增长 0.01%；实现销售收入增长 1.89%；出口交货值增长 2.09%。

全国规模以上企业橡胶工业总产值达到 8365.8 亿元。

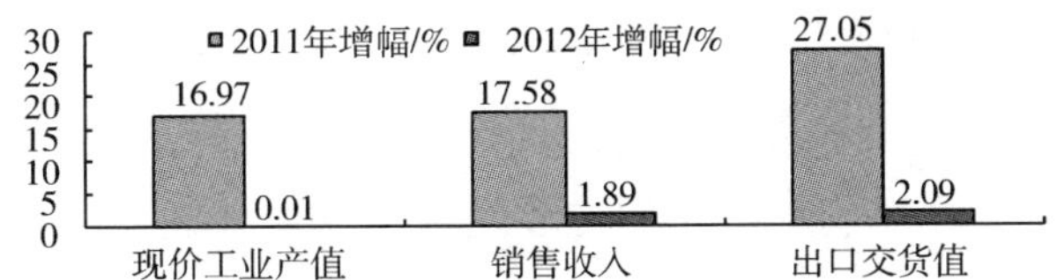

图 1　协会统计企业 2012 年与 2011 年主要指标增幅对比

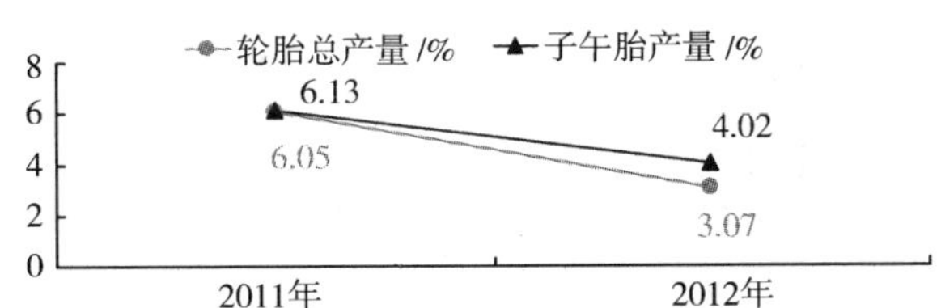

图 2　2011 ~ 2012 年全国轮胎产量同比增长状况

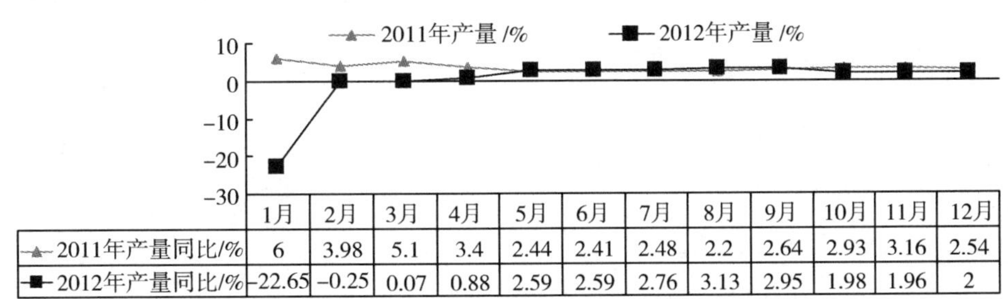

	1月	2月	3月	4月	5月	6月	7月	8月	9月	10月	11月	12月
2011年产量同比/%	6	3.98	5.1	3.4	2.44	2.41	2.48	2.2	2.64	2.93	3.16	2.54
2012年产量同比/%	-22.65	-0.25	0.07	0.88	2.59	2.59	2.76	3.13	2.95	1.98	1.96	2

图 3　2012 年协会统计企业轮胎产量同比增长情况

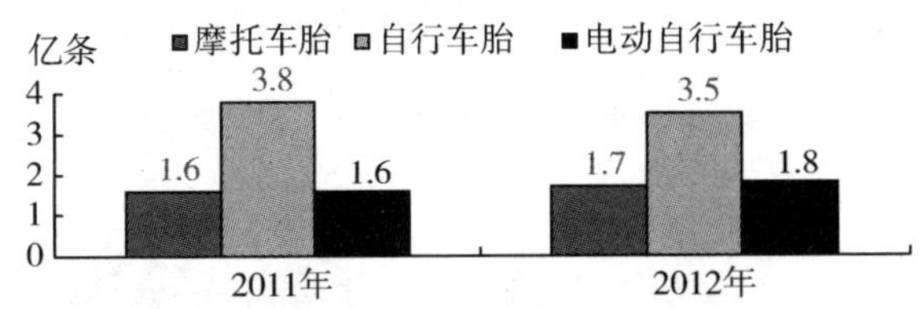

图 4　2011 ~ 2012 年全国摩托车和自行车轮胎产量

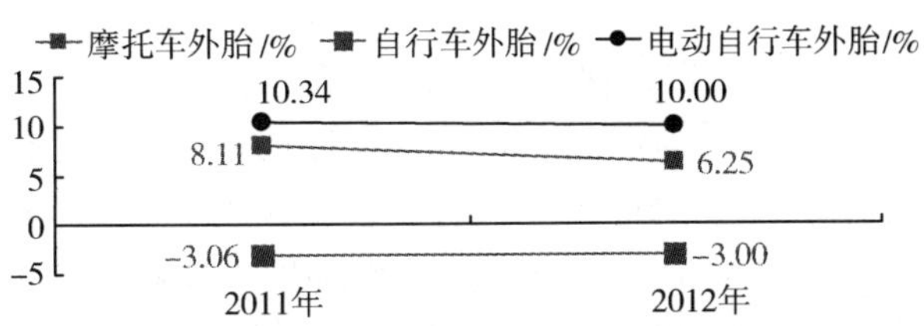

图 5　2011 ~ 2012 年全国摩托车和自行车轮胎产量增长状况

表 1　2011～2012 年全国非轮胎橡胶制品产量

项目	2011 年	同比/%	2012 年	同比/%
输送带/亿 m^2	4.2	15.1	4.8	14.3
V 带/亿 Am	19	10.1	21	10
胶管/亿 Bm	11	2.3	12	9.1
胶鞋/亿双	76	-5	72	-5.3
O 型密封圈/亿个	38.92	25	45	15.6
汽车减震制品/亿个	172	27	143	-16.9
出口汽车橡胶配件/亿个	307	25.8	259	-15.6
避孕套/亿只	68	-2.9	70	2.9
炭黑/万 t	380	14.33	425	10.3
橡胶助剂/万 t	82	7.89	89	8.54
骨架材料/万 t	261.5	6.0	275.0	5.2
再生胶/万 t	300	11.11	350	16.67

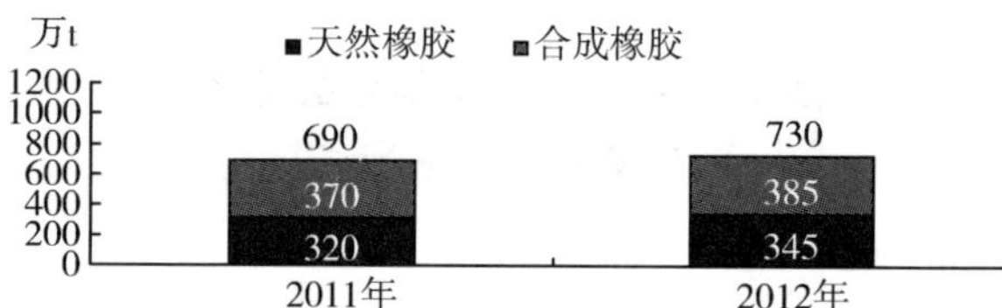

图 6　2011～2012 年中国橡胶消费量

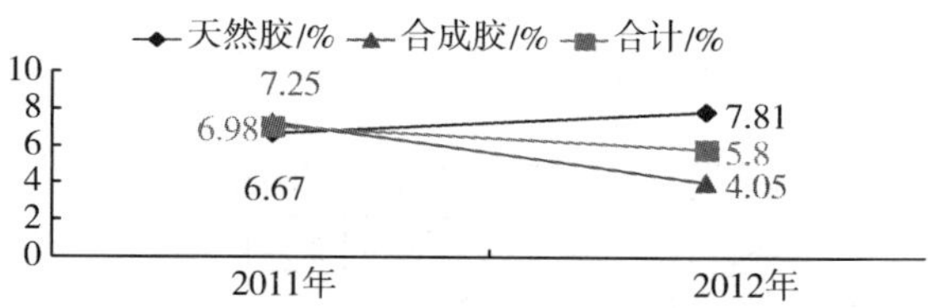

图 8　2011～2012 年中国橡胶消费量同比增长状况

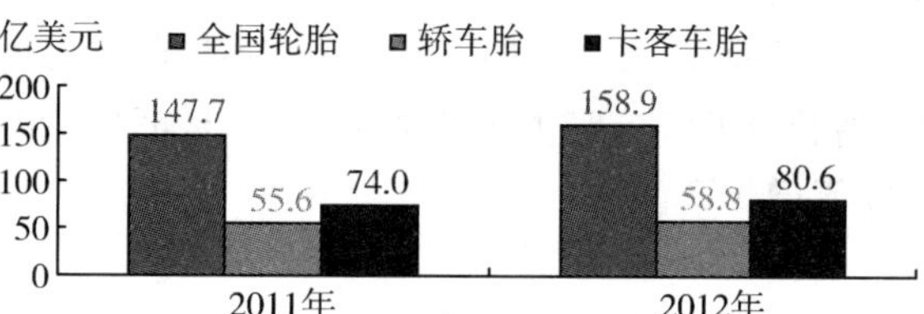

图 7　2011～2012 年全国轮胎出口额

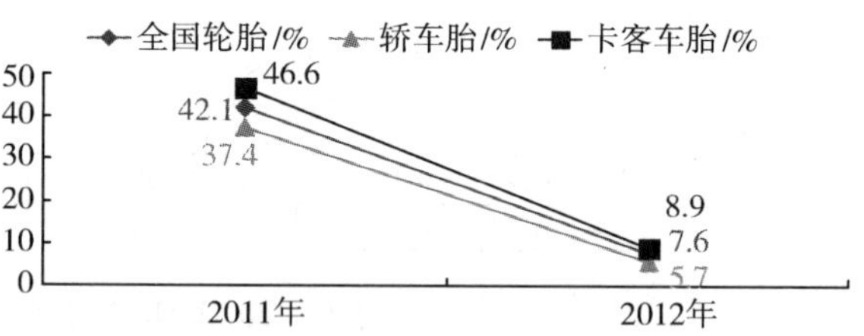

图 9　2011～2012 年全国轮胎出口额同比增长状况

2. 对外贸易保持增长，出口基本持平

2012 年，欧洲债务危机蔓延，美国经济复苏乏力，新兴市场增速放缓，外部需求大幅萎缩，贸易保护主义抬头，我国橡胶制品出口增幅大幅下降。据海关统计，2012 年，我国橡胶行业出口 438.74 亿美元，增长 7.2%，其中轮胎出口 158.87 亿美元，增长 7.6%，增幅下降了 34.5 个百分点。

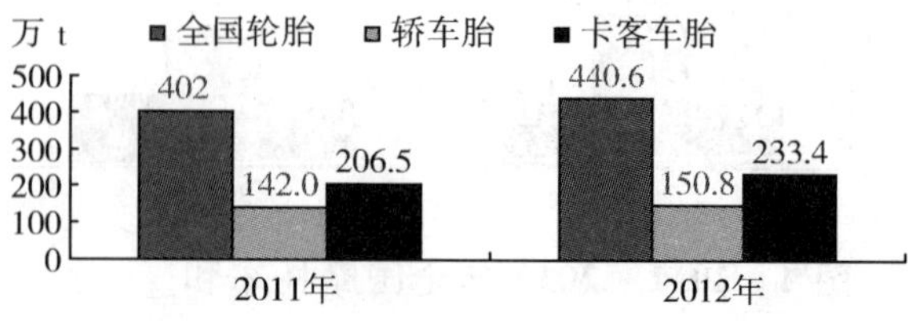

图 10　2011～2012 年全国轮胎出口量

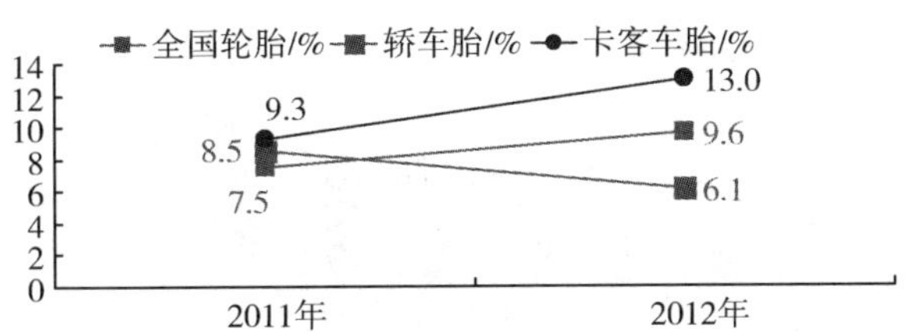

图 11　2011～2012 年全国轮胎出口量同比增长状况

2012 年轮胎出口增幅创近年新低，协会统计企业轮胎出口交货值 718 亿元，增长 0.1%；出口率(值)为 35%，增长 0.1 个百分点。出口轮胎交货量 1.39 亿套，增长 0.71%；其中出口子午胎 1.27 亿套，增长 0.73%；出口率(量)为 42.84%，下降 0.55 个百分点。

协会统计的 31 家内资企业轮胎出口交货值增长 2%，12 家外资企业出口交货值下降 4.3%。内资企业努力扩大出口，外资企业努力在华开拓市场，耐人寻味。

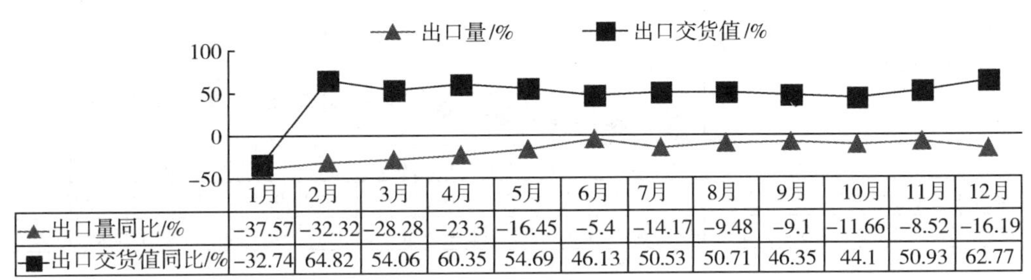

	1月	2月	3月	4月	5月	6月	7月	8月	9月	10月	11月	12月
出口量同比/%	-37.57	-32.32	-28.28	-23.3	-16.45	-5.4	-14.17	-9.48	-9.1	-11.66	-8.52	-16.19
出口交货值同比/%	-32.74	64.82	54.06	60.35	54.69	46.13	50.53	50.71	46.35	44.1	50.93	62.77

图 12　2012 年协会统计轮胎企业出口量及出口交货值同比增长状况

3. 产品结构有所优化，企业规模和产品集中度进一步提高

面对行业增长速度放缓，市场需求持续低迷，主要橡胶企业根据市场需求变化，重视自主技术创新，调整和优化产品结构。为了应对欧盟轮胎标签法，打破产品技术壁垒，双钱集团、三角集团、杭州中策、风神等公司加大科技投入，进行技术创新，成功开发出绿色轮胎，并相继开始产业化生产。通过开发节能环保绿色轮胎，来优化产品结构，推动产业升级，逐步进入国际中高端轮胎市场。

2012 年，全国轮胎子午化率达到 88.17%，增加 0.81 个百分点。

2012 年度全球轮胎 75 强排行榜中，杭州中策橡胶以 42.63 亿美元(2011 年销售额)首次进入第 10 名。我国大陆上榜的 22 家企业轮胎销售额合计约为 197.70 亿美元，比 2010 年的 167.27 亿美元、2009 年的 134.22 亿美元有了较大的提升。这表明我国轮胎企业的规模在不断增大，产品集中度不断提高。当然，与知名跨国轮胎公司相比，我国轮胎企业的规模还有很大的提升空间。

4. 效益指标稳中有升，企业利润好于上年

2012 年企业利润好于上年，是近几年来难得的事。主要得益于天然橡胶价格的降低。去年，市场需求疲软导致轮胎等产品价格下跌的同时，更对其上游的原材料价格产生冲击。由于轮胎价格降幅低于橡胶价格降幅，轮胎企业仍在下游需求不旺的局面下使盈利能力得到提升。同时，利润提升也得益于企业强化技术创新，狠抓生产经营管理，提高产品附加值和劳动生产率。

2012 年，协会统计的 367 家重点企业(不包括助剂、骨架)，实现利税增长 28.09%，实现利润增长 44.18%；其中 41 家轮胎企业实现利税增长 33.69%；实现利润增长 62.77%；利润率 4.85%，增加 1.84 个百分点。库存减少 6.76%。

同时，协会统计的 367 家企业中仍有 46 家亏损，亏损面 12.53%；其中 31 家内资轮胎企业 3 家亏损，亏损额 3.43 亿元。10 家外资企业均无亏损。

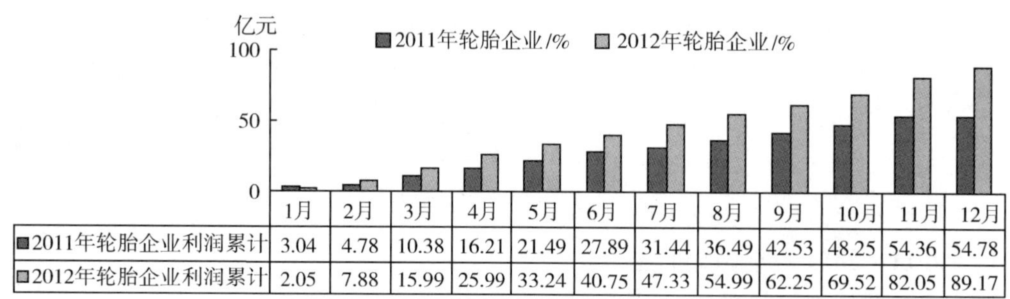

	1月	2月	3月	4月	5月	6月	7月	8月	9月	10月	11月	12月
2011年轮胎企业利润累计	3.04	4.78	10.38	16.21	21.49	27.89	31.44	36.49	42.53	48.25	54.36	54.78
2012年轮胎企业利润累计	2.05	7.88	15.99	25.99	33.24	40.75	47.33	54.99	62.25	69.52	82.05	89.17

图 13　2011～2012 年协会统计轮胎企业利润累计

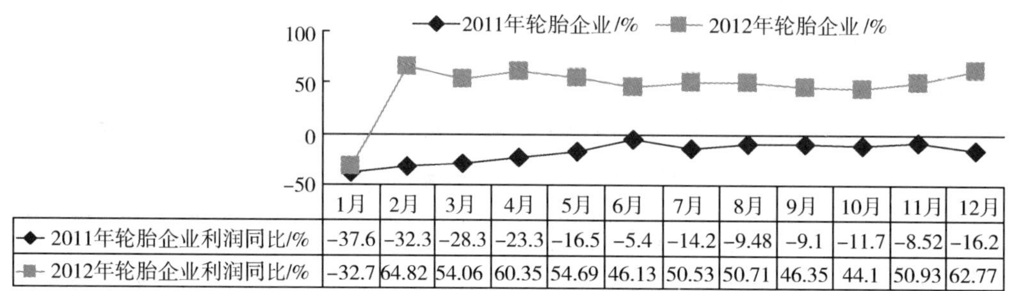

	1月	2月	3月	4月	5月	6月	7月	8月	9月	10月	11月	12月
2011年轮胎企业利润同比/%	−37.6	−32.3	−28.3	−23.3	−16.5	−5.4	−14.2	−9.48	−9.1	−11.7	−8.52	−16.2
2012年轮胎企业利润同比/%	−32.7	64.82	54.06	60.35	54.69	46.13	50.53	50.71	46.35	44.1	50.93	62.77

图 14　2011～2012 年协会统计轮胎企业利润同比增长状况

二、2013 年橡胶行业面临的形势

2013 年国际经济形势依然错综复杂，充满变数。对我国而言，2013 年是全面贯彻落实党的十八大精神的开局之年，是实施“十二五”规划承前启后的关键一年，是为全面建成小康社会奠定坚实基础的一年。因此，认清形势，理清思路非常重要。

1. 我国橡胶工业发展面临的形势

从国际环境看，我国发展仍处于重要战略机遇期，这个基本判断没有变。但是，国际环境的内涵和条件发生很大变化。2013 年，世界经济仍然处在深度的调整期，世界经济仍将延续低速增长态势，国际需求疲软，各种形式的贸易保护主义加剧，将对我国橡胶行业对外贸易造成很大压力；发达国家回归制造业，发展中国家争夺产业转移，也对我国橡胶工业造成双重“挤压”；低碳经济引领发展方式，成为国际新规则。我国橡胶企业面临的机遇，不再是简单纳入全球分工体系、扩大产品出口的传统机遇；而是倒逼我们提高创新能力、促进转型升级的新机遇和新挑战。

从国内环境看，我国经济增长下行压力和产能相对过剩的矛盾仍很突出；支撑我国橡胶工业高速增长的要素条件有所弱化，劳动力、资源、环境成本都在提高；在国际、国内需求疲软，提振有待时日的经济周期中，橡胶行业像过去那样的高速增长将很难出现；我们所熟悉的投资驱动、规模扩张、出口导向的发展模式都在发生重大变化，旧有的发展模式空间越来越小，行业发展已经进入重大调整转型期。当然，2013 年，我国汽车产销量的回升，我国工业化、城市化的推进，将为我国橡胶行业提供较大的内需市场，对行业产生明显的拉动效应，促进橡胶行业持续平稳增长。

2. 行业自身存在的矛盾和问题

2012 年，我国橡胶行业经济运行实现了平稳增长，但是增速有所下降，这既有国际金融危机持续发酵，国内经济下行压力加大的影响，也有行业自身的结构性问题和管理问题。

(1) 产品结构不合理，供大于求问题突出

多年来，我国橡胶企业普遍存在着技术水平不高，产品开发能力薄弱，低技术、低档次、低附加值、同质化竞争的问题。在经济增长速度较快、市场需求较好的时期，供求矛盾往往被掩盖起来。在经济增长速度回落，国内外市场低迷时，产能结构性过剩，供大于求的矛盾就凸显出来。2012 年，轮胎大型企业开工率在 95% 左右，中型企业开工率在 75% 左右，小型企业在 60% 左右，企业开工普遍不足。

管带及其他橡胶制品也是如此。在供大于求的状态下，投资热度不减，各地仍有新建项目陆续投产。近两年内新建或陆续投产的较大规模胶管胶带企业超过 10 家，钢丝绳生产线已突破百条，仅山东地区钢丝绳生产线已超过 50 条。

同质化产能的无序扩大，不仅造成资源浪费，还制约产品和产业结构的调整，同时加剧市场竞争，不“三包”产品、低劣产品以及价格战等时有发生。

(2) 生产经营成本上升，研发创新能力不足

由于资源、能源和环境约束加大，劳动力成本、能源成本、环保成本、运输成本和销售成本的不断上升，企业生产经营成本持续增加，影响了经济效益提高。从对重点轮胎企业的调查情况来看，2012 年平均销售成本上升 10% 以上，每百元主营收入成本，同比提高 3.1 元。

与此同时，多年来，我国企业对产能的投入远高于对研发的投入。跨国公司轮胎自动化生产技术研发经费占销售收入 5% 以上，胶带研发投入占销售收入中的比重高达 20%。我国橡胶企业的研发投入远远低于跨国橡胶公司。自主研发能力和核心技术竞争力较低，工艺过程控制和工艺装备与国际先进水平尚有差距，自动化程度较低。生产经营成本的上升，进一步影响对研发创新的投入。

(3) 产业集中度较低，品牌竞争力不强

我国橡胶行业总体规模大，但企业则小而散，数量众多，集中度不高。我国现有规模以上橡胶制品生产企业 3000 多家，其中轮胎企业 500 多家，但在行业排名前十位的企业市场占有率约 30%，而国际前三名跨国企业全球市场销售额达到了 46%。在市场上表现出来的却没有世界级的知名品牌，缺乏品牌竞争力。2012 年，轮胎销售市场寒气笼罩，但知名品牌的销售则明显上升。

(4) 产品及主要原材料对外依存度大

生产所需要的天然橡胶 80% 依赖进口。40% 的轮胎产品需要出口。市场、价格受制于人，出口市场贸易摩擦不断。

三、2013 年橡胶行业经济预测

总体判断，2013 年，我国橡胶行业经济运行仍将受到下行压力，但总体将保持平稳运行。

初步预测，产销有望保持稳定增长。

产量：全国轮胎总产量 4.9 亿条，增长 4%，其中子午胎 4.35 亿条，增长 5%，子午胎中全钢胎 1 亿条，增长 5%。

表 2　2013 年全国橡胶制品生产预测

项目	2013 年	同比/%
轮胎产量/亿条	4.9	4
子午胎	4.35	5
全钢胎	1	5
自行车胎产量/亿条	3.3	-5.7
摩托车胎产量/亿条	1.7	持平
电动车胎产量/亿条	2.0	11
输送带产量/亿 m^2	5.2	8
V 型带产量/亿 Am	22.00	4
胶管产量/亿 Bm	12	持平
O 型密封圈产量/亿个	49.5	10
汽车减震制品产量/亿个	148.72	4
出口汽车橡胶配件/亿个	272	5
炭黑产量/万 t	460	8
湿法炭黑	450	9
再生胶产量/万 t	380	8.5
胶粉产量/万 t	50	25
橡胶助剂/万 t	95	6.7

出口:近10年来,我国橡胶工业出口增长都在20%以上。但2012年以来出口增长率明显改变了趋势。根据2013年国际经济形势,并考虑到生产经营成本上升以及结构调整升级等,预计随着外部需求的增加,2013年橡胶行业出口增长将逐步回升。

橡胶消费:

2012~2013年全国橡胶消费预测见表3。

表3　2012~2013年全国橡胶消费预测

万t

项　目	2012年	同比/%	2013年	同比/%
天然橡胶	345	7.81	370	7.25
合成橡胶	385	4.05	415	7.79
合　计	730	5.80	785	7.53

四、橡胶行业转型升级的方向和重点

中国橡胶工业发展环境、阶段所面临的情况都在发生变化,行业将面对严峻的外部经济环境和自身发展中的矛盾和问题,要转型升级,实现持续、稳定、健康发展,当前必须把握以下几个方面。

——增强自主创新能力,把发展从规模扩张为主转向提升质量和效益为主

目前,我国轮胎等产品的产能结构性过剩,供大于求的矛盾已凸显。但是各地产能扩张仍在进行。初步统计,2012年我国半钢胎新增约5000万条的年生产能力,全钢胎新增约1000万条的年生产能力。如果今年轮胎需求不能放大10%以上,中国轮胎的开工率将比去年更低。加上今年还有一批轮胎新建/扩建项目陆续达产,中国轮胎产业结构性过剩更加明显。

产能的扩张可以实现由小到大的转变,但无法实现由大向强的转变。主要靠规模扩张推动发展,会产生严重的产能过剩,这条路不能再走下去了。要把发展从规模扩张为主,转向提升质量和效益为主,在技术、营销、管理等创新上做文章;要加大研发投入,增强自主创新能力,淘汰落后产能,研发高新产品,提升价值链,提升产品附加值,提高效率,变追赶驱动和要素驱动型经济向质量效益和创新驱动型经济转变。通过提高质量和效益来赢得更长时间的可持续发展,而不是把发展主要寄托在扩大规模上。

——推进绿色轮胎产业化

推进绿色轮胎产业化,是为应对欧盟轮胎标签法规的实施,更是加快轮胎质量升级和结构调整的重要内容。目前,协会组织提出了绿色轮胎产业化工作方案(征求意见稿),开展了《绿色轮胎产业研究》,基本形成绿色轮胎产品指标要求、绿色轮胎推荐工艺条件、绿色轮胎能源和资源指标、绿色轮胎环保原材料推荐指南目录等5方面课题研究报告。

为绿色轮胎产业化有序推进,协会建议先行推出我国绿色轮胎自愿声明制度。自愿声明技术指标,应包括轮胎滚动阻力、轮胎湿滑性能、轮胎噪声。进而上升为国家法规,推出我国的轮胎标签制度。

为推进绿色轮胎的发展,协会将商议组织表彰绿色产品先行者,并建议国家对实施绿色产品的先行者给予奖励,推出类似家电和电动汽车补贴政策或节能减排有关政策等。

为推进绿色轮胎的推广使用,还需得到全社会的支持和配合。建议有关部门应该进一步推动和协调与轮胎行业相关行业的绿色革命。如鼓励汽车行业加大对绿色轮胎的需求比例,加大对非理性的道路运输现状的治理力度,使绿色轮胎能够发挥其应有的作用。

建设轮胎试验场,是实现绿色轮胎产业化的必要条件,更是我国轮胎调整结构、产品升级,从轮胎大国向轮胎强国转变的需要。

目前,为应对欧盟轮胎标签法,大部分轮胎企业只能选择欧盟成员国的检测机构,针对轮胎的滚动阻力、湿滑路面抓着力及噪声等级三项数据进行检测,费用高、周期长,对我出口轮胎的影响已是显而易见。目前,我国的一些轮胎企业,因此而支出的费用已达几千万元。

不仅如此，没有轮胎试验场，已成为我国企业自主创新难以逾越的瓶颈。与国际知名品牌相比，我国企业最大的不足，是科技开发、自主创新能力的不足。没有轮胎试验场无法取得实际使用真实、及时和准确的试验数据，严重制约我国轮胎高新产品的研发及自主创新能力的提高。

建设中国的轮胎试验场，需要行业和企业的积极性，还需要政府的重视以及在政策、项目、资金等方面的支持。

党的十八大将社会主义生态文明建设与经济建设、政治建设、文化建设、社会建设并重，五位一体纳入社会主义建设的总体部局，赋予绿色轮胎产业化更高的要求和更深远的意义。行业要以推行绿色轮胎产业化为契机，全面推进橡胶工业绿色发展、循环发展、低碳发展，形成节约资源和保护环境的产业结构、生产方式、生活方式，为全球生态安全做出贡献。

——抓住机遇实施企业兼并重组，提高产业集中度

我国橡胶工业总体规模大，但组织结构不尽合理，产业集中度不高，缺乏能引领行业健康发展的大企业，规模效益不显著，从而引发重复建设、产能过剩、恶性竞争等突出问题。这也是我国橡胶工业大而不强重要因素之一。

从先进国际跨国公司的经历看，兼并重组是企业做大做强的重要途径。我们要抓住当前的调整时期，实施企业兼并重组，延伸完善产业链，提高产业集中度，促进规模化、集约化经营，要在重点行业中形成一批具有自主创新能力、发挥行业引领作用的大企业大集团，促进我国橡胶工业持续健康发展、做大做强。

提高产业集中度，不是一味都要做成大型企业集团，对于规模效益不显著的行业，重点在于做强，提高“专精特新”的发展水平。

——实施品牌拉动战略，促进转型升级

市场竞争一靠质量，二靠品牌，质量是品牌的重要内涵。我国橡胶工业在市场竞争中，一个突出的薄弱环节是品牌影响力和竞争力不足。

长久以来，我国橡胶企业常以促销和变相降价为竞争手段，其结果是对自身和整个行业都不利。2012年，在轮胎销售市场寒气笼罩的情况下，品牌产品的销售则明显上升，充分彰显了品牌的竞争力。越来越多的企业意识到，要努力提高自身的技术水平和产品质量，发展绿色、高性能产品，将科技创新和打造品牌同步推进，增强品牌竞争力，实施品牌拉动战略，拉动企业又快又好的发展。

今年，协会要继续开展质量授信，协会品牌推荐活动，进一步完善中国橡胶工业百强排序和诚信橡胶贸易商、诚信轮胎经销商推介活动。通过这些活动，扶优扶强，不断提高产品质量、服务质量，提高优质产品、优秀企业的市场知名度和竞争力，促进产品结构调整及企业转型升级，为企业兼并重组创造条件。

——提升信息化、自动化水平，方向明确，潜力巨大

用信息化、自动化改造提升传统制造业，是橡胶行业实现转型升级最有效的推动力。目前，一些跨国橡胶公司在信息化、自动化水平上的发展，已经形成了对传统橡胶工业生产颠覆性的变革，极大地提高了质量效益和管理水平。近几年来，我国部分橡胶企业的信息化、自动化水平也有很大提高，但与国际先进水平相比，差距还很大。最近也有企业正在建设智能化工厂，引进全自动化生产线，提升数字化、信息化和智能化水平。加快提升我国橡胶工业的信息化、自动化水平，方向明确，潜力巨大。

——减少产品及主要原材料的对外依存度

这是一个重大的调整。橡胶行业主要原材料天然橡胶80%依赖进口，轮胎产品40%需要出口，“两头在外”已经成为橡胶行业的一种增长方式，这种方式严重受制于国际市场的兴衰起伏。发达国家经济衰退，贸易摩擦不断，出口受阻，行业经济大幅减速，发展压力大增。现在，不少人都习惯于等待外部经济形势好转，以继续出口拉动增长的方式。事实上，我国就是一个最具潜力的市场，全球跨国公司都进来了，并且不断增资扩产，就是很好的证明。内资企业努力开拓国外市场，扩大出口，外资企业不断加大对中国市场的开拓力度。外国人用中国产品，中国人用外国产品。这种现象很是耐人寻味。

调整发展战略，转变增长方式，加大国内市场开拓力度，提升内需份额，要调整结构，提高产品的品质和竞争力；要加强营销网络体系的建设，加强技术服务。同时，要调整出口结构，广泛拓展市场。有条件的企业要抓住机遇，利用危机中估值偏低和进入壁垒降低的时机，走出去，或投资或并购，实现国际化经营、多元化经营。

原材料方面，要积极开发和应用天然橡胶替代品，加强异戊橡胶的开发和应用，加快杜仲胶开发速度和规模，开发和研究应用其他橡胶资源。

开发杜仲胶，对解决我国天然胶严重不足和保持橡胶工业持续发展具有重大意义。

近几年来，在协会的大力推动下，成立了杜仲产业化促进工作委员会，组建了杜仲产业技术创新战略联盟。经过多次的研讨、调查研究，逐步形成了以杜仲胶为龙头的杜仲大产业发展的思路和方案，得到了国家有关部门的肯定和支持。

杜仲胶的应用研发和推广是推动杜仲产业发展的关键，也是协会工作的重点。可先行在军工、医用等特殊橡胶制品领域进行应用，在此基础上，拓展在塑料改性、输送带等领域的应用。同时，加强在轮胎领域的应用开发，一旦应用研究获得突破，我国杜仲胶产业将很快发展。

——密切关注天然胶市场变化，适时组织应对

橡胶原材料价格的合理稳定，是企业稳定生产经营，获取利润的最主要因素。橡胶原材料价格居高并剧烈波动，打乱了企业正常的生产经营活动，无论对轮胎等橡胶制品制造企业，还是橡胶原材料的加工及贸易企业，都是不利的，无法获取稳定生产和销售所带来的稳定利润。协会要高度关注橡胶等主要原材料市场的变化情况，积极组织应对，采取建立天然橡胶共同稳定基金等措施，推进形成稳定的天然橡胶价格机制，维护橡胶市场的稳定。

（邓雅俐）

充分利用高新技术提升橡胶工业加快建设橡胶工业强国

一、高新技术的概念

国家科技部规定以下范围为高新技术：微电子和电子信息技术，空间科学和航空航天技术，光电子和光机电一体化技术，生命科学和生物工程技术，材料科学和新材料技术，能源科学和新能源技术，生态科学和环境保护技术，地球科学和海洋工程技术，基本物质科学和辐射技术，医药科学和生物医学工程技术，其他在传统产业基础上应用的新工艺新技术。

高新技术的主要特征是知识密集、技术密集。高新技术范围的确定将根据国内外高新技术的不断发展而进行补充和修订，由国家科技部颁布。

专家预见，21 世纪，以物质科学和生命科学的突破，生物技术、信息通信技术、新材料技术的广泛应用为代表，科学技术将成为人类社会变革与发展的主导力量。高新技术领域很广，除了上述领域外，各领域之间相互交叉、融合与集成日益普遍，这种融合与集成孕育着新的技术革命和产业革命。《第三次工业革命》一书作者杰里米·里夫金(Jeremy Rifkin)认为，历史上，新型通信技术与新型能源系统的结合预示着重大经济转型时代的来临，第三次工业革命就是可再生能源和互联网技术的结合孕育的结果。

高新技术的发展又有力地促进了各种传统工业的发展，世界橡胶工业也不例外，目前与橡胶工业有关的高新技术领域主要有，信息通信技术、生物技术、新材料技术和光机电一体化技术、辐射技术等。橡胶工业的新型原材料、新产品、新设备、新工艺等的进步都受益于高新技术的应用，利用高新技术改造传统橡胶工业，生产技术向高新技术发展，是将我国建设成世界橡胶工业强国的必由之路。

二、我国橡胶工业急需利用高新技术提升

我国橡胶工业在“十五”期间成为世界橡胶工业大国，“十一五”期间进一步增强了我国世界橡胶工业大国地位，产品结构不断优化，转变增长方式初见成效，为橡胶工业“十二五”发展奠定了良好基础，加快了向橡胶工业强国迈进的步伐。“十一五”我国橡胶工业虽然取得举世瞩目的发展，但是也暴露出一些影响继续稳定发展的问题。

目前我国橡胶工业存在的主要问题是：轮胎等产品结构性过剩矛盾突出，多因素成本上涨，技术人才缺乏和科技创新驱动总体不足，品牌影响力薄弱，出口则面临轮胎标签法等技术壁垒和贸易摩擦加剧等问题。

1. 轮胎等产品结构性过剩矛盾突出

“十一五”期间，我国经济高速发展，内外资都看好中国市场，加速了在我国轮胎等产品生产能力的剧烈扩张，仅 2010 年左右就新增轮胎生产能力 1 亿多条，其中一部分同质化产能增长。同时国内产业集中度偏低，在目前出口下降，国内市场乏力的形势下，进一步加剧了轮胎国内外市场竞争，不利于品牌建设和培育健康的市场秩序，导致企业效益下降。近年来由于轮胎盲目发展受挫，又转向扩大输送带等产品产能，掀起新一轮的盲目发展浪潮，而不重视高新技术的投入，给橡胶工业健康发展带来无穷隐患。

造成这种这种局面的原因是多方面的，包括企业急功近利，地方政府的政绩推动，舆论误导和科研、设计、检测等机构的推动等等。

2. 多因素成本上涨的挑战

目前影响我国橡胶工业成本上涨的主要因素是，橡胶价格大幅波动，环保和节能减排投入、物流成本和劳动力费用高等，这些因素致使企业效益大幅度降低，特别是劳动力成本每年以两位数比例上升，致使形成人工荒。国家统计局披露的《2011 年我国人口总量及结构变化情况》显示，中国城镇人口占比已经超过 50%，同时公布的 15～

64岁劳动年龄人口的比重自2002年以来首次出现下降,2011年成为我国劳动力成本优势的拐点,进而导致一些跨国企业从中国转移到越南、柬埔寨等国生产,也促进了部分企业回归本国,采用高度自动化生产线制造。据说佳能数码相机打算从中国迁回日本,大量采用机器人完成1000多个零件组装制造。

富士康的百万机器人计划正在实施,“机器人战略”若能如期完成,富士康机器人规模与当下富士康员工的数量几乎相当。富士康早期得益于大陆低廉的劳动力成本,但近年来这一优势正在消失。因此从利润最大化出发,决定用大量机器人代替人工,以降低生产成本,提高利润。

3. 技术人才缺乏和创新能力不足的挑战

美国等发达国家经济增长的质量很高,科技进步对经济增长的贡献率高达80%左右。而我国经济增长的拉动主要是投资和出口,科技贡献率较低,约41%。我国橡胶工业增长的科技贡献率远远低于这个水平。根据国家中长期科学和技术发展规划纲要(2006~2020年),2020年我国科技进步贡献率要达到60%。在目前激烈的市场竞争条件下,企业技术人才缺乏,创新能力不足,科技投入少,对绿色轮胎至关重要的轮胎试验场迟迟未能建成,严重影响了橡胶企业新产品开发和技术进步。

轮胎技术的进步已经成为发展和竞争的推动力。根据《欧洲橡胶杂志》报道,全球各大公司的科研经费一般占其销售额的3%~6%;2010年世界主要轮胎生产公司科研经费的支出约为49.7亿美元。其中,大陆、普利司通、米其林、住友、倍耐力和韩泰的研发费用占各公司销售额的3%以上,大陆研发费用最大,达到5.6%,米其林和普利司通为3%。大陆、普利司通、米其林、住友、倍耐力、韩泰和横滨公司研发经费的支出分别为19.211亿美元、9.689亿美元、7.219亿美元、2.129亿美元、1.983亿美元、1.752亿美元和1.471亿美元。

增加科研经费投入,不断提高我国橡胶工业增长中的科技进步贡献率,是一项长期的任务。

4. 品牌影响力薄弱的挑战

改革开放三十多年,中国成为世界上经济发展最快的国家之一,中国GDP已跃升为世界第二。在此过程中,中国品牌经历了从制度建设到品牌孵化推广直至初步繁荣,涌现了一大批知名品牌。但是,纵观整个发展全局,中国品牌发展并不成熟,中国在世界经济中仍然扮演着“世界加工厂”的角色。在全世界,随处可见“中国制造”的商品,但却难以寻找到“中国品牌”的影子。可以看到,中国是一个制造业大国,却绝不是一个品牌强国。

我国轮胎等橡胶产品出口约占产量的40%,除一部分骨干企业以自己品牌出口外,相当部分企业是贴牌出口,而且价格较低。在国内市场上,与国际知名品牌相比,国内产品价格低得多。在国内外我国橡胶产品都面临国外品牌的竞争。

针对以上存在的问题,为了促进我国建设世界橡胶工业强国,协会在编制橡胶行业“十二五”发展规划指导纲要的基础上,2011年开始组织制定世界橡胶工业强国发展战略措施方案,提出十大发展战略措施,其中大部分都属于高新技术范畴。希望认真落实橡胶工业强国发展战略,通过“十二五”的努力,争取“十三五”末基本进入世界橡胶工业强国行列。

三、利用高新技术提升橡胶工业的路径思考

1. 新材料技术

新材料主要是指最近发展或正在发展之中的具有比传统材料更优异性能的一类材料。新材料技术是按照人的意志,通过物理研究、材料设计、材料加工、试验评价等一系列研究过程,创造出能满足各种需要的新型材料技术。新材料按材料的属性划分,有金属材料、无机非金属材料(如陶瓷、砷化镓半导体等)、有机高分子材料、先进复合材料四大类。按材料的使用性能分,有结构材料和功能材料。结构材料主要是利用材料的力学和理化性能,以满足高强度、高刚度、高硬度、耐高温、耐磨、耐蚀、抗辐照等性能要求。功能材料主要是利用材料具有的电、磁、声、光、热等效应。新材料技术被誉为“高技术的物质基础”,各工业化国家都把发展新材料技术摆在特殊的战略位置上。新材料技术研究的主要方向是高功能化,超高性能化,复合化和智能化。

高性能结构材料是指高强度、高韧性、耐高温、耐磨损、抗腐蚀等特殊性能的材料。另外,还包括复合材料,是指由基体材料(树脂、金属、陶瓷等)和增强剂(有纤维状的、晶须状的、颗粒状的等)复合而成,例如热塑性树脂基复合材料、金属基复合材料、陶瓷基复合材料及碳基复合材料等。

纳米材料一般是指粒径在 1 ~ 100nm 间的粒子,既非典型的微观系统亦非典型的宏观系统,是一种典型的介观系统。研究表明,当材料尺寸小于100 纳米时,由于产生表面效应、量子尺寸效应、体积效应和量子隧道效应等,使材料表现出传统固体不具有的化学性能、机械性能、电学性能、磁学性能和光学性能等特异性能,从而引起国内外的高度重视。据称,纳米技术将在 21 世纪初引发一场技术革命。

与橡胶工业较密切的新材料主要有以下材料:金属纤维、纳米级无机非金属材料、玻璃纤维、新型工程塑料及合金、纳米级有机高分子材料、功能高分子材料、聚烯烃及改性材料、特种合成纤维、特种橡胶及密封、阻尼材料、生物医用高分子材料、可降解性高分子材料、高分子材料防老化及再生技术、树脂基复合材料、金属基复合材料、陶瓷基复合材料、碳基复合材料等。

橡胶工业的原材料分三大类,即主体材料、骨架材料和助剂材料,可以说这三大材料决定了橡胶产品的特性和功能。橡胶工业的发展基本上取决于这三大材料的发展。据预测,今后橡胶工业用主体材料和骨架材料将向高性能结构材料发展,橡胶助剂将向纳米材料发展是一个重要趋势。

(1)主体材料

橡胶产品是以天然橡胶为主体材料开始发展起来的,时至今日,所谓的橡胶产品的主体材料已经发生了重大变化,目前橡胶工业使用的主体材料除了天然橡胶、合成橡胶外,还有热塑性弹性体和液体橡胶。近几十年来,主体材料最大的变化,莫过于热塑性弹性体(TPE)得到了很大发展,另外液体橡胶、集成橡胶等也取得进展。

热塑性弹性体(TPE)是一类介于橡胶和塑料之间的高分子材料,其兼具橡胶的物理机械性能和塑料的工艺加工性能,同时返回料和废旧制品还可以重复利用,是一种不同于橡胶和塑料的全新的高分子材料。由于热塑性弹性体具有以上优越性,自 20 世纪 50 年代投放市场以来,得到了迅速发展,其产量 60 年代的年均增长率曾高达 16%,进入 90 年代稳定在 7%, 1998 年产销量达到 114 万吨,2000 年达到 170 万吨,2011 年达到约 450 万吨,预计 2015 年达到 560 万吨。热塑性弹性体进入了稳定发展时期。

世界上已工业化生产的 TPE 有:苯乙烯类(SBS、SIS、SEBS、SEPS)、烯烃类(TPO、TPV)、双烯类(TPB、TPI)、氯乙烯类(TPVC、TCPE)、氨酯类(TPU)、酯类(TPEE)、酰胺类(TPAE)、有机氟类(TPF)、有机硅类和乙烯类等,几乎涵盖了现在合成橡胶与合成树脂的所有领域。

TPE 已取代一部分天然橡胶和合成橡胶,广泛应用在除轮胎以外的各种橡胶制品上,如汽车配件(管、带、垫、板等)、建筑业、制鞋、医疗制品、密封制品、包装制品、电线电缆、日常生活制品、粘合剂及高分子材料改性等。其中胶鞋用和汽车用热塑性弹性体是大头,分别占到 60% 和 30%,其次是建筑业、医用和日用生活制品。但是热塑性弹性体最大的缺点是耐热性和动态疲劳性等较差,从而影响了其应用范围的扩大,特别是迄今为止尚不能成功应用于轮胎是一大遗憾。

尽管如此,热塑性弹性体以其接近橡胶的性能和方便的加工特点以及便于回收的优越性,使其已在材料领域获得极大成功,其市场将稳步发展。与此同时,愈来愈多的橡胶界专家针对其耐温性、耐动态疲劳性等比较差展开了大量研发工作,并有了可喜的进展,例如动态硫化和茂金属催化技术的应用,使热塑性弹性体向高性能化方向前进了一大步。国内聚丙烯釜内合金实现工业化,而且已经应用于汽车工业。相信不久的将来,一种完全能取代橡胶的高性能的热塑性弹性体一定会出现,届时,橡胶工业用主体材料、生产工艺等将发生根本性变化,同时也将能彻底解决废旧橡胶的回收利用,保护环境的一大难题。

液体橡胶也是取代橡胶的一种非常有发展前途的主体材料,应该说,液体橡胶是革新橡胶工业的最根本的途径,它使复杂的固相加工改为简单的液相加工 ,省去了笨重庞大的工艺加工设备,大大简化了加工工艺,使材料混合、成型、硫化实现一体化。液体橡胶中引人注目的是聚氨酯橡胶，最初主要用于制鞋和微孔弹性材料，后逐渐用于胶带、胶管、胶辊等产品，用聚氨酯橡胶生产自行车胎、实心胎、工业轮胎及农用轮胎等慢速轮胎，经久耐用、颜色鲜艳，深受用户欢迎。近几年，华南理工大学对聚氨酯轮胎胎面进行了大量研究开发，关键技术取得很大进展，已建成聚氨酯轮胎胎面的子午线轮胎生产线，产品降低滚动阻力，节油效果显著。

集成橡胶是通过分子设计，以苯乙烯、丁二烯和异戊二烯为原料，以烷基锂为催化剂，一次合成制造的新型橡胶 SIBR，该胶可以调整三种单体的比例，以满足轮胎不同部位的要求。该胶已开发成功，可以用于绿色轮胎制造，应用前景看好。

杜仲胶分子结构为聚异戊二烯，具有橡－塑二重性、优良的共混性及独特的集成特性，不仅可以部分替代天然橡胶，而且可以通过对合成橡胶改性从而生成综合性能优异的橡胶集成材料。杜仲胶的吸声、减震和记忆功能是独有的，是极具发展潜力的新兴军用、医用橡胶材料。杜仲大产业的发展已经具备了技术基础。1981 年中国科学院化学所严瑞芳副研究员在西德进修期间，在世界上首次将合成杜仲胶制成弹性体，并获得反式聚异戊二烯高弹性橡胶制法的发明专利，为杜仲胶材料工程学奠定了理论基础。2000 年青岛科技大学黄宝琛教授等开发的以负载钛催化异戊二烯本体沉淀聚合合成反式异戊二烯（TPI）橡胶新技术，获国家技术发明二等奖，居世界领先水平，这对杜仲产业是潜在的推动。2006 年青岛科大方泰材料工程公司年产 500 吨 TPI 建成投产，其产品经上海双钱等轮胎厂应用，制造全钢子午胎取得成功，其在轮胎上的应用成功也佐证了杜仲胶的巨大应用前景。1.5 万吨 TPI 工业化装置 2013 年上半年将投产。这将进一步推动杜仲胶产业的发展。

杜仲胶在应用推广方面，可先行在军工、医用等特殊橡胶制品领域进行推广应用，在此基础上，进一步加大在轮胎领域的推广应用，并拓展在塑料改性、输送带等领域的推广应用。同时，强化在轮胎领域的应用开发，一旦应用研究获得突破，我

杜仲乔林

国杜仲产业将产生飞跃式发展。

（2）骨架材料

橡胶骨架材料主要有钢丝、锦纶、涤纶、高强力人造丝和各种短纤维，根据轮胎等橡胶制品性能的要求，对骨架材料的性能要求也越来越高。向高强力、高模量发展是今后橡胶骨架材料的方向。已经应用于轮胎的芳纶纤维是一种很有发展前途的骨架材料，它既有钢丝的强度，又有纤维的柔性。近年来，西欧出售用全芳纶作骨架材料的子午线轮胎，轮胎重量减少约 30%，使轮胎的行驶性能，特别是滚动阻力有了大幅度下降，在工程胎中使用可大大提高轮胎的耐刺扎、耐切割性能，同时芳纶在齿形带和运输带中也开始了应用，提高了带体强度和使用寿命。芳纶将是一种极有发展前途的橡胶产品用骨架材料。

无贴胶帘布条、单根线绳、混捻帘布已经开发应用。

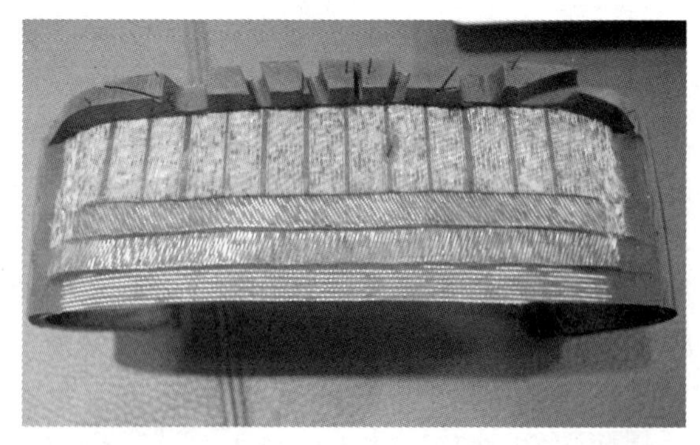

超高分子量聚乙烯纤维和碳纤维等高性能增强纤维和橡胶工业关系密切，是骨架材料更新换代的材料。目前，国内在芳纶、超高分子量聚乙烯

纤维、碳纤维和钢丝纤维等新型骨架材料的开发应用已取得突破进展。随着国家陆续出台相关支持政策,这些新材料将在“十二五”期间得到快速发展,必将有力地促进橡胶产品用骨架材料升级换代。

(3)橡胶助剂

橡胶助剂包括硫化助剂、防护助剂、补强填充剂、粘合助剂、工艺操作助剂和特殊助剂六大类,是橡胶产品的三大原材料之一,其在橡胶产品中的消耗约占橡胶的50%左右。橡胶助剂中大部分成粉体状,例如炭黑、白炭黑、补强填充剂、促进剂、防老剂等。作为粉体状物质,当今一个重要的发展趋势是向纳米材料发展。

实际上,纳米材料和橡胶工业关系相当密切,大部分粉状橡胶助剂粒径都在纳米材料范围或接近纳米材料范围,例如炭黑 11 ~500nm、白炭黑 11 ~110nm。

目前世界上著名的轮胎厂逐渐用白炭黑代替炭黑制造绿色轮胎和节能轮胎,用大量白炭黑生产的轿车胎,滚动阻力下降20%左右,节油4% ~6%,白炭黑推动了绿色轮胎发展。随着高分散、易分散白炭黑的品种的开发应用,白炭黑得到快速发展,预计 2015 年全球白炭黑消耗量将达到 210 万吨,我国将达到 120 万吨。

纳米碳酸钙是 20 世纪 80 年代开始发展起来的,是少数几种实现工业化的纳米材料之一。其粒子细(1 ~100nm)、比表面积大、白度高,表面经活化处理,易与胶料结合,将其填充在橡胶产品中,能使产品表面光滑,抗张强度高,抗撕裂、耐弯曲、抗龟裂,不仅产品性能比普通碳酸钙大幅度提高,还可以增容降低成本。粒径小于 20nm 的碳酸钙,其补强作用与白炭黑相当。日本早在 20 世纪 50 年代就在橡胶工业中应用纳米碳酸钙品种白艳华等,根据不同的橡胶制品,可以部分和大部分代替炭黑和白炭黑。

纳米氧化锌不仅提高橡胶制品机械性能,其用量比普通氧化锌节约 30% ~50% 。

另外,纳米粘土、纳米三氧化二铝、纳米二氧化钛等在橡胶工业中的应用也有所进展。由于纳米材料的一系列特异性能对于种类繁多的橡胶产品大有用武之地,因此,大力推动纳米材料在传统橡胶工业中的应用意义重大。

低滚动阻力炭黑是世界炭黑生产技术的一大突破,应用在轮胎上,可以降低滚动阻力 10% 左右,节油 2% ~3% ,并可降低轮胎生热,延长使用寿命。

2. 信息化技术的应用

工业化和信息化的融合是工业企业发展的必然趋势。《第三次工业革命》一书作者杰里米·里夫金(Jeremy Rifkin)认为,历史上,新型通信技术与新型能源系统的结合预示着重大经济转型时代的来临。第一次工业革命为煤炭 - 蒸汽动力 - 火车 + 印刷术;第二次工业革命为石油 - 内燃机 - 汽车 + 电信技术;第三次工业革命为可再生能源 + 互联网技术 。第一次工业革命使 19 世纪的世界发生了翻天覆地的变化,第二次工业革命为 20 世纪的人们开创了新世界,第三次工业革命同样也将在 21 世纪从根本上改变人们的生活和工作。

英国《经济学家》杂志负责创新与科技报道的编辑、《第三次工业革命》系列报道撰稿人保罗·麦基里(Paul Markillie)指出,制造业数字化将引领第三次工业革命,智能软件、新材料、灵敏机器人、新的制造方法及一系列基于网络的商业服务将形成合力,产生足以改变经济社会进程的巨大力量。可以肯定,第三次工业革命的灵魂是信息化。

信息化技术主要包括网络技术、微电子和光电子技术以及计算机技术,20 世纪以网络技术和计算机技术为代表的技术革命,为现代世界的发展构建了崭新的科学技术基础,已越来越成为世界经济发展的动力。据报道,自 1995 年以来,美国经济增长中的30%归功于信息化技术产业。信息化技术的发展带动着其他产业的发展,是信息化技术发展的一大趋势。

信息化技术已经强有力地改变着传统橡胶工业,它广泛应用在产品设计、生产、管理、检测以及营销等方面,取得了令人瞩目的进展。用电脑指挥生产、控制工艺、计算数据、处理结果、存储信息、联网通讯、分析设计、监视报警等,在现代化的橡胶厂内无处不在,大大提高了工作效率和工作质量。

(1)产品设计、工艺控制等电脑化

FEA(有限元分析)法设计产品结构 ,例如应用于轮胎,将结构设计、建模、测试等大大简化,从而缩短了产品开发时间和生产周期。

另外,已经实现电脑化的系统还有,密炼机微机智能控制系统、轮胎胎面计算机缠绕机系统、轮胎硫化计算机自动控制系统、轮胎成品计算机管理系统等。

(2)轮胎企业信息化管理系统

多数轮胎企业在推行 ERP 和 SAP 企业资源管理软件,很多软件公司与轮胎企业结合,致力于轮胎企业全方位信息化管理,开发了多种能满足企业内外部各层次、各部门资源信息管理需要的平台,如软控历经 10 年,开发完成轮胎企业"操作系统"——MES 系统。它实现了企业、工厂、车间、工序、机台、销售、物流、市场信息化的集成管理和控制,创造了轮胎产业的一种新型管理模式。这其中,信息化的作用不仅是实现了社会的经济效益和企业的利润,更大的作用在于提高了企业和操作人员的素质,提高了整个社会的素质。信息技术不仅正在改造和提升轮胎行业,而且正在创造一个全新的轮胎行业。有了制造业信息化这个杠杆,就能撬动整个橡胶世界。

(3)销售方式电子商务化(电商)

电子商务是以网络化、数字化技术环境为依托进行的一种全新商务形式,它作为经济全球化和信息网络化的产物,成为全球经济最具活力的增长点,有力地推动了世界经济的发展和繁荣。2011 年我国电商销售额 5.88 万亿元,占总销售额的 12% 以上。放眼未来,电子商务无疑代表着未来贸易方式的发展方向。其日益广泛的推广应用将给社会经济带来巨大的变革和收益。

橡胶工业也不例外,世界著名橡胶企业无不充分利用国际互联网等,进行品牌宣传、物流控制、原材料采购和产品销售以及用户服务。美国通过互联网销售的轮胎占其销售总额的 20% 左右。专家认为电子商务在橡胶工业的应用,必将彻底改变传统的营销方式,是营销方式的一个革命,将有力地降低企业成本,提高经济效益。

海宁中国轮胎城致力于探索电商与传统代销相结合,集仓储、物流、结算、售后服务为一体,是一种全新的现代轮胎销售模式,具有潜在的发展前途。

3. 光机电一体化技术、机器人技术的应用

目前,橡胶工业仍是手工操作比较多的一个产业,特别是轮胎、胶鞋等部件比较多的产品,仅成型就有十几道工序,劳动强度大,生产效率低,严重影响了橡胶工业的发展。工业发达国家都把橡胶产品的成型工序作为重点,通过计算机技术、光机电一体化技术和机器人技术,自动化生产方面取得了重大进展。在这里值得一提的是,机器人技术在实现橡胶产品生产自动化方面,起到了非常重要的作用。

机器人是一种能够完成感知 - 决策 - 执行工作流程的自动化的机器,所不同的是这种机器具备一些与人或生物相似的智能能力,如感知能力、规划能力、动作能力和协同能力,是一种高度灵活性的自动化机器。但是绝大多数机器人都不是人形的,也可以称作机械臂、机械手等。现在世界上约有 1000 万个机器人,其中工业机器人 100 万个,主要在日本、德国和美国工作,机器人的市场产值近 200 亿美元,预计发展到 2025 年将达到 570 亿美元。机器人近几年开始快速发展,2000 年中国工业机器人保有量仅为 3500 台,其中有点焊、弧焊、喷漆、注塑、装配、搬运、冲压等各类机器人。2010 年中国工业机器人的年装机量为 8500 台,而就在 2011 年,中国机器人的保有量已达到 17 万台,其中工业机器人数量已经跃升到 7 万多台,未来可能突破 100 万台。这些机器人工作在汽车制造、电器装配等领域,其余的则"就职"于加工行业,少数出类拔萃的机器人(第二代和第三代),在太空探索和安全保卫领域担负着比较复杂而艰巨的使命。

2011 年 8 月,富士康宣布,未来 3 年在组装工厂中部署 100 万台工业机器人,生产 iPhone 和 iPad。控制成本,是鸿海力推自动化的一大动力。机器人生产的成本不会增加,只需维护费用,相对中国劳动力不断上涨的趋势,自动化的成本是可控的。

富士康机器人项目在晋城的投资将达到 90 亿元,产值可突破 500 亿元。对于富士康的机器人计划,符合机器替代人工的大趋势。从全球来看,家电生产、汽车制造中已经基本实现机器人作业。而在石油勘探、化工制造以及核电站等一些危险环境下,则更需要机器人的尽快投入使用。与人类相比,出现在一线生产岗位的机器人有更高的承受力，在生产效率方面也具备优势。在生产线上，工人相比机器人操作较为不准确。例如产品通过机器人抛光，成品率可从87%提高到93%，因此无论“机器臂”还是更高端的机器人，投入使用后都会使生产效率大幅提高。

专家认为，国际金融危机提升了制造业在发达国家领导人心中的地位，为了增加就业岗位并防止更多工业技能向海外流失，现在是时候重振制造业了。一些制造业回流到发达经济体，中国作为一个制造业国家，远期目标不能建立在劳动力价格优势之上，不仅因为其他发展中国家也在打这张牌，而且中国的生产成本也会逐渐上升，更重要的是，新兴的数字化制造业不需要大量劳动力在车间进行密集型生产，意味着廉价劳动力算不上一个特别显著的优势，因此，对中国来说，要做的是转移到产业链的上游去。

工业机器人主要特点是擅长于重复特定的工作程序，特别适合于橡胶产品成型工序，不仅能提高生产效率，降低成本，而且能提高产品质量。国外著名橡胶公司都很重视机器人在橡胶产品生产中的应用。例如米其林、固特异、倍耐力、普利司通、大陆等公司已在轮胎生产中普遍应用。日本东海公司的减震橡胶生产厂基本上实现无人生产，大部分工序由机器人承担。

软控科捷机器人公司开发成功多项应用机器人的轮胎生产工序生产线，实现了轮胎胎胚从成型、硫化、检测、仓储全过程的智能输送，半成品、成品质量提升，生产效率提高10%，人工成本降低50%。

巨轮模具已经开发成功应用机器人制造轮胎模具和液压轮胎硫化机机器人操作。

典型的光机电一体化技术和机器人技术的应用实例如下：

(1)全自动化轮胎生产线和一次法全自动轮胎成型机组

上世纪90年代米其林、固特异、倍耐力、普利司通、大陆等公司相继开发成功全自动化轮胎生产线，是轮胎生产技术的重大突破，各家技术大同小异，基本上是计算机技术、光机电一体化技术和机器人技术结合的成果。

介于全自动化轮胎生产线和传统轮胎成型机组中间的，一次法全自动轮胎成型机组近几年发展很快，占地180平方米，无人操作，全自动进行，最快的乘用车轮胎成型效率达到一条胎15秒，约提高效率10倍。

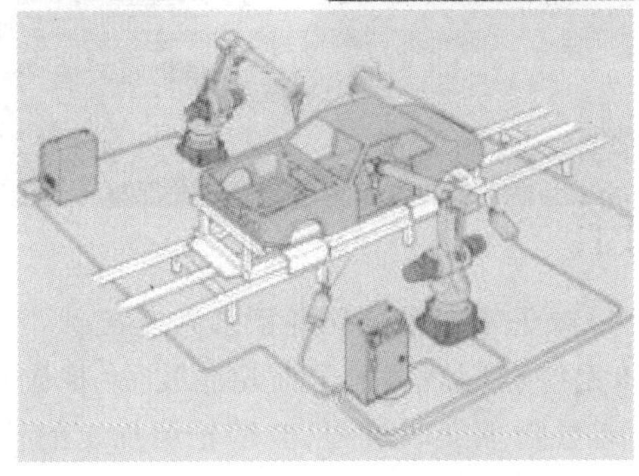

(2)胶管、密封条等成型、硫化连续生产线

该生产线的主要工序是挤出、成型、硫化，使用橡塑并用胶料或热塑性弹性体，采用微波、红外线等加热，通过激光、计算机自动测径、调节尺寸和检测成品，是集新材料、新能源、光机电一体化、计算机技术于一体的全自动生产线。

(3)全自动高精密橡胶制品生产线

高精密橡胶制品主要指密封件、减震件等小型橡胶件，传统生产方法是金属件的处理环境恶劣、人工操作多，使用大量硫化机，车间温度高、劳动强度大，目前现代化的高精密橡胶制品厂已今非昔比，基本上是采用注射机、机械手、机器人和计算机全自动进行，例如在日本东海橡胶公司的减振橡胶生产车间几乎看不到人。

(4)电子辐照预硫化轮胎胶片生产线

该系统利用高能电子对轮胎胶片(橡胶分子)轰击,通过物理交联过程,改变轮胎加工的传统工艺,增强了制品的最终性能,提高了轮胎的质量以及安全使用性能。经辐照加工后制成的轮胎性能优异,油耗大大降低,尾气排放减少,同时提高了轮胎的动平衡和均匀性,延长了轮胎行驶里程。在轮胎企业投产使用效果显示,该生产线满足了用户生产高性能轮胎的发展需求,有利于我国轮胎工业的健康发展。软控股份有限公司电子辐照预硫化轮胎胶片生产线获得科学技术进步二等奖。

4.3D 打印技术的应用

3D 打印的家具

从 1986 年首台 3D 打印机诞生算起,3D 打印技术已有近 30 年历史。但直到 2012 年,属于它的春天才姗姗来迟。

这一年 4 月,英国《经济学人》杂志发表封面文章,指出“第三次工业革命”的五大要素,3D 打印位列其中,与智能软件、新材料、机器人和基于互联网的商业服务模式并肩而立。

从那时起,3D 打印迎来新的机遇:媒体积极报道,政府表态扶持,而美国 3D 打印巨头 3D Systems、Stratasys 和 ExOne 的股价狂飙突进,标志着资本市场的认可。美国总统奥巴马在国情咨文中要求把 3D 打印作为创新重点;中国工信部支持发展“增材制造技术”,与 3D 打印有关的战略已经纳入规划中。

在医疗和工业领域,这种技术已经比较成熟,有较大发展。2012 年,全球 3D 打印市场(包括相关材料)的规模为 21 亿美元;全球最大的 3D 打印机生产商 Stratasys 售出 2 万台产品,全行业销量有 4.2 万台。

3D 打印又被称为“增材制造”,是一种快速成型技术。与传统加工方式不同,它通过分层制造、逐层叠加的方式生产产品,特点是不需要模具,可以加工结构非常复杂的产品。简单地说,用户只需要通过 CAD 设计一个 3D 模型,并选择合适的材料,就能打印任何形状的物体。

高度的可定制性让 3D 打印拥有了许多优势。只需一份图纸,它就能够迅速生产模型或原型产品,在工业设计领域用途广泛。而由于 3D 打印的产品无需开模、切割、焊接等传统工艺的加工,成本也大大降低。

一个案例是中兴手机使用 3D 打印机制造手机“手板”。“手板”是手机的初始模型,设计师会在拿到手板后再进行修改。按照传统模式,手板的制作由专业厂商完成,全手工制作,大约需要两周时间,成本超过 3000 元。而在采用 3D 打印技术后,只需三四个小时就能造出手板,成本也不过几十元。

3D 打印的应用前景绝非仅限于此。在工业领域,3D 打印可以用来生产飞机零部件,由于无需焊接、一体成型,利用这种技术生产的零件格外坚固;在医疗领域,有人打印出了可用于器官移植的人造骨骼和内脏;在民用领域,有多位设计师展出 3D 打印的服装。

按产品应用范围划分,3D 打印主要分为工业级、医用级和民用级。其中,前两种级别的 3D 打印机精度很高,不仅可以打印塑料和树脂,还可以打印金属和高分子材料,能够生产航空航天所需的部件、医用人造牙齿和关节等,甚至包括人造器官。

而在民用级市场，3D 打印技术的精度仅为毫米级，所使用的材料通常为塑料，只能用来制造模型和玩具，或是人偶等创意产品。此类 3D 打印机的售价约为数千美元，体积也更小，适合家庭使用。

由于橡胶工业使用各种高分子材料，包括橡胶、热塑性弹性体、树脂等，适合用 3D 打印。另外，3D 技术打印省去了模具，可以大大降低成本，提高生产效率。据报道，国内外已经有用 3D 技术打印出根据球员脚型定制的足球靴、汽车防尘罩等，3D 打印技术具有应用于橡胶工业的可能。

四、高新技术在橡胶工业上应用前景预测

21 世纪将是高新技术普遍推广应用和更多的高新技术取得突破的世纪，未来高新技术的发展进步将在更广泛的范围里和更深的层次上对人类社会的各个方面产生深刻影响和变革。世界橡胶工业也将在新的世纪里继续受益于高新技术，以崭新的面貌，继续为人类做出贡献。橡胶工业将呈现如下发展前景。

主体材料方面，热塑性弹性体和液体橡胶消费量将大幅度增加，而且其品种能满足所有橡胶制品的需要，热塑性弹性体轮胎将问世。

无贴胶帘布条、单根线绳、混捻帘布将得到推广应用。

将使用兼具钢丝和纤维性能的高强度、高模量的材料。

将大量使用各种复合材料，例如橡胶/树脂复合材料、橡胶/纤维复合材料、橡胶/陶瓷复合材料、橡胶/金属复合材料等。

将使用更多的纳米级橡胶助剂，使用数量将比现在少，但性能高得多。

普遍使用电脑进行橡胶产品设计、生产、管理、检测以及营销等。

电子商务的销售额将大幅度增加。

将普遍采用光机电一体化技术和机器人技术改造笨重的橡胶产品生产线，将出现更多的轮胎、胶鞋无人工厂，橡胶工厂脏乱差的老面貌将成为历史。

将会出现 3D 打印技术制造的橡胶产品。

废旧橡胶产品的回收利用技术将取得重大突破，大部分废旧橡胶和生产中的边角余料将得到重复利用。

五、关于充分利用高新技术提升橡胶工业，建设橡胶工业强国的建议

1. 大力推广高新技术，改造橡胶工业

要大力推广已经成熟的高新技术在橡胶工业上的应用，这些应用有热塑性弹性体，液体橡胶，集成橡胶，芳纶纤维在轮胎、输送带、传动带上的应用，纳米氧化锌等，白炭黑，低滚动阻力炭黑，产品设计和工艺控制等电脑化，企业数字办公系统，电子商务，轮胎全方位管理平台，密炼机上辅机系统，低温一次法混炼，液氮硫化，液压硫化机机器人操控，电子辐照预硫化轮胎胶片生产线，胶管、密封条等成型、硫化连续生产线等。

2. 努力开发高新技术在橡胶工业上的应用，提升橡胶工业

当前在橡胶行业需要开发应用的高新技术有杜仲橡胶产业化和应用技术，蒲公英橡胶开发和应用技术，银胶菊橡胶开发应用技术，超高分子量聚乙烯纤维和碳纤维等高性能增强纤维在橡胶工业上应用，无贴胶帘布条、单根线绳、混捻帘布在轮胎上应用，钢丝纤维开发应用，全自动化轮胎生产线，轮胎试验场，全自动化胶鞋生产线，全自动高精密橡胶制品模压（注塑）生产线，现代化轮胎营销模式，机器人在橡胶工业上的应用，3D 打印技术在橡胶工业上的应用等。

蒲公英

3. 借助资本运作，促进高新技术在橡胶工业上的应用

鼓励、支持、引导风险投资、创业投资以及民

银胶菊

杜仲叶林

间资本进入传统橡胶产业，借助资本运作，促进高新技术在橡胶工业上的应用，进而改造传统橡胶工业，提高运行质量，加快我国橡胶工业向强国发展的步伐，至关重要。

近年来，轮胎橡胶行业出现了两种相反的投资倾向，一种是盲目投资扩大同质化产能，一种是高新技术项目、新兴战略项目募投无门，这两种投资倾向严重影响橡胶工业健康发展。要加大对轮胎橡胶行业高新技术项目、新兴战略项目的宣传，扩大民间资本投融资渠道，采用政府引导性基金、产业投资基金等多种方式引导社会资本进入橡胶产业高新技术项目和新兴战略项目，使其成为推动橡胶产业发展的新的资金来源。

当前橡胶工业具有投资进行开发和发展的重点项目有，杜仲橡胶产业化和应用技术，蒲公英橡胶开发和应用技术，青岛橡胶谷，绿色轮胎产业化，轮胎试验场，海宁中国轮胎城（现代化轮胎营销模式），机器人制造和在橡胶工业上的应用，3D打印技术制造橡胶产品等。

轮胎试验场

4. 建设橡胶谷，引领高新技术在橡胶工业上的应用

橡胶谷实际上是橡胶工业高新技术集聚区，已经在橡胶行业推广的轮胎全方位管理平台、密炼机上辅机系统、低温一次法混炼、电子辐照预硫化轮胎胶片生产线、机器人制造应用等大部分来自橡胶谷。

橡胶谷要发挥产学研优势，进一步形成橡胶工业应用高新技术的载体，推动利用高新技术改造传统橡胶工业，加快推动向世界橡胶工业强国发展。

5. 加大力度，支持高新技术在橡胶工业上的应用

建议国家和地方政府加大力度，支持高新技术在橡胶工业上的应用，鼓励企业通过高新技术开发节能、环保、绿色橡胶产品，推行清洁生产，调结构，转方式，提升橡胶工业运行质量。不再盲目批准扩大同质化轮胎等橡胶产品建新项目，推动企业兼并重组，提高产业集中度。

（范仁德）

中国汽车工业对于橡胶制品行业的需求与展望

一、中国汽车工业对于橡胶制品的总体需求

随着中国汽车制造业的飞速发展，具有减震、密封、连接、传输、传动、装饰等作用的橡胶材料在汽车上的应用也迅速增长。我国汽车用橡胶材料每年超过40万吨，每辆车的橡胶零部件达300～1200个，不包括轮胎重20kg～120kg，常用橡胶品种20多种。随着汽车操纵性、安全性、舒适性、环保性和节能减排要求的逐渐提高，橡胶零部件的应用越来越多，汽车行业对橡胶零部件的性能要求也越来越高。

1. 长期稳定的可靠性

在中国汽车行业刚刚起步的阶段，橡胶零部件作为易损件经常更换，主机厂和用户都可以接受。但随着汽车和橡胶工业的科技进步，橡胶零部件的技术水平不断提高，汽车生产厂对多数橡胶零部件提出了与整车同寿命的要求。这就要求橡胶制品生产企业引进先进技术，采用高性能橡胶品种，改进橡胶配方和生产工艺，提高橡胶零部件的使用寿命，保证长期使用性能稳定可靠。

2. 减震降噪性能

汽车上使用橡胶制品，就是利用橡胶的弹性来达到减震降噪的目的。近几年，随着用户对汽车乘用舒适性的要求越来越高，汽车NVH性能更加重要，对橡胶制品减震降噪性能的要求也更高。提高橡胶制品的减震降噪能力，降低产品硬度和刚度，使产品更柔软，有更优良的弹性，是汽车行业对橡胶制品的新需求。

3. 耐热性

汽车正向小型化和轻型化的方向发展，以缓解城市拥堵的状况，并提供更多个性化的选择。随着用户对汽车舒适性要求越来越高，乘用空间加大，发动机、传动系统、转向制动系统等大总成的布置空间越来越小，而减震降噪材料和结构的使用却逐渐增多。机构增多，空间狭小，结构紧凑，密封良好，必然导致散热困难，总成内部温度升高。如发动机舱、盘式制动系统、排气系统都存在高温密闭空间，其间橡胶材料的选用就必须考虑耐高温性能。一些特种橡胶耐高温性能良好，如氟橡胶、硅橡胶等，但多数通用橡胶材料的耐高温老化性能不能满足在汽车上使用的要求，因此必须通过橡胶并用、配方改进等一系列措施改进橡胶材料的耐热老化性能。

4. 耐寒性

随着国产汽车对俄罗斯等北方国家的出口，橡胶耐低温性能的重要性就显现出来。另外，越野车、消防车等一些特种车型，也采用硅橡胶等特种橡胶材料，保证在寒冷地区能够正常使用。2012年冬天，中国北方出现了持续长达6个月的严寒天气，很多汽车出现因橡胶密封件低温密封失效产生漏油、漏气、漏水现象，导致总成失效，使汽车生产厂充分重视橡胶件的耐低温问题。

5. 耐候性

橡胶制品的耐臭氧、耐紫外线等耐候性能也非常重要。一些天然橡胶、丁苯橡胶、丁腈橡胶汽车零部件，在南方使用经常出现龟裂现象，就是材料的耐臭氧性能达不到使用要求。通过配方中添加老化剂，可以改善橡胶的耐臭氧性能。一些在车外暴露，或在发动机周边使用的橡胶制品应选用耐臭氧性能比较好的橡胶品种。

6. 耐介质性

橡胶制品在使用过程中难免接触燃油、润滑油、冷却液、制动液、清洗剂等介质，所以橡胶制品在汽车上使用必须具有一定的耐介质性。汽车上使用情况比较复杂，不同部位橡胶制品接触的介质不同，而不同种类的橡胶耐不同介质的性能也大不相同。如三元乙丙橡胶耐制动液性能良好，耐燃油性能就比较差。所以长期大量接触同一种介质，就应选择耐该介质的橡胶材料，满足使用的要求。

7. 耐磨性

很多橡胶制品是在摩擦状态下使用的，如油封、传动带、玻璃导槽、密封罩等。即使不经常摩擦，外露的橡胶件，如胶管的外胶层、密封条等，也要求橡胶制品有一定的耐磨性。橡胶材料的耐磨性有很大差异，如聚氨酯橡胶耐磨性非常好，丙烯酸酯橡胶耐磨性就比较差。因此，在橡胶材料的选用和配方上，应关注汽车橡胶制品的耐磨性。

8. 粘接性能

橡胶制品有一些是纯橡胶制成的，如密封圈等。但多数汽车用橡胶制品都是复合结构，由橡胶、织物、金属等材料共同组成，如发动机悬置、油封、传动带、制动管等。不同材料之间通过粘接而成为一个具有一定功能的汽车零件。如果粘接层脱开，橡胶制品就失效了。因此，通过选用容易粘接的橡胶材料和配方，提高橡胶制品的粘接强度，以满足橡胶复合制品的使用要求，是非常重要的。

9. 电性能

操控简单化、智能化和环保等需求使汽车电子行业迅速发展起来，汽车上电控系统逐渐增加，电器零件逐渐增多。随着新能源汽车的开发，汽车电池和相关电器零部件的开发更促进了具有优良电性能的橡胶制品在汽车电气系统上的应用。如硅橡胶具有优良的电性能，而且其电性能受温度影响很小，是一种性能优异且稳定的绝缘材料，在汽车电器上广泛应用，用于灌装、密封、连接等领域。

10. 环保性

首先是低渗透性能。世界主要国家和地区对汽车排放都有越来越高的标准要求。其中对燃料蒸发的要求欧Ⅲ标准的规定是不大于 2.0g/天/台。汽车用加油管、燃油管路都是直接输送燃油的橡胶制品，必须具有相应的低渗透性，以满足法规要求。

汽车禁用物质的相关规定也对橡胶材料配方提出了更高要求。欧盟已经制定法规，禁止铅、汞、镉、六价铬、多溴联苯和多溴二苯醚等有毒物质，禁止使用俗称“蓝染料”的偶氮染料等。我国也开始进行相关研究工作，逐渐向世界先进国家环保法规靠拢。因此，在进行橡胶配方材料选择时，尤其是阻燃剂、染料和含重金属材料的选择，一定要谨慎。

GB/T 27630－2001《乘用车内空气质量评价指南》已于 2012 年 3 月 1 日开始实行。虽然不是强制性法规，但也指导了评价乘用车内空气质量的方法，并规定了包括苯、甲苯、二甲苯、乙苯、苯乙烯、甲醛、乙醛、丙烯醛 8 种物质限制使用的技术指标。橡胶制品在汽车内饰应用较少，包括密封条、铺垫、密封罩和堵塞等。这些橡胶制品的挥发性、阻燃性和气味应满足汽车司乘人员安全健康的使用要求。

国家也开始制定汽车回收利用的标准要求。大多数橡胶制品是不能直接回收利用的，只能磨成粉作为填料使用。但是具有橡胶弹性的热塑性弹性体是可以回收利用的。目前热塑性弹性体技术发展很快，多数橡胶和热塑性塑料都可以通过交联、聚合等化学方法制得热塑性弹性体，尤其以聚烯烃弹性体、聚酯弹性体和聚氨酯弹性体在汽车上应用最广泛。在一些领域采用热塑性弹性体代替橡胶，符合环保的要求。

11. 质轻价廉

降低重量、节能减排已是汽车发展的必然趋势。不同种类的橡胶密度不同、橡胶配方中含胶率不同、加工方式不同，都会对同一尺寸规格橡胶制品的重量产生影响。选择轻质材料是汽车橡胶制品发展的一个趋势。

另外国内汽车行业成本压力比较大，尤其是自主品牌的汽车，售价比较低。而特种橡胶材料，如氟橡胶、氢化丁腈橡胶等，价格都比较高，而且国内汽车橡胶制品的橡胶原材料多数依赖进口，无形中增加了国产自主品牌汽车的成本。因此发展国内橡胶工业，开发符合汽车使用要求的橡胶品种和配方，是降低成本的必由之路。

二、汽车行业对橡胶减震制品的需求

1. 橡胶减震制品行业现状分析

橡胶减震制品用于汽车发动机、车身、传动系统、悬挂系统、排气系统等各大总成的连接处，起承载、减震、连接等作用，对提高相关零部件寿命、提高整车安全性、减震降噪、降低排放等都起到重要作用，因此在汽车上应用一直呈现增长的态势。国内橡胶减震制品行业发展很不平衡，技术领先的专业生产厂已经与国外先进技术水平接轨，为合资汽车企业配套并且大量出口，产量大，技术支撑能力强，数量少。但是为自主汽车品牌，尤其是商用车配套的大量橡胶减震制品企业还处于橡胶杂件生产阶段，没有专业的生产和检测设备，没有技术研发能力，按样件仿制，手工涂胶粘接，产品价格低廉。这就造成橡胶减震制品质量差距大，整车厂不得不投入大量精力和资金进行研发和检测工作。但仍然存在橡胶减震制品产品质量不稳定，经常出现龟裂、脱落、软化、减震效果差和寿命低等问题。国际先进汽车生产企业要求橡胶减震制品与整车同寿命，但国内目前商用车橡胶减震制品平均寿命不超过2万公里，虽然与国内商用车使用条件比较差有关，但总体质量状况堪忧。

2. 汽车行业对橡胶减震制品的需求

对于整车来说，减震是一个系统，因此橡胶减震制品的设计应该从整个减震系统考虑，生产厂应具备配合主机厂进行系统模态和震型模拟、测试和计算分析能力。在材料选择时应综合考虑橡胶材料的阻尼特性、应力和应变的变化情况、温度敏感性、耐介质性、与接触材料的相容性、压缩永久变形性能、耐高低温和气候老化性能等综合因素，兼顾减震性能与高可靠性。在结构设计时应使产品的刚度符合系统使用要求，尽量减小应力和应变，合理设计连接方式，延长橡胶制品和系统总成的使用寿命。

橡胶减震制品生产企业应具备金属配合件表面处理、自动喷涂烘干、注射或真空模压等先进生产设备，应具备动、静刚度试验机、疲劳试验机、电子万能拉力机、高低温试验箱、臭氧试验箱等检测设备，具备长期稳定可靠的质量控制能力，具备失效分析和解决质量问题的能力，才能满足给主机厂配套的基本条件。

3. 橡胶减震制品的发展趋势

橡胶减震制品的发展是多元化的，根据不同使用条件向主动型、高温型、复合型等方向发展，总体发展趋势就是提高减震能力，同时提高产品寿命和可靠性。

半主动式和主动式悬置：发动机悬置发展的趋势。目前，半主动式悬置在轿车上已经大量应用，技术比较成熟。主动式悬置虽然技术开发比较前沿，各种新技术都有各自的特点，但是都存在结构复杂、价格昂贵、控制困难、可靠性差等问题，因此尚未全面推广使用。

液压和气压减震：采用液压和气压辅助减震，已经在汽车发动机悬置、车身悬置、底盘减震等部位全面推广。高性能液体悬置，是利用橡胶的变形，使液体流动，起到缓冲作用，主要用于发动机悬置和传动系统各种轴套的减震方面。而以空气弹簧橡胶气囊为代表的橡胶气体减震产品在车身悬置、悬架系统得到了广泛应用。

高寿命减震橡胶配方：以前国内汽车橡胶减震制品都采用单一的天然橡胶，虽然天然橡胶减震效果比较好，但存在耐热性差、耐臭氧性差、耐介质性差等问题，长期使用容易出现龟裂、老化直至失效。近几年，大量性能优良的橡胶配方被开发出来，主要是通过橡胶并用、加入效果更好的多种防老剂、制品表面处理等方法，改善天然橡胶的耐热、耐候、耐油性能。目前，一些汽车厂在减震橡胶材料检测时加入了耐臭氧的要求，并且将耐热性试验的试验温度从70℃提高到100℃，部分使用位置增加了耐润滑油性的考核，延长了橡胶减震制品的使用寿命。

高强度粘接：很多橡胶减震制品都是与金属、塑料等材料共同使用，构成一个有减震功能又易于连接的总成。国内橡胶与金属的粘接强度与国际先进水平还存在一定差距，胶粘剂大部分从国外进口，橡胶材料配方和金属件的表面处理也存在一定差距。近几年，随着橡胶粘接技术发展，国内橡胶与金属的粘接强度也不断提高，从2 MPa提高到5 MPa左右（按原断面计算），但大批量生产稳定性还存在差距。随着汽车轻量化的发展，复合材料和塑料骨架代替金属材料开始应用于小型汽车，橡胶与这些材料的粘接将是一个新的课题。

耐高温减震制品：虽然耐热性能有所提高，但天然橡胶仍然无法在80℃以上长期使用，因此丁基橡胶、三元乙丙橡胶、高强度硅橡胶等橡胶材料也开始应用于高温减震领域，如消音器吊环、靠近发动机及排气管等热源的橡胶减震制品等。在耐油减震的领域，也开始使用丁腈橡胶和氯丁橡胶减震制品。

微孔聚氨酯减震制品:广泛应用于轿车底盘减震,目前汽车厂主要依赖进口产品。国内微孔聚氨酯减震制品的开发已经形成一股热潮,但产品质量不稳定限制了国内产品大批量配套使用。

三、汽车行业对橡胶密封制品的需求

1. 橡胶密封制品行业现状分析

伴随中国汽车工业的发展,“三漏”问题一直是尚未解决的老大难问题。橡胶密封制品在汽车上应用数量最多,应用部位和使用条件也最复杂,一般按使用状态分为动密封、静密封、半动密封三类。动密封分为旋转密封和径向密封。静密封分为密封圈、密封垫和密封胶三类。半动密封分为密封条、密封罩、隔膜等多种密封形式。橡胶密封件多数尺寸、重量都比较小,作用却非常重要,一旦失效,轻则引起泄漏,重则引起总成失效。各类汽车用橡胶密封制品在工作时需承受高温、低温、压力等使用环境,又有高温混合气体、各类油脂、制动液、冷却液等介质腐蚀,对橡胶材料和密封结构是一个很严峻的考验。目前国内对汽车密封问题还没有引起充分重视,橡胶密封件鱼龙混杂,质量差距大,选材和结构设计针对性差,计算分析能力差,密封介质和装配使用条件差异性大,导致密封问题迟迟得不到彻底解决。国内橡胶密封制品生产厂相对来说专业性比较强,油封、密封条等行业发展都比较快,但技术水平与国外先进水平有一定差距。

2. 橡胶动密封

(1)旋转密封

橡胶动密封制品包括旋转密封和径向密封,旋转密封中以封油的密封制品用量最大,俗称油封。油封行业是汽车零部件配套行业中发展比较迅速的一只队伍,新产品、新技术层出不穷,研发水平已经达到世界先进水平。但仍然无法满足国内汽车行业不同车型、不同使用状态和不同环境条件的需求,普遍存在耐高温热油性能差、对装配和使用偏心适应能力差、耐低温性能差、封尘效果差、高速油封质量不稳定等问题。

汽车油封的材料选择和配方设计应使橡胶材料具有高强度、耐高温、耐低温、耐磨、耐介质等特性,并且压缩永久变形低,粘接性能好,可以针对汽车不同使用部位和不同使用条件合理选择橡胶种类和配方。油封的结构设计非常重要。汽车配套的油封生产企业应具备油封的结构设计能力和计算分析能力,油封骨架、弹簧、橡胶密封唇和腰部的尺寸和结构设计影响油封的装配过盈、径向力、偏心适应性、回流性能、散热性能等,从而直接影响油封的密封性能。

国内汽车使用情况复杂,商用车存在超载、疲劳作业、路况差等问题。乘用车同样面临路况差、灰尘大等问题。而且国内加工装配技术相对落后,油封配合用轴和壳存在加工精度不达标、有飞边毛刺、边缘锋利无倒角等情况,而且轴和壳安装偏心普遍比较大,运转跳动大,因此对橡胶油封提出比国外更加苛刻的要求。油封生产企业只能适应这一要求,对油封结构的材料进行改进,适应国内汽车行业发展的需求。随着发动机功率不断增大,高速油封需承受的工况条件越来越苛刻,高温高速油封,如发动机曲轴油封,线速度达到甚至超过20m/s。自动变速器油封,使用条件复杂,国内产品适应性差,大部分汽车厂依赖进口产品。

国内油封的发展趋势包括:

复合结构油封:又称盒式油封,具有寿命长、可靠性高、安装容易等优点,集封油、耐磨及防尘于一体,唇口不直接接触密封轴,对轴的粗糙度和硬度的要求比传统油封低,无需对轴进行调质处理。

外露骨架油封:国内由于装配精度等问题,多数采用外包胶结构或半外露骨架结构。而国外更多采用散热性好的外露骨架油封,可以延长油封的使用寿命。

贴膜油封:在密封唇口贴一层聚四氟乙烯膜,可以增加油封唇口的强度和耐磨性。还有在密封唇贴合热塑性弹性体的复合密封油封。目前国内已经有研究和试生产,但大批量供货还不稳定。

毛毡油封:采用毛毡作为封尘唇,可以起到透气作用。国内毛毡材料性能不过关,毛毡油封装配难度比较大,目前还没有推广使用。

氢化丁腈油封:耐油橡胶很难综合耐热和耐寒性能,而氢化丁腈橡胶耐热、耐寒、耐油和耐磨性能都比较好,而且密度低,可以在有特殊要求的密封部位使用,如带有轮边减速系统的轮毂油封可以选择综合性能比较好的氢化丁腈橡胶油封。

高柔性氟塑料油封：聚四氟乙烯油封在大直径的汽车发动机曲轴油封上大量使用，但国内产品硬度比橡胶产品高，容易划伤密封轴，并且低温回弹性差，因此在其他高速密封部位使用比较少。目前柔软而且回弹性好的聚四氟乙烯片材已经开发出来并在高速油封上使用，追随性好，密封性能优异。

一体化油封：由于油封对装配要求比较高，目前流行油封生产企业将油封和配合壳体进行一体化压配供货，减少了装配环节和密封失效的风险。

(2)径向密封

径向密封是非常重要的一类密封形式，包括发动机阀杆油封、制动缸皮碗、各种活塞密封皮碗等。国内由于径向密封可靠性能不稳定，导致制动性能下降或丧失的情况较多，为防止出现制动失效、转向卡死等事故，有时整车被生产厂召回。只有合理选材、合理配方、合理设计、合理制造、合理安装、合理使用，才能保证密封产品的质量和密封效果。因此，密封件生产企业相关技术人员应与汽车生产厂相关设计人员共同制定密封方案，共同研发密封结构，按照使用温度、介质、密封部位表面处理情况和装配使用情况选择适合的橡胶材料，才能保证产品密封质量。

3. 橡胶静密封

密封圈密封是汽车静密封的一种重要形式，汽车上使用的密封圈有100～400个，这些密封圈广泛用于发动机及附件系统、传动系统、转向系统、制动系统、电子电器等大总成以及管路接头、泵阀、箱体等小总成，起到密封汽车内部的液体和气体并防止外界雨水和灰尘侵入的作用。由于密封介质不同、密封结构不同、密封压力不同、密封部位温度不同、材质不同、密封面光洁度、平整度不同，密封圈的结构设计和所用材料也各不相同。国内密封圈生产企业非常多，但专业生产厂比较少，材料配方、飞边处理、模具开发等技术比较落后，因为没有得到充分重视，台架寿命试验设备和计算机模拟分析技术几乎是空白。

密封垫行业相对来说专业生产厂比较多，但目前国内产品附加值比较低，国外已经淘汰的石棉橡胶板还在大量使用，无石棉产品仍然以矿物增强为主，强度、压缩回弹性能和耐介质性能有待改进。国内密封垫生产厂几乎不具备发动机台架寿命试验能力和计算机模拟分析能力，与国外先进密封垫生产厂形成很大差距，给国内汽车，尤其是发动机、变速箱、桥等大总成平面密封质量造成很大问题。汽车用密封垫的发展趋势有芳纶、碳纤维、金属纤维增强等高性能材料、尼龙或金属丝增强复合结构等，目前国内高性能密封垫片的专利技术也比较多，但应用较少，产品成熟度比较低。

4. 橡胶密封条

汽车橡胶密封条具有连接性、密封性、装饰性的功能，起到减震、隔音、防尘和防水的作用。橡胶密封条材料基本上采用三元乙丙橡胶，为了满足不同汽车和不同安装部位的要求，汽车密封条要求采用不同配方、不同性能的三元乙丙混炼胶制造。国内密封条行业比较发达，技术开发和引进比较活跃，已经基本上能够满足汽车用密封条的使用要求。但是高性能轿车用密封条还存在同步开发和试验能力不足的问题。但是密封条生产企业能力并不均衡，有的生产厂材料配方调整能力比较差、模具开发设计能力不足、与整车同步设计能力缺乏，导致密封条在使用过程中存在材料选用和结构不合理的情况。材料选用和配方不合理会导致密封条耐热变形收缩、耐候变色、耐磨性差、软化或硬化、污染车身、粘接脱落和发霉等质量问题。结构设计不合理会导致车门开关用力不均、密封不严漏水、密封条与车身的夹紧力不足、与玻璃的摩擦阻力大等问题。

出于舒适性、密封性、安全性的需求，汽车行业对密封条的要求越来越高，不但要满足减震密封的基本使用要求，而且要开关门手感舒适、开关窗摩擦力小无噪音、长期使用无变形变色、质轻价廉等，有的汽车厂还提出满足气味和散发性等环保要求。

密封条的发展趋势包括环保、安全、舒适、美观四个方面，从而开发出热塑性弹性体密封条、变硬度变截面密封条、高性能涂层密封条、多方面植绒密封条、粘贴耐磨带密封条、彩色密封条、水发泡密封条等，以满足汽车多元化的使用需求。

5. 橡胶隔膜、护罩等

橡胶隔膜是汽车上一类独特的橡胶件，包括制动皮膜、压力调节器膜片等，这类产品要求橡胶材料强度高、耐屈折性能好，耐磨并且耐高温。根据使用部位不同、接触介质不同常用的材料有三元乙丙橡胶、氯化和氯磺化聚乙烯橡胶、氢化丁腈橡胶、氟橡胶、氟硅橡胶及热塑性弹性体等，有的需要采用织物增强。

汽车护套主要用于防尘、防磨和保护活动器件，最重要的需求就是耐候性好，而且要耐磨和耐弯折，以前采用氯丁橡胶和三元乙丙橡胶比较多，目前有采用热塑性弹性体代替传统橡胶的趋势。尤其是等速万向节等操控系统用防尘罩，采用聚酯弹性体或聚氨酯弹性体制造，提高耐热性能和强度，实现轻量化和提高加工成型效率，是防尘罩发展的方向。

汽车雨刷条也是非常特殊的一个汽车橡胶制品，对橡胶材料的耐气候老化性、耐低温性、耐水性都有非常高的要求，且与车窗玻璃有很好的贴合性，能自由滑动，不产生划痕、抖动和噪声。目前最常使用的橡胶为三元乙丙橡胶，氢化丁腈橡胶虽然价格比较高，但性能优异，已经获得大量应用。

四、汽车行业对橡胶传输胶管的需求

1. 胶管行业现状分析

胶管行业是发展比较早、比较成熟的行业，因为不只是汽车行业大量使用，其他工业也大量使用，因此，出现国内汽车胶管行业专业性比较差的状况。基于汽车行业特殊的使用要求，近十几年来，汽车胶管行业迅速发展起来，并取得了可喜的进步，产品逐渐追赶国际先进水平。但是，空调胶管、低渗透燃油管、高性能动力转向管等高端胶管产品还大量进口，国内产品质量稳定性存在差距。

2. 汽车行业对胶管行业的需求

汽车用胶管种类很多，按使用部位分为燃油管、空调管、水管、动力转向管、制动管、离合器管、涡轮增压管、进排气管、空压机管、液压管等；按结构型式分为纯胶管、多层橡胶复合胶管、带增强层胶管、扣压接头胶管等。汽车行业对胶管行业总的需求有：

(1) 耐介质

不同胶管输送的介质不同，就应该选择不同的橡胶材料。尤其是胶管内胶层的耐介质性能更重要。耐燃油、润滑油和油气混合气等石油基油脂的胶管应采用氟橡胶、丁腈橡胶、丙烯酸酯橡胶、氯磺化聚乙烯橡胶、氯醇橡胶等耐油性比较好的橡胶；而耐制动液、冷却液等非石油基介质的胶管应采用三元乙丙橡胶、天然橡胶等材料。目前国内一些胶管生产厂为了降低成本和简化工艺，采用丁腈橡胶等材料制造汽车制动管，造成制动液污染、制动失效等一系列问题，应该引起充分重视。

(2) 耐高温性

汽车上很多胶管在高温下使用，典型代表就是涡轮增压胶管，随着发动机涡轮增压压力的逐渐升高，涡轮增压胶管承受的温度也逐渐增高，最高可达 250℃ 以上。汽车水管也要承受 100℃ 以上的高温。空调管、动力转向管、燃油管等高压管根据车型不同也存在很高使用温度。耐高温比较好的橡胶有氟橡胶和硅橡胶，可以在 250℃ 以上使用；三元乙丙橡胶、乙烯丙烯酸酯橡胶和氢化丁腈橡胶可以在 150℃ 以上使用；含氯橡胶和丁腈橡胶能在 120℃ 使用；天然橡胶、丁苯橡胶等耐热性能比较差。因此，胶管选材时，一定要考虑橡胶材料的耐热性。

(3) 耐低温性

胶管的耐低温性不好，在低温冷启动时会出现断裂和脱落等现象，因此橡胶管应具有低温柔软性，保证在冬天正常使用。一些耐油橡胶材料耐低温性能比较差，在配方调整时应综合考虑材料的耐高温、耐油和耐低温性能，保证胶管使用的稳定可靠。

(4) 耐气候性

橡胶管，尤其是外胶层，应选用耐候性比较好的橡胶，如三元乙丙橡胶等。很多橡胶耐臭氧、紫外线等气候性能比较差，如天然橡胶，不能在胶管外胶层使用。

(5) 低渗透性

燃油管的低渗透性越来越引起重视，三层、五层甚至七层的复合低渗透结构已经被开发出来，并且在欧美排放法规要求比较严的国家批量使用。

汽车行业对空调管的渗透率要求也越来越高,自从渗透性更强的 HFC - 134a 冷媒应用后,空调管就增加了尼龙内衬层,并采用气密性比较好的丁基橡胶和三元乙丙橡胶。目前,由于更低渗透量的要求,原有阻隔材料已经不能满足汽车行业的要求,必须开发更有效的阻隔材料和新的生产工艺。

(6)耐压力性能

有一些汽车胶管需要承受高压,如转向、制动、离合、空调、空压机、燃油输送用高压管。这些承压胶管一般采用芳纶、涤纶、维纶、锦纶等合成纤维增强,可以满足胶管承压的要求。高压管一般带有扣压接头,与金属管进行连接。接头扣压技术非常关键,是高压管使用过程中不产生爆裂和脱落失效的重要保证。

低压管在使用过程中也承受一定压力,有的承受负压力,也需要胶管具备一定承压能力,避免使用过程中出现塌陷、破裂等问题。低压管一般采用卡箍连接,橡胶管的压缩永久变形性能非常重要,一旦永久变形过大,就会产生脱落和橡胶损坏等情况。

(7)减震降噪性能

汽车采用橡胶管就是利用橡胶的弹性起到减震和柔性连接作用。如果橡胶管刚度过大,就失去减震作用,使整个系统出现早期损坏。因此,汽车厂对高压胶管,尤其是涡轮增压胶管,提出刚度要求。减小制动、离合、转向、压缩空气系统用胶管的噪声问题,也是胶管行业面临的重要课题。

(8)高可靠性

为实现长期使用,汽车厂对多数胶管产品提出了压力脉冲、温度冲击、震动、屈挠的疲劳寿命试验要求,希望胶管生产厂配套相关试验设备,提高胶管使用寿命。

(9)降低重量和成本

橡胶管成本比较高,所以国内汽车厂设计橡胶管尽可能短。但是橡胶管的减震作用是非常重要、不能取代的。采用价格更低的橡胶材料代替高价特种橡胶、采用热塑性弹性体代替橡胶,都是胶管降重降成本的有效途径。

3. 胶管行业的发展趋势

胶管的发展趋势应适应汽车传输介质的变化、环保要求的升级及整车性能的提高。如汽车采用无铅汽油,并向高氧化值方向发展,燃油管内胶层的橡胶材料就由二元氟橡胶改为三元氟橡胶,或采用氟塑料复合橡胶管或塑料管。动力转向胶管随着使用温度的升高大量采用氢化丁腈橡胶或氯磺化聚乙烯橡胶代替丁腈橡胶和氯丁橡胶。散热器水管由于耐热低膨胀量的要求,三元乙丙橡胶开始采用高性能过氧化物硫化体系,增强线绳由涤纶线绳向芳纶线绳发展。

涡轮增压胶管根据使用环境不同,出现不同的发展方向。如果油气比较严重,采用氟橡胶代替氟硅橡胶内衬层,可以提高硅橡胶复合胶管的耐油性能。如果温度超过220℃,采用芳纶布代替涤纶或锦纶等增强材料就成为必然趋势。如果使用温度低于 170℃,可以采用乙烯丙烯酸酯(AEM)等橡胶材料代替硅橡胶复合胶管,可以降低成本,并提高胶管的耐油性能。

为提高橡胶管的强度,并降低膨胀与伸长率,虽然难以粘接并且价格昂贵,芳纶纤维在汽车胶管上使用还是呈迅速增加的趋势。

为适应柴油车满足国 4 以上标准要求,汽车 SCR 系统用输柴油机排放处理液胶管必须带有加热系统和保温系统,并带有氟橡胶或氟塑料内衬层。目前国内尼龙管比橡胶管应用更普遍。

采用热塑性弹性体或塑料胶管代替成本更高、生产工艺复杂的橡胶管,是目前发展的一个方向。但热塑性管的弹性和连接性能还要很多技术壁垒需要突破。

五、汽车行业对橡胶传动制品的需求

1. 传动带行业现状分析

传动带是驱动发动机附件工作的重要零件,汽车常用传动带品种有 V 带、多楔带和同步带等。传动带是由专业生产厂生产的专业性比较强的汽车橡胶制品。国内汽车传动带生产厂有 100 余家,生产厂之间技术力量并不平衡,产品水平参差不齐。国外独资或合资企业技术力量雄厚,给中外合资汽车配套,占据了国内汽车传动带配套市场的半壁江山。国内大部分传动带生产厂规模比较小，技术力量薄弱，以生产传统氯丁橡胶V带等低端产品为主。为数不多的技术力量比较强的国内传动带生产企业，如无锡贝尔特、宁波裕江、贵州大众等，为自主品牌汽车配套，产品开发能力与国外知名传动带生产企业还存在一定差距。

目前国内V带产品普遍存在使用寿命短的问题，主要原因是V带的耐热老化性差、耐磨性能差、装配使用条件差等。由于发动机功率的提高及发动机驱动附件数量的增加，使得发动机机舱结构紧凑，V带使用的环境温度和工作温度都有所提高，橡胶出现老化龟裂、磨损严重等问题，严重影响使用寿命。目前，我国几乎全部采用氯丁橡胶为V带材料，使用温度范围比较窄，一般在-25℃～100℃，耐高低温性能都无法满足汽车行业的使用要求。同时，V带在使用过程中伸长率过大，导致轮系的滑差过大，传动效率低。国内V带使用时的震动和噪声也比较大。传动带本身的质量问题、带轮的质量问题、轮系的匹配问题、装配的问题等因素造成了国内V带产品质量远远无法满足汽车使用的要求。

为了提高传动效率、节省空间并适应高速运转的需要，国内也开发了多楔带代替V带作为汽车发动机附件传动带。多楔带采用氯丁橡胶仍然存在使用寿命短的问题，而氢化丁腈多楔带虽然寿命高，但价格比较高，国内汽车行业难以接受，因此耐高低温性能更好的三元乙丙橡胶传动带在国内兴起。采用芳纶线绳增强的三元乙丙橡胶多楔带，具有带体薄、柔软、传动平稳、震动小等优点，代替普通V带，使用寿命提高3倍以上，在国内汽车上得到广泛应用。目前国内轿车和大部分商用车都采用多楔带代替V带作为发动机前端附件，如发电机、风扇、水泵、增压器及空压机等组成的轮系传动用带。

对于同步带与链条传动的孰优孰劣，行业一直存在争议。目前国内用于正时传动时，链条比较占优势。而国外随着同步带先进技术的开发和应用，使带传动逐渐回归正时传动的主流。

2.汽车行业对传动带的需求

汽车行业对传动带的使用要求包括：

（1）传动功率大、传动效率高；

（2）使用可靠性高、寿命长；

（3）耐高低温性能好，耐温范围广；

（4）安装简单，免维护；

（5）结构紧凑，占用空间小；

（6）带体柔软，能适应小角度传动；

（7）低噪音、低震动；

（8）成本低。

3.传动带的发展趋势

为适应高可靠性的使用要求，氢化丁腈橡胶、芳纶短纤维和芳纶线绳在汽车传动带上得到应用，大幅度提高了传动带的寿命。

齿形V带和齿形多楔带因为散热性能良好，使用寿命提高，而得到发展。

采用尼龙线绳增强的弹性多楔带的使用省去了张力调节机构，简化了轮系结构，降低了维护成本，目前已经在小型轿车上使用。

虽然三元乙丙V带已经开发出来，但技术相对三元乙丙多楔带来说还不成熟，而且V带与多楔带对橡胶材料的要求也不尽相同，因此三元乙丙V带的大规模推广使用还有待观察。

为了减震降噪，国外发展出很多新技术，如植绒多楔带、无纺布多楔带等。

此外，同步带技术发展非常快，包括橡胶材料改进、短纤维增强、齿形变化、碳纤维应用等，使同步带具有高寿命、耐油、传动平稳、节能减排等优势，与链传动全面抗衡。

目前，皮带与轮系集成化和模块化配套给主机厂，简化了汽车厂的装配程序，减轻装配工作量，同时杜绝产品装配过程中出现的问题，深受汽车厂欢迎。

六、汽车行业对橡胶制品行业发展的需求

目前，我国橡胶制品行业的产能已经能够满足汽车行业的需求，国内领先的企业通过引进先进设备和技术缩小了与国外先进水平的差距。但多数国内橡胶制品生产厂规模较小，产品技术含量较低，高性能汽车橡胶零部件仍然有一部分采用国外、国内独资或合资企业的产品。伴随国内汽车技术的不断发展，汽车行业对高性能橡胶制品需求更加迫切，对国内自主品牌橡胶制品行业的发展也抱有更大希望。

1. 技术开发能力

技术开发能力包括橡胶制品工况测试分析能力、计算机模拟生产状态、使用状态、疲劳寿命的能力、利用汽车厂相同软件进行结构设计能力、试验分析能力等，需要橡胶制品生产厂加大技术投入，引进相应人才、软件、硬件和先进试验设备，满足汽车行业的需求。

国外一些知名橡胶制品生产厂计算分析和设计开发能力远远超过主机厂，汽车厂只有给出边界条件和使用要求，就可以放心由配套厂设计生产，之后进行验证试验即可。国内汽车行业急需能够与主机厂同步设计、同步开发、同步试验的橡胶制品生产厂，但目前具备这种能力的生产厂非常少，在数千家国内汽车橡胶制品生产厂中，仅有山东美晨、安徽中鼎、宁波拓普等几十家公司拥有相应的技术开发能力和二次设计能力。

2. 质量保证能力

建立健全完善的质量保证体系，并保证长期有效的监督机制，是保证橡胶制品质量稳定的根本。虽然为汽车厂配套的多数生产厂都通过了TS16949的认证，但很多企业流于形式，应付检查，没有将质量管理的措施落到实处，这就给产品质量的稳定性留有隐患。而产品质量的稳定性正是国内外橡胶制品最大的差距所在。所以，国内汽车厂对橡胶制品行业都提出了大同小异的质量保证要求，包括全面符合TS16949的要求、掌握MSA、SPC、FMEA、PPAP、APQP等国外先进的质量控制和分析方法，确定产品缺陷率的指标，进行质量风险评估，并考察企业进行质量分析和质量改进的能力。橡胶制品多数是汽车功能件，橡胶制品的质量严重影响整车的质量，因此特别受到汽车厂的关注。只有拥有强大质量保证能力的橡胶制品生产厂，才能长期稳定地给规模较大的汽车生产厂配套。

3. 规模化和行业影响力

虽然我国汽车橡胶制品企业在不断发展壮大之中，但企业规模仍然是制约大多数橡胶制品生产企业发展的重要问题。企业规模小，就意味着产能不足、材料成本高、生产成本高、技术和管理落后、恶性竞争等。只有扩大企业规模，才能引进更先进的生产设备，提高检测能力，从而提高企业影响力，促进行业的良性发展，创建有影响力的自主品牌。因此，通过企业合并、战略联盟、产业集群、重点培育等措施扩大企业规模，是汽车橡胶制品行业提高产品质量、降低成本、增加效益的必由之路，也是汽车行业在橡胶制品行业寻找战略合作伙伴的需求。

（中国第一汽车股份有限公司技术中心　朱　熠）

主要橡胶制品及其配套行业

轮　胎

【基本情况】

2012 年,我国轮胎行业和企业坚持以科学发展观为指导,积极应对各种风险和挑战,加快轮胎产品结构调整,加强技术创新、管理创新,在世界经济持续疲软、国内经济增长下行压力增大的情况下,轮胎行业经济运行保持了总体平稳,实现了稳中求进的目标。

据统计和调查,2012 年全国轮胎产量 4.7 亿条,同比(下同)增长 3%,其中子午线轮胎产量 4.14 亿条,增长 4%,子午化率达 88%,比上一年提高 1 个百分点,近年来轮胎产量逐年提高。轮胎逐年产量见表 1。

表 1　2010 ~ 2012 年全国轮胎产量　　亿条

品种	2010 年	2011 年	2012 年
轮胎总产量	4.44	4.55	4.7
全钢胎	0.88	0.91	0.95
半钢胎	2.88	3.06	3.19
斜交胎	0.68	0.58	0.56

从轮胎分会对 42 家轮胎企业 2012 年的数据统计分析看,轮胎行业存在以下特点:

1. 轮胎产量适度增长。综合外胎产量 3.16 亿条,增长 1.9%,其中子午线轮胎产量 2.77 亿条,增长 3.0%,部分轮胎生产企业主要经济指标汇总见表 2。

表 2　2012 年中橡协统计轮胎生产企业主要经济指标汇总

项　　目	2012 年	2011 年	同比/%
工业总产值(现价)/万元	21131089.9	21147741.8	-0.08
轮胎	20172382.5	20233076.8	-0.30
子午线轮胎	17682093.4	17548008.0	0.76
工业销售产值(现价)/万元	20767923.5	21038861.9	-1.29
轮胎销售产值	19671098.9	19925223.1	-1.28
出口轮胎交货值/万元	7183174.3	7123318.6	0.84
子午线轮胎	6600698.6	6501308.2	1.53
全钢子午胎	4065739.1	3824407.2	6.31

续表 2

项　　目	2012 年	2011 年	同比/%
工业增加值(按生产法计算)/万元	3667635.7	3116267.3	17.69
综合轮胎外胎产量/条	316347231	310315375	1.94
子午线轮胎	277842833	269722066	3.01
全钢子午线轮胎	78306540	76102988	2.90
出口轮胎交货量/条	138487209	138015561	0.34
子午线轮胎	126444358	125206993	0.99
全钢载重子午胎	26965790	24791849	8.77
工业生产能源消费/吨标煤	2799767.8	2791707.2	0.29
轮胎天然橡胶消耗量/t	2363778.9	2290321.6	3.21
轮胎合成橡胶消耗量/t	1061841.6	1063168.1	-0.12
轮胎锦纶帘子布消耗量/t	122913.1	125639.5	-2.17
轮胎涤纶帘子布消耗量/t	52238.4	49323.5	5.91
轮胎钢帘线消耗量/t	1111064.2	1079875.9	2.89
全部从业人员平均人数/人	161717	162711	-0.61
全部从业人员劳动报酬/万元	686129.7	604012.9	13.60
销售收入总额/万元	21479383.7	21285673.4	0.91
轮胎	20044761.2	19970818.5	0.37
子午线轮胎	17480474.3	17122991.7	2.09
全钢载重子午胎	12379531.2	11801146.8	4.90
销售费用/万元	901552.0	789729.4	14.16
管理费用/万元	677918.8	631363.3	7.37
财务费用/万元	423773.7	358879.4	18.08
利息支出/万元	405182.2	356771.4	13.57
销售税金及附加/万元	113407.8	101236.7	12.02
应交增值税/万元	275020.7	237084.1	16.00
销项税额/万元	2481429.0	2773397.3	-10.53
实现利润总额/万元	948380.0	565321.8	67.76
实现利税总额/万元	1388793.6	1007283.7	37.88

续表 2

项　目	2012 年	2011 年	同比/%
产成品成本费用总额/万元	16981016.5	17531851.5	-3.14
工业中间投入/万元	14643914.8	15338990.5	-4.53
平均资产总额/万元	15671357.5	14497968.0	8.09
固定资产净值平均余额	6206469.5	5749069.4	7.96
流动资产平均余额	7923580.9	7120859.8	11.27
资产总额期末数/万元	17324792.2	16581890.4	4.48
负债总额期末/万元	10983593.3	10867704.5	1.07
平均所有者权益/万元	5345636.6	4562972.1	17.15
应收账款净值/万元	1991496.9	1707457.9	16.64
轮胎产成品存货/万元	1503214.4	1633272.4	-7.96
子午线轮胎	1160265.4	1277403.9	-9.17
全钢载重子午线轮胎	813237.1	883388.6	-7.94
全员劳动生产率/元·人年$^{-1}$	226793	191522	18.42
销售收入利润率/%	4.42	2.66	1.76
万元工业增加值能耗/吨标煤·万元$^{-1}$	0.76	0.90	-14.79
流动资金周转率/次	2.71	2.99	-0.28
轮胎产品销售率/%	97.52	98.48	-0.96
总资产报酬率/%	11.45	9.41	2.04
净资产收益率/%	17.74	12.39	5.35
资产负债率/%	63.40	65.54	-2.14

2.轮胎出口逐步趋稳。出口交货量1.38亿条,增长0.34%,出口交货值718.32亿元,增长0.84%。从轮胎出口国家和地区看,全钢胎、半钢胎出口交货值美国占18.7%和22.7%,欧盟占10.1%和29.5%,其他国家和地区占71.3%和47.8%,中橡协统计21家重点企业出口交货量主要国家、地区见表3。2012年我国轮胎分类产量及出口交货量见表4。

表 3　2012 年中橡协统计轮胎出口主要国家、地区　（21 家重点企业）

品　种	美　国		欧　盟		其他地区	
	交货量/条	比例/%	交货量/条	比例/%	交货量/条	比例/%
全钢子午胎	2759678	17.66	1274310	8.15	11596942	74.19
工程子午胎	7606	7.87	15704	16.25	73321	75.88
半钢子午胎	8707365	20.26	10510062	24.45	23767939	55.29
轿车子午胎	3682988	18.51	3904329	19.62	12311431	61.87
农业子午胎	42	0.50	4750	56.81	3569	42.69
综合斜交胎	842973	21.18	89431	2.25	3047983	76.58
合　计	12310058	19.66	11878553	18.97	38416433	61.36

表 4　2012 年会员企业轮胎分类产量和出口交货量　万条

产品名称	轿车胎	轻载胎	载重胎	工程胎	工业胎	农业胎	实心胎	合计
产量	161814.77	6014.54	7660.42	232.02	740.07	698.13	107.77	31634.72
子午胎	16181.40	4271.81	7266.45	61.10	2.14	1.32	0.00	27784.23
斜交胎	0.37	1742.73	393.97	170.92	737.93	696.80	107.77	3850.49
出口量	8361.73	2057.63	2759.17	76.40	378.82	145.92	69.05	13848.72
子午胎	8361.60	1655.43	2587.76	36.64	1.96	1.09	0.00	12644.47
斜交胎	0.13	402.20	171.41	39.77	376.87	144.83	69.05	1204.25

3.轮胎销售有升有降。销售收入 2004.48 亿元，增长 0.3%，子午线轮胎销售收入 1748.05 亿元，增长 2.0%。中国轮胎企业销售额前 10 名见表 5。

表 5　2012 年轮胎会员企业销售额前 10 名

排名	公司名称	销售额/万元
1	杭州中策	2392851
2	中国佳通	1698392
3	三角集团	1555992
4	中国正新	1224428
5	山东玲珑	1149503
6	双钱集团	1134366
7	兴源轮胎	962816
8	风神轮胎	901359
9	青岛双星	813369
10	固铂成山	765735

美国《橡胶与塑料新闻》周刊评选 2012 年全球轮胎 75 强排行榜中我国大陆地区进入世界前 30 名有 8 家企业，见表 6。

表 6　2012 年我国进入全球轮胎 75 强排行榜前 30 名的企业

世界排名	公司名称	2011 年销售额/亿美元
10	杭州中策	42.63
15	三角集团	25.27
19	山东玲珑	16.04
20	风神轮胎	15.86
21	双钱集团	15.59
24	兴源轮胎	13.57
25	青岛双星	13.12
28	贵州轮胎	11.50

4. 经济效益好于上年同期。从41家企业看，实现利润和利税分别增长62.8%和33.7%，主要得益于橡胶等原材料价格平稳。但仍有3家内资企业亏损，外资企业全部盈利，中国轮胎企业实现利润前10名见表7。

表7　2012年轮胎会员企业实现利润前10名

排名	公司名称
1	中国正新
2	杭州中策
3	山东玲珑
4	三角集团
5	万达宝通
6	固铂成山
7	金宇集团
8	兴源轮胎
9	江苏韩泰
10	双钱集团

【行业大事】

1. 推动绿色轮胎发展，加快产业转型升级

发展绿色轮胎，推动绿色轮胎产业化，既符合我国建设节能环保、低碳社会的需要，是世界轮胎工业发展的大势所趋，也是国家节能减排和行业自身发展的要求，更是我国建设世界轮胎工业强国不可缺少的关键一环。

近年来，轮胎行业已就推动绿色轮胎产业化发展达成了共识，许多企业积极创造条件，主动进军绿色轮胎行列。中国橡胶工业协会已于2012年3月启动了绿色轮胎产业化项目，并提出了《绿色轮胎产业化工作方案》，将绿色轮胎产业化作为行业目前和今后最重要的工作之一。该项目还得到了工信部的支持，《绿色轮胎产业研究》已结题验收。同时，还参考欧盟轮胎标签法和REACH法规，并结合我国节能降耗要求，制定符合国情的绿色轮胎产业化自行标准。

一是将《绿色轮胎自律标准》上升为国家标准，对轮胎的燃油效率、滚动噪声和湿滑路面抓着力等关键性能指标进行严格限制，加大绿色轮胎的推广应用。

二是设立中国工业企业绿色发展卓越贡献奖。由工信部、科技部、环保部等部委牵头，对在绿色、低碳、循环发展中敢于担当、率先行动并作出突出贡献的企业，授予中国工业企业绿色发展卓越贡献奖，并对获奖企业给予资金和政策支持，在全社会营造加快推进绿色、低碳发展的良好氛围。

三是以法律法规的形式推行卡客车轮胎的无内胎化，加速完成无内胎进程，提升安全性能、节油效果。目前全行业卡客车无内胎化平均30%～35%。据业内专家测算，如全国卡客车轮胎全部实行无内胎化，年可节油13.8亿升，减少二氧化碳排放量310.5万吨，节省生胶12万吨，免除购买内胎费用120亿元。因此，推动卡客车轮胎无内胎化既有利于节能环保，又安全舒适，还有可观的经济效益。

四是鼓励汽车企业配套绿色轮胎。推广绿色轮胎离不开全社会的支持和配合，建议国家有关部门应该进一步推动和协调与轮胎等相关行业的绿色革命。如鼓励汽车行业加大对绿色轮胎的配套比例，加大对非理性道路运输现状的治理力度，使绿色轮胎能够发挥其应有的作用。

2. 推动轮胎试验场建设进程

建设轮胎试验场是行业期盼已久的大事，是提升中国轮胎品牌形象，提升国际竞争力，实现由轮胎大国变成强国的重要手段。

轮胎试验场的建设已在我国酝酿了近30年，国家还曾经为此专门立项，但都由于各种原因半途而废，轮胎行业的试验场梦想一直未能实现。近几年来，中橡协持续不断地通过向政府有关部门报告、人大代表提议、行业研讨、媒体宣传等，推动轮胎试验场的建设进程。2012年以来，进一步加大了推动力度，多次召开行业有关会议研讨，当前，行业建设轮胎试验场的需求更加迫切，时机也更加成熟。

玲珑集团有限公司已规划试验场用地2400亩，目前山东省已批复玲珑990亩土地。玲珑初步规划建设内容主要有高速环道、纵滑试验道、侧滑圆环和扇形滑道等轮胎跑道 10 条,一期工程主要针对欧盟轮胎标签法要求,即满足滚阻、噪音、湿滑三方面必要的测试,计划 2014 年完成,全部工程预计 2019 年完成。项目总投资 11.33 亿元,目前已投入 1 亿元,用于调研、请西班牙专业公司做设计方案等。

根据目前企业的建设积极性和建设条件,要抓紧时间研讨确定轮胎试验场经营管理模式,并争取国家有关部门能在建设资金和政策上给予支持。比较可研究的方案是,以征得轮胎试验场建设土地的玲珑为基础,国内轮胎企业及战略投资者等多方参股,成立轮胎试验股份运营管理公司,实行市场化管理,第三方经营,服务于全行业。

中国汽车技术研究中心投资 20 亿元,在江苏盐城建设汽车试验场,面积 6300 亩,2011 年 12 月 31 日已动工,委托西班牙专业公司设计,共有 10 条跑道,其中 2 条跑道用于轮胎试验,2013 年底建成,届时可满足轮胎标签法所有内容的检测。

3. 探索建立天然橡胶市场稳定基金

近年来,天然橡胶在市场上已经不仅仅作为生产资料,更多的表现为金融产品属性,其价格表现也不仅仅受供求关系的影响,更多地受到国际政治经济形势、大宗商品价格的影响和国内外资本的炒作,因此近年来国际市场天然橡胶价格大幅波动成为常态。为了应对这种被动局面,2012 年底,杭州中策等企业提出在行业建立橡胶稳定基金,得到中国橡胶工业协会的支持并在行业内倡导,随后杭州中策提出初步方案。主要设想是轮胎企业建立共同稳定基金。

由于天然橡胶市场的走势对轮胎行业健康发展有重大影响,因此,许多企业领导提出,应继续呼吁国家取消天然橡胶进口关税。目前天然橡胶进口依存度在 80% 左右,进口关税设置大大高于下游企业的平均利润,国家应该在结构性减税政策中考虑取消天然橡胶进口关税,切实为企业减负。天然橡胶共同稳定基金方案的提出,是行业在稳定胶价方面迈出的一大步。现在稳定基金的方案基本是可行的,应该引起大家重视,如果实施起来,行业和企业就可以掌握天然胶市场主动权,实现健康发展。

4. 化解轮胎产能过剩

在市场经济条件下,工业制造业的产能过剩,已经成为普遍现象。我国 200 多种主要工业产品中,除了成品油是刚性需求外,其他的都面临产能过剩问题。

产能过剩主要有三种情况:一是存在产能过剩而且技术落后的双重问题;二是存在产能过剩,但技术水平并不落后,而是同质化、重复建设问题比较突出;三是产能过剩虽然不严重,但是结构性矛盾比较突出,高端产品比重比较低,差异化发展水平低。我国轮胎产业前几年在汽车工业快速发展的带动下,产能扩张比较快,造成了总体产能过剩 10% 左右,主要表现为结构性产能过剩。

对于目前轮胎行业存在的结构性产能过剩问题,可以通过以下途径逐步化解。

(1)政府部门继续发挥监管作用。工信部制定的《轮胎产业政策》对提高轮胎行业准入门槛和对新建项目投资审批均作了明确规定。对过剩产能要把住源头,提高进入行业门槛,市场化办法和行政审批备案都应加大力度,用各种手段来限制那些已经过剩的轮胎产品。规定若能得到进一步有效贯彻能取得更好效果。

(2)要通过技术创新和提高轮胎产品档次,大力发展绿色轮胎。按照中国橡胶工业协会提出的目标,到 2015 年,中国生产的子午线轮胎总量的 25% 为绿色轮胎,此后还将逐年提升。若此规划目标能顺利实现,轮胎行业必将从优化产品结构中获得更好的效益转变,从而抑制低水平产品产能重复建设的冲动。

(3)要通过"走出去"和兼并重组,化解轮胎产能过剩存量。鼓励企业到海外去建厂发展。到目前为止,已有赛轮、玲珑、杭州中策以及三角等企业在东南亚和俄罗斯等投资新建轮胎厂,向国外转移一批产能。在兼并重组方面,有双钱、金宇、杭橡和青岛双星等企业,主动调整产品结构,削减斜交胎产能。

(4)对淘汰落后产能的企业实施政策扶持。虽然限制和淘汰落后产能本质上是一种企业行为,但它关系到中国轮胎产业健康和可持续发展。国家有关部门除了从宏观上加强监管和指导外,还应在涉及银行还贷、设备报废以及人员安置等方面出台一些补贴优惠政策，切实帮助企业渡过难关。

【存在问题】

1. 轮胎行业技术创新能力较弱，产品结构不合理，竞争力不够强，在市场较好的情况下，矛盾往往被掩盖，一旦危机来临，矛盾便会凸显。

2. 轮胎生产能力过剩矛盾突出，特别是一些普通型轮胎结构性过剩较大，且产品同质化普遍。值得关注的是，一些企业普通型轮胎产能已经大大过剩仍在继续扩张。产能的无序扩大，不仅造成资源浪费，还会制约产品和产业结构的调整，导致市场恶性竞争。

3. 轮胎企业成本持续上升。运输、环保、人工、水电气等费用不断增加。从调查重点企业看，2012 年销售成本同比上升 10.1%，每 100 元主营收入成本，同比提高 3.1 元。

【采取措施】

2013 年，轮胎行业重点工作，主要有以下几个方面：

1. 轮胎工业改革创新要进入攻坚战

有媒体统计，党的十八大报告 86 次提到了“改革”，显示了中央全面深化改革的决心。我国轮胎工业经过前 20 年的快速发展，取得了可喜成就，但也堆积了一些矛盾和问题，轮胎工业的改革创新要进入攻坚战，应找准靶心。一是要从做大产量转到做好产品质量、生产高性能绿色轮胎上来。二是要改变过去传统发展模式，采用收购、兼并、重组的方式，优化布局、淘汰落后，组建大集团、大公司，提高产业集中度和抗风险能力。三是要摒弃过去只停留在国内市场竞争和一般贸易出口上，走出国门参与国际轮胎产业分工，走国际化经营道路，由产品出口转向品牌输出。

2. 要以技术进步推动绿色轮胎发展

(1) 尽快研究制定与国际接轨、符合中国国情的绿色轮胎标准《绿色轮胎技术规范》。结合中国轮胎产业实际，参照世界轮胎产品标准如欧盟 REACH 法规，对我国轮胎产品湿路附着力、滚动阻力和噪音等关键性能进行指标限定，制定出《绿色轮胎技术规范》。

(2) 建议中国橡胶工业协会设立轮胎绿色发展卓越贡献奖。为鼓励实施绿色轮胎的先行企业，对先行者进行表彰和奖励。进而加快绿色轮胎推广，以此推动中国轮胎企业转型升级和结构调整，有力支撑中国由世界轮胎大国向轮胎强国转变。

(3) 行业和企业要高度重视技术进步，充分利用高新技术和世界轮胎前沿技术，加快企业技术改造，组织技术攻关，建立以企业为主体、市场为导向、产学研相结合的技术进步体系；改造传统劳动密集型轮胎工业，利用新材料技术、机电一体化技术和信息化技术等，确保轮胎产品质量，降低成本，提高劳动生产率。

(4) 行业和企业要以绿色轮胎产业化为抓手，进一步推动节能减排和清洁文明生产活动深入开展，进一步提高绿色生产、绿色产品和科学发展的水平，加快产业、产品升级的步伐。

(5) 要推动轮胎试验场建设进程和确立经营管理模式，调动企业参与建设轮胎试验场投资入股和经营管理的积极性。

3. 深入开展质量兴业和知名品牌建设活动

按照中国橡胶工业协会的部署，轮胎行业和企业要以开展协会品牌推荐、中国橡胶工业百强企业排序和质量兴业、知名品牌建设活动为动力，全面提高轮胎产品的档次和国际市场竞争力。

4. 关注生产经营活动难点采取有效对策

当前，我国轮胎业面临欧盟实施轮胎标签法和“双反”贸易摩擦不断的局面；缺陷汽车轮胎产品召回以及轮胎理赔上升为国家强制标准；天然橡胶市场价格波动和轮胎市场需求变化；经合组织预测全球经济未来两年前景疲弱和欧元危机导致中国出口持续走弱等，对轮胎行业生产经营都会产生一定的影响。为此，行业和企业要有应对措施：一是要生产国内外市场需求的高附加值轮胎，及时调整出口产品结构，稳定老市场，开拓新市场；二是要加强产业安全预警和贸易协调，抵制贸易保护主义，维护我国轮胎行业和企业的合法权益；三是要规避国际贸易壁垒，有条件的轮胎企业可以“走出去”办厂、设公司，形成国外生产、国外销售的新模式。

5. 努力提高轮胎行业、企业运行质量和经济效益

(1)密切跟踪国内外轮胎市场变化,努力适应市场需求,通过提高轮胎规格品种、质量和售后技术服务水平,提高市场占有率,保证企业稳定发展。

(2)企业要树立系统成本理念,狠抓降本增效,要以降低系统成本为目标,全方位开展对标挖潜工作,最终实现成本下降和整体效益的提高,增强企业的盈利能力。

(3)企业要加强资金管理,防范资金风险,加速资金周转,降低财务成本。不断提高企业财务成本管理水平,提升全员劳动生产效率。

6. 有关政策建议

(1)建议政府有关部门在轮胎试验场建设和绿色轮胎生产先进企业的鼓励政策上,从资金、税收、人才队伍建设等方面给予政策扶持。

(2)建议政府有关部门在轮胎及橡胶进出口监管、关税及税则调整、出口退税、加工贸易等外贸政策的具体措施出台前,征求行业和企业意见。

【展　望】

2013 年,我国处在全面建成小康社会的决定性阶段和加快转变发展方式的攻坚时期。对轮胎行业来说,一方面,工业化、信息化、城镇化和农业现代化深入推进,为轮胎产业创造了较大的发展空间;另一方面,轮胎行业和企业又身处十分复杂的国内外环境,生产成本不断上升、经济效益不稳定、轮胎结构性产能过剩突出、技术创新能力较弱等,这些对轮胎行业科学发展是严峻的挑战和考验。

指导思想　以党的十八大和中央经济工作会议精神为指导方针,以服从和服务于轮胎工业科技发展为核心,加快调整结构、绿色轮胎生产、循环发展,积极应对轮胎出口贸易摩擦,努力保持我国轮胎工业科学发展,努力把各项工作做得更扎实、更有效、更富有创造性,努力加快建设轮胎强国的步伐。

主要目标　2013 年我国轮胎工业将回归常态增长,预测全国轮胎总产量大约 4.9 亿条,比上年增长 4%,其中子午胎产量大约 4.35 亿条(全钢胎 1 亿条,半钢胎 3.35 亿条),比上年增长 5%,子午化率为 89% 左右,比上年提高 1 个百分点。

(郁闰娟)

航 空 轮 胎

航空轮胎是维系飞机安全的重要部件。而航空轮胎产业作为技术密集型行业，具有产品技术性能复杂、对技术和设备的依赖程度高、研发人员在职工中所占比重较大等特点。但该行业同时也是资本密集型产业，需要较多资本的投入。

【基本情况】

经过长期发展，我国已经形成了比较完整的航空轮胎行业体系，技术水平基本能够满足当前配套维修需求。据统计，目前我国航空轮胎生产能力约 20 万套/年，其中航空斜交轮胎 19 万套/年，航空子午线轮胎约 1 万套/年。

我国航空轮胎的研发及生产主要代表单位有中橡集团曙光橡胶工业研究设计院、沈阳三橡有限公司和银川佳通长城轮胎有限公司。

中橡集团曙光橡胶工业研究设计院属于国有企业，位于广西壮族自治区桂林市，是目前国内率先掌握航空子午线轮胎技术并取得唯一装机使用资格的单位，可生产 80 多种规格品种的航空轮胎，满足国内外 70 多种机型的需求。

沈阳三橡有限公司属于民营企业，位于辽宁省沈阳市，是国内最早的航空轮胎研发、生产单位，可生产约 70 种规格品种的航空轮胎，满足国内外 60 多种机型的需求。

银川佳通长城轮胎有限公司属于合资企业，位于宁夏回族自治区银川市，可生产 50 多种规格品种的航空轮胎，满足国内外 40 多种机型的需求。

以上 3 家企业在航空轮胎生产领域各有特点，中橡集团曙光橡胶工业研究设计院是科技型企业，长期以基础理论研究为重点，注重新产品、新技术的开发与应用。银川佳通长城轮胎有限公司和沈阳三橡有限公司是生产型企业，生产规模较大，生产能力较强。

此外，还有近 10 家航空轮胎维修企业，承包国内航空公司的轮胎维修业务。主要代表单位有普利司通航空轮胎（中国）有限公司、晋江邓禄普太古飞机轮胎有限公司、无锡翼龙航空设备有限公司和凌云科技集团有限责任公司等。

普利司通飞机轮胎（中国）有限公司属于外资企业，位于山东省青岛市，成立于 2005 年，是日本航空轮胎制造商——普利司通公司在中国的航空轮胎加工、检测、维修及售后服务基地。其可翻修 14 种规格品种航空轮胎，子午线轮胎、斜交轮胎各 7 种，翻修轮胎能力约 4 万条/年，可满足国内各大航空公司的绝大多数飞机型号营运需要。

晋江邓禄普太古飞机轮胎有限公司属于合资企业，位于福建省泉州出口加工区内。公司成立于 2008 年，2009 年 10 月投入运营，占地面积 1.3 万平方米，每年可维修 2.5 万条航空轮胎，主要面向亚太地区，服务于波音 737、波音 747 和空客 320 等重要机型。

无锡翼龙航空设备有限公司属于民营企业，位于无锡市扬名高新技术产业园内。可翻新波音 737、波音 737NG 和波音 757 轮胎。

凌云科技集团有限责任公司属于国营企业，总部位于湖北省武汉市，是一家集航空装备修理、改装，航空部件及设备研制的现代企业集团，总资产 26 亿元，年产值 20 余亿元。可维修伊尔－76、图 154 和 Y－7、Y－8、Y－12 飞机起落架（含轮胎）。

四川奥特附件维修有限责任公司属于民营企业，总部位于四川省成都高新区，可维修空中国王 B200/B300 公务机起落架（含轮胎）。

【在建项目】

青岛森麒麟轮胎有限公司航空轮胎项目已建起 2.5 万平方米的生产车间，并开始试生产。2012 年 6 月，研制成功波音 737－700/800 型飞机主轮胎 H44.5×16.5－21 28PR TL 并通过国家实验室航空轮胎动力试验测试,各项试验数据及结果均满足试验技术条件要求。目前正在办理适航认证。该项目达产后年产航空轮胎 8 万条,新增产值 3 亿元。

宁夏大地化工有限公司投资 80 亿元,建设年产 2010 万条子午线轮胎项目,包括年产 1000 万条全钢、1000 万条半钢、10 万条航空子午线轮胎。项目选址石嘴山市平罗工业园区,占地面积 2200 亩。一期工程在 2013 年上半年开工,年底建成一条年产 200 万条全钢载重子午线轮胎生产线,力争在 5 年内完成年产 2010 万条子午线轮胎项目建设。

【科技创新】

中国首个航空子午线轮胎校企联盟成立。2012 年 5 月,三角轮胎股份有限公司与哈尔滨工业大学签署合作协议,缔结研发航空子午线轮胎战略联盟。旨在依托三角集团轮胎设计与制造工艺国家工程实验室,围绕我国航空工业和国防工业橡胶轮胎高新科技产品的需求,突破关键技术,实现大型航空子午线轮胎产品的国产化。

按照协议,哈工大(威海)和三角轮胎正式建立校企全面合作关系,充分发挥哈工大在复合材料、工程力学、汽车、机械设计与制造、信息、管理等专业和学科的优势,在轮胎、橡胶技术和人才培养等方面开展合作,满足三角轮胎对轮胎设计、分析和制造技术以及管理、信息、人才等方面日益增长的需求。同时成立的"三角集团有限公司 - 哈尔滨工业大学轮胎技术研究中心",集轮胎设计与制造工艺国家工程实验室和哈工大(威海)优质的研究资源,围绕轮胎技术开展具体研究工作,在中国商用飞机公司的支持下,为我国自主研制大飞机贡献民族品牌的力量。

航空轮胎技术专利数量逐年攀升,截至 2012 年底,共有国内外 10 多家单位和个人申请了 91 项中国专利,分别为:中橡集团曙光橡胶工业研究设计院 45 项;法国米其林集团总公司(米其林技术公司、米其林研究和技术股份有限公司)14 项;美国固特异轮胎橡胶公司 13 项;青岛森麒麟轮胎有限公司(森泰达集团有限公司)3 项;银川佳通长城轮胎有限公司 2 项;无锡翼龙航空设备有限公司、山东海龙博莱特化纤有限责任公司、北京航空航天大学、北京化工大学、天津大学等单位和个人各 1 项。其中,已获得中国知识产权局授权的发明专利有 31 项,占申请总量 34%。排在前 3 位企业的申请量,占到航空轮胎技术专利申请总量的 79%。航空轮胎技术专利构成如图 1 所示。

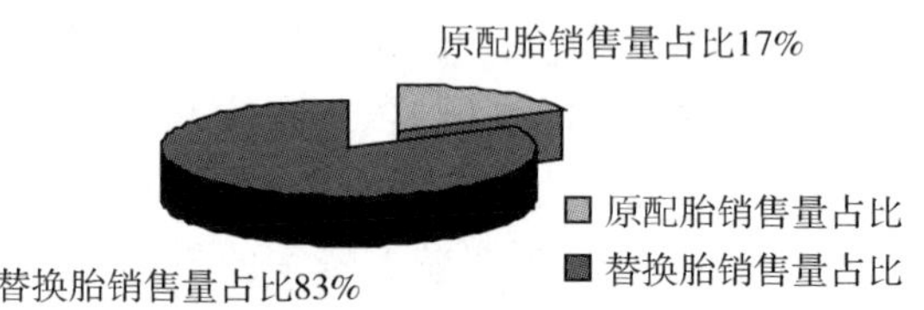

图 1　航空轮胎技术专利构成申请(专利权人)分布

在航空子午线轮胎技术领域,共有国内外 6 家单位申请了 16 项中国专利,分别为:中橡集团曙光橡胶工业研究设计院 11 项;美国固特异轮胎橡胶公司 2 项;银川佳通长城轮胎有限公司、北京化工大学、天津大学各 1 项。这 16 项专利申请中,发明 14 项,占 87.5%;实用新型 2 项,占 12.5%;已获得中国知识产权局授权的有 5 项,占申请总量 31.3%。在已获授权的航空子午线轮胎专利中,中橡集团曙光橡胶工业研究设计院占 3 项,美国固特异轮胎和橡胶公司占 2 项。

目前,中橡集团曙光橡胶工业研究设计院已获授权航空轮胎发明专利 11 项,其中航空子午线轮胎 3 项,分别占对应领域中国发明授权 35.5% 和 60%。2012 年,曙光院申报专利 15 项,同期获得授权 8 项(其中发明 3 项,实用新型 5 项),并荣获 2012 年度中国化工集团专利奖、桂林市企事业单位专利申请组织奖。

【存在问题】

国外研制、生产航空轮胎始于一战期间,比我国早近 50 年。尽管建国以来,我国航空轮胎行业在自主研发、技术创新方面做了许多工作,也收到了较大成效,但是与国外先进水平相比,仍然存在相当大的差距。具体表现在以下方面:

基础理论研究薄弱。以法国米其林集团公司、英国邓禄普航空轮胎公司、日本普利司通公司为首的国外企业一向重视基础研究，长期坚持的结果是拥有独创的轮胎结构设计理论、自成体系的骨架材料、先进的试验方法和验证设备、指标值领先于国际标准的企业标准，从而确保占领世界技术前沿。相比之下，我国航空轮胎研制存在着重视解决"有无"、"能用"，而忽视基础理论研究的问题，造成发展后劲不足，从而制约了技术创新和体系化建设的推进，从根本上拉大了与国外先进水平的差距。

产品子午化率低。子午线轮胎是传统斜交轮胎的更新换代产品，优势明显。由于航空子午线轮胎更适合现代高性能飞机的发展需要，国外在为新机型配套轮胎时首推航空子午线轮胎。目前，欧美等国家航空轮胎子午化率已达到70%，新研飞机标准配件是子午线轮胎的比例达到90%以上。相比之下，我国航空子午线轮胎研究刚起步，有待扩大产业化。

装备水平亟待提高。航空轮胎是一种特种轮胎，其工装设备与汽车轮胎有很大的不同。经过几十年的探索，航空斜交轮胎已有基本装备，但大部分设备购于20世纪80年代前，目前处于陈旧老化，技术水平落后，亟待升级改造。航空子午线轮胎尚处在技术成长期，关键设备均为自主研发，精度及自动化程度不高，生产效率低，这种状况已严重影响到我国航空子午线轮胎的产业化，从而制约我国航空轮胎技术升级。

【措施建议】

继续瞄准世界先进水平，发现技术差距，依托能力优势较强、基础较好的单位，首先解决基础薄弱、能力提升问题，重点构建航空轮胎自主研发体系和平台，加强基础理论研究，提高设计水平，缩小与国外的差距，实现航空轮胎技术研发领域跨越式发展。

与相关研究机构及生产厂家合作，开展新型工装设备研究，提高轮胎的制造水平和非标检测能力，为高性能航空轮胎的研制、生产提供基础支持。

航空轮胎是消耗件，同时也是战略物资。世界上大多数国家在考虑军事工业发展以及国家防务计划时，都将其列入保障计划之中。建议国家在航空轮胎能力建设方面给予政策扶持，在项目建设方面加大投资比例。结合我国工业体系建设，将航空轮胎纳入体系化建设发展规划，分析能力缺口，参照建设目标开展项目建设，建立我国航空轮胎能力保障体系，意义重大。

（邓海燕）

力　车　胎

【基本情况】

力车胎行业经过前几年的大幅增长后，2012年，在全国经济增幅下滑、出口增长减缓、自行车和摩托车整车产量下降，力车胎行业生产出现明显减缓的情况，工人工资连年上涨，劳动力成本不断上升，人民币升值压力加大，力车胎产品出口价格竞争力减弱。种种因素，使得力车胎行业发展面临新的挑战。但是，由于摩托车、电动车在城市、农村已经快速普及，形成了一个广阔的力车胎产品市场。因此，2012年，在全国经济下滑的大环境下，我国力车胎行业仍取得了平稳发展的成绩。

中国橡胶工业协会力车胎分会2012年对39家会员企业统计数据反映的行业情况见表1。

表1　2012年中橡协统计力车胎行业经济指标完成情况

指标名称	2012年	同比/%
力车胎工业总产值(现价)/亿元	151.63	3.50
力车胎销售收入/亿元	153.97	3.00
力车胎产品出口交货值/亿元	34.73	14.80
力车胎实现利润/亿元	10.72	41.70
全员劳动生产率/元·人年$^{-1}$	197308	31.99
手推车外胎产量/万条	3001.3	11.7
手推车内胎产量/万条	1472.7	-7.4
自行车外胎产量/万条	28654.8	1.1
自行车内胎产量/万条	40399.0	8.8
摩托车外胎产量/万条	14078.0	4.6
摩托车内胎产量/万条	16232.7	11.30
丁基内胎产量/万条	33607.2	9.6
内胎丁基化率/%	57.83	-0.47

【市场供需】

目前，我国力车胎产品主要有三大市场：一是自行车、电动自行车、摩托车配套，这个市场受整车厂生产影响较大；二是市场存量车辆的维修、更换，这个市场相对比较稳定，受大的经济环境影响小；三是出口，受到世界经济、人民币环境直接影响。

配套方面　2012年，摩托车整车产量下降，根据摩托车行业的数据，2012年摩托车产量为2362.98万辆，同比（下同）下降11%，出口下降16.83%，摩托车胎配套量减少，配套市场竞争激烈，车厂对配套摩托车胎要求越来越高，力车胎生产企业压力加大。

自行车整车产量近年增长停滞，根据中国自行车协会的数据显示，2012 年我国自行车总产量为 8278 万辆，下降 0.8%。电动自行车作为新一代便捷交通工具，受到了群众青睐。目前电动自行车的快速普及，已接近或已经超过传统自行车，在一些农村地区甚至把电动自行车作为结婚的必备陪嫁品。2012 年，全国生产电动自行车 3505 万辆。

维修方面 自从 2009 年我国实施了 3 年摩托车下乡补贴的政策后，加上国家“三农”政策的刺激，农村摩托车大量普及，除了传统的两轮摩托车，更发展到三轮摩托车，摩托车用途从代步发展到运输，农村摩托车保有量大幅增加。目前，我国摩托车保有量约 1 亿辆，因此，市场维修更换车胎需求量填补了配套量，部分农用车胎如 4.00—5.00 规格的三轮摩托车胎市场比较兴旺。在自行车胎维修市场，我国电动车社会保有量目前估算为 1.5 亿辆，按使用期 3 年算，每年需更换 1 亿条以上电动车胎，这样庞大的市场，维持了电动自行车胎的市场需求。

出口方面 由于我国力车胎产品性价比在国际市场有较大的优势，出口到 100 多个国家，出口交货值占行业销售收入约 1/3。2012 年，我国出口摩托车外胎自行车外胎值继续增长，平均增长幅度 15% 左右。按千克计算（海关从 2012 年开始，与国际计量单位接轨，出口量以重量千克为单位），全年摩托车外胎出口了 83105576 千克，增长 19.83 %；摩托车内胎出口 87962805 千克，增长 23.84 %；自行车外胎出口了 87883983 千克，下降 1.35%；自行车内胎出口了 49623968 千克，增长 10.04%。从整体情况看，近两年力车胎出口增幅有所减缓，但出口仍然是力车胎产品的大市场。

【生产和效益】

2012 年，力车胎产品市场是平稳的，据估算，摩托车外胎全国生产量 1.7 亿条，自行车外胎 3.5 亿条，电动自行车外胎 1.8 亿条。据不完全统计，目前全国摩托车、自行车（含电动车）内胎总产量超过 8 亿条，年产超亿条或接近亿条的企业有 3 家以上。2012 年我国力车胎产量前 10 名企业见表 2。

2012 年，全国范围招工难的问题仍存在，因此，有的企业由于缺劳力，影响了生产，企业无法满足客户订单。

表 2 2012 年我国力车胎产量前 10 名企业 万条

排名	企业名称	自行车胎		排名	企业名称	摩托车胎	
		外胎	内胎			外胎	内胎
1	杭州中策橡胶有限公司	7058.0	9040.3	1	厦门正新橡胶工业公司	2285.0	1703.0
2	厦门正新橡胶工业公司	6133.0	11318.0	2	青岛喜盈门双驼公司	1924.7	1465.1
3	天津万达集团有限公司	4084.5	2425.6	3	新东岳集团有限公司	1689.8	2103.4
4	新东岳集团有限公司	1648.0	694.2	4	江苏飞驰股份有限公司	1390.0	3624.0
5	江苏飞驰股份有限公司	1381.0	5019.0	5	四川远星橡胶公司	1278.5	929.0
6	天津飞亚达橡胶有限公司	1188.2	924.5	6	重庆威星橡胶有限公司	768.5	848.7
7	河北协美橡胶有限公司	1058.0	3265.0	7	江苏通用科技有限公司	735.5	516.1
8	上海天马万虹有限公司	794.2	998.6	8	杭州中策橡胶有限公司	427.9	
9	广州飞旋橡胶有限公司	690.2	1150.6	9	徐州汉邦轮胎有限公司	378.7	380.2
10	巨丰（天津）轮胎公司	687.0	236.0	10	天津万达集团有限公司	376.1	

2012 年,国内国际天然橡胶价格一路走低,按照力车胎分会每月统计的会员企业原材料进价,以国产 5 号天然橡胶为例,全年降幅达到 15.81%,企业原材料成本大幅降低。但是工人工资成本仍在继续上涨,工资同材料相抵消后,力车胎行业利润增长 41.7%,行业前 10 名企业销售利润率从 2012 年的 5.92% 增长到 7.03%。2012 年我国力车胎销售收入、利润前 10 名企业见表 3。

表 3　2012 年我国力车胎销售收入、利润前 10 名企业

排名	企业名称	销售收入/万元	实现利润/万元	销售利润率/%
1	厦门正新橡胶工业公司	405521.0	70875.0	17.47
2	杭州中策橡胶有限公司	253576.6	7582.8	2.99
3	新东岳集团有限公司	111706.5	5068.0	4.53
4	江苏飞驰股份有限公司	89358.0	1257.0	1.40
5	青岛喜盈门双驼轮胎有限公司	89196.0	1533.1	1.71
6	天津万达集团有限公司	77764.8	4117.0	5.29
7	四川远星橡胶公司	76650.0	295.0	0.38
8	青岛东方工业品(集团)有限公司	62157.0	485.0	0.78
9	重庆威星橡胶有限公司	46608.9	1754.3	3.76
10	徐州汉邦轮胎有限公司	36894.5	370.8	1.00

2012 年,力车胎行业生产增长减缓,但力车胎产品出口仍保持了较高幅度的增长,除自行车外胎有一点下降,其余三个产品出口继续以两位数增长。在价格方面,受人民币升值影响,出口产品价格比 2011 年涨幅大大降低,也有部分企业以低质低价扰乱市场。另一方面,力车胎出口大幅增长,引来了国外对我国力车胎产品出口的反倾销贸易摩擦。2012 年,巴西及泰国相继对原产于中国的摩托车外胎、内胎产品征收反倾销税或展开反倾销调查。巴西对进口的自行车轮胎进口关税从现在的 16% 提高到 25%,为期一年。

按照力车胎分会统计数据和海关数据,力车胎每年出口交货值占产值 1/4 左右,如果加上配车出口的车胎,全国力车胎出口达到了产值的 1/3,部分外向型企业出口交货值已占销售收入的 1/2 以上,个别企业甚至是 100% 出口。2012 年我国力车胎出口交货值前 10 名企业见表 4。2012 年全国摩托车胎和自行车胎出口情况见表 5。

表 4　2012 年我国力车胎出口交货值前 10 名企业

排名	企业名称	出口交货值/万元	同比/%	主要出口产品
1	厦门正新橡胶工业公司	91968.0	0.03	自行车胎　摩托车胎
2	青岛东方工业品(集团)有限公司	49360.0	29.07	自行车胎
3	江苏飞驰股份有限公司	49212.0	-6.53	自行车胎　摩托车胎
4	杭州中策橡胶有限公司	34940.3	21.9	自行车胎　摩托车胎
5	天津万达轮胎集团有限公司	19713.3	69.21	自行车胎　摩托车胎
6	广州飞旋橡胶有限公司	19020.3	150.4	自行车胎
7	青岛喜盈门双驼轮胎有限公司	16010.1	7.73	摩托车胎
8	重庆卫星橡胶工业有限公司	13409.0	-18.32	摩托车胎
9	四川远星橡胶公司	10670.0	92.88	摩托车胎
10	青岛华达橡胶制品有限公司	8964.0	-6.74	摩托车胎

表 5　2012 年全国摩托车胎和自行车胎出口情况

项　　目		摩托车外胎		摩托车内胎		自行车外胎		自行车内胎
出口总量/千克		83105576		87962805		87883983		49623968
出口总额/美元		263273354		226185734		248539643		224086594
出口平均价/美元·千克$^{-1}$		3.17		2.57		2.83		4.52
出口方式								
进料加工		44988206		46577273		29051054		21893804
一般贸易		37989349		41099158		56251401		26674578
企业类型								
外商独资		14791084		6899034		27423979		17412061
国有企业		2387180		1476361		18407395		4772282
集体企业		8221823		7267538		6899694		1378394
中外合资		17933575		6300497		5818193		5259534
私人企业		39771899		66018948		29321207		20720724
发货地	山东青岛	29055115	山东青岛	50048566	福建厦门	7572557	福建厦门	5946099
	浙江杭州	5262505	山东潍坊	7374950	厦门特区	6951058	浙江杭州	3763519
	四川成都	4171221	山东东营	6728711	天津北辰	6469624	厦门特区	3368739
	浙江瑞安	4146384	张家港	3739782	天津西青	5485566	江苏宿迁	2699455
	江苏盐城	3470439	江苏南通	3041376	广东广州	4947330	广东广州	2618288
出口国别(地区)	尼日利亚	23055660	尼日利亚	19614380	墨西哥	9417867	巴西	5098345
	菲律宾	6010267	马来西亚	10712537	巴西	7987095	美国	4374785
	巴西	5322778	巴西	7518208	哥伦比亚	3793973	墨西哥	3568154
	哥伦比亚	4362107	泰国	6700514	日本	3348864	尼日利亚	2220345
	墨西哥	2914678	埃及	3437632	俄罗斯	2745885	德国	2099704
	委内瑞拉	2328471	菲律宾	2633242	朝鲜	2580636	泰国	1408846

从海关出口数据看,摩托车内外胎出口以山东、浙江、江苏最多,西部成都、重庆是新兴的出口基地。山东历来是我国摩托车胎企业最多、产量最大的地区,产品成本较低,同时利用沿海海运优势,大力开展摩托车胎出口,开拓国际市场,每年出口摩托车胎占了全国出口量 1/3。在自行车胎出口方面,内外胎福建省占了很大的比例。除此外,由于天津市是我国自行车生产重要基地,所以,天津也是自行车外胎出口重要口岸。

近年,无论是自行车内外胎或摩托车内外胎,巴西都是我国最大的出口国家。由于我国力车胎出口价格适中,性价比在国际上占有绝对优势,因此受到了发展中国家、新兴经济体的特别欢迎。由于产品某些性能与欧美国家的要求、习惯不一致,因此,我国力车胎产品在欧美国家市场发展缓慢。

【产业布局】

近年来,我国力车胎行业发展迅速,市场畅旺,企业纷纷征地扩建。部分在看好力车胎行业、寻找发展的社会资金,也开始进入力车胎行业,纷纷投资建力车胎厂,这些资金从几千万到一亿多不等,其起点高,投入设备先进。这些资金给力车胎行业带来了新的血液,也带来了新的竞争。随着行业队伍扩大,行业布局出现了逐步向西转移的趋向。我国中、西部劳动力充足,工资水平偏低,力车胎企业不足,因此,给力车胎企业西移创造了条件,这种转移符合国家政策,有利地平衡了我国东西部经济,平衡了产业。

2012~2013年力车胎产业布局、基建扩产主要项目如下:

1.江阴市安基橡胶工业有限公司2012年在生产预硫化胎面、丁基汽车内胎等产品基础上,新增1000台力车胎硫化机,2013年3月投产,年产销8000万条丁基内胎,1000万条摩托车、电动车外胎。

2.天津万达集团有限公司2013年在河北省购地700亩,计划把力车胎生产转移并扩大;天津旧厂房改建,生产半钢子午线轮胎。

3.河北协美橡胶制品有限公司2013年新增轮胎翻新产品,新增产能电动车外胎2万条/天;丁基内胎线4条。

4.四川俊烽橡胶工业有限公司在四川广安市华蓥市购地272亩,生产丁基胶摩托车电动车内胎、再生胶、橡胶杂品,规划年产丁基内胎2000万条,电动车外胎1500万条/年,产值将达到7亿~8亿元。

5.山东新轮轮胎有限公司,2012年新购土地100亩,目前正购置安装设备,新上摩托车外胎2万条/天,新增丁基内胎生产线,完成改造后,公司内胎产量将达到8~10条/天,销售突破3亿元/年。

6.山东佳程橡胶工业有限公司2012年扩大厂房面积60亩,2013年底投产,公司扩建完成后,将增加摩托车、电动车外胎产量15000~20000条/天,内胎10~20万条/天。扩大规模后,全厂土地面积136亩,外胎达到4万条/天,每年产值达到4~5亿元。

7.徐州汉邦轮胎有限公司因城建搬迁,计划征地200亩,规划新厂日产5万条摩托车、电动车外胎,新厂年产值将达7亿~8亿元。

8.四川君格橡胶制品有限公司从2012年开始筹建,新增厂房80亩,年产摩托车、电动车外胎300万套,销售目标为3亿元。

近两年,力车胎企业扩展势头有增无减,目前,全国力车胎行业产能严重过剩。在这种情况下,引起行业内的忧虑:一是企业增多,降低了行业集中度,延长了力车胎行业向现代化企业发展的进度;二是产能过剩,势必引起严重的价格竞争;三是为了争夺市场,低价倾销,导致降低行业产品质量;四是市场过剩,低价出口,引发国外反倾销。

【技术进步】

1.通过多年发展,部分力车胎企业在完成了一定的资本积累后,加大了设备工艺改造投入,纷纷对企业的重要设备、大型设备进行升级换代。如270L~400L密炼机,自动称量、投料上辅机,双复合、三复合胎面挤出机。这些设备在橡胶行业,特别是轮胎企业早已普及,但是在力车胎行业这两年却是升级换代的重点。胶囊硫化已经开始在力车胎行业普及,目前,过热水、蒸汽、氮气等各种介质硫化方式并存,行业将通过摸索,寻找到适合力车胎产品的工艺硫化技术。但是,胶囊硫化将取代传统风胎硫化工艺是不用置疑的。

浙江圣合机电科技有限公司开发出5层单开内胎硫化机,实现了力车内胎硫化的改革。5层硫化机每层单独开合模,减少了热能损耗,节能效果明显,同样产量,机台占地面积仅为原来的2/5,并缩短工人操作行走距离,减轻劳动强度。

2.力车胎企业近年继续在节能降耗方面做了大量工作。近两年在蒸汽尾气、冷凝水回收取得较好效果。武义武龙节能设备有限公司改造了通用的疏水阀,开发了高温冷凝水回收技术和自由半浮球式节能蒸汽疏水阀。该公司帮助浙江力王轮胎有限公司改造了蒸汽管网,使用双管式冷凝水回收机,将冷凝水送回锅炉本体,改造后,蒸汽温度稳定,提高了产品质量,力王轮胎使用4吨锅炉,月用煤量从150吨降到120吨,月节水量50吨。

3.随着我国力车胎产品质量逐步提高,配套厂、市场消费者也对力车胎质量要求越来越高。企业为了保证产品质量,加强对产品的检验手段。近几年,力车胎企业很注意配备各种试验室设备、仪器。除了基本仪器,如硫化仪、拉力机、磨耗机等基本设备外,大中型企业基本配备了里程试验机、轮胎强度试验机等。有的企业也提出了要建立摩托车胎试验场的想法。

4. 随着我国力车胎行业逐渐成熟，一些技术力量较强的企业，已经能够生产子午线摩托车胎。厦门正新橡胶工业有限公司已经有产品在市场推出销售。内资企业如杭州中策、江苏飞驰、四川远星等公司正在研制、试验，子午线摩托车胎虽然短期内市场不大，但是，高技术含量的产品是企业和行业的水平、实力的象征。

5. 提高劳动生产率，实现自动化生产，是力车胎行业发展必走之路。近年来，力车胎行业遇到的最大困难就是用工难，但力车胎行业作为劳动密集型行业，要解决这个难题，唯一的途径是提高生产自动化程度，减轻劳动强度。行业目前也开始重视这个问题，外胎改用胶囊硫化，降低硫化工劳动强度，内胎上气门嘴、包装等后段工序研制了机械，减少人工操作，广州钻石和广州飞旋等部分企业半成品、成品一直采用链式悬挂空中输送到下一工序，这个方式减少了车间内物流人力，使生产现场环境有序，值得行业内大力推广。

【展　望】

2013 年，我国明确提出了推进新型城镇化建设，力车胎产品在城镇、农村拥有广阔的市场。据近几年的市场分析，无论是摩托车胎、自行车胎或电动车胎，均向高质量发展，低质低价产品市场越来越小。随着市场的变化，力车胎产品结构也在变化，因此，企业必须把握行业热点，及时调整产品结构，适应市场发展，坚持科学技术是第一生产力，积极开发新产品，利用先进的生产设备，稳定的产品质量，在竞争中取胜。

经过近两年的飞跃发展，力车胎行业进入一个旺盛的时期，不少企业扩大规模，投入新设备，更有新资金进入这个行业，产能过剩更加严重，竞争会更加激烈，行业应该对此有所准备。产品质量在竞争中是决定胜负的主要因素，先进的设备是保证产品质量的一个手段。因此，企业应该在管理、设备、技术等各方面为未来的竞争做好各种准备。

目前，我国力车胎行业主要销售产值是两大产品，一是摩托车胎，包括二轮、三轮、部分四轮、农用车胎；二是自行车胎，包括电动车胎。其他小轮径、沙滩车胎、园林工具车胎等划分到 ATV 胎，这部分年产 2000 万条左右。

前几年，摩托车在城镇发展比较快，摩托车胎产销量也连年大幅度增长。去年，摩托车胎增长开始趋于平稳，用于配套两轮摩托车的车胎随着整车产量的下降而减少，但三轮摩托车胎的需求却日益扩大，一些四轮的小型电动车及农用车也使用 5.00 摩托车胎。随着农村城镇化发展，使用三轮（四轮）摩托车运输越来越多，预计今年上述规格的摩托车胎还有很大的市场。电动车胎是最近市场销售最好的产品，这两年电动自行车和车胎均以两位数的幅度增长。节能、环保、便捷的电动自行车成了城乡群众首选出行工具。所以，未来两三年内，电动自行车胎将是力车胎行业一个发展亮点。随着人们健康意识增强，娱乐健身休闲兴起，自行车又逐步回到平民生活中，像广东省近年已建成绿道 2300 多公里，只是这种回归，不是单纯代步工具，而是提高生活质量的上升。自行车和车胎都改变了原来的面目，小轮径、轻便、漂亮将是下一代的自行车胎发展方向。

人民币升值对我国力车胎出口的影响不容忽视。近几年，我国工资水平不断提高，力车胎工资成本大幅攀升，加上人民币升值，对出口造成较大影响。2012 年底到 2013 年初，力车胎出口出现增幅减缓趋势，根据目前国际经济情况，预计 2013 年出口增幅不大。因此，要维持我国力车胎出口大国的优势，在产品质量上要更上一层楼，调整产品结构，开发高附加值的产品，如高档的自行车胎、子午线摩托车胎等产品，使我国沿着力车胎强国目标前进。

（杨灿光）

胶　管

【基本情况】

2012 年我国胶管行业经受了国际、国内复杂经济环境的严峻考验，经济运行也经历了从增速减缓到企稳的过程，开始呈现“缓中趋稳，稳中向好”态势。尽管劳务费用增加的趋势没有改变，但原材料价格整体出现下滑，企业利润有所回升，胶管行业整体经济效益好于上年。

继国务院 2011 年 12 月 30 日以国发〔2011〕47 号文发布《工业转型升级规划（2011—2015 年）》后，工业和信息化部于 2012 年 1 月颁布了《工业转型升级投资指南》。《指南》依据相关产业政策提出，“提升汽车用胶管制造技术和产品性能，填补国内高档汽车用胶管的空白。推进高压钢丝编织胶管和缠绕胶管的更新换代，使脉冲寿命达到 100 万次水平。海上输油胶管、高压钢丝增强树脂软管、无噪声汽车刹车胶管、节能胶管、薄壁胶管和轻体胶管、耐特殊介质和环境胶管等。无铅胶管工艺，通过改进工艺，实现胶管轻量化和产品特色化”。

近几年，我国汽车行业保持了快速增长的态势，未来汽车行业增长态势持续的时间以及其增长速度都将直接影响汽车胶管制造行业的增长水平。同时，汽车行业受到宏观经济运行状况的影响和制约，与宏观经济的波动周期在时间上和震幅上有较为明显的对应关系。经济不景气时期，汽车市场需求相对疲软，若汽车整车行业增长停滞甚至下滑将会削弱汽车胶管制造行业盈利能力。2012 年汽车用胶管出现增长变缓的态势源于汽车产销现状变化。

【企业结构】

全国胶管生产企业有 800 多家，规模以上企业 300 多家，其中钢丝编织和钢丝缠绕胶管生产企业 200 多家，大口径钢丝缠绕胶管（主要为石油钻探胶管）生产企业约 10 家，汽车用胶管生产企业约 50 家，漂浮式海上输油胶管和疏浚胶管生产企业 2 家，浅海海底输油胶管生产企业 1 家，还有大量的小型胶管生产企业，所生产的胶管包括各种结构、规格和性能的钢丝增强胶管、纤维增强胶管、树脂胶管、夹布胶管、特种用途胶管和纯胶管，应用于国民经济各个部门。小型胶管生产企业分布在全国各地，基本上各省、市、自治区都有数量不等的各种小型胶管企业，但大部分集中在河北、浙江、山东、辽宁等中原和沿海地区。这些小型企业虽然其中不乏技术和设备比较落后者，但是它们生产各种各样不同类型的胶管，都有其各自的销售市场，满足着各种各样的需求，产业结构多元化，有利于形成良性竞争格局。

外资胶管企业，以其先进的技术、装备和品牌优势强势登陆我国，争夺市场份额，到 2012 年全部采取独资方式在我国建厂。外资胶管企业主要生产汽车用胶管和工程机械用胶管，以适应我国汽车工业和基础建设发展的需要。2012 年外资汽车用胶管生产企业大约有 20 家，几乎占据我国汽车用胶管市场的半壁江山。高压钢丝增强胶管生产企业也近 20 家。美国 Goodyear 中国公司，主要生产汽车制动胶管、空调胶管以及胶管组合件；意大利 ALFA Gomma 中国公司，主要生产输水胶管、空气胶管、耐化学品胶管、排吸水胶管（采用硬芯法）；美国 Gates 中国公司生产高压钢丝编织胶管。

【品牌建设】

2012 年 3 月 22 日，工业和信息化部下发《关于深化工业企业品牌培育试点工作的通知》（工信科简函［2012］103 号），公布了 141 家工业企业品牌培育试点企业，其中橡胶行业企业有 6 家，欧亚管业股份有限公司榜上有名。

为促进行业发展，扶优扶强，中国橡胶工业协会推出“中国橡胶工业百强企业”，经专家评审、行业公示,百强企业名单在2013年3月中旬召开的“2013中国橡胶工业年会暨中国橡胶工业展”上正式发布。

胶管企业名单如下:

排名	专业	企业名称	主营业务收入/亿元
26	管带	山东安能输送带橡胶有限公司	17.83
56	胶管	天津鹏翎胶管股份有限公司	7.94
72	胶管	欧亚管业股份有限公司	5.86
80	胶管	山东美晨科技股份有限公司	5.25

协会推荐品牌产品:

企业名称	产品名称	商标
欧亚管业股份有限公司	钢丝编织液压胶管	欧亚
广州天河胶管制品有限公司	钢丝编织液压胶管	穗天

【产品产量】

据胶管胶带分会对105家会员企业的统计,2012年主要经济指标仍呈趋暖增长态势。工业总产值完成2853354.25万元,同比(下同)增长6.89%,其中主导产品胶管完成19788.53万Bm,增长5.67%;汽车专用胶管完成3.05亿根,增长6.69%。胶管出口量1273.95万Bm,增长16.38%。

由于原材料价格同比有所回落,企业利润总额及利税总额持续实现两位数快速增长,亏损企业数量及金额明显减少,企业效益状况继续保持良好的态势。受国内外市场需求的共同影响,产品出口总体增降幅度不大。

2012年胶管产品产量及比例见图1。

2012年我国钢编胶管产量前10名企业见表1。

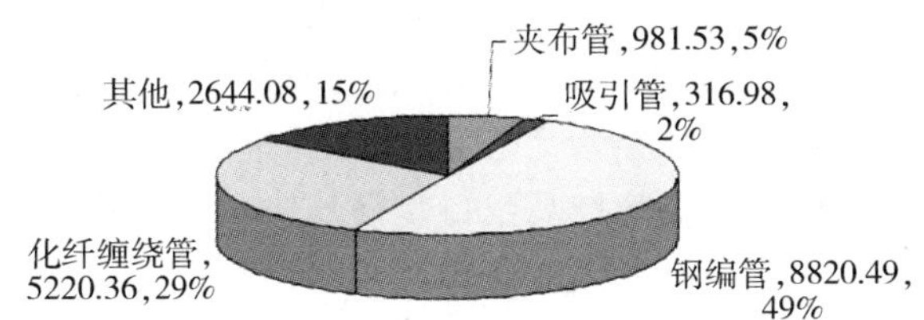

图1 胶管产品产量及比例

表1 2012年我国钢编胶管产量前10名企业 万Bm

企业名称	2012年	2011年	同比/%
河北恒宇橡胶制品集团有限公司	1025.74	1014.30	1.13
漯河市利通橡胶有限公司	987.43	844.06	16.99
河北中美特种橡胶有限公司	965.33	714.00	35.2
河北博通橡塑制品有限公司	670.27	504.72	32.8
河北宇通特种胶管有限公司	639.07	563.06	13.5
河北欧亚特种胶管有限公司	550.00	430.55	27.74
河北景渤石油机械有限公司	547.47	508.10	7.75
山东大工橡胶有限公司	472.42	163.98	188.10
河北远大新特橡塑有限公司	465.59	426.36	9.20
兖矿集团邹城金通橡胶有限公司	396.01	335.49	18.04

注:部分企业因无统计资料,故没有统计在内。

2012 年我国汽车专用胶管产量前 6 名企业见表 2。

表 2　2012 年我国汽车专用胶管产量前 6 名企业　　亿根

企业名称	2012 年	2011 年	同比/%
天津鹏翎胶管股份有限公司	1.164	0.784	48.47
天津市大港胶管有限公司	0.800	0.820	-2.44
四川川环科技股份有限公司	0.517	0.693	-25.40
浙江峻和橡胶科技有限公司	0.325	0.260	25.00
中车集团南京 7425 工厂	0.186	0.221	-15.88
山东美晨科技股份有限公司	0.0578	0.0596	-3.02

注:部分企业因无统计资料,故没有统计在内。

【进出口】

据中国橡胶工业协会胶管胶带分会对会员企业统计和来自中国海关的统计,2012 年胶管进出口总体都有增加,表明国内胶管市场需求旺盛。我国大陆地区胶管进口较为集中,主要来自美国、德国、日本等发达国家和我国台湾地区。出口则较为分散。胶管的进口单位主要是贸易公司和最终用户单位,而出口单位主要是我国的胶管生产企业和部分贸易商。我国高附加值的胶管产品处于依赖大量进口状况。

2012 年胶管产品出口量及所占比例见图 2。

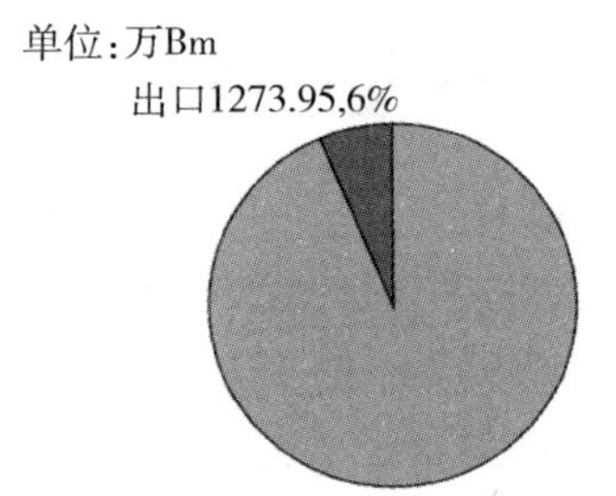

图 2　胶管产品出口量及所占比例

2012 年我国胶管出口量前 9 家企业见表 3。

表 3　2012 年我国胶管出口量前 9 名企业　　万 Bm

企业名称	2012 年	2011 年	同比/%
莱州市悦龙橡塑科技有限公司	560.00	315.00	77.78
漯河市利通橡胶有限公司	255.22	207.82	22.81
广州明俊巴斯夫胶管有限公司	203.24	266.27	-23.75
兖矿集团邹城金通橡胶有限公司	178.61	168.85	5.91
杭州中策橡胶有限公司永固分公司	32.61	55.36	-41.09
江苏太平橡胶股份有限公司	28.80	30.00	-4.00
青岛协荣液压技术有限公司	10.97	15.66	-29.95
广州胶管厂有限公司	2.59	28.46	-90.90
广州天河胶管制品有限公司	2.11	6.36	-66.82

注:部分企业因无统计资料,故没有统计在内。

【市场供需】

国内胶管市场的需求逐年增加。汽车工业、石油工业、煤炭工业、农业、机械设备制造业、建筑业,以及家居民用,依然是我国胶管专业的支柱和主要市场。

随着轿车国产化,与之配套的制动胶管、空调胶管、燃油胶管也都有了大量的需求,还有油田的开发、钻探胶管以及输油胶管的需求也在扩大。由于 PVC 树脂管生产线的引进,大量 PVC 树脂管挤占了部分胶管市场。由于煤炭和石油工业的发展,高压钢丝编织和缠绕胶管的用量增幅很大,补充了 PVC 树脂管挤占的份额。

汽车工业是我国胶管的最大市场,占据胶管产量的 60%。汽车用胶管的内需市场旺盛。

2012 年,我国汽车市场实现平稳增长,节能与新能源汽车快速发展,出口高速增长,产业集中度进一步提高,汽车产业结构进一步优化。据中国汽车工业协会统计,我国全年累计生产汽车 1927.18 万辆,增长 4.6%,销售汽车 1930.64 万辆,增长 4.3%,产销同比增长率较 2011 年分别提高了 3.8 和 1.8 个百分点。其中,乘用车产销 1552.37 万辆和 1549.52 万辆,分别增长 7.2% 和 7.1%;商用车产销 374.81 万辆和 381.12 万辆,分别下降 4.7% 和 5.5%。

公路建设“五纵七横”,并将形成以高速公路为主干线的城乡交通网。公路将占货运总量的 75% 以上,货运周转量将增长 30% ~34%;公路客运量将占 91% 以上,客运量将增长 50% ~70%。业内预计,在产品密集上市和利好政策的推动下,到 2020 年,新能源汽车产业将有高速发展。新能源汽车的发展不仅为轮胎提供了新的市场,也为适合新能源汽车需要的胶管产品提供了市场机遇。

在石油工业中,陆地石油产量不断增长,海洋石油每年都有新的大储量离岸油气田被发现。陆地和海洋石油钻探、开采和运输需要大量的石油钻探胶管和输油胶管,是高压钢丝缠绕胶管、大口径钢丝增强胶管和特大口径离岸海面浮式、海中半浮式、海底输油胶管的主要市场。

我国约 2/3 能源来自煤炭。煤矿是胶管的最大用户之一。大量钢丝编织胶管和钢丝缠绕胶管用于液压支架,还有大量的中低压水管应用于井下开采。

社会主义新农村建设将全面增加对胶管产品需求。农业机械化和基础设施水平的不断提高,农田作业、灌溉和运输等环节所使用的机械设备愈来愈多,需用大量的各种各样胶管。近年原装农用机械用胶管需求量约为 10000 万 Bm,维修用胶管 3000 万 Bm,总需求量为 13000 万 Bm。此外,还有农田灌溉和防涝防洪用的排吸胶管。

其他各行各业如建筑、钢铁、化工、消防、园艺、家居生活等,需要大量的结构、规格和性能各异的胶管。另外,随着机加工产业、自动化控制和信息产业等相关行业的技术发展,使得胶管工业技术的不断进步成为可能,胶管应用范围进一步扩大。

2012 年面对国际环境新情况和国内经济运行的新变化,工程机械行业出现了连续产销下滑局面,部分企业经济运行陷于被动,销量下降、资金紧张、库存剧增、应收款居高不下、经济效益下滑等普遍出现,全行业走入调整和理性回归阶段,今后工程机械行业的经济运行的态势对胶管需求前景值得高度关注。

【科技进步】

我国汽车制造、石油开采、农业水利、海洋化工以及建筑业迅速发展对胶管的需求日趋提高。与国际标准靠拢的同时,促进了传统的胶管工艺、生产方法、标准和结构的不断改进,涌现出一批设备先进、综合实力较强的胶管骨干企业。随着汽车行业的快速发展,人们对汽车产品提出了如环保、节能、安全等越来越多和越来越高的要求,从而对与汽车整车行业相配套的零部件生产行业提出了相应的技术进步、产品更新要求。胶管生产企业为了适应激烈的市场竞争,必须紧跟汽车行业的发展趋势,对产品材料配方和生产工艺及技术进行持续改进和创新。

我国胶管骨干企业积累了 10 余年的配方设计及工艺制造经验,工艺技术成熟,产品质量稳定。多年来在胶管的匹配连接、脉冲疲劳性能、低介质渗透性能方面形成了专有技术。产品综合性能达到国际先进水平,其中汽车冷却水管、燃油胶管分别达到了代表目前国际较高水平的德国大众公司的 TL52361 和 TL52424 标准，其他胶管也都达到了日本、美国及欧洲国家先进标准。在产品技术开发能力及科研技术水平上，建立了与国际先进同行竞争的平台，具备了与国外同行竞争的能力。胶管骨干企业已在运用 UG、pro－e、CATIA 和 CAD 等先进的三维设计工具进行产品及工装、模具的设计，实现了与国内外先进汽车公司设计标准工具的统一。有的企业拥有先进的模流分析及三座标结构分析系统，可对胶料的配方和产品的空间结构进行分析。同时，在产品开发过程中采用相关计算机技术对于产品性能和可靠性进行模拟验证，实现了有效的设计优化，提高了产品开发效率，大大缩短了开发周期。

我国胶管骨干企业目前拥有胶管材料及成品性能的测试设备，其中燃油流经试验仪、液体高压脉冲试验机、涡轮增压胶管空气脉冲试验机、综合程控橡胶老化试验机等台架试验设备均为国际先进水平。我国胶管骨干企业也拥有汽车胶管与汽车发动机冷却系统、真空制动系统、燃油系统、变速箱油冷系统、进气系统、涡轮增压系统等多个汽车系统的匹配技术，并具备与主机厂同步开发新车型的能力。我国胶管骨干企业通过与国内外知名主机厂商和汽车零部件生产企业进行广泛的交流和合作，不断汲取国际上先进的开发理念和技术，并把国际同行业和汽车整车制造行业的先进开发理念、先进工艺方法应用到产品开发和生产中。在与国内外知名主机厂商配套合作时，提供的产品能根据客户需要进行不断改型和改进；在主机厂商的新产品开发过程中，能直接根据主机厂商提出的性能要求和安装要求进行同步开发，并能根据客户的意见不断优化，持续改进产品的性能和质量，积极解决客户在新产品研发过程中出现的问题。多品种、小批量、反应迅速也是在市场竞争中的显著优势。

华勤集团作为胶管新生力军，2012 年，先后与台湾润泰集团、鲁能集团、山东胜利股份有限公司等实现强强联合。公司以科技制胜的创新精神抢占发展制高点，投资建设了轮胎、输送带、高压胶管三大具有国际先进水平的技术研发中心，构建起了产学研、上下游、国内外有效结合的开放式创新体系和创新机制，提升了企业的技术优势和市场竞争力。2013 年又投资 300 亿元，启动建设华勤集团意大利工业城，打造现代化、国际化、生态型、创新型工业园区，向千亿园区目标阔步迈进。

欧亚管业股份有限公司等胶管骨干企业从韩国、日本、意大利引进了缠绕机、编织机、塑炼机、扣压机等关键的生产设备和爆破试验台、脉冲试验台等先进的检测设备，设计安装了国内最先进的 50 米硬芯生产线，除能生产国家标准的产品外，还可生产 SAE 和 DIN 等国际标准的胶管产品。

制动胶管产品质量监督抽查

国家质量监督检验检疫总局发布了《关于公布 2012 年 8 类产品质量国家监督抽查结果的公告》（2012 年第 71 号公告）。抽查了天津、河北、吉林、上海、江苏、浙江、安徽、福建、山东、湖北、重庆等 11 个省、直辖市 100 家企业生产的 100 种制动胶管产品。

依据强制性国家标准 GB 16897－2010《制动胶管的结构、性能要求及试验方法》的规定抽查，对制动胶管产品缩颈后的内孔通过量、最大膨胀量、爆裂强度、抗拉强度、耐臭氧性、耐高温脉冲性、气密性、粘合强度、耐氯化锌性、耐负压后外径变化量、耐变形性等 11 个项目进行检验。

抽查发现有 10 种产品不符合标准的规定，具体有真空制动胶管、液压制动胶管、气压制动胶管（尼龙）、气压制动胶管（橡胶）、汽车（气压尼龙）制动胶管总成、制动胶管（真空制动胶管总成）和 3.2mm 液压制动胶管总成等。

【主要差距】

1. 企业规模。发达国家的大型企业多为跨国型集团公司。我国胶管专业，虽然整体规模很大，但是各个企业的规模很小。人力、物力和财力相当分散。多数企业没有研究与开发机构，自主创新少，不能形成强有力的竞争优势，有些企业在国内具有较强的竞争能力，也有国内名牌产品，但在国际市场上竞争力则明显不足。

2. 生产工艺水平。发达国家的胶管企业普遍采用世界上先进的胶管成型设备和生产线，生产过程的自动化水平比较高，挤出机、编织机、钢丝倒线和合股机采用自动测控技术，尽量减少人为因素的影响，从而保证生产效率和产品质量一致性。但我国的自动化水平很低。除了一些大型胶管生产企业外，大多数中、小型企业内胶挤出仍然是人工测控。计算机在胶管生产、配方设计和性能分析中的应用仍然是凤毛麟角。有些企业进行了胶料配方的计算机辅助设计，但不完善，应用也不普遍。从总体看，我国胶管的设计和生产，基本上仍然是人工作业。我国胶管成型机械设备仍处于仿制阶段，有些小型制造企业的机械设备水平仍然很低。

【存在问题】

1. 厂家过多，各厂发展不平衡，产品品种不足，质量问题较多。

2. 夹布胶管所占比例仍然很高，而钢丝、纤维缠绕、编织胶管所占比例仍然低于20%（国外高压钢丝编织、缠绕胶管的产量约占胶管总产量的30%），且高技术、高附加值的胶管很少，例如海洋输油用漂浮胶管、大口径胶管。

3. 目前胶管行业由于受技术装备、研制条件以及资金不足等方面影响，很少有较高技术附加值的胶管产品投入市场。

4. 企业开始出现不同程度的亏损。

我国胶管专业面临着一些不确定因素，橡胶原材料价格高位震荡，对中国橡胶产品的反倾销事件不时发生。所有这些情况应当引起整个胶管行业和各个企业的注意，并制定相应的预案，以便及时采取措施，防止或减小对企业的影响。

【采取措施】

现代制造业的竞争某种程度上已经由单个企业间的竞争向产业链间的竞争演变，能否与产业链上的优势企业建立长期稳定、互利共赢的合作关系成为企业谋求实现更高层次发展的关键因素之一。胶管产业链的延伸是解决同质化竞争，缓解总量压力的关键，是一个企业由大变强的标志之一。胶管企业加强产业链建设首先要重视与下游用户建立紧密的合作关系，及时了解、甚至引导客户需求。随着社会的进步，下游用户不仅对胶管胶带品种质量产生新需求，也对相关服务提出了更高要求。胶管企业必须紧密联系用户，及时掌握用户各方面需求的变化情况，加快转变服务理念，提高客户管理和服务水平。与销售产品相比，提供服务的要求更高，内涵更广，覆盖了从产品研发、生产、应用再到回收利用的全生命周期过程。企业只有以用户为中心，才能不断提高服务水平，在市场竞争中占得先机。

我国胶管专业要抓住国内市场需求不断增长的历史机遇。企业在巩固现有基础的同时，加强企业管理，提高工艺装备水平，调整产品结构，进行自主创新，开发具有自主知识产权的新技术和新产品，做好产品的升级换代，创造品牌，形成较强的市场竞争力，扩大市场份额。

尽快启动立项制定胶管行业的产业政策或准入条件。创造公平竞争的市场环境，完善市场进入和退出制度，规范生产经营秩序，使胶带行业的健康发展有章可循。同时增强政府宏观引导的科学性、连续性和及时性，促进行业平稳健康发展。要从四个方面建立行业准入门槛，即投资规模门槛、实际产能门槛、产品能耗门槛和工装设备能力门槛，此外还要建立进入国外贸易的门槛。使有关部门与行业协会能够有章可循、有法可依，对行业的发展热点和难点问题及时跟踪研究，对行业的不良现象要采用适当的方式予以曝光批评，以促进行业有序、健康的发展。

【展 望】

胶管产品的主要发展趋势是大长度、大口径和高压力，当前各行各业的用户在耐高温、耐低温、耐屈挠疲劳、耐特殊介质和增大流量等方面对胶管提出了更高的要求。这些要求具体体现在胶管的编缠化和树脂化趋势上，这些趋势互相影响、促进，并推动着胶管工业的发展。

胶管行业应当加强自主创新，开发具有自主知识产权的技术和产品，特别注重开发适应新应用领域、高技术含量和高附加值的产品，提升产品的档次，填补国内空白，使我国胶管技术和产品的研究与开发走在世界前列。

国产汽车胶管基本上都是消化吸收国外产品进行仿制的，且某些高档轿车用胶管尚不能生产。随着汽车行业的快速发展，人们对汽车产品提出了如环保、节能、安全等越来越多的高要求，从而对与汽车整车相配套的零部件生产行业提出了相应的技术进步、产品更新要求。胶管生产企业为了适应激烈的市场竞争，必须紧跟汽车行业的发展趋势，对产品材料配方和生产工艺及技术进行持续改进和创新。

今后尤其要重点关注节能与新能源汽车用胶管。2012年6月，国务院发布《节能与新能源汽车产业发展规划(2012～2020年)》，为我国节能与新能源汽车产业的发展指明了方向、明确了任务、提供了保障。工业和信息化部会同相关部委制定了《乘用车企业燃料消耗量核算办法》。国产、进口汽车平均燃料消耗量评价考核体系已基本建立。新能源汽车产业技术创新工程正式启动。国家明确对符合条件的、全新设计开发的新能源汽车车型及动力电池等关键零部件技术研发项目给予专项资金支持。2012年，有25个项目已列入本年度新能源汽车产业技术创新工程支持项目名单。

国产高压胶管脉冲寿命大多还没有达到发达国家胶管企业的100万次，并且有些工程机械液压胶管尚不能生产。为此，需在技术、工艺、材料等方面进行自主创新，加快产品的更新换代。

树脂(热塑性塑料)胶管。我国中低压树脂胶管已经大量生产，包括可折叠式和O形剖面形状，主要使用PVC材料。PU和PE增强胶管，包括高压钢丝增强的PU和PE胶管，虽然有生产，但是数量不多，在液压领域应用更少。在扩大生产和继续改进中、低压树脂胶管的同时，研究与开发高压钢丝增强(编织和缠绕)树脂胶管，使我国的树脂胶管的类型更趋齐全，提高树脂胶管所占比重，达到发达国家50%以上的水平，从而改善我国胶管的产品结构。

海上输油胶管主要是指漂浮式输油胶管。我国应该有自己的海上输油胶管生产企业，通过自主创新，开发具有自主知识产权的产品，取得相关机构的认证。

工程机械用高压液压钢丝缠绕胶管。我国生产的这种胶管性能达不到100万次的先进水平，应在工艺方面进行改进，使产品性能始终保持一致，提高产品档次。

致密型薄壁钢丝编织胶管。这种胶管节省原材料，可屈挠性高，胶管壁薄，弯曲半径小，适合于在狭小的空间装配，是一种有前途的产品。国外已经商品化生产40年左右，并且已为其制定了标准，但是我国尚未生产，而这正是机械制造厂的未来要求。这种胶管的开发主要在于工艺和装备。钢丝编织胶管生产厂家应研究新型增强材料，如扁钢丝的应用，提高胶管的屈挠性，降低胶管的弯曲半径，以填补国内空白。

积极研发新技术。调整现有胶管工艺，提高流程的机械化、自动化、连续性、合理性，提高产品质量的稳定性。胶管机械重点是提高质量、使用性能、自动化程度和生产效率。提高科研、设计、生产和试验的自动化水平；对购入的设备进行节能减排的试验验证和考核。对于技术水平落后的生产设备和试验设备，禁止进入。国际先进水平的燃油流经试验仪、液体高压脉冲试验机、涡轮增压胶管空气脉冲试验机、综合程控橡胶老化试验机等台架试验设备，要积极引进和开发。开发无噪声汽车刹车胶管、节能胶管，开发物美价廉的胶管，开发薄壁胶管和轻体胶管，使用高强度增强材料，减少增强层数和内外胶层厚度，实现胶管轻量化。开发胶管的新应用领域，例如耐特殊介质和环境的胶管和诸如海洋波浪发电等用的特殊应用胶管。

当前值得关注的是汽车胶管产品有可能要负责三包。为有效保护消费者合法权益，促进汽车产业良性发展，国家质检总局启动《家用汽车产品三包主要零件种类范围及三包凭证》国家标准的起草计划，存在将汽车用胶管产品纳入三包范围的可能性。国务院《节能减排“十二五”规划》提出：单位工业增加值(规模以上)能耗到2015年要比2010年降低21%左右。胶管产品能源消耗限额强制性标准的制定实施势在必行。

2013年胶管行业整体将继续保持一定增长，但仍将面临着极为复杂的国内外形势和各种严峻困难及挑战，我们必须增强忧患意识，审时度势，努力转变经济发展方式，搞好企业低碳、循环的绿色转型，积极应对挑战所带来的困难，努力促进胶管行业科学平稳持续发展，努力向世界胶管工业强国迈进。

(陶大君　李　鸿)

胶 带

【基本情况】

2012年国内经济一直存在较大的下行压力，导致胶带行业经济运行整体增速减缓。虽然胶带行业全年经济指标增幅继续回落，但与上年较大幅度的持续收窄趋势相比却有明显改观，发展趋向于平稳，尤其临近年终的3个月，除个别经济指标外，各项经济指标均出现大幅反弹，环比增幅巨大。尽管如此，由于国内经济增长的动力不足，投资减少，需求乏力，胶管胶带产品市场需求不旺的形势还没有发生根本转变。

上市公司

1.浙江双箭橡胶股份有限公司2012年实行分级管理，整合营销资源，打造既专业又集合的销售平台，设立了销售公司，进行了营销模式的创新，为实现大市场大营销开发战略提供坚实保障。2012年，公司实现产量2941.83万平方米，较2011年的3110.13万平方米减少5.41%；实现营业收入118345.88万元，较2011年的114592.52万元增长3.28%；实现营业利润13139.72万元，较2011年3592.03万元增长265.80%；实现净利润10864.05万元，较2011年4216.68万元增长157.64%。2012年公司计划生产输送带3200万平方米，预计营业收入12亿元。实际生产2941.83万平方米，营业收入118345.88万元，未达到计划目标，主要受宏观经济影响，下游煤炭、电力、钢铁等客户景气度下降，销售未能出现增长。随着首次公开发行股票募投项目和超募资金投资的年产600万平方米PVC/PVG生产线项目的陆续完工投产，公司在产能、规模、装备及技术实力方面均位于行业前列，成为国内橡胶输送带行业的领军企业之一。

2012年3月公司成为工信部首批品牌培育的试点单位，2012年5月双箭商标被认定为“中国驰名商标”。为确保公司的可持续发展，浙江双箭橡胶股份有限公司一直将新产品研发作为一项重要规划，不断培养、储备和建立技术研发团队，为公司做强做大提供有力的技术保障。公司拥有国内一流的研发中心，经过多年的研发投入，在橡胶输送带方面已取得39项专利，2012年取得专利证书11项，其中发明专利1项。在实施资本运作的过程中，公司成立了全资子公司云南红河双箭投资有限公司，并与云南省红河哈尼族彝族自治州人民政府签订战略合作协议，双箭股份以全资子公司——云南红河双箭投资有限公司为业务平台，整合天然橡胶资源，投资新设或收购兼并几家天然橡胶初加工企业，并在红河州工业园区建立橡胶深加工基地，积极开展产业链的延伸，进一步完善公司产业链结构，红河双箭的设立将有效减轻原材料价格波动对公司业绩的影响，为公司后续发展提供了强有力保障。

2.浙江三力士橡胶股份有限公司2012年实现营业收入88496.02万元，同比（下同）增长1.33%；利润总额7850.95万元，增加2785.69万元，增长55.00%；主营业务成本68869.91万元，减少2531.96万元，下降3.55%；实现净利6740.84万元，增加2369.98万元，增长54.22%；利润增长系主要原材料成本维持低位以及销售市场稳定。公司在自主技术创新、质量与品牌、销售网络和售后服务体系、成本管理、定价权等方面具有独特的竞争优势，居于行业龙头地位。

公司以资本运作为契机，充分发挥上市公司平台以及行业龙头地位、品牌、技术、管理等综合优势，成为国际传动带行业的领先者。公司进一步与科技接轨，与城镇化接轨，致力于产业升级，通过调整产品结构，上下努力，力争进入高增长行列。通过资本市场运作，公司于2013年2月完成增发，募集资金净额为人民币3.75亿元。募集资金用于新建年产3000万Am高性能特种传动V带生产线和年产特种橡胶带骨架材料13500吨建设项目。

公司力争 2013 年销售收入达到 9.8 亿元左右,为实现 2013 年经营目标,建立并健全了 3 个关系的管理,即客户关系管理、供应商关系管理、投资者关系管理。同时加强内部管理,全面推行计划管理,进一步深入绩效考核体系与制度建设,推进精益生产管理与 TS16949 体系运行,加快电子商务导入及 ERP 平台的升级与整合。加强人才队伍建设,建立人才培养与淘汰机制、激励机制、成长机制、进入与退出机制。强调上下级间的沟通技能、沟通方法与沟通渠道,鼓励并引导上下级间、同事间沟通。推进文化建设与后勤保障,成立三力士学院。加强后勤保障工作,在员工住、行、娱乐等各方面深入探索,经过 28 年发展,公司已成为国家级高新技术企业,三力士商标已被国家工商行政管理总局认定为"中国驰名商标",产品遍及国内各省市及境外 60 多个国家和地区。

3. 无锡宝通带业股份有限公司 2012 年完成募集资金投资项目总投入共计 10652.63 万元,累计投入 31875.45 万元。实现营业收入55300.82 万元,增长 24.35%;营业成本39627.61万元,增长 9.47%;归属于上市公司股东的净利润为 8075.67 万元,增长 123.58%;公司基本每股收益为 0.54 元,增长 125%。

净利润和每股收益同比增长较快主要是由于:①年产 600 万平方米煤矿用高性能节能叠层阻燃输送带的竣工投产,公司产能得到进一步释放,产品取得了包括神华宁夏煤业集团、内蒙古伊泰集团、陕西煤业化工集团有限责任公司、沈阳煤业集团有限责任公司、大同煤矿集团有限责任公司等企业的进一步认可和使用,目前,公司正与中国神华集团核心子公司神东煤炭分公司洽谈该产品的全面推广应用。②公司优化生产管理结构,全面推进成本优化战略,除此以外,加大技术开发力度,有效降低原材料采购成本,强化制造成本与管理成本的控制,促成公司经营业绩的大幅提升。公司坚定不移地维护与开拓重点市场、客户,不断科学合理地调整客户行业结构,在维持原有优质客户的情况下,成功开拓了包括中国神华集团神东煤炭分公司、沈阳煤业集团有限责任公司、陕西煤业化工集团有限责任公司、防城港、徐州港、大连港、唐山曹妃甸动力煤储备码头、烟台港西港区一期工程皮带机系统等在内的一系列优质客户与项目。同时,公司注重科学调整产品结构,合理控制成本与费用,使公司经营业绩大幅提升。公司通过对优质客户的定制化服务,不断提升产品的附加值。公司通过与宝山钢铁集团、马鞍山钢铁集团重点输送线路的定制化生产与差异化服务,转变单一的销售模式,尝试以产品实现的功能来定价,开拓性地探索与此类客户的全方面合作,取得积极成效。

4. 上海永利带业股份有限公司是国内轻型输送带龙头企业,2012 年实现营业总收入 30089.04 万元,增长 2.36%;实现营业利润 6107.07 万元,增长 3.16%;归属于上市公司股东的净利润 5024.21 万元,下降 2.52%。按 1.62 亿股的总股本计,实现每股收益 0.31 元,每股经营性净现金流量为 0.35 元。从具体产品上看,由于公司年产 60 万平压延法热塑性弹性体输送带项目于 2011 年年中投产后,产品产能瓶颈得以缓解,2012 年该产品销售收入同比增长 25.29%。而普通高分子材料轻型输送带受制于宏观经济疲软,其销售收入小幅下降 2.24%。

【品牌建设】

2012 年 3 月 22 日,工业和信息化部下发《关于深化工业企业品牌培育试点工作的通知》,公布了 141 家工业企业品牌培育试点企业,其中橡胶行业企业有 6 家,胶带企业有安徽中意胶带有限责任公司、无锡宝通带业股份有限公司、浙江双箭橡胶股份有限公司 3 家。无锡宝通带业股份有限公司成为输送带行业内首批品牌培育试点企业,同时为江苏省"两化"融合示范企业、江苏省信用管理贯彻企业,"宝通"为无锡市国际知名品牌。

为了进一步推动石油和化工行业品牌战略的实施,加强自主品牌建设,积极引导企业加大产品质量提升的力度,增强石油和化工产品的市场竞争力,中国石油和化学工业联合会审核,决定授予 50 家企业的 50 个产品为"2012 年度中国石油和化学工业知名品牌产品",并颁发荣誉证书和奖牌。胶带行业的钢丝绳芯阻燃输送带有 4 家企业榜上有名:

排名	商标	企业
26	双箭	浙江双箭橡胶股份有限公司
27	环宇	阜新环宇橡胶(集团)有限公司
28	橡六	青岛橡六集团有限公司
29	银河德普	山东安能输送带橡胶有限公司

2013 年中国橡胶工业协会继续推出“中国橡胶工业百强企业”的评定,胶带企业入围排名如下:

排名	专业	企业名称	主营业务收入/亿元
26	胶带	山东安能输送带橡胶有限公司	17.83
37	胶带	山东祥通橡塑集团有限公司	12.60
39	胶带	浙江双箭橡胶股份有限公司	11.80
44	胶带	阳泉煤业(集团)有限责任公司奥伦胶带分公司	10.61
50	胶带	浙江三力士橡胶股份有限公司	9.27
52	胶带	浙江三维橡胶制品股份有限公司	8.88
62	胶带	安徽中意胶带有限责任公司	7.48
74	胶带	无锡宝通带业股份有限公司	5.53
81	胶带	阜新环宇橡胶(集团)有限公司	5.20
84	胶带	安徽中意胶带有限责任公司	5.00

如下企业的胶带产品荣获协会推荐品牌产品称号:

企业名称	专业	商标
浙江三维橡胶制品股份有限公司	普通 V 带	THREE V
浙江奋飞橡塑制品有限公司	普通 V 带	奋飞
尉氏县久龙橡塑有限公司	普通 V 带	耐驰

【科技创新】

2012 年胶带行业认真贯彻科学发展、跨越发展的战略部署,大力实施高端高质高效发展战略,以大项目建设为重点,积极应对全球经济复杂变化、国内宏观政策紧缩和原材料上涨带来的不利影响,克难攻坚,逆势而上。

无锡宝通带业有限公司“国产芳纶Ⅱ复合材料制备及应用关键技术研究”被列入国家高技术研究发展计划(863 计划);“无卤阻燃橡胶纳米复合材料在煤矿用叠层阻燃输送带中应用的研发及产业化”荣获 2012 年度江苏省重大科技成果转化专项资金项目;高性能长寿命橡胶输送带荣获中国石油和化学工业联合会科技进步一等奖;“煤矿用高性能节能叠层阻燃

输送带”荣获2012年度国家重点新产品计划项目立项；此外，“高强度长寿命钢丝绳芯输送带制备技术与应用”、“耐高温长寿命输送带制备技术与应用”、“高强度阻燃输送带制备技术与应用”3个项目，通过中国石油和化学工业联合会组织的新产品成果鉴定。“煤矿用钢丝绳芯阻燃输送带”被认定为江苏省高新技术产品。2012年，“一种输送物料的耐高热覆盖胶的制备方法”、“一种用于耐高温钢网输送带芯胶的制备方法”、“钢丝绳O形移动分疏器”等在内的6项发明专利获得国家知识产权局的正式授权。截止到目前，公司累计获得各项专利技术授权21项，16项（全部为发明专利）正在申报过程中。

华勤橡胶工业集团以招大引强的全球化眼光实施国际化战略，先后与意大利倍耐力、美国固特异和凯雷集团3家世界500强企业合资合作，创造了用外力强内力、靠开放促裂变、以股权换发展的“华勤模式”。2012销售收入突破300亿元。公司投资建设了轮胎、输送带、高压胶管三大具有国际先进水平的技术研发中心，构建起了产学研、上下游、国内外有效结合的开放式创新体系和创新机制，提升了企业的技术优势和市场竞争力。以大项目带动的发展理念扩张企业规模，投资37亿元先后实施300万套摩托车胎、10万吨钢帘线、1亿Bm高压胶管、10万千瓦热电联产等项目的基础上，今年又投资300亿元，启动建设华勤集团意大利工业城。今后新成立的工程技术中心将以此为依托，不断加强本行业间的沟通交流，推动胶带产品的生产向创新、高附加值、高外向型经济发展。

浙江双箭橡胶股份有限公司利用厂区现有厂房，购置新型节能设备，以实现技术升级。项目主要产品为年产200万平方米钢丝绳芯环保节能型输送带和年产400万平方米织物芯环保节能型输送带。

浙江双箭橡胶股份有限公司多年研发投入，为公司产品更新和技术水平提升起到关键作用。此外，公司还先后与上海橡胶制品研究所、上海煤炭科学院及青岛科技大学等科研院所建立了战略合作伙伴关系，以拓展公司的研发视角，提升研发水平。公司拥有的国内一流研发中心有配套齐全的物理性能测试、化学性能测试、机械性能测试等实验室，能够对产品原材料和产成品进行机械性能和化学指标的全面检验。公司的技术研发团队可以根据客户的使用环境、强度和设计要求，通过配方的调整，适应客户需求。

在当今发达工业经济中，人们越来越需要一种既保护环境又安全的输送带，于是管状输送带应运而生，管状输送带是卷成圆管状在输送机上输送物料，是一种新型的输送带。其工作过程是：物料从尾部加料漏斗处进入加料段，输送带由平形变为U形，再经过过渡段逐渐变为圆管状，把物料包住密闭运行。输送到头部过渡时，圆管状输送带由U形渐渐展成平形，把物料卸掉。承载、回程均可形成圆管状运行，或回程以平形运行。与普通带相比较，管状输送带在带式输送机中优点主要有：(1)密闭输送物料，物料、环境双向保护。(2)大倾角输送。由于物料受到卷成管状输送带侧压力的作用，使物料与输送带之间的摩擦力大大增加，其输送倾角通常可达30度。(3)输送线路可按空间曲线布置。由于圆管是各向同性的结构，所以承载、回程分支输送带均为圆管状的，可以在较小的曲率半径实现空间曲线的输送线路布置。因管状输送带产品的优点，促使其成为输送带发展中的新兴产品，在国内外有着广阔的市场，成为当今中长距输送带发展的主攻方向。这种产品科技含量高、工艺复杂、附加值高，目前在国外能生产这种胶带的国家只有法国、瑞典、日本、美国等少数国家。

【区域集中】

随着国内企业的优胜劣汰，市场集中度越来越高，形成了“规模企业优势集中”和“区域优势集中”两大特点。全国的胶带企业集中在山东、浙江、江苏、河北和上海市。山东省、浙江省和河北省规模以上企业输送带产量分别约占全国输送带总产量25%，山东省输送带生产基地在青岛、济宁和东营；河北省的输送带主要集中在蠡县、博野一带。全国V带产量的70%以上集中在长三角地区，浙江三门、天台两县V带生产能力超过10亿Am,V带生产和市场规模占到全国的40%以上。

中国橡胶工业协会为促进区域橡胶工业发展,7年前授予胶带工业集中发展的浙江三门县为“中国(三门)胶带工业城”,经过7年的发展,三门县的胶带工业规模产值产量都有了很大的进步,形成了有地方特色的胶带产销集中地。

浙江三门县胶带产品加快升级换代的步伐,制订高品质汽车V带联盟标准。橡胶制品行业是三门县重要传统产业之一,生产企业300多家,主要以生产汽车传动带、输送带、同步带等胶带类产品居多。三门县已成为全国最大的汽车V带生产基地,占总量的19.5%。国内的传动带生产经过近20年的发展取得了长足进步,特别是汽车V带已由20世纪90年代的包布式发展成现在的切边式,材料也由氯丁橡胶替代了原来的天然胶,这些都极大地提高了产品的质量。汽车V带不但要满足更加苛刻的耐高温、耐油等性能要求,寿命要求也越来越高,为有效地提升三门县橡胶行业的汽车V带产品质量水平,三门县橡胶行业协会和浙江省橡胶制品质量检验中心(三门)联合制订《高品质汽车V带联盟标准》。该联盟标准中疲劳寿命、参考力伸长率等主要指标高于国家标准GB/T 12732-2008。目前该联盟标准已被浙江省质量技术监督局立项。

2012年河北省博野县争创“中国(博野)输送带城”取得成果。博野县共有橡胶输送带主营企业65家。其中,年销售收入2000万元以上的规模企业51家,产值超亿元企业10家,与其配套的技术生产企业356家。输送带行业产值占该县全部工业总产值的60%以上,已成为该县最大的支柱产业和中国北方重要的生产基地。目前全行业有70%以上的产品能达到国标产品标准。到“十二五”末,胶带行业将成为产值过百亿元的产业集群。

【企业结构】

我国胶带企业分布广、数量多,但相对又比较集中。全国绝大部分省、市、自治区都有胶带生产企业。我国的胶带企业分为四大类,即国有胶带企业、大型股份制胶带企业、外商胶带企业和为数众多的中小民营胶带企业。

中小民营企业有高效的机制,勇于竞争,经过二十几年的努力,在胶带行业中脱颖而出,尤其在中国资本市场,上市的胶带企业是民营企业的天下。

截至目前,胶带企业结构最明显的变化是,国有胶带企业数量一再减少,且竞争力也显著降低。

【产品产量】

据胶管胶带分会对105家会员企业的统计,2012年主要经济指标仍呈趋暖增长趋势,输送带与去年基本持平。输送带完成41055.44万平方米,增长8.17%;钢绳带完成7963.45万平方米,增长3.39%;V型带产量完成17.06亿Am,下降2.79%;汽车专用V带完成7.60亿条,增长8.12%。

2012年输送带和V带产品产量及比例分别见图1和图2。

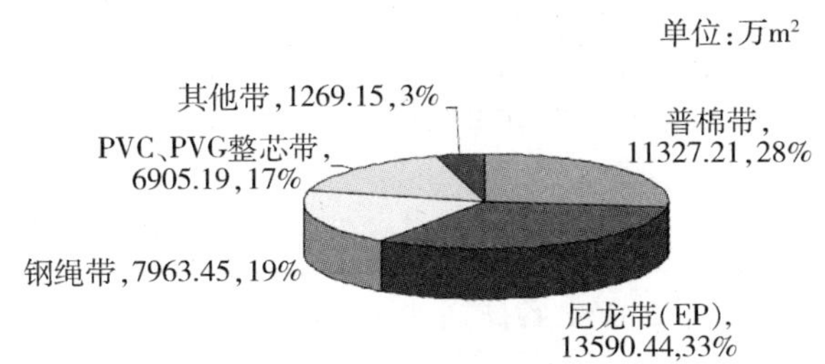

图1　输送带产品产量及比例

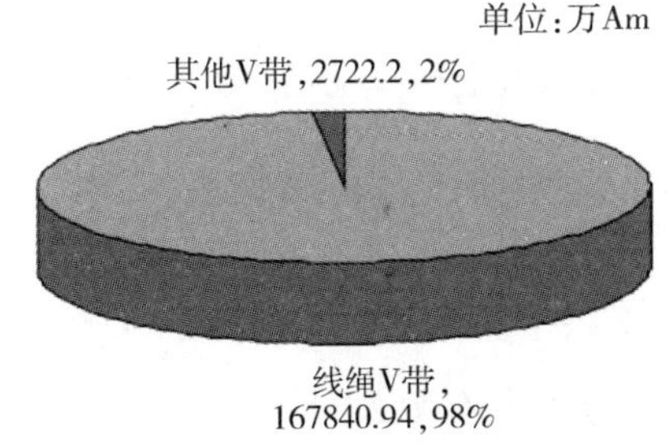

图2　V带产品产量及比例

2012年我国输送带产量前10名企业见表1。

2012年我国V带产量前10名企业见表2。

2012年我国汽车专用V带产量前7名企业见表3。

表 1　2012 年我国输送带产量前 10 名企业

万 m^2

企业名称	2012 年	2011 年	同比/%
山东祥通橡塑集团有限公司	3797.01	3085.90	23.04
浙江双箭橡胶股份有限公司	2941.82	3110.10	-5.41
阳泉煤业奥伦胶带有限公司	2864.22	2437.20	17.52
山东安能输送带橡胶有限公司	2682.00	3758.00	-28.63
青岛华夏橡胶工业有限公司	2099.00	1855.00	13.15
保定华月胶带有限公司	2008.00	1804.00	11.31
浙江三维橡胶制品有限公司	1998.00	1983.62	0.72
江苏凯嘉胶带有限公司	1928.00	1123.00	71.68
张家港市华申橡塑有限公司	1837.00	1534.00	19.75
安徽中意胶带有限公司	1740.00	1677.12	3.75

注:部分企业因无统计资料,故没有统计在内。

表 2　2012 年我国 V 带产量前 10 名企业

万 Am

企业名称	2012 年	2011 年	同比/%
浙江三力士橡胶股份公司	41025.60	40685.20	0.84
浙江三维橡胶制品股份有限公司	35826.00	35471.00	1.00
河南尉氏县久龙橡塑有限公司	29063.40	30272.83	-4.00
河南尉氏中原橡胶有限公司	19771.00	19807.00	-0.18
浙江奋飞橡塑制品有限公司	8992.00	13151.00	-31.62
浙江保尔力胶带有限公司	8364.93	6504.42	28.60
浙江沪天胶带有限公司	5526.00	3257.00	69.67
莱州市悦龙橡塑科技有限公司	4650.00	4220.00	10.19
河南尉氏县三力胶带厂	4022.26	4319.56	-6.88
浙江紫金港胶带有限公司	2523.00	2456.00	2.73

注:部分企业因无统计资料,故没有统计在内。

表 3　2012 年我国汽车专用 V 带产量前 7 名企业　　万条

企业名称	2012 年	2011 年	同比/%
宁波伏龙同步带有限公司	3060.93	1951.93	56.82
宁波丰茂远东橡胶有限公司	1964.94	2548.12	-22.89
浙江紫金港胶带有限公司	1085.65	1077.46	0.76
浙江三力士橡胶股份公司	519.82	512.63	1.4
浙江沪天胶带有限公司	499.64	133.93	273.05
浙江三维橡胶制品股份有限公司	472.01	477.08	-1.06
四川简阳天力特种橡胶制品有限公司	0.48	4.90	-90.11

注：部分企业因无统计资料，故没有统计在内。

【经济运行】

由于原材料价格同比有所回落，企业利润总额及利税总额持续实现两位数快速增长，亏损企业数量及金额明显减少，企业效益状况继续保持良好的态势。受国内外市场需求的共同影响，产品出口总体增降幅度不大。

1.不同产品品种之间出现分化，各项经济指标有增有减。

2.经济增速放缓抑制需求，产能集中释放，市场竞争进一步加剧。

3.经历较长时间低迷状态的全球经济，其不确定新因素一再增加，在这样的经济大环境下，胶带的出口贸易也受到严重影响，输送带、V 带产品出口均呈现不同程度的萎缩。

4.从行业的利润来看，同比有较大增幅，这主要是由于原材料价格出现回落所致，由此让出了一定的利润空间。目前，原材料价格已经基本触底，一旦出现需求增加的情况，随时会向上反弹。

5.行业内部冷热不均，技术水平高、营销策略灵活的企业订单排满，而有的企业几乎没有订单，断断续续停产，甚至长时间关停。

6.行业结构调整成效开始显现，强力输送带产量高于输送带产量的增幅。部分企业停掉落后产品，大力发展自己的优势主导产品，经济指标提升显著。

综观 2012 年，影响胶带行业经济指标的因素主要是市场需求不旺，如煤炭消费增速同比下降，钢铁行业景气度低，水泥制造业实现利润总额同比降幅较大，汽车产销增幅开始收窄等；另外，胶带产能持续增加，新建企业及新生产线不断增加，尤其输送带产能大幅扩张，进一步加剧了国内外市场竞争，以钢丝绳芯输送带为例，其生产线已达百余条，仅山东地区钢丝绳生产线就突破 60 多条。更值得注意的是，在当产品供大于求的状态下，输送带投资热度依然不减，仍有轮胎等企业转产或者扩产输送带产品，有企业一次投建十几条输送带生产线，使产能本来就相对过剩的国内市场和国外出口市场压力更大。

【进出口】

据中国橡胶工业协会胶管胶带分会对会员企业统计，输送带出口量 0.43 亿平方米，增长 0.16%，与去年基本持平；V 带出口量 2.12 亿 Am，增长 7.54%。我国输送带进口较为集中，主要来自美国、德国、日本等发达国家和中国台湾地区，出口则较为分散。我国 V 带出口量明显大于进口量，出口的价格明显低于进口价格。出口的国家以发展中国家为主，而进口国家以发达国家为主，尤其以日本、德国、美国为主。从 2012 年的进口形式来看，V 带产品的进出口价格比去年有所上升，但进出口增幅都明显放缓，其中进口增幅下降的速度比出口增幅大，说明我国国内市场需求不旺，国内外产品在国内市场中竞争加剧。

2012 年中橡协统计输送带产品出口量及所占比例见图 3。

2012 年中橡协统计 V 带产品出口量及所占比例见图 4。

2012 年我国输送带出口量前 10 名企业见表 4。

2012 年我国 V 带出口量前 9 名企业见表 5。

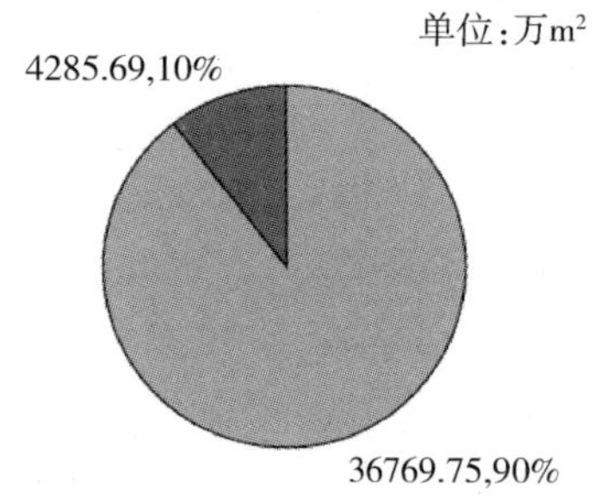

图 3　输送带产品出口量及所占比例

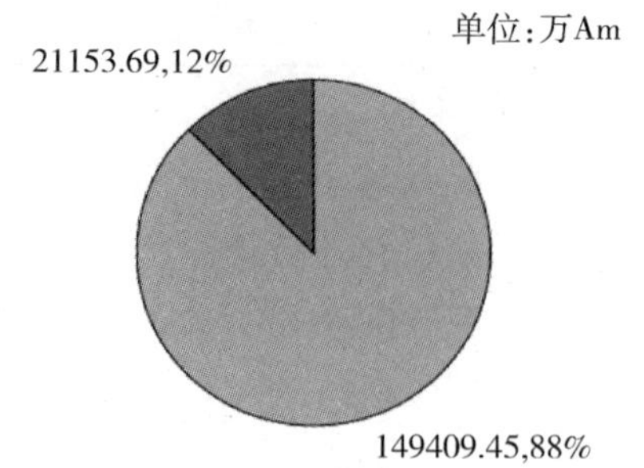

图 4　V 带产品出口量及所占比例

表 4　2012 年我国输送带出口量前 10 名企业

万 m^2

企业名称	2012 年	2011 年	同比/%
青岛华夏橡胶工业有限公司	1201	885	35.71
浙江三维橡胶制品股份有限公司	755	939.4	-19.63
浙江奋飞橡塑制品有限公司	644	704	-8.52
浙江双箭橡胶股份有限公司	595.8	751.7	-20.74
浙江台州收获橡塑有限公司	301.98	311.5	-3.06
浙江保尔力胶带有限公司	276.23	132.18	108.98
沈阳泰丰胶带制品有限公司	133.36	158.3	-28.39
山东横滨橡胶工业制品有限公司	113	146	-22.6
龙口市丛林塑胶带有限公司	106.91	23.39	357.08
无锡宝通带业有限公司	7.59	2.35	-37.92

注：部分企业因无统计资料，故没有统计在内。

表 5　2012 年我国 V 带出口量前 9 名企业

万 Am

企业名称	2012 年	2011 年	同比/%
浙江三力士橡胶股份公司	9656.2	9010	2.73
浙江保尔力胶带有限公司	4816.72	3018	59.6
浙江奋飞橡塑制品有限公司	2594	2378	9.08
浙江三维橡胶制品股份有限公司	1757	1651.62	6.38
宁波橡胶有限公司	1238.59	1843.52	-32.82
莱州市悦龙橡塑科技有限公司	910	1189	-23.47
浙江紫金港胶带有限公司	523	504	3.77
杭州中策橡胶有限公司永固分公司	3638	35.4	2.77
浙江东南橡胶机带有限公司	22	21	4.76

注：部分企业因无统计资料，故没有统计在内。

【存在问题】

1. 产品结构性过剩矛盾突出

目前，出口下降、国内市场乏力，进一步加剧了国内外市场竞争，导致企业效益下降。我国胶带行业过去高速增长带来的弊病是产品同质化产能过剩，小型企业蜂拥而上，产业集中度一再降低、竞争激烈。

2. 多因素成本上涨

影响我国胶带行业成本上涨的主要因素，除了原材料价格大幅波动难以自控外，还有持续不断的环保和节能减排投入、劳动力费用逐年攀高和物流成本居高不下等。严重的用工荒将工资和通货膨胀推得更高，削弱了中国胶带产品的竞争力。

3. 技术人才缺乏和创新能力不足

我国经济增长的拉动主要是依靠投资和出口，科技贡献率较低，约41%，而我国胶带行业科技贡献率则远远低于这个水平。在目前激烈的市场竞争条件下，企业技术人才缺乏，创新能力不足，科技投入少，严重影响了企业新产品开发和技术进步。

4. 贸易摩擦加剧

欧盟愈加严格的贸易壁垒，新兴经济体的贸易保护跟风，进一步加剧了胶带产品的出口压力，我国胶带行业面临前所未有的贸易摩擦加剧的挑战。除2012年2月16日印尼保障措施委员会针对我国橡胶输送带和V带举行了保障措施调查听证会外，2012年1月30日阿根廷对我国出口输送带开启反倾销调查，10月28日阿根廷反倾销调查已完成取证，2013年初又决定延长对中国的输送带的反倾销调查期限。这些贸易摩擦将对外贸易雪上加霜，应当引起关注和反思。

5. 环保和节能减排的挑战

继国家颁布《橡胶工厂环境保护设计规范》后，又新颁布了《橡胶制品工业污染物排放标准》，胶带行业被列为污染较严重的行业，环保压力越来越大。为贯彻《节能减排“十二五”规划》，胶带产品能源消耗限额的强制性标准的制定实施势在必行。

【采取措施】

1. 加快技术创新，实现转型发展

全球经济不景气时期，正是我国胶带行业转型升级的最佳时期。即使劳动力短缺对胶带行业也并非不是好事，它会促使胶带企业走向创新，用工荒会促使企业提高劳动力技术水平，从而提高劳动生产率，刺激创新。例如，在胶带行业采用无人值守的密炼机上辅机系统、脏苦累工序由机器人操作等。

2. 明确并细化高性能产品鼓励方向

工业和信息化部2012年颁布的《工业转型升级投资指南》从投资角度对工业转型升级规划及相关行业规划、专项规划提出的主要任务和发展重点进行了细化，提出“汽车发动机用高速耐高温同步带等高新技术传动带、煤矿井下分层织物芯输送带及井下低烟低毒阻燃输送带。提高管状输送带和高倾角输送带等新型输送带技术水平。提高耐热输送带耐热等级，延长使用寿命”。这是胶带行业要认真研究的课题，争取政策的鼓励支持。

3. 尽快启动立项，制定胶带行业的产业政策或准入条件

创造公平竞争的市场环境，完善市场进入和退出制度，规范生产经营秩序，使胶带行业的健康发展有章可循。同时增强政府宏观引导的科学性、连续性和及时性，促进行业平稳健康发展。要从四个方面建立行业准入门槛，即投资规模门槛、实际产能门槛、产品能耗门槛和工装设备能力门槛。此外，还要建立进入国外贸易的门槛，使有关部门与行业协会能够有章可循、有法可依，对行业的发展热点和难点问题及时跟踪研究，对行业的不良现象要采用适当的方式予以曝光批评，以促进行业有序、健康的发展。

4. 胶带企业要加强产业链建设

现代制造业的竞争某种程度上已经由单个企业间的竞争向产业链间的竞争演变，能否与产业链上的优势企业建立长期稳定、互利共赢的合作关系成为企业谋求实现更高层次发展的关键因素之一。胶带产业链的延伸是解决同质化竞争，缓解总量压力的关键，是一个企业由大变强的标志之一。胶管胶带企业加强产业链建设首先要与下游用户建立紧密的合作关系，及时了解、甚至引导客户需求。面对日益激烈的市场竞争，胶带企业要加快转变服务理念，提高客户管理和服务水平。与销售产品相比，提供服务的要求更高，内涵更广,覆盖了从产品研发、生产、应用再到回收利用的全生命周期过程。

5. 加大高新材料、信息化、光机电一体化等新技术的开发与应用

在当前市场出现萎缩的背景下,胶带同质化产能扩张依然严重。因此必须加大新材料、信息化、光机电一体化等高新技术的开发与应用。目前与胶管胶带行业有关的高新技术领域主要有:信息通信技术、生物技术、新材料技术、光机电一体化技术以及辐射技术等。在原材料方面,热塑性弹性体、液体橡胶、集成橡胶、生物橡胶等均取得进展,拓展了原材料来源。信息化技术应用方面则包括产品设计、工艺控制等电脑化,胶带企业信息化管理系统,销售方式电子商务化等。另外,设备机电一体化和机器人在胶带行业上的应用、全自动化胶管生产线的发展等,将大大提高产品质量,降低用工成本,解决劳动强度大等问题。

胶带行业除了应大力推广密炼机上辅机系统,还要加强杜仲橡胶在输送带和传动带上的应用,以及超高相对分子质量聚乙烯纤维、碳纤维、机器人在胶带行业的应用等前瞻性技术的开发。

6. 把战略性新兴产业与胶带产业融合发展

我国胶带行业要与时俱进,积极与战略性新兴产业融合。目前,在胶带产品中可以使用无线射频识别(RFID)技术实现胶带全生命周期和全流程信息管理。通过对生产、工艺、设备信息的采集、存储和分析,实现胶带制造和使用全流程的数字化、网络化和信息化,实现胶带产品的智能性。此项技术已在轮胎产品中采用,成本不高,操作简单易行,其技术为制定胶带产品使用寿命标准奠定了技术基础。

【展　望】

胶管胶带行业今后的发展趋势受到整个宏观形势的影响。

2013 年,国际经济形势错综复杂、充满变数,金融危机影响呈现长期化趋势。世界经济复苏乏力,外需市场对行业发展的拉动效果有限,同时有可能面临更多的技术壁垒和贸易摩擦。

国内将加快推进经济发展方式转变和经济结构调整,着力扩大国内需求、加强自主创新和节能减排、深化改革开放、保障和改善民生,保持经济平稳较快发展和物价总水平基本稳定,保持社会和谐稳定。但是,国内经济转型不是短时间内可以实现的。现今可选择的道路有两条:一是调整国内需求结构,培育有活力的国内消费市场;二是调整产业结构,促进产业从低端向中高端转化,从外需导向转向内需导向型的产业结构。但这两条途径都面临比较大的困难,因为培育一个内需导向型的消费群体,特别是中等收入群体,以及调整产业结构都尚需时日。

胶带行业的市场主要依赖机械工业(工程机械和农业机械)、钢铁工业、煤炭工业、水泥工业和汽车工业发展。今后一个时期,我国经济对胶带产品的需求仍将保持较高水平。

2013 年行业将重点开展淘汰落后产能的工作,这也是一项长期的艰巨工作;同时还要开展以责任关怀为目标的清洁文明生产工作等。胶带行业顺应经济发展形势,以绿色发展为契机,加大技术创新的力度,调整产品结构,提高工艺水平,推进节能环保和清洁生产,走集约、智能、绿色、低碳发展的道路,实现高质量、高效益的可持续增长,努力促进胶带行业科学平稳持续发展。

但从“十二五”规划来看,国家对于农业、水利设施的持续投入以及城市化进程的加快,固定资产投资仍然有较广阔的空间。特别是大型工程建设方面,未来数年内国内数项大型工程将按计划陆续展开,对胶带发展是利好。

今后应从产业发展的实际出发,力求达到产业规模逐步增长、产业布局更趋合理、产品结构显著改善、技术水平明显提升和节能减排取得成效的目标。通过产业结构调整,加快由胶带生产大国向生产强国的转变,并且加强以强势企业为龙头产业集团的发展,加强对弱势企业的兼并重组,提高产业的集中度,从劳动密集型向技术密集型转变,从注重数量的增加转向注重质量的提高。

(陶大君　李　鸿)

胶　鞋

【基本情况】

2013年是全面贯彻落实党的十八大精神的开局之年，是“十二五”规划承前启后的关键一年。我国的制鞋工业，在改革开放的20多年里，逐步承接了国际制鞋业的产业转移，目前已经成为全球最大的鞋业生产中心和销售中心。我国制鞋业已经形成了较为成熟的产业，拥有十分完善的产业链和产业发展平台，目前已经基本占据了全球中低端的鞋产品市场，使传统的制鞋国家，如：意大利、西班牙、葡萄牙等国已经放弃了中低端市场，全部转向高端市场。巴西制鞋业也开始转向高端市场，这种动态变化是目前国际制鞋产业发展的必然趋势。

我国的制鞋业拥有悠久的生产历史，但这一传统产业的快速发展始于我国改革开放和全球制鞋业的大迁移。回顾全球制鞋工业的四次产业区域迁移的共同特点是：1. 转出国只转移生产而不转移技术；2. 承接转移的产品是以中、低档为主，而技术含量高、附加值高、制造难度大的市场热销品种，采取部件制造和组装分开的方式。因此，中国的制鞋业曾经面临“三低”问题，即：产品的“档次低、质量低、价格低”，并且这种“三低”引起的后果是造成了我国制鞋行业市场和经营的无序局面。在经历了2008年全球金融危机之后，我国的制鞋业理性地选择了走产业升级的转型之路，开始由制鞋大国向制鞋强国迈进。

伴随着我国劳动力结构的不断变化，人工成本的逐渐增长使劳动密集产业不得不为了降低成本再次选择迁移，产业转移一般呈现梯度特点，逐层推进，先从劳动密集型、资源加工型产业开始，依次再到资本密集型、技术密集型产业转移。目前制鞋业已经开始由我国东部沿海地区向我国中西部地区以及东南亚各国转移，同时东南亚各国也瞄准了这个转移的机会，积极引进中国的制鞋企业资本。由于东南亚多国除了拥有大量劳工的优势外，更具有诱惑的是可实现接近零关税出口，相比我国出口到日本的、到美国的商品，要征收的进口关税来讲，有一定的竞争优势，而中国的制鞋业在逐渐摆脱全球制造业老大的同时，加大科技开发力度，提高自主开发能力，以质取胜，依然会保持强大的竞争优势。

世界各国制鞋业投资优劣势对比

国家	特点
中国	人口众多，土地资源丰富，原材料供应充足，产业链完善，配套齐全，物流成本较低，内、外销市场大，中低档产品齐全
印度	人口众多但产业工人少，劳动力较低廉，土地资源丰富，成本较低，原材料供应较缺，物流成本较高，产业配套不够完善，习惯赤脚，内销市场有待开发，中低档产品为主
巴西	劳动力较充足，成本中等，土地资源充裕，原材料供应充足，产业配套完善，内、外销市场大，以中档产品为主
越南	人口不多，劳动力暂时较低，土地资源一般，原材料供应缺乏，90%依赖进口，产业配套还不完善，内销市场有限，外销市场为主，以中低档产品为主
印尼	人口较多，劳动力成本中等，土地资源一般，原材料供应不足，物流成本较高，产业配套还不完善，内销市场较大，外销市场一般，以中低档产品为主
欧盟	意大利、西班牙、葡萄牙劳动力短缺，成本较高，土地资源较缺，原材料价格高供应充足，产业配套较完善，内、外销市场潜力一般，高档市场有优势，以高档产品为主

企业外迁存在成本加大、文化差异、政局政策不稳、基础设施落后、产业链不完备等诸多不确定因素产生的经营风险。因此,我国制鞋业在综合竞争力方面仍然是具有相当的优势,在近20多年的发展中,我国已经建立起了完善的上下游产业链,形成了各种鞋类生产的产业集群,建立了完善的鞋业成品和鞋材市场以及鞋类的研发机构和检测机构。

国内产业转移的特点:由东部的沿海地区向中西部地区转移,特别是珠三角地区的鞋企,比如东莞地区的制鞋企业有50%以上的企业到中西部地区如湖南、江西、四川、广西、河南等地设厂;制鞋行业的转移从政府主导向企业主导转变,从单一项目、单个企业的转移现已形成多个企业的共同行为;江西省成为承接珠三角投资商的首选,各承接地均有大、中制鞋企业和知名品牌鞋企先期投资入住,然后逐渐在该区域形成了产业配套,基础设施日趋完善,优惠政策、产业布局、功能定位、开发进度等方面也给予统筹规划,为承接沿海产业转移搭建了良好对接平台。

【企业状况】

20世纪60年代,鞋类按照材质划分为:皮鞋、胶鞋、布鞋、塑料鞋,简称“四鞋”。

20世纪80年代前,胶鞋企业不论规模大小,均为国有企业,少数胶鞋企业为集体企业,按照所有制关系胶鞋企业划分为省、市、自治区所属的国有企业,解放军后勤部企业(包括武警),司法劳改系统企业,其主要是按国家计划经济运作,在册总数约300家。改革开放之后,我国胶鞋行业规模急剧扩大,因胶鞋生产企业建厂周期短,投资回收快,对操作员工的文化程度要求不高,创造的就业岗位多而受到地方政府的重视,之后,随着我国社会主义市场经济体制的不断变革,原有的国营企业经历不断改制后逐渐退出,在“搞活经济”、“引进外资”的相关政策出台后,合资、外资、民营以及个体企业纷纷建立,形成了多体制并存的企业格局。

目前胶鞋企业小而散,分布在浙江、广东、福建、河南、山东、河北、四川、湖南、贵州等地,企业既有分散在各地的单一大型企业,也有以区域形成的大集群、小集群的胶鞋生产企业。从生产规模划分,军工系统际华集团所属的4家胶鞋生产企业从产量、规模上均为胶鞋行业的大型生产企业,浙江、广东、福建、四川、河南、山东等地均有中等规模以上的胶鞋生产企业多家,目前尚存不多的地方国有制的鞋企经营面临困境,正等待地方政府或改制或重组等动作;浙江的胶鞋生产企业是以瑞安为区域形成较大的产业集群,有大小胶鞋生产厂家200家左右,加上配套企业约有500多家,区域配套齐全,产业链完整,成本较低,具有竞争力,使该区域的胶鞋企业得到了良性发展,目前陆续有胶鞋企业新建和扩建,新增流水线100多套;广东的胶鞋企业多为台资、合资企业,原以加工外单为主,企业管理水平和产品品质较高,员工待遇较高,因此,现在迁移到东南亚国家和我国中西部地区的企业最多。福建是运动鞋大省,胶鞋企业占比相对不大,但福建企业注重品牌,在品牌建设方面投入较大;四川省川渝地区年生产能力接近200万双的企业有10多家,形成川渝生产集群,生产的解放胶鞋多为内销;河南地区的温县、偃师等地制鞋企业比较多,也形成了生产集群,温县胶鞋企业比较集中,现在大约有20多家;山东省胶鞋企业分布在青岛及周边地区,儿家中等规模生产企业以加工外单为主,沂水有30多家小型的生产厂家,生产中低档胶鞋并内销为主。

各地区胶鞋生产企业的特点:军工企业,为军口(解放军、武警)提供各种军需鞋品,产量很大,技术含量较高,研发实力较强,获批专利较多,同时,也开发和生产民用鞋品,以迷彩鞋为主;浙江、福建的企业,生产的胶鞋时尚新颖花样繁多,在款式设计开发方面实力较强,以内销为主,比较注重品牌的维护,深受市场潮人追捧,消费者多为学生、时尚白领,现已扩大到时尚中老年人;广东、山东的胶鞋企业多为外单品牌贴牌加工,产量较大,开发、设计、生产基本以客户提供的需要为标准,对自有品牌的建设投入不多;河南、河北、山东的小企业多生产传统胶鞋,款式变化不大,基本不需要开发,可以满足低消费人群,如老年人和作业人群的需要。

【科技进步】

20世纪80年代以后,随着制鞋技术的发展和市场需求的变化，原化工部橡胶司曾在胶鞋行业推广新的冷粘法和注塑法生产工艺，率先采用冷粘、注塑工艺生产橡塑鞋（包括旅游鞋、运动鞋、休闲鞋和凉、拖鞋等），并组织制定了GB10506《注塑鞋》、GB10507《橡胶冷粘鞋》、GB10508《塑凉拖鞋》标准，至此，由单一热硫化工艺生产的布胶鞋和全胶鞋根据需求不断地更新和开发，逐渐形成了由冷粘、注塑、热硫化等相互渗透的多元化生产工艺结构。

经过20多年的发展与提高，胶鞋工业从质量上有了巨大的进步，品种和工艺也很齐全，总体来看，传统的贴合成型、热硫化方法仍为主流工艺。

1. 在胶鞋的结构设计上，最受注目的是与其他鞋种在结构、款式上的融合，典型的例子：(1) 皮帮热硫化胶鞋：帮材向皮鞋靠拢，提高美观和档次，经过不断摸索和技术攻关将硫化温度调低到110℃，最终攻克了皮革硫化难题；(2) 冷粘型硫化鞋：典型的混合型产品，采用热硫化生产工艺，产出冷粘鞋外形，既保留了流水线的高效生产，又改变了传统胶鞋的呆板面孔，外形酷似冷粘鞋，包括双色和多色模压大底、围条、包头，蕴含于杯型底的上延，三者融为一体，其楦型也具有冷粘鞋楦的特色，这种工艺一般是用在帮面为合成革面料，具有一定的低成本优势，市场价格高于热硫化胶鞋，低于冷粘鞋。(3) 彩色胶面童靴：鞋帮采用多色部件镶拼，绚丽夺目，围条采用双色挤出，增加全鞋的活泼明快，工艺上采用混水出型、冷贴合流水作业和热硫化工艺。(4) 冷粘注塑鞋：上海回力鞋业有限公司近年推出的冷粘注塑鞋，鞋底主要以PVC塑料或其他弹性体为主，具有耐磨、强度较高、电绝缘性较好的特点，在注塑鞋的基础上进行贴合彩色围条或水线，使冷粘注塑鞋比注塑鞋色彩更丰富并且比冷粘鞋加工工序少、工艺简单、款式变化快，生产效率高。

2. 生产工艺技术。传统工艺浸水出型适用于胶鞋的大批量、少品种、连续的流水线生产，但缺乏一定的灵活性；新工艺对浸水出型做了改进，保留了流水线作业的自动化特点，使半制品出型从传统的浸水出型、使用，过渡到停放、使用，在胶片表面涂上隔离剂，防止粘连，半成品经过停放、冷却后冲切，并按规格存放，用时取出，用汽油抹去隔离剂即可。其特点是：从出片到贴合，并不形成连续的流水作业，这种工艺适合于批量小，品种多变的生产。近年来出现的混水出型工艺并非过去的模式重现，其出型部分也采取机械连续作业，依靠一套联动装置来完成，前后工序由压延出片、水冷却、浸隔离液、干燥、自动切割等环节组成并实现联动化。

3. 胶制部件的热定型是制造二次硫化鞋大底的重大革新。一直以来，胶鞋胶制部件制备采取以下两种方法：一是冲切大底在流水线上完成，其特点是效率高、自粘性好，但花纹清晰度差、易变形、造成产品档次较低；二是模压，花纹清晰立体感强，但是生产时模压底需要打毛，产生大量粉尘，有害人体健康，同时粉尘滞留在花纹沟中影响外观，产出效率较低，而且产品经过二次硫化时颜色变暗。而近期使用的模压底热定型新工艺，采用的是胶料出型、称量、热定型过程，产品花纹清晰不缺花、色泽鲜艳大大优于出型外底，由于不需要打毛工序，操作简单提高了生产效率，且生产成本大大低于模压底生产工艺。

4. 红外定位技术在扳帮和冲切工序上的使用。目前产品扳帮主要依靠人的眼睛和经验控制质量，因此经常产生左右脚不一致，影响产品外观质量的情况，在扳帮机撑台上方安装十字架式红外定位仪，可使鞋楦准确定位，简化了操作，提高了效率，杜绝了鞋帮偏位的现象。

5. 全胶鞋的技术改造情况。河南鹤壁飞鹤股份有限公司对以下生产工艺进行了改进：(1) 公司主要生产工矿胶靴，对外联系的冲切机不能满足大底冲切的要求，通过不断试验，重新设计了三辊出型及运输机胶片的传输装置，将原有的铝模具改为钢模具，并对模具的形状做了大量的试验，对新工艺运行中遇到的问题也不断试验改进调整，现已满足生产需要；(2) 铺面鞋楦工序劳动强度大，公司因此设计了一条自动化生产线，部分工序在线上进行，目前使用中还存在一些问题，有待进一步改进和提高；(3) 胶靴生产的最后一道工序是对硫化好的胶靴修边冲口，通过自制自动冲口机，保证了产品质量，降低劳动强度；(4) 套楦工序也属于劳动强度较大的工序，公司自主试验研究设计了套楦运输装置,将鞋楦放置在套楦运输装置上,不用手工拿鞋即可完成把帮子套在鞋楦上并挂好钉的工序,此装置现已设计完成,正在进行工艺试验;(5)工矿靴内里棉毛布一直是用手工拽布验布并再卷取,浸浆工序再手工拽开,既费工又费事,公司对验布机及浸浆流水工艺进行了改进,采用机械传动与浸浆速度配合,实现验布、浸浆一步完成,满足了生产,节省了人力,提高了效率,该工艺现已制作完成。(6)在幅宽1.5米的刮浆冲切机器设备上,自制加工了自动冲刀,解决了一直使用的手工放刀冲切加工中底、劳动强度大、生产效率低的问题。

6.际华3517橡胶制品有限公司研发的耐250℃高温的特种防护鞋刷新了耐高温胶鞋的世界纪录,填补了全球特种耐高温鞋的空白,防穿刺登陆作战靴、防静电防油特种保护鞋填补了国内空白,仅2012~2013年获各类专利66项,其中包括滚刀式裁片机、一种橡胶专用亚光剂及其制备方法和一种橡胶粘合剂及其制备方法等发明专利8项。

际华3537制鞋有限公司在生产工艺技术水平、冷粘合热硫化生产水平、橡胶配方设计水平、原材料研究应用水平、制鞋流水线设备的研究水平等方面均处于制鞋行业的领先地位,从2010年至2013年3月,先后获得高强伸抗磨环保橡胶鞋底胶及其制备方法、消光型鞋用橡胶的配方及制备方法、鞋底用环保型阻燃橡胶及其制备方法等发明专利16项,获得实用新型专利技术24项,产品开发水平和开发速度达到了国内先进水平。

7.胶鞋标准化方面:目前我国胶鞋领域的国家标准共有15项,其中基础标准2项,方法标准8项,产品标准5项;行业标准(化工行业)40项,其中基础标准2项,方法标准20项,产品标准18项。根据胶鞋行业发展规划,出口胶鞋、高档专业运动鞋、二次硫化模压底胶鞋、学生鞋、高档时尚休闲鞋特别是目前具有个性化的高档时尚休闲胶鞋,已被公认为是优先发展的鞋类,将作为胶鞋行业申报国家标准立项的重点,今后工作目标是制定这些对应产品的试验方法标准、安全性能和环境保护等一系列测试方法标准、防止商业欺诈的标准等。2011~2012年胶鞋类新实施的标准见表1。

表1　2011~2012年胶鞋类新实施的标准

标准编号	标准名称	实施日期
HG/T 2017-2011	普通运动鞋	2012年7月1日
HG/T 3085-2011	橡塑冷粘鞋	2012年7月1日
HG/T 2020/2011	彩色雨靴(鞋)	2012年7月1日
HG/T 2019-2011	黑色雨靴(鞋)	2012年7月1日
HG/T 3086-2011	橡塑凉、拖鞋	2012年7月1日
GB/T 29292-2012	鞋类和鞋类部件中存在的限量物质	2013年9月1日

随着产品标准的不断强化,标准对产品内外包装、合格证上的标识要求做了进一步规范。GB 25108-2011《安全健康技术规范》在2011年7月1日正式实施,该标准对帮面材料(帆布、人革、色牢度等)pH值、甲醛含量、可萃取重金属、可分解有害芳香胺染料、含氯酚和胶料的N亚硝基胺含量做了严格要求。

【配套技术进展】

1.胶制件材料

传统胶鞋用材料基本是天然胶,随着科技的发展,SBR、BR合成橡胶掺入天然橡胶使用,用于胶鞋的合成胶种逐年增多,如:溶剂丁苯胶、充油丁苯胶、异戊胶、三元乙丙胶等,NBR、CR等用于耐油胶鞋,发挥了天然橡胶所不具备的作用,拓宽了胶鞋的应用领域,胶粉在胶鞋中的应用开始起步,秦皇岛3544厂将100目精细胶粉在模压大底及中底海绵的应用,其效果是随胶粉细度的提高,100目的力学性能比50目的提高25%～30%。近年来,聚苯乙烯(PS)、乙烯/醋酸乙烯酯(EVA)、热塑性弹性体(SBS)等合成树脂在胶鞋中得到了广泛应用,使胶鞋的性能和工艺适应性进一步拓展和延伸,天然橡胶与合成橡胶的使用比例也从80:20提高到目前的50:50。据有关数据显示,我国年耗胶量(含合成树脂)达45万吨。

2. 帮面材料

鞋用帮材已打破了棉帆布一统天下的局面,天然革、合成革、合纤织物相继进入热硫化胶鞋领域。胶鞋的时尚性集中于帮面材料,新材料的使用和款式变化,棉帆布和人造革结合在低档胶鞋中仍占主导地位,但占有率在逐步下降;而各种印花棉帆布(牛仔布)与天然革和人造革结合,在中高档胶鞋中占主导地位,并且占有率在不断上升;PVC革因耐寒、耐候性能差,所以使用面不广;而天然革在透气、柔顺和手感等各方面均占优势,但资源有限;合成革资源不限、物理性能和耐寒性能良好,皮感较差问题也逐步得到解决,价格适中,因此,市场有效地确定了各种帮面材料的取舍。帮面棉布已从平面花纹向立体花纹过渡,从单一色布向转印、网印、机印过渡。在鞋用织物方面也取得了一定进展,现已生产出空气变形聚酯长丝,解决了非浸渍长丝与橡胶难粘合的问题,同时提高了织物的透湿性能,生产出新型耐磨、舒适、防臭的帮材,可用于作训鞋。

3. 着色剂母胶

鞋用色彩非常丰富,一般的粉质色剂在加工时容易残留在炼胶机上或到处飞扬,污染环境,着色剂母胶是粉体着色剂与少量生胶的高浓度(质量比1:1)混合物,易分散、发色率高、不溶于水,色泽鲜艳、不污染环境,可避免称量不准造成的色差及避免因着色剂频繁变换而忙于清洗炼胶机的问题,目前国内有颜料厂生产着色剂母胶并且色泽齐备。

4. 加工助剂

一是因合成橡胶使用比例增大,对胶粘剂的需求有所上升,对胶粘剂的增粘技术要求更加迫切,新开发的二甲苯树脂PX－80X型,因不能加速老化而被广泛应用。二是胶料中粉体含量高,防止结团、积聚,需使用分散剂分散。三是不同胶种之间的并用使得均匀剂的使用几率加大。四是胶鞋胶制部件多是通过压延、挤出成型,容易发生粘辊或挤出不畅问题,需使用内脱模剂。五是环保、健康、安全制鞋的需要催生了新型助剂的研究和利用:(1)热硫化工艺胶鞋用水性围条粘合剂的研制应用,解决了热硫化胶鞋成型生产过程中使用溶剂型橡胶浆的易燃、有毒、有害的技术难题;(2)热硫化胶鞋鞋帮粘合剂使用水性粘合剂应用技术,解决了鞋帮整型、合布、刮布过程中使用汽油胶浆形成的易燃、有毒、有害等安全隐患;(3)硫化橡胶与未硫化橡胶热硫化水性粘合剂的研究与应用,解决了胶鞋用二次硫化橡胶大底必须依赖汽油胶浆的瓶颈;(4)防老剂CD等量取代防老剂D的橡胶配方应用技术研究,全面消除了橡胶使用防老剂D所带来的致癌安全隐患;(5)促进剂DS等量取代促进剂D的橡胶配方应用技术研究,全面消除了橡胶使用促进剂D所带来的致病安全隐患。同时在确保胶料性能基础上,大幅度提高浅色胶料硫化效率。

新一代胶鞋崇尚鲜艳或浅淡色泽,因此,纳米级补强剂白炭黑的使用量明显增加,年需求已达万吨级;透明鞋底大量用于浅色胶鞋,交联剂硫黄不能满足胶鞋透明度的要求,采用过氧化二异苯交联剂逐步取代硫黄;纳米级材料具有特殊的表面效应,在实际生产中,纳米粉剂能优化橡胶补强,用纳米氧化锌替代普通氧化锌,使用量减少60%,银系纳米材料配合使用具有优异的杀菌效果,还可在胶鞋中作为氯丁胶浆的交联剂、海绵和合布浆的杀菌剂,以及透明胶中的透明硫化活性剂;有胶鞋厂以不溶性硫黄替代普通硫黄,获得一系列性能改进,包括抗焦烧、防老化、促进塑解、促进分散等;高芳烃石油系软化剂过去多用于轮胎,现也延伸到了胶鞋,取代过去常用的机油、锭子油、变压器油。应用面涵盖布面及胶面胶鞋,能提高拉伸强度、拉断伸长率、耐磨耗以及附着力。随着模压底使用面不断扩大,对脱模剂也提出新的要求,主要是减少模垢,及由此带来的清洗模腔的麻烦。新的发展趋势是把外涂脱模剂改为在胶料中添加内润滑剂，因此从根本上解决了模垢问题。目前常用的内润滑剂有低分子聚乙烯和脂肪酸盐，国内均有供应。

5. 胶鞋电热硫化

际华3537的电热胶鞋硫化罐热硫化胶鞋制造技术，扩大了公司胶鞋的竞争力，使公司步入胶鞋电热硫化新时代。

【品牌建设】

在当前行业面临消费个性化、市场细分化的形势下，所有企业管理人都在认真地思考如何创品牌的问题，为提高中国橡胶工业优势企业的知名度，促进企业做大做强，扶优扶强，从2011年开始，在橡胶行业内每年开展"中国橡胶工业百强企业评选活动"。2013年3月中国橡胶工业年会公布的4家胶鞋企业见表2。获2013～2015年协会推荐品牌产品的3家企业见表3。

表2　2013年度入围中国橡胶工业百强的胶鞋企业

排名	企业名称
41	际华3517橡胶制品有限公司
49	际华3537制鞋有限责任公司
66	四川资阳市征峰胶鞋有限公司
82	上海回力鞋业有限公司

注：部分企业因没有提供统计资料，无法参与行业百强排名。

表3　2013～2015年协会推荐品牌产品

企业名称	产品
上海回力鞋业有限公司	运动鞋/休闲鞋
浙江环球鞋业有限公司	时尚休闲鞋
福建莆田双威体育用品有限公司	硫化鞋

注：协会推荐品牌产品证书有效期为2年。

上海回力鞋业有限公司在品牌建设方面走出了一条成功之路。面临新的挑战，其审视自身品牌运作模式，积极吸取国内外品牌运作经验，努力打造具有自身内涵的核心竞争能力，在提升品牌价值上下功夫，经过不断的创新和发展，使"回力"品牌成为新一代消费者引以自豪的民族品牌并继续延续其品牌生命力。福建莆田双威体育用品有限公司具有超前的品牌意识，在狠抓产品质量的同时，非常注重品牌宣传，2009年全新包装的"思威琪"品牌亮相北京体育博览会，高品质多样化、比肩国际品牌的优质产品，从此，"思威琪"品牌一炮打响。此后，"思威琪"品牌的市场占有率不断提高，美誉度也得到了有效地提升。

【经济运行】

胶鞋分会2012年对业内32家胶鞋企业调查统计资料显示，实现胶鞋工业总产值50.94亿元，同比下降0.08%；胶鞋销售收入59.84亿元，同比增长2.03%；胶鞋利润总额2.08亿元，同比增长26.65%；产品产量3.22亿双，同比下降4.93%；出口0.33亿双，同比增长5.05%，实现出口交货值7.76亿元，同比增长2.74%。亏损企业5家，亏损额0.21亿元；2011年亏损企业2家，亏损额1000万元。

回顾全年行业运行情况，2012年上半年经济运行下滑明显，胶鞋产品产量明显减少，消耗、费用明显加大，造成利润大幅下降；三季度胶鞋生产经营下滑趋势有所减缓，各项经济指标趋好；截至年末，企业利息支出同比有所减少、产品销售收入、利润总额同比增幅较大，其中胶鞋利润总额同比增长26.65%，全年累计产量较上年同期有所下降5%。在行业出现收入、利润增长，产量下降的情况下，胶鞋产品附加值却有所提升，企业对自主品牌的认知度开始加强。从企业排名来看，规模企业排名靠前，其拥有自主品牌，有较强的开发实力，有一定的资金周转，抵御危机的能力较强。从市场反馈的信息和部分企业2013年的外销订单来看，至少上半年胶鞋行业的经济运行将保持平稳。2012年胶鞋分会会员企业产品产量排名见表4。2012年胶鞋分会会员企业利润总额排名见表5。

表 4　2012 年胶鞋分会会员企业产品产量排名

企业名称	胶鞋产量/万双
四川省资阳市征峰胶鞋有限公司	6275.00
际华 3537 制鞋有限责任公司	4367.37
际华 3517 橡胶制品有限公司	3080.00
上海回力鞋业有限公司	1717.80
青岛环球集团股份有限公司	1443.00
山东鲁泰鞋业有限公司	1363.00
际华 3539 制鞋有限公司	1144.95
广州思迪嘉鞋业有限公司	1143.40
浙江人本鞋业有限公司	1117.00
浙江环球鞋业有限公司	1088.81

表 5　2012 年胶鞋分会会员企业利润总额排名

企业名称	利润总额/万元
际华 3537 制鞋有限责任公司	6579.48
四川省资阳市征峰胶鞋有限公司	2050.00
莆田市双威体育用品有限公司	1735.00
浙江中远鞋业有限公司	1580.00
河北三五五四鞋业有限公司	1569.00
上海回力鞋业有限公司	1501.90
鹤壁飞鹤股份有限公司	1344.25
山东赛格鞋业有限公司	1270.00
浙江天宏鞋业有限公司	1090.00
际华 3517 橡胶制品有限公司	883.00

2013 年 1 ~6 月，胶鞋分会对业内 33 家胶鞋企业统计资料显示，上半年实现胶鞋工业总产值 29.49 亿元，同比增长 6.2%；胶鞋销售收入 30.66 亿元，同比增长 6%；胶鞋利润总额 1.25 亿元，同比增长 52.38%；产品产量 1.68 亿双，同比增长 8.31%；实现出口交货值 4.20 亿元，同比增长 10.7%。

2013 年二季度胶鞋企业生产运行持续保持平稳：(1)产值、收入、利润较上年同期均有不同程度的增长，胶鞋库存量同比有所下降，由于天然胶价格持续低位运行，胶鞋行业有所受益；(2)胶鞋行业的职工平均人数持续递减，但职工工资总额递增较大，人工成本的持续增长对企业利润的抵减也不断增长；(3)全胶鞋行业经济运行下滑较大，布胶鞋行业运行向好；(4)今年上半年胶鞋亏损企业家数和亏损金额同比均呈大幅度减少的趋势；(5)胶鞋企业对自主品牌的认知度加强，胶鞋产品附加值有所提升；布面胶鞋今年内外销市场将继续看好，从市场反馈的信息看，消费群体有所扩大,有一定的需求空间,因此行业内外的企业纷纷投资新增胶鞋生产线,过度盲目投资会形成新的产品过剩。2013 年上半年胶鞋分会会员企业产品产量排名见表 6。2013 年上半年胶鞋分会会员企业利润总额排名见表 7。

表 6　2013 年上半年胶鞋分会会员企业产品产量排名

企业名称	产量/万双
四川省资阳市征峰胶鞋有限公司	2923.00
际华 3537 制鞋有限责任公司	2313.73
际华 3517 橡胶制品有限公司	1455.00
上海回力鞋业有限公司	1123.47
际华 3539 制鞋有限公司	979.43
青岛环球集团股份有限公司	924.00
山东鲁泰鞋业有限公司	787.00
浙江人本鞋业有限公司	545.25
广州思迪嘉鞋业有限公司	478.20
浙江环球鞋业有限公司	468.29

表 7　2013 年上半年胶鞋分会会员企业利润总额排名

企业名称	利润总额/万元
际华 3537 制鞋有限责任公司	4765.39
际华 3517 橡胶制品有限公司	1669
四川省资阳市征峰胶鞋有限公司	982.00
上海回力鞋业有限公司	860.06
山东赛格鞋业有限公司	690.00
莆田市双威体育用品有限公司	682.00
浙江中远鞋业有限公司	673.83
际华 3539 制鞋有限公司	605.22
鹤壁飞鹤股份有限公司	573.23
浙江人本鞋业有限公司	390.00

从行业排名来看,规模企业排名靠前,拥有自主品牌,有较强的开发实力,有一定的资金周转,抵御危机的能力较强。国家统计局 2012 年对全国 530 家胶鞋企业统计情况见表 8。国家统计局 2013 年上半年对全国 510 家胶鞋企业统计情况见表 9。

表 8　2012 年全国胶鞋企业情况

万元

项目	2012 年	2011 年	同比/%
亏损企业/家	66	46	43.5
亏损额	16047	18439	-13
应收账款	524328	421605	24.4
产成品	239552	234672	2.1
流动资产平均余额	2022179	1753549	15.3
存货	569394	521689	9.1
资产总计	3417689	2871489	19
负债总计	1813396	1567375	15.7
主营业务收入	6217787	5894089	5.5
产品销售成本	5441274	5117149	6.3
产品销售税金及附加	37063	34629	7
产品销售费用	117461	115447	1.7
管理费用	206696	207912	-0.6
财务费用	62076	51247	21.1
利息支出	48961	38007	28.8
利润总额	273587	271175	0.9
利税总额	460023	437781	5.1
应交增值税	149374	131976	13.2

表 9　2013 年上半年全国胶鞋企业情况

万元

统计项目	1～6 月	去年同期	同比/%
亏损企业/家	74	77	-3.90
亏损额	11493	12475	-7.90
应收账款	516527	513960	0.50
产成品	214591	217024	-1.10
流动资产平均余额	2000168	1922912	4.00
存货	512866	510680	0.43
资产总计	3350375	3046389	9.98
负债总计	1702812	1656095	2.82

续表 9

统计项目	1～6 月	去年同期	同比/%
主营业务收入	3150206	2949443	6.81
产品销售成本	2770203	2557921	8.30
产品销售税金及附加	17870	14982	19.28
产品销售费用	60392	50571	19.42
管理费用	101756	92807	9.64
财务费用	28451	27863	2.11
利息支出	22005	21238	3.61
利润总额	133214	113924	16.93
利税总额	228250	192073	18.83
应交增值税	77166	63167	22.16

【进出口贸易】

我国是世界第一大鞋类生产国，也是世界第一大鞋类出口国。据海关统计，2012 年我国鞋类出口 100.7 亿双，出口金额 444 亿美元，2012 年鞋类平均出口单价 4.4 美元/双，同比增长 10.28%。2013 年 1～3 月出口金额 115.53 亿元，出口数量 26.73 亿双，平均出口单价 4.32 美元/双，同比增长 14.51%。2012 年出口交货值前 10 名见表 10。

胶鞋生产企业中外单加工企业很多，广东比较集中，浙江、山东等地都有。目前，我国鞋类出口商将目光转移到东盟和中东国家，以减少依赖主要出口国。2012 年我国胶鞋类进出口情况见表 11。2013 年上半年我国胶鞋进出口情况见表 12。

表 10　2012 年出口交货值前 10 名

企业名称	出口交货值/万元
荣光集团有限公司	18034.00
浙江中远鞋业有限公司	10410.00
山东赛格鞋业有限公司	9352.00
大连金弘橡胶有限公司	6894.00
浙江大桥鞋业有限公司	5677.10
上海回力鞋业有限公司	5659.03
广州思迪嘉鞋业有限公司	4506.38
山东鲁泰鞋业有限公司	4278.00
丹东鸭绿江橡胶厂	3494.00
上海上宏鞋业有限公司	2557.00

表 11　2012 年我国胶鞋进出口情况

产　品	出口		同比/%		进口		同比/%	
	数量	金额/亿美元	数量	金额	数量	金额/亿美元	数量	金额
橡胶制鞋面的中、短统防水靴(过踝但未到膝)/万双	4720.61	3.70	-25.41	-22.09	4.42	0.008	17.31	51.35
橡或塑外底，纺织材料鞋面运动鞋靴等/万双	7196.10	6.84	-3.51	-3.83	44.61	0.12	-39.97	-19.32
其他橡胶或塑料外底，纺织材料鞋面的鞋靴/万双	192071.61	74.68	7.66	17.16	1274.48	2.29	28.62	24.51
合　计	203988.33	85.22	6.13	12.72	1323.51	2.42	23.81	21.33

表 12　2013 年上半年我国胶鞋进出口情况

产　品	出口		同比/%		进口		同比/%	
	数量	金额/亿美元	数量	金额	数量	金额/亿美元	数量	金额
橡胶制鞋面的中、短统防水靴(过踝但未到膝)/万双	1180.55	0.88	-10.99	-11.08	2.46	0.001	61.85	-38.76
橡或塑外底,纺织材料鞋面运动鞋靴等/万双	2360.23	2.15	22.01	9.72	13.09	0.025	15.29	-12.13
其他橡胶或塑料外底,纺织材料鞋面的鞋靴/万双	49443.56	19.05	5.27	9.97	392.63	0.665	23.76	21.29
合　计	52984.34	22.08			408.17	0.691		

【市场需求】

我国制鞋行业竞争压力加大。欧美需求下滑,加工基地外迁,许多外贸鞋企转向国内争抢市场,外国品牌也来抢滩,加剧了内销市场的竞争。许多企业意识到提升产品开发能力,促使产品向质量效益转型,提高产品的差异性,实行企业精细化管理,以质量获取利润,才是企业的立足之本。

据有关方面数据显示,2012 年全国规模以上企业 4008 家,完成工业总产值 5743 亿元,全国制鞋利润总额前 11 个月累计 295.38 亿元。

胶鞋市场近年来,因其独有的时尚性、舒适性,价格适中等特点颇受消费者青睐,市场的中低档硫化鞋每双 30 ~ 100 元,中高档硫化鞋 100 ~ 400 元,因品牌品质不同、消费人群的品位不同,形成了比较宽泛的定价范围。目前,胶鞋消费群体的特点:一是时尚、运动的消费者,集中于大中城市,经济条件优越崇尚西方文化,偏爱消费国外大品牌,如:耐克、阿迪、匡威、彪马等,属高端消费群体,但比例较小;二是运动、时尚、休闲的消费者,集中于城镇,经济收入稳定,喜爱国内品牌,如:李宁、安踏、361°、特步、回力、匹克等,大多为学生、年轻人以及部分中年人,占市场份额的 25% ~35%;三是经济条件中等偏低的学生和年轻人,追求时尚、运动,喜爱款式变换较快的胶鞋品牌,这类消费者占市场份额较大,在 40% ~50%;四是城镇郊区、乡镇农民、工程作业人员等,经济能力偏低,选择以实用为主的解放鞋,特别是解放鞋系列的中低档劳动胶鞋和老式花色品种布胶鞋,属低消费人群,这类消费人数将随着农村城镇化的进程逐步减少,约占 10%。2012 年胶鞋企业胶鞋产品销售收入排名见表 13。

表 13　2012 年胶鞋分会会员企业胶鞋产品销售收入排名

企业名称	销售收入/万元
际华 3537 制鞋有限责任公司	92785.29
四川省资阳市征峰胶鞋有限公司	70731.00
上海回力鞋业有限公司	51646.90
际华 3517 橡胶制品有限公司	48092.00
荣光集团有限公司	29634.00
鹤壁飞鹤股份有限公司	27260.36

续表 13

企业名称	销售收入/万元
河北三五五四鞋业有限公司	22578.00
秦皇岛际华 3544 鞋业有限公司	21060.30
莆田市双威体育用品有限公司	20615.00
浙江中远鞋业有限公司	19752.00

【问题及对策】

1. 国内中小鞋业企业家大部分未受过高等教育，经营企业缺乏企业管理经验和成熟的管理理念。当企业发展到一定规模后，企业经营者没有摆脱粗放式的发展思维，对市场把控、商业嗅觉的敏锐度与营销方式都相对较弱，对计划、组织、运筹能力有欠缺，不乏动员能力，但缺组织能力。

2. 同质化竞争激烈。鞋业品牌的跟风、抄袭、仿造，导致鞋产品严重同质化，是高库存出现的重要原因，自主创新的品牌鞋还没有塑造品牌价值，便已随波逐流。

3. 粗暴的价格战。传统鞋企消耗库存是将电商之间的促销活动当做释放库存压力的途径。虽然鞋企通过简单粗暴的价格大战能消耗一部分库存，但也折损了产品的品牌度，同时，国外品牌也参与到打折促销价格战中。

4. 胶鞋生产企业规模小而散。有关数据统计显示，出口企业中小型鞋企占 80%，而小型出口鞋企的出口额只占 10%，在行业中占有份额小，没有话语权，对行业整体意识不强，对行业的长远发展不关心，当产能过剩、供大于求时，造成经营秩序混乱、低价竞争现象。

5. 科技研发投入不够，技术创新能力不强。国外知名品牌投入巨资用于新产品的开发设计和新材料、新工艺、新设备、新技术的研究应用上，拥有很强的自主核心竞争力。目前，我国国家级技术中心和检测机构屈指可数，产品的开发设计还处于借鉴模仿阶段，普遍重视外观款式、轻视自有技术含量，同质化严重。

6.《胶鞋安全健康技术规范》已经实施，但各加工厂对帮面材料、胶鞋部件、鞋里和内底摩擦色牢度的健康安全性能要求没有规范，缺乏原材料的质量把关，在技术监督局的抽查中，甲醛含量超标屡屡发生，胶鞋行业对原材料质量控制已迫在眉睫。

7. 密集型企业用工荒日趋严重，因 80、90 后构成外出农民工的主体，择业观与父辈发生了很大变化，新毕业的大学生宁愿待业也不愿在生产线上干操作工，就业取向选择大的品牌企业，目前在岗工人年龄普遍偏高。

8. 胶鞋行业生产线自动化、智能化水平低。在胶鞋成型生产中，自动化以机代人的研发和应用很少有，与国际先进水平相比仍有很大差距。

9. 环保意识有待加强。我国胶鞋行业属于高耗能、低产业的传统产业，能源浪费多，生产环境也遭到有形和无形的破坏。

【展　望】

1. 走品牌经营之路，取得市场定价权。改造传统工艺技术，缩短与国际先进水平差距，培养行业设计人员队伍，提高研制开发水平，改变当前产品档次不高、以仿为主，缺乏创新的行业发展“瓶颈”，改变档次相近，产品雷同，低价竞销、恶性竞争的局面，简化供求矛盾，打造培育我国胶鞋行业世界级民族品牌，积极参与省市地方级、协会组织的产品评选和品牌推荐活动，依托品牌战略走出国门。

2. 技术革新前移，从胶鞋生产前移到鞋机设备制造中的技术创新。研发数控自动化设备，实现制鞋产业由加工密集型向技术密集型和人才密集型的根本转变，改善操作环境，提高工作效率、胶鞋行业的技术含量、技术竞争力，最终实现拥有可控的自主核心技术。

3. 工艺流程再造。工艺设计尽可能简化，以快装线为主，即打破传统的出片、针车、成型分块模式，减少半制品入库、发货运输环节，岗位实行兼、并、代等，最大限度减少用工人数，提高员工收入。

4. 创造良好的工作环境，留住员工。单方面强调提高制鞋业的工资水平很难留住人心，采取改善作业环境、减少粉尘、烟雾排放、降低噪声、高温等环保措施，创造绿色低碳环境，一定会取得较好效果。

5. 为了尽快与国际先进标准接轨，对胶鞋品质、舒适度、卫生性、使用安全性提出了更高的要求，将胶鞋轻量化的研究，特别是对特殊用途的功能化研究，将改善鞋腔透气透汗能力、抑菌材料的研究，提上日程。为满足人体动力学工程力学需要，需加快对鞋用橡胶材料的应用研究，特别是加快热塑性弹性体的应用研究步伐并提供技术可靠和市场稳定的货源，胶鞋工艺研究使用水基乳胶围条粘合剂，硫化橡胶与非硫化橡胶水基粘合剂，胶鞋帮面、里布复合水基粘合剂，硫化橡胶与硫化橡胶间的水基粘合剂，鞋帮制造水基粘合剂，中底布刮胶水基粘合剂。

6. 重大技改项目：加快利用高新技术对现有生产工艺流程再造创新，胶鞋生产锅炉的节能改造，推广沸腾炉，胶片半成品压延、出片高效节能改造项目，鞋底使用高比例合成胶技术应用与研究，特种功能胶料配方的研究，机器人生产流水线的研究。

7. 我国胶鞋行业的发展目标是产业的国际化和市场的全球化。立足国内市场，保证行业的生存和发展，进而为成就全球化的品牌建立通道。为实现这一目标，全行业应苦练“内功”、“强身健体”，实现可持续发展，在国际化竞争中实现“突围”，最终实现发展壮大民族品牌队伍，走向世界的奋斗目标！

（刘兰翎）

非轮胎橡胶制品

【基本情况】

2012 年，受各种不利因素影响，橡胶制品行业经济发展缓慢。根据中国橡胶工业协会橡胶制品分会调查统计，2012 年 57 家会员企业实现工业总产值 202.18 亿元，同比（下同）下降 1.23%。其中，橡胶制品产值 132.51 亿元，下降 2.03%；出口产品交货值 39.10 亿元，增长 35.96%；销售收入 197.85 亿元，增长 5.07%。工业总产值和销售收入的增速都创下 2005 年以来的新低，工业总产值近 7 年以来第一次出现负增长。利税总额和利润总额分别为 29.31 亿元和 16.56 亿元，分别增长 18.42% 和 10.04%。

从全年橡胶制品行业经济运行走势看，一、二季度较为低迷，三季度有所好转，四季度有所企稳。2012 年协会统计行业主要指标同比增长情况及销售收入、出口交货值完成情况见图 1、图 2。

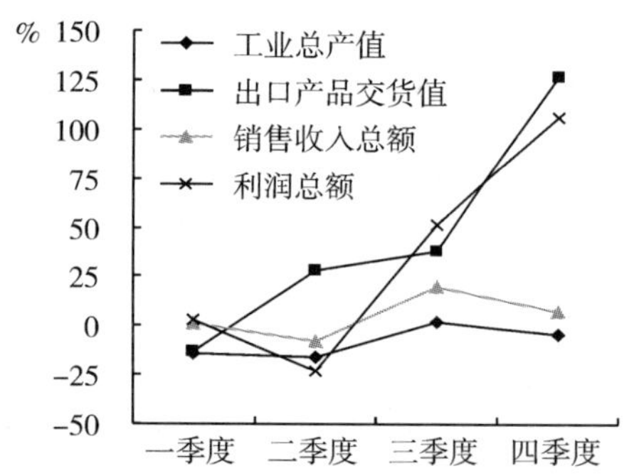

图 1　2012 年协会统计橡胶制品行业主要经济指标同比增长情况

2012 年度橡胶制品行业发展减缓，但从其走势看，经过一、二季度的低迷，三季度销售收入、利润总额和工业总产值的增速等各指标略有回升，四季度除工业总产值增幅略有下降外，其他主要指标的增幅都保持增长，出口产品交货值连续 3 个季度保持增长，且四季度出现大幅度增长，出口回暖迹象明显。

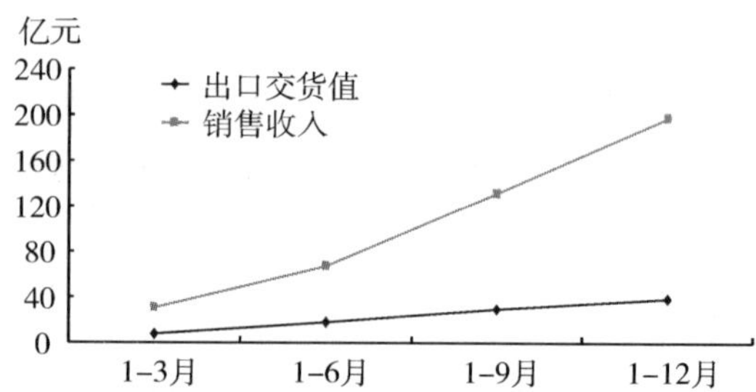

图 2　2012 年协会统计橡胶制品行业销售收入和出口交货值完成情况

【产品产量】

据中橡协统计，2012 年，17 种主要产品产量中的 6 种主要产品产量与去年同期相比有所增长。其中，铁路减震制品、橡胶止水条和橡胶防腐衬里的增幅较大，分别增长了 44.66%、34.19% 和 33.69%。铁路减震制品和橡胶防腐衬里的增速与去年同期相比增幅也较大，分别增加 81.68 和 49.84 个百分点。橡胶止水带、橡胶水坝和汽车减震制品产量都有不同程度的增长。11 种产品产量有所下降。其中，伸缩缝和工业胶布的产量下降幅度较大，分别下降 48.78% 和 13.88%。桥梁支座、O 型密封圈、胶辊、橡胶护舷、出口汽车橡胶配件、骨架油封、纯胶密封条、复合密封条和制动皮碗皮膜的产品产量都略有下降。3 种主要产品产量同比增长情况见图 3，环比增长情况见图 4。

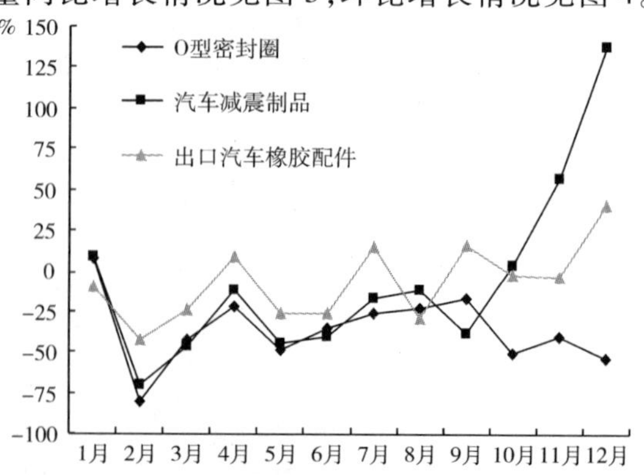

图 3　2012 年协会统计三种主要橡胶制品产量同比增长情况

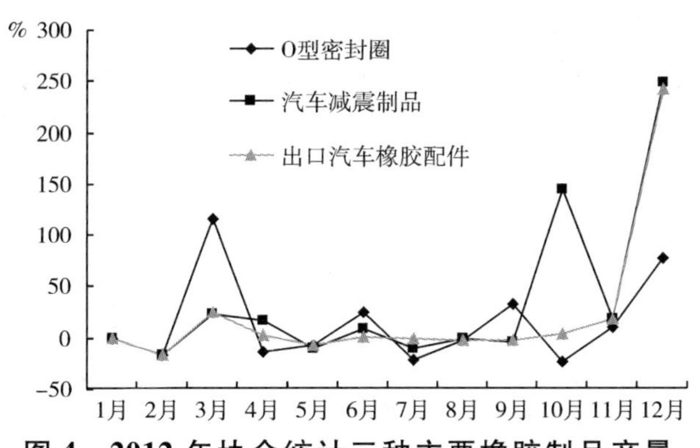

图 4　2012 年协会统计三种主要橡胶制品产量环比增长情况

【汽车配件生产企业及产量】

中橡协统计，2012 年汽车橡胶配件产量 716058 万个，比 2011 年下降 4.23%。其中汽车减震制品产量 371580 万个，骨架油封 80163 万个，复合密封条 6576 万米。我国主要生产汽车橡胶配件的企业见表 1。我国汽车橡胶汽配件主要出口企业有安徽中鼎控股(集团)股份有限公司、南京金三力橡塑有限公司、芜湖禾田汽车工业有限公司、山东美晨科技股份有限公司、青岛海力威新材料科技股份有限公司、玉环县中德塑胶有限公司、厦门市金汤橡塑有限公司、贵航股份红阳密封件公司。

表 1　我国主要生产汽车橡胶配件的企业

企业名称	主要产品
安徽中鼎集团	车胶管、密封及减震制品
宁波拓普集团	减震制品
贵航股份红阳密封件公司	汽车密封条
山东美晨科技股份有限公司	汽车胶管、减震制品
中南橡胶集团有限责任公司	汽车胶管、密封制品
株洲时代新材料科技股份有限公司	汽车密封制品
贵州大众橡胶有限公司	汽车减震制品
张家口时代橡胶制品有限公司	汽车密封制品
保定市诺博橡胶制品有限公司	汽车密封条、减震产品
芜湖禾田汽车工业有限公司	汽车减震、密封制品
自贡市富源车辆部件有限公司	汽车减震、密封制品
青岛海力威新材料科技股份有限公司	汽车密封制品
成都盛帮密封件股份有限公司	汽车密封制品
重庆杜克高压密封件有限公司	汽车密封制品
无锡市美峰橡胶制品制造有限公司	汽车密封制品
大连东正橡胶有限公司	汽车胶管、油封
铁岭华晨橡塑制品有限公司	汽车密封条
长春旭阳汽车橡塑制品有限公司	汽车密封条
江苏扬州合力橡胶制品有限公司	皮碗皮膜
铁岭福神橡胶制品有限公司	汽车减震、密封制品
铁岭天星橡塑制品有限公司	汽车密封制品

【生产销售】

2012 年行业销售收入排名基本稳定，在前 10 名企业中，有 6 家企业销售收入保持不同程度增长，另 4 家企业销售收入出现负增长，下降 12% ~ 42%。2012 年前 10 名企业销售收入总额 164.74 亿元，占总销售收入（行业统计数据）83.35%，比 2011 年增长 7.28%。统计数据显示，行业龙头企业在不断发展和壮大。2012 年行业销售收入第一名仍然是安徽中鼎集团。2012 年行业前 10 名企业销售收入及排名见图 5。2012 年行业前 10 名企业产值及排名见图 6。

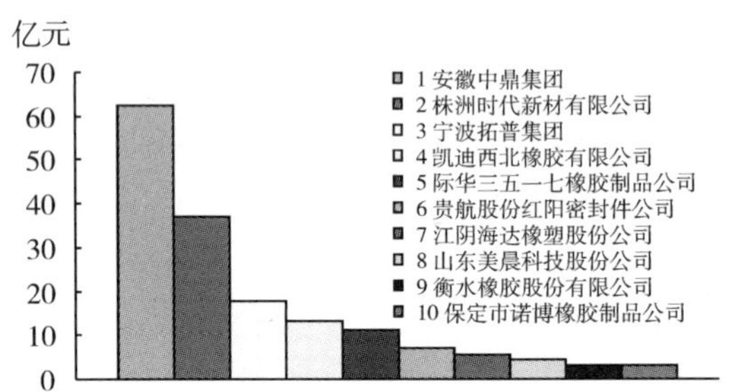

图 5　2012 年行业前 10 名企业销售收入及排名

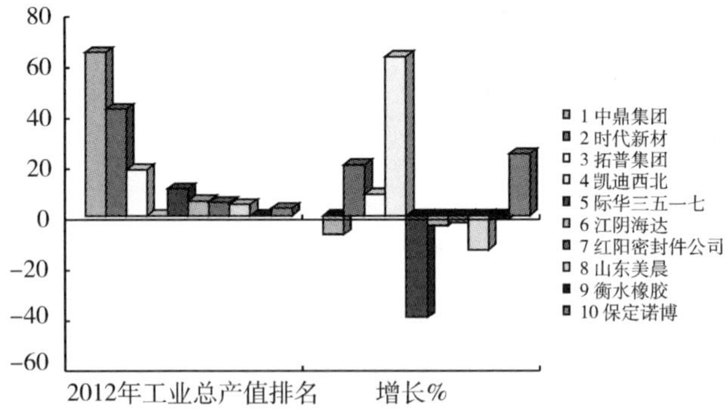

图 6　2012 年橡胶制品行业工业总产值排名

2012 年我国有两家橡胶制品企业进入世界非轮胎橡胶制品 50 强。在美国《橡胶塑料新闻》评选的 2012 年度全球非轮胎橡胶制品 50 强排行榜中，安徽中鼎密封件和株洲时代新材二次入围。2011 年株洲时代新材销售额大幅增长，以 5.31 亿美元连升 10 位，由第 47 名升到第 37 名。安徽中鼎密封件以 4.57 亿美元销售额由第 45 名升为第 42 名。

【进出口贸易】

据中橡协统计，2012 年会员企业出口交货值整体保持增长，年初（1 ~ 3 月）出口交货值呈现负增长（ - 7.76%）。1 ~ 6 月出口交货值摆脱负增长，同比增长 7.82%，1 ~ 9 月出口同比增长 11.47%，1 ~ 12 月出口同比增长 36.21%。2012 年行业出口交货值完成情况见图 7。

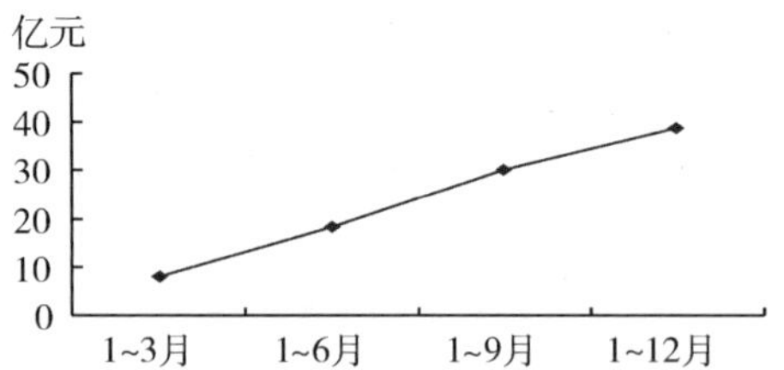

图 7　2012 年出口交货值完成情况

【存在问题】

1. 产业集中度不高，部分企业生产规模小，管理水平低。我国零部件制造企业大部分是由国有企业和乡镇企业发展起来的，企业规模较小，企业缺乏核心竞争力，很难与国外大型企业竞争，影响了我国汽车零部件产业全面快速发展。

2. 行业市场不规范，低技术含量产品恶性竞争严重。由于企业规模较小，技术水平较低，员工素质不高，投资和发展速度受限，容易产生恶性竞争现象，行业发展处于不良循环之中。此外，市场不规范和低水平竞争也在阻碍技术开发和应用，制约了行业整体的技术进步。

3. 企业现代管理制度不健全，缺乏可持续发展能力。目前，我国汽车配件行业有一批家族企业在迅速发展，企业规模不断扩大，有的已经成为行业龙头和骨干企业。其中一部分企业建立了现代化管理制度，实行了股份制改造，但还有一些企业仍然采用家族式管理方式进行经营。这些民营企业能否持续发展，有待引起广泛重视。

4. 低端产品过剩，高端产品不足。汽车橡胶制品行业的一般产品生产能力过剩，产量供大于求，而高端产品供货不足。受原材料、装备、模具和检测设备等因素影响，以及研究开发能力差的限制，产品质量及稳定性、使用寿命等与国外先进水平有较大的差距。

5. 部分原材料不能满足产品的需要，限制了橡胶制品行业的发展。如三乙丙橡胶，质量不稳定，仍需大量进口。氟橡胶，国内小批量生产，品种单一，性能不能满足产品要求。氯丁橡胶，质量不稳定，目前还需大量进口。氢化丁腈橡胶尚处于试制阶段，氯醚橡胶只有小批量生产，且质量不稳定。耐油型的硅橡胶国内仍为空白。

6. 某些橡胶制品没有标准或不完善，缺乏必要的检测手段，需要组织制订产品标准，完善检测方法，研发和生产测试仪器并尽快应用生产领域。

7. 高技术人才及复合型管理人才匮乏，高素质产业工人紧缺。国内橡胶制品企业普遍缺乏高水平的专业技术和管理人才，以及高素质的产业工人。橡胶制品行业与汽车专业科研院所、汽车设计和制造企业联系不够紧密，产业工人培训体系尚未建立。一些大型企业近年来已开始重视这些问题，采取措施积极培养人才，如企业与大学联合，组织委培研究生和专业人才，以保持企业技术发展后劲。

【采取措施】

1. 加快促进大中型企业的联合与兼并，组建跨地区的集团公司，形成区域优势，增强区域综合实力。

2. 调整产品结构，继续转变增长方式，由劳动密集型向技术密集型转变，研发高技术含量的汽车配件和配套设备。

3. 积极开发应用新材料和新设备，提高工装装备的自动化水平和专业化程度，提高生产效率。

4. 抓好节能减排和环境保护、出口产品满足国外 REACH 法规的要求。

5. 在企业管理方面，引进国外管理方式，在企业管理方面多下功夫。

6. 培育自主品牌，打造国内名牌产品。

【展　望】

2013 年一季度行业经济运行情况良好，除出口指标同比下降外，工业总产值和销售收入增长 15% 以上，利税保持增长态势。1 ~ 3 月制品行业 55 家重点企业主要经济指标增长情况见表 2，主要产品产量增长情况见表 3。

表 2　2013 年中橡协统计 1 ~ 3 月行业主要指标增长情况

指标名称	1 ~ 3 月	去年同期	同比/%
工业总产值(现价)/万元	502629	427198	17.66
工业销售产值(现价)/万元	487107	421285	15.62
橡胶制品销售产值	319377	274806	16.22
出口产品交货值(现价)/万元	139555	146691	-4.86
销售收入总额/万元	495719	426899	16.12
实现利税总额/万元	69776	64391	8.36

表 3　2013 年中橡协统计 1 ~ 3 月主要产品产量增长情况

产品名称	1 ~ 3 月	去年同期	同比/%
O 型密封圈/万个	27714	24187	14.58
骨架油封/万个	16154	13109	23.23
复合密封条/万 m	1475.24	1346.47	9.56
制动皮碗皮膜/万个	270.81	326.52	-17.06
铁路减震制品/万个	385.84	25.80	1396
汽车橡胶配件/万个	172663	134917	27.98

2013 年行业发展形势仍不十分明朗，不确定和不稳定因素将继续干扰行业发展。根据有关方面预测，整个汽车行业产销形势要好转，预计 2013 年汽车销量增速 5%～10%。随着汽车行业发展及市场利好因素刺激，制品行业形势将随之回归增速、企稳向好。

预计 2013 年，行业运行状况将好于 2012 年，主要经济指标预计增长 15%左右。

（杨　莉）

橡胶密封制品

【基本现状】

据橡塑密封分会统计，2012 年，橡塑密封行业工业总产值 124.35 亿元（2011 年 108.10 亿元），同比增长 15.03%。密封行业 2012 年国内市场容量 213.69 亿元（去年同期 185.13 亿元），同比增长 15.42%。密封行业出口 45288.91 万美元（去年同期 52480.21 万美元），减少 13.70%。密封行业进口 46150.43 万美元（去年同期 51241.21 万美元），减少 9.93%。进口依存度 13.64%。出口依存度 13.38%。2012 年橡胶密封行业 10 家重点企业基本状况和财务状况分别见表 1 和表 2。

表 1　2012 年橡胶密封行业 10 家重点企业基本状况

指标名称	2012 年	指标名称	2012 年
工业总产值（当年价）/万元	762098.60	工业生产用铜材消耗量/t	26
产品产值	632495.19	企业用电量/kW・h^{-1}	37466.14
新产品产值/万元	312933.10	工业生产用能耗总量（折标煤）/t	46046.03
工业销售产值（当年价）/万元	706421.60	固定资产投入/万元	20693.10
产品销售产值/万元	581984.89	金切机床拥有量/台	394
产品出口交货值/万元	297886.50	高精度	40
工业增加值/万元	257912.20	数控	129
从业人员平均人数/人	13217	内加工中心/台	38
工业生产用钢材收入量/t	1039	企业全部占地面积/m^2	880509
工业生产用钢材消耗量/t	1974	工业生产用房屋建筑面积/ m^2	467668
工业生产用生铁消耗量/t	414		

表 2　2012 年橡胶密封行业 10 家重点企业财务状况

指标名称	2012 年	指 标 名 称	2012 年
一、年末资产负债		**二、损益及分配**	
年末资产合计/万元	807882.51	营业收入/万元	806333.44
流动资产小计/万元	560425.31	产品营业收入/万元	590002.48
应收账款	132906.01	营业成本/万元	629918.76
存货/万元	116987.28	营业税金及附加/万元	5832.15
内产成品/万元	30748.00	销售费用/万元	40420.91
固定资产净额/万元	139421.34	管理费用/万元	50828.49
年末负债合计/万元	415593.85	财务费用/万元	10719.55
流动负债小计/万元	248014.20	利息支出	9459.36
年末所有者权益/万元	390221.50	利润总额/万元	102892.06
去年年末所有者权益/万元	363038.37	应交所得税/万元	14992.62
		应交增值税/万元	18523.20
		销向税/万元	117828.07

注：表 1 和表 2 数据来源 2012 橡塑密封分会年报。

【科技创新】

2012年是“国家橡塑密封工程技术研究中心”三年建设期的第一年，已完成人员、设备、试验厂房建设。项目三年建设期间将通过研究新材料、新结构、新工艺、新技术等橡塑密封工程共性、基础技术，根据国家重大工程、重大装备、军事装备以及各类高端密封市场需求，研究开发高性能橡塑密封新产品，可替代进口高端产品，满足国内需求，技术水平达到或接近国际先进水平，引领密封行业的技术发展。申报12个以上各级纵向科研课题，承接90项以上横向项目；开发并投放市场新产品9个以上，转让3项以上工程技术成果；申请发明专利6个以上，发表论文30篇以上。

国家科技支撑计划《大型及行走式工程机械密封关键技术研究与应用》项目周期为2011年1月1日至2013年12月31日，2012年作为关键的中间一年，通过开展密封材料配方设计及优化技术，密封结构设计及优化技术，可靠性测试方法和试验技术，超大型密封的加工工艺技术等关键技术的研究，研制行走式工程机械高压往复油缸和大型盾构机密封件并提供国产化示范应用，形成发明专利4项，新增产值3000多万。

2012国家重大科技成果转化项目《大型风力发电装配关键密封件产业化》项目，经过一年实施，已形成主轴油封、水封、防尘系列胶条等产品，覆盖了1.5MW~6MW大型风力发电装配的各个主流机型的全套密封，在国内各个主机厂及风电场均已量产供应，项目在2012年当年实现销售额近2000万。申请发明专利2项，发表论文3篇。

科技部、财政部下发关于2012年度科技型中小企业技术创新基金项目，在密封行业立项6项，共支持资金400多万元，6个项目分别是高性能唇口PTFE涂层油封、ABS汽车制动电机密封系统、低危害无毒橡胶汽车密封条、车载液压系统用高精度超耐低温特种橡胶密封件、一种模压式橡塑组合型旋转轴系列油封、木质素补强三元乙丙橡胶制备车用密封条。

1. 主要开发领域及典型研发机构

国内研发领域与国外一样，主要从事密封基础技术、密封材料的研发技术和密封系统的结构设计技术，其次有密封件加工技术、检测技术及可靠性验证技术等。但研发投入少，研究内容不深入，研究水平较低。

研发组织模式分析

国内密封件行业的技术研发主要是密封件生产企业的自主行为，国家给予了一定的政策支持，主要有以下几种形式：

(1)生产企业自身的研发机构

限于企业规模及资金实力限制，除少数生产规模达到1亿元以上的生产企业具有较完整研发设备、组织、人员配置，功能较齐全、相对独立的研发机构外，多数企业没有真正意义上的研发机构。此类机构研发能力参差不齐，多数是从事模仿国内外技术的应用开发研究。

(2)产业科技创新联盟

近来出现联合产品产业链上、下游企业、同行互补性企业以及大学相关专业和科研单位的科技创新联盟，对整合产业研发资源和信息、研发能力上的优势互补具有积极作用，但这类联盟没有形成明确的目标，研发成果难分配，因而组织形式较松散，效果不明显。

(3)产、学、研、用

主要是以特定科研项目或课题为载体，形成的一类中、短期科研合作模式，一旦完成科研项目或课题，组织就可能解散，因而较难形成长期、系统的科研合作组织。

(4)行业工程中心和重点实验室

在国家或地方政策鼓励下，依托重点生产企业形成的一类研发机构或平台。资金来源、科研项目来源的局限性和依托企业的唯一性，此类机构目前开放程度有限，多沦为依托企业的内部研发单位，对产业贡献度不够。

(5)企业院校共建工程技术研究所

企业与科研院校共建工程技术研究所，优势互补，将科研院校在基础理论研究方面的优势和企业对市场需求的敏锐性相结合，课题及资金相对稳定，益于科技人才的培养和成长，研究成果转化率高、效益好。

(6)产业基地

产业基地或产业集群本不是一种科研组织形式，但产业链上、下游的优秀企业集中在一起，打破了地域限制，加强了信息沟通，为科研提供了便利条件,更有利于应用技术研究和新产品开发。

典型研发机构:

(1)广州机械科学研究院有限公司

2008年经国家人力资源和社会保障部批准设立博士后研究工作站,2011年经广东省科技厅批准设立“广东省院士工作站”。成立了机械工业橡塑密封工程研究中心、机械工业橡塑密封重点实验室和广州市橡塑密封行业工程技术研究中心。2011年经国家科技部批准建立“国家橡塑密封工程技术研究中心”。

(2)安徽中鼎(股份)集团公司

1993年成立公司研究所,1998年更名为技术中心,并于同年被认定为省级技术中心。2007年被评为“国家认定企业技术中心”,成为同行业首家拥有国家级技术中心的企业。

(3)重庆杜克高压密封件有限公司

建立了全国油封行业的第一个博士后工作站,与德国、英国有关单位联合开发出了油封产品有限元设计分析软件、油封生产过程模拟控制软件,自主开发、设计、制造的高压旋转油封、异形高速油封、油封检测、试验设备和装置等。

(4)清华大学

精仪系密封与润滑研究室在机械设计及理论(流体密封)研究领域,主要从事危险性气体透平机械的非接触式密封装置及测控系统的研发及产业化。

(5)西北橡胶塑料研究设计院

原化工部西北橡胶工业制品研究所,创建于1965年,是当时国内唯一专门从事橡胶密封制品的研究单位,建有国家橡胶密封制品质量监督检验中心及国家密封制品检验实验室。

2. 产业技术研发能力

与国际先进产业技术水平相比,国内密封件企业普遍存在研发投入低,创新能力不足的问题:

(1)密封基础技术研究尚处于起步阶段

除清华大学等屈指可数的几所大学外,国内基本没有大学专门设有从事密封基础技术研究的专业,企业也缺乏密封基础技术研究的条件,密封基础技术研究几乎缺失。近年来通过产学研用科研项目,以及行业服务平台的建设促使密封基础技术的研究正在逐步恢复,但整体水平尚处于起步或探索阶段,与国外差距较大。

(2)密封材料的研发技术尚处于低级阶段

目前,高端密封件所使用的氢化丁腈橡胶(HNBR)、氟橡胶(FKM)、聚四氟乙烯(PTFE)和聚氨酯弹性体(CPU与TPU)等主要主体材料,主要依赖进口。国内密封材料的研发工作主要集中在对进口材料的配合和改性研究,与国外功能密封材料的设计、合成技术相比,尚处于研发的低级阶段。

(3)密封系统的结构设计技术创新能力不足,缺少原创性技术成果

由于国内密封基础技术研究的缺失,导致密封系统的结构设计技术长期落后。虽然近年来国内密封系统的结构设计有所突破,出现不少相关专利,但总体来说还缺少原创性技术成果;计算机辅助设计技术和有限元分析技术虽然在结构设计中得到应用,但还不够普及和深入。

(4)生产设备及加工技术相对落后

重庆杜克高压密封件有限公司原创性不切边油封注射成型技术,获得了多项国际、国内专利;广州机械科学研究院掌握了聚氨酯浇注及无模具车削密封件技术。但对多数中小型密封件企业来讲,开发专用密封件生产及辅助设备的能力较弱,更新生产加工设备的资金及意愿不足,还停留在老设备、老技术、老工艺的起步阶段上,难以实现设备及工艺的升级换代。

(5)检测技术及可靠性验证技术薄弱

检测技术还停留在简单的材料物性检测和产品尺寸外观检测上,设备也多使用20世纪末的技术,较少能使用自动化设备,缺乏过程控制能力。密封产品的可靠性验证技术方法和手段单一,大部分靠装机和实机验证。

3. 产业技术发展的主要障碍

(1)基础件与主机发展不匹配

过去十年重主机、轻基础的机械制造业发展模式令基础件错过了与主机同步发展的最好时机,形成了现今基础件远落后于主机发展水平的现实;而国外企业的垄断更使得基础件行业缺少成长的机会,技术发展缺少必要的环境和可预期的收益,因而发展动力不足。

(2)技术发展资金不足,科研工作视野狭窄、领域不宽

在中国,密封产业是一个不大的产业,很少有实力的企业或财团投资到密封产业中,而中小企业普遍缺少一定的经济实力支持技术发展,科研工作视野狭窄、领域不宽,只注重生产技术研究,对基础研究及前瞻性研究投入太少。

(3)技术人才缺乏,科技创新能力不足

国内缺少密封技术人才的系统培养体系,单靠企业独立培养及技术实践,人才培养起点低、成长速度慢,科技创新能力不足,整个产业的创新能力和科技发展水平尚处于模仿阶段向创造性模仿发展的低级阶段,自主创新能力不足,难以引进核心技术。

(4)产业链上、下游技术发展脱节

国内密封件产业链上、下游沟通甚少,因此对产业链的影响小,技术发展不能协调一致、共同进步,应效仿国外巨头通过购买、参股等方式直接参与全产业链的技术研发过程。

【技术趋势】

为了适应新的环境,密封行业将不断转变观念,不断进行技术创新,不断涌现新技术、新概念、新结构、新产品、新材料、新工艺和新标准,并向深度发展。密封产业技术的发展方向是零逸出、高性能、长寿命和绿色环保。

1. 设计技术

随着科学技术的飞速发展,密封产业技术也快速发展,新的技术不断涌现,密封技术呈现出向自动化、智能化、数字化方向发展的趋势:

(1)密封性能仿真技术

通过建立多场多尺度耦合的弹性流体动压模型,采用混合润滑理论,考虑流体力学特性、固定变形、接触力学和热场的耦合作用,结合实验数据,研究各种工作参数、密封结构参数和材料性能参数等对动密封性能的影响,为密封系统结构设计提供依据。

(2)数字化设计技术

应用 CAD/CAM/CAE 的设计技术,以商业软件为载体,建立三维数据化系统,开发橡塑密封产品及模具设计和加工的数字化设计和加工应用平台。

(3)智能密封系统设计技术

智能密封系统设计技术,是集成传感检测技术、信息传输技术、信息处理技术、自动控制技术、微电源技术的成果,结合模糊检测、数据融合和人工智能信息处理方法,最终实现密封系统的自检测、自调整、寿命预测等功能。

(4)流体动力效应应用设计技术

利用流体动力效应研究的设计技术。例如在密封件的摩擦界面上开设流体动力螺旋槽,利用螺旋槽的泵汲作用,避免了泄漏,特殊结构还能减小摩擦力,降低运行能耗。

2. 新材料技术

新材料的应用推动了橡塑密封技术的快速发展,除了在已有基础上进行改性、制备复合材料,还积极开发全新分子结构的高性能材料。

(1)氟橡胶材料

氟橡胶是耐高温、耐油和耐化学介质综合性能最优异的特种橡胶,全球氟橡胶产量 80% 用于密封件。传统 A/B 型氟橡胶已逐渐被 C/D 型氟橡胶取代,四元聚合、五元聚合、耐胺碱的氟橡胶已在化工、能源、石油、航空、航天等领域逐步取代了原来的 A/B 型氟橡胶。这些新型氟弹性体的配合、加工技术是今后重点关注方向。

(2)聚氨酯弹性体材料

聚氨酯弹性体材料具有优异的物理机械性能和耐油性,是液压传动与控制系统最重要的密封件材料,其应用越来越广泛。研究重点关注提高其高温性能(使用温度从 80℃ 提升至 120℃,短时甚至更好)、压缩永久变形性能、摩擦磨损性能以及耐水解、阻燃等性能。

(3)密封骨架材料技术

传统金属骨架、橡胶/棉纤维复合夹布骨架正慢慢被芳纶浆粕/橡胶复合材料取代。后者在尺寸稳定性、加工方便性、成本、密封力保持能力与橡胶复合成型能力方面都具有明显的优势。

3. 新工艺技术

密封件生产工艺正朝着自动化、低成本和高可靠性的方向发展:

无模车削密封技术随着浇注聚氨酯密封材料的广泛应用而快速发展,已应用到除聚氨酯密封材料以外的传统橡胶密封材料,代替传统的橡胶密封件模压工艺,满足及时供货和个性化设计的要求。全自动控制的密炼机系统结合转子改型,实现了节能高效,减少了对环境的污染,同时制造出了高品质的混炼胶料。高效、先进、高品质的橡胶注射成型加工技术,结合自动化修边、检测、包装生产线,大幅提高了生产效率和质量稳定性。热塑性材料的回收使用,提高了材料的利用率,有望实现清洁生产;可控发泡技术的应用,为密封材料成型增加了新方法,并且有望实现一些特殊的功能。此外,还有快速硫化成型技术、免二段硫化成型技术、免涂粘合剂金属骨架处理技术、免修边精密模具成型技术等,均使密封件成型工艺向节能、环保、绿色制造方向发展。

(肖风亮)

乳胶制品

2012年上半年，欧债危机继续深化，国际市场需求持续低迷，新兴经济体增速明显放缓，世界经济复苏的步伐艰难而又曲折。下半年，世界经济发达国家为了提振本国经济，纷纷出台了各种经济刺激政策，国际政治、经济形势变得更加错综复杂。近几年来，国外乳胶制品企业大幅增资扩产，乳胶制品国际市场竞争日趋激烈。2012年，天然胶乳价格出现大幅回落，有效地减轻了企业因劳动用工、能源运输等费用大幅增加而推动成本上涨的压力。行业经济运行基本正常，经济效益得到一定恢复。

【基本情况】

乳胶行业产品出口比率较大。面对跌宕起伏的市场环境，企业着力调整产品结构，积极开辟国外多元化销售市场，着力巩固和拓展国内市场。2012年乳胶行业主要技术经济指标（分会29家统计企业数据汇总）完成情况见表1。

表1　2012年中橡协统计乳胶行业主要技术经济指标完成情况

指标名称	2012年	2011年	同比/%
产品销售收入/亿元	28.62	27.08	5.69
工业总产值/亿元	28.40	26.22	8.31
工业销售产值/亿元	28.56	26.90	6.17
工业增加值/亿元	6.52	6.09	7.06
出口交货值/亿元	12.88	12.99	-0.85
实现利润总额/亿元	0.94	0.71	32.39
实现利税总额/亿元	1.70	1.30	30.77

从表1可以看出，2012年乳胶行业出口交货值与2011年相比下降0.85%，其余各项同比均取得一定增长。但产品销售收入、工业总产值及工业增加值等3种主要技术经济指标的增长幅度有所放缓，增幅与同比分别下降10.1、2.6和10.6个百分点。行业实现利润总额、利税总额增幅则分别上升14.37和17.65个百分点，行业的经济效益得到了一定恢复。

【国内外贸易】

2012年乳胶行业生产销售基本稳定，但主要产品的出口与内销形成很大反差，反映了目前国外与国内乳胶制品市场的供需状况正在发生较大的变化。

1. 生产销售基本稳定

2012年，乳胶行业主要产品（分会29家统计企业数据汇总）除避孕套产量和检查手套、工业手套销量同比出现小幅下降外，其他品种的产量和销量都取得一定增长，见表2。

从表2可以看出，2012年行业主要产品家用手套的产量、销量与2011年相比均出现较大幅度的增长，成为行业产品生产销售中的一个亮点。外科手套的产量和销量也取得了比较稳定的增长。避孕套产量与2011年相比虽然仍略有下降，

表 2　2012 年中橡协统计主要乳胶制品生产销售情况

产品名称	2012 年	2011 年	同比/%
避孕套/亿只			
产量	29.99	30.18	-0.63
销量	30.52	29.77	2.52
外科手套/亿副			
产量	4.68	4.42	5.88
销量	4.48	4.27	4.92
检查手套/亿只			
产量	15.40	14.88	3.49
销量	14.30	14.54	-1.65
家用手套/亿副			
产量	1.90	1.47	29.25
销量	1.86	1.44	29.17
工业手套/亿副			
产量	0.44	0.43	2.33
销量	0.44	0.45	-2.22

但下降幅度缩小了 13.8 个百分点；而销量由 2011 年的 -8.89% 变为 2012 年小幅增长，增长幅度上升了 11.41 个百分点。检查手套的产量、销量 2011 年都是负增长，2012 年产量同比变为正增长，增长幅度上升了 8.92 个百分点；而销量同比虽然仍然下降，但下降幅度有所缩小。总体而言，避孕套、检查手套的生产销售形势正在朝好的方向积极转化。工业手套的产量同比小幅增长，而销量同比略有下降，增幅与 2011 年相比分别下降了 11.09 和 17.43 个百分点。

2. 内销、出口差异扩大

乳胶行业的出口和内销比值，多年来基本各占一半。2008 年出口比值高时曾达到 53.28%，此后由于受世界经济危机和国外乳胶制品产能大幅扩张的影响，行业产品出口比值逐年下降，降幅也逐年加大，至 2012 年出口比值下降为 44.98%。2012 年行业出口比值的降幅与 2011 年相比回落了 3.16 个百分点，是近四年来下降幅度最大的一年，主要乳胶制品出口和内销的差异明显扩大，见表 3。

橡胶避孕套、外科手套、医用检查手套、医用导管等乳胶制品归类于医疗器械产品，而家用手套、乳胶海绵及工业手套、指套等乳胶制品与民众生活和工业防护密切相关。在国家扩大消费、改善民生等政策措施的大力支持推动下，乳胶制品的国内需求正在以较快速度稳步增长。2012 年，避孕套、外科手套、检查手套、家用手套、工业手套等五种主要乳胶制品的内销量与 2011 年相比，都取得了 9.18% 以上的较快增长，发展趋势良好。但乳胶制品的出口中，仅家用手套同比取得 31.78% 的较好增长，其余 4 种产品都出现较大幅度的下降，行业产品外销形势不容乐观。

表 3　2012 年中橡协统计主要乳胶制品内销和出口情况

产品名称	2012 年	2011 年	同比/%
避孕套/亿只			
内销	20.35	17.46	16.55
出口	10.17	12.31	-17.38
外科手套/亿副			
内销	2.95	2.42	21.90
出口	1.53	1.85	-17.30
检查手套/亿只			
内销	5.47	5.01	9.18
出口	8.83	9.54	-7.44
家用手套/亿副			
内销	0.45	0.38	18.42
出口	1.41	1.07	31.78
工业手套/亿副			
内销	0.13	0.09	44.44
出口	0.32	0.36	-11.11

【生产与效益】

乳胶制品企业充分利用国家稳定经济、扩大内需及主要原材料天然胶乳价格回落到相对低位的有利条件，进一步加强企业管理，提质降耗，挖掘内部潜力，努力提高生产经营运行的质量。

1. 着重经济运行质量，保持行业稳定发展

2012 年，乳胶行业产品销售收入前 10 名企业见表 4。

表 4　2012 年乳胶行业产品销售收入前 10 名企业　　万元

排名	企业名称	2012 年	2011 年	同比/%
1	北京华腾橡塑乳胶制品有限公司	27033	25708	5.15
2	桂林紫竹乳胶制品有限公司	26048	24680	5.54
3	福建三信织造有限公司	18191	16876	7.79
4	张家港大裕橡胶制品有限公司	17182	17934	-4.19
5	镇江苏惠乳胶制品有限公司	16935	18808	-9.96
6	上海科邦医用乳胶器材有限公司	16903	13095	29.08
7	安徽豪杰塑胶制品有限公司	16359	14733	11.04
8	广州广橡企业集团有限公司双一乳胶厂	16231	14189	14.39
9	张家港宏裕乳胶手套有限公司	16008	11720	36.59
10	北京瑞京乳胶制品有限公司	13608	12893	5.55

从表4可以看出，2012年乳胶行业产品销售收入前10名企业中，有8家与去年同期相比取得了一定增长，其中安徽豪杰塑胶制品有限公司、广州广橡企业集团有限公司双一乳胶厂、上海科邦医用乳胶器材有限公司、张家港宏裕乳胶手套有限公司等4家企业的增长幅度分别为11.04%、14.39%、29.08%和36.59%。但总体来看，企业销售收入增长幅度放缓，增幅超过10%以上的企业数与2011年相比减少了一半；同时有两家企业销售收入同比下降，下降企业数与上年同期相比增加了1家。行业在发展中遇到了较大的困难，也面临着较多的不确定因素。

2. 出口形势日趋严峻，亟待加大政策支持

2012年乳胶行业完成产品出口交货值前10名企业见表5。

表5　2012年乳胶行业完成产品出口交货值前10名企业　　万元

排名	企业名称	2012年	2011年	同比/%
1	北京华腾橡塑乳胶制品有限公司	21990	21391	2.80
2	镇江苏惠乳胶制品有限公司	16935	18808	-9.96
3	张家港大裕橡胶制品有限公司	15330	16419	-6.63
4	张家港宏裕乳胶手套有限公司	13816	10511	31.44
5	青岛双蝶集团股份有限公司	7920	8977	-11.77
6	广州广橡企业集团有限公司双一乳胶厂	7905	5667	39.49
7	安徽豪杰塑胶制品有限公司	7634	7696	-0.81
8	湛江嘉力手套制品有限公司	6505	7856	-17.20
9	江苏爱德福乳胶制品有限公司	6102	7570	-19.39
10	桂林紫竹乳胶制品有限公司	5584	5533	0.92

从表5可以看出，2012年乳胶行业完成产品出口交货值的前10名企业中，仅有40%的企业与2011年相比取得一定增长，其中广州广橡企业集团有限公司双一乳胶厂和张家港宏裕乳胶手套有限公司两企业，积极拓展多元化出口市场成绩显著，完成出口交货值同比分别增长了39.49%和31.44%。而完成产品出口交货值同比出现负增长的企业家数与2011年相比增长了200%，而且下降幅度呈现扩大的趋势。国家2012年保持乳胶制品出口退税政策不变，为乳胶行业产品外销提供了一定的有利条件。但同时又维持对企业生产用进口天然胶乳征收10%或720元/吨关税，削弱了我国乳胶制品在国际市场上的竞争能力。行业的出口形势非常严峻。

【基建与技改】

近两年来，国家加大产业结构调整力度，淘汰落后产能，推行低碳经济，保护生态环境。这对乳胶制品企业的设备性能、自动化程度及污染物处理都提出了更高的标准和要求，加快了乳胶制品产业转型升级的步伐。

安徽豪杰塑胶制品有限公司于2011年新征85亩土地兴建厂房，并从马来西亚引进了两条具有国际先进水平的乳胶手套生产线。2012年底，两条新手套生产线完成安装，2013年6月完成调试并投入运行。公司检查手套的年生产能力由此将增加2亿只以上。

由于产品供不应求，湛江汇通药业有限公司于2011年在遂溪征地40亩建造新厂房，2012年下半年5条新建的避孕套生产线投入正常运行。目前该公司避孕套的年生产能力已超过10亿只，成为国内最大的避孕套生产企业。该公司还根据市场需求，新建了一条高效率医用手套生产线，2013年6月中旬投入运行，医用手套年生产能力达0.4亿副。

按照国家产业政策的规划和企业自身发展的需要，阳江兴力塑胶制品有限公司、青岛合力乳胶制品有限公司等企业于2012年完成了易地搬迁。企业通过科学搬迁，进行更新设备、合理布局，以谋求长久和更好的发展。

【存在问题】

1. 用工费用大幅上升，生产成本难以下降

"招工难"是乳胶制品企业在2012年遇到的一个极大的问题。近年来，企业为了解决用工困难，一方面积极开展技术进步，不断提高生产设备的自动化水平；另一方面大力改善劳动环境，较大幅度地提高了在职员工的工资水平和福利待遇。乳胶行业从业人员月平均报酬在2011年同比增长17.24%的基础上，2012年又同比增长了9.07%。目前我国人力成本及能源、物流服务等价格已经进入了一个上升周期，在收入分配、能源价格等改革举措的推动下，乳胶制品的制造成本将会进一步不断攀升。

2. 原料胶乳进口征税，乳胶制品进口免税

2012年，国家对进出口关税进行了部分调整，但天然胶乳进口税率仍然维持10%或720元/吨，两者从低。而按照东盟自由贸易区的降税模式，我国橡胶避孕套、橡胶医用手套、橡胶其他手套及橡胶海绵等其他乳胶制品在2010年都已经实现了进口零关税。天然胶乳进口征税，增加了国内乳胶制品的生产成本，降低了与国外产品同台竞争的能力；而乳胶制品进口免税，却为国外乳胶制品进入国内市场创造了极为有利的条件。

3. 国外企业大幅扩产，乳胶制品进口锐增

近年来，马来西亚、泰国等东南亚乳胶制品企业大幅扩产，在充分占据发达国家市场份额的同时，又把中国等新兴经济体作为新的战略目标。海关统计数据显示，2012年我国进口橡胶避孕套2928.42吨，约8.78亿只，同比增长19.39%；进口橡胶外科手套1459.03吨，约0.4291亿副，同比增长27.98%；进口橡胶其他手套(含检查手套、家用手套及工业手套等)12866.22吨，同比增长57.86%。我国乳胶制品出口受阻，而国外乳胶制品进口却大幅增加的情况，应该引起行业和政府有关部门的高度重视，制定措施，及早应对。

4. 全球货币宽松泛滥，新兴市场压力加大

自2012年下半年以来，全球几大中央银行纷纷启动了新一轮宽松货币政策的浪潮，全球货币的流动性变得更加充裕。这虽然能给世界发达国家的经济复苏增加一定的推力，但同时也给中国等新兴经济体国家带来了汇率上升和出口下降的压力。

【对策与措施】

1. 实施外贸发展规划，促进外贸稳定增长

2012年4月下旬，国家发布了《对外贸易发展"十二五"规划》，提出在"十二五"时期，进出口总额年均增长10%左右。9月中旬，国务院办公厅又发布了《关于促进外贸稳定增长的若干意见》，确定加快出口退税进度，确保准确及时退税；扩大融资规模，降低融资成本；扩大出口信用保险规模和覆盖面；简化审批手续，提高通关效率，降低通关成本；优化外贸国际市场布局，支持企业开拓非洲、拉美、东南亚、中东欧等新兴市场等八项政策措施。

我国乳胶行业的外贸比重较大，国家稳增长、促平衡的外贸规划实施，保持出口退税政策的稳定和完善出口退税机制，为乳胶制品企业的出口业务提供了较为便利的条件。

2. 加快国内贸易发展，推动产业结构调整

2012年9月上旬，国家发布了《国内贸易发展"十二五"规划》，提出要积极构建扩大内需长效机制，把扩大消费需求作为扩大内需的战略重点。同时，国家增加了财政投入，深化医药卫生体制改革，扩大基本公共卫生服务项目，我国基本医疗保障制度已经覆盖超过12.5亿的人口。国家扩大内需、完善保障和改善民生的制度，推动和加快了我国乳胶制品产业结构的调整，为行业的长远发展奠定了坚实的基础。

3. 外部环境逐步转好，内需市场不断扩大

2012年下半年，美国就业人数增加，经济逐渐出现回暖；欧盟国家国债收益率开始降低，欧债危机有所缓解；我国经济稳中趋升、积极因素趋于增多。在各国推动经济增长措施的激励下，世界经济呈现缓慢复苏的迹象。外部环境逐步转好，将给乳胶行业产品出口的恢复带来积极的帮助。我国城镇化建设积极推进，工业化进程进一步加快，居民消费能力不断提高，也为乳胶制品国内市场的稳步扩大提供更大的动力。

4. 胶乳价格回归理性，产品价格基本稳定

2012年，天然胶乳价格在经过近两年的回落整理后，逐渐回归到理性价值区间震荡，这给乳胶制品企业开展正常的生产经营工作创造了较好的条件。同时，企业加强行业自律，抵制低质、低价的无序竞争，使医用手套、检查手套及避孕套等主要乳胶制品的价格基本保持稳定，保障了行业的稳定、健康发展。

【改革与创新】

1. 深化企业机制改革，开展产品结构调整

我国乳胶行业深化企业机制改革，着力转换经济发展方式。2012年9月，中国化工橡胶株洲研究设计院正式划归中国化工科学研究院；2012年11月，桂林乳胶厂和上海乳胶厂成功完成了公司制转变，更名为“桂林紫竹乳胶制品有限公司”和“上海金香乳胶制品有限公司”。株洲、桂林、上海等国有企业深化改革，将进一步增加企业生产经营机制的灵活性，有利于在市场经济的浪潮中更好地发展。大连、青岛、天津、安徽、苏州等由国有转制为股份制的企业及各地民营企业，积极在产品结构调整中谋求新的发展，成为重要的生力军。乳胶制品企业的机制改革和创新，为行业长远发展打下了坚实的基础。

2. 加强企业科技创新，推动产业升级换代

面对国内、国际乳胶制品市场需求的快速变化，乳胶行业用科技创新的有效手段来应对困难。各企业重视技术进步和科技创新工作，投入较大的人力、物力、财力，建立了企业自身的技术骨干队伍。聚氨酯涂层手套、硅胶制品、合成胶乳军工产品及低亚硝胺乳胶制品等新产品的开发投产，乳胶手套自动脱膜装置及避孕套自动装盒机的推广应用，国外高效率乳胶手套生产线的引进，国外特种胶乳、新型涂层材料及助剂等新材料、新工艺的应用，将不断提高我国乳胶制品的技术含量和竞争能力，加快我国乳胶制品产业的升级换代。

【节能减排】

《橡胶制品工业污染物排放标准》于2012年1月1日起正式实施，其中对乳胶制品工业的污染物排放提出了更高的要求。乳胶制品由于其独特的工艺要求，在生产过程中能源及水的耗用量较多。近年来，在国家相关政策的引导下，企业着眼长远发展的需要，不断加大在环境保护、节能减排等方面的资金投入。积极采用热载体锅炉代替蒸汽锅炉、天然气直接烘箱加热、变频调速节电等新技术；大力推广避孕套干法电检机、三合一产品后硫化装置、双排及四排模复合型生产线、岩棉烘箱板等保温材料的应用及蒸汽冷凝水回收利用等新设备，大幅降低了煤耗和水耗，较好地改善了生产环境。

【发展目标】

2013年，我国将继续实施积极的财政政策和稳健的货币政策，同时增强操作的灵活性，努力保持人民币汇率的稳定。国家将在今后一段时期把扩大消费需求作为扩大内需的战略重点，进一步推动城镇化建设，加快分配制度改革，提高广大低收入人群的生活水平。在政府着重内需、稳定出口等政策措施的引导和支持下，乳胶制品内需市场将会继续稳步扩大，而出口下降的趋势也将会得到逐步缓解和扭转。预计2013年，乳胶制品行业的年增长率仍将保持在6%左右。我国乳胶制品工业正在步入一个平稳、较快发展的历史机遇期。

（范德明）

医用弹性体及其制品

随着现代科技的进步，医用弹性体已逐渐渗透到人们的生活，它已不再是传统意义上的医用橡胶制品了，现已提升到医用高分子材料学科的范畴内，遍及肌肉、血管及人体器官的各个领域，在临床医疗技术发展中占据着非常重要的地位。2012 年初爆发的法国 PIP 隆胸假体风波等重大事件更进一步加深了人们对医用弹性体的认识。

【基本概况】

在现代医疗诊断和治疗中，工程技术对推进临床医学的发展正起着极为显著且极其重要的作用。其中，以聚合物为主的各种医用材料已成为主导医学发展的基础之一。由于人的身体大部分系由柔软组织构成，所以与之相类似的弹性体应用范围更是十分广泛。

目前临床上实际使用的弹性体主要有：硅橡胶（Q）、聚氨酯橡胶（U）、聚烯烃类橡胶（EPM、EPDM、IIR 等）和热塑性弹性体（TPE）。此外，还有类似橡胶材料的软质聚氯乙烯（PVC）以及聚合物的共混合金等。上述材料绝大部分都是根据人体生理功能的要求而制造的，不仅纯度高、没有任何污染，而且对人体安全性、功能性和身体适应性也有保障。

医用高分子材料的种类很多，范围也很广，从目前的应用领域来看，医用高分子材料大致可分为以下几类：

1. 与血液接触的高分子材料，系用来制造人工血管、人工心脏瓣膜、人工肺等用途的材料，具用良好的抗凝血性和与人体血管相似的弹性；

2. 组织工程用高分子材料，能提供组织再生的支架或三维结构，能调节细胞生理功能，提供免疫保护作用；

3. 医药包装用高分子材料，有软硬两种类型，强度高、透明、尺寸稳定、气密性好；

4. 药用高分子材料具有低毒、高效、缓释、长效等优点；

5. 眼科用高分子材料具有优良的光学性质，折光率与眼角膜相近，润湿性和透氧性良好，生物惰性，有一定的力学强度；

6. 医用胶黏剂和缝合线，在生物体能承受的条件下固化，能迅速聚合，无过量的热和毒副产物产生，创伤愈合时可被吸收；

7. 医疗器械用高分子材料主要有一次性医疗用品、尿袋、血袋和矫形材料等。

【医用材料】

医用弹性体材料及其制品是医学领域中应用十分广泛的医用制品，用量仅次于医用塑料制品。到目前为止，能真正满足对身体直接或间接要求特性的医用橡胶材料还很有限。

1. 硅橡胶

硅橡胶（Q）作为医用橡胶的首选材料，全球年销售额已近 100 亿美元，已占据有机硅产品市场的 60%，占到所有医用橡胶量的 1/3 以上，产品牌号达 40 余种。全球有名的硅橡胶生产企业主要有美国道康宁、迈图高新材料、德国瓦克、日本信越、中国蓝星等。它们以各自的特色占据医用制品的不同领域，满足不同的需求。

硅橡胶除了可满足医用高分子材料的基本要求外，还要具有耐热（可用高压锅水蒸气灭菌）、耐寒、耐化学药品（不受医疗现场使用的各类化学药剂的侵蚀）、无毒、气透性好、耐生物老化、生理惰性、与生物相容性好（与身体无反应性，可以体内埋植使用）、较好的物理和机械性能等特点。硅橡胶已成为医用高分子材料中最为典型的有机硅高分子材料，并在医疗卫生领域的应用越来越广泛。

它主要用作人造器官（脑积水引流装置、人工肺、静脉插管、导尿管、胸腔引流管、胃镜套管等）、整容和修复材料（硅橡胶乳房，人工颅骨的修复，修补前额、鼻、下颌、颚、脖颈等）、医疗器械（医用硅胶管)和药物缓释体系(包封药物胶囊、皮下埋置剂、子宫植入剂、皮肤吸收型制剂),对人体有良好的生物相容性。还可应用于生物医学工程领域,主要包括医疗用装置、医用电极、生物植入传感器的外包装材料。

2. 聚氨酯弹性体

聚氨酯弹性体(PU)是目前仅次于硅橡胶的第二大医用材料,它是由软链段和硬链段交替镶嵌组成的、含有许多 - NHCOO - 基团的极性高聚物,是一种具有良好的物理机械性能、血液相容性和生物相容性的医用高分子材料。

聚氨酯弹性体能广泛应用于生物医学,与它所具有的优异性能是分不开的。其主要性能如下:(1)优良的抗凝血性能;(2)毒性试验符合医用要求;(3)临床应用中生物相容性好,无致畸变作用,无过敏反应,可解决天然胶乳医用制品存在的"蛋白质过敏"和"致癌物亚硝胺析出"两个问题,从而成为许多天然胶乳医用制品的更新换代产品;(4)具有优良的韧性和弹性,加工性能好,加工方式多样,是制作各类医用弹性体制品的首选材料;(5)具有优异的耐磨性能、软触感、耐湿气性、耐多种化学品性能;(6)能采用通常的方法灭菌,暴露在 γ 射线下且性能不变,可适合于所需的医疗环境。

医用聚氨酯橡胶的应用主要包括:导管、胃镜软管、医用连接管、人工关节、人工骨、人工皮肤、人工血管、血泵、隐形眼镜、医用手套、齿科材料等。

3. 天然橡胶

天然橡胶(NR)制品的生产虽然已有很长一段时间,应用也十分广泛,但是由于其中含有蛋白质等杂质,且天然橡胶也不耐生物老化,因此,一般它只用于制造体外制品。目前,含有天然胶乳或由其制造的产品有:瓶塞、胶乳手套、导尿管、伤口引流管、胃肠导管等。天然浓缩胶乳主要用于生产医用导管、医用手套、安全检查等。

4. 丁基橡胶

在医用橡胶的产品领域里,丁基橡胶主要用于制造医用瓶塞,这是由于丁基橡胶的低透气性(密封性)这一其他橡胶无法替代的性能十分优异。医用瓶塞需要满足多种使用要求:气体和蒸气渗透性低;吸水性小;耐化学药品性;耐穿刺性;耐老化,不变色;耐环氧乙烷和射线辐照消毒;抗压缩变形。由于丁基橡胶结构上的特点而迎合了上述要求,从而改变了用天然橡胶制备瓶塞时存在的缺点。

根据我国国家食品药品监督管理局国药管注[2000]第 462 号文件规定,2004 年底淘汰天然橡胶胶塞,全部改用丁基橡胶胶塞,因此药用丁基橡胶胶塞现已成为医药包装行业的一个热点。

药用瓶塞主要有:输液瓶塞,注射瓶塞,冷冻干燥输液瓶塞,冷冻干燥注射瓶塞,采血器试管塞,笔管式注射器活塞、预灌封注射器活塞、塑料输液容器用胶垫、口服制剂用胶塞,一次性使用注射活塞等。

【医用橡胶制品】

1. 体外用医用制品

体外医用橡胶制品品种繁多,有单独使用的,也有作为零部件配套使用的。从广义上讲,可包括供病人医疗用的器械和护理用的产品(如导管等)以及供药品和药液输注器械密封包装用的胶塞等密封部件两大类。

由于这些医疗和护理用产品要与人体皮肤和组织接触,还会接触各种药剂,受热、压力、辐射和化学灭菌,所以对胶料的物性和产品的化学性能要求较高。因此,在配方进行原材料选择时需考虑以下几个方面:

(1)主体材料橡胶要求纯洁、色浅、无味以及杂质少;

(2)要具有一定的柔软性、动态性能和生理惰性良好,析出物少,耐灭菌消毒;

(3)具备抗静电性能;

(4)进入人体腔道的产品不能含有对组织黏膜和皮肤产生刺激、过敏的原材料;

(5)硫化橡胶在规定的有效期内,化学性能、物理性能和生物性能应无明显变化,保证能达到相关标准规定。

2. 体内用医用制品

体内用医用制品顾名思义是用在人体以内的橡胶制品,其主体材料主要是硅橡胶、聚氨酯弹性体和纯化天然橡胶,配合原则是配方力求简单,材料要求纯净。按用途一般可分为整形材料及制品、人工脏器和药物载体三种。

迄今为止,体内用的橡胶制品用量最大、品种最多的仍是医用硅橡胶制品。所以,硅橡胶在作为主体材料时要求具有生物相容性好、组织反应性小、血液相容性好、链间吸引力弱、耐化学介质性能好、耐天候老化性能以及耐高温消毒性能优异。而国内外对于医用硅橡胶的理化性能质量控制已制定了不少标准和检测方法。

【发展趋势】

医用弹性体是新兴材料工业中发展最快的材料之一,据统计,世界范围内已经应用的医用高分子材料有 90 多个品种,1800 多种制品。预计在 10 ~ 15 年内,包括生物医用高分子材料在内的医疗器械产业将达到药物市场规模,成为 21 世纪世界经济的支柱产业。国外医用高分子材料的研制及应用非常活跃,发达国家医用高分子材料及制品的市场年增长率为 10% ~15% 。

近年来,尽管我国医用橡胶及其制品取得长足发展,但是与发达国家和国内医学发展的要求相比仍存在较大差距,主要体现在基础研究落后、原材料种类不全、需要大量进口、产品质量稳定和可靠性不足、产品技术含量和附加值较低等。针对国内医用橡胶及其制品良好的应用前景,我国相关部门应抓住机遇加快医用橡胶及其制品的发展。重点研究医用橡胶及其制品的生物可降解性和生物相容性;促进医用橡胶制品的生物功能化和智能化;扩大药用、医疗器械用及医药包装用橡胶制品应用范围,尽快做大规模,缩小与发达国家的技术差距。

(邹瑾芳)

废橡胶综合利用

【基本情况】

2012年,我国废橡胶综合利用行业进入转型阶段,工艺向安全环保、装备向节能高效、产业向量化规模格局发展,在"绿色、安全、高效、环保、节能"的理念下,经济运行保持了总体平稳,取得了一定的成绩。

中橡协对54家废橡胶综合利用会员企业统计分析,2012年再生胶、胶粉总产量同比(下同)增长11.37%;销售量增长11.13%;工业总产值增长12.87%;产品出口交货值增长9.84%;工业增加值增长16.34%;销售收入增长17.42%;实现利润增长21.60%;实现利税总额增长14.68%。

2012年再生橡胶销售收入、产量以及硫化橡胶粉产量前10名企业分别见表1~表3。2012年再生橡胶及硫化橡胶粉主要经济指标完成情况详见表4及表5。

再生胶、胶粉作为处理废旧橡胶的主要途径,在天然胶由年初每吨3万多元降到目前不足1.9万元,通用型丁苯橡胶、顺丁橡胶价格每吨在1.3万~1.4万元徘徊的情况下,再生胶、胶粉销售形势依然看好,胶粉的直接应用也得到了较大的发展。全员劳动生产率(人)比上年增长了9.23%,显示了装备向节能高效型发展,产业向量化规模化发展的优势;但也应该看到企业应收账款比上年增长了11.87%,产成品库存比上年增长了2.97%,说明行业竞争更加激烈,企业生存与发展依然面临新的挑战,提高新形势下的稳中求进已经成为关键。据不完全统计,2012年全行业完成再生胶、胶粉产量390万吨,其中再生胶完成350万吨、胶粉完成40万吨。

据中橡协废橡胶综合利用分会对56家会员单位2013年(1~3月)统计显示,再生橡胶、硫化橡胶粉产量(其中包括普通再生橡胶、特级轮胎再生橡胶、特种合成再生橡胶、胶粉、胶板)增长27.52%,销售量增长25.47%,工业总产值增长21.13%,销售收入增长21.26%,盈利企业较多,实现利税增长率达13.9%,但仍有14.5%的企业亏损。

2013年(1~3月)我国再生橡胶销售收入、产量前10名企业、主要经济指标完成情况及硫化橡胶粉产量前10名企业、主要经济指标完成情况分别详见表6~表10。

表1 2012年我国再生橡胶销售收入前10名企业

排名	企业名称	销售收入/亿元
1	南京金腾橡塑有限公司	83364.80
2	南通回力橡胶有限公司	74275.00
3	福建环科化工橡胶集团有限公司	40914.22
4	莱芜市福泉橡胶有限公司	27871.00
5	唐山兴宇橡塑工业有限公司	27200.00
6	江西国燕高新材料科技有限公司	26387.00
7	京东橡胶有限公司	25163.68
8	金轮橡胶(海门)有限公司	24311.30
9	浙江杭园特种橡胶有限公司	14268.00
10	河南新艾卡橡胶工业有限公司	13534.00

表 2　2012 年我国再生橡胶产量前 10 名企业

序号	企业名称	产量/万 t
1	南京金腾橡塑有限公司	145896.00
2	南通回力橡胶有限公司	128150.00
3	唐山兴宇橡塑工业有限公司	77100.00
4	福建环科化工橡胶集团有限公司	65431.88
5	莱芜市福泉橡胶有限公司	64896.00
6	京东橡胶有限公司	61630.68
7	金轮橡胶(海门)有限公司	41338.00
8	宁波华星轮胎有限公司	34847.00
9	江西国燕高新材料科技有限公司	34596.00
10	晋江华鑫塑料橡胶制品有限公司	30823.00

表 3　2012 年我国硫化橡胶粉产量前 10 名企业

序号	企业名称	产量/万 t
1	南通回力橡胶有限公司	61645.00
2	湖南合得利橡胶科技有限公司	27534.64
3	湖北宏鄂远橡塑环保科技有限公司	22837.00
4	安徽宏磊橡胶有限公司	21694.50
5	广西远景橡胶科技有限公司	17502.19
6	清远结加精细胶粉有限公司	15300.00
7	山东舜合胶业有限公司	14800.00
8	泸州市万发橡胶厂	13670.00
9	吕梁升凯胶粉设备制造有限公司	13651.00
10	江阴市台联超细胶粉有限公司	10676.00

表 4　2012 年中橡协统计再生橡胶主要经济技术指标完成情况

项　目	2012 年	2011 年	同比/%
工业总产值(按现行价)/万元	524353.00	464552.05	12.87
再生胶产值	353502.15	328887.26	7.48
工业销售产值(现价)/万元	790287.24	472915.24	67.11
产品出口交货值(现价)/万元	24607.89	22404.12	9.84
工业增加值/万元	130816.00	112439.83	16.34
再生胶产量(合计)/t	767546.53	723718.06	6.06
通用型再生胶产量	533316.44	512249.11	4.11
特级再生胶产量	125405.42	104429.52	20.09
特种再生胶产量	108824.67	107039.43	1.67

表 5　2012 年中橡协统计硫化橡胶粉主要经济技术指标完成情况

项　目	2012 年	2011 年	同比/%
胶粉产量(合计)/t	288204.33	209670.05	37.46
产品销售率/%	95.92	96.14	-0.23
应收账款/万元	58887.00	52638.21	11.87
产成品库存(现价)/万元	15760.38	15305.42	2.97
产品销售收入/万元	545168.57	464301.78	17.42
实现利润总额/万元	38505.47	31666.03	21.60
实现利税总额/万元	90196.15	78650.46	14.68
全员劳动生产率/万元·人年$^{-1}$	9.40	8.60	9.30

表 6　2013 年(1～3 月)我国再生橡胶销售收入前 10 名企业

排名	企业名称	销售收入/万元
1	南通回力橡胶有限公司	16666.00
2	南京金腾橡塑有限公司	13273.00
3	莱芜市福泉橡胶有限公司	12792.00
4	福建环科化工橡胶集团有限公司	10456.30
5	唐山兴宇橡塑工业有限公司	7100.00
6	金轮橡胶(海门)有限公司	5105.00
7	浙江杭园特种橡胶有限公司	3328.00
8	四川鑫耀橡胶有限公司	3245.00
9	安徽宏磊橡胶有限公司	3229.80
10	无锡万丰橡胶厂	3054.08

表 7　2013 年(1～3 月)我国再生橡胶产量前 10 名企业

序号	企业名称	产量/t
1	南通回力橡胶有限公司	29655.87
2	莱芜市福泉橡胶有限公司	23494.00
3	南京金腾橡塑有限公司	22296.00
4	唐山兴宇橡塑工业有限公司	19600.00
5	福建环科化工橡胶集团有限公司	18236.40
6	山东舜合胶业有限公司	9700.00
7	晋江华鑫塑料橡胶制品有限公司	9132.00
8	四川鑫耀橡胶有限公司	8411.00
9	金轮橡胶(海门)有限公司	8381.00
10	湖北宏鄂远橡塑环保科技有限公司	8263.00

表 8　2013 年(1 ~3 月)我国硫化橡胶粉产量前 10 名企业

序号	企业名称	产量/t
1	南通回力橡胶有限公司	13671.61
2	山东舜合胶业有限公司	9700.00
3	湖北宏鄂远橡塑环保科技有限公司	8263.00
4	清远结加精细胶粉有限公司	7650.00
5	安徽宏磊橡胶有限公司	7003.00
6	湖南合得利橡胶科技有限公司	3639.78
7	泸州市万发橡胶厂	3560.00
8	广西远景橡胶科技有限公司	3019.97
9	莱芜市福泉橡胶有限公司	2094.00
10	江阴市台联超细胶粉有限公司	1920.00

表 9　2013 年(1 ~3 月)中橡协统计再生橡胶主要经济技术指标完成情况

项　目	2013 年(1 ~3 月)	2012 年(1 ~3 月)	同比/%
工业总产值(现价)/万元	122351.40	101009.50	21.13
再生胶产值	79885.03	70163.05	13.86
工业销售产值(现价)/万元	123463.90	100538.76	22.80
产品出口交货值(现价)/万元	4397.91	3302.90	33.15
工业增加值/万元	30587.85	25252.37	21.13
再生胶产量(合计)/t	172627.84	144015.22	19.87
通用型再生胶产量	101703.25	94561.27	7.55
特级再生胶产量	38294.35	23767.79	61.12
特种再生胶产量	32630.24	25686.16	27.03

表 10　2013 年(1 ~3 月)中橡协统计硫化橡胶粉主要经济技术指标完成情况

项　目	2013 年(1 ~3 月)	2012 年(1 ~3 月)	同比/%
胶粉产量(合计)/t	78685.86	48747.78	61.41
产品销售率/%	95.28	96.83	-1.60
应收账款/万元	68831.97	61088.66	12.68
产成品库存(现价)/万元	13719.72	9267.07	48.05
产品销售收入/万元	122811.73	101276.94	21.26
实现利润总额/万元	7042.10	6641.99	6.02
实现利税总额/万元	13942.01	12240.81	13.90
全员劳动生产率/万元·人年$^{-1}$	3.05	2.59	17.96

【创新与节能】

1. 国家力推安全环保装备

2012年,国家发改委、工信部、环保部、科技部等相关部委对行业转变胶粉、再生胶生产方式给予了政策鼓励支持。"新型再生胶生产技术"、"特级塑化橡胶技术"、"高强无味环保型再生胶技术"、"分解法生产无臭味再生胶技术"、"丁基橡胶高温连续再生工艺技术"、"双动力无轴输送废橡胶连续再生(脱硫)装置及技术"、"废旧钢丝子午轮胎再生循环利用自动化生产技术"、"LZ模块集成控制常温法废轮胎精细胶粉生产技术"、"废胎面胶粉在翻胎胎面胶中的应用技术"、"废轮胎常温助剂法生产精细橡胶粉技术"、"FXJ系列多功能复炼机"、"废轮胎胶粉改性沥青生产应用技术"、"全自动废轮胎裂解装备及技术"、"节能环保废旧橡胶循环利用技术"、"利用废轮胎橡胶生产活化改性非硫化橡胶技术"、"废橡胶再生罐"等多项废旧轮胎橡胶再生资源综合利用技术,被列入工信部2012年第1号公告的《国家再生资源综合利用先进适用技术目录(第一批)》。

"硫化橡胶粉常压连续脱硫成套设备"被列入国家发改委、环保部、科技部、工信部等四部委联合发布的2012年第13号"国家鼓励的循环经济技术、工艺和设备名录(第一批)"公告中,成为国家鼓励推广的循环经济技术、工艺和设备,从而令该项设备成为废旧轮胎橡胶生产再生胶关键脱硫技术生产方式转变的必然。

到2012年底,除都江堰市新时代工贸有限公司、山东金山橡塑装备科技有限公司、平陆康乐橡塑科技开发有限公司开发的"硫化橡胶粉常压连续脱硫成套设备"在国内得到近百家企业应用外,还被引进到泰国、越南、韩国、加拿大等国家的再生胶和塑化胶粉生产应用中。同时,江西国燕高新材料科技有限公司、南通回力橡胶有限公司、江阴迈森金属制品有限公司等多家企业已展开对"硫化橡胶粉常压连续脱硫成套设备"的进一步完善。

2. 推荐环保再生橡胶和环保助剂

随着欧盟REACH法规的执行,生产、使用符合欧盟REACH法规的环保型再生胶成为我国再生胶行业产品转型的关键。2012年3月,在青岛举办的"2012中国橡胶年会暨中国橡胶工业展"上,中国橡胶工业协会推出莱芜福泉"新飞亚"牌、南通大华"通翔"牌、唐山兴宇"兴宇"牌、南京金腾"古柏"牌、仙桃聚兴"仙旭"牌、焦作弘瑞"弘光"牌、福建环科"昂福"牌、都江堰新时代"龙头"牌、江西国燕"国燕"牌、上海肖友"肖友"牌、高密信元"xinyuan"牌等11家再生胶生产企业的环保型再生胶和南通回力"南回"牌丁基再生胶入围协会推荐品牌,环保型再生胶的生产与应用已经成为趋势。

2012年8月,中国橡胶工业协会推荐莱芜福泉橡胶有限公司生产的"福泉飞亚"牌FX－H型再生胶软化剂;安徽金马橡胶助剂有限公司生产的"金马"牌B－480橡胶活化剂、JM再生胶软化剂;上海岭高化工新材料有限公司生产的"协兴"牌LG橡胶软化剂、LGG橡胶软化剂为协会推荐的首批"环保型再生胶助剂",再生胶环保型助剂的生产与应用将得到进一步推广。2013年3月,在推荐怀化市华亿创新科技发展有限公司生产的"华亿"牌再生胶软化剂为环保型再生胶助剂基础上,将继续推出3～5家环保型再生胶助剂生产企业。

3. 山东省废旧橡胶产业技术创新战略联盟建立

2012年8月,山东省废旧橡胶产业技术创新战略联盟由莱芜市福泉橡胶有限公司牵头联合众多企业成立,对推动各地废旧橡胶产业技术创新战略联盟的组建起到示范作用。

【协会工作】

1. 积极参与国家相关部委活动

为维护行业科学发展和企业科技创新成果,2012年,在中橡协领导下,废橡胶综合利用分会专家分别参加了工信部《工业固废综合利用先进适用技术目录》、国家发改委"双百工程"、江苏发改委"城市矿产"示范试点工程、国家发改委"资源节约和环境保护2013年中央预算内投资备选项目"以及和北京工业大学工程院"废弃高分子材料综合利用战略研究项目"等内容的专家评审。

2. 参与企业项目评价

2012年8月30日，中国橡胶工业协会废橡胶综合利用分会专家组受邀，在武汉对洪湖市恒亿塑胶有限公司送审的“年生产5万吨环保型再生胶技术方案”进行评价。通过业内专家对项目规模和技术方案配置等评价，为企业优化工艺配置，减少摸索过程，走出了一条较为成功的捷径之路。

3. 授予中国橡胶循环利用装备研发制造基地（四川·亚西）称号

2012年9月4日，为进一步提高橡胶循环利用装备研发制造水平，经过协会两年多的培育，中国橡胶工业协会授予四川亚西橡塑机器有限公司“中国橡胶循环利用装备研发制造基地（四川·亚西）”称号。

4. 组织废橡胶综合利用企业欧洲考察

2012年9月18～28日，中国橡胶工业协会首次组织废橡胶综合利用企业前往欧洲考察荷兰阿姆斯特丹年产5万吨胶粉生产企业和马斯特里赫特的年产2.5万吨再生胶生产企业，并拜访了欧洲轮胎与橡胶制造商协会。考察中了解欧洲废旧轮胎回收、利用的原则和理念；认识到我国与欧洲在废橡胶综合利用方面的差距，除了政策原因外，还有观念与环保的认识；我国应尽快推动、实施生产者责任延伸制，与国际接轨，缩小与国外政策方面的差距，在国家实行《废轮胎综合利用行业准入条件》过程中，规范企业行为。

5. 开展企业在职人员教育培训

2012年10月31日至11月8日，废橡胶综合利用行业与天津橡胶所、天津工贸学校在蓟县成功举办了首期“废橡胶综合利用行业技术骨干培训班”，各企业精英参加学习。

6. 考察“智能化环保型常压中温橡胶塑化机”

2012年11月，中国橡胶工业协会废橡胶综合利用分会专家考察吐鲁番国星工贸责任有限公司研发的“智能化环保型常压中温橡胶塑化机”。该设备属全封闭塑化运行，无废水、废气产生，无压中温，塑化过程时间短，吨胶粉塑化能耗低，软化剂使用量少，再生胶产品性能恢复性好，全程自动化控制，万吨机组单班操作仅需2人等优势，基本符合产业发展趋势。

【机遇与挑战】

2013年，橡胶工业的持续发展和轮胎、力车胎、管带、胶鞋、橡胶制品等橡胶行业对橡胶资源的强硬需求，为废橡胶综合利用行业创造了较大发展空间；废橡胶综合利用行业和企业又身处十分复杂的国内外环境，生产成本不断上升、经济效益不稳定、利废产品、工艺、装备均处在转型中，资金投入较大、技术创新能力较弱，同时要应对国际上再生胶产品返销冲击国内市场等，这些对废橡胶综合利用行业发展将是严峻的挑战和考验。

【展　望】

除轮胎、力车胎、管带、橡胶制品等行业已经扩大对废橡胶综合利用行业的涉足外，塑料、环保、煤炭、房地产等跨行业的企业也开始投身这个行业，这些建成或正在建设的企业将为行业发展带来新的理念，输进新鲜血液，脏乱差的行业形象正在退出历史舞台，优胜劣汰现象也已经凸显，这些将对推动行业产品升级和提高企业形象的改变起到积极作用。预测2013年我国再生胶、胶粉产量将会得到进一步稳步发展。

随着“十八大”精神贯彻，我国将由建设小康社会成为小康社会，城乡建设城市化的过程将加快，这将推动汽车工业发展。在《废轮胎综合利用行业准入条件》、《废旧轮胎综合利用行业准入公告管理暂行办法》的贯彻落实中，废橡胶综合利用行业的利废产品质量将得到进一步提高。协会将继续向国家相关部委汇报产业发展现状，反映行业诉求，积极参与《准入条件》评估体系的建立，为规范行业健康科学发展，积极配合国家对各地上报公告公示企业申请材料的复核和核实。

由于我国尚未建立生产者责任延伸制，废旧轮胎回收与利用的国家政策还没有与国际接轨，国家对废旧轮胎与废旧橡胶还没有建立一个完善的回收利用体系，从事废旧轮胎回收的从业者均处在政府监管之外，受利益驱动，废旧轮胎橡胶走私和土炼油等有害化使用还非常猖獗，将直接影响我国废橡胶综合利用行业的可持续健康发展。随着国民生活水平的提高和社会保障体系的建立，国内外废旧轮胎回收处置费的反差，将会直接影响到我国废橡胶综合利用行业的可持续健康发展。

坚持发展绿色产业，力推《再生橡胶》国标修订。在国标修订无果的情况下，启动行业《环保型再生橡胶》标准制定，增加多环芳烃检测内容，为淘汰煤焦油再生胶的生产与使用提供依据。

废橡胶资源综合利用是我国经济和社会发展的一项长远战略方针，需要国家和社会的支持，更需要企业自强自立；这既能改善环境，造福子孙后代，又能循环再利用弥补我国橡胶资源。针对中国特色，一如既往地坚持“以再生橡胶为主，发展翻新轮胎和胶粉，加大深加工”的废橡胶综合利用格局。通过全行业共同努力，一定会对我国废橡胶综合利用行业稳定、健康发展，做出应有的贡献。

（曹庆鑫）

天 然 橡 胶

天然橡胶既是与粮、棉、油并列的重要农产品，又是与钢铁、石油、煤碳并列为四大工业原料和重要的战略物资，还是一种环境约束型战略资源。建国至今，全国累计生产天然橡胶1422万吨，我国已成为植胶面积世界位居第三、产胶量排行第六的重要生产国。橡胶园域内已形成具有200多万人口赖以生存的新型社区，吸纳300万人就业，使30余万户山区农民增收。

【产业概况】

1. 天然橡胶生产情况

(1)植胶面积和生产量

2012年，我国天然橡胶生产平稳发展。除云南主产区小部分胶园受到干旱影响，割胶启动时间推迟10多天外，我国橡胶种植业全年未受到台风、寒害和病虫害等灾害的影响，天然橡胶生产比较正常。植胶总面积达1671万亩，同比(下同)增加50万亩，增长3.0%。2008～2012年我国橡胶种植面积见表1。

表1　2008～2012年我国橡胶种植面积

项　目	2008年	2009年	2010年	2011年	2012年
种植面积/万亩	1398	1456	1537	1621	1671
比上年增加/万亩	85.6	64.9	81	84	50
增长速度/%	5.7	4.1	5.5	5.4	3.0

2012年，我国天然橡胶总产量80万吨，增长5%。其中，海南省天然橡胶产量40万吨，增产6%，云南省天然橡胶产量为38.8万吨，增长8.3%，广东省天然橡胶产量1.56万吨。按所有制分，农垦生产36.6万吨，地方民营生产43.3万吨，分别占46%和54%。

(2)胶园投产面积和主要栽培品种

2012年，我国投产胶园面积约950万亩，比上年增加41万亩，增长4.5%；在投产胶园中，90%为传统性良种芽接树，如RRIM600、GT1、PR107、PB86、93－114及少量的海垦1、IAN873、云研2－77－4等品种系列，但在未投产胶园中，已基本采用了胶木兼优和抗逆性强的品种系列，如PR107、IAN873、云研2－77－4及热研系列品种。

(3)制胶厂及具相当规模的天然橡胶初制品种类

据不完全统计，2012年我国天然橡胶制胶厂200余座，其中年加工能力1万吨以上的有48座。生产的主打胶种有全乳标准胶(5号标准胶)约占50%，胶园凝胶标准胶(10号、20号标准胶)约占25%，浓缩乳胶约占20%，专用胶约占2%，其他约占3%。

2. 管理情况

2012年，针对科学植胶问题，农业部主管部门就发布了以下文件：

一是农业部办公厅发布了《关于抓好今冬明春橡胶生产工作的意见》，要求做好冬春胶园防寒工作，加强胶园冬管和施肥管理，抓好橡胶树白粉病春防工作，做好早春抗旱定植安排，加强割胶工技术培训，指导提高冬春胶园管理等生产环节的科技应用水平，确保橡胶生产更上一个新的台阶。

二是农业部办公厅印发了《全国第三届割胶工技能大赛方案的通知》，为进一步选拔培养高技能割胶人才，推广应用先进技术树立了典范。

三是农业部办公厅发布了《2012 年热作标准化生产示范园创建工作方案》，支持天然橡胶等热作标准化生产示范园建设，推动了天然橡胶产业生产标准化水平提升。

四是农业部办公厅发布《2012 年热带作物种质资源保护工作方案》，指导天然橡胶等热作种质资源保护和种质创新利用，支持建设 12 个天然橡胶胶木兼优品种区域性试种点。

五是农业部办公厅制定并颁布《2012 年热带作物疫情监测与防控工作方案》，要求植胶区建设橡胶树等热作病虫害监测网络，科学指导热区开展橡胶介壳虫、橡胶白粉病等病虫害监测防治。

六是农业部办公厅、财政部办公厅关于印发《2012 年中央财政天然橡胶良种补贴项目实施指导意见》的通知，进一步加强天然橡胶良种补贴项目管理，确保补贴政策落到实处。同时建设 30 个天然橡胶苗木生产基地。

七是农业部办公厅印发《关于开展天然橡胶良种项目抽验工作的通知》，并对天然橡胶良种补贴橡胶实施情况进行抽检，确保补贴政策落到实处。

八是农业部办公厅发布了《关于切实做好当前割胶生产的通知》，并要求各地植胶主管部门对个别胶园存在随意加涂刺激剂、加刀连割、增加割线、超水线割胶等问题，加强指导和服务，落实和强化割胶各项规范措施。

九是农业部办公厅印发了《关于举办 2012 天然橡胶良种补贴项目管理培训班的通知》，在总结交流天然橡胶良种补贴项目实施取得成效和存在问题的基础上，请权威专家授课，进一步规范工作措施，提高项目实施水平，为我国天然橡胶生产良种化提供保障。

3. 建立较为完善的天然橡胶市场营销体系

海南、云南、广东三大农垦植胶区继续利用现代信息技术，依托当地天然橡胶资源进行统一的电子商务市场、网上公开竞价方式交易天然橡胶产品，并实现了三地联网。海南电子商务中心还在青岛开办了天然橡胶电子商务交易市场。为生产、经营、消费者传递信息、发现价格、规避风险、提高交易信用、降低交易成本、简化交易流程、提高交易效率搭建了公平、公正、便利、快捷平台。

4. 天然橡胶产业的效益型、环保型日益突显

我国植胶历史虽然不很长，但在国家的重视支持下，我国的天然橡胶产业有了较大的发展，已成为一个集经济效益、社会效益、生态效益和政治效益为一体的新型产业，同时更是一个能安排农村人口就业，促进边远贫困山区农民脱贫致富的多功能、广效益、可持续的生态环保型产业。

为此，我国建立的天然橡胶产业既实现了高价值的经济林对低价值的次生植被和荒山荒坡的改造，提高了森林覆盖率，起到了调节小气候、保持水土、涵养水源和生物培肥的作用，又为我国热带、南亚热带地区发展生态、环保、低碳经济开辟了广阔的前景。

5. "走出去"植胶成效显著

随着我国经济发展和加入世贸组织，橡胶制品消费和出口不断增长，天然橡胶消费量快速增加。到境外发展天然橡胶产业成为保证国家战略物资天然橡胶安全供应的重要措施。在农业部、商务部、发改委、公安部（禁毒委员会）和云南省、广东省、海南省、山东省等省（市）地方政府的支持下，我国企业纷纷到境外发展天然橡胶产业。

目前，我国境外天然橡胶产业已分布到亚洲的泰国、马来西亚、印度尼西亚、缅甸、老挝、柬埔寨、菲律宾和非洲的科特迪瓦、尼日利亚、喀麦隆、刚果等 10 多个国家。据天然橡胶协会不完全统计，2012 年，我国境外投资或控股的境外橡胶园达到 164 万亩，相当于国内种植面积的 1/10，带动周边种植橡胶 20 多万亩，投资建设或控股天然橡胶加工厂 16 家，加工能力达到 90 万吨，境外天然橡胶加工和贸易量共 127 万吨。

【科技创新】

1. 科学植胶、割胶措施

一是结合热作科技年活动，开展 2012 年度全国割胶工大赛，发掘了一批爱岗敬业、技艺精湛的优秀割胶技能人才。

二是建立天然橡胶种质资源库和良种苗木基地及良种示范园。目前除具备了世界各植胶国良种资源外，我国自行培育并已汇评达到推广级的品种上百个，同时还建立良种苗木基地 6 个，良种示范园超过 50 万亩。另外还引入和培育并已通过初评胶木兼优品种3个,目前,新植胶园基本实施了良种良法。

2.创新制胶技术

一是通过股份、合作社、大农场套小农场的办法将小加工厂整合成为万吨以上规模的大厂,如海南农垦,将80多家小农场的胶乳加工厂整合成目前14家,并集中加工了6万吨的民营胶资源;云南农垦以大农场套小农场的办法开展了胶乳加工资源重组,充实完善万吨以上的大厂达10座,3万吨以上的达3座;广东已将小厂全部关闭,新建了茂名、湛江、阳江3座现代化加工厂,并以股份和收购民营胶加工小厂的形式,在垦区外建成年加工能力2万吨以上的现代化加工厂5座;一些胶农还以合作社的形式扩充整合胶乳加工资源。目前,年加工能力万吨以上的民营加工厂已超过5座,大大提高国产胶质量。

二是在初产品加工时,根据制品不同的需求有选择地使用鲜胶乳,生产用户对路产品。

目前,除保持着标准胶、高氨浓缩胶乳等通用胶种的生产外,还加大了浅色标准胶、子午线轮胎胶、低氨浓缩胶乳等生产量,并积极开展了发恒粘橡胶、环氧化天然橡胶、接枝橡胶、氯化橡胶、低蛋白天然橡胶、纯化胶乳等专用胶种的开发。现在一般的全乳标准胶的产量比例已从原来的80%以上下降到50%以下,低氨浓缩乳胶产量规模已超过一半。

三是推广现代环保和生物胶乳保鲜及凝固加工技术,既减少了氨和酸等化学物质的用量,又增强了产品内在素质,还可降低生产成本(目前约15%~25%),能有效地解决天然橡胶初产品加工的环保问题。

四是研发并推广的新型天然胶乳保存剂(新型天然胶乳防凝保鲜剂)开始显现巨大效益,不仅可直接降低19%以上的生产成本,还可代替传统的氨保存剂,用于天然橡胶初加工胶,既避免了有害废水的排放,改善了环境,又稳定了产品质量。

3.发挥天然橡胶产业技术体系的科技支撑作用

由中国热带农业科学院橡胶研究所为首席科学家、中国热带农业科学院环植所、生物所、加工所及海南大学、云南省热作科学研究所、海南农垦科学院为岗位专家及广东农垦技术创新中心、中国天然橡胶协会、云南省德宏科学研究所、广西区龙州所和各地植胶区等数10个天然橡胶技术推广、应用、培训及质量监测的科教研究推广机构创建了国家天然橡胶产业技术体系,并争取了国家每年给予上千万元的资金支持,为我国天然橡胶产业发展提供了科技支撑。

【市场供需与价格走势】

我国是世界第一大天然橡胶消费大国,2012年,我国天然橡胶消费量400万吨左右。在欧债危机持续发酵、美国经济恢复缓慢、全球经济下行的形势下,国内外天然橡胶价格总体向下滑行,较上一年大幅度降低。国内天然橡胶全年平均价格为每吨2.49万元,比上一年下降26.8%。马来西亚SMR20、泰国RSS3和印度尼西亚TSR20年平均价格分别为每吨3127美元、3414美元和3184美元,分别比上一年下降30.4%、30.1%和30.7%。2012年天然橡胶价格走势主要分为大幅上扬、持续回落、止跌回稳3个阶段。

大幅上扬阶段(1月~3月底):由于季节性供应减少,同时受泰国准备收储天然橡胶的影响,2012年1~3月,国内外市场价格同步快速上涨,泰国RSS3最高价为4165美元/吨,国产全胶乳(SCRWF)上海市场最高价为29800元/吨,与年初最低价格相比,涨幅分别达25.8%和12.4%。

持续下跌阶段(4月~8月上旬):受全球大宗商品价格总体趋势影响,国内外天然橡胶价格持续下滑至8月上旬,市场价格屡创年内新低。泰国RSS3最低跌至2645美元/吨,国产全胶乳(SCRWF)上海市场价格最低跌至21500元/吨,与一季度最高价格相比,下跌幅度分别达36%和27%。

止跌回稳阶段(8月中旬~12月底):8月16日,国际三方(泰国、印度尼西亚、马来西亚)橡胶委员会启动了出口数量(减少)计划,泰国在9月14日启动第二轮收储行动,国内市场也开始传闻中国国家物资储备局准备收储天然橡胶,加上阻碍中国轮胎出口美国的"特保案"在9月26日结束,国内外市场价格温和反弹。泰国RSS3和国产全胶乳(SCRWF)上海市场价格分别上涨至3000

美元/吨和24000元/吨左右。

【进出口】

据海关数据统计,2012年我国进口天然橡胶217.7万吨,比上年增加7.4万吨,增长3.5%;进口复合橡胶133.2万吨,比上年增加47.8万吨,增长56%。进口天然橡胶和复合橡胶共351万吨,比上年增加55.4万吨,增长18.8%。

天然橡胶(含胶乳)主要进口来源地泰国、印度尼西亚、马来西亚、越南占我国的进口比例分别为55.4%、18.6%、13.7%和8.6%,共占96.3%。其中浓缩胶乳主要进口来源地泰国、马来西亚、越南占我国的进口比例分别为93%、3.7%和1.6%。

复合橡胶主要进口来源地泰国、马来西亚、印度尼西亚、越南占我国的进口比例分别为43.9%、36.4%、9.4%和4.5%,共占94.2%。

2012年,我国出口天然橡胶1.4万吨,复合橡胶1.7万吨,两者相加比2011年减少1.1万吨。

【存在问题】

1.自然资源限制。我国适宜种植橡胶的土地有限,植胶区属于热带北缘,温度偏低,影响生长速度,延长非生产期,还增加了投入。此外,我国植胶区每年都受不同程度的台风和寒流侵袭,采胶时间减少,影响产胶潜力的发挥,生产成本增加。

2.胶园基础设施差,老、残、次胶园比例大。我国植胶区基本为山地,胶园田间道路、排水沟、防护林等设施建设落后,导致胶园单产水平下降。待更新的亩产不足50公斤的老、残、低产胶园仍有近200万亩,效益低下,浪费了我国有限植胶资源。

3.抚管投入不足,胶树非生产期延长。我国未投产需抚管的胶园达715万亩,但大多数胶农难于自筹资金进行抚管,因投入不足,目前有60%的幼龄胶园要抚管8~10年才勉强达到投产标准,大大超过“橡胶树植后抚管6~7年应投入生产”国家标准,预计每年减收橡胶10万吨。

4.产业扶持政策不完善。目前,国家对天然橡胶生产扶持投入包括农垦基建拨款投资,农产品免税政策及天然橡胶良种补贴制度,但因覆盖面小、数量有限,加上生产资料、劳动力成本的不断上升,我国对天然橡胶产业支持政策已明显不足。2013年国家将对处于非生产期胶园进行补贴试点,但因条件复杂,目前还无法到位。为此,我们的扶持措施与其余主产国相比还有不少差距。

5.综合利用水平低,整体效益难发挥。我国每年有1300万亩胶园可产种子,全国每年可产橡胶子油12万~17万吨。其种子产出的油是一种保健食用油,所产胶乳的非胶组分含有奇缺的医用原料白坚木皮醇等各种生化活性物质,但目前综合利用水平不高,基本被浪费掉。

6.原料产品市场无序。近年来,天然橡胶价格好,大量国有、集体、个体企业涌入植胶区建立初产品加工厂,原料成为各方争夺焦点。且无序争夺造成市场混乱,人为地降低了对原料质量的要求,影响了初制品质量。

7.科技支撑资金短缺,科技成果应用程度低。由于多年来科技支撑资金短缺,很多科技成果未能全面推广应用,许多基层科技推广站(所)也被企业化。原来已在生产上应用多年的技术成果甚至常规措施都被打了折扣,导致胶树死皮、风寒病灾频发。据统计,当前我国投产10年以上的胶园,因死皮无法产胶的胶树已占到了20%以上(相当于100万亩),而且每年都以2%~3%(相当于10万~15万亩)的速度上升,加上风寒病灾,每年橡胶减收至少10万吨。

8.境外植胶企业发展艰难。我国境外植胶企业在缅甸、菲律宾等国家的天然橡胶资产存在一定的安全风险。而近年来,国家对“走出去”植胶企业政策性投入少,资金运转压力大,造成企业资金链断裂,发展艰难。且境外自产的天然橡胶产品返销国内无法享受国民待遇,影响了企业在境外发展天然橡胶的积极性。

【采取措施】

1.坚持科学植胶。大力改造老、残、次胶园,将树龄在35年以上胶园全面换成优良品种,优化胶园结构。加大科技创新和推广力度,发挥全国天然橡胶产业技术体系的作用,增强天然橡胶科技创新能力。加大培训力度,在提升胶树管养割技术水平方面开展专业性培训,进一步提高标准化栽培、规范化管理、科学化采胶水平。

2. 加强天然橡胶市场流通体系建设。充分利用上海期货交易所套期保值、价格发现、规避风险、锁定利润、提高资金周转效益等功能和海南、云南、广东的电子商务交易手段,整合国产和进口资源,为国内乃至世界各地的供应商和需求者提供广泛的贸易机会。同时,要以物流、商流、信息流、资金流为线,搭建信息管理系统、天然橡胶产业供应链和交易平台,不断提高资源的宏观可控性。

3. 增强天然橡胶资源支配能力。认真贯彻国家"走出去"的发展战略,有计划、有步骤地走出国门,采取各类合作形式开发利用境外植胶土地资源,收购国外失管胶园和加工场地,建立境外生产、加工和销售一体化的产业链,不断增加可控资源量,以满足我国经济发展对天然橡胶的需求。

4. 加快替代产品研究步伐。鉴于天然橡胶资源有限,需求逐步增加,中国、欧洲、美国和日本等国家和地区积极寻求新型生物橡胶资源的开发工作。2011 年 4 月,国家发改委在产业结构调整目录中将杜仲种植生产和新兴天然橡胶的开发和应用列入鼓励目录中。积极组建技术研发创新联盟,建设杜仲产业信息、研发、应用、监测和人才培养平台,制定杜仲胶标准,研发天然橡胶替代产品。

5. 争取国家进一步支持。一是采取以工补农的办法,设立天然橡胶产业发展基金,扩大良种补贴项目资金规模,把补贴范围扩大到低产胶园改造和老胶园更新、胶园非生产期抚管、科技推广队伍建设、加大科技创新、技术培训和新产品开发及加工工艺提高等领域,并按产出量向天然橡胶生产企业和胶农予以补贴。二是争取国家财政支持,通过补贴部分仓储费用,鼓励国有农垦企业或有条件的公有制天然橡胶生产企业利用自己的仓储能力进行储备,以调节天然橡胶价格的过度波动。为初加工企业收购胶农生产的胶乳提供贴息贷款,保护胶农的利益,缓解企业产品滞销带来的资金压力。三是尽快完善天然橡胶国家政策性保险制度。建立天然橡胶灾害补偿机制,增强产业抵御台风、寒害和病虫害等自然灾害的能力。四是加大国家投入力度,强化天然橡胶基础设施建设,增强产业发展后劲。五是加大对天然橡胶走私的打击力度。政府要进一步严格边境贸易管理,加大对天然橡胶走私的打击力度。

6. 加强对天然橡胶国内外价格的监测和预警,建立科学的天然橡胶收、放储的市场自动引发机制,以减少胶价波动对产业链造成的影响。

【展　望】

1. 供给

我国在 2003 年重新启动扩大种植橡胶,至 2012 年年均增加橡胶种植面积 4.8 万公顷。新扩种的橡胶树在 2010 年后逐步进入生产期,三年来年均增加产量 4.8 万吨左右。预计我国 2013 年植胶面积和产量都会增加,全国植胶面积将达 1680 万亩左右,投产胶园将达 960 万亩,年产 82 万~85 万吨。到 2015 年,全国植胶面积稳定在 1670 万亩左右,但产胶量超过 90 万吨。2020 年,我国天然橡胶的控制量可达 390 万吨,其中,境外自产橡胶超过 80 万吨,合作资源 190 万吨,基本能保障对天然橡胶的安全供给。

2. 消费

2013 年,我国国内轮胎消费将进一步增加,出口美国、中东和东南亚国家的轮胎数量增长,推算我国 2013 年的轮胎产量增长 8.8%,出口量增长 12%,天然橡胶消费量增长 6%,达 435 万吨以上。

3. 运行情况

目前,在外部需求增长缓慢、我国货币政策紧缩的共同作用下,天然橡胶价格泡沫被挤出,国内外天然橡胶价格顺应全球经济环境,实现合理回归。联合国发布的《2013 年世界经济形势与展望》报告表明,世界经济发展速度在 2012 年明显放慢,增长幅度仅为 2.2%,报告预测 2013、2014 年全球经济增长速度分别为 2.4% 和 3.2%。且自 2012 年第四季度以来,在三大主要生产国限制生产、减少出口和泰国、中国政府收储影响下,天然橡胶价格缓慢上涨,但持续上涨的动力仍然不足,其中最大的价格压力是国内外天然橡胶的巨量库存。IRSG报告,2012年全球天然橡胶供大于求46万吨。到2012年12月泰国政府已收储烟片胶为主共17万吨,计划2013年收储24万吨。我国国家物资储备局计划收储天然橡胶20万吨,其中到2012年底的收储6万吨。截止到2012年年底,海南、云南、广东三大产区各种标胶库存约6万吨,其中云南约5万吨,海南、广东库存约1万吨,同比增长150%。上海期货交易所期货定点库库存约10万多吨,同比增长212%。青岛保税区进口胶库存约30万吨,同比增长50%,处于历史最高水平。生产大国和我国消费区的巨大库存将继续抑制市场价格。

而另一方面,国内轮胎消费增长势头已经出现,欧宽松货币政策或再为天然橡胶价格上涨主要因素,黄金价格继续发挥拉动作用,人民币汇率相对稳定有可能推动资产价格上涨。但由于近年世界各国的货币宽松力度总和不如第一次2008年的量化宽松政策,此外,前几年为规避美元贬值而推动的黄金、石油价格上涨没有恢复,再次依赖黄金、石油价格上涨带动天然橡胶价格的空间和可能性都比较小。因此,近期天然橡胶价格的上升空间比较有限。预计2013年全年天然橡胶价格在每吨2.2万元左右波动的几率比较大。

但是,近期由于受全球经济形势持续走弱的影响,天然橡胶价格大幅度下跌。据我国海南农垦植胶区反映,当前的胶价已大幅低于直接生产成本22600元/吨的水平,每生产1吨天然橡胶至少要亏损3000元以上。为了稳定胶工队伍,维持简单再生产,海南农垦已采取了以高于市场价900元/吨的措施收购职工家庭承包的橡胶,努力使胶工月收入不低于1000元,全力稳定胶工情绪,保存产业生产能力。目前,国家物资储备局已启动2013年天然橡胶国家收储行动,积极保护我国天然橡胶产业的持续发展。

(孙 娟 郑文荣)

合成橡胶

【基本情况】

中国合成橡胶工业经历了"十一五"快速增长、产需两旺的黄金时代，生产装置快速扩建，多种所有制企业投资合成橡胶产业，台资和外资、民营企业开始大踏步进入这一行业。特别是2011～2012年新合成橡胶生产装置的建成速度几乎形成井喷态势，而且这一态势还在继续。至2013年4月，我国大陆地区合成橡胶年总产能已达到507.3万吨。综观中国合成橡胶市场，合成橡胶产能、产量、消费量和进口量均已达到"世界第一"，两大国营、民营、外资、合资企业真正形成四分天下的经营格局，形势似乎一片大好。但是由于受到世界经济大环境、国内市场及丁二烯原料支撑等多种因素影响，合成橡胶产量却低于产能的增长。对比目前已经形成的各种合成橡胶品种的生产能力和2015年前可以预计的国内合成橡胶需求量，各个合成橡胶品种之间目前已经形成比例和国际上通行的合理比例，我国目前新建的合成橡胶生产技术水平和国际合成橡胶技术发展方向，中国目前合成橡胶发展存在几种品种产能严重过剩、重要品种之间比例失调、产品质量同质化现象严重、生产技术水平停滞等问题。

【生产能力】

1. 生产能力增长速度愈来愈快

2009～2012年中国合成橡胶生产能力增长速度愈来愈快，到2011年至2012年已形成无序井喷态势。2009～2012年我国合成橡胶生产能力见表1。

表1　2009～2012年我国合成橡胶生产能力　　万t

年份	SBR	BR	IIR	NBR	EPR	CR	IR	SBCs	SR总计	增长/%
2009	102	58	4.5	10	2	5.4	–	69	250	
2010	108	65	4.5	10	2	8.3	1.5	69	283	13
2011	133	89	15.5	10	2	8.3	4.5	69	312	11
2012	173	160	24.5	17	17	8.3	22.5	73	496	58

2. 民营企业生产能力增长速度遥遥领先

2011～2012年，新增加的合成橡胶生产装置中民营增加8套装置、中国石化总公司增加4套、中国石油总公司增加3套，其他增加2套。民营企业生产能力增长速度遥遥领先。截止到2013年4月，在全国合成橡胶总生产能力507.3万吨中，中国石化总公司为162.5万吨，占32%；民营企业147.5万吨，占29%；中国石油总公司为118万吨，占23%；外资合资企业61万吨，占12%；其他18.3万吨，占4%。合成橡胶四分天下的经营格局业已形成。2012年及2013年1～4月我国大陆合成橡胶生产能力见表2。

3. 新增生产能力在合成橡胶品种方面有很大突破

由于国内研究开发的进展和非传统技术专利商及外资的介入，过去由于技术来源问题而未能增建的合成橡胶品种，如异戊橡胶、乙丙橡胶、丁腈橡胶、丁基橡胶在新增生产能力中出现较多。截止到2013年4月，中国异戊橡胶生产能力已达到22.5万吨/年规模，乙丙橡胶也达到17.0万

表 2　2012 年及 2013 年 1～4 月我国大陆合成橡胶生产能力　万 t

企业名称	SBR	BR	IIR	NBR	EPR	CR	IR	SBCs	合计
中国石化	45.7	60.8	7.5		7.5		3.0	38.0	162.5
齐鲁石化公司	23.0	4.5							27.5
燕山石化公司	3.0	15.0	7.5				3.0	6.0	34.5
高桥石化公司	6.7	15.3							22.0
高桥三井和资					7.5				7.5
巴陵石化公司		5.0						28.0	33.0
茂名石化公司	3.0	11.0						4.0	18.0
扬金橡胶有限公司	10.0	10.0							20.0
中国石油	59.5	39.5		6.5	4.5			8.0	118.0
大庆石化公司		16.0							16.0
兰州石化公司	15.5			6.5					22.0
锦州石化公司		6.5							6.5
吉林石化公司	14.0				4.5				18.5
独山子石化公司	10.0	3.0						8.0	21.0
抚顺石化	20.0								20.0
四川石化		14.0							14.0
中国兵器工业部	10.0								10.0
245 厂	10.0								10.0
地方控股企业						8.3			8.3
重庆长寿化工有限责任公司						2.8			2.8
山西合成橡胶集团有限责任公司						5.5			5.5
民营企业	35.0	58.0	12.0	5.0	5.0		19.5	13.0	147.5
山东华宇化工有限公司		16.0							16.0
茂名鲁华化工有限公司							1.5		1.5
青岛伊科思新材料公司							3.0		3.0
抚顺伊科思							4.0		4.0
嘉兴信汇橡胶有限公司			7.0						7.0
杭州浙晨橡胶有限公司	5.0								5.0
天津乐金渤天化学有限责任公司								6.0	6.0

续表 2

企业名称	SBR	BR	IIR	NBR	EPR	CR	IR	SBCs	合计
天津陆港石油橡胶公司	10.0								10.0
宁波顺泽橡胶有限公司				5.0					5.0
福建福橡化工公司	10.0	5.0							15.0
宁波科元塑胶有限公司								7.0	7.0
新疆天利高新股份有限公司		5.0							5.0
山东万达集团股份有限公司		5.0							5.0
山东华懋新材料有限公司	10.0	10.0							20.0
山东齐翔		7.0							7.0
浙江传化		10.0							10.0
山东鲁华鸿锦化工							5.0		5.0
山东神驰							3.0		3.0
青岛第派公司反式异戊橡胶							3.0		3.0
辽宁盘锦振澳化工			5.0						5.0
延长石油集团					5.0				5.0
台资、外资控股企业	23.0	5.0	5.0	6.0				22.0	61.0
申华化学工业有限公司	18.0								18.0
申华丁腈橡胶				3.0					3.0
镇江南帝化工有限公司				3.0					3.0
李长荣(惠州)								20.0	20.0
普利司通(惠州)	5.0								5.0
台橡实业(南通)								2.0	2.0
台橡宇部(南通)		5.0							5.0
宁波台塑			5.0						5.0
总　计	173.2	163.3	24.5	17.5	17.0	8.3	22.5	81.0	507.3

吨/年规模,丁腈橡胶从 2008 年的 4 万吨/年规模达到 17.5 万吨规模。最具有戏剧性的增长是长期以来被 Exxon - Mobil 和 LanXESS 两大跨国公司所垄断的丁基橡胶生产技术,到 2013 年 4 月中国的丁基橡胶已达到 24.5 万吨/年,规模已居世界第二。为提升轮胎工业质量的新产品纷纷进入市场,如中国石化燕山分公司增加了溴化丁基橡胶产量;浙江信汇合成新材料有限公司的溴化丁基橡胶装置建成投产;中国石油独山子石化公司大幅增加溶液聚合丁苯橡胶的产量。稀土异戊橡胶和稀土丁二烯橡胶的供应能力在行业中均有较大增长。中国石化巴陵分公司增加了特种锂系聚

合物的供应能力,这无疑是中国合成橡胶工业发展中的喜讯。

4.产能严重过剩

2011年开始的产能无序扩长态势还在继续,预测2015年,中国合成橡胶总产能将达到642万吨。和2010年相比,中国2015年合成橡胶需求增长量只有128万吨或152万吨,而合成橡胶产能增加量可能达到359万吨。产能总量和需求量相差甚远,产能过剩已相当严重。从表3可以看到,几乎所有品种都已过剩,但表3中,国内需求的预计量可能偏低。特别在丁基及乙丙、丁腈等非轮胎用胶,过剩情况不致太为严重。从表14中可以看出,乙丙橡胶、丁基橡胶的进口量远大于表3中的预计量,但表3中生产能力预计量最大的顺丁橡胶严重过剩已成定局。

表3　中国2015年合成橡胶能力增长和需求量增长比较　　万t

产品	2015年能力预计	装置能力增加量	国内需求(含进口量)增加量		能力增长/需求增长
			预计A	预计B	
全国合计	642	359	128	151	2.8~2.4
丁苯橡胶	199	85	21.5	46.9	4.0~1.8
顺丁橡胶	185	117	25.7	35.3	4.6~3.3
乙丙橡胶	41.5	38.5	8.7	8.9	4.3~4.4
丁腈橡胶	30.5	20.5	8.2	7.2	2.5~2.8
氯丁橡胶	8.3	—	1.0	1.2	—
丁基橡胶	42	31.5	9.7	11.1	3.3~2.8
SBS系列	96	21	10.2	27.9	2.1~0.8

5.新装置的技术、品种、同质化现象严重,部分引进技术水平一般,影响合成橡胶整体技术水平的提高速度

除少数企业仍坚持加强研究开发新的催化体系、新的工艺外,大部分企业只热衷于通过买得图纸、快速建成生产装置。从老企业高价挖聘技术人员抢先投产获取利润的短期行为。低水平的镍系顺丁橡胶和乳聚丁苯橡胶生产装置多次重复建设。10万吨/年规模的顺丁橡胶和丁苯橡胶装置遍地开花。技术、流程、产品品种、设备几乎一样,同质化现象十分严重,再由于产能大量过剩,可以预计同行业自相恶性降价拼杀的现象必将出现。这将对中国合成橡胶的发展带来损害。有一些引进装置也是多次重复引进具有一般水平非传统技术专利商的技术。这些都将影响中国合成橡胶整体技术水平提高速度。

6.重要品种之间比例失调

70年代中国由于顺丁橡胶是国内自己开发的生产技术,单体容易获得。载重车比例较大,因此合成橡胶重要品种SBR/BR曾经长期保持1以下。改革开放促进了乘用车的快速发展,石油化工的发展为丁苯橡胶提供单体供应条件。SBR/BR才不断接近世界平均值1.5。2011年我国的SBR/BR比例已为1.6/1,但是2011~2012年顺丁橡胶生产装置的无序扩容,使SBR/BR又将回复至少于1的比例。2012年和2013年1~4月两种胶的产能比例已降为1.06/1,过多的顺丁橡胶产能必将加剧行业内部的自相残杀,造成重大损害。合成橡胶品种分布见表4。

表 4　合成橡胶品种分布

万 t

品　种	SBR	BR	IIR	NBR	EPR	CR	IR	SBCs	合计
2011 年中国总计	133.2	89.3	15.5	9.5	2.0	8.3	4.5	69.0	331.3
2011 年中国品种分布/ %	40.2	26.9	4.7	2.9	—	2.5	1.36	21	—
2011 年世界平均	587.4	357.8	126.2	71.8	119.2	42.4	79.4	212.3	1596.5
2011 年世界品种分布/ %	37.0	22.4	7.9	4.5	7.5	2.7	5.0	13.3	—
2012 年 +2013 年 1 -4 月中国总计	173.2	163.3	24.5	17.5	17.0	8.3	22.5	81.0	507.3
2012 年 +2013 年 1 -4 月中国品种分布/%	34.1	32.2	4.8	3.4	3.3	1.6	—	—	—

【生产状况】

1. 主要合成橡胶产量增长情况

2012 年全国主要合成橡胶产量为 282.6 万吨，比 2011 年增加 16.2 万吨，同比增长 6%。其中中国合成橡胶工业协会会员企业统计的产量为 236.2 万吨，占 88.6%。2012 年我国主要合成橡胶企业产量见表 5。2013 年 1 ~4 月中国合成橡胶工业协会会员企业合成橡胶产量见表 6。

表 5　2012 年我国主要合成橡胶企业产量

万 t

企业名称	BR	ESBR	SSBR	SBS	NBR	CR	EPR	IIR	合计
齐鲁石化	6.47	34.11	–	–	–	–	–	–	40.58
燕山石化	14.46	–	–	2.06	–	–	–	3.24	19.76
申华化工	–	18.88	–	–	–	–	–	–	18.88
兰州石化	–	11.67	–	–	6.04	–	–	–	17.71
吉林石化	–	13.99	–	–	–	–	1.78	–	15.77
高桥石化	9.84	–	5.89	–	–	–	–	–	15.73
巴陵石化	3.48	–	–	14.11	–	–	–	–	17.59
独山子石化	3.28	–	3.40	12.22	–	–	–	–	18.90
扬金橡胶	–	9.15	–	–	–	–	–	–	9.15
福橡化工	2.05	9.61							11.66
华宇橡胶	9.33	–	–	–	–	–	–	–	9.33
茂名石化	–	–	–	8.31	–	–	–	–	8.31
大庆石化	6.87	–	–	–	–	–	–	–	6.87
台橡宇部	4.95	–	–	–	–	–	–	–	4.95
陆港石化	–	4.01	–	–	–	–	–	–	4.01
杭州浙晨	–	4.23	–	–	–	–	–	–	4.23
锦州石化	1.69	–	–	–	–	–	–	–	1.69
镇江南帝	–	–	–	–	3.64	–	–	–	3.64
长寿化工	–	–	–	–	–	1.98	–	–	1.98
山橡集团	–	–	–	–	–	1.72	–	–	1.72
宁波顺泽	–	–	–	–	2.39	–	–	–	2.39
华宇橡胶	6.34								6.34
兰德精化	5.08								5.08
合　计	73.84	105.65	9.29	36.70	12.07	3.70	1.78	3.24	246.3

表 6　2013 年 1 ~4 月中国合成橡胶工业协会会员企业合成橡胶产量　万 t

项目	BR	ESBR	SSBR	SBS	NBR	CR	EPR	IIR	合计
产量	23.96	42.27	3.08	13.71	3.97	1.11	0.74	1.02	89.86

因丁二烯原料供应相对紧张，一季度后期和二季度中期曾出现原料价格倒挂，使部分依靠采购原料企业的装置被迫临时停产；加上市场需求不旺，大多数合成橡胶的老企业 2012 年产量低于 2011 年。合成橡胶产量的增加主要来自近两年建成投产的装置。

因新建装置能力增大，丁苯橡胶和丁二烯橡胶的产量持续稳定且有小幅增长；丁腈橡胶产量同比增长 25%；为消化 2011 年库存，普通丁基橡胶的产量有较大幅度下降。国内苯乙烯 - 丁二烯 - 苯乙烯嵌段共聚物系列产品的产量 2012 年虽呈恢复性增长，但中国石化燕山分公司的苯乙烯 - 丁二烯 - 苯乙烯嵌段共聚物的产量继续呈现大幅下降趋势。

由于国内合成橡胶同质化装置新增能力大大超过后续市场需求增长的状况持续多年，全国主要合成橡胶装置整体能力利用率持续下降至 71%，各装置能力发挥率分别为丁苯橡胶 76.8%、丁腈橡胶 63.0%、丁二烯橡胶 63.7%（较 2011 年下降 10 个百分点）。

国内合成橡胶的产量按企业分类，中国石油化工集团公司（含合资关联企业）产量占 45%，中国石油天然气集团（含合资关联企业）占 22%，其他企业占 33%。

2012 年中国石化齐鲁分公司合成橡胶总产量达 40.6 万吨，产量继续居国内第一，是少有的合成橡胶生产企业。

2. 各胶种生产情况

(1) 丁苯橡胶　2012 年齐鲁公司仍保持国内最大丁苯橡胶生产商地位，年产量达到 34.1 万吨新高。10 万吨/年以上规模的装置申华、吉化、扬子金埔的产量大小次序不变，但和 2011 年产量相比均有所降低。浙晨 5 万吨/年装置仍保持较高负荷生产。福橡化工 10 万吨/年装置 2012 年投产即达到 9.6 万吨的负荷。陆港 10 万吨/年装置已是第二年只达到半负荷生产。高桥和独山子两套溶聚丁苯橡胶生产量均有所提高，为丁苯橡胶产品升级带来希望。2010 ~2012 年丁苯橡胶（含溶聚丁苯橡胶）生产量见表 7。

表 7　2010 ~2012 年丁苯橡胶（含溶聚丁苯橡胶）生产量　万 t

年份	齐鲁石化	申华化工	吉林石化	兰州石化	福橡化工	扬子金浦	高桥石化	杭州浙晨	陆港石化	独山子
2010	29.4	20.0	16.1	13.4		9.2	5.4			0.6
2011	33.9	20.1	15.8	13.2		11.3	5.9	4.8	5.2	1.6
2012	34.1	18.9	14.0	11.7	9.6	9.1	5.9	4.2	4.0	3.4

(2) 顺丁橡胶　2012 年，燕化、齐鲁、大庆、独山子都还保持较高负荷运转。新疆兰德精化和福橡化工都是 2012 年投产的 5 万吨/年装置，生产开局良好，因其都有固定的丁二烯供应装置。高桥石化和锦州石化 2012 年产量和 2011 年相比有所下降。后者由于丁二烯外购，价格过高顺丁橡胶生产亏损，被迫减产。台橡宇部钴系顺丁橡胶产量首次下降。燕山和兰德精化稀土顺丁投产为顺丁橡胶产品升级有了新的开始。但华宇橡胶（原玉皇）8 万吨/年稀土顺丁装置因产品市场不好，装置停产，其镍系顺丁橡胶生产正常。稀土顺丁橡胶制造成本高于镍系顺丁橡胶，且未和高附加值的高性能轮胎形成产业链，在目前中国开发应用市场有较大难度。2010 ~2012 年顺丁橡胶生产量见表 8。

表 8　2010～2012 年顺丁橡胶生产量

万 t

年份	燕山石化	高桥石化	齐鲁石化	大庆石化	华宇橡胶	兰德精化	台橡宇部	巴陵石化	独山子	福橡化工	锦州石化
2010	14.7	11.5	5.2	5.9	6.7		5.4	4.1	3.4		3.3
2011	13.3	11.1	6.5	6.7	9.3		6.5	3.1	2.9		3.3
2012	14.5	9.8	6.5	6.9	6.3	5.1	4.9	3.5	3.3	2.0	1.7

(3)SBCs **热塑性弹性体**　由于国内制鞋行业不断向劳动力成本更低如越南等周边国家和地区转移,SBS 需求不断下降,加上多年来 SBS 生产装置不断扩容, SBCs 产能过剩现象也已显著,生产量有较多下降。和 2010 年相比,燕山石化的 SBS 产量 2012 降至 2.1 万吨新低。目前正进行改进转向生产 SSBR。

TPO 烯烃类热塑性弹性体在中国的发展对 SBCs 的市场也将发生影响。巴陵公司近几年来在 SEBS、SIS、SEPS 及各种专用 SBS 方面不断有所突破,所以仍能保持原有的生产水平。2010～2012 年 SBCs 热塑性弹性体生产量见表 9。

表 9　2010～2012 年 SBCs 热塑性弹性体生产量

万 t

年份	巴陵石化	独山子石化	茂名石化	燕山石化
2010	15.4	12.0	8.4	9.2
2011	13.0	9.4	8.5	4.9
2012	14.1	12.4	8.3	2.1

(4)**丁腈橡胶**　2012 年中国合成橡胶工业协会成员企业的丁腈橡胶产量已达到 12 万吨新高。兰化公司开发了具有我国自主知识产权 5 万吨/年的丁腈橡胶生产技术,生产情况良好。台商南帝公司扩大了产能,民营企业顺泽公司引进俄罗斯技术建成 5 万吨/年的丁腈橡胶生产装置。朗盛台橡南通 3 万吨装置投产成功,还有新建装置建成投产,整体形势发展良好。但和发达国家丁腈橡胶生产技术对比,我国丁腈橡胶生产牌号少,特种丁腈橡胶大部分不能生产,科研开发的任务极为繁重。2010～2012 年丁腈橡胶生产量见表 10。

表 10　2010～2012 年丁腈橡胶生产量

万 t

年份	兰州石化	南帝化工	宁波顺泽
2010	5.2	2.8	
2011	5.4	3.2	1.4
2012	6.0	3.6	2.4

(5)**氯丁橡胶**　虽然反倾销收到一定成效,但国内市场需求起色不大。2010～2012 年氯丁橡胶生产量见表 11。

表 11　2010～2012 年氯丁橡胶生产量

万 t

年份	山橡通用	山橡 244	长寿通用	长寿 244
2010	0.8	1.2	1.4	0.7
2011	0.9	1.0	1.7	0.8
2012	0.8	0.9	1.3	0.6

(6)乙丙橡胶 近年来,我国乙丙橡胶的消费量不断增加,最高达到24万吨/年。吉化公司从意大利FAS TECH公司又引进5万吨/年三元乙丙橡胶装置,但一直不能正常生产,2011年第一条生产线经多年的攻关投产成功。聚合反应稳定,产品质量良好。新建装置有上海中石化和日本三井合资采用茂金属催化体系生产的7.5万吨/年乙丙橡胶。2010~2012年乙丙橡胶生产量见表12。

表12 2010~2012年乙丙橡胶生产量 万t

企业名称	2010	2011	2012
吉林石化	1.9	1.9	1.8

(7)丁基橡胶 中石化、燕山石化公司引进意大利PI公司工艺包技术,经过多年技术攻关终于使该装置生产达到设计负荷并扩建至4.5万吨,并开始通过研究开发组织溴化丁基橡胶,将步入正常生产。2010年浙江嘉兴信汇合成新材料公司丁基橡胶装置的建成投产,使国产丁基橡胶的市场占有率从8%上升到63%,售价从5000美元/吨下降至3600美元/吨。由于国内生产的溴化丁基尚在不断改进中,进口溴化丁基橡胶一直处于不断提价过程,目前达到5100美元/吨。

正在新建的丁基橡胶装置中除了中石化燕化公司采用自己研究开发的新型反应器外,其他新建装置技术来源是俄罗斯技术和意大利CONSER非传统技术专利商。2010~2012年丁基橡胶生产量见表13。

表13 2010~2012年丁基橡胶生产量 万t

企业名称	2010	2011	2012
燕山石化	3.6	3.5	3.2
嘉兴信汇	0.4	4.7	

【进出口和消费】

1.合成橡胶进口总量和去年持平,出口量下降

2012年全国合成橡胶进口量为143.7万吨.与2011年基本持平,出口量为22.1万吨,较2011年减少7.1万吨,同比下降24.2%;合成橡胶净进口量(进口量与出口量之差值)为121.6万吨,其中主要合成橡胶净进口量为102.6万吨,较2011年增加4.9万吨,同比增长4.9%。丁苯橡胶创净进口量24.5万吨,较2011年增加5.4万吨,其他主要合成橡胶产品净进口量大多为基本持平或略有下降趋势。

2012年出口量在万吨以上的产品依次为丁苯橡胶、丁二烯橡胶、丁基橡胶和丁苯热塑性橡胶,七大基本胶种的出口总量占国内生产总量的9.5%。2012年我国大陆地区合成橡胶进出口统计见表14。

表14 2012年我国大陆地区合成橡胶进出口统计

品种	进口量/万t	出口量/万t
SR	143.7	22.1
SBR	32.4	7.9
SBCs	4.9	1.7
BR	23.6	3.5
IIR	4.6	2.2
HIIR	18.5	0.1
CR	2.0	0.6
NBR	8.6	0.6
IR	5.3	0.2
EPR	19.8	0.2
SRL	18.7	1.7
其他	5.3	3.3

综观近年来合成橡胶进口量的变化,由于国内产能的迅速增加,进口量已出现减少趋势。进口胶种主要是丁苯、顺丁、丁基、乙丙。进口国主要是韩国约占35%、日本约占21%、美国约占21%、俄罗斯约占13%及中国台湾地区约占10%。其中美国进口的是高附加值的卤化丁基橡胶和乙丙橡胶,其他进口地大部分是普通合成橡胶。

中国合成橡胶出口量近年增长较快,品种主要是丁苯橡胶,约占总出口量的45%,顺丁橡胶约占20%,SBS约占20%,普通丁基橡胶约占8%,氯丁橡胶占3.4%、丁腈橡胶占2%。

2. 七大基本合成橡胶表观消费量增长3.8%，国产胶市场占有率达69.5%

2012年国内合成橡胶表观消费总量为404.2万吨，其中主要胶种的表观消费量为385.2万吨，较2011年增加22.5万吨，同比增长5.8%；其中七大基本胶种的表观消费量为315.5万吨，增加11.4万吨，同比增长3 8%。2012年合成橡胶进口量约占国内消费总量的1/3。

七大基本胶种的国产合成橡胶市场占有率上升至69.5%，同比上升1个百分点，其中丁苯橡胶表观消费量增长3.0%，市场占有率达85.0%；丁二烯橡胶表观消费量增长4.0%，市场占有率回升至79.0%；丁腈橡胶表观消费量增长较多，市场占有率上升至61.0%，同比上升5个百分点；由于进口氯丁橡胶倾销，国内氯丁橡胶市场仍不乐观，市场占有率下降，生产厂家全面亏损；丁基橡胶和乙丙橡胶的表观消费量出现下降，其中丁基橡胶受国内2011年底普通丁基橡胶库存较高影响，降低约7个百分点，而卤化丁基橡胶的进口量（或实际消费量）继续呈现上升态势，目前国内卤化丁基橡胶和乙丙橡胶的消费市场仍主要由国外进口产品占领。

近几年一大批合成橡胶新装置相继建成投产，为扩大国产橡胶市场占有率创造了条件，因同质化产品产能扩张过快，超过市场需要，装置能力发挥率持续下降（见表15），从2008年的84%逐渐下降到2012年的71%，2012年国内丁苯橡胶和丁二烯橡胶的装置能力发挥率分别降低到77%和63%，丁二烯橡胶成为国内合成橡胶产业又一个进入能力过剩的产品。

表15　2008～2012年主要合成橡胶产能消费量设备利用率

万 t/a

年份	产能	产能增量	国内消费量	消费增量	设备利用率/%
2008	200	35	168	2	84
2009	250	50	197	29	79
2010	282	32	241	44	85
2011	339.9	57	266	25	78
2012	400	60	282	16	71

3. 主要合成橡胶产品市场价格回归适当水平

国际经济复苏缓慢，橡胶需求增长幅度减缓，天然橡胶供应量增加导致库存增长，天然橡胶国际市场价格从2011年初逐渐大幅回落，也带动了国内合成橡胶价格相应回归，因原料丁二烯总体资源偏紧，仍支撑合成橡胶价格在相应的适当水平。2012年国内合成橡胶市场价格总体上处于回落态势，全年总体进口平均到岸价格同比下降8%，年末丁二烯橡胶和丁苯橡胶国内每吨产品的市场价格较年初下降8000～10000元。产品价格回落和原料价格波动紧缩了合成橡胶产品利润空间，给缺乏原料供应保障的合成橡胶企业带来困难。

4. 丁二烯进口量创历史新高，价格回落

2012年国内传统乙烯生产量较上年略有下降。中国石油抚顺石化公司80万吨/年乙烯装置和大庆石化公司60万吨乙烯装置，因投产时间较迟和装置处于试运行阶段导致负荷较低，来自国内乙烯副产的丁二烯总体资源量基本维持在上年同一水平。山东齐翔腾达化工股份有限公司的10万吨/年丁烯氧化脱氢制丁二烯装置5月建成投产，为国内丁二烯原料开辟了一个稳定的补充来源。2012年全国共生产丁二烯217万吨，较2011年增加5.2万吨，同比增长2.5%。这是2008年以来国内丁二烯产量增量最少的年份。

国内丁二烯资源供应趋紧，增加了国际市场的采购量。2012年丁二烯进口量创历史新高，达到34.5万吨，出口量4万吨；与2011年相比，进口量增加16.2万吨，出口量减少3.5万吨；净进口量增加19.7万吨，增长180%；进口平均价格较

2011年回落14%。2012年国内丁二烯的表观消费量为247.5万吨,较2011年增加24.9万吨,同比增长11%。

国内合成橡胶装置产能过快增长,部分装置缺乏稳定的丁二烯原料供应,形成全国丁二烯供需失衡,导致国内丁二烯市场频繁出现价格震荡。近两年,国内丁二烯市场价格经历了两个价格震荡周期,数月内每吨丁二烯价格涨跌万元以上,给合成橡胶企业正常生产带来极大困难。

【基建与技改】

1.巴陵石化公司建成6万吨/年特种锂系聚合物装置

巴陵石化公司6万吨/年特种锂系聚合物装置于2012年8月建成投产,采用了具有自主知识产权的大反应釜及节能工艺设备等多项集成新技术。至此,巴陵石化苯乙烯类热塑性装置总生产能力达28万吨/年,继续保持锂系聚合物装置生产品种牌号最多、产量最高的国内领先地位。

2.燕山石化公司3万吨/年稀土丁二烯橡胶装置建成投产

燕山石化公司新建3万吨/年稀土丁二烯橡胶装置于2012年10月建成投产,生产出合格产品,从而使中国石化具备了镍系、锂系和稀土系3种丁二烯橡胶产品的供应能力。该装置采用燕山石化公司与北京化工大学等厂校共同开发的生产技术,它的建成使我国采用国产化技术生产稀土丁二烯橡胶总能力达10万吨/年以上,并将逐渐成为国内生产绿色轮胎的优质原料。

3.山东淄博齐翔腾达化工股份有限公司的丁烯氧化脱氢制丁二烯技术再次成为丁二烯供应的补充来源

国内丁二烯的供应紧张局面引发了休眠多年的丁烯氧化脱氢制丁二烯工艺技术路线的复苏。山东淄博齐翔腾达化工股份有限公司10万吨/年丁烯氧化脱氢制丁二烯装置的三条生产线于2012年5月建成投产,产品质量能够满足合成橡胶生产要求。该装置采用了国内开发的B-02铁系无铬催化剂及轴向二段固定床反应器工艺。

4.抚顺石化20万吨/年丁苯橡胶建成投产

中国石油抚顺石化公司20万吨/年乳聚丁苯橡胶建成投产,所需原料丁二烯由该公司年产百万吨乙烯联合装置供给,该装置的投产使中国石油丁苯橡胶总产能达58万吨/年。

5.大庆石化8万吨/年丁二烯橡胶扩建项目建成投产

中国石油大庆石化公司8万吨/年丁二烯橡胶扩建项目建成投产,原料丁二烯由该公司扩建的80万吨/年乙烯装置供给。至此,大庆石化进入了我国丁二烯橡胶最大生产厂行列。

6.山东华懋新材料有限公司合成橡胶装置建成投产

华懋新材料有限公司10万吨/年溶聚丁苯橡胶装置、10万吨/年顺丁橡胶装置于2012年1月11日投产。

7.朗盛中国南通丁腈橡胶工厂竣工

2012年5月23日,德国朗盛公司设在中国南通的丁腈橡胶工厂如期竣工,新工厂占地面积近4万平方米。该工厂为朗盛与台橡公司的合资企业,双方各出资50%,对新工厂总投资合计5000万美元(约合3900万欧元),初始年产量为3万吨。

8.山东神驰石化有限公司稀土异戊橡胶生产装置投产

2012年9月13日,山东神驰石化有限公司采用长春应化所技术建成的3万吨稀土异戊橡胶工业化生产装置一次投料试车成功。

9.濮阳锂系聚异戊橡胶生产装置投运

濮阳林氏化学新材料股份有限公司采用锂系催化剂生产异戊二烯橡胶生产技术,建成的5000吨/年异戊二烯橡胶生产装置2012年顺利投产。该生产线是承担的河南省重大科技专项医用异戊橡胶材料及制品关键技术研究项目的一个组成部分。该项目取得4项有关聚异戊二烯发明专利,启动了国内首条锂系催化体系医用异戊橡胶生产线及首条聚异戊二烯胶乳及手术手套生产线建设工作,可年产5000吨聚异戊二烯橡胶、8000吨聚异戊二烯胶乳、1.5亿副手术手套。

10. 中国石化齐鲁石化公司扩建2万吨/年顺丁橡胶装置

【科技创新】

1. 齐鲁石化顺丁橡胶装置凝聚系统优化工艺改造碱洗项目顺利中交

这次改造装置设计中增加了胶罐气相碱洗系统。

2. 巴陵石化公司年产2万吨SEPS生产技术，通过中石化总部审查业界专家审定

SEPS不仅具有优异的低温性能及耐高温耐老化性能，加入润滑油中可使其“冬天不粘，夏天不稀”，还具有良好的热塑性与热融性，广泛用于医疗、电绝缘、食品包装、保护、掩蔽、标志、粘接固定以及复合袋的层间粘合，并在金属与塑料之间的粘结方面有独到之处，还可用于眼镜及其他光学材料，具有良好的透明性、柔韧性及抗冲击性。

3. 独山子石化SBS胶黏剂专用料实现量产

独山子石化公司自主研发的线型SBS胶黏剂专用料T167在该公司丁苯橡胶装置上实现规模化生产。新产品面市后迅速得到市场认可。目前国内SBS产品在胶黏剂中的应用只占15%。SBS胶黏剂具有无毒、初黏力强、内聚强度高、韧性好、固化快、耐低温性好等优势，可广泛应用于装饰、汽车等诸多行业，用量在逐年递增。

4. 单线产能最大丁腈橡胶技术的工业应用达到长周期

中国石油自主开发的年产5万吨丁腈橡胶成套工艺技术，现已成功应用于兰州石化，装置实现连续长周期运行，生产的新牌号橡胶性能超过同类产品水平。

5. SSBR加工应用技术获新突破

山东金宇轮胎有限公司使用中国石油开发的SSBR，累计生产绿色轮胎超过200万条。这标志着由中国石油石化研究院兰州中心、华北化工销售公司和山东金宇轮胎合作开发的高性能绿色轮胎，成功实现工业化生产；国内溶聚丁苯橡胶加工应用技术取得了新进展，可以满足绿色轮胎制造工艺的需求。

6. SIBR商业化应用项目通过鉴定

由中国石化北京燕山分公司、中国石化北京化工研究院燕山分院和北京橡胶工业研究设计院共同承担的商业化三元集成橡胶（SIBR）工业试验及轮胎应用推广项目，通过专家鉴定，三元集成橡胶是以苯乙烯、异戊二烯、丁二烯为单体聚合而成的共聚物，其性能优于传统的乳聚丁苯橡胶和溶聚丁苯橡胶，能较好地兼顾轮胎的抓地性、滚动阻力和耐磨性，是一种理想的新型汽车轮胎胎面用胶。此次开发了两个牌号的产品——无规型充油集成胶SIBR2535和非充油嵌段型集成橡胶SIBR2505，目前已顺利通过工业化放大研究。其中，产品的中试胶和工业化胶由北京橡胶院进行了基本性能评价、实用配方研究、轮胎试制及轮胎成品试验，均取得了较好的结果。

7. 燕山石化合成橡胶二厂溴化丁基橡胶正常生产

溴化丁基橡胶装置历经5个月的改造，生产出第一块溴化丁基橡胶，产品外观及硫化性能比以往有显著提高。后处理装置3条生产线有两条生产溴化丁基橡胶，为装置连续稳定生产及工艺参数的精确调节提供了有力保证，计划全年共批量生产溴化丁基橡胶5000吨。

8. 青岛科大研发出耐油耐高压羧基丁腈橡胶

青岛科技大学自主研发的耐油耐高压羧基丁腈橡胶2013年在淄博投产，产能达到4000吨级，不仅填补了国内一项技术空白，而且缓解了我国高品位丁腈橡胶依赖国外进口的局面。超高耐油性羧基丁腈橡胶是目前国内首先研制成功的四元共聚丁腈橡胶，其耐油性优于硅橡胶、氟橡胶，主要用于高温、高压环境下的耐油密封。

9. 吉林石化生产新牌号乙丙橡胶

吉林石化公司2万吨/年乙丙橡胶装置成功生产出J-3080牌号乙丙橡胶，产品质量创历史最好水平。J-3080牌号乙丙橡胶主要用于高档汽车密封条，是一种高附加值的乙丙橡胶产品，生产难度极大，已连续生产1200吨。

10. 中国石油开发新型NBR2905丁腈橡胶

中国石油化工研究院自主开发的新型NBR2905丁腈橡胶在兰州石化公司合成橡胶厂5万吨/年丁腈橡胶装置上成功实现了工业化生产，产品的各项性能均达到或超过了进口产品的指标。NBR2905主要用于制作发泡绝缘材料、耐油软管、隔膜、滚筒等工业用品以及飞机、汽车零件，市场需求旺盛。

【展　望】

1. 2013 年是我国实施“十二五”规划承前启后的关键之年，是党的十八大提出实现 2020 年建成小康社会目标的开始之年，国民经济保持持续发展，以轮胎制造业为主的橡胶工业对合成橡胶的需求量将继续呈现增长态势。

2. 国内还将建成 9 套合成橡胶装置，产能将超过 77 万吨/年。如此庞大的产能，在满足国内需求同时还能够出口到国际市场。

3. 随着市场开发力度的加大和轮胎出口需求的增长，溶液聚合丁苯橡胶、溴化丁基橡胶、稀土丁二烯橡胶和异戊橡胶的产量会有较大幅度的增长。但应通过联合技术攻关，开发与其配套的高性能轮胎产业链以扩大市场需求，同时需国家应给予政策支持。

4. 随着几套大乙烯装置建成投产，国内丁二烯总资源量将会有较大幅度增长，但扣除中国石油和中国石化当地配套后续装置的丁二烯需求量，总体上能作为国内丁二烯市场可供采购量仍十分有限，难以改变全国丁二烯市场供求失衡状况。低成本的丁烯氧化脱氢技术的研究开发依然有它的长远发展意义。

5. 合成橡胶部分品种同质化重复建设的后果是行业产能严重过剩，产品价格回归，加上原料供应不匹配，新建装置的经济效益面临着严峻考验。2013 年，国内已有的丁二烯橡胶装置加上在建的 45 万吨/年装置，产能过剩的矛盾将更为突出。异戊橡胶装置规模过小、原料供应不足的问题也将影响到装置的效益。

6. 由于合成橡胶装置能力和产量的进一步增长，同质化通用产品供过于求的现象已经到来，国内行业内部竞争加剧。大宗品种价格将有较大降低，对后续产业轮胎等橡胶制品行业盈利十分有利。

7. 随着国家强化节能政策的实施，市场对合成橡胶产品的品质和服务要求将日益提升。开发自有技术形成、具有特色的核心技术、推进产品结构调整、多生产高价值的专用牌号仍是“十二五”期间行业技术进步的主要方向。

（张爱民）

杜 仲 橡 胶

杜仲橡胶是具有橡塑二重性的优异高分子材料，广义上来讲，分为天然杜仲橡胶与合成杜仲橡胶两类。天然反式聚异戊二烯橡胶目前主要包括杜仲橡胶、古塔胶和巴拉塔胶。天然杜仲橡胶系由杜仲树的籽、叶、皮、根中通过物理或化学提取法制得。古塔胶主要由马来亚半岛、印度尼西亚等热带地区产的山榄科植物的树皮和树叶中的胶乳制得。巴拉塔胶主要由产于圭亚那和委内瑞拉等地的一种山榄科植物的胶乳制得。合成杜仲橡胶则由石油裂解后所得的 C_5 馏分中的异戊二烯在特定的催化条件下聚合制得。

【天然杜仲橡胶】

1. 产业化进展

2011 年，国家发改委扶持陕西略阳嘉木公司、陕西安康禾烨公司、湖北老龙洞杜仲开发公司及湖南和益生物有限公司 4 家企业开展以杜仲胶为主的杜仲综合利用装置建设试点培育工作。

目前，陕西略阳嘉木公司和湖北老龙洞杜仲开发公司已建成百吨级杜仲胶装置，另两家企业的装置正在建设中。与此同时，湖南老爹生物有限公司、河南灵宝金地杜仲公司也正在积极建设百吨级杜仲胶生产装置。

2. 研发进展

近两年来，杜仲胶生产企业与有关高校和研究机构建立了产学研合作关系，开展杜仲胶的应用开发，在轮胎、高铁减震部件、塑料改性、应用助剂等方面均取得了一系列进展，并申报了多项专利。

杜仲分子育种研究取得重大突破

通过育种途径提高杜仲胶含量及产胶量是降低生产成本，促进杜仲胶产业健康发展的重要途径。中南林业科技大学通过对杜仲叶片和果实的转录组测序及深度分析研究，获得了大量基因的表达规律；发现了杜仲胶合成上游相关基因 124 条，并分离克隆了 28 条杜仲胶合成上游途径 MEP 和 MVA 途径的重要基因 cDNA 全长；发现杜仲胶合成下游相关基因共 74 条，其中分离克隆了 35 条如乳胶管蛋白(MLP)、橡胶延伸因子(REF)、橡胶小颗粒蛋白 SRPP 和杜仲胶合成关键酶基因异戊二烯磷酸二合酶(TIDS)的 cDNA 全长；构建了杜仲胶合成基因的 RNA 干扰表达载体和过量表达载体，并对杜仲和烟草进行转基因试验，筛选出了杜仲胶合成上游和下游关键酶基因。初步分析表明，将提高杜仲胶含量 18.65% ~26.54%，为将来大幅度提高杜仲胶产量奠定了基础。

天然杜仲胶提取工艺及设备制造

青岛科技大学与河南恒瑞源公司合作成功开发了天然杜仲橡胶提取的超微粉碎预处理技术及连续化逆流超声提胶成套设备，经过超微粉碎处理，杜仲树叶、树皮的提取率分别达到 8% 和 11%。先进的提胶成套设备包括连续逆流超声提取机、连续渣料挤干机、连续渣料溶剂蒸脱回收及烘干机、渣液分离装置、连续自动排渣过滤器、动态循环低温蒸发浓缩器、溶剂尾气回收系统、电气操作控制系统等部分。

贵州大学、贵州发酵工程与生物制药重点实验室采用酶法从杜仲叶中联合提取杜仲胶和绿原酸；从杜仲翅果皮中联合提取杜仲胶和桃叶珊瑚苷，实现药物和胶的同时提取，在保证杜仲胶聚合物天然性质的同时，也保护了天然药物的稳定性和充分的溶出。其主要特点是：原料无需粉碎，能保全植物中大分子、高聚物等的结构和性质；反应液的体积小，后续的处理简单，排放量小；不含化学药剂，排放物对环境友好，不仅不会造成污染，还可施加到杜仲林中，作为腐叶肥沃土壤。

天然杜仲胶在高铁减震部件应用

株洲新时代与湖南吉首大学、湘西老爹生物有限公司合作开发天然杜仲胶在高铁部件的应用，取得良好进展。试验数据表明，天然杜仲胶的耐疲劳性能、密封性能优异,适合用于空气弹簧、密封件等十余种部件。株洲新时代今年将正式把湘西老爹生物公司产杜仲胶应用于高铁部件的制造。

天然杜仲胶用于塑料改性

沈阳化工大学开展了杜仲胶增韧聚丙烯的制备及其性能研究,研究结果表明:加入25份杜仲胶可以使聚丙烯的耐冲击强度增加两倍。该校还开展了天然杜仲胶接枝苯乙烯本体共聚合反应的研究,结果表明,接枝苯乙烯后,杜仲胶的结晶形态发生改变,结晶度下降。

【合成杜仲橡胶】

1.产业化进展

我国合成杜仲胶生产能力有较大增长。早在1996年就进行了模试合成杜仲胶100升聚合釜试验。2005年11月,以青岛科技大学为主,成立了"青岛科大方泰材料工程有限公司",建成500吨/年合成杜仲胶工业试验装置(采用4500升聚合釜)。2006年12月一次投料试车成功,生产出粉末状合成杜仲胶。2010年,青岛第派新材有限公司成立,一期15000吨/年合成杜仲胶装置于2013年7月建成投产。2015年将实现3万吨生产能力。

近年来,该公司利用其500吨中试装置,不间断向下游加工企业提供试验用胶,并与固特异轮胎公司签订了月供合成杜仲胶150吨的协议。

2.应用开发进展

合成杜仲胶轮胎耐磨耗试验超过30万公里

中国杜仲胶科学研究院、青岛第派新材有限公司在合成杜仲胶的应用开发方面不断取得新的进展。研究表明,在目前所有用于轮胎的橡胶中,硫化合成杜仲胶的滚动阻力和生热是最低的,仅为乳聚丁苯橡胶的50%左右,而且任何胶料(包括溶聚丁苯胶在内)与合成杜仲胶并用,都能明显降低其滚动阻力和生热。经轿车和轻型载重子午胎试用证明,每条轮胎用300~500克合成杜仲胶,省油率可达2.5%,每条轮胎可节省油35~50升,1吨杜仲胶用于轮胎中能节省70~80吨油,CO_2的排放量能减少200吨,意味着杜仲胶:节油:减排=1:70:200,寿命提高20%~50%。耐磨耗试验表明,轮胎行驶里程接近30万公里。经过配方的优化,在胎面胶、胎侧胶、三角胶中使用杜仲胶完全可以生产出节油3%的绿色半钢子午胎。

青岛第派新材公司与赛轮公司合作制备的合成杜仲胶全钢子午胎已完成14.1万公里的行驶里程试验,合成杜仲胶半钢子午胎已完成8.7万公里里程试验,与普通胎相比,耐磨耗性能提高13.37%。固特异公司子午胎扩试已使用第派新材公司产合成杜仲胶70吨。

塑料改性应用领域进一步拓展

杜仲胶研究院进行了合成杜仲胶/聚丙烯合金的制备。试验表明,在保持合金强度较高的条件下,其悬臂梁缺口冲击强度高达近40kJ/m²,可以制成超韧性改性的聚丙烯,应用于汽车配件、体育运动器材及其他对强韧性要求较高的器件或配件。

近期又开发了彩色、无味医用夹板专用粒料与片材;在鞋用胶底、胶垫、热塑鞋模等领域的应用开发取得进展;采用合成杜仲胶与聚丙烯共混制成高强韧合金;目前正在开发合成杜仲胶制备TPV热塑胶和合成杜仲胶环氧化产品等。

制鞋领域应用取得新进展

初步研究表明,杜仲胶在制鞋领域应用前景广阔。杜仲胶因其抗湿滑性能可用于防滑鞋底、因其形状记忆功能可用于马拉松鞋的定性垫,因其绝缘性能和抗酸碱性能可用于军用或劳保鞋,因其环保性能可用于儿童中底,还可以作为改性剂与EVA混用来提高胶料的弹性等。上海回力鞋业公司和耐克公司正在积极开展合成杜仲胶在制鞋领域的应用试验。

【发展建议】

1.加快杜仲资源培育步伐

据调查,我国现有杜仲种植面积约380万亩,且90%为传统乔木种植模式。

加强杜仲胶资源培育,保证杜仲胶示范装置形成生产能力,是确保杜仲胶产业健康发展的主要因素。需尽快制定出科学合理的杜仲资源培育规划,并由示范项目所在区域地方政府给予支持和配合,采用集约式和松散式栽植相结合的方法,推广果园化种植模式,开展叶林种植模式示范,尽快培育杜仲资源,以满足产业化发展的需要。

2. 加强天然杜仲胶精胶提取技术的科研攻关

目前国内企业杜仲胶提取一般采用酶解发酵提取粗胶、化学溶剂提纯的工艺,青岛科技大学最近发明了对原料进行超微粉碎预处理、然后采用单一溶剂超临界提取杜仲胶的工艺。多种工艺路线的技术经济比较和产品质量及性能比较有待于在试验和实践中进一步总结,筛选出最佳工艺路线,必要时需要组织重点攻关。

3. 培育杜仲胶制造及应用示范基地

天然杜仲橡胶提取工艺和工业化制造设备正处于不断改进和完善过程中,就杜仲胶的应用而言,有必要在橡胶生产和应用比较集中的地区,选择研发实力强的企业,培育杜仲胶应用示范基地,这将有利于研发成果的转化和应用推广。

4. 建议政府制订鼓励杜仲种植和综合开发的产业政策

杜仲产业有望形成万亿元产值的产业集群,这对拉动国民经济、增加就业、增加税收、改善环境等都有不可忽视的作用。在杜仲资源培育方面,需要在林地政策、资金支持和种植技术等方面制订相关的扶持政策。

杜仲综合开发利用产业的龙头产品是杜仲橡胶,但要将杜仲橡胶的价格降低到可以大面积推广使用的水平,必须大力发展杜仲综合开发利用,摊薄杜仲橡胶的成本。但阻扰杜仲综合开发利用的原因主要是杜仲叶、杜仲雄花还未被认定为新资源食品,从而限制了它的综合利用。杜仲籽油已于2009年认定为新资源食品,希望国家有关部委加快对杜仲叶、杜仲雄花作为新资源食品的认定工作,为杜仲综合开发利用产业的发展奠定基础。

对于从事杜仲综合开发的企业,应给予项目支持和贴息贷款及税赋减免等优惠。

5. 建议政府加大对杜仲胶的项目建设和应用研发的扶持力度

建议将杜仲胶列入国家“十二五”战略性新材料和重点产品目录,对杜仲胶的项目建设和研发给予资金扶持。

目前国内已涌现出一批致力于杜仲种植、杜仲胶开发和杜仲综合利用的企业,相信经过几年的努力,“十二五”末期至少有数千吨的杜仲橡胶投放市场,“十三五”期间将建成数套万吨级杜仲胶生产装置。

按照目前杜仲产业联盟内杜仲企业的发展规划测算,预计“十三五”末国内果园化杜仲林将达到300万亩以上,可满足15万~16万吨杜仲胶原料的需求。国家有关部门推动和组织大规模种植,五年后将有一大批优良品种杜仲资源呈现于世,“十三五”末期实现50万~60万吨杜仲胶生产能力是完全有可能的。

(王凤菊)

骨 架 材 料

【基本情况】

2012年汽车工业和轮胎工业增速缓慢，导致整个骨架材料行业增速减缓，产品价格下降、全行业产能不断增加，产品工业总产值下降，行业竞争趋于白热化，企业利润率偏低。另外下游产品结构的变化，也制约了一些骨架材料品种的发展，一些产品甚至连续两年出现负增长。

纵观2012年，骨架材料生产企业由于受到上半年库存和销售的压力，从7月开始，企业纷纷降低产量，开工率约60%～70%，产量在低位运行，从10月份开始开工率才逐渐回升，四季度产量保持高位运行。总体来说，2012年骨架材料行业呈现出“量升价跌”的态势。

轮胎行业是消耗骨架材料的主要行业，2011和2012年我国轮胎产量连续两年增长放缓，使得骨架材料各品种产量增长率有所下降。中国橡胶工业协会骨架材料专业委员会对30家主要会员企业统计，2012年钢帘线产量143.7万吨，同比(下同)增长5.66%；胎圈钢丝53.4万吨，增长9.43%；锦纶帘布23.1万吨，下降9.06%；涤纶帘布13.3万吨，增长2.31%，其中锦纶帘布产量连续两年下降。2008～2012年骨架材料会员企业产量见表1。

表1　2008～2012年骨架材料会员企业产量　t

产品名称	2008年	2009年	2010年	2011年	2012年
钢帘线	695400	916000	1204000	1359605	1437000
胎圈钢丝	487000	494000	521000	423917	534000
锦纶帘布	243400	247000	268000	254000	231000
涤纶帘布	71000	85600	117000	129883	133000

注：表1为中橡协骨架材料专业委员会30家会员单位统计数据。

在中橡协公布的2012年百强企业名单中，骨架材料行业有9家企业入选，详见表2。

表2　骨架材料入选百强企业名单

排名	专业	企业名称	主营业务收入/亿元
13	钢丝	江苏兴达钢帘线股份有限公司	70.66
16	钢丝	贝卡尔特中国	57.57
18	钢丝	山东胜通钢帘线有限公司	46.39
20	钢丝/纤维	骏马化纤股份有限公司	30.96
23	钢丝	湖北福星科技股份有限公司	22.24
27	纤维	江苏海阳化纤有限公司	17.22
31	钢丝	高丽制钢(中国)	15.80
36	纤维	宁波锦纶股份有限公司	12.75
53	钢丝	山东大业股份有限公司	8.69

【生产现状】

我国橡胶工业骨架材料生产已有60余年发展史，目前，已建成品种规格基本齐全，产品质量优秀，配套设施完善的工业体系，成为世界骨架材料的生产大国。现生产企业约达百家，总产量约占世界总量的1/4。

我国橡胶工业用骨架材料与国际上采用的品种类似，主要是锦纶（包括锦纶66和锦纶6）、涤纶和钢丝类，高性能芳纶纤维用量逐渐增加。目前，高强度的合成纤维工业丝和高强度的钢丝是橡胶工业用骨架材料的主导品种。大宗产品已由供不应求转向供需平衡至供大于求，部分产品如锦纶、涤纶、钢丝均有进出口，且出口量逐年增长。

1. 我国骨架材料生产和消耗情况

2012年全国轮胎总产量4.7亿条，其中子午线轮胎4.14亿条，斜交轮胎0.56亿条，子午胎中的全钢胎产量0.95亿条。据此推算，锦纶帘子布需求约19.1万吨，涤纶帘子布12.8万吨，钢帘线142.0万吨，胎圈钢丝61.1万吨；2012年摩托车胎产量1.7亿条，自行车胎产量3.5亿条，锦纶帘子布需求约7.6万吨。据中橡协骨架材料专业委员会对30家主要会员单位统计，2012年骨架材料产量为244.4万吨（含管带钢丝产量），总产值约305.85亿元；其中钢丝帘线208.0万吨，纤维帘线36.4万吨。2011～2012年骨架材料消耗量见表3。

表3　2011～2012年骨架材料消耗量　万t

项　目	2011年	2012年
钢帘线	135.7	142.0
胎圈钢丝	52.4	61.1
锦纶帘子布	19.8+7.5	19.1+7.6
涤纶帘子布	12.3	12.8

（1）纤维帘子布生产和消耗情况

全球工业丝年产量约为350万吨左右，在橡胶工业中的用量约占50%以上。工业丝产品主要包括锦纶、涤纶、强力人造丝、高性能芳纶等，其中锦纶工业丝约占35%，涤纶工业丝约占55%。用于轮胎帘布的工业丝占总量的30%以上，超过110万吨，其中涤纶约占40%，锦纶约占55%，强力人造丝约占5%，另外有少量的芳纶帘子布。

①锦纶帘布

我国锦纶工业丝多年来主要用于斜交胎，自行车胎、手推车胎和农用胎的帘子布，其次是输送带用涤纶/锦纶和纯锦纶帆布领域。在传动带应用中，锦纶6主要用于片基平带，锦纶66用于弹性V带和弹性多楔带。锦纶6帘子布产量约占锦纶帘布总产量80%，锦纶66帘子布约占20%，且锦纶66的价格要高于锦纶6。2007～2012年锦纶66工业丝及帘子布价格见图1。

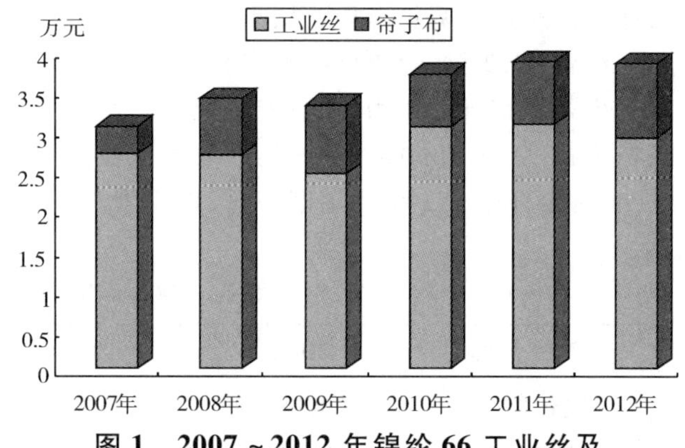

图1　2007～2012年锦纶66工业丝及帘子布价格

随着我国基础建设的较快发展，工程轮胎以年均20%以上的速度增长，工程轮胎市场的发展带动了锦纶66帘子布需求的较快增长。另外半钢子午胎的高速发展，使得改性锦纶66帘子布销量稳步提高。国内锦纶66帘子布主要生产企业有神马实业、科赛尼龙、安徽佳元、杭州帝凯和亚东工业等，其中神马实业股份有限公司是目前排名中国第一、世界前三位的锦纶66盐、锦纶66工业丝、帘子布和锦纶66切片的生产基地，其中锦纶66工业丝产能13万吨/年，帘子布产能6万吨/年。

在世界范围内，2011年锦纶66帘子布需求量约为27万吨，锦纶66工业丝总产量约为45万吨，不到10家的锦纶66生产企业占据了世界绝大部分的市场份额，其中土耳其Kordsa公司锦纶66工业丝产能居世界第一位，而且实现了全球布局，占据了有利的市场竞争地位。锦纶66中间体及下游产品主要集中在美国英威达、法国罗地亚、美国 ASCEND(原首诺)以及美国杜邦等公司,行业集中度较高。主要原料之一已二腈的先进生产技术目前被英威达、罗地亚等公司所掌握,英威达占据了全球已二腈的大部分贸易。

相比于锦纶 66 供需两端的旺盛,锦纶 6 帘子布市场正在逐步萎缩,需求减少。过去的几年,我国子午胎保持高速增长,全钢子午胎的市场继续扩大,对锦纶传统重点市场的斜交胎市场挤压严重,锦纶 6 帘子布市场需求已逐渐萎缩,但是未来几年,随着子午化率增速的放缓,锦纶 6 帘子布市场萎缩速度将下降,轮胎对锦纶 6 帘子布的年耗用量将在 18 万吨 ~ 19 万吨。2012 年国内轮胎企业对锦纶帘子布的需求量在 19 万吨左右,锦纶 6 发展处于停滞状态,因此部分企业通过调结构、转发展,增加锦纶 66 在锦纶产品中的产量,保持企业健康、持续发展。2012 年国内锦纶 66 主要生产企业产量见表 4。

表 4　2012 年国内锦纶 66 主要生产企业产量　t

公司名称	工业丝产量	帘子布产量
神马实业股份有限公司	55000	53000
科赛(青岛)尼龙有限公司	–	3500
安徽佳元工业纤维有限公司	–	2400
杭州帝凯工业布有限公司	1172	3068
亚东工业(苏州)有限公司	–	1200
合　计	56172	63168

②涤纶帘布

涤纶帘子布按材料性能分为普通(或高强型)涤纶帘子布和高模低缩涤纶帘子布,均普遍用于半钢子午胎生产,另有用普通涤纶帘子布作为胶管的增强层材料。近年来,普通型和高模低缩型涤纶帘子布作为防撕裂层材料在钢丝绳输送带中得到推广。据中国橡胶工业协会骨架材料会员单位统计,2012 年涤纶帘布产量 13.3 万吨,增长 2.31%,经过近几年高速增长后,去年产量增长率有所降低,图 2 为半钢子午线轮胎产量增长率与涤纶帘子布产量增长率。从图中可以看出,涤纶帘子布产量的增长率一直高于半钢子午线轮胎的产量增长率,使得市场趋于饱和。2012 年涤纶帘子布产量增长率首次低于半钢子午线轮胎的产量增长率,说明涤纶帘子布市场在前几年供不应求的情况下,经过近 10 年产能高速增长,产量不断创新高的环境下,到目前已趋于饱和。未来几年,半钢胎产量将低速增长,涤纶帘子布企业则需通过出口转嫁国内市场压力。2008 ~ 2012 年涤纶帘子布进出口量见表 5,2011 年及 2012 年我国纤维帘子布主要企业生产情况见表 6。

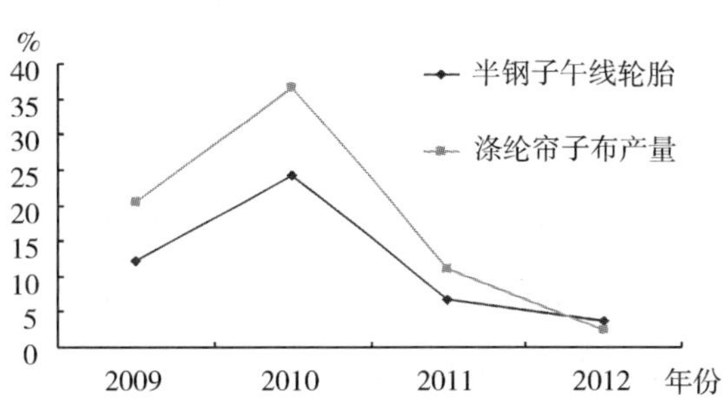

图 2　半钢子午线轮胎产量增长率与涤纶帘子布产量增长率

(2)钢丝帘线生产和消耗情况

随着钢帘线产量近 10 年来的高速增长,钢帘线行业逐渐由供不应求转为供大于求的局面,国内钢帘线产品的产量及质量已经完全满足国内轮胎市场的需要,甚至部分产品出口,已完全摆脱对进口产品的依赖。近两年来,钢帘线产量虽继续保持增长态势,但增长率有所放缓,生产企业已经

表 5　2008～2012 年涤纶帘子布进出口量

年　份	出口			进口		
	数量/t	单价/美元	金额/万美元	数量/t	单价/美元	金额/万美元
2008 年	32247.1	3163.0	10199.9	9725.6	4091.9	3979.6
2009 年	30704.7	3091.7	9493.1	9215.5	3924.8	3616.9
2010 年	38939.5	3279.0	12768.1	10816.4	4098.6	4433.2
2011 年	45747.4	3711.6	16979.7	10652.7	4436.7	4726.3
2012 年	50920.9	3715.6	18920.1	9955.5	4457.6	4437.8

注:数据来源于海关总署。

表 6　2011～2012 年我国纤维帘子布主要企业生产情况　　t

企业名称	2011 年产量		2012 年产量		帆布	
	锦纶	涤纶	锦纶	涤纶	2011 年	2012 年
骏马化纤股份有限公司	78697		72100	4200	5500	
宁波锦纶股份有限公司	50000		45000			
神马集团实业有限公司	55000		53000			
江苏海阳化纤有限公司	26000		28900			
杭州帝凯工业布有限公司	28500		8401			
晓星化纤(嘉兴)有限公司		32000		39000		
山东博莱特化纤有限公司	677	15640		13732	10125	7784
科赛(青岛)尼龙有限公司	3500		3500			
安徽佳元工业纤维有限公司	4646	14763	4380	13500		
亚东工业(苏州)有限公司	2480	6480	2000	11400	8000	
联新高性能纤维有限公司		42000		29000		1550
无锡太极实业有限公司		19000		17170	13000	11607
山东东平金马有限公司	4500		3800			
山东天衡化纤有限公司			9836	2542		1568
浙江尤夫科技工业有限公司				2500		7600
合　计	254000	129833	230917	133044	36625	30109

展开价格战。据中国橡胶工业协会调查分析，2012 年国内成规模的钢帘线生产企业有 22 家，钢帘线平均价格已降到 1.1 万元/吨，企业处于盈亏边缘。2012 年全国钢帘线产量分布见图 3。

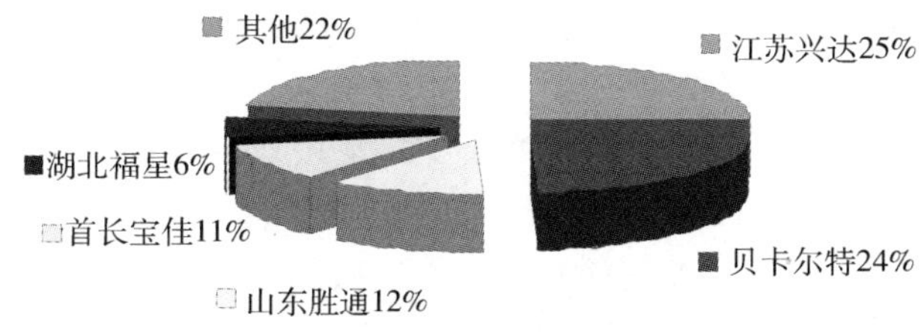

图 3 2012 年全国钢帘线产量分布

伴随着钢帘线产能的不断增长，我国轮胎对钢帘线的需求增长量正在放缓，据统计，2012 年全国对钢帘线的消耗量在 142 万吨左右。与此同时，中国橡胶工业协会骨架材料专业委员会对 12 家主要钢帘线企业统计，企业开工率在 75% 左右。据此估算，2012 年全国钢帘线产量在 159.7 万吨，其中出口量约 24 万吨，全国产能已超过 210 万吨。面对大量闲置的产能和子午线轮胎产量未来几年的微增长，我国山西、山东、江苏和河南等地仍有一些项目正在兴建和扩建之中，这势必会导致竞争更加白热化，行业进行重新洗牌，社会资源大量浪费。

目前国内胎圈钢丝生产比较大的企业有山东大业、张家港胜达，江苏兴达、浙江天伦、贵州钢绳等企业。国外最大生产胎圈钢丝企业是韩国高丽制钢、韩国晓星、东京制钢、比利时贝卡尔特、印度塔塔等公司。目前国内有大小胎圈钢丝生产企业 30 余家年总产能在 90 万吨。2012 年全国胎圈产量分布如图 4 所示。除山东大业外，其他企业产量差距不大，行业集中度不高。

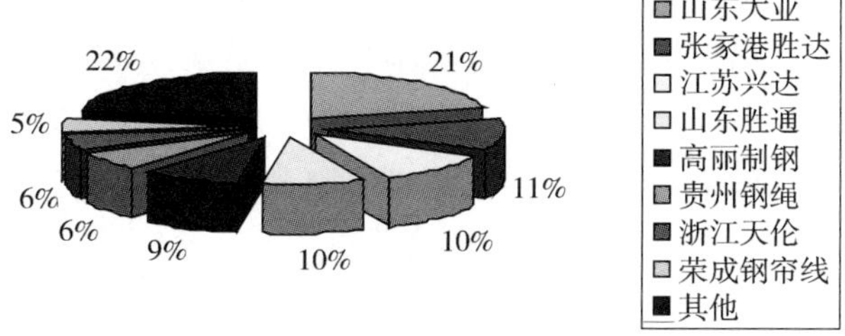

图 4 2012 年全国胎圈钢丝产量分布

2012 年我国全钢子午线轮胎消耗钢帘线约 110 万吨，半钢子午线轮胎消耗钢帘线约 32 万吨；轮胎消耗胎圈钢丝 61.1 万吨。2011 ~ 2012 年我国钢帘线主要企业生产情况见表 7。

表 7 2011 ~ 2012 年我国钢帘线主要企业生产情况 t

生产企业	2011 年			2012 年		
	钢帘线	管带钢丝	胎圈钢丝	钢帘线	管带钢丝	胎圈钢丝
江苏兴达钢帘线股份有限公司	384593	10968	68227	405401	10494	65182
贝卡尔特(中国)	400000	18000	18000	380000	19000	22000
高丽制钢(中国)	60000	3000	55000	58000	2000	56000
首长宝佳(中国)	146000			170000		
安赛乐米塔尔荣成钢帘线有限公司	36000		34000	33000		30000
湖北福星科技股份有限公司	83377	403	21636	96000		22000
江苏法尔胜特钢制品有限公司		43500			45000	
东京制钢(常州)有限公司	17000			13000		
湖北佳通钢帘线有限公司	22000		21000	20000		20000
浙江天伦钢丝有限公司			23446			35347
上海天轮钢丝有限公司			39500			18363
骏马化纤股份有限公司	55200			63300		
山东胜通钢帘线有限公司	155435		23108	188309	17647	60051
山东大业股份有限公司		8000	120000	6285	8733	134714
山西腾升钢帘线有限公司			-	3519	6123	
张家港胜达钢绳有限公司						70000
合　计	1359605	83871	423917	1436814	108997	533657

【科技进步】

“高性能轮胎用高锡胎圈钢丝”获2012年山东省科技进步三等奖

山东大业股份有限公司自主研发高锡胎圈钢丝是胎圈钢丝的升级换代产品，除具有抗氧化、抗腐蚀性能高的优点外，还有强度高、延伸率高等特点，应用于制造高性能子午线轮胎，可以提高轮胎质量，延长轮胎使用寿命。公司侧重高锡铜层技术的研制和开发应用，研制出不同规格的高锡胎圈钢丝，其各项指标不仅达到了客户的要求，与国外的同等产品比较，有些指标超过国外产品，促进了我国胎圈钢丝行业和轮胎行业的发展。

【展　望】

2013年，世界经济形势复杂多变，区域性债务危机加剧，影响国内经济发展。国内发展态势定位于稳中求进，骨架材料行业也将稳中发展，但相对前几年速度会有所放慢，预计2013年全国钢帘线产量170.9万吨，胎圈钢丝67.2万吨，锦纶帘子布28.3万吨，涤纶帘子布16.7万吨。

如果中国轮胎按照5%增长，子午化率按照89%保守计算，2013年中国轮胎产量4.94亿条，其中子午线轮胎产量4.39亿条，斜交胎0.54亿条。钢帘线消耗150万吨，胎圈钢丝64.2万吨，锦纶帘子布18.5万吨，涤纶帘子布13.6万吨。力车胎按照5%增长计算，2012年力车胎产量5.46亿条，锦纶帘子布需求7.9万吨。2013年将在以下方面为行业保持平稳较快发展努力。

锦纶　目前国内锦纶帘子布市场发展空间非常有限，必须开发锦纶工业丝产品新应用方向。企业才能取得新的增长和发展。其研发趋势是：

1.研发新技术、新工艺，开发超高强力工业丝，适应轮胎工业发展需求；

2.研发高模量低收缩型产品，适应半钢子午胎的需求；

3.锦纶与高性能纤维的复合产品，达到优势互补，有利于提高轮胎高速性和安全性能，并达到节能减排的效果；

4.加大应用技术的开发，开拓非轮胎的应用领域。积极研发、生产可适用不同领域、不同品种和规格系列化的输送带帆布；积极开发不同纤度的高强工业丝，扩大在汽车安全气囊、耐高温过滤布和高速缝纫线等方面的应用。

强力人造丝　高强力人造丝主要用于高性能子午线轮胎的胎体层。近年来由于生产过程中的环境污染问题和原材料资源限制与生产效益等问题，世界发达国家纷纷关闭生产企业，我国也已关闭全部生产企业。但其高模量低收缩变形的特性使其成为高性能轮胎的理想增强材料，市场需求在近几年中呈止跌回升的趋势，部分生产商扩大产能，最大生产商Cordenka年产能将扩大到3.2万吨，占世界总产能的45%，而且去年Cordenka公司在上海设立办事处，拓展国内市场。随着高性能跑气保用轮胎的发展，高强力人造丝需求仍有缓慢增长。

钢帘线　面对产能严重过剩的局面，我国钢帘线行业必须采取相应措施才能保持行业健康、持续、稳定的发展。1.制定行业准入标准，破解产能过剩危机。2.加强行业规划、监管和指导，加强地方政府对钢帘线项目的审批。3.加大产品出口，转嫁产能过剩困局。

胎圈钢丝　国内外均以圆断面为主，但国外一些特殊用途轮胎采用异形断面钢丝。异形钢丝与圆截面钢丝制作的胎圈相比，具有耐疲劳性好，寿命长的特点。由于胎圈钢丝的弹性好，轮胎在安装轮辋过程较容易。目前国内一些厂家对其生产工艺技术尚在试验中。胎圈钢丝的镀层仍以铜为主(主要是青铜)，但已有一些轮胎厂家采用了镀锌钢丝，这一点米其林公司最为突出。镀锌钢丝可以提高钢丝的耐腐蚀性，同时需要先进的粘合技术与之配合。

（杨　青）

橡 胶 助 剂

【基本情况】

进入21世纪以来,我国橡胶助剂工业始终取得持续、健康、稳定的发展,2001~2010年产量年递增率为19.17%,2011和2012年由于世界经济出现许多不确定因素,年增长率下降至8%左右。据中国橡胶工业协会橡胶助剂专业委员会统计,2012年橡胶助剂总产量82.05万吨,同比增长8.35%,工业总产值152.6亿元,同比增长3.8%,产品出口占30%。产品产销量仍保持世界第一,产量超过全球的60%,在全世界有着举足轻重的地位。

在中国橡胶工业协会橡胶助剂专业委员会的倡导下,中国橡胶助剂工业始终遵循"坚持科技进步,以环保、安全、节能为中心,发展绿色化工,突破关键技术,打造世界橡胶助剂工业强国"的发展方针,橡胶助剂行业的清洁生产技术有了重大突破,产品的绿色化率已经超过90%,少数未被完全代替的产品的绿色化进程正在加快进行,新的替代品的开发已基本成功,正逐步实现规模化生产。国家"十一五"重点科技支撑计划"橡胶助剂的清洁生产工艺和特种功能性产品开发"项目取得重要成果,建立了数个示范性生产装置和产业化生产线。并于2012年顺利通过国家科技部的验收,产业化开发和推广初见成效。标志着我国橡胶助剂工业的清洁生产技术水平已达到国际先进水平。

【产品与产量】

2003~2012年我国橡胶助剂的各类产品产量见表1。

表1 2003~2012年我国主要橡胶助剂的产量 万t

名 称	2003	2004	2005	2006	2007	2008	2009	2010	2011	2012
防老剂合计	6.25	6.95	8.26	11.3	13.50	16.70	20.50	28.04	28.2	29.22
防4020	0.95	1.88	2.37	3.63	5.06	6.96	7.69	11.5	12.1	13.5
防4010NA	1.25	1.52	1.29	1.63	1.90	1.88	2.42	3.50	2.94	2.1
防RD	1.90	2.18	3.47	4.67	4.98	4.88	7.40	9.8	9.2	9.9
防BLE	0.26	0.27	0.23	0.01	0.15	0.37	0.33	0.27	0.28	0.23
防A	0.18	0.17	0.13	0.32	0.10	0.09	0.09	0.12	0.26	0.3
防D	0.08	0.11	0.12	0.29	0.08	0.09	0.11	—	0.14	-
酚类及其他	1.63	0.82	0.65	0.75	1.23	2.51	2.48	1.36	1.52	1.13
促进剂合计	8.35	9.30	13.8	16.39	19.50	21.33	23.21	24.72	27.06	29.73
促M	2.14	2.61	2.86	2.73	2.88	3.81	4.56	5.30	6.78	6.9
DM	1.33	1.76	2.20	2.68	2.98	2.84	3.28	3.70	3.7	4.1
CZ	1.38	1.82	2.81	3.11	3.69	4.03	4.50	4.60	4.8	5.5
NOBS	0.56	0.61	0.95	1.09	0.60	0.77	0.67	—	0.59	-

续表 1

名称	2003	2004	2005	2006	2007	2008	2009	2010	2011	2012
NS	0.38	0.72	1.40	2.51	4.22	4.24	4.30	4.30	4.55	5.2
DZ	/	/	0.55	0.47	0.98	0.68	0.91	0.73	1.17	1.2
D	0.98	0.09	0.58	0.83	0.95	0.66	0.88	1.12	1.25	1.4
TMTD	0.58	0.76	1.05	1.10	1.20	2.09	1.85	1.91	1.5	1.5
其他	1.0	0.93	1.40	1.87	2.00	2.21	2.26	3.06	2.83	3.93
不溶性硫黄	1.12	1.80	1.72	2.33	2.50	1.92	3.63	3.87	4.89	5.9
粘合体系助剂	/	1.55	2.00	2.90	4.00	4.08	4.44	5.05	6.3	6.0
加工助剂和其他	4.88	5.00	4.02	6.00	7.50	7.58	7.73	8.42	7.2	8.6
助剂产量总合计	20.6	24.6	29.8	38.9	47.0	51.7	59.5	70.1	75.73	82.05

表 1 数据可见，2012 年我国防老剂优秀品种对苯二胺和喹啉类产品 4020、4010NA 和 RD 仍占据防老剂的主导地位，占防老剂总产量的 87.3%。促进剂仍以迟效性次磺酰胺为主导，特别是 CZ 和 NS 也将是未来促进剂的主导产品。不溶性硫黄、粘合体系助剂和加工型橡胶助剂持续稳定增长。

2011 年、2012 年由于受国内外经济形势不确定因素的影响，橡胶助剂产量增幅有所下降，我国橡胶工业的递增也进入微增长的时期，但随着汽车工业和交通运输业的稳定发展，新技术新产品的发展，我国橡胶工业的持续发展是无疑的，并在转变增长方式和创新水平方面会有新的提高，我国橡胶助剂工业将伴随着橡胶工业保持持续稳定增长；并要通过贯彻轮胎标签法的契机，发展绿色化工，提高自身的创新能力，在加大出口上做文章，实现橡胶助剂工业质的飞跃。

【主要产品】

1. 促进剂

2010 年促进剂是我国第一大类橡胶助剂，总产量 29.7 万吨，占橡胶助剂总产量的 36.2%。

促进剂主要品种有次磺酰胺类、噻唑类、秋兰姆类、胍类和硫代氨基甲酸盐类，其中次磺酰胺类占促进剂总产量的 40%，主要为 NS 和 CZ。促进剂和主要产品有 NS、CZ、DZ、M、DM、TMTD、TMTM、TETD、TBzTD、D、BZ、EZ 等。促进剂 NOBS 在 2010 年被国家工信部列入落后淘汰产品目录，其生产得到控制，随着绿色轮胎添加白炭黑的增加，促进剂 D 近年来稳定增长。

近年来，促进剂生产过程的氧化工艺不断创新，采用氧气氧化和双氧水氧化工艺大大降低了废水排放，清洁生产工艺取得较大突破。

促进剂主要的生产企业有山东尚舜化工公司(上市公司)、天津科迈化工有限公司、天津一化化工公司、山东阳谷华泰化工股份有限公司(上市公司)、东北助剂化工有限公司、濮阳蔚林化工有限公司、河南开仑化工有限公司、山东曹县斯递尔化工有限公司、荣成化工总厂有限公司、鹤壁华夏化工有限公司、温州嘉力化工有限公司、鹤壁联昊化工有限公司、浙江超微细化工有限公司、黄岩浙东橡胶助剂化工有限公司、青岛华恒化工公司、宜兴卡欧化工有限公司、江苏连连化学有限公司等。2012 年我国促进剂产量处于世界领先地位，并略超过我国防老剂产量。

2. 防老剂

2012 年我国防老剂产量 29.2 万吨，约占橡胶助剂总产量的 35.6%，略低于防老剂产量。

防老剂主要品种对苯二胺类和喹啉类产品，主要是 4020、4010NA 和 RD，它们占防老剂产品的 87.3%，其余还有二苯胺类和酚类等如 BLE、DF34、防 264 和防 2246 等。其中以 4020 的综合防老性能最好，目前全世界还没有开发出综合防老性能超过4020的产品。为满足市场需求，除江苏圣奥外，4020等对苯二胺类防老剂在尚舜化工、东北助剂、翔宇化工、江苏爱特恩等企业均已投产销售，防老剂RD在提高老化效果、增加二聚体含量方面天津科迈化工取得重大突破。此外，酚类及其他浅色防老剂仍有发展空间。

防老剂主要生产企业有中石化南京化工公司、江苏圣奥科技有限公司、科迈化工股份有限公司、江苏爱特恩高分子材料有限公司、山东曹县斯递尔化工有限公司、山西翔宇化工有限公司、山东迪科化工有限公司、南京燕江化工有限公司、宁波海利化工有限公司、东北助剂化工有限公司、山东尚舜化工有限公司、常州新兴华大明化工有限公司等。防老剂4020中间体RT－培司清洁生产工艺曾获国家科技进步二等奖。

3.硫化和硫化活性剂

硫化剂主要包括不溶性硫黄（IS）、硫化树脂201、202、2402、硫黄给予体DTDM、过氧化物硫化剂、湿法纳米氧化锌、有机锌、活化剂、抗硫化返原剂PK－900等（统计数据不包括普通硫黄和普通氧化锌）。

“十一五”国家科技支撑计划“橡胶助剂的清洁工艺和特种功能性产品开发”项目中包括“万吨级高热稳定性不溶性硫黄的技术开发”，目前已在山东尚舜化工有限公司建成，并通过科技成果鉴定，获得中国石油和化学工业联合会科技进步一等奖，为我国高热稳定性不溶性硫黄的自主开发和满足需求起了重要的示范作用。目前东北助剂化工有限公司、四川领邦科技有限公司、山东阳谷华泰化工股份有限公司、无锡华盛化工等企业都已成功开发了高热稳定性不溶性硫黄产品。预计2～3年，我国目前高热稳定性不溶性硫黄需要部分进口的状况可以改变，近年来，高热稳定性硫黄在高分散性能及检测方面取得新进展，对其标准制订的研讨工作提出了积极的新建议。

硫化和硫化活性剂的主要生产企业有山东尚舜化工有限公司、无锡华盛化工有限公司、山西太原化工研究院、无锡钱桥（江阴）化工有限公司、无锡强盛化工有限公司、北京龙胜融合化工有限公司、东北助剂化工有限公司、四川领邦科技有限公司、洛阳蓝天化工有限公司和江苏爱特恩高分子材料有限公司、河南开仑化工有限责任公司等。

4.加工型橡胶助剂

加工助剂是20世纪80年代，随子午线轮胎引进技术原材料国产化而发展起来的，多年来一直稳定发展，2012年产量8.6万吨，同比增长19.4%，占橡胶助剂总产量的10.7%。主要包括防焦剂CTP，塑解剂SJ103、DBD，增塑剂A，分散剂FS－97、FC303、DP600、AT、ZD、TB系列，增粘树脂203、204、TKM、C9复合素树脂，补强树脂205、206、PF，热稳定剂HS－80，流动助剂AT－42、均匀剂H501、40MS、60NS、FR－40、ZD－9，脱模剂DH系列、AT－20、FC－60、好优达SW系列等。多年来我国防焦剂CTP产量一直为世界最大，2010年，万吨级防焦剂CTP生产技术获山东省科技进步一等奖。

主要生产企业有阳谷华泰化工股份有限公司、河南永新助剂有限公司、莱茵化学（青岛）有限公司、武汉径河化工有限公司、宜兴卡欧化工有限公司、杭州中德化学工业有限公司、山西省化工研究院、太原元太生物化工有限公司、青岛德慧化工有限公司、青岛福诺化工科技有限公司、上海化大有限公司、承德福瑞化工有限公司、大连厚德橡胶科技发展有限公司、青岛海佳化工有限公司、上海大成化工有限公司、常熟德润精细化工有限公司、大庆华科化工有限公司、郑州金山化工有限公司等。

5.特种功能性橡胶助剂

特种功能性橡胶助剂包括硅烷偶联剂Si－69，R系列粘合剂RS、RF、RE、RC、RA、RH，HMTA，AIR系列，CS系列和钴盐RC系列产品RC－N10、RC－S95，RC－D20、RC－B23、RC－B16等。2012年产量6.0万吨，与2011年基本持平，占橡胶助剂总产量7.06%。

主要的生产企业有南京曙光化工集团有限公司、江苏国立化工科技有限公司、常州曙光化工厂、宜兴卡欧化工有限公司、河南天益化工有限公司、宁波钴业化工有限公司、山东日照岚星化工有限公司、大连天宝化工有限公司、江苏爱特恩高分子材料有限公司等。多年来，我国硅烷偶联剂产品在国际上具有举足轻重的地位，曾获得国家科技进步二等奖。

【科技进步】

2001年中国橡胶工业协会橡胶助剂专业委员会成立之初就在全行业提出了“大力推进橡胶助剂的清洁生产”的意见，重点进行产品结构调整替代有毒有害产品，获得全行业的支持。进入“十一五”，提出了“十一五”期间中国橡胶助剂行业的发展方针：“坚持科技进步，以环保、安全、节能为中心发展绿色化工，突破关键技术，打造世界橡胶助剂工业强国”。并组织企业实施“十一五”国家科技支撑计划项目“橡胶助剂清洁生产工艺和特种功能性产品开发”。极大地推动了全行业的科技进步，提高了企业的经济效益和社会效益，全面提升了我国橡胶助剂工业的整体国际竞争力。

继2009年公开出版发行的“中国橡胶助剂工业科技发展报告”后，2011年出版的“中国橡胶助剂工业的清洁生产”作为“姊妹篇”阐述了中国橡胶助剂工业的绿色发展进程。

1. 橡胶助剂产品绿色化率超过90%

经过近十年发展，特别是“十一五”以来，橡胶助剂产品机构的调整持续进行，至2010年次磺酰胺类中仲胺类以NOBS为代表的会产生亚硝胺的产品已被伯胺类绿色助剂NS替代，NS产量从几千吨增至4.3万吨，满足了行业的需求，并有出口。目前国内生产促进剂的主要企业已经停止了NOBS的生产，基本解决了仲胺类次磺酰胺致癌问题的困扰，2011年、2012年已无生产数据。

防老剂D的β-萘胺的致癌机理在20世纪50年代已被确认，但我国始终未能杜绝使用，2005年仍有近2000吨的生产。2008年促进剂NOBS和防老剂D被国家环保部列入高风险、高环境污染产品的目录，2010年被国家工信部列为淘汰产能，使它们的生产得到控制，实现了行业自律。

尚需进一步替代的对人体有害助剂的产品主要有超促进剂秋兰姆类TMTD、TMTM和氨基甲酸盐ZDC等产品，它们也是亚硝胺的问题。它们的替代品已经开发成功，即为TBzTD(二硫化四卞基秋兰姆)和TiBTM(一硫化四异丁基秋兰姆)。

五氯硫酚类化学塑解剂在欧美等国家已经停止使用，其主要替代品是DBD(2,2′-二苯甲酰氨基二苯基二硫化物)，这些替代品在“十一五”期间已被成功开发，“十二五”期间将加大替代力度。

上述两类尚需继续替代的产品，2012年总产量不足4万吨，较2011年有所下降，仅占橡胶助剂总产量的5%左右。且它们在橡胶制品中的用量低，仅占零点几，扩散物质浓度也较低。

2. 国家项目的实施大大促进行业清洁生产技术的提高，推动行业的科技进步

1999年国家第一批中小企业创新基金项目就包含了橡胶助剂产品，在2002年国家科技创新基金项目指南首次提出了支持绿色橡塑助剂的发展，至2012年，橡胶行业有30多项绿色助剂项目获得支持。并逐步形成了规模化生产，取得显著的社会经济效益。2007年国家支撑计划项目“万吨级NS生产技术开发”为我国NS的快速发展起了示范作用，促进了产品结构的调整。

2008年获国家科技部批准的“十一五”科技支撑计划“橡胶助剂的清洁工艺和特种功能性产品的开发”项目获得国家千万余元的资金支持。至2012年4月项目各课题均已达到了原订任务目标，并通过国家科技部验收。

(1)促进剂NS的氧气氧化技术和水资源综合利用的开发

阳谷华泰化工股份有限公司建成了以氧气作为氧化剂的促进剂NS千吨级示范装置，淘汰采用次氯酸钠等氧化剂而带来的大量含盐废水的产生。开发了多效蒸发的废水处理装置，使废水排放COD达100以下，水资源综合利用率达92%以上。

(2)高热稳定性不溶性硫黄和均匀剂生产技术开发

山东尚舜化工有限公司建成一次法生产高热稳定性不溶性硫黄的万吨级生产装置，在承德福瑞化工有限公司建成千吨级橡胶均匀剂FL-40生产装置，为这些产品替代进口创造了条件，并在行业中发挥了示范作用，不溶性硫黄产品热稳定性能已达到了在120℃×15分钟条件下，不溶性硫黄的保持率在40%以上的国际先进水平，并在国内外大型轮胎企业获得应用。近年来，高热稳定性不溶性硫黄的研发已在行业内不断扩大，预计在2~3年内，上述尚需进口的两类产品可实现国产化。

(3)以高聚物为载体的预分散橡胶助剂

连连化学工业有限公司建成了万吨级生产装置,该装置充分发挥超微细的功能,生产几十个牌号的预分散橡胶助剂母粒,使橡胶助剂的剂型产生了本质的变化,对于加工企业实现无粉尘操作,绿色生产,并对提高称量精确度、提高胶料的物理机械性能具有重要意义,此示范装置已经在行业中获得应用和推广,大型助剂企业基本在终端产品实现了预分散处理,该技术也是未来橡胶助剂剂型的重要发展方向。

3.创建技术创新体系,提高企业创新能力

2007年,在国家科技部的支持下,橡胶助剂行业创建了以山东阳谷华泰化工股份有限公司为依托单位的国家橡胶助剂工程技术研究中心,搭建了科技进步平台。目前,各企业纷纷建立自己的研发中心和地方省市的研发中心,培养人才队伍建设,并创建了一批国家级高新技术企业。

中国橡胶工业协会橡胶助剂专业委员会针对行业中的共性技术和关键技术继续组织企业进行联合科技攻关,"十二五"期间,重点是行业中的量大面广的促进剂M的废水处理技术,通过几个骨干企业的开发,采用溶剂法替代传统的酸碱法进行粗M的精制,已取得初步成果。解决促进剂M的废水问题是国际上的热点,我国这一技术的突破将为世界橡胶助剂工业的发展起到示范作用和领军作用。

4."十一五"期间橡胶助剂行业取得的主要科技成果

在"十五"期间橡胶助剂行业硅烷偶联剂全封闭清洁工艺和对苯二胺类防老剂RT-培司清洁工艺取得两项国家科技进步二等奖的基础上"十一五"期间又取得了多项科技成果,为产业化提供了基础。

(1)万吨级NS生产技术开发

(2)万吨级防焦剂CTP新工艺技术

(3)万吨级高热稳定性不溶性硫黄技术

(4)多效蒸发废水处理技术

(5)橡胶硫化剂TBzTD新工艺技术

(6)氧气或双氧水氧化生产促进剂DM、CZ新工艺

(7)高含量二聚体防老剂TMQ的研制

(8)促进剂M清洁工艺技术开发

(9)预分散橡胶助剂的生产技术

(10)橡胶均匀剂FL-40生产技术开发

(11)非溶剂法制备增粘树脂的新工艺

(12)新型抗硫化返原剂的开发

(13)硅烷偶联剂清洁生产新工艺

(14)防老剂4020新工艺技术

(15)有机锌生产技术开发

(16)湿法纳米氧化锌生产技术

(17)提高轮胎气密层胶料密封剂

(18)抗胎肩耐磨剂

(19)胶料脱模剂、清洗剂、胶片隔离剂等加工助剂。

上述成果主要完成单位:阳谷华泰化工股份有限公司、山东尚舜化工有限公司、江苏圣奥化学科技有限公司、江苏连连化学有限公司、蔚林化工股份有限公司、武汉径河化工有限公司、宜兴卡欧化工有限公司、南京曙光硅烷化工有限公司、科迈化工股份有限公司、天津一化化工有限公司、承德福瑞化工有限公司、东北助剂化工有限公司、江苏爱特恩高分子材料有限公司、四川领邦科技有限公司、青岛海佳化工有限公司、青岛福诺化工公司、洛阳蓝天化工有限公司、山东迪科化学科技有限公司、烟台宏泰达化工有限公司和青岛德慧化工有限公司等。

此外,"十一五"以来,各橡胶助剂企业十分重视自主知识产权的成果开发,先后申报国家专利数百余项,其中2012年授权发明专利10余项。

【企业发展】

橡胶助剂行业近几年的重大变化之一就是企业的规模化、集约化程度大幅提高,不少大型企业从产品单一化向多品种化、综合化发展,更有利于市场需求。

"十一五"末(2010年)销售额10亿元以上的企业2家、5亿元以上的企业有6家,比"十五"末(2005年)增长1倍,2亿元以上的企业20家,比"十五"末期增长1.5倍,亿元以上的企业28家,增长50%,工业总产值136亿元。2011年,工业总产值达到147亿元,2亿元以上企业集中度达

80%以上。

2012年,行业工业总产值152.6亿元,销售收入额达10亿元以上的企业有3家,5亿元以上的企业有9家,2亿元以上的企业有20家,亿元以上企业的销售额占总销售额的91.2%以上。2012年销售额2亿元以上企业的排行情况见表2。

表2　2012年销售额2亿元以上橡胶助剂企业排名

序号	企业名称	序号	企业名称
1	江苏圣奥化学科技有限公司	11	荣成市化工总厂有限公司
2	山东尚舜化工有限公司	12	武汉径河化工有限公司
3	科迈化工股份有限公司	13	南京曙光化工有限公司
4	东北助剂化工有限公司	14	江苏强盛功能化学有限公司
5	天津一化化工有限公司	15	江苏飞亚化学工业有限公司
6	中石化南京化工公司	16	河南开仑化工有限责任公司
7	濮阳蔚林化工股份有限公司	17	常州曙光化工厂
8	江苏爱特恩高分子材料公司	18	江苏国立化工科技有限公司
9	山西翔宇化工有限公司	19	曹县斯递尔化工科技有限公司
10	阳谷华泰化工股份有限公司	20	江苏华盛橡胶新材料有限公司

2013年上半年,中化国际成功并购了江苏圣奥成为我国目前销售额最大的助剂企业大股东。橡胶助剂行业中小企业甚多,促进企业兼并重组,加强管理创新,提高企业集约化程度,提高产品集中度将是行业的重要发展方向。

【存在问题】

目前,中国橡胶助剂工业在产品数量、质量和清洁生产方面已进入世界橡胶助剂工业的强国的行列,但在自动化水平、质量标准和精细化管理等方面仍存在差距。具体表现在如下几个方面:

1.部分重要产品供不应求,依赖进口;如重要的橡胶硫化剂高热稳定性不溶性硫黄是高性能轮胎包括航空胎和军工产品的重要配套材料,年需求量5~6万吨,虽然国家项目曾给予支持,但由于技术难度大,规模化不足,目前仍50%以上依赖进口。且生产技术与国外差距较大,国外是连续生产,我国仍是单釜间歇生产,导致产品质量不稳定,直接影响轮胎等制品的质量。

2.产品标准落后,标准指标往往不能反映产品的质量水平特别是应用效果。检测方法、检测仪器不统一,同一样品在不同单位检测数据差异明显,直接影响产品质量和用户使用。行业特别是对军工等特殊产业使用的产品缺乏有力有效的认证机构。

3.清洁生产工艺技术、产品结构调整任重道远。个别大吨位产品如促进剂M的废水、废碴处理问题还很大。还有相当部分产品未进行欧盟REACH法规注册或未达到相关指标,一定程度上影响产品的出口,也反映了绿色化工的差距。

4.对用于军工和特殊产业产品的橡胶助剂没有规范的管理措施,不能确保特殊产业橡胶助剂产品质量,导致某些特殊产业橡胶制品配方跟不上新材料的发展,甚至还延用落后的、不环保的老产品,影响产品质量。

【展　望】

"十二五"期间,我国橡胶助剂将仍然在以环保、安全、节能为中心发展绿色化工的基础上继续打造世界橡胶助剂工业的强国为目标,实行行业的可持续发展。

随着我国橡胶工业的持续发展和我国橡胶助剂工业在全球的地位,我国橡胶助剂工业的发展任重道远。

1. 突破关键技术、全面实现清洁生产工艺

(1)进剂 M 的清洁生产工艺

促进剂 M 是我国 1952 年开发并长期使用的一种通用性噻唑类促进剂,它还是优良品种次磺酰胺类促进剂的原料,年产量 15 万 ~20 万吨,其中 70% ~80% 用作其他促进剂的原料和医药中间体。

目前多数企业采用“苯胺法”在高温、高压下合成,制得粗 M,再将粗 M 精制。一般反应收率仅为 85%,且精制过程采用酸碱法,产生大量废水,通常一吨产成品会产生 30 ~40 吨含盐有机废水,COD 含量在 4000mg/L 以上,治理非常困难。因此 M 的清洁工艺技术成为“十二五”期间行业的重中之重。

“十一五”期间 M 的清洁工艺技术已经有了一定进展,企业通过对反应过程参数的调节和采用溶剂法替代酸碱法进行精制,大大减少了废水排放,多数企业达到含盐度排放在 5 ~10 吨,逐步全面实现 M 的清洁生产,杜绝废水排放,将是近几年助剂行业的重要目标。

(2)次磺酰胺类促进剂的氧气、双氧水氧化工艺

次磺酰胺类促进剂主要以 NS 和 CZ 为主导产量,其合成方法均是以促进剂 M 为原料,与其他不同基团的胺类物质反应,然后氧化制得。其氧化反应是关键,多数企业采用次氯酸钠、氯气、硝酸钠为氧化剂,会产生大量含盐有机废水;如促进剂 NS,用这种常规的氧化方法,每吨产成品将产生含盐有机废水 8 ~10 吨。因此,改造氧化工艺,采用最有效的氧气氧化剂或双氧水进行氧化反应,可杜绝含盐有机废水产生。而且全过程的用水量大大减少,是一种清洁生产工艺,当然这个工艺的安全配套措施十分重要。目前,该项技术开发已初见成效,并在阳谷华泰建成了千吨级氧气氧化示范工程,正待进一步完善和产业化应用。

(3)不溶性硫黄的气化法一步生产工艺

我国 20 世纪 70 年代已成功开发了两步法生产不溶性硫黄的生产技术,2011 年总产量 4.5 万吨。但随着子午线轮胎胶料和工艺性能的需求提高,普通不溶性硫黄的热稳定性等指标已经不能满足要求。高热稳定性不溶性硫黄的测试指标是在 120℃ ×15 分钟条件下,不溶性硫黄的保持率要在 40% 以上。目前,我国大多数企业的不溶性硫黄在 105℃ ×15 分钟条件下的保持率可达 70% ~80%,但在 120℃时急骤下降。

“十一五”高热稳定性不溶性硫黄生产技术开发已列入国家科技支撑计划。目前,已在山东尚舜化工建成万吨级生产装置,已经达产,但还不足行业需求。“十二五”期间该项目技术的发展和推广将结束我国高热稳定性不溶性硫黄大量依赖进口的局面。目前,高热稳定性不溶性硫黄的检测方法和产品标准相对落后,影响产品质量的控制,急需解决。

(4)预分散橡胶助剂

预分散橡胶助剂是一种清洁工艺技术开发的成果,也是我国橡胶助剂剂型改造的重要措施,并有利于产品国际化。“十二五”国家科技支撑计划已立项予以支持,连连化学万吨级/年装置基本建成,并在国内外销售。随着我国低温混炼技术的推广应用,预分散助剂将有极好的发展前景。

2. 加强产品结构调整,继续加大替代有毒有害产品的力度

随着全球绿色化、低碳经济的发展,新的法规不断出现,橡胶助剂产品结构的调整将是长期的。

(1)秋兰姆类超促进剂等产品的替代

近年来,次磺酰胺类大品种促进剂 NOBS 被 NS 等产品成功替代,仅超促进剂 TMTD、TMTM 及氨基甲酸盐类 ZDC 等产品由于亚硝胺的问题尚在逐步被替代,他们的主要替代品是 TBzTD(二硫化四苄基秋兰姆)和 TIBTM(一硫化四异丁基秋兰姆)。

(2)关于含多环芳烃(PAHs)芳烃油的替代

芳烃油是指芳香烃的碳原子占油分子中的碳原子的 20% ~30% 以上的油品,是橡胶软化剂,橡胶工业的消耗量占石油系软化剂的 77%,仅橡胶加工行业年需求超过 20 万吨。

欧盟 2005/69/EC 法规对苯并芘(BaP)为代表的 8 种多环芳烃予以限制。从 2010 年 1 月 1

日起，产品中 8 种多环芳烃含量不得超过 10mg/kg，其中 BaP < 1mg/kg。因此环保型芳烃油的开发迫在眉睫。

“十一五”期间，我国很多企业参与了环保型芳烃油的开发，并以德国汉圣公司的 VI-CAEC500 为目标，“十二五”期间，仍需加大开发力度，并扩大产业化。

(3)关于氧化锌的减量和替代

欧盟 2003/105/EC 法规已将氧化锌划为对环境有害的物质清单中，我国对氧化锌的生产也进行了限制。米其林公司曾提出减少氧化锌用量 50% ~80% 的目标。因此，近年来研制环境污染少的活性高的硫化活性剂，降低氧化锌用量已成为重要课题。开发高比表面积的纳米氧化锌、纳米无机填料载锌技术和有机锌化合物等技术已取得产业化成果，进一步完善这类技术，扩大产业化能力，加强推广应用是“十二五”的主要任务之一。

上述清洁工艺技术和产品结构进一步调整的实施，将促进行业的可持续发展，使中国橡胶助剂工业真正成为世界橡胶助剂的领头羊。也是我国橡胶助剂行业“十二五”期间科技创新的主要内容。

3. 加强精细化管理，坚持节能降耗

在我国橡胶工业健康快速发展的进程中，加强精细化管理，向管理要效益越来越引起人们的重视，其中资源综合利用，发展循环经济的效益十分显著，尤其是在当前复杂的经济形势面前，更需要重视这一点。

在产品生产过程中，水、压缩空气、蒸汽和电等能源动力消耗是除原材料之外比例最高的生产成本，也是人们经常忽视的成本消耗。在节能降排的绿色浪潮推动下，诸多企业对能源动力的循环和代用引起了广泛的重视，建立“低碳、绿色、环保、高效”的新模式，将清洁新能源利用、生产过程中水资源的循环利用、热能综合利用、废弃物和污染物“零排放”作为重要目标。如山东尚舜化工公司和安徽圣奥化工公司着力于循环利用，通过对防老剂中间体 RT - 培司工艺技术的创新，改造流程，实现水资源和热能资源的循环利用，降低能耗 30% ~50%。天津科迈化工在突破 RD 产品和技术升级的同时，通过工艺的创新，也产生了明显的经济效益。不少促进剂生产企业通过克劳斯炉处理 H_2S 等废气的同时实现硫黄的回收利用，创造巨大的经济效益。

总之，向管理、向能源要效益是在当前形势下增加财富的重要措施之一，切不可等闲视之。

4.“十二五”期间橡胶助剂行业的具体发展目标

“十二五”将是我国橡胶助剂工业持续发展的岁月，也将是我国由橡胶助剂大国走向强国的关键时刻。2013 年也是完成“十二五”计划关键的一年，橡胶助剂行业仍将在“坚持科技进步，以环保、安全、节能为中心发展绿色化工，突破关键技术，打造世界橡胶助剂工业强国”方针指导下，实现行业的可持续发展。

(1)保持产品产量稳定增长，年增长率将在 10% 左右。

加强产品标准和检测平台建设，促进产品标准真正成为提高产品质量和产品稳定性的高水平、高实效性的标准。

(2)大力推进高热稳定性不溶性硫黄的产业化技术，力争在“十二五”末满足自给。积极推广预分散橡胶助剂的产业化和应用。

(3)以促进剂 M 的清洁生产工艺为中心，带动行业绿色化工的发展，坚持从源头到生产过程和三废排放及产品的后续服务等全过程实施清洁生产，新产品开发必须要符合清洁技术的要求。

(4)对苯二胺类 4020、喹啉类 RD 仍是防老剂大吨位主要产品，保持特殊需求的耐黄变等防老剂的发展空间。

(5)促进剂大吨位产品是 NS 和 CZ，促进剂 DZ 和 D 等产品保持稳定发展。

加速对超促进剂产品结构的调整，加快 TBzTD 的产业化进程，替代 TMTD 等会产生亚硝胺的秋兰姆类产品。

(6)保持加工型橡胶助剂和特种功能型助剂的稳定增长，开发 DBD 产品，并加快产业化，替代五氯硫酚塑解剂。

(7)提倡橡胶助剂企业间的整合发展，进一步提高企业集约化程度，提高产品集中度，加强对下游产业的技术服务，形成自原材料、生产工艺全过程、三废治理和终端产品的绿色化工产业链。

(许春华)

炭　　黑

【基本情况】

2012年炭黑行业在残酷的竞争中挣扎，企业利润大幅度下滑，产销量除少数几家企业增长以外，大部分企业产销量保持去年同期水平或有所减少，出口增长幅度回归到正常水平，产品单耗再创新低，节能降耗成效显著。

1. 少数企业带动全行业产销量继续增长

据中国橡胶工业协会炭黑分会统计，2012年全国炭黑产量为436万吨，同比增长13%，是近几年来增长幅度的最低值。增长幅度比较大的是山东地区的新建企业，如山东耐斯特、山东百斯达、山东金能等企业，大部分企业炭黑产量比去年同期略有增长或略有降低，因此，少数企业带动了全行业产销量的持续增长。

2. 炭黑行业实现利润水平创历史最低

炭黑行业实现利润情况从2012年8月以后，呈现出显著下降趋势，见图1。近几年来，炭黑企业盈利能力持续偏低，市场竞争激烈，销售价格较低，市场进入饱和状态，到2012年底，有34%的炭黑企业处于亏损状态，行业平均销售收入利润率仅为1.71%，是橡胶行业利润率水平最低的一个行业，见表1。可以说，目前炭黑行业生产技术相对比较成熟，其竞争的焦点是原料，但是，在这种成熟技术之下，如何提高原料油的品质，保持产品质量的稳定性，减少产品杂质，企业之间还是有差别的。

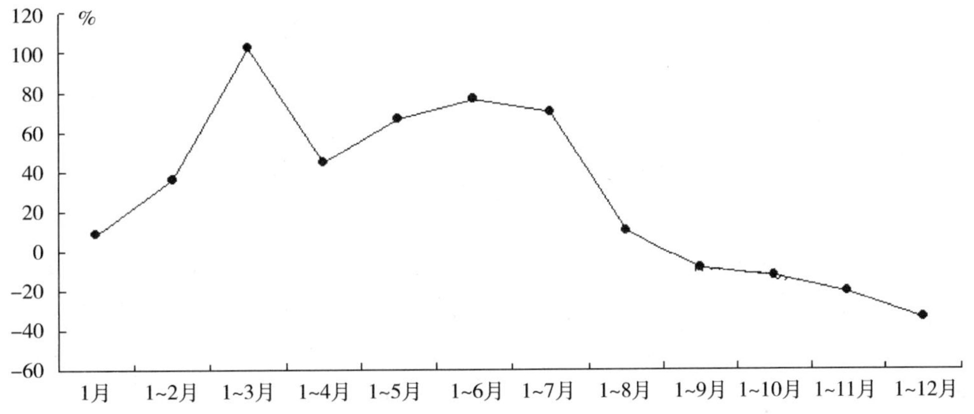

图1　2012年实现利润同比增长趋势

表1　2012年橡胶各行业销售收入利润率

序号	行业名称	销售收入利润率/%	同比增长百分点
1	橡胶制品行业	7.46	0.29
2	力车胎行业	7.15	2.14
3	胶管胶带行业	6.43	2.01
4	轮胎行业	4.85	1.84
5	胶鞋行业	2.22	0.03
6	炭黑行业	1.71	-0.98

【产能与产量】

炭黑行业飞速发展期应该在2002~2007年间，这5年期间，炭黑产量平均增长率为21.9%，2008年金融危机之后，炭黑产销量增长速度有所放缓。2012年我国主要炭黑企业产量占全行业总产量的65%，具体情况见表2。

表2　2012年我国主要炭黑企业产量完成情况　　t

序号	单位名称	2012产量	同比/%
1	江西黑猫炭黑股份有限公司	736694	27.3
2	卡博特化工有限公司	433000	持平
3	河北龙星化工股份有限公司	350139	18.9
4	苏州宝化炭黑有限公司	193475	20.9
5	山东华东橡胶有限公司	158942	-7.5
6	大石桥辽滨碳黑厂	156953	-5.5
7	金能科技股份有限公司	151400	111.1
8	曲靖众一煤化工有限公司	114522	13.5
9	山东耐斯特炭黑有限公司	108597	262.0
10	山西永东化工股份有限公司	106925	-19.3
11	石家庄新星化炭有限公司	103000	-3.6
12	河北大光明集团巨无霸炭黑公司	102672	4.9
13	青州博奥炭黑有限责任公司	100378	13.2
14	其他企业	1547702	8.9
	全国炭黑产量合计	4364399	13.2

据中国橡胶工业协会炭黑分会统计，2012年我国炭黑生产能力达到了599万吨，年生产能力在10万吨以上的炭黑企业达到了17家，占到全国总产能的65%，年生产能力在5万吨以上的企业23家，占全国总产能的25%，年生产能力在5万吨以上的企业有19家，占全国总产能的10%。大型炭黑企业集团分地区设立炭黑生产工厂模式逐步形成，例如，黑猫公司、苏州宝化、龙星化工、山东华东橡胶材料等企业，分别在各地区设立了炭黑生产工厂。随之一些因体制、环保、技术落后等原因造成的企业经营不善而被市场淘汰，例如，从山西清徐地区走访了解到，由于环境保护原因，清徐地区关停了一批干法造粒炭黑企业，绛县地区的干法造粒炭黑企业基本上也处于关停状态。2012年企业集中度分布见表3。

表3　2012年企业集中度分布

	产能/万t	企业数量/个	占总产能比例/%
≥年产能10万吨	386.0	17	65
≥年产能5万吨<10万吨	152.6	23	25
<年产能5万吨	60.4	19	10
合　计	599.0	59	

【节能与环保】

在环保方面，炭黑企业在实现装置大型化的基础上，普遍采用湿法造粒、自动包装、密封吸尘、大袋包装和槽车运输等技术，不仅显著减少包装间和仓库的空气粉尘含量，保护了操作工人的健康，而且由于包装整洁还显著改善了橡胶厂混炼车间的作业环境。

采用高效袋滤器和优质玻纤滤袋使尾气中的炭黑粉尘由过去普遍在 $100mg/m^3$ 以上，降低到现在大多数工厂的 $18mg/m^3$ 以下。

利用尾气为燃料，产生汽电，消除了尾气直接放空时的 CO 污染。炭黑厂开始设置脱硫装置减少了废气中 H_2S 和 SO_2 的污染。

大部分炭黑厂建立了炭黑生产污水处理设施，将净化后的水回用于急冷，实现了炭黑污水的零排放。

目前，已经有一批管理较好的炭黑厂绿化好、车间整洁、包装干净、成为清洁文明和环境友好的工厂。

炭黑行业的发展关键是能源利用和环境治理，在炭黑行业的科技工作者和业界人士的努力下，我国炭黑行业的节能减排和资源综合利用取得了令人瞩目的成就，在新增炭黑产能中，全部配备了炭黑尾气综合利用装置，防治污染的同时，又达到了节能减排的作用。

尾气利用装置不仅使炭黑行业起到了节能减排、保护环境、低碳发展的重要作用，同时，也是企业增加经济效益的重要手段，我们有些企业利用尾气发电为企业创造了效益，有的出售蒸汽为企业创造了效益，有相当一部分企业是利用尾气创造的经济效益弥补了炭黑产品的亏损，如果没有尾气创造效益，有的企业可能难以生存，因此说，炭黑尾气已变成企业增加效益的重要手段。

炭黑原料油价格一直处于高位运行且紧缺状态，迫使炭黑企业投入大量资金，进行技术改造，许多有条件的企业，采用煤气或天然气作燃料油，来降低成本，由此也降低了产品单耗，以降低原料油消耗为目的的炭黑装备及技术改造措施取得非常好的效果，给企业带来了新的效益增长点。据统计 2012 年炭黑行业综合产品单耗降到了 1.68 吨/吨，产品综合能耗 2.075 吨/吨。2009 ~ 2012 年炭黑产品平均综合单耗示意图见图 2。

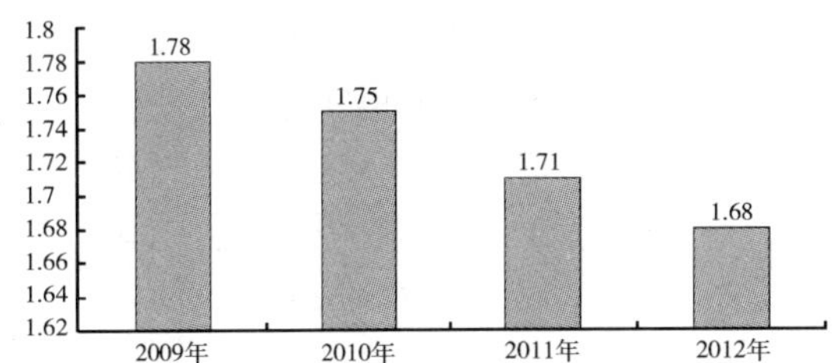

图 2　2009 ~ 2012 年炭黑产品平均综合单耗示意图

【技术装备水平】

国内自己设计的炭黑装置，单炉能力已由 2 万吨提高到 4 万吨；空气预热器温度由 650℃，提高到 800℃ ~ 950℃；反应炉的炉型已根据原料油的特点进行了改进，燃烧段的炉温有的已由 1900℃提高到 2000℃ ~ 2100℃；并成功地利用焦炉煤气和煤层气作反应炉燃料，降低了产品成本；富氧空气开始应用。与此同时，炭黑生产的专用设备如反应炉、空气预热器、脉冲袋滤器、湿法造粒机、干燥机、微米粉碎机、自动包装机、在线余热锅炉、尾气锅炉等专用设备和炭黑反应炉用高温耐火材料、高效玻纤滤袋的研制和生产发展快速，已接近或甚至已超过国外先进水平。

工艺技术的改进，技术装备水平的提高，为炭黑产品质量和收率的提高、环保和节能的进步，创造了有利条件。

【进出口贸易】

根据国家海关统计，2012 年我国出口炭黑 65.8 万吨，同比增长 35.02%。主要出口国家为泰国 10.5 万吨，同比增长 40.34%；印度尼西亚 10.1 万吨，同比增长 68.89%。印度 9.6 万吨，同比增长 26.81%。前三名出口国家占总出口量的 46%，出口量从 2011 年开始大幅度增长，2012 年从高位增长回落到正常增长的水平，平均出口价格为 1104 美元/吨，比上年同期平均出口价格低了 126 美元/吨。

2012 年我国进口炭黑 8.4 万吨，同比下降了 2.74%，主要进口国家为美国 1.98 万吨，同比增长 24.73%，韩国 1.96 万吨，同比下降 14.14%，日本1.48万吨,同比下降16.76%,前三名进口国家占总进口量的65%。

我国炭黑进出口国家都比较集中,主要出口地是东南亚地区,主要进口国是美、日、韩。

近几年,中国与世界其他国家的贸易摩擦逐渐增多,在炭黑行业中广受关注的就是2011年12月2日,印度保障措施局对中国启动的炭黑特殊保障措施调查。2012年7月印度商工部反倾销局发布反倾销期中复审终裁报告,建议继续对原产于中国、澳大利亚、俄罗斯及泰国的炭黑征收反倾销税。建议税率分别为:中国0.423美元/千克、澳大利亚0.330美元/千克、俄罗斯0.391美元/千克、泰国0.186美元/千克。上述税率全部为原审终裁中各国所获最高税率,没有企业在本次复审中获得单独税率,4家中国企业提交了期中复审问卷。2012年我国炭黑各月进出口情况见表4和表5。

表4　2012年我国炭黑各月出口情况

月份	数量/t	金额/万美元	同比/%	
			数量	金额
1月	47160.56	5290.58	173.75	165.24
2月	51703.44	5768.49	238.88	219.77
3月	59204.86	6625.78	91.36	78.07
4月	49350.25	5644.56	26.75	15.80
5月	54159.24	6204.44	31.26	20.35
6月	55095.35	6269.86	8.53	-4.53
7月	52322.81	5779.31	0.77	-13.32
8月	61299.43	6684.13	13.73	0.42
9月	62141.19	6612.58	18.55	1.52
10月	55543.48	5933.37	22.15	6.58
11月	54021.24	5874.53	29.30	16.66
12月	55596.50	5933.34	16.67	7.17
合计	657598.35	72620.97	34.88	20.85

表5　2012年我国炭黑各月进口数量

月份	数量/t	金额/万美元	同比/%	
			数量	金额
1月	4938.06	1138.88	-36.60	-37.30
2月	7479.75	1717.77	22.70	30.50
3月	7845.95	1826.37	-3.80	-6.10
4月	8642.39	1989.70	16.70	12.00
5月	7620.82	2042.41	8.80	9.80

续表 5

月份	数量/t	金额/万美元	同比/%	
			数量	金额
6 月	8207.16	2188.79	0.50	6.60
7 月	7500.41	1914.62	9.20	6.10
8 月	6412.44	1672.18	-23.40	-21.40
9 月	7061.55	1840.50	0.70	0.73
10 月	6338.11	1651.91	15.10	16.10
11 月	6799.95	1835.81	35.50	33.30
12 月	5264.66	1447.36	-42.00	-32.60
合计	84111.26	21266.30	-2.70	-0.96

【建议与措施】

1. 扩大产能或新建产能要慎重考虑。不要进行盲目扩建，在没有原料优势的区域要考虑扩建地区周边半径的原料供应量。

2. 提倡企业之间进行兼并重组。企业应放眼未来，从国家资源综合利用方面宏观考虑，在不增加全国总产能的情况下，进行企业之间的兼并重组，对于欠缺技术及品牌的中小企业，应考虑企业在尚存价值的情况下，与具有市场品牌优势的大企业进行重组，以获得最大的经济利益。

3. 提高炭黑行业的准入门槛限制，同时规范现有企业。提高炭黑行业的准入门槛不应仅仅从产能上规定准入门槛的限制，也应从产品能耗、排放标准及地区产能控制上加以限制。

4. 坚持科技投入与新产品研发。目前炭黑企业处于一种非常困难时期，越是在困难时期越要重视新产品研发，做出企业自己的特色，有可能是拯救企业的一条道路。

5. 关注国外 FCC 油。炭黑行业的原料油日趋紧张，已是制约炭黑企业发展的瓶颈，在有效利用国内炭黑原料油的基础上，关注国外 FCC 油动态。

【发展趋势】

1. 汽车工业进入总量较高的平稳发展阶段

据中国汽车工业协会统计，2012 年，我国汽车产量 1927.18 万辆，销售量 1930.64 万辆，同比分别增长 4.6% 和 4.3%，比上年同期分别提高 3.8 和 1.9 个百分点，增速稳中有进，我国汽车产量连续三年超过 1800 万辆，表明汽车工业已进入总量较高的平稳发展阶段。

(1) 预计 2013 年国内车市将好于前两年，汽车销量增幅大约在5% ~10%之间，突破两千万辆大关毫无悬念。

(2) 预计 2013 年将有更多城市推出相关政策。据了解，天津、杭州等城市正在酝酿推出限行限购令。从目前发展趋势来看，将有更多的城市推出限购令，限行限购将成为特大城市应对交通拥堵的必要手段，成为一种常态。

(3) 预计 2013 年汽车出口将继续快速增长，增幅将超过国内销量。

2. 非轮胎橡胶制品呈快速增长态势

从力车胎行业来看，摩托车及自行车整车产量近年增长停滞，但是，电动自行车却发展迅猛。根据中国自行车协会的数据，2012 年我国自行车总产量为 8278 万辆，下降 0.8%。电动自行车作为新一代便捷交通工具，受到了群众青睐，目前，我国电动车社会保有量估算为 1.5 亿辆，按使用期 3 年算，每年需更换 1 亿条以上电动车胎，这是一个庞大的潜力市场，力车胎行业 2012 年销售旺盛，利润增加，相当一部分来源于电动车胎。

2012 年橡胶制品行业，铁路减震制品和橡胶止水条产量增长幅度很大,分别为44.66%、34.19%。

3.企业环境成本升高,国家考虑关停部分污染行业过剩产能

从我国一些城市开始公布PM2.5指数以来,国内多个城市PM2.5严重超标,持续出现严重雾霾天气,威胁着人们的身体健康,国家环保部的一项调查表明,目前国内1/5城市大气污染严重、113个重点城市1/3空气质量达不到国家二级标准。国家环保部环境司司长介绍,雾霾空气的主要来源之一,是重度污染行业的工业排放,如钢铁、水泥等行业,这些行业在近五年的发展过程中,产能几乎是翻了一番,加之一些企业防治污染弄虚作假,工业排放量大幅增加,所以在今后治理空气污染过程中,将加大处罚力度,重罚污染企业,或将关停部分污染行业的过剩产能。

4.预计2013年炭黑产量增长率为8%~10%

我国炭黑行业在“十一五”期间,保持了较快的增长水平,无论是新增产能还是炭黑产量,增长幅度都高于轮胎行业和汽车行业,前两年,出口炭黑带动了行业产量的增长,目前炭黑产量及产能规模庞大。根据汽车及轮胎的增长预测值,预测2013年我国炭黑产量增长率为8%~10%。

(丁丽萍)

白 炭 黑

沉淀法白炭黑

2012年以来,受需求减弱、成本上升、产能过剩和企业用工问题等因素影响,沉淀法白炭黑行业整体表现为产能增加、开工不足、竞争激烈、企业盈利下滑。

【基本情况】

据统计,2012年国内直接从事沉淀法白炭黑生产厂家共有64家,总生产能力为193.5万吨,实际产量99.50万吨。生产能力在2万吨(含2万吨)以上的厂家有36家,生产能力166.9万吨、占全国的86.25%,产量共87.9万吨、占全国的88.34%。规模在5万吨以上的厂家共有14家,分别为株洲兴隆化工实业公司、福建正盛无机材料股份有限公司(含正昌、正盛、赛吉元)、罗地亚白炭黑(青岛城阳)有限公司、赢创嘉联白炭黑(南平)有限公司、三明市丰润化工有限公司、确成硅化学股份有限公司、福建海能新材料有限公司、青州联科白炭黑有限公司(含和卡尔迪克合资部分产量)、沙县金沙白炭黑有限公司、吉林通化双龙化工有限公司(含江西万载双龙分公司)、山东金能煤炭气化有限公司、无锡恒诚硅业有限公司、三明同晟化工有限公司、福建三明正元化工有限公司。这14家的生产能力共106.5万吨、占全国的55.04%,产量共57.20万吨、占全国的57.49%,2012年全国沉淀法白炭黑生产能力和产量见表1。

表1 2012年全国沉淀法白炭黑生产能力和产量

企业规模/万t	企业数/家	占比/%	生产能力/万t	占比/%	产量/万t	占比/%
≥5	14	21.88	106.50	55.04	57.20	57.49
2~5	22	34.38	60.40	31.21	30.70	30.85
1~2	19	29.69	22.70	11.73	9.40	9.45
0.5~1	6	9.38	3.00	1.55	1.70	1.71
<0.5	3	4.69	0.90	0.47	0.50	0.50
合计	64	100	193.50	100	99.50	100

从企业的经济性质看,2012年民营企业生产能力占77.00%、产量占72.31%;国有企业产能和产量分别占5.58%和5.58%;外资(独资或合资)企业产能和产量分别占17.42%和22.11%。近年来,外资企业在中国合资或扩建、新建企业主要针对橡胶补强领域用的白炭黑品种,说明外资企业非常看重中国橡胶领域,尤其是轮胎行业用白炭黑消费市场的巨大潜力。2012年全国沉淀法白炭黑生产能力和产量按企业性质分见表2。

表 2　2012 年全国沉淀法白炭黑生产能力和产量

企业性质	企业数/家	占比/%	生产能力/万 t	占比/%	产量/万 t	占比/%
民营	50	78.13	149.00	77.00	71.95	72.31
国有	7	10.94	10.80	5.58	5.55	5.58
外资	7	10.94	33.70	17.42	22.00	22.11
合计	64	100	193.50	100	99.50	100

从企业的地区分布看，我国的沉淀法白炭黑90.90%分布在华东和中南地区，并集中在福建、山东、江苏、湖南 4 省，主要因为华东和中南地区是我国轮胎工业和制鞋工业集中地区，全国沉淀法白炭黑按地区划分见表 3。

表 3　2012 年全国沉淀法白炭黑生产能力和产量

企业所在地区	企业数/家	占比/%	生产能力/万 t	占比/%	产量/万 t	占比/%
华东	46	71.88	158.10	81.71	84.70	85.13
中南	7	10.94	17.80	9.20	8.55	8.59
华北	5	7.81	6.60	3.41	1.75	1.76
西南	5	7.81	4.50	2.33	2.00	2.01
东北	1	1.56	6.50	3.36	2.50	2.51
合计	64	100.00	193.50	100	99.50	100.00

【进出口贸易】

受全球经济复苏趋缓，主要新兴市场国家经济增速普遍回落，私人需求疲弱影响，同 2011 年相比白炭黑出口呈现一定程度的下降趋势。

2011 年全年出口量达到 44.52 万吨，2012 年全年出口量 37.76 万吨。同时我们也应看到国内白炭黑进口数量 7.37 万吨同 2011 年相比(8.14 万吨)下降 0.77 万吨，说明在高端二氧化硅制造领域国内生产企业取得一定进步。2012 年白炭黑进出口情况见表 4。

表 4　2012 年白炭黑进出口情况

月份	进口		出口	
	数量/t	金额/美元	数量/t	金额/美元
1	4094.08	1183.28	34323.34	3515.17
2	5551.14	1629.17	32829.69	3155.63
3	6964.26	1735.25	38326.63	3826.03

续表 4

月份	进口		出口	
	数量/t	金额/美元	数量/t	金额/美元
4	6189.93	1587.54	31892.64	3310.54
5	7560.33	2000.44	34236.09	3349.57
6	6118.12	1840.15	30423.22	3122.37
7	7313.58	1827.05	27029.92	2784.95
8	6493.66	1543.90	31050.10	3065.83
9	6908.80	1738.03	30612.69	3080.08
10	5512.61	1526.36	28805.15	2922.71
11	5685.34	1594.06	27261.86	2711.78
12	5266.22	1587.42	30793.86	3112.42
合计	73658.05	19792.58	377585.19	37957.07

注:数据来自海关总署。

【消费情况】

沉淀法白炭黑作为橡胶补强原材料主要用于鞋类、轮胎和其他浅色橡胶制品。与 2011 年相比,2012 年国内制鞋用白炭黑消费比例呈现下降趋势。

主要原因在于欧债危机持续发酵蔓延,给我国实体经济带来严重影响。作为沉淀法白炭黑最大用户制鞋行业 2012 年出口减少 15% ~20% 。

欧美经济危机对鞋业出口造成的影响,主要表现在三个方面:欧美国家深陷债务危机,导致当地民众消费能力萎缩,直接冲击了国内对欧美地区的出口贸易;随着欧元、美元走弱,人民币升值,继续削弱了价格竞争优势使部分欧美国家的订单转移到其他价格低的地方;除了欧美客户退单的情况外,还出现了企业发货后部分客户因消费信心不足而拒收的情况,一些客户还拖欠货款,影响出口企业的正常收款,给企业带来一定的风险。

在生产成本大幅上涨、资源能源供给和环境承载力日益吃紧的形势下,中国鞋类产品出口成本日益增长。作为中国鞋类出口基地,福建、浙江、广东等鞋企普遍面临生产成本上升、“零利润”或经营亏损的困境;银行贷款越来越难,企业遭遇融资瓶颈。

与此相反的是,轮胎用白炭黑则呈现上升趋势,主要是因为世界各地对节油轮胎的需求正在快速增长,特别是欧洲、美国、日本、韩国等国家和地区相继推出了轮胎标签法规,轮胎企业更多地把高分散沉淀法白炭黑融入到配方中。作为橡胶工业补强材料高分散沉淀法白炭黑的发展呈现出高速发展态势,在轮胎中使用可以降低滚动阻力、增加湿路面抓着力、减少油耗,达到减少汽车废气排放的环保效应。

沉淀法白炭黑在硅橡胶、碾米胶辊、胶带和电缆等橡胶制品中也得到广泛应用,其消费比例约占 12% 。

沉淀法白炭黑农药、饲料行业的消费比例接近于国外比例,涂料和牙膏行业消费比例则偏低,造纸行业国内基本是空白。具体消费情况见表 5。

表 5 沉淀法白炭黑消费比例

行 业	鞋类	轮胎	其他橡胶制品	农药饲料	涂料	牙膏	其他	合计
消费比例/%	38	20	12	11	5	2	12	100

【改扩建情况】

2012年全国沉淀法白炭黑在建项目的生产能力共有23.5万吨,大多数在2013年建成投产,其扩建和新建装置主要针对轮胎行业的的需求,2012年全国沉淀法白炭黑在建项目见表6。

表6 2012年全国沉淀法白炭黑在建项目

企业名称	新建或扩建	建设规模/万t	计划投产年限	说明
江西黑猫炭黑股份有限公司	扩建	3	2013	进行中
连城县诚裕硅业有限公司	扩建	2	2012	已建成
赢创嘉联白炭黑(南平)有限公司	扩建	2	2013	进行中
无锡确成硅化学有限公司	扩建	3	2013	进行中
福建三明正元化工有限公司	扩建	2.5	2013	进行中
福建海能新材料有限公司	扩建	3.0	2013	已建成
福建富联化工有限公司	扩建	2.0	2012	已建成
自贡中皓化工有限公司	扩建	2.0	2013	进行中
福建成隆化工有限公司	新建	2.5	2013	进行中
三明盛达化工有限公司	扩建	2.0	2013	进行中
黑龙江省万源粮油食品有限公司	新建	0.5	2013	进行中
贵州瓮福蓝天氟化工股份有限公司	新建	1.0	2013	进行中

【品种和质量】

主要品种:制鞋用沉淀法白炭黑、普通轮胎用沉淀法白炭黑、子午胎用沉淀法白炭黑、室温硅橡胶用沉淀法白炭黑、高温硅橡胶用沉淀法白炭黑、牙膏摩擦剂和增稠剂用沉淀法白炭黑、喷墨打印纸用沉淀法白炭黑、医药载体用沉淀法白炭黑、开口剂用沉淀法白炭黑、涂料用沉淀法白炭黑、农药和灭火剂用沉淀法白炭黑等。剂型有超微细、超细、粉状和块状等。从产品分散性看,有通用沉淀法白炭黑、易分散沉淀法白炭黑和高分散沉淀法白炭黑。

产品质量:国内高分散沉淀法白炭黑取得长足进步,北京橡胶研究院检测表明,国内有多家送检产品和国外同类产品相比,质量相当。按照新的化工行业标准HG/T 3061-2009考核,沉淀法白炭黑产品的2012年产品合格率大于90%,产品质量较2011年度明显提高。

【科技进步】

2012年国内各种刊物发表沉淀法白炭黑制备、应用及改性论文100余篇,主要集中在三个方面:(1)利用非金属矿物通过资源利用制备白炭黑研究。如:"粉煤灰提取白炭黑和氧化铝的研究"、"钒尾矿制备高附加值产品白炭黑工艺研究"、"化学法处理油页岩渣制备白炭黑的研究"、"利用废弃物含氟硅渣生产白炭黑产品"、"湿法磷酸副产物氟硅酸制白炭黑连续工艺研究"、"锰浸出渣制备白炭黑的工艺研究"、"新疆哈密钾长石制备白炭黑的工艺研究"等。(2)白炭黑化学改性研究。如:"白炭黑-硅烷反应的动力学"、"白炭黑的改性及其工艺研究现状"、"化学改性沉淀法白炭黑"等。(3)白炭黑在橡胶及轮胎制品中的应用。如:"改性接枝白炭黑填充丙烯酸酯橡胶的性能研究"、"白炭黑补强异戊橡胶和天然橡胶性能的对比研究"、"利用功能性白炭黑提高轮胎的生产率和性能”、“炭黑与白炭黑补强溶聚丁苯橡胶和乳聚丁苯橡胶胎面胶性能的对比研究”等。

2012年国内申请沉淀法白炭黑制备和应用发明专利和实用新型专利共100余项，主要分为：(1)沉淀法白炭黑制备的工艺、设备等方面技术；(2)无机非金属矿制备沉淀法白炭黑技术；(3)沉淀法白炭黑应用技术；(4)沉淀法白炭黑改性技术。

比较实用的专利有：同济大学申请的“一种在水体系中低成本制备二氧化硅气凝胶的方法”；北京化工大学申请的“一种制备高分散白炭黑/橡胶纳米复合材料的方法”、“制备氧化石墨烯/白炭黑/橡胶纳米复合材料的方法”；确成硅化学股份有限公司申请的“生产二氧化硅的沉淀反应器”；冷水江三A化工有限责任公司申请的“一种牙膏摩擦剂二氧化硅的制备方法”；合肥工业大学申请的“一种由蛇纹石尾矿制备沉淀白炭黑的方法”；安徽科技学院申请的“白炭黑复合粉体材料及其制备方法”；万载县辉明化工有限公司申请的“超细白炭黑及其制备方法”；中国矿业大学（北京）申请的“一种利用硼泥制备纳米氢氧化镁和纳米白炭黑的方法”；横店集团浙江英洛华硅材料有限公司申请的“一种沉淀法生产白炭黑的设备”；无锡恒诚硅业有限公司申请的“用于白炭黑生产的压滤洗涤水回收利用系统”、“用于白炭黑生产的干燥尾气余热回收系统”；北京橡胶工业研究设计院申请的“一种改性沉淀法白炭黑的制备方法”；株洲兴隆化工实业有限公司申请的“白炭黑的制备方法”；福建省三明巨丰化工有限公司申请的“成品白炭黑白点便捷式检测装置”；福建远翔化工有限公司申请的“白炭黑干燥尾气循环利用系统”；福建省三明同晟化工有限公司申请的“一种塑料开口剂用高透明沉淀二氧化硅的制备方法”；石家庄高宗硅制品有限公司申请的“UV光固化涂料用二氧化硅消光粉的制备方法”等。

近年来大型反应装置在新建和扩建厂家得到广泛应用，为了适应橡胶行业绿色环保要求，微珠和造块白炭黑得到较快发展，压力喷雾结合流化床两级串联干燥装置为众多新建和扩建厂家所采用，整体行业发展呈现规模大型化、产品功能化、控制自动化、装置节能化趋势。

规模大型化：近年来，扩建或新建沉淀法白炭黑装置生产能力均确定在2.5万~3.0万吨，反应釜容积单台最大可做到120立方米。

产品功能化：针对产品功能，划分为制鞋、轮胎、硅橡胶、医药、牙膏、消光剂、灭火剂、农药等专用白炭黑。轮胎用白炭黑又划分为工程轮胎、斜交胎和子午胎专用白炭黑。

控制自动化：新建装置大都采用DCS控制系统，提高控制水平，减少产品质量波动，节约人力资源，取得了良好效果。

装置节能化：新型节能型干燥装置和高效制浆装置在新建和改扩建白炭黑厂得到广泛使用，整体能耗水平达到或接近国外发达国家水平。

【发展趋势】

实行轮胎标签制度，核心是推广绿色轮胎，是世界轮胎工业发展的潮流和方向，将对我国轮胎工业产生深远影响。2012年11月1日，欧盟绿色轮胎标签化法案将正式执行，所有进入欧盟市场销售的轮胎均要贴有欧盟规定的绿色标签。

目前我国生产的轮胎40%以上出口，欧盟是我国汽车轮胎的第一大出口市场。实施轮胎标签法规尽管对我国轮胎行业产生不利影响，但也是我国轮胎工业转型升级的重要机遇，倒逼我国尽快调整轮胎行业的产业结构，实施低碳经济战略，推动绿色轮胎产业化发展，这一切预示着未来轮胎用高分散沉淀法白炭黑存在较大发展机遇。

未来我国沉淀法白炭黑需求增长主要来源于轮胎、硅橡胶、日化、涂料等领域。

1.轮胎用高分散沉淀法白炭黑

高分散性沉淀法白炭黑（HDS）主要用做绿色轮胎补强剂，在轮胎中的添加量可高达40~60份。在轮胎用胶料中，采用高分散性沉淀法白炭黑，可以获得较高的拉伸强度、撕裂强度、定伸应力、拉断伸长率、改善胶料加工性能和耐磨性，从而可以得到较好的轮胎综合性能。

目前，国内轮胎工业使用的高分散性沉淀法白炭黑产品主要为外资企业所生产。其代表产品有法国罗地亚公司的专利产品—Zeosil 1165MP、德国赢创公司的Ultrasil-7000GR、美国PPG公司的Hisil 2000以及Huber Engineered Materials公司的Zeopol等。

面对国内绿色轮胎用高分散性白炭黑巨大市场需求，国内沉淀法白炭黑企业需抓住这一难得的发展机遇，尽早研发出具有自主知识产权的高分散白炭黑产品。

2. 硅橡胶用高补强透明沉淀法白炭黑

硅橡胶具有优异的耐高/低温、耐候、憎水、电气绝缘、生理惰性等特点，在国防军工、电子电器、医疗卫生、工农业生产及人们的日常生活中应用广泛，近年来保持良好的发展势头。

单纯的有机硅橡胶分子呈螺旋状线性长链结构，分子间作用力弱，难以结晶，物理机械性能很差。没有填充补强填料的交联有机硅聚合物的拉伸强度非常低，只有 0 ~ 0.35MPa，拉断伸长率只有 20% ~50%。气相法白炭黑是有机硅橡胶最好的补强填料，但因其价格昂贵，大大限制了其在民用制品领域的应用。因此选择使用廉价的沉淀法白炭黑产品替代气相法白炭黑是硅橡胶用户，也是众多沉淀白炭黑生产厂家共同追求的目标。

将普通沉淀法白炭黑产品用于硅橡胶补强时，由于其存在着结构化严重、补强性能差、透明性差、易黄变等缺点，难以达到硅橡胶制品的使用要求。因此，研究开发物理机械性能较好、铁含量低、价格便宜的硅橡胶用高补强透明沉淀法白炭黑产品是沉淀法白炭黑的未来发展方向。

3. 涂料用特种沉淀法白炭黑

未来，加快城镇化建设将成为我国经济发展的又一新亮点。城镇化建设将会给涂料企业带来新的发展机遇。涂料行业"十二五"规划指出，"十二五"期间国内经济仍将保持较高的速度发展，涂料行业受下游工业和民用需求的影响，预计将保持年均 10% 增速，产量将由 2009 年的 755 万吨，增长至 2015 年的 1200 万吨。因此涂料用特种沉淀法白炭黑预计也将保持年均 10% 的增长速率。

4. 化学改性沉淀法白炭黑

一种可溶性金属硅酸盐水溶液，与酸结合生成二氧化硅粒子的浆料。在生产过程中，以各种不同的偶联剂组合对这些粒子的表面进行处理。这样的偶联剂组合包括：一种或多种偶联剂，巯基有机金属和/或双一（烷氧基硅烷基烷基）多硫化物，以及一种或多种由阴离子、非离子和/或两性表面活性剂和/或非硫有机金属的混合物组成的非偶联剂。由此而产生了经过表面处理的白炭黑粒子浆料，利用常规技术对其进行过滤、水洗、烘干、造粒，即可获得化学改性沉淀法白炭黑成品。

化学改性沉淀法白炭黑分散性优于现有的 HDS 产品，代表产品有 PPG：Agilon 400；德国赢创公司：硅烷改性高分散白炭黑；罗地亚 zs 系列高分散性白炭黑 。

气相法白炭黑

2012 年受下游光伏市场供过于求影响，国内 80% 以上的多晶硅厂家陷入停产僵局，导致市场上流通四氯化硅骤减，从而影响了气相法白炭黑生产企业的生产，国内气相白炭黑生产厂，普遍开工不足，多家企业处于停产或部分停产状态。

【基本情况】

2012 年，国内气相法白炭黑总生产能力 9.74 万吨/年，产量约 5.23 万吨/年。

由于自然资源、能耗、环境等原因，国外生产企业正逐步减产或关停本国气相法白炭黑装置，产能向我国转移，把我国作为面向亚太地区的生产基地。世界四大气相法白炭黑生产商（美国卡博特、德山曹达株式会社、德国瓦克和迪高莎）已有 3 家在华设立独资、合资企业，目前产能共 4.5 万吨/年，并计划继续实施扩产。

国内生产企业有吉必盛硅材料有限公司、山东东岳有机硅材料有限公司、景德镇宏柏化学科技有限公司、赤峰盛森硅业科技发展有限公司、济宁青云化工有限公司、宜昌南玻硅材料有限公司、浙江开化合成材料有限公司、特变电新疆硅业有限公司、浙江合盛硅业有限公司、浙江衢州富士特白炭黑有限公司、黑猫炭黑股份公司、洛阳中硅高科技有限公司、山东瑞阳硅业科技有限公司、焦作煤业（集团）合晶科技有限责任公司、峨眉山长庆化工新材料有限公司、雅安永旺硅业有限公司、上海氯碱化工股份有限公司等。国内企业总产能为 5.24 万吨/年，实际产量约为 1.93 万吨/年。外资企业总产能为 4.5 万吨/年，实际产量约为 3.3 万吨/年，内资企业生产能力占国内总生产能力的

53.80%，外资企业占46.20%；内资企业的产量占国内产量的36.90%，而外资企业产量占63.10%。2012国内主要气相法白炭黑生产厂家见表7。

表7　2012国内主要气相法白炭黑生产厂家

生产厂家	产地	生产能力/t	备注
卡博特蓝星（江西）化工有限公司	江西九江	20000	
瓦克化学气相二氧化硅（张家港）有限公司	江苏张家港	15000	
德山化工（浙江）有限公司	浙江嘉善	10000	
吉必盛硅材料有限公司	吉林、四川、连云港、广州	6000	
山东东岳有机硅材料有限公司	山东桓台县	6000	2012年7月投产
景德镇宏柏化学科技有限公司	江西 乐平市	5000	
赤峰盛森硅业科技发展有限公司	内蒙古赤峰市	4000	
济宁青云化工有限公司	山东济宁	4000	
宜昌南玻硅材料有限公司	湖北宜昌	3400	
浙江开化合成材料有限公司	浙江开化	2000	
特变电新疆硅业有限公司	新疆乌鲁木齐	2000	
浙江合盛硅业有限公司	浙江省嘉兴市	2000	
浙江衢州富士特白炭黑有限公司	浙江衢州	2000	
黑猫炭黑股份公司	江西景德镇	2000	
洛阳中硅高科技有限公司	河南洛阳	2000	
山东瑞阳硅业科技有限公司	山东省新泰市	2000	
焦作煤业（集团）合晶科技有限责任公司	河南焦作	2000	
峨眉山长庆化工新材料有限公司	四川乐山市	2000	2011年10月投产
雅安永旺硅业有限公司	四川雅安	2000	
上海氯碱化工股份有限公司	上海	1000	
宁波朝日硅材料有限公司	浙江宁波	1000	
徐州中兴化工	江苏徐州	1000	
徐州天成氯碱有限公司	江苏徐州	1000	2011年10月投产
合　计		97400	

【进出口贸易】

2012年,国内气相法白炭黑出口量约为1.1万吨,出口气相白炭黑量最多的企业是卡博特蓝星(江西)化工有限公司、德山化工(浙江)有限公司、瓦克化学气相二氧化硅(张家港)有限公司3家外资企业;国内吉必盛、浙江开化等企业也有一定的出口量。进口量约0.7万吨。在进口产品中,德国、美国、日本居前三位,主要为比表面积200~380m^2/g的改性产品。

【消费情况】

2012年,国内气相法白炭黑市场表观消费量约5.23万吨,其中橡胶与密封材料用气相法二氧化硅约3.3万吨,占消费总量的63.3%;电子电力用气相法二氧化硅约0.87万吨,占16.7%;油漆油墨、感光材料用气相法二氧化硅约0.52万吨,占10%;其他用途气相法二氧化硅约0.52万吨,约占10%。

【在建项目】

2012年全国气相法白炭黑在建项目的生产能力有3.2万吨,主要为外资企业在中国建厂,见表8。

表8 2012全国气相法白炭黑在建项目

企业名称	新建或扩建	生产能力/t	计划投产年限	说明
唐山三孚硅业有限公司	新建	6000	2013	建设中
镇江江南化工有限公司	新建	5000	2013	建设中
重庆广旺投资有限公司	新建	5000	2013	建设中
乐山市吉必盛硅材料有限公司	扩建	4000	2013	建设中
山西三佳	新建	2500	2013	建设中
浙江富士特硅材料有限公司	扩建	3000	2013	建设中
赤峰盛森硅业科技发展有限公司	扩建	4000	2013	建设中
沈阳化工股份有限公司	改建	1500	2013	
内蒙古恒业成有机硅有限公司	新建	1000	2012	建成
合　计		32000		

【品种和质量】

国内气相二氧化硅生产企业生产型号有:150、200、300、380系列产品。此外还有有压缩型气相法白炭黑(150P、200P),高透明型气相法白炭黑产品(150H),胶体蓄电池专用气相法白炭黑(200B),以及疏水型气相法白炭黑系列产品等。疏水型产品处理剂有二甲基二氯硅烷和六甲基二硅氮烷等。

目前国内气相法白炭黑产品比表面积能够很好的控制在国标要求范围内,但与日本、韩国、德国、美国等进口产品相比,比表面积均匀性较差,用国内气相白炭黑制作的高温硅橡胶透明度较差,拉伸率偏低,其他物理性质基本符合要求。

【科技进步】

由吉必盛与洛阳中硅高科技有限公司共同承担的国家“863”计划重点项目《多晶硅副产物综合利用关键技术研究》两个课题“高性能气相二氧化硅制备工艺技术研究”和“气相二氧化硅表面处理及尾气循环利用技术研究”,在洛阳顺利通过国家科技部的验收。项目的实施将实现多晶硅副产物的综合利用以及气相二氧化硅生产尾气的综合回收,达到多晶硅生产节能减排、洁净环保、循环利用的目的。同时降低多晶硅生产成本,提高我国多晶硅生产企业的技术水平和竞争能力,消除多晶硅生产中副产物四氯化硅残存的后顾之忧,还可大大降低气相白炭黑的建设投资、生产成本,打破国外技术封锁,使我国气相白炭黑生产进入世界大国、强国行列,真正实现多晶硅和气相白炭黑两大行业的互补与双赢。

2012 年国内各种刊物发表气相法白炭黑论文 10 余篇,主要集中体现在三方面:(1)气相法白炭黑应用研究。如:“气相二氧化硅在水基涂料中的应用”、“气相法白炭黑在橡胶补强中的应用”。(2)气相法白炭黑尾气治理。如“气相法白炭黑行业氯化氢尾气吸收的研究”。(3)气相法白炭黑表面改性研究。如:“硅烷偶联剂改性二氧化硅的方法研究”等。

2012 年国内申请气相法白炭黑工艺、设备和应用发明专利和实用新型专利共 9 项。分别为:上海竟茨环保科技有限公司的“气相白炭黑生产用的脱酸设备”;焦作市科力达科技有限公司的“一种用电熔氧化锆尾气制备高纯气相二氧化硅的方法”;宁夏胜蓝化工环保科技有限公司的“低比表面纳米二氧化硅的制备方法”;句容宁武新材料发展有限公司的“一种纳米二氧化硅改性接枝聚醚的制备方法及制得产品的应用”;中国恩菲工程技术有限公司、洛阳中硅高科技有限公司的“一种多晶硅副产物二氧化硅的处理方法”;沈阳化工股份有限公司的“二氧化硅水解炉”;袁江涛、王海成的“耐高温纳米微孔隔热板的干法制备方法”;宜兴市聚金信化工有限公司的“耐高温硅橡胶添加剂及方法”;浙江德和绝热科技有限公司的“一种泡沫玻璃密封胶及其制备方法”。

这些专利的实施促进了国内气相法白炭黑生产技术和应用技术的进步,同时也表明国内企业越来越重视气相法白炭黑应用技术研发。

【发展趋势】

1. 受多晶硅产业产能过剩影响,气相法二氧化硅生产原料四氯化硅供应日益紧张,且价格一路上扬,为此,从事气相法二氧化硅生产的外资企业,计划提高全球范围内气相二氧化硅产品的销售价格。

德国赢创集团无机材料业务部宣布,从 2012 年 10 月 1 日起,在全球范围内提高气相二氧化硅产品的销售价格,涨幅为 6% ~9% 。

美国卡博特公司宣布,自 2012 年 10 月 1 日起在全球范围内提高其金属氧化物产品的售价,其中包括气相法二氧化硅、胶体二氧化硅、气相法氧化铝及其水性分散体产品。德国瓦克(WACKER)硅树脂公司和日本德山曹达株式会社也宣布将提高其全球气相二氧化硅产品的销售价格。国内内资气相法白炭黑生产企业要以此为契机,细分气相二氧化硅产品市场,逐步提高气相二氧化硅产品的销售价格,并拿出较多资金以支持老装置技术改造和产品应用研发,尽快缩小和国外产品质量和品种差距。

2. 传统气相法白炭黑的生产原料为四氯化硅或甲基三氯硅烷,受光伏产业不景气影响,四氯化硅供给明显不足,未来三氯氢硅厂家可以介入这个领域,以三氯氢硅为原料生产气相白炭黑产品,国外已有这方面的先例。其优点:(1)可以盘活三氯氢硅的存量资产,保证装置的完好率和生产率;(2)可以为保证气相法白炭黑生产提供稳定、充足的原料;(3)氯化氢可以循环利用,既可以降低三氯氢硅的成本,又可以减轻白炭黑副产盐酸的市场压力,形成良性循环;(4)可以根据多晶硅市场情况,迅速转产多晶硅用的三氯氢硅,可以占得先机;(5)相对于其他三氯氢硅企业,可以实现差异化,有很强的市场适应能力,用三氯氢硅生产气相法白炭黑比四氯化硅更有利产品链循环,可以消除与四氯化硅的成本差异。

3. 气相法白炭黑表面化学改性是解决气相法白炭黑粉体团聚的主要措施之一。气相法白炭黑表面化学改性是指利用有机物与硅羟基反应,把有机基团以化学键连接到气相法白炭黑表面,从而使气相法白炭黑表面呈现永久的疏水性质。通过改性可明显提高气相法白炭黑粉体储运和应用性能。经过表面处理后,降低气相法白炭黑表面羟基数量,提高其与有机物的相容性以及分散性,使气相法白炭黑粉体表面产生新的物理、化学、机械性能。

长期以来,气相法白炭黑表面处理技术一直

被国外公司垄断，他们对中国实行技术封锁，不在中国进行生产，因此国内疏水型产品主要依赖进口，产品价格一直居高不下，导致很多领域的应用成本增加。疏水型气相法白炭黑产品是气相法白炭黑产品系列中的高端产品。该类产品由于经过表面处理，其应用面更加广泛，产品性能更佳，因此具有很高的附加值，可用于高档胶粘剂和密封胶、汽车涂料、轨道防水涂层、PCB 油墨、消泡剂等领域，未来国内将有较大市场需求。目前，国内仅有吉必盛硅材料有限公司可以实现规模化生产，在产品品种和质量稳定性方面和进口产品相比尚有差距，国内科研院所和生产企业应加快研究工作，以便在高端气相法白炭黑制造领域占有一席之地。

（朱春雨）

橡胶机械

【基本情况】

2012年我国橡机产业运行情况有忧有喜，在社会经济大背景下，橡机产业概莫能好，行业橡机产品销售收入从2011年的115亿元降至2012年的105亿元左右，同比下降约8%。软控股份、益阳橡塑机械、桂林橡机、福建华橡自控技术、北京贝特里戴瑞科技发展等主要橡机企业的销售收入降幅较大，一般都在20%以上，而大连橡塑机械和华工百川则与众不同，逆势而上，销售收入同比分别提高了50%和25%左右。大连橡塑机械抓住机遇，通过并购国外企业推进技术和产能的提高，扩大在国际市场上的份额和影响。

在国内市场不景气的情况下，橡机出口贸易额仍然达到了2.3亿美元，略高于2011年的2.1亿美元，增长了约10%。

由于近20年来国内橡机市场形势一片大好，从而吸引了众多国外/境外橡机企业投资的目光转向我国。其纷纷以独资或合资形式在我国内地设厂，至今已有20多家独资或合资橡机企业，在全球经济不景气的情况下均取得了较好业绩。台资企业正将自动化设备(江苏)公司来大陆设厂仅仅几年时间，一个只有100人左右的企业2012年的销售收入就达到了1.35亿元。对于这种情况的出现，业界有“世界橡胶机械中心向中国转移”之说。

2012年在新技术方面的主要特点为：注重节能型产品的开发和推广应用。目前至少已有10家企业参与开发密炼机加多台开炼机和叠加式密炼机两种形式的节能型低温一次法炼胶生产线。轮胎硫化机生产企业开始技改机械式轮胎硫化机为节能型机液混合型轮胎硫化机，液压轮胎硫化机通过多年使用证明可提高轮胎硫化质量，在2012年已成为轮胎企业首选的硫化设备。

在过去特殊历史时期形成的橡机产品“井喷式”发展的现状已经过去，引进的技术也已几乎消化吸收殆尽，为此众多企业正在寻找新的发展模式，加强科研，整合并购，新一轮的发展将会在日后蓄势待发。

【生产与效益】

我国橡机产业在过去20年的发展中几乎没有遇到什么障碍，在市场需求和引进技术的推动下，使国产橡机一跃而达到国际先进水平，由此橡机企业的销售收入获得快速增长，并获得了良好的经济效益。行业销售收入从2000年的22亿元增长到2011年的115亿元，增长了5.27倍。到了2012年，始发于2008年的国际金融危机终于姗姗来迟影响到我国橡机产业的产销和效益，行业销售收入降到了105亿元，2012年成为了行业发展的拐点。

由于多数橡机企业销售业绩下降，经济效益自然随之下降，对主要橡机企业的统计分析，2012年行业利润同比下降45%左右，利润最高的软控股份达2亿元，但同比下降也最大，达60%。

2012年部分小型企业，由于开发生产具有特殊性能和用途的新产品，从而避免了在特殊时期可能产生的困难，例如内蒙古宏立达橡塑机械公司的大规格冷喂料排气挤出机及发泡材料挤出机、桂林翔宇公司的胶管生产线、无锡第一橡塑机械公司与日本普利司通合作开发生产子午胎设备均取得了较好的业绩，而桂林中昊力创机电设备公司则以其3种规格钢丝帘布裁断机赢得了市场，成为公司经济的支撑点。

2012年我国主要橡机企业的经营情况见表1。

表1　2012年我国橡机企业生产经营情况

企业名称	职工数/人	橡机销售收入/万元	人均销售收入/万元	利税/万元
软控股份有限公司	3593	162000	45.1	20000
大连橡塑机械股份有限公司	1653	130650	79.0	
北京敬业机械设备公司	71	27538.4	387.9	
北京贝特里戴瑞科技发展公司	231	27831.7	120.5	
益阳橡塑机械集团公司	1178	61279	52.0	
天津赛象科技股份公司	968	53800	55.6	
青岛双星橡塑机械公司	760	48500	63.8	
福建华橡自控技术股份公司	373	34038.5	91.3	
桂林橡机厂	1200	48572.9	40.5	
无锡第一橡塑机械有限公司	180	6000	30	1600
福建建阳龙翔科技开发公司	360	11000	29.9	
无锡双象橡塑机械公司	303	20618	68.0	
上海精元机械公司		16000		
华工百川科技公司		30217		
桂林橡胶设计院	190	26346	138.7	
北京万向新元科技股份公司	245	22000	89.8	
四川亚西橡塑机器公司	830	25200	30.4	
绍兴精诚橡塑机械公司	150	8845	59.0	
大连嘉美达橡塑机械公司	210	22000	104.8	
内蒙古富特橡塑机械公司	200	8500	42.5	
威海三方橡机公司	170	4500	76.5	280
正将自动化设备(江苏)有限公司	100	13500	135	
辽宁盘锦橡塑机械厂		5642.4		
内蒙古宏立达橡塑机械公司	207	4500	21.7	420
上海思南橡机公司	240	5023	21.0	
桂林中昊力创机电设备公司	75	3860	51.5	
东毓(宁波)油压工业公司	158	9529	58.6	
宁波千普机械制造有限公司		3530		
湛江机械厂		3348		
大连益达橡机有限公司		3000		
桂林翔宇橡机开发制造公司	25	3200	128	
内蒙古北祥橡胶设备公司	87	1620	18.6	20.6
大连通用橡机公司		1450		
湖北东方机械有限公司	85	1586	18	29.8
湖州宏侨橡机有限公司	57	833	14.6	105
广州番禺橡机厂	55	529	9.6	
西安机床附件厂	50	376	7.5	
江阴中轮机械有限公司		4254		

由于企业在规模、技术力量、产品种类、经营策略、市场需求把握力度以及领导才能等方面的差异，造成了人均销售额的差别，高低之差可达50多倍。表1中若有大量外协加工的企业销售收入则并不能体现企业的实际情况，因为这里有重复计算的问题。

2012年我国橡机产业虽然不如往年，但在全球橡机企业中的表现依然十分突出，根据欧洲ERJ杂志的排名，在前30名中我国橡机企业占有15席，达50%，不可谓不是橡机生产大国。2012年我国橡机企业在全球橡机企业中的排名见表2。

2012年国外知名橡机企业的销售业绩同样下滑，日本神户制纲下降24%，德国Troester下降17.8%，但以生产注射成型机为主的法国REP则上升298%。

表2　2012年我国橡机企业在全球主要橡机企业的排名

排名	企业名称	销售额/百万美元
2	软控股份有限公司	309.6
5	大连橡塑机械股份有限公司	208.0
7	益阳橡塑机械集团有限公司	97.6
9	天津赛象科技股份有限公司	85.7
11	桂林橡机厂	77.3
12	青岛双星橡塑机械有限公司	77.2
15	福建华橡自控技术股份有限公司	54.2
16	华工百川科技股份有限公司	48.1
18	北京贝特里戴瑞科技发展有限公司	44.3
19	北京敬业机械设备有限公司	43.9
20	桂林橡胶工业设计院	42.0
21	四川亚西橡塑机器有限公司	40.1
22	大连嘉美达橡塑机械有限公司	35.0
23	北京万向新元科技股份有限公司	35.0
24	无锡双象橡塑机械有限公司	32.8

【市场供需】

2012年应该说是国内橡机市场多年来供需失衡较为严重的一年，这也许是经过改革开放多年来快速发展后遇到合适时机必然会发生的事情，市场萎缩，一些像生产开炼机、小平板硫化机和一般挤出机的企业，更是遇到了前所未有的困难，产销量下降了50%左右，有的企业只能靠接受非标设备订货以维持企业运转。

2012年半钢和全钢子午胎生产设备由于受到轮胎产业投资的约束而销路不畅，但总体还算过得去。

2012年的例外是工程轮胎生产设备的市场还不错。桂林橡机厂获得工程轮胎生产设备订单2.5亿元，出口合同值1500多万美元。目前，桂林橡机厂可提供51″和57″全钢巨型子午胎成型机以及2050～5000mm的9个规格工程子午胎硫化机。相继而来的部分订单已排至2013年6月。天津赛象科技股份公司与天津国际轮胎公司在

2012 年 11 月签署价值 1.26 亿元的巨型工程子午胎成套关键生产设备合同。工程胎生产设备的热销为一些企业的经济正常运行起到了重要的作用。

到了 2012 年下半年，特别是第四季度，轮胎产业的复苏，液压轮胎硫化机开始热销，广东巨轮模具签订了 90 台液压硫化机的销售合同，山东金泰橡机得到了 40 台液压轮胎硫化机的合同，而益阳橡塑机械集团有限公司在 2013 年初就获得了密炼机、轮胎硫化机和输送带平板硫化机等设备的订货合同 8 亿美元。

市场竞争会加速产品的发展，在当前市场条件下，一个产品一旦被市场看好，就会引发众多企业参与开发生产，像轮胎硫化机原来主要由桂林橡机厂、福建华橡自控技术股份有限公司和益阳橡塑机械集团有限公司 3 家企业生产，目前则至少有 20 家企业生产，生产能力至少在 3500 台左右，而市场容量有限，迫使 3 个硫化机老企业不得不减产，其市场份额至少减少了 1000 台左右。2012 年仅广东巨轮模具和华工百川就生产了约 700 台硫化机，而 3 个老企业也只生产了 800 台左右，从而对几个老企业的生产增大了压力。

橡机中的橡胶再生资源利用设备在市场和工信部政策的推动下，市场表现良好，仅四川省 2012 年橡胶再生资源利用设备(包括轮胎翻新设备、胶粉设备及再生胶设备等)的产量达到了约 1800 台套，销售收入约 4 亿元。四川业内“亚西”、“亚联”、“亚轮”、“公平”和“盛兴”等企业经济指标比 2011 年均有所上升。由于四川省对于橡胶再生资源利用技术和设备的重视，中国橡胶工业协会将四川亚西橡塑机器公司培植为“全国度橡胶综合利用装备研究生产基地”，在此基础上，四川已开发出了常温胶粉生产线、常压连续脱硫机及各种新式轮胎翻新设备。

作为橡机产品中的附原工具模具，根据模协数据，我国轮胎模具产能每年以 30% 左右的速度递增，一般轮胎模具产能明显过剩，为此有的模具企业为防不测，开始向轮胎机械方向发展，从而会进一步加剧市场争夺，液压轮胎硫化机即是一例。对企业而言，以产品转型升级争取市场，说易做难。目前，根据扩展外销市场，不失为企业发展的可选之路。

【进出口贸易】

目前，橡机产品的自给能力，已是今非昔比，成批进口橡机产品的年代已经一去不复返，从而使进口贸易直线下降，特别是在 2012 年内需疲软的情况下，更不可能出现批量进口贸易，目前仅有个别企业少量进口国内尚有欠缺的产品，如生产半钢子午胎模具的低压精密铸造生产线、巨型钢丝绳输送带生产线及个别试验设备。

2012 年橡机产品的出口贸易在大背景下不但未见下滑反而略有提升，出口交货值达到了 2.3 亿美元，比 2011 年增加 2000 万美元。2005 ~ 2012 年橡机出口贸易概况见表 3。

从表 3 所见，2005 ~ 2012 年橡机出口贸易额可以看出，除 2009 年受国际金融危机影响使出口受阻外，其余年份均呈逐年增长态势。为此，橡机企业在提高产品质量和性能的基础上，做好出口贸易，应是企业的重要方向之一。

表 3　2005 ~ 2012 年橡机出口贸易概况

年份	贸易额/万美元	同比/%
2005	7300	51.4
2006	10000	40.0
2007	12000	20.0
2008	17500	45.8
2009	12000	-31.43
2010	18000	50.0
2011	21000	16.7
2012	23000	10.0

2012 年我国出口的主要橡机产品为炼胶设备、挤出机、平板硫化机、胶管设备、工程胎生产设备及轮胎硫化机等，出口地区仍以东南亚为主，部分销往欧美和阿拉伯等地区。出口值最高的是软控股份，约达 4000 万美元，其次是大连橡塑机械，约 2350 万美元，桂林橡机为 2200 万美元，无锡双象也接近 2000 万美元。软控股份和大连橡塑机

械的出口增长，与海外并购和开拓海外市场具有密切关系。北京贝特里戴瑞科技则致力于开拓印度、欧洲和巴西等地区的市场。

2012年主要橡机企业出口贸易情况见表4。

表4　2012年主要橡机企业出口贸易情况

企业名称	出口产品	出口地区	出口值/万美元
软控股份有限公司	轮胎设备等		3954
大连橡塑机械有限公司	炼胶设备、压延机		2348
桂林橡机厂	轮胎硫化机等	欧、美	2200
无锡双象橡塑机械公司	炼胶设备等	东南亚等	1930
北京贝特里戴瑞科技发展有限公司	子午胎设备		1350
青岛双重橡塑机械有限公司	轮胎设备等		1280
福建建阳龙翔科技发展有限公司	工程胎设备	印度等	794
四川亚西橡塑机器有限公司	开炼机、密炼机等	东南亚等	1310
大连嘉美达橡塑机械有限公司	炼胶设备等		1438
天津赛象科技有限公司	子午胎设备		800
益阳橡塑机械集团有限公司	轮胎硫化机、密炼机、平板硫化机	泰国、巴西等	640
北京敬业机械设备有限公司	半钢子午胎设备		500
无锡第一橡塑机械有限公司	力车胎设备	40多年国家地区	400
桂林翔宇橡机开发制造有限公司	胶管生产线		330
内蒙古宏立达橡塑机械有限公司	各种规格挤出机	东南亚、韩国、南美等	200
华工百川科技有限公司			250
福建华橡自控技术有限公司	轮胎硫化机等		190
威海三方橡机有限公司	胶片冷却机等	东南亚、土耳其等	162
内蒙古北祥橡胶设备公司	冷、热喂料挤出机	东南亚	46
湖州宏侨橡机有限公司	平板硫化机	印度	5
东毓（宁波）油压工业有限公司	平板硫化机等		374
正将自动化设备（江苏）有限公司	上辅机等		318

【技术进步】

1.新技术

2012年橡机新技术的进步主要表现在下列几方面：

（1）近几年来，一些橡机企业致力于开发和推广使用“一次法低温炼胶生产线”，以满足生产“绿色轮胎”的需要。到2012年，至少有大连橡塑机械、软控股份、北京万向新元、华工百川和益阳橡塑机械等10家以上企业参与开发这一生产线。目前,"低温一次法炼胶生产线"有两种类型:一种是由一台密炼机加多台开炼机和一套胶片冷却装置组成;另一种是由上、下两台密炼机叠加组合在一起的密炼机组和压片机、胶片冷却装置构成的生产线。益阳橡塑机械的密炼机组由GE320和GE590T组成,大连橡塑机械的密炼机组由XMN－320X(5－50)Y和XMN－580X(5－50)组成。

密炼机和开炼机组成的生产线,开炼机数量为4～6台,国内一般用6台,且要求调速和液压调距。生产线可提高生产能力17%～25%,节能约20%,减少操作人员50%,提高炼胶质量。

叠加式密炼机组适用于混炼白炭黑胶料,机器采用啮合型转子,将胶料多段混炼变为一段混炼,综合节能可达30%,投资减少20%～33%,生产效率提高50%,改善胶料分散度,提高胶料质量。

(2)桂林橡机、福建华橡自控技术等企业将传统机械式轮胎硫化机进行技术改造,在主传动系统保持不变的基础上,凡是用水压驱动的机构均改用液压油驱动,从而可节约大量动力水。根据福建华橡自控技术数据显示,一台1600硫化机经改造后一个工作周期可节约2.5MPa动力水0.291m^3。

(3)输送带平板硫化机在市场推动下,正向大型、双层结构方向发展。2012年生产的大规格平板硫化机多于往年,目前有1600×15600(16000)mm、1800×15600mm、1800×16600mm、2000×16000mm、2700×16000mm、3200×16000mm等规格的普通输送带及钢丝绳输送带平板硫化机生产线。双层结构平板硫化机的生产效率与单层相比几乎可以提高一倍。

(4)为提高橡胶工业生产水平,橡机企业开始研究机器人在橡胶制品生产中的应用。软控科捷机器人公司开发成功多项序应用机器人操作的轮胎生产工序生产线,广东巨轮模具公司开发应用机器人制造轮胎模具和操作液压轮胎硫化机。

(5)为推进农业子午线轮胎产业化,天津赛象科技公司在天津国际轮胎公司的配合下,开发成功了适于生产24″、28″、34″、38″、42″、46″轮辋直径大规格农业子午线轮胎两次法成型的全套生产技术和装备,填补了我国此项技术的空白。

(6)内蒙古呼和浩特宏立达橡塑机械公司致力开发120mm以上规格的冷喂料排气挤出机及橡塑发泡材料专用挤出机。大规格冷喂料排气挤出机为我国开发生产高档胶管提供了设备保证。橡塑发泡材料挤出机用于生产保温材料。两种挤出机均能在特殊生产领域使用。

(7)在废旧橡胶循环利用行业中推广使用日产10t、20t再生胶的常压连续脱硫生产设备,常压脱硫无废气,无废水,节能20%,操作人员少,设备耗材少,占地面积小。

2. 橡机新产品

2012年我国主要橡机企业根据企业自身情况和市场需要而开发和推出的橡机新产品见表5。

表5　2012年我国主要橡机企业新产品

企业名称	新产品
桂林橡机厂	1.57″全钢工程机械子午胎两次法成型机于2012年8月调试成功
福建华橡自控技术股份有限公司	1. LLY－R1780×4700×2(70RIB型)液压轮胎硫化机,为欧洲一轮胎公司特殊设计,热板加热,上下环独立升降,更换胶囊快速,装卸胎机构用油缸驱动,线性导轨导向升降机械手
内蒙古宏立达橡塑机械有限责任公司	1. 配用XJD－65挤出机的JGCR胶辊挤出缠绕生产线(胶辊重10t) 2. 配用XJD－90挤出机的JGCR胶辊挤出缠绕生产线(胶辊重30t)
青岛双星橡塑机械有限公司	1. LLY－B1665液压轮胎硫化机,侧板结构,热板加热 2. LLY－SM1220×1715×4子午胎四模硫化机,四立柱结构,四模是双模硫化机效率的1.85倍

续表 5

企业名称	新产品
益阳橡塑机械集团有限公司	1. 1.8×10m 双层平板硫化机高效节能
北京贝特里戴瑞科技发展有限公司	1. 三鼓高性能航空子午胎成型机，冠带层为缠绕结构，成型轮胎具有高平衡性能
大连橡塑机械有限公司	1. φ710×1230 立式两辊压延机，用于以挤出压延法生产宽度达1800mm 环保型阻燃橡胶地板
软控股份有限公司	1. 单备轮胎成型周期为 150s 的 T－Pro 全钢子午胎一次法三鼓成型机，可成型高品质轮胎 2. 自动化立体仓库，用于胶料和配合剂等原材料和成品轮胎的自动化储存和管理
天津赛象科技股份有限公司	1. 49″～51″巨型工程子午胎一次法成型机组，为国内首创，价格为进口同类设备的 50% 2. 农业子午胎两次法成型机 3. 圆绕式钢丝圈缠绕机，用于生产高荷载轮胎胎圈 4. 低温连续混炼技术中的重要设备之一：破胶机及混拌料罐系统设备
青岛高策橡胶工程有限公司	1. 采用齿轮泵挤出机的恒张力纤维条挤出法生产线。齿轮泵挤出机机头口型压力大，压力波动小，胶料渗透性好
山东泰山轮胎公司	1. 全钢巨型工程子午胎钢丝帘布直截机，可裁钢丝帘线直径达4.84mm、宽度 1m 的帘布，采用圆盘刀和直刀相结合的裁断机构，圆盘刀直径 600mm
上海橡机一厂有限公司	1. DLG－2500×4200 大型鼓式硫化机组 2. LCZ－5763 半鼓式一次法巨型全钢工程子午胎成型机组
内蒙古北祥橡胶装备有限责任公司	1. XJD－200×150 双复合挤出机组
揭阳市荣兴机械有限公司	1. 无气缸反包轮胎成型鼓。采用滚珠丝杆传动进行反包。反包同步、平稳，拉伸均匀，效率高
盘锦橡塑机械厂	1. 与韩国合作开发的 GBG－SW24 型和 GBG－SW3/24 型钢丝胶管编织机。新型编织机仍采用“五月柱”原理，但转速比老编织机的16r/min分别提高到 23.3r/min 和 35r/min
乐山亚轮模具有限公司	1. 轮胎翻新活络模硫化机 2. 环状预硫化胎面硫化机 3. 巨型工程胎翻新硫化机
赛纳（瑞安）机械工程有限公司	1. 自动转盘式橡胶、PU、TPU 鞋用连续注射成型机，集光、机、电、气于一体，变频调速，反应注射，效率高

3. 新产品成果鉴定及获奖

2012 年主要橡机企业新产品通过相关部门技术鉴定及获得相关奖项的情况如下：

（1）桂林中昊力创机电设备公司的牵引递布式钢丝帘布裁断机通过桂林市科技局组织的技术鉴定。该机采用后置式结构和气动夹具，双轴控制定位精度达 ±0.1mm。

（2）益阳橡塑机械集团有限公司的 DLB－G2700×16400×1 钢丝绳输送带生产线获湖南省科技进步三等奖。GE320E 和 GE590T 密炼机获中央资金支持。

（3）中化桂林工程有限公司的销钉冷喂料挤出机系列获 2012 年度全国石化行业知名品牌。

（4）桂林橡机厂获 2012 年广西信息化和工业化融合示范企业称号。建立和完善了 PDM、CAD、CAPP、PDM 和 ERP 系统，推进三维软件的应用，将三维软件 Inventor 成功应用在橡机设计中。

（5）大连橡塑机械有限公司被大连市政府认定为高新技术企业，并获政府奖励。320N 啮合型密炼机项目获辽宁省研发资助。

（6）内蒙古宏立达橡塑机械有限责任公司的胶片直接压延生产线、大规格冷喂料排气挤出机获 2012 年呼和浩特市科技进步二等奖。宽幅挤出机头和沟槽式喂料辊获实用新型专利。

（7）绍兴精诚橡塑机械有限公司的乘用子午胎纤维帘布全自动裁断接头机获 2012 年国家科技型中小型企业创新基金无偿资助 70 万元。

（8）河北瑞威科技有限公司的双螺杆脱硫机通过专家鉴定。脱硫机采用新型还原助剂，在常压、低于 100℃的条件下进行脱硫生产再生胶。

4. 政策、法规

（1）2012 年科技部下达的橡机科技计划如下，并明确了负责完成的单位：

• 轮胎胎坯机器人智能输送系统（青岛科捷自动化设备有限公司）；

• 高效节能平板硫化机（瑞安市华大液压机械厂）；

• 橡胶型材盐浴硫化生产线（浙江百纳橡塑设备有限公司）；

• BP 线控废全钢子午胎胶粉设备（浙江菱正机械有限公司）；

• 柔性橡塑发泡保温材料发泡及成型定型设备（无锡市江南橡塑机械有限公司）；

• 基于发动机气门油封试验台的油封生产线（成都盛邦密封件股份有限公司）；

• 59/80R63 巨型子午胎模具（山东豪迈机械科技股份有限公司）；

• 650～1224 系列轮胎预硫化翻修成型设备（软控股份有限公司）。

（2）国家发改委公布的《外商投资产品指导目录》鼓励外资高端制造投资项目中涉及橡机的项目：

• 废旧轮胎综合利用装置制造；

• 三鼓及以上子午线轮胎成型机制造；

• 滚动阻力试验机、轮胎噪音试验室制造。

（3）由财政部等部委于 2012 年 12 月下达的关于调整《国内投资项目不予免税的进口商品目录》中涉及橡机的项目：

• 配用≤400L 密炼机的胶片冷却装置；

• 单螺杆直径≤250mm、双螺杆单根直径≤200mm、三复合螺杆及以上单根最大直径≤150mm 的挤出机；

• 模腔直径≤150 英寸的机械或轮胎定型硫化机；

• 模腔直径≤2400mm 液压轮胎硫化机；

• 所有规格斜交胎成型机；

• 密炼室容积≤400L 密炼机；

• 辊筒直径≤660mm 开炼机、压片机；

• 辊长＜1730mm 的二、三、四辊橡胶压延机；

• 热板规格＜2200×10000mm 平板硫化机。

（4）软控股份有限公司获国家支持的项目：

•《工业机器人在轮胎行业的示范应用和产业化》项目获财政部国家资金支持；

•《轮胎胎坯机器人智能输送系统》项目获科技部"2012 年国家火矩计划"项目立项。

（5）获 2012 年度科技型中小企业技术创新基金的项目：

• 绍兴精诚橡塑"乘用子午胎全自动裁断接头机"获贴息资金 70 万元；

• 赛纳（瑞安）机械"全自动转盘式橡胶、PU、TPU 鞋用连续注射成型机"获无偿资助 70 万元；

• 杭州圣合医疗器械"高效多层自动分模独

立控制的橡胶轮胎硫化设备”获无偿资助60万元；

• 宁波顺兴开浩精工机械“高效橡胶鞋底热压硫化机成型机”获无偿资助50万元；

• 青岛融鑫源橡机“双向立式帘布无杆裁断机”获无偿资助50万元；

• 青岛国盛达“特巨型工程胎无模翻新罐式硫化设备”获无偿资助70万元；

• 青岛江星橡机“基于比压原理制造的巨型轮胎集约硫化机”获无偿资助60万元；

• 青岛永禾精密模具“数控轮胎模具专用自动钻孔分份机”获无偿资助50万元。

5. 橡机技术标准

近年来，在全国橡机标准化委员会和橡机技术标准制修订人员的共同努力下，完成了大量橡机技术标准的制修订任务。橡机技术标准的及时制定和修订，对保证和提高橡机产品质量具有重要意义。经工信部颁布分别于2012年7月1日和2013年6月1日开始实施的两批橡机技术标准见表6和表7。

表6　2012年7月1日开始实施的橡机技术标准

标准号	橡机标准名称	被取代的标准
HG/T 2037—2011	橡胶胶浆搅拌机	HG/T 2037—1991 HG/T 2038—1991
HG/T 2270—2011	内胎接头机	HG/T 2270—1992
HG/T 2112—2011	力车胎硫化机	HG/T 2111—1991 HG/T 2112—1991
HG/T 2602—2011	立式切胶机	HG/T 2602—1994
HG/T 2110—2011	翻新轮胎硫化机	HG/T 2110—1991
HG/T 2113—2011	橡胶硫化罐检测方法	HG/T 2113—1991
HG/T 3229—2011	平板硫化机检测方法	HG/T 3229—1999
HG/T 2109—2011	斜交轮胎成型机	HG/T 2109—1991
HG/T 2146—2011	胶囊硫化机	HG/T 2146—1991
HG/T 2147—2011	橡胶压型压延机	HG/T 2147—1991
HG/T 2391—2011	帘布筒贴合机	HG/T 2391—1992
HG/T 2394—2011	子午线轮胎成型机系列	HG/T 2394—1992
HG/T 2420—2011	纤维帘布裁断机	HG/T 2420—1993
HG/T 2421—2011	V带平板硫化机	HG/T 2421—1993
HG/T 2603—2011	双面胶管成型机	HG/T 2603—1994
HG/T 2647—2011	普通V带和窄V带测长机技术条件	HG/T 2647—1994
HG/T 4179—2011	预硫化翻新轮胎硫化罐	新标准
HG/T 4180—2011	翻新轮胎打磨机	新标准
HG/T 4181—2011	翻新轮胎贴合机	新标准
HG/T 3226—2011	轮胎成型机头第二部分：涨缩式机头	新标准

表7 2013年6月1日开始实施的橡机技术标准

标准号	橡机标准名称	被取代的标准
HG/T 2039—2012	鼓式硫化机	HG/T 2039—1991
HG/T 3108—2012	冷硬铸铁辊筒	HG/T 3108—1998 HG/T 3118—1998
HG/T 4402—2012	摩托车轮胎胶囊发包成型机	新标准
HG/T 4404—2012	钢丝帘布裁断机	新标准
HG/T 4405—2012	实心轮胎压力成型机	新标准
HG/T 4403—2012	翻新轮胎气压检查机	新标准

【改革动态】

改革开放以来,企业“消化吸收”式的发展之路已经走到了十字路口,需要寻找行之有效的自主发展道路。为此,具有一定实力的企业正在开展下列工作:

1.成立研究所、研发中心或技术中心

企业中这种形式的研究机构,一般是在企业技术部门的基础上组建而成。桂林橡机、益阳橡塑机械、福建华橡自控和天津赛象等企业先后组建了此类研发机构,从事各自新产品和新技术的研发。软控在斯洛伐克建立了欧洲地区从事轮胎装备研发和制造的研发中心。

大连橡塑机械被中国石化工业联合会授予全国石化行业高分子材料混炼挤出与装备工程研究中心。

四川科技厅批准成立了四川省橡胶机械及废橡胶综合利用工程技术研究中心,并培育四川亚西作为全国废橡胶综合利用装备研究生产基地,以推进橡胶资源循环利用技术的发展。

2.产、学、研合作

企业和院校合作可以弥补企业自身科研力量的不足,为此一些企业正在尝试这方面的合作。软控股份、青岛赛轮和青岛科大共同组建了轮胎先进装备与关键材料国家工程实验室,并被国家发改委批准。软控与青岛科大还共同组建了国家橡胶与轮胎工程技术研究中心,已通过科技部验收。中心以轮胎新材料、轮胎先进装备设计制造、轮胎循环利用、节能环保、信息工程等为研究方向。

益阳橡塑机械除成立工程技术研究中心外,还与青岛科大、北化、中南大学、武汉理工及北京橡院等单位建立了战略合作关系。

2012年6月,中化桂林工程公司与杭州中策、绍兴精诚橡塑机械、大连理工、东北大学、北化、哈工大共同组成智能化轮胎制造技术创新联盟,计划开展智能化物料配送系统、智能化全自动硫化机、轮胎等效硫化数学模型智能管理硫化过程、机械设备智能管理与故障诊断系统、轮胎生产企业信息化管理系统、远程监控系统、新型高效节能热工介质、无胶囊硫化工艺及硫化设备等。同年8月,公司又与北航签署合作协议,内容为开发轮胎节能技术(对现有生产设备的节能改造、新一代节能型成套生产设备)。公司还被广西列为橡胶工程及装备工程研究中心。

3.整合、并购或协作

在做大做强思想指导下,中国化工装备总公司将桂林橡机厂、福建华橡自控技术公司和益阳橡塑机械集团公司3个国有企业整合在一起,有事好商量。

大连橡塑机械抓住有利时机,实施海外并购计划,2010年并购了加拿大麦克罗公司;2012年并购了在欧洲具有较高知名度以生产炼胶设备、压延设备和轮胎设备等产品的捷克布祖卢科公司,依托该公司在欧洲的名声和地位,为大连橡塑机械提供了跨越式发展的途径,并为扩大产品生产范围创造了条件。

此前,大连橡塑机械已和加拿大RMS和日本石川岛播磨分别合作生产过三复合挤出生产线和钢丝压延生产线。

软控股份先后收购了青岛木工机械厂等非橡机企业，收购了以生产轮胎成型鼓闻名于世的美国 WYKO 公司，控股了国内以生产半钢子午胎成型设备著称的北京敬业机械设备公司，并和以生产 F 系列密炼机闻名于世的美国法勒尔公司有密切业务关系。软控股份本身脱胎于青岛科大，两者在橡胶工艺和橡胶设备科研方面具有天然的“血缘关系”，从而对软控股份的发展会产生助推作用。

无锡第一橡塑机械和盘锦橡塑机械厂分别与日本普利司通和韩国企业合作开发新产品，并学习日本 5S 管理方式，提升企业管理水平。

【基建与技改】

企业的基本建设和技术改造往往与企业市场形势相关，涉及到生产扩能，提高产品性能和质量，产品转型等。2012 年部分企业的情况如下：

(1)益阳橡塑机械集团公司投资 600 万元从德国进口了一套转子焊接机器人系统，可按设计标准堆焊转子合金，并可按标准化进行生产，从而可保证转子合金堆焊质量和提高效率。投资 1000 多万元添置了 22m 双龙门移动数控镗、铣、磨床，以适应生产大规格平板硫化机的需要。

在益阳高新区，公司前后新建了 1.5 万平方米轮胎硫化机装配车间，将液压轮胎硫化机和机械式轮胎硫化机的总装搬迁组合在一起，方便管理，并可将产能提高到 500 台以上。

(2)大连橡塑机械股份公司投资 10 亿元在长兴岛临港工业区建设下属机械制造有限责任公司，规划面积 25 万平方米，于 2012 年 7 月建成投产，主要生产各类铸件、减速机和开炼机等产品。2013 年 1 月，公司又募集资金 3 亿元用于该项目建设及补充流动资金。项目达标后可新增销售收入 13 亿元。

(3)桂林橡机厂在 2012 年创立了橡机实验室中心。中心设有轮胎硫化机、橡机零部件、自动控制等试验区域，还设有橡机配套件试验平台，硫化机中心机构和锁模机构试验装置、机械性能稳定性试验装置等，以期提高新产品开发和创新水平，提高和稳定产品性能。

在金工车间增添了蒸汽发生器，可对硫化机热板进行 100% 加热耐压试验，确保硫化机出厂质量。

(4)在 20 世纪后期从国企孵化出来的部分橡机民企，经过多年原始积累，开始自建办公用房和生产车间，逐步改变了长期租房办公及委托加工的局面，成为了名符其实的橡机生产企业，告别了“皮包公司”的企业形象。

(5)山东省为推动企业转型升级，提出了 2012 年重点技改项目导向计划，涉及橡机的项目：

- 山东玲珑机电公司投资 9171 万元，建成年产 500 套子午胎活络模具项目；
- 山东峰鸣科技公司投资 17618 万元建全钢子午胎成型配套设备项目；
- 山东豪迈机械科技公司投资 15000 万元，建巨型子午胎模具项目。

(6)内蒙古宏立达橡塑机械公司为提高挤出类设备的生产能力，添置了井式氮化炉、线切割机及高频淬火炉等设备，并计划在 2013 年内搬迁至呼和浩特市出口加工区，新区占地面积 50 亩，计划在 3 ~ 5 年内产值翻番，解决 300 名就业人员。

【展　望】

2012 年轮胎产量为 4.7 亿条，增长虽缓慢，同比还是上升了 3 个百分点。此外，目前新建扩建项目依然不断，如宁夏计划在石嘴山市建设年产 2010 万条子午胎项目，固铂成山投资 11 亿元扩建 200 万条全钢子午胎项目，福建海安橡胶公司的 2.1 万条巨型工程子午胎项目，浙江天台龙圣华橡胶公司计划建设 1000 万平方米钢丝绳输送带项目，还有不少在华外资企业均呈现增资扩产趋势。由此可见，2013 年的橡机市场将由暗变明，前景会好于 2012 年。

企业为产品转型升级和可持续发展，设计了认为适合自己发展的计划。但要研发真正属于自有知识产权的新技术新产品，务必舍得投入，耐得住性子去做试验和实验，正确对待失败，允许失败，急功近利达不到目的。2013 年是起步之年，希望有所突破。

在不断提高橡机质量和水平的基础上，继续拓展海外贸易应是橡机企业日后重要的经营方向之一。

（杨顺根）

轮胎模具

【基本概况】

1. 国际轮胎模具行业

世界轮胎工业发达的国家大多是轮胎模具工业发达的国家，如法、德、意、美、日等代表了当代轮胎模具加工技术最高水平。主要存在两类企业：轮胎巨头附属厂和专业模具厂。

国际知名专业轮胎模具厂大多有几十年的历史，伴随其国内轮胎工业的发展而发展，做精做专而规模不大，多为家族式企业，但技术装备高档、工艺手段成熟、加工质量上乘，产品价格较高，占据世界高端模具市场。而以世钢和美钢为代表的韩国厂商则以规模化扩张式经营对中国企业的国内外市场形成挑战。台湾地区的轮胎模具企业也在业界占据一席之地，有的很早就已进入大陆市场。

2. 国内轮胎模具行业

经过近 20 年的奋起直追，并借助我国汽车工业和轮胎工业的迅猛发展，我国轮胎模具工业的新技术、新工艺、新产品不断涌现，形成了比较完善的生产与技术体系，成为子午线活络模具生产和消费的大国。

我国轮胎模具企业有上百家，主要以民营企业为主，外资企业占很少一部分。从业人员超过 12 万人，山东豪迈和广东的巨轮及天阳等 3 家龙头企业约占国内轮胎模具的 50% 左右。国内上规模轮胎模具企业集中在广东和山东等沿海城市。国产模具占国内模具市场的主流，进口轮胎模具的市场占有率不超过 1/3，主要集中在高档产品，形成了国产与进口并存的局面。另一方面，由于国产轮胎模具的性价比高，替代进口的趋势也在不断增强，并且越来越多的国产模具产品出口国际市场，供应美、日、法、德、意和印度、东南亚等国家和地区的轮胎制造商。

这几年，我国的轮胎模具企业纷纷加大投资，增加设备，扩大产能。而一些业外资金也看好轮胎及轮胎模具产业，纷纷进入这两个行业，极大地推动了轮胎模具行业的市场需求和行业快速发展。这一方面补充了轮胎模具市场的不足，另一方面也加剧了轮胎模具行业同质化现象的严重程度。

【经济运行】

2012 年严峻的国内外经济形势，使我国橡胶机械模具行业的平稳发展局面面临挑战，同时，也提供了更大希望和机遇。全行业坚持以科学发展为主线，积极应对各种风险和挑战，加快结构调整，加强技术创新、管理创新，在极为复杂的形势和严峻挑战面前保持了经济运行平稳，没有出现大起大落的局面。面对世界轮胎工业发展环境的新变化、新挑战，国内轮胎模具行业的发展也呈现出一些新特点。主要体现在：行业由快速发展期进入平稳增长期，在加快调整产品结构，解决结构性产能过剩矛盾，优化产业结构等方面效果明显。近两年来，虽然轮胎模具总产量增幅放缓，但子午胎模具增幅相对较高，高性能的子午胎模具已成为轮胎模具市场的主流产品。

1. 行业的发展速度明显放缓

2012 年由于国内外轮胎市场持续低迷，橡胶机械模具增幅回落，增速由以往的两位数降到一位数。据分会对 26 家国内重点轮胎模具企业的统计情况来看：2012 年完成工业总产值 38.8 亿元，同比增长 6.6%；完成销售收入 37.8 亿元，同比增长 8.7%；实现利润 7.1 亿元，同比增长 5.5%；实现出口交货值 7.2 亿元，同比增长 40%。

虽然行业发展速度放缓，但行业的结构调整取得一定成效，产品出口大幅提高，行业水平进一步提升。轮胎模具行业 2012 年新涌现出了大量专利，创新成果增加，中高档模具比例继续上升，产品的科技含量有较大提高，模具生产周期进一步缩短。如果企业按技术水平高低和规模大小分析，高水平企业要好于低水平企业，大企业要好于小企业,出口多的企业要好于没有出口的企业。

2. 行业的经济效益出现明显下滑

目前,中国模具工业的产能增速已达到30%,但销售增长仅15%左右,任务不足是模具企业的普遍现象。纵观2012年轮胎模具行业的市场走势,半钢乘用胎模具市场依然保持了较好的走势,其中又以雪地胎和高性能轮胎模具占有较大的比例。全钢工程胎模具方面目前任务还是不饱和,但第三季度开始有逐渐回暖的迹象。尽管轮胎需求增幅减少,但新建、扩建等轮胎新上项目的增多导致对新模具的需求增多,行业的总体产能并没有出现大的萎缩而是呈现小幅增长的态势。这几年橡胶机械模具企业纷纷扩产,产能都在大幅度的提高,但订单却没有预期大的提高,导致整个行业经济效益明显下滑。

3. 模具过剩产能释放,市场竞争加剧

轮胎模具行业经过近十年经济总量的快速发展后将呈现中速发展态势,成本上涨和利润率下降将成常态。以前的高速增长,掩盖了很多矛盾,今年由于市场需求不足,产能过剩的矛盾进一步显现,其中最突出的是结构性过剩问题。这造成产品的低水平、同质化竞争,进而导致价格战。现在模具行业的成本是逐年上升,而价格确持平或下降。在行业进入平稳发展期以后,一些无品牌、无技术、无竞争优势的企业生存困境逐步显现,个别企业亏损严重。所以,进行产业结构调整和资产兼并重组,进一步提高产业集中度,是整个行业未来发展的主线。汽车工业高速发展带来的轮胎存量需求和更新需求为行业发展提供了巨大市场空间,相当一段时间轮胎模具的产能尤其是中高档模具的生产能力还将有很大的增长空间。

4. 高速加工技术被模具行业广泛使用

近几年国内几大模具厂所产模具的精度大幅度提高,电火花成型加工、雕刻、铸造工艺都已十分成熟;同时,交货时间也大幅度缩短,"没有三个月肯定做不出模具"的现象已成了过去式。保证模具快速加工出来很大程度上取决于现在的高速加工设备。现在轮胎企业在订货时非常看重模具企业的设备情况,良好的设备是保证模具质量及工期的主要条件。随着绿色环保高性能子午线轮胎的广泛应用,对用于硫化成型汽车子午线轮胎的活络模具精度提出了更高的要求。采用高速加工技术加工出来的模具具有高质量、短周期、低能耗等效果,能为企业迅速赢得市场。因此,这种技术在今后的轮胎模具加工中的应用还将继续受到重视,采购高性能的加工设备依然是模具企业的首选。现在企业采购的高端设备大都是进口的,给企业造成很大的经济负担。我们也在期待国内的机床行业能够早日生产出满足现代模具行业加工需要的高性能设备。

5. 行业的产业集中度进一步提升

我国轮胎模具行业的市场结构近几年发生了较大变化,优质客户和市场份额逐渐向规模大、品种全、质量好、技术领先的模具企业集中。由于轮胎模具产品个性化强,高中低档模具产品价格存在很大的差异,企业在市场上的定位决定于其模具设计制造水平和产品的质量优劣。近几年,外资轮胎企业陆续将目光锁定中国,不断扩大在中国的生产。现今,在华外资轮胎企业越发倾向于采买本土模具。据了解,如果去国外定制模具,价格高,且周期长,如果花纹需要进行简单的修正,还要再花费大量时间,得不偿失。同时,轮胎模具企业以模具为核心,产业链向上、下游延伸势头进一步发展。行业的龙头企业已经开始生产其他产品,来减少模具市场以销定产所带来的市场风险,这一措施大都行之有效。并且,这些企业还在积极进行资本运作,加快走大公司化和国际化公司的发展步伐。

6. 行业在为绿色轮胎的发展夯实基础

推行绿色产业化是轮胎发展的必由之路,即将出台的绿色轮胎相关方案和标准,除了对轮胎的性能指标有所约束之外,也同时对环保指标、能源指标、绿色生产、绿色工艺、环保原材料进行了要求。模具厂与轮胎厂的关系是长期的、稳定的、密切的上下游合作关系。子午线轮胎模具的型腔花纹加工精度,每一处的精度都可能关系到轮胎的使用性能,如抓地性能、动平衡性能、静平衡性能、均匀性、散热性、转弯性能、防滑性能、噪音度、排水性、气密性等等。轮胎模具的水平越高,对绿色轮胎的贡献也就越大。因此,我们轮胎模具企业与有关单位一起来共同研究模具的新材料、新成型工艺,为轮胎轻量化、节能减排等方面服务。

同时，努力提高轮胎模具的设计水平和制造水平，提高其在轮胎模具总量中所占的比率，而且要使轮胎模具好用、稳定、高产，给轮胎企业带来看得见的实效，从而为绿色轮胎产业的发展做出贡献。

7. 行业在企业管理的信息化建设方面成效显著

现在轮胎模具行业交货期要求越来越短，每套由原来的 2 ~ 3 个月缩短到 45 天甚至更短。这几年模具的原材料价格、劳动力价格、能源价格等都在不断上涨，但轮胎模具的价格却是越来越低，企业的利润也是越来越低。如何保证按期交货，有效地管理和控制成本就显得越来越紧迫。模具企业如何不断地开拓更多的用户，保持稳定的市场订单，是模具企业管理人员面临的头等问题。因此，模具企业的管理信息化已经成为模具行业发展和进步的必然趋势。在“十二五”期间，轮胎模具企业如何深化信息化的应用，特别是如何通过信息化渗透到模具生产的各个环节、各个领域，建立一种新型的轮胎模具生产制造模式，引领轮胎模具制造的时代潮流，是轮胎模具企业领导必须深入思考并付诸实施的一项重要工作。

【存在问题】

中国的轮胎模具经过近二十多年的发展，已成为轮胎模具的生产大国。但与发达国家的模具企业相比，行业差距明显：(1) 中低档产品产能过剩；(2) 企业的管理、创新意识不强；(3) 投资过大，步入险境；(4) 人才奇缺，新建企业满足于“空降”；(5) 市场规则不健全，缺少诚信；(6) 应收账款依然是行业“老大难”问题。

【采取措施】

1. 企业要努力提高轮胎模具的制造水平

模具行业具有工业放大器的作用。在信息化社会和经济全球化不断发展的进程中，轮胎模具行业的发展趋势是：产品将向精密、花纹复杂、长寿命模具为代表的，与高效、高精工艺生产装备相配套的高新技术产品方向发展。轮胎模具的水平越高，对轮胎的贡献也就越大。因此，我们要努力提高轮胎模具的设计水平和制造水平，不但要多生产高水平的模具，提高其在轮胎模具总量中所占的比率，而且要使轮胎模具好用、稳定，给轮胎企业带来实效。模具企业一旦化“被动”为“主动”，企业的日子就要好过多了。

2. 在轮胎轻量化和轮胎节能减排方面发挥更大作用

据有关资料，汽车自重每减轻 10%，即可节约燃料 6% ~ 8%，降低排放 4% 左右。由于汽车数量庞大，因此通过减轻其自重来节能减排效果十分明显。轮胎自重的减少势必减少汽车的自重，所以，在轮胎轻量化方面轮胎模具还是可以大有作为的。轮胎作为汽车重要的高速运转的行走部件，在汽车行驶过程中的能源消耗占整车能源消耗达到接近 20% 以上（仅次于发动机），这是轮胎成为汽车节能减排技术创新的重要载体。因此，我们轮胎模具企业应当与有关单位一起来共同研究模具的新材料、新的成型工艺，为轮胎轻量化、节能减排等方面服务，从而为绿色轮胎产业的发展做出积极的贡献。

3. 行业发展现代制造服务业势在必行

目前，在行业中低档模具产能过剩、生产成本不断上升、利润率不断下降的情况下，许多企业都日渐难以为续，于是纷纷寻找出路。发展高档模具产品，提升模具产品的技术含量和附加值是大家都认同的一种办法；适当延伸产业链，发展以模具为核心的上、下游有关产品也是一种方法；而发展现代制造服务业更是一种具有广阔前景的办法。由只生产实物产品的生产型制造企业向“产品 + 服务”为主体、两相融合的服务型制造企业转变，把以实物产品盈利为主的制造服务业向以服务盈利为主转变，这不单是目前为了摆脱困境和提升水平所需，而且在相当长时间里将一直是工业转型升级的重要方向与途径，也是企业转型升级、开拓市场、提高核心竞争力的重要方式与手段。

4. 行业要加快转型升级的步伐

现在中国的轮胎模具行业的发展速度放缓，国内的企业如果不想被本次或下次经济危机所吞没，不走 2008 年金融危机后日本、美国模具企业惨淡经营的衰退之路，当前正是企业休整思考、转型升级的大好时机。现在企业之间的差距主要是管理的问题，谁能存活到最后，一定是那些管理比较完善、资金没有压力、产品真正过硬的大厂家。

面对小厂家冲击的时候，大厂家的日子并不是太好过，但从长远来看，大厂家一定会对小企业进行整合。国内的轮胎模具企业以民营企业为主，产业以资金密集型和技术密集型为主。在保持机制灵活优势的前提下，主要解决结构性、素质性的矛盾。因此，轮胎模具企业转型升级的方向，不是追求做大，而且要做强、做专、做精。

5. 适应轮胎模具的发展主流

随着第三次工业革命的渐渐逼近，数字化制造、新能源和新材料已经成为热门话题。尤其是模具行业，除了数字化制造外，在新材料方面也将迎来新的时代。目前越来越多的模具企业开始关注复合材料和各种新材料的优异性能和应用。而新材料的应用需要新的成形技术和新型模具为其服务，所以说，数字化制造和新能源的开发应用与模具息息相关。作为高水平的轮胎模具企业，应该关注模具上下游产业的发展，必要时可适当地延伸以模具为核心的产业链，积极研发新型模具以适应新形势的需要。同时，还要走绿色制造和可持续发展的道路。首先从设计开始就要贯彻绿色理念，除了模块化、标准化及优化之外，可制造性和模具的高性能也十分重要，还要能使尽量多的零部件在模具制件变更时可重复使用，以及使尽量多的原材料可回收再利用；接着是模具的制造过程，要高效率、低损耗，节能环保。最后要使模具的使用过程实现节能材料和绿色环保。模具的再制造实际上就是模具的修复，这对大型和价格昂贵的模具来说就显得尤为重要。

6. 积极开拓国际市场，努力为调整外贸结构服务

中国的轮胎模具企业与其他多数生产型出口行业一样，在世界上已经占有量的优势，但在技术上一直处于较落后的局面。国家已经提出了要大力调整外贸结构，以优化结构来促进外贸由大变强。现在我国出口模具的附加值要比一般机电产品高很多，而且生产模具对环境影响也很小，符合绿色环保要求。由于我国轮胎模具行业的整体水平较欧、美、日等发达国家要落后很多，因此通过出口还可以带动我国轮胎模具行业整体水平的提高，这也是许多出口企业的共识。所以从这个意义上来说，轮胎模具就更应当积极发展出口。近年来，我国轮胎模具的出口份额一直在保持增长态势。虽然发展势头很好，但形势和环境仍就很复杂，可变因素很多，不可预计的不利因素还会不断出现。

7. 转变发展方式，大力推进产品结构调整

纵观经济全球化的发展趋势和金融危机以来世界经济格局的变化，以及中国现有经济结构失衡的现状，企业的转型升级应从几个方面的工作入手，并结合本行业、本企业的实际情况来选择适合自己企业的发展战略。整个行业在转变发展方式方面，要从过去主要依靠规模的扩张和数量增加的粗放型发展模式，逐步向主要依靠科技进步与提高产品质量及水平为重点的精益型和集约型发展模式转变；向以引进消化吸收和提高自主创新能力并重的发展模式转变；从以技能型为主，以钳工为核心的作坊式生产管理模式向以设计为中心的技术型和现代企业管理型的生产管理模式转变；轮胎模具企业要从单纯生产型向生产服务型转变。就轮胎模具需求量来说，相当一段时间轮胎模具的产能尤其是中高档模具的生产能力还有很大的增长空间。

8. 贯彻落实世界强国发展战略的措施目标

我国的模具制造业发展速度令世界瞩目，但据权威人士分析，中国模具制造业大而不强，主要是从事市场上中低端模具的设计制造，人均产销仅为发达国家的30%左右。关键问题是经营理念、技术和管理相对不成熟。“十二五”期间，轮胎模具行业最核心的战略目标就是由大变强。所以，我国的轮胎模具企业要向这一目标努力并实现。随着我国轮胎工业的发展逐渐进入正常的平稳期后，我们轮胎模具必须从量的扩张逐渐转变到以质为先的轨道上来。努力实现从拼劳力、拼资源、拼低价格向追求高附加值的模式转变，提升价值链，完善产业链，从价值链低端走向中高端。只有这样，我国的轮胎模具产品质量与水平才能真正得到提升，才能在后危机时代的新格局中提升适应能力和竞争力。

【展　望】

2012年我国轮胎行业可用“风风雨雨”来形

容。销售收入增长大幅放缓，全年销售增长幅度在3%左右，但是利润却较大幅度增长，年末库存同比也呈现下降趋势。2013年市场形势相对明朗，轮胎企业运行环境将向好，轮胎生产销售将逐渐转好，尤其是企业利润将大幅上升，并将催生一波轮胎投资小高潮。从配套市场来看，随着汽车产销量不断提升，轮胎配套需求将会有所增加。从替换市场来看，随着我国经济增速的小幅回升，汽车保有量将不断增加，公路货运量、客运量以及公路货物周转量都会大大上升，这些因素都将拉动替换市场的需求。上述利好消息都将助推轮胎模具的市场需求。

从目前形势来看，2013年开局不论是乘用胎模具、工程巨胎模具及全钢载重胎模具的市场需求都呈上升趋势，发展势头非常好。而外资轮胎巨头在中国陆续建厂并采购本土企业模具，也可使轮胎模具的市场进一步得到保证。展望2013年，通过加快转型升级，增加创新能力，提升产品水平需，我国轮胎模具产业增长10%还是有把握的。同时，由于我国轮胎模具在国际市场中的比较优势仍旧存在，全年出口额达到20%左右的增长率也是有可能实现的。

（姜　馨）

翻新轮胎

【基本现状】

使用现代翻新技术的翻新轮胎寿命可与新胎等同。好的翻新胎寿命可超过新胎 25% ~45%(预硫化胎面单独压制,其压力增加 1 倍,故耐磨)。因此,发达国家的翻新率已超过 50%,但我国尚不到其 1/10。在节能减排方面,翻新轮胎与同规格的新胎相比,可节省橡胶和其他原材料 70%,钢丝或纤维骨架 100%,加工费用和能耗节约 3/4。若能翻新 3 次,则可减排 3/4。欧美替换胎、翻新胎占 64% 以上,轿车轮胎的替换用翻新胎是 32%。我国由于高速公路超载且超时、超速行驶,胎体压坏,可翻新胎尚不到 1%。

管理上存在较大差距,美国规定轮胎不可一驶到废,花纹到磨耗极限,必须送去翻新;欧洲有年检和保险强制措施,花纹超过磨耗极限,年检不通过,保险不理赔。为规范行业管理,确保质量和安全,国家工业与信息化部节能与资源综合利用司先后制订了《废旧轮胎综合利用指导意见》及其实施细则——《轮胎翻新行业准入条件》和《废轮胎综合利用行业准入条件》。目前,我国翻胎技术和装备已达到世界先进,甚至国际领先水平,近两年已分别获得两项省部级科技进步 1 等奖。

2012 年翻胎产量约 1400 万条,按规划同比减少 300 多万条(受《使用条件》影响),但市场需求仍大于供应,处于供求失衡。因翻新胎价格仅是新胎之半,城市的载重(如垃圾车、清洁车、搬家车等)和公共汽车,普遍愿意使用翻新胎,且都主动送去翻新(属于来胎加工)。因翻新胎价格便宜,且寿命延长,高速路上的运输车也有意使用翻新胎。国外售胎点都是新胎和翻新胎一起卖,国内尚没有实施。2012 产生废旧轮胎近 3 亿条,而我国年产新轮胎 4.5 亿多条,翻胎产量仅占其 1/30,翻新者尚不到 5%。我国翻胎企业已愈千家,产量不高,产能很大,若可翻新轮胎供应充足,翻胎产量可达 8000 万条才接近世界平均水平(30%)。因公路收费、车辆超载(不超载则赔钱),导致轮胎一次性报废。否则,我国的公路载重轮胎翻新率也能达到 50%(与发达国家相平),现我国公路大客的翻新率已达 80% 以上。现今轿车轮胎翻新,也已实现“零”的突破,出租车在积极使用,私家车推广还是一个艰难的过程,需环保意识和生态文明的提升。

2012 年工程轮胎翻新进步最大,翻新胎规格与新胎一致。目前世界上最大的工程胎翻新尺寸是 63″(轮辋直径),我国尚不能生产,57″工程翻新胎质量国内尚未过关,两者均被称为特巨型轮胎,轮胎外径 5 米多,单胎承重 60 吨,每条进口价 40 万 ~50 万元,翻新一条 15 万 ~20 万元。当前,特巨型子午线工程轮胎无模翻新技术,经查新和鉴定,已达国际领先水平。

2012 年翻胎已普及“冷翻法”——预硫化胎面翻新法,包括全部子午线载重轮胎以及全钢真空胎已形成完整的自主技术体系和工艺装备(且已出口到发达国家)。原有的整胎模压热翻法,仅限于非公路轮胎使用。非法的各种模压“套顶胎”也已禁于《准入条件》之外,因预硫化胎面是用平板压机(带模具)单独加温并加压硫化的,其温压是分开的,而整体模压(用过热水或蒸汽加热并加压)的温压相互关联,选定硫化温度,则压力就不能再提高。因压力高,才更耐磨,故冷翻比热翻好,且耐磨寿命比新胎高。翻胎“加压提寿”之法,新胎制造业可借鉴。即新胎分两步成型并硫化,第一步做胎体;第二步做胎面,两者用中垫胶连起来(仅需低温罐式硫化)。依此,活络膜及硫化机都可省掉。2012 年,国家质检总局放宽了进口可翻新胎体的试点,以弥补胎体的奇缺,由最初的 3 家,扩展到十几家,但仍不能根本解决“无米之炊”。2012 年,在我国的外国新胎厂(独资或合资)也多陆续新建或扩建了翻胎厂,如法国米其林在原有上海的基础上又在北京和成都建设新翻胎厂、美国固特异在大连也建设翻胎厂、日本普利司通兼并了美国在中国的所有奔达可翻胎。受国外影响,国内的一些轮胎厂,也相继建成了自己的翻胎厂,如青岛赛轮(规模最大,技术和设备也最先进,并学习国外模式,与其新轮胎销售点联网),还有威海三角,他们不仅提高并扩宽了售后服务,并开始学习欧洲,“谁售出的轮胎谁回收,谁形成的垃圾谁治理”。

【产品与质量】

翻新轮胎按用途不同,可分为小轿车轮胎、大轿车轮胎、轻卡轮胎、重载轮胎、工程轮胎、矿山轮胎、工业轮胎、农业轮胎和飞机轮胎;按其结构,又可分为斜交轮胎、子午线轮胎、有内胎和无内胎;按骨架材质,又分为纤维胎、钢丝胎、全钢胎和半钢胎。按其翻新方法,还可分为热翻胎和冷翻胎。按翻新工艺又可分为有膜翻胎和无膜翻胎(刻花胎)。

翻新胎产品质量,按国家标准,各项检测合格者,为达标。其中寿命达到新胎75%,即为合格。超过新胎25%以上者,为优品。现代翻胎,只要胎体经过严格检测(经眼看手敲外观合格,再经盯眼检测及X光或激光探伤),认定为可翻新者,经过精细打磨和精心的局部修补,按标准的预硫化胎面翻新工艺,并选用合格的胎面和中垫胶,其产品质量均有保证,并可多数为优品。准入条件实施后,经改造升级,仍然有不能入门者,将被排除于行业之外。还有就是“套顶胎”,不管是新套顶还是旧套顶,准入条件实施后,将一律淘汰出局。按标准,只要胎顶磨到钢丝带束层、漏线,即不可翻。套顶胎乃用A胎体(除去部分已坏带束层)和B胎冠(含新制或原有部分带束层),两者整个套在一起(俗称“张冠李戴”),重新组成翻新胎。如此,带束层将起不到束紧的“钢箍”作用,必然造成高温生热及爆胎的隐患。准入条件出台后,此类“伪翻胎”和“假翻胎”,定要取缔。安全方面不允许,再者就是原材料选取,也关系到翻胎质量,如预硫化胎面,质量参差不齐,高的有28元~29元/公斤,低的有12元~13元/公斤,中档的15元~16元/公斤,中垫胶因要加入增粘剂,亦是高低相差悬殊。因预硫化翻胎很简单,胎体打磨到位(可经局部修补),贴上中垫胶和胎面,再经罐式硫化(只硫化薄膜中垫胶)。多数翻胎厂在购买现成胎面和中垫胶时,要保质量,严把进料关。

【生产与效益】

翻胎生产远比不上新胎,其经济效益更有天地之分。首先是生产方面,翻胎厂规模不大,目前国内最大的不超过10万条/年,按载重胎翻新,每条平均1500~2000元,全国每年翻胎1400万条的总产值比不了一个新轮胎厂的年产值。且翻胎厂有一个服务和运输“半径”问题,尤其是大型工程轮胎,从满洲里运送一条可翻新巨胎到北京运费2000元,翻好后,再运回去又是2000元,其中,途中各种罚款不计入其中。可见,节省运费就是利润,故翻胎必须考虑胎源地,最好是就地建厂、就地翻胎,且规模宜小不宜大。如国外,那种前店后厂也未尝不可。就其经济效益来讲,轮胎越大,效益越高。小轿车轮胎翻新一条最多获利40元,最大的特巨胎翻1条,10万元利润,相差悬殊。

当前,翻胎最多的大公共汽车,多用来胎加工的办法,翻胎厂只收材料费、能耗费、人工费和加工费,利润比较低。又因厂间互相抢胎源,故运输公司打压价,致使翻胎厂还要增加各种附加费用。

【科技与创新】

2012年翻胎科技与创新实现两大突破,一是特巨胎无模硫化,二是用铝合金取代外包封套。前者,用刻花取代模压,实现了新胎多大,翻胎就能翻多大,且省掉巨胎硫化机和昂贵的活络膜,此法还可向下延伸,大花纹的工程轮胎,都可效仿。同时,打磨后的胎体,可以挤出胶条热贴。缠绕并逐条滚压,以消除气泡,并防止重载下轮胎蹦花和胎面局部脱落。此外,挤出热贴、逐条缠绕并滚压成型胎面的方法,也可推广到新工程轮胎制造。我国57″矿山胎使用不过关,主要是整体胎面滚落。当前,翻胎普遍都用内外包封套,其中内包封套可用内胎替代,而外包封套,则需用丁基橡胶另行制造。价格高且寿命短,是翻胎过程中的大问题。新近研制的铝合金包套,可取代橡胶包封套,已在试用并改进完善中,成功后,可普遍推广。

上述两项科技创新,解决了翻胎中的实际问题,值得移植应用。前几年的挤出热贴中垫胶,代替冷贴，明显优越，效果显著。但因科技惰性，氮气硫化过程中热氧老化严重，影响翻新轮胎的使用寿命，至今推广应用不利。

【存在问题】

1. 可翻新胎源极少，高速路上的载重轮胎，因超载、超速和超时运行，致使胎体损坏，多不能翻新。

2. 使用翻新胎意识不强，发达国家军车、警车、救护车、消防车等，都用翻新胎，甚至新车的原配胎，也用翻新胎。

3. 翻新胎还没有3C认证，致使翻新胎市场鱼龙混杂，泥沙俱下。公路爆胎不断，车祸频发，严重损坏翻胎声誉。

4. 我国新轮胎设计、结构、工艺、制造，很少考虑日后翻新及售后服务。

针对当前存在的问题，必须强制培养意识，靠管理而不凭觉悟。其中，政策引导至关重要。2012～2013年行业协会力推国家工信部的《准入条件》和下一步的“3C”认证，以确保轮胎翻新的健康发展。同时，要加强监管，以确保翻新胎的质量和使用安全。为此，建议加速出台国务院《轮胎循环利用工作意见》（已修订多次），并进一步促进立法。国家“十二五”已把轮胎翻新列为新兴产业，且把轮胎循环利用列入循环经济促进法，但只有宏观、微观无细则，致使轮胎翻新的落后局面，多年难以改观。

【节能减排】

现代翻胎，多用预硫化翻新法，胎面和中垫胶，都是专门化生产。翻胎厂买来即用，其他如胎体打磨、贴中垫胶和胎面，均属无害化物理过程。惟有中垫胶罐式硫化，开罐出胎时有点残余烟气，将其吸走并通入水中，已可消除，故翻胎属于无排放的清洁生产。推广翻胎，节省废胎生成量，是减排的好方式。

在我国“十二五”规划中，翻胎工业要为整个国家的节能提高16%，为国家的低碳降低17%。2012年翻胎节能取得很大进步，推广中垫胶挤出热贴实现降能；胎面胶挤出改为冷喂料（不用热炼），推广节能中垫胶配方，实现低温快速硫化节能推广；胎面胶硫化增压，使之更耐磨耗；加入白炭黑可增强胎面，同时更多掺用再生胶，可降本增效；特别是特巨型工程胎，其胎面厚重，传热缓慢，若能加快传热，则可缩短硫化时间，其节能效果显著。现正在研究穿透力强的热源，如57″的大轮胎，硫化12小时以上，若能缩短一半，则节能极为可观，功效还可提高一倍。发改委“循环经济城市矿山”项目支撑轮胎翻新已被列为城市富矿。科技部、工信部、环保部及商务部的资助项目，对翻胎的节能减排均起到了“四两拨千斤”的促进作用，并可减少废胎生成。从大局出发，翻胎节能减排，还有潜力可挖。

【展　望】

“十二五”已经走过两个年头，与实现2015年预测指标25%的翻新率差距甚大。工程轮胎的翻新率达30%以上。因其推行矿山轮胎承包，翻胎厂派人去矿上监管。轮胎该翻的翻，该换的换，避免一驶到废。加之，已在推广的无模刻花罐式翻新，更使巨型工程轮胎翻新附加值高，利润好，胎源又有保证，故质量能够达标甚至超标。一般的工程轮胎翻新，因有非公路轮胎的特殊加固修补技术，原本不能翻新的废胎，亦可特殊翻新并排上用场（非公路用），故好于公路载重轮胎。至于轿车轮胎，虽然“十一五”就实现了“0”的突破，但仅限于出租车，私人和公车还没使用，为促进低碳减排和生态文明，建议公车先带头使用，以推进小轿车胎的翻新率。

展望未来，中国的翻胎要与世界接轨，“十二五”是重要的五年。当前，首要任务是大力提高翻新率，并推进废轮胎减量化。为此，要向上游，推动可翻新轮胎的翻新次数，并纳入强制性标准；再向下游，督促严格执行磨耗极限（像欧洲那样，要有强制措施）。同时，必须严禁超载、超速和超时运行（保护胎体），并列入强制法规，且有严厉的惩罚手段。这样，即可从源头到使用终端，解决无胎可翻及胎源短缺的局面。

从全球角度看，翻胎已不再是“修旧利废”，旧胎再制造将与新轮胎制造两腿并行（不能单腿跳），制造和再制造都要考虑节约资源并减少废胎排放。

（程　源）

部分省市橡胶工业

山东省橡胶工业

2012 年,受到国际市场需求不振、国内经济调控双重因素的影响,国内经济增速下降,山东省橡胶行业坚持积极转变发展方式,大力实施结构调整,深入推进技术创新,认真落实节能减排,经济运行出现了新的值得关注的情况及特点。

【基本概况】

2012 上半年,天然胶、合成胶等大宗原材料价格逐步由上涨态势转为下跌,受原材料成本降低的直接影响,行业效益明显好转,但进入下半年,随着原材料成本的持续下降,轮胎等橡胶产品的价格也开始进入下降通道,行业利润有所降低。

2012 年,山东省橡胶行业规模以上企业 559 家(比去年增加 33 家),销售收入 3160.24 亿元,同比(下同)增长 23.8%,比上年增幅回落 9.5 个百分点;实现利税 280.94 亿元,增长 28.2% 与上年持平;其中利润 210.87 亿元,增长 29.6%,增幅提高 5.9 个百分点;产品销售率为 97.7%,下降 0.5%;行业亏损额 2.12 亿元,下降 28%。

【产品产量】

1. 轮胎行业

2012 年山东省生产各种规格轮胎 3.81 亿条(包括部分小型轮胎、摩托车胎、力车胎),同比增长 21.5%;据山东省橡胶工业协会统计,36 家子午线轮胎生产企业共生产子午线轮胎 16990.13 万条,同比增长 8.72%,占全国总产量(4.14 亿条)的 41.04%;其中全钢子午胎生产企业 30 家,产量为 5248.68 万条,增长 15.29%,占全国总产量(9500 万条)的 55.25%;半钢子午胎生产企业 19 家,产量为 11719.82 万条,增长 5.83%,占全国总产量(3.19 亿条)的 36.74%;全钢工程子午胎生产企业 4 家,产量为 21.63 万条。全钢子午胎生产企业 30 家,有 14 家企业同比增长,12 家企业同比有所下降。半钢子午胎生产企业有 19 家,9 家企业生产量同比增长,4 家企业生产量下降。

2. 胶带、胶管行业

输送带生产同比增长 10% 以上,利润率有所提高。1 ~ 5 月生产经营情况平稳,6 月以后由于受到煤炭企业生产经营及港口运输困难影响,输送带企业中、长期订单减少,资金周转较困难,造成下半年企业生产经营运行难度加大。

3. 橡胶助剂、装备制造业

为橡胶行业配套的橡胶机械、炭黑、助剂等行业,由于受轮胎、输送带行业增长速度下降,资金困难的影响,2012 年生产经营困难进一步加大,效益也受到一定影响。

【行业出口】

近几年,山东省橡胶行业出口增长较快,主要出口产品为轮胎。2012 年山东省轮胎出口增速呈逐月减缓之势。2012 年该省轮胎出口额为 76.37 亿美元,同比增长 13.7%,占全省加工贸易出口额的 14.0%,居全省第二位(仅次于电子电器产品)。轮胎已成为山东省加工贸易出口的支柱行业。出口额超过 1 亿美元的轮胎企业有 14 家,分别为:玲珑集团 9.39 亿美元;三角集团 8.80 亿美元;山东恒丰橡塑(包括昌丰轮胎)6.85 亿美元;永盛集团 4.91 亿美元;固铂成山 4.63 亿美元;金宇集团 4.43 亿美元;赛轮股份 4.32 亿美元;双星轮胎 3.01 亿美元;兴源集团 2.86 亿美元;倍耐力轮胎 2.67 亿美元;耐克森 2.36 亿美元;山东万达宝通 2.14 亿美元;山东永泰化工 1.90 亿美元;盛泰集团 1.71 亿美元。出口同比增速较快的企业有:万达宝通增长 47.6%;山东豪克国际橡胶增长 47.1%;双星轮胎增长 30.9%。

2012 年山东省橡胶产品出口放缓,除了与国际市场低迷不振的经济形势有关,也与目前原材料价格大幅波动有关。国际市场天然橡胶价格、炭黑价格近期有所上涨,而同期轮胎价格却有所下降，导致轮胎企业的生产成本和经营压力加大，出口增速减缓。可喜的是前三季度山东轮胎对非洲、拉丁美洲出口增速分别达到32.1%和30%，大大高于平均增速，显示出新兴市场的巨大潜力。

【轮胎新情况】

受行业上下游产业波动影响，行业起伏加大。进入2012年9月，天然橡胶、炭黑等原材料价格有所抬头，对橡胶产品成本上涨产生压力，而轮胎等产品价格尚处于下降趋势，影响企业生产积极性。2012年国内汽车产销量分别为1927.18万辆和1930.64万辆，同比分别增长4.6%和4.3%，较前两年增幅有了较大回落，对轮胎产业发展也产生负面的影响。

2012年国内经济处于相对缓慢的增长阶段，钢铁、煤炭、运输等行业的不景气，造成全钢子午胎的需求量下降，生产企业开工不足，产能过剩现象更加明显。由于乘用车的产、销量一直在增长，因此半钢子午胎（主要用于乘用车）产销情况要好于全钢子午胎。

为有效应对国外贸易壁垒，突破许多国家对我国产品的反倾销、反补贴措施，国内轮胎企业采取走出去发展战略。山东省有4家企业到国外建设轮胎厂，充分利用所在国家的资源、劳动力及市场优势，提高山东轮胎在国际市场的占有率。

1.赛轮股份有限公司在越南投资设立的赛轮（越南）有限公司，项目位于越南胡志明市的西宁省福东工业园内，投资总额达9500万美元，一期设计规模为800万条/年产半钢子午线轮胎，年销售额可达到2.6亿美元，预计在2013年下半年投产，将成为中国第一个在国外生产的轮胎企业。

2.玲珑轮胎股份有限公司在泰国设立独资轮胎生产企业，投资额为9700万美元，厂址位于泰国春武里府合美乐工业园内，占地面积800亩，设计规模为200万条/年产半钢子午胎，2012年11月开工建设，预计2014年上半年投产。

3.山东奥戈瑞轮胎有限公司与印度尼西亚东方集团共同投资2.7亿美元设立合资公司（中方75%，印尼25%），在雅加达市建设1000万条/年产半钢子午胎企业，项目已经在2012年12月开工建设，预计在2014年3月投产，达产后销售额可达到4亿美元。

4.三角集团有限公司拟投资2.5亿欧元，在俄罗斯巴什科尔托斯坦共和国境内建设轮胎制造厂，设计能力为400万条/年产，目前正在进行项目前期的相关工作。

以上项目的实施，标志着山东轮胎国际化已经迈出了坚实的第一步。随着山东省内企业生产规模的不断扩大、技术水平的进步提高，会有更多的企业走出国门，充分利用所在国家的政策、资源、市场优势，走出一条由国内品牌向国际品牌的发展之路。

【存在问题】

2012年山东省橡胶行业出现增速放缓的原因是多方面的，但主要是受国际、国内经济大环境及上下游关联产业影响的结果。国际经济方面，美国、日本经济复苏步伐放缓，欧盟地区西班牙、希腊债务危机加剧，拖累欧盟经济复苏。进入2012年以来，欧美等发达经济体仅实现微幅增长，欧债危机持续发酵蔓延，行业进一步拓展外需市场的难度愈来愈大，同时，国际贸易保护主义抬头，行业出口所面临的各种贸易壁垒和技术壁垒的风险加大。国际市场竞争环境日益恶劣，逼迫部分企业不得不压价竞争，部分橡胶制品出现了出口量升价跌的现象，需要引起行业重视，加强行业自律。

【采取措施】

2013年，山东省橡胶行业正面临着自身经济发展转型和外部市场环境复杂多变的双重考验，尽管内外部环境不利因素较多，但也蕴含着更大希望和机遇。山东省橡胶行业要在认真贯彻落实国务院工业转型升级规划和《山东省人民政府关于贯彻国发[2011]47号文件加快工业转型升级的意见》的基础上，重点做好以下几点工作：

1.争取国家政策扶持，搞好自主创新专项项目申报工作

为了提升山东省优势产业的技术水平，推动全省工业企业"转方式调结构"，提高山东产品在国内外的市场占有率，山东省政府自2012年起设立了全省自主创新重大专项扶持资金，省财政每年投入10亿元，扶持5个重点行业，每个行业2亿元。在协会的大力争取下，橡胶轮胎行业有幸成为首批获得扶持的5个行业之一。

2012年9月最终确定15个项目获得资金支持，金额均在1300万~1500万元。获得资金支持的山东省橡胶协会会会员单位有11家，分别为：三角、玲珑、软控、金宇、大业、华帘、赛轮、八一轮胎、尚舜化工、安能（华勤）、阳谷华泰。

2. 协助政府相关部门，搞好行业管理工作

品牌经济是市场经济的重要内容之一，知名品牌缺乏也是制约山东省橡胶工业发展的重要原因。同样规格的轮胎，产品质量相差不大，原材料消耗相同，国际知名品牌的价格是我国产品的一倍甚至几倍。造成这一现象的原因主要有两方面：一方面我国子午胎生产历史短，只有十几年，国际知名品牌已有几十年甚至上百年的历史。另一方面是我国企业对品牌建设不够重视，投入不足。山东省橡胶工业协会在每年的山东名牌评审工作中，积极为企业争取指标，在新的计划列入等方面与省质量技术监督局进行充分沟通。在评审过程中为行业争取更多的名额。企业要及时与协会沟通联系，力争山东省质监局和评审专家的支持。

3. 加强企业内部管理，稳定产品质量

我国"缺陷汽车轮胎产品召回管理条例"实施，各方意见进入征求阶段。管理规定中对轮胎设计、制造、标识和检验信息记录要求保存10年以上；相关生产过程信息记录要求保存期限在5年以上，对产品质量的稳定性提出了更高的要求。山东省内轮胎生产企业要认真学习相关要求，切实加强内部管理，使出厂产品满足相关国家标准要求。希望企业高度重视产品质量工作，视产品质量为企业生命。否则，有质量缺陷的产品流入市场，不仅给企业造成重大经济损失，也将给企业声誉造成负面影响。

4. 半钢子午线轮胎投资过热问题应引起重视

继前几年全国性的全钢子午胎投资热潮后，这两年又出现了半钢子午胎投资热潮。全钢子午胎过度投资导致了近两年全钢子午胎产能出现结构性过剩，部分企业开工率低，市场产品价格竞争激烈，造成许多企业亏损。出口产品价格过低，导致许多国家对我国轮胎展开反倾销和反补贴调查，出口环境恶化。山东省近几年上马半钢子午胎企业达到十几家。除已经投产的万达集团（1500万条/年产）、德瑞宝轮胎（1500万条/年产）、恒宇集团（1200万条/年产）、跃龙集团（1000万条/年产）、永一橡胶（1000万条/年产）、国风橡塑（600万条/年产）、三利轮胎（600万条/产年）。在建企业有华东橡胶（1200万条/年产）、银宝集团（1000万条/年产）、德州玲珑轮胎（1000万条/年产）、三工橡胶（600万条/年产）、顺福昌轮胎（600万条/年产）。随着上述项目的建成投产，山东将新增1亿条半钢子午胎产能，市场竞争会更加激烈。

5. 加快轮胎试验场建设

轮胎试验场是汽车轮胎室外测试的专用场地，是研发高性能、安全、环保、节能轮胎不可缺少的重要手段。世界轮胎生产巨头米其林、普利司通、固特异等企业，均有多个轮胎试验场，而目前山东省没有一个轮胎试验场，这与轮胎生产大省的地位及其不相称，严重影响了山东省轮胎工业技术水平提高和产品升级及行业转方式调结构。

目前，玲珑集团已获批960亩地建设轮胎试验场，还有1000亩地待批，并且已经完成了试验场的设计工作；东营准备建立占地2000亩的轮胎标准试验场，项目已进入实施阶段。希望两项目单位加快进度，使项目早日建成投入使用，从而推动山东省轮胎行业产品结构调整及绿色轮胎的进展。

【展　望】

从2012年下半年国际、国内两个市场情况来看，影响行业发展的因素较多，不确定的因素也增多。

欧美等国经济总体虽然复苏缓慢，但出现了积极的变化，比如欧盟建立统一的金融监管机构；允许救助基金可以直接购买国债；推出1200亿欧元的经济刺激计划等，对稳定金融市场，舒缓债务危机将产生积极作用，这种经济趋势显然有利于中国企业恢复对欧洲的出口。但2012年11月开始实施的欧盟轮胎标签法，对我国轮胎出口欧洲增加了技术壁垒，使企业出口成本上升，影响出口量。美国轮胎特保案到期没有延期,这对我国轮胎出口有利;但奥巴马连任后的经济政策中,更注重创造国内就业机会的重要性,鼓励大企业从向外投资转到向内创造工作机会,其政策有比较明显的贸易保护主义色彩。奥巴马任内美国对中国提出的贸易诉讼案比前任增加了一倍,其中包括对中国轮胎征税、光伏产业制裁、中兴和华为在美遭调查、三一集团子公司风电项目被否决等。可以预期,中国产品今后出口美国将遭遇到更多的阻力。总之,各种影响因素复杂交织,对山东省轮胎产业出口总体影响有利有弊,机遇与挑战并存。

从国内来看,经济政策“把稳增长放到更加重要的位置”,预计今年政府将不会单纯依赖投资刺激经济,从这点看,2013 年将延续 2012 年下半年积极的财政政策和稳健的货币政策,不会有大的变化。

天然胶市场的稳定与否,与我国橡胶产业的稳定发展息息相关。据国际橡胶研究组织(IRSG)预测,2012 年全球橡胶消费总量将达到 2660 万吨,比 2011 年(2588 万吨)增长 2.7%;2013 年预计消费量为 2760 万吨。我国合成胶产能近几年不断提高,2011 年产量达到 350 万吨,2012 年又有不少企业新建、扩建产能,合成胶产能虽有过剩的趋势,但对平抑胶价起到一定的作用。总体看来,2013 年胶价会有波动,但出现大幅波动的几率较小。对橡胶行业发展产生直接影响的汽车产业在经历了前几年的爆发增长后,2012 年增长趋于平稳,较前两年增幅有了较大回落。可以预计,在稳增长的大环境下,2013 年汽车行业出现大的起伏可能不大。

综上可以看出,山东省橡胶行业 2013 年的运行趋势将会延续 2012 年下半年的走势,产销量将会稳步增长,增长率为个位数的几率比较大,个别产品比如“斜交胎”产销量可能会有所下降。行业主要产品轮胎方面:全钢子午胎产量预计会略有增长;半钢子午胎保持较大幅度增长,同比增长预计可以达到两位数;国际经济形势没有大的变化情况下,轮胎产品出口预计会保持两位数的增长。

(张洪民　朱丽红)

江苏省橡胶工业

【基本情况】

2012年,受欧债危机和国内需求不足的影响,我国宏观经济调整下行压力明显增大,经济发展处于结构调整的关键时期。江苏省橡胶工业积极转变经济发展方式,牢牢把握发展机遇和有利条件,积极应对。2012年该省橡胶工业经济运行的基本态势是:经济运行总体平衡,增长幅度有所放缓;经济运行质量总体保持提升,企业利润多数好于去年;轮胎出口数量依然保持两位数增长,但金额有所下降;受下游行业周期性的影响,行业发展的不平衡性依然存在,产品结构调整的任务依然艰巨。

【经济运行】

对规模以上企业统计,2012年江苏省橡胶行业完成工业总产值745.93亿元,同比(下同)下降7.47%;实现销售收入729.61亿元,下降8.26%;实现利税总额77.91亿元,增长0.48%,其中实现利润总额50.33亿元,增长1.19%。生产轮胎外胎(含力车胎)10381.29万条,下降4.87%,其中生产子午线轮胎6631.73万条,下降14.40%。2012年江苏省主要橡胶产品经济指标见表1。

表1 2012年江苏省橡胶行业主要经济指标

亿元

项目	工业总产值		销售收入		利税总额		利润总额	
	2012年	同比/%	2012年	同比/%	2012年	同比/%	2012年	同比/%
全行业合计	745.93	-7.47	729.61	-8.26	77.91	0.48	50.33	1.19
轮胎(含力车胎)	355.13	-4.81	339.84	-8.89	35.76	14.03	24.03	28.09
板、带	105.83	-16.68	106.03	-13.90	12.76	-20.40	8.20	-26.39
橡胶制品制造	93.59	-0.9	92.42	-0.44	12.91	0.16	8.81	-9.27
再生胶制造	38.06	-0.57	39.22	5.46	4.12	9.57	2.35	1.73
日用、医用橡胶制品(含胶靴、鞋)	81.14	-19.50	80.44	-19.16	5.10	-32.36	2.04	-49.63
其他橡胶制品类	72.18	-0.47	71.65	2.95	7.26	22.02	4.89	29.37

【出口贸易】

据南京海关统计数据显示,2012年江苏省出口橡胶及制品商品总值为26.22亿美元,增长2.3%。江苏橡胶及制品出口的主要商品为橡胶轮胎,据江苏检验检疫局统计,2012年江苏地区出口轮胎共计1.48亿条(含力车胎),增长27.5%,出口交货值17.62亿美元,下降1.6%。

目前,江苏地区是我国轮胎重要的生产基地之一,轮胎出口量位居全国的第二位,约占全国轮胎出口总量的15%。江苏省轮胎主要出口到美国、欧盟、墨西哥、韩国、日本、澳大利亚、巴西、印度、加拿大、俄罗斯、中东、非洲等178个国家和地区,其中美国、欧盟是江苏省轮胎出口的主要市场,美国约占出口额的22.5%,欧盟约占出口额的21.9%。

江苏省出口的轮胎品种主要有轿车轮胎、卡

客车轮胎、摩托车轮胎、自行车胎及工业车辆轮胎、工程机械轮胎、农业轮胎、特种轮胎等,其中轿车轮胎和轻卡轮胎是出口轮胎的主要品种。2012年除欧盟国家以外,轮胎出口继续保持增长,特别是美国,2012年出口美国轮胎3.96亿美元,增长10.9%,可以说江苏轮胎企业已经走出美国轮胎特保案的困境。而出口到欧盟国家的轮胎3.87亿美元,下降19.5%,江苏地区对欧盟轮胎出口数量连续三年出现3%以上增长后,2012年出现急剧下滑,直接拉低了江苏地区轮胎的出口增长。除了自身原因以外,随着欧债危机的进一步加剧,贸易保护主义的情绪蔓延,欧盟相继推出了多项技术贸易壁垒措施,包括机动车辆安全法规、REACH法规和轮胎标签法规,大大提高了我国轮胎出口成本和难度。特别是欧盟轮胎标签法规,表面上看是一个标签问题,其实涉及轮胎的安全、环保、能耗等指标数据,对我国出口轮胎的生产技术、检验标准、检测手段等提出了更高的要求,尤其是在检测设备设施手段方面。

【科技与品牌】

江苏省库博建大轮胎(昆山)有限公司的轿车子午线轮胎、安固(张家港)橡胶工业有限公司的丁基内胎/摩托车胎、江苏通用科技股份有限公司的全钢子午线轮胎/斜胶胎/摩托车胎等出口企业符合《出口货物实施检验疫绿色通道制度管理规定》,获准实施检验检疫绿色通道制度企业。

无锡宝通带业股份有限公司的“国产芳纶II复合材料制备及应用关键技术研究”,经国家科技部评定被列入国家高技术研究发展计划(863计划);“无卤阻燃橡胶纳米复合材料在煤矿用叠层阻燃输送带中的应用研发及产业化”,经江苏省科技厅评定,荣获2012年度江苏省重大科技成果转化专业资金项目;“高性能长寿命橡胶输送带”荣获中国石油和化学工业联合会科技进步一等奖;“煤矿用高性能节能叠层阻燃输送带”经科技部评定荣获2012年度国家重点新产品计划立项;与北京化工大学共同研发的“高强度长寿命钢丝绳芯输送带制备技术及应用”、“耐高温长寿命输送带制备及应用”和“高强度阻燃输送带制备技术及应用”三个项目,通过中国石油和化学工业联合会组织的新产品成果鉴定。“煤矿用钢丝绳芯阻燃输送带”被认定为江苏省高新技术产品。

2012年6月1日,江阴海达橡塑股份有限公司在深交所创业板上市,这是江苏省继无锡宝通带业股份有限公司之后的第2家上市的橡胶制品制造企业。该公司的“新型环保、多道密封集装箱门密封条”被认定为国家重点新产品;“新型高性能阻燃建筑密封胶条”被认定为江苏省高新技术产品。

2012年江苏省多家橡胶企业经省科技厅批准,成立省级工程技术研究中心,主要有南京东润特种橡塑有限公司成立江苏省水闸橡胶密封件工程技术研究中心;扬州合力橡胶制品有限公司成立江苏省(合力)隔震橡胶制品工程技术中心;江苏强维橡塑科技有限公司成立江苏省(强维)复原橡胶工程技术研究中心;镇江苏惠乳胶制品有限公司成立江苏省(苏惠)医用乳胶制品工程技术研究中心;江苏明珠试验机械有限公司成立江苏省(明珠)材料试验机工程技术研究中心。常州朗博汽车零部件有限公司已于2011年度被批准成立江苏省橡塑密封与减震工程技术研究中心。

【基建与技改】

正新橡胶(中国)有限公司投资近10亿元,占地面积86万平方米的世界级测试场,于2012年11月16日在昆山市启用。玛吉斯测试场从2003年7月开始筹建,历经多年准备和拖工,成为中国目前测试道配置最齐全的轮胎测试场,拥有最佳测试能力。

中国汽车技术研究中心盐城汽车测试场已于2011年12月正式开工建设。该项目一期计划投资9.6亿元,预计2013年12月建成投入使用。

无锡宝通带业股份有限公司年产“600万平方米高强力高性能钢丝绳输送带”项目预计2013年底全面竣工。高效先进输送带技术研发中心项目,计划于2013年底建成投入使用,该项目在功能上主要涵盖原材料、半成品、成品质量检验检测;新产品、新技术研究开发等。项目建成后,将成为集产品研发、技术研究、项目攻关、高层次人才引进的积聚体。

江阴海达橡塑股份有限公司“年加工2.5万

吨混炼胶密炼中心扩建项目”、“年产7000吨工程橡胶制品生产项目”、“年产10000吨车辆及建筑密封件建设项目”、“企业研发中心建设项目”等四个项目的建设,至2012年底已累计投入3661.28万元,完成投资占预算投资的12.85%。

2011年12月8日东洋轮胎张家港公司竣工投产。该公司作为日本东洋橡胶工业株洲式会社在亚洲的第一家境外独资工厂,重点从事乘用车及轻卡轮胎的生产,产能200万条。

库博汽车标准配件(昆山)公司拟投资2700万美元,增加橡胶密炼产能,预计年产混炼胶14000吨/年;橡胶密封条利用原有的两条硫化挤出线,将产能由原来的90万套/年增加到200万套/年。

中策橡胶(金坛)有限公司位于金坛的轮胎生产基地(一期工程),于2012年6月15日举行了开工仪式。该项目预计总投资24.2亿元,项目建成后可形成产能:炼胶15万吨/年,高性能半钢子午线胎1000万条/年、工程胎50万条/年、炭黑10万吨/年。

2012年6月27日,由江苏金浦集团与墨西哥KUO集团合资组建的南京金浦英萨合成橡胶有限公司,年产6万吨丁腈橡胶项目在南京化工园正式开工建设。该项目总投资1.1亿美元,分两期建设,一期为年产3万吨,将于2013年建成投资。

朗盛(常州)有限公司年产16万吨三元乙丙橡胶项目,于2012年9月5日在常州举行了奠基仪式,预计在2014年底建成。该项目总投资3亿美元,项目作为目前全球第一大、技术领先的三元乙丙橡胶生产基地,年产值在30亿元左右。

【展　望】

2013年,橡胶行业的经济运行依然面临不少困难与挑战、依然有着诸多不稳定和不确定因素,市场下行的压力依然存在。为此,江苏橡胶行业将继续紧紧抓住提高经济增长质量和效益这个中心,加快转变经济发展方式,优化产业结构升级;提高企业的自主创新能力和水平,增强企业的品牌意识;适应市场需求变化,提高掌握市场风险的能力;继续推进江苏橡胶产业集群化的建设,形成产业集群的生产方式,强化优质和优势资源集聚效应。

（王旭初）

浙江省橡胶工业

【基本情况】

2012 年浙江省橡胶行业可用“忧中有喜”来形容。忧的是工业总产值和销售收入增长大幅放缓,出口交货值持续下降;喜的是利润较大幅度增长,科技活动经费同比大投入,节能意识不断提升,产品结构不断优化,应收账款和年末库存同比也呈现下降趋势。2012 年浙江省橡胶行业主要经济指标运行情况见表 1。

表 1　2012 年浙江省橡胶行业主要经济指标运行情况

指标名称	2012 年	2011 年	同比/%
工业总产值(现价)/亿元	472.80	466.13	1.43
产品销售收入/亿元	477.08	447.04	6.72
利润总额/亿元	25.16	15.51	62.22
利税总额/亿元	37.97	24.81	53.04
出口交货值/亿元	100.80	112.86	-10.69
轮胎/万条	6055.52	5826.71	3.93
子午胎	5612.00	5404.95	3.83
全钢子午胎	1069.89	996.47	7.37
摩托车胎/万条	445.53	580.49	-23.25
力车胎/万条	8763.72	9092.38	-3.61
手推车胎	269.90	295.56	-8.68
胶管/万 Bm	437.32	879.75	-50.29
输送带/万 m^2	6717.16	6835.40	-1.73
橡胶履带/万条	12.72	9.90	28.48
汽车 V 带/万条	5118.61	3998.47	28.01
传动 V 带/万 Am	100157.59	101470.29	-1.29
胶鞋/万双	1652.00	2068.52	-20.14
合成橡胶/t	45150.00	46770.00	-3.46
炭黑/t	151140.00	143679.00	5.19
橡胶助剂/t	8100.00	7989.00	1.39
综合能源消耗/吨标煤	299741.56	321696.37	-6.82

1. 工业总产值持续放缓

据浙江省橡胶工业协会统计,2012 年,该省工业总产值为 472.80 亿元,同比(下同)增长 1.43%,增幅下降 25 个百分点。

2. 销售收入持续低速增长

2012 年行业销售收入 477.08 亿元,增长 6.72%,增幅下降 18 个百分点。

3. 产销衔接度保持高水平

2012 年行业产销率为 100.90%,增加 2 个百分点;全年产销率保持在较高水平,1~3 月、1~6 月、1~9 月的产销率分别为 104.66%、101.43%、110.79%。

4. 主要产品产量增少降多

2012 年行业主要有 6 类产品产量增长,包括轮胎、橡胶履带、普通平带、汽车 V 带、炭黑、橡胶助剂;产量下降的有 7 类,包括摩托车胎、胶管、合成橡胶、力车胎、输送带、传动带、胶鞋。

5. 利润总额大幅度增长

2012 年浙江省橡胶行业利润 25.16 亿元,增长 62.22%。全年利润增幅呈现高开高走的趋势,1~3 月、1~6 月、1~9 月利润总额的增幅分别为 33.77%、34.62%、44.20%。经济效益大幅度增长的原因:一是天然橡胶等原材料价格同比有回落;二是企业合理控制生产节奏,积极消化库存。截至 2012 年底,行业产成品 31.91 亿元,下降 11.68%,下降幅度比 1~9 月回落 15 个百分点。2012 年行业共消化 4.41 亿元的库存。

6. 出口交货值低开低走

2012 年行业出口交货值 100.80 亿元,下降 10.69%,全年出口交货值增幅呈现低开低走趋势。1~3 月、1~6 月、1~9 月出口交货值的增幅分别为 3.06%、-0.12%、-0.42%。国际需求疲软给浙江省橡胶行业出口带来负面影响。2012 年浙江省橡胶工业主要产品出口创汇见表 2。

表 2　2012 年浙江省橡胶工业主要产品出口创汇

主要产品	2012 年	占总生产量/%	出口交货值/万元
轮胎/万条	2051.70	33.88	736766.0
子午线轮胎	1949.70	34.74	667450.2
全钢子午线轮胎	188.00	17.57	227744.4
力车胎/万条	1026.06	11.71	52575.7
胶鞋/万双	830.00	50.24	26634.0
传动 V 带/万 Am	16169.65	16.14	57511.2
输送带/万 m^2	2201.22	33.77	78916.7
炭黑/t	27364.0	18.11	17029.4

7. 资金回笼速度加快

2012 年应收账款 53.53 亿元,下降 1.5%。全年资金回笼速度比 1~3 月、1~6 月、1~9 月分别加快 29 个百分点、34 个百分点、12 个百分点。

8. 产品结构不断优化

2012 年浙江省轮胎子午化率达到 92.68%,高于全国 4 个百分点(中国橡胶工业协会提供的 2012 年子午化率为 88.17%),行业产品结构进一步优化提升。

9. 科技活动大投入

2012 年行业科技活动经费支出总额 10.19 亿元,增长 262.63%,行业的发展基石在不断砌大,不断砌强。

10. 节能意识不断提升

2012 年行业能源消耗 299741.56 吨标煤,下降 6.82%,降幅增加 5 个百分点,行业在升级设备的同时,更注重节能减排。

11. 2013 年第一季度经济运行情况

今年一季度,浙江省橡胶行业经济运行总体

平衡，符合预期。据协会统计，行业总产值116.16亿元，增长14.58%；销售收入123.97亿元，增长12.74%；利润总额5.96亿元，增长64.04%；出口交货值为23.96亿元，增长2.91%。

【区域集群】

产业集群作为浙江省橡胶行业发展的重要产业组织形式和载体，对促进浙江省橡胶经济发展有着越来越重要的作用。产业集群构成了浙江橡胶行业特色的区域性产业组织形态，近年来一直呈现良好的发展态势，产业集中度在不断提升。在2012年恶劣的大环境下，区域集群发展不平衡，同时出现区域集群竞争力有强有弱的现象。据浙江省橡胶工业协会调查，2012年，温州橡胶制品规模以上企业产值为20.68亿元，下降1.25%；宁海汽车橡胶制品规模以上产值为50.49亿元，增长15.80%；三门县胶带规模以上企业产值为28亿元，增长1%；天台县胶带规模以上企业产值为19亿元，增长12%；瑞安胶鞋产值40亿元，增长10%。

【基建与技改】

据不完全统计，2012年浙江省橡胶行业新增4个重量级项目，分别是：

杭州中策橡胶（金坛）有限公司在金坛经济开发区分期投资80亿元的子午线轮胎生产项目。总规划面积约3000亩，一期投入24亿元，预计于2013年底完工。竣工达产后，计划将形成年产轻载子午胎1000万条的生产能力，实现年销售收入40亿～42亿元。

台塑合成橡胶工业（宁波）有限公司年产5万吨丁基橡胶项目于2012年开工。该项目计划总投资28477万美元该项目，位于宁波经济技术开发区台塑工业园区，占地面积达9385公顷，计划2014年完工。

韩国SK集团与宁波石化经济技术开发区正式签订的“5万吨/年的乙丙橡胶”项目，于2012年9月动工建设。

浙江传化合成材料有限公司10万/年吨的顺丁橡胶项目于2012年底顺利投产。该项目总投资约7.26亿元，位于中国化工新材料（嘉兴）园区内。

【存在问题】

行业存在的问题主要表现在缺乏环境预警机制，产品技术含量较低，出口产品价格偏低，产品结构同质化严重，营销成本过高，缺乏自主创新能力，粗放式增长明显，企业规模偏小，资金缺乏现象突出，行业发展和资源环境的矛盾日益加重。

【措施建议】

目前浙江省橡胶行业要客观科学分析当前形势，正确把握面临的机遇和挑战，要把立足解决当前困难与谋求长远发展有效地相结合起来，不断努力提升自身应对危机与加快发展的能力和水平，增强企业的抗风险能力，推动行业加快发展。

1. 加强自主创新能力

要采用多种措施加快形成产品研发和技术创新能力，充分利用比较优势，提高高端橡胶产品核心技术和掌控能力。依托和整合现有企业技术中心和6个省级技术研发中心，加大投入，基本形成与国际接轨的、具有较强自主研发能力的橡胶制品技术创新体系，重点发展4个在国内领先研发技术中心——轮胎研发中心、传动带研发中心、输送带研发中心和橡胶汽配研发中心，争取为国内配套联合开发的橡胶新产品承担20%以上的开发任务，实现产品技术性能进一步提高，达到或接近国际先进水平。

2. 不断提升生产装备

近年来，浙江省橡胶行业发展较快，每年都有较大的资金投入技术改造，因此，技术装备已居国内前茅。为增加替代进口产品，扩大出口量，全行业要加大投入，购置国际先进的生产和检测技术装置，改善生产环境，主要用于自动化程度高的生产设备和动态检测设备，智能化的混炼装备要在规模以上的企业普及率达30%，促进浙江省橡胶行业快速发展。

3. 加大人才培育力度

人才是一个企业研发能力的主要组成部分。近年来，浙江省的橡胶企业都非常注重人才引进，已经积累了一定的经验，并形成了一定基础，有不少企业已经招聘外国专家。今后人才的培育必须两条腿走路：一方面将加大投入引进国内外精英；另一方面增加行业自主培训，行业协会要制定中长期企业技术人员培训计划，并加大培训力度，采取请进来和走出去的办法，开展经常性职工、技术人员的业务培训，不断提高员工的技术水平。

4. 加快培育优势企业

选择产业规模大、管理水平高、产品竞争力强、拥有核心技术的优势企业，瞄准国外同行业先进水平，找准差距，选准突破口，加强与国外企业的经济技术合作，实施赶超战略。重点培育杭州中策、韩泰、浙江双箭、浙江三力士、浙江三维、伊诺华平湖、建新赵氏等为行业优势互补企业。

5. 积极参与标准制定

抢占行业的话语权是提高浙江省橡胶汽配业竞争力的最佳途径。依托行业协会成立汽车橡胶零部件标准修订小组和汽车标准情报中心；制定和修改国家橡胶汽配标准，制定国际标准。依托行业协会成立橡胶汽配和汽车标准情报中心，同时采取主动态度，引进中国橡胶汽配技术标准委员会秘书处落户宁海，主要承担标委会日常工作，促进中国橡胶汽配业健康发展。

6. 提高企业环保意识

今后5年，在规模以上的企业都必须使用布袋法收集混炼车间粉尘，销售收入过亿元的企业必须使用淋水法收集硫化车间尾气、混炼车间粉尘和尾气，杜绝硫化车间尾气和混炼车间尾气朝天排放。并建议政府对引进安全、节能、环保零部件产品在税收政策方面给予优惠。

7. 提升品牌培育力度

加大投入，建立品牌育成机制，大力营造品牌兴企氛围。一方面，要引导企业牢固树立“抓发展的基础是抓产品，抓产品的基础是抓质量，抓质量的核心是抓品牌”的市场竞争理念，让企业真正明白实施品牌战略的重要性，增强创牌的紧迫感。另一方面，要选择一批诚信度高、社会信誉好、市场潜力大、发展后劲足的企业，加快浙江省橡胶行业从“产品制造”向“产品创造”转变。

8. 努力加强产业预警

浙江省橡胶行业对外贸易预警机制重点升级为产业集群发展预警机制，是促进橡胶产业集群永续发展，向现代产业集群迈进的一项重要举措。

针对近年来我国橡胶行业市场起伏较大，贸易摩擦逐渐增多和行业投资风险增大等一切不确定因素，建议启动促进浙江省胶带产业集群健康发展的防火墙机制——产业集群预警机制。预警机制主要是对行业投资风险、橡胶价格和市场、国内外经济形势、产业集群发展趋势进行分析预警。建立产业集群机制不仅提升浙江省产业集群突发事件快速反应与应急处置能力，而且还增强产业集群整体预警意识，提升产业集群整体抗风险能力，增强应对危机的有效性，有利于集群发展。

【展　望】

2013年，国际经济形势依然错综复杂、充满变数，欧洲经济何时走出下行通道，如何恢复增长仍是未知数。美国虽已走上复苏之路，但其财政悬崖及结构调整政策，可能对世界经济产生不利影响。同时，发达国家推行的量化宽松和贸易保护主义政策，放大了全球经济的风险。2013年，外需市场对我国橡胶工业的拉动效果有限，同时，现今的出口产品结构，有可能面临更多的技术壁垒和贸易摩擦。

中国2013年经济增长的动力将由外需为主逐步转为内需为主。随着收入水平的提高，我国的内需会持续扩大，而城镇化的进一步推进，内需会得以进一步增强。

因此，2013年的橡胶行业对外贸易基本与去年持平，浙江省橡胶行业经济运行将平稳渡过，不会有大起大落的运行趋势。

2013年，浙江省橡胶工业面临的结构性产能过剩的矛盾将加剧，低水平、同质化的产品结构，经营成本的上升，技术创新能力的不足，将更大的影响行业增长质量和可持续发展。只有不断改进和提高生产工艺水平，加快产品升级换代的步伐，积极走集约、智能、绿色、低碳的道路，才能强企强省。

（王逸田）

安徽省橡胶工业

【基本情况】

2012 年,安徽省橡胶工业加快招商引资和持续不断的技术改造,调整产业结构,重点发展汽车橡胶和煤矿开采运输用橡胶制品。多数企业根据发展需要在当地政府支持下,搬迁到经济技术开发区和高新技术开发区建新厂。一批新建项目的建成投产不仅扩大了生产规模,为企业发展提供了物质基础,工艺布局更加合理,工作环境得到改善,而且更注重提高经济发展的质量和经济效益。2012 年橡胶行业生产销售受国家经济增速调控和出口受阻的影响,特别是为汽车、家电配套的橡胶制品市场产生波动,企业库存增加,部分企业倍感压力,采取减产或短时间停产。面对如此形势,企业及时采取应变措施,加大调整产品结构力度。不仅拓展国内的销售渠道,而且积极与安徽省市外贸联系,了解产品出口信息,一些中小企业通过努力寻找到出口业务,出口量甚至占总产量的一半,从单一的内销转变为内外贸并举,通过全行业的努力,在各级政府和金融部门的大力支持下,出色地完成了全年目标任务,销售收入和利税均有一定的增长。

根据 51 家会员单位统计,2012 年完成工业总产值 238.6 亿元,同比(下同)增长 18.4%;产品销售收入 225 亿元,增长 16.3%;实现利税 24.2 亿元,增长 11.2%;产品出口交货值 61 亿元,增长 14.2%;其中安徽佳通轮胎有限公司完成工业产值 57.9 亿元,实现销售收入 55 亿元,实现利税 5.0 亿元,利润 3.3 亿元,出口轮胎 518 万条,出口交货值 19 亿元。安徽中鼎控股(集团)股份有限公司完成产值 66 亿元,销售收入 65 亿元,实现利税 16 亿元,其中利润 10 亿元,出口交货值 29 亿元,除了工业产值下降 5.4%,其他经济指标均大幅度增长。大陆马牌轮胎(合肥)有限公司和双钱集团(安徽)回力轮胎有限公司的正式投产,法国德普(淮南)胶带有限公司技术改造结束后全面投产为安徽省橡胶工业发展增添了动力,做出重大贡献。

【产品产量】

2012 年,安徽省生产轮胎 2410 万条,增长 23.6%,其中全钢载重子午胎 170 万条,下降 25%,轻卡、轿车子午胎 2240 万条,增长 30%;自行车外胎 750 万条,增长 19%;输送带 2000 万平方米,增长 5.3%,其中难燃输送带 1500 万平方米,增长 4.9%,高强力输送带 260 万平方米,增长 126%;胶管 2200 万标米,增长 10%,其中钢丝编缠胶管 280 万标米,增长 9.4%;医用丁基胶塞 40 亿只,增长 14.3%;新工艺炭黑 15 万吨,增长 11%;胶鞋 800 万双,增长 6.7%;汽车橡胶件 70 亿件,增长 775%;阻燃耐油胶板 20 万平方米,同比增长 11%。

2012 年主要产品产量见表 1。

表 1　2012 年安徽省主要产品产量

产品名称	2012 年	2011 年	同比/%	备注
轮胎外胎/万条	2410	1950	23.6	包括大陆马牌合肥厂
钢丝载重子午胎	170	228	-25	双钱集团(安徽)回力公司
轻卡、轿车胎	2240	1722	30	

续表 1

产品名称	2012 年	2011 年	同比/%	备注
自行车外胎/万条	750	630	19	
输送带/万m²	2000	1900	5.3	
难燃输送带	1500	1430	4.9	
高强力输送带	260	115	126	法国德普(淮南)公司全面投产
胶管/万 Bm	2200	2000	10	
高压钢编胶管	280	256	9.4	
医用丁基胶塞/亿只	40	35	14.3	
新工艺炭黑/万 t	15	13.5	11	
胶鞋/万双	800	750	6.7	
汽车橡胶件/亿件	70	8	775	安徽中鼎公司统计变化
阻燃耐油橡胶板/万 m²	20	8	11	

【出口贸易】

2012 年安徽省橡胶行业出口交货值 61 亿元，增长 14.2%，其中安徽佳通轮胎有限公司出口轮胎 518 万条，出口交货值 19 亿元，下降 42%；安徽中鼎控股(集团)股份有限公司出口交货值 29 亿元，增长 38.8%；另外德国大陆马牌轮胎(合肥)有限公司、安徽亚新科有限公司、安徽希尔(芜湖)有限公司、库伯赛阳(芜湖)密封件有限公司、法国德普(淮南)胶带有限公司、滁州胶鞋厂均有一定批量出口。由于 2012 年国内销售压力加大，一些中小企业积极开拓国外市场，如芜湖聚达橡塑密封件有限公司、芜湖宏达汽配橡塑密封件有限公司、来安亨威橡塑密封件有限公司、庐江丰源橡胶密封件有限公司、庐江华益橡胶制品有限公司等企业均有批量产品出口，并取得了良好经济效益。

【科技研发】

安徽中鼎控股(集团)股份有限公司充分发挥国家级企业技术中心的作用，填补国内空白，代替进口。了解国外市场需要的橡胶产品积极扩大出口业务，出口交货值大幅度增长。2012 年共开发创新投产新产品 7 项，其中中鼎密封件股份有限公司开发投产“涡轮增压发动机用干净空气胶管”、“输送带用缓冲托辊橡胶轮”、“高端吸尘器用吸气歧管”、“发动机曲轴箱通气用橡胶管”四项新产品；中鼎金亚汽车管件制造有限公司开发投产“汽车涡轮增压器连接软管总成”、“动力转向油管总成”、“混合动力汽车冷却水管”三项新产品，均通过安徽省科技厅组织的新产品鉴定。

2012 年安徽中鼎公司“车门用无异味线束橡胶护套”、“汽车空调冷凝器用塑料滤筒产业化项目”、“减震降噪音皮带轮”三个项目和马鞍山宏力橡胶制品有限公司“防滑脱橡胶密封圈”项目获得国家科技部批准，列入国家火炬计划；安徽中鼎密封件股份有限公司“汽车发动机冷却系统散热器用密封条”和安徽中意胶带有限公司“带过渡层的整芯阻燃输送带(680S－2500S)”两个项目列入国家科技部重点新产品开发计划，项目均按期完成任务。

2012 年，安徽中意胶带有限公司自主开发的环保型阻燃钢丝绳芯输送带和双色挤出新型整芯阻燃输送带新产品大批量投产，取得显著的经济效益和社会效益。

安庆特种橡塑制品有限公司与青岛科技大学橡塑材料学院成立橡胶新产品联合试验室，开发储油罐耐油耐腐蚀橡胶衬里，产品投产后销往全国各大石油公司,为国内石油开采、运输和石油化工企业提供配套服务。

【基建与技改】

安徽佳通乘用子午线轮胎有限公司投资3.4亿元新增年产230万条半钢子午胎生产线技术改造项目,可研报告已编制完成并经专家论证,项目对原生产线进行改造,增加部分关键设备、调整产品结构,扩大适销对路产品生产,2013年开工建设。

德国大陆马牌轮胎(合肥)有限公司一期工程425万条半钢子午胎项目投产后,二期工程同时开工建设,2013年内建成,实现年产2000万条子午胎生产规模。

安徽中鼎橡塑制品有限公司整体搬迁到河沥经济开发区后已投产。该公司与成功搬迁后的安徽中鼎泰克汽车密封件有限公司将形成10亿元的生产能力。

马鞍山宏力橡胶制品有限公司新建密炼车间和仓库均已投入使用,占地面积由30多亩扩展到50多亩,通过技术改造,调整了工艺布局,提高了劳动生产能力,改善厂容厂貌,形成1亿元产值规模。下一阶段,该公司将在原来生产车间基地上新建一座综合办公楼。2012年10月慈湖工业区正式升格为国家级高新技术开发区,更有利于企业的发展。

安徽淮南德普胶带有限公司增加检测设备仪器建成质量检测中心和产品营销展示厅,目前已经建成使用。已完成的多规格高强力输送带改造投产后使高强力输送带产量翻番。

安徽龙川橡塑制品有限公司搬迁后的新厂区占地40亩,新建两幢钢结构厂房,新增3组高性能自动化磐石牌硫化机,购置35立升密炼机,更新部分关键设备,2012年初建成投产。综合办公楼2013年上半年建成。

淮南天力达工矿配件有限公司投资2000多万元,征地10亩,新建2幢厂房已经完成搬迁任务,目前已正式投产。主要生产煤矿用聚氨酯胶辊和制品。

宁国友佳模具厂和淮北秋艳永进工贸公司都在征地建新厂,进一步扩大生产规模,改善生产环境。

芜湖宏达汽配橡塑有限公司对原来的生产工艺进行改造,皮膜中的尼龙骨架材料现采用电刀裁剪,骨架现采用小四辊擦胶,这两项技改提高了劳动生产率,降低了原材料消耗。

来安享威橡塑制品有限公司年产30万平方米阻燃地板布产业化技改项目已于2012年10月20日竣工验收投产,设备投资400多万元,增加2台宽幅面鼓式硫化机,提高了劳动生产力,改善了产品外观质量,免除宽幅胶板需要拼接工艺。

无为大江橡塑制品有限公司投资150万元新建2000多平方米钢结构厂房,购置两组先进的硫化设备,调整工艺布局,扩大生产规模。

【招商引资】

近年来,安徽省橡胶行业在招商引资工作中不断取得新成果,其中德国大陆马牌轮胎(合肥)有限公司在合肥总投资6亿欧元的工程已于2012年底基本建成。

双钱集团(安徽)回力轮胎有限公司总投资32亿元人民币,征地1000亩,2012年3月28日一期工程建成投产,达到110万条/年半钢子午胎生产能力,项目全部建成达到年产1500万条半钢子午胎生产规模。

芜湖市通过招商引资在繁昌县新建一家农用车轮胎生产厂,目前正在筹建过程中。该市通过招商引资在管辖的南陵县成立南陵顺捷汽车零部件有限公司,投资3200万元,在南陵县经济开发区征地10亩,主要开发投产汽车橡塑配件、加油管等产品,新建厂房6800平方米,购置关键生产设备和环保设备,产品主要为芜湖顺荣汽车部件股份公司配套。

【展　望】

2013年安徽省橡胶行业继续依靠技术创新,紧紧围绕国家支持重点发展的能源、交通运输、汽车制造、水利工程和基础设施工程提供配套服务,通过技术改造和两家轮胎生产企业的投产,2013年将会有较大幅度的增长,预计工业产值达到300亿元,销售收入达到280亿元,实现利税30亿元,产品出口交货值达80亿元,保持10%以上的增速。

预计轮胎外胎完成3400万条,其中全钢载重子午胎240万条,轻卡、轿车子午胎3160万条;输送带完成2300万平方米,其中难燃输送带1700万平方米,高强力输送带280万平方米;各种胶管2400万标米,其中高压钢丝编缠胶管300万标米;胶鞋1000万双;汽车橡胶件75亿件;新工艺炭黑16万吨;丁基胶塞50亿只;阻燃耐油胶板25万平方米。

完成2013年任务,全行业必须抓住发展机会,充分发挥已建成技改项目的能力,继续招商引资工作,转变经济增长方式,特别要在产品结构调整上下功夫,注重提高经济增长质量和效益。争取“十二五”末工业产值翻一番,达到400亿元的规模。

(郑宗良)

广西橡胶工业

【基本情况】

2012年，面对复杂严峻的经济形势和改革发展稳定的繁重任务，广西橡胶工业认真贯彻落实中央和自治区的决策部署，坚持以科学发展为主题，以加快转变经济发展方式为主线，按照稳中求进的工作总基调，着力稳增长、促转型，全行业经济保持平稳较快发展的良好势头，经济运行总体稳中有进。

综合广西壮族自治区统计局、中国化工装备协会橡胶机械专业委员会的统计数据，2012年，广西生产橡胶轮胎外胎110万条，同比（下同）增长9.7%，主要原因是2012年国内外市场对全钢工程子午线巨胎需求扩大，中国化工橡胶桂林有限公司的全钢巨胎产能得到释放；生产乳胶手套6600万副，增长4%；避孕套5.6亿只，与上年持平；实现橡胶机械产值8.9亿元，下降7%。

【企业改制】

中国化工集团公司旗下中国化工橡胶总公司将其持有的桂林乳胶厂整体产权挂牌转让，挂牌价格为12260.78万元。2012年12月，华润医药集团有限公司旗下的北京紫竹药业有限公司摘牌并完成公司制改造，“桂林乳胶厂”名称变更为“桂林紫竹乳胶制品有限公司”。

【基建与技改】

由中国化工集团公司投资、中国化工橡胶桂林有限公司承建的高级子午线轮胎产业化项目，自2010年落户苏桥经济开发区后，2012年完成投资2.2亿元。项目已于2012年底开始试生产，目前日产量600～700条。2013年计划达到年产40万条能力，2014年正式投产。项目投产后，将年产100万条全钢载重子午线轮胎，产品主要为南方地区的汽车和工程机械配套服务，完善广西工业的产业链，并依托中国－东盟自由贸易区的区位优势，为产品迈向国际市场拓展渠道。

【招商引资】

建设东兴口岸国际橡胶交易平台。近年来，得益于国家开放边境贸易的天时以及毗邻越南等产胶国的地利，广西东兴已成为中国目前最大陆路橡胶进口口岸，每年有40万～50万吨越南天然橡胶通过东兴口岸到中国，并在东兴口岸周边形成一定规模的交易市场。广西有关部门借助中国－东盟自由贸易区行业合作向纵深发展的有利时机，打造东兴口岸国际橡胶交易平台，增加橡胶产业附加值，并利用东兴口岸和防城港口岸的优势，在广西防城港市建立国际橡胶储备中心。2012年，该项目已完成了前期论证工作。东兴口岸国际橡胶交易平台将具备保税、加工、仓储、期货交易、电子信息交易、现货交易、会议论坛等功能。

【科技创新】

由中国化学工业桂林工程有限公司、杭州中策橡胶有限公司、绍兴精诚橡塑机械有限公司、大连理工大学、东北大学、哈尔滨工业大学、北京化工大学共同发起的国内首个智能化轮胎制造技术创新联盟，于2012年6月组建成立。该创新联盟的攻关方向是：在轮胎生产过程中，通过开发智能化物料配送系统来替代人工配送；针对目前使用的硫化机现状，开发出一种具有智能化的全自动硫化机，实现轮胎硫化自动化及智能化；建立轮胎等效硫化的数学模型智能化管理过程，实现节能。此外，还包括橡胶机械设备智能管理与故障诊断系统、轮胎生产企业信息化管理系统、远程监控系统、高效节能的新型热工介质及其工作方式、无胶囊硫化工艺及硫化装备的研发等。

2012年，桂林橡胶机械厂研制出新一代硫化机，新型轮胎定型硫化机中心机构获专利授权。中心机构也叫胶囊操纵机构，是定型硫化机的重要组成部分。与传统中心机构相比,它的优点是用位移传感器精确地检测出活塞运行的位置,用户在测量范围内可任意调节控制上环位置,定位精度高,无须定型套筒,节省成本,环保节能。

由中国化学工业桂林工程有限公司和北京航空航天大学共同发起的轮胎节能技术战略合作,于 2012 年 8 月签署协议。其宗旨是:利用中国化学工业桂林工程有限公司在产品研发、成果转化及资金支持等方面,以及北京航空航天大学在基础研究、人才培育和高端咨询等方面的优势,开展轮胎生产流程的气动系统布局最优化研究,现有生产设备节能改造技术研究,以及新一代节能型成套生产设备的研制等。

中国化工橡胶桂林有限公司与桂林电子科技大学联合设置"巨型全钢工程轮胎性能提升和制造物联网技术研发及产业化"岗位,面向海内外公开诚聘高层次领军人才——漓江学者。经报名、面试、评审等一系列程序,桂林电子科技大学孙保燕教授受聘上岗。在 5 年聘期内,孙教授将带领科研创新团队解决如下关键技术问题:(1)全钢巨型工程轮胎性能提升;(2)不同材料分布对轮胎受力和寿命影响分析;(3)轮胎使用中温度和气压实时监控系统;(4)全钢巨胎制造物联网技术研发;(5)平台建设,现有科研平台的整合、优化与提升;(6)科研骨干培养和人才梯队建设。

中国化学工业桂林工程有限公司发明专利——四复合橡胶挤出机头荣获第一届广西发明创造成果展览交易会专利项目金奖。该设备主要性能和技术指标达到国际先进水平。

中橡集团曙光橡胶工业研究设计院总投资 260 万元的国内首座航空轮胎科普馆,于 2012 年 12 月建成对外公展。该科普馆总建筑面积 735 平方米,其中科普展区 600 平方米,综合管理用房 135 平方米,重点宣传、普及航空轮胎知识,展示我国航空轮胎产业从无到有、从弱小到强大、从仿制到创新的发展历程,传承、弘扬"航空有我,事业报国"的产业文化,集"时代性、创新性、综合性"为一体,同时具有"航空轮胎科普基地、爱国主义教育基地、文化旅游基地"的功能。

【展　望】

2013 年,是全面深入贯彻党的十八大精神的开局之年,是实施"十二五"规划承前启后的关键一年。面对国际经济形势依然错综复杂、充满变数,世界经济低速增长态势仍将延续,国内经济增长下行压力和产能相对过剩的矛盾有所加剧,企业生产经营成本上升和创新能力不足,金融领域存在潜在风险,经济发展和资源环境的矛盾仍然突出等问题。广西橡胶工业要看准机遇,抓紧转变经济发展方式和调整经济结构,加强自主创新和品牌经营战略能力;利用新材料技术、机电一体化技术和信息化技术等,改造传统橡胶产业,提高产品质量和生产效率;深入开展节能减排和清洁生产活动,加快产业、产品升级步伐。

(邓海燕　游凌艳)

海南省橡胶工业

海南省橡胶产业主要由橡胶种植业、橡胶初产品加工业和橡胶制品业三大板块组成。海南省橡胶产业近年来呈现出快速多元化趋势。主要表现有:海南省橡胶种植业和初产品加工业发展速度较快;民营胶产量有逐年快速增长的态势;橡胶制品业产品多元化,手套、乳胶丝、混炼胶、中垫胶、胎面胶等产品初具规模。

【基本情况】

1.橡胶种植

初步统计,2012 年海南省天然橡胶种植实有面积为 781 万亩(其中农垦 386 万亩,地方 395 万亩),比 2011 年增加 29 万亩,约占全国天然橡胶种植总面积的 46.74%,地方民营橡胶呈快速增长态势,农垦则呈现基本稳定态势。全省橡胶总产量约 39.96 万吨(其中农垦 17.66 万吨,地方 22.3 万吨),比 2011 年增加 2.73 万吨,约占全国总产的 50.33%,地方橡胶总产量首次大幅度超过农垦。

2.橡胶初产品工业

(1)主导企业加工

2012 年,海南橡胶集团旗下金联、金林等 13 家橡胶加工厂共完成干胶生产 15.48 万吨,比 2011 年增加约 2 万吨;同时完成民营胶收购 8.31 万吨,实现纯利润 1376.7 万元。2012 年海南橡胶天然橡胶加工情况见表 1。

海南橡胶集团不断强化自身的管控,在抓好橡胶种植、生产、加工的同时,加强了橡胶“大营销”,形成了以上海龙橡公司为龙头,以上海、广东、青岛、天津、温州、云南等 6 大区域为销售前沿的全国营销网络体系,2012 年,完成干胶销售 48.96 万吨,比上年增加 13.78 万吨,实现销售收入 108.5 亿多元;进口美元胶销售急速增长,销售美元胶 18.15 万吨,比上年增加 4 倍多。

表 1 2012 年海南橡胶天然橡胶加工情况

指标名称	数量
胶厂/座	13
标胶厂	13
浓缩胶乳厂	7
加工能力(日产)/t	—
标胶	1386
浓缩胶乳	572
干胶总产量/t	154839
烟胶片	0
标准胶	115436
杂胶制成	6184.
浓缩乳胶	65671
折干胶(60%)	39403
白绉片	0
褐绉片	0
胶清片	0
浅色胶	0
子午胶	0
加工民营胶/t	83100

此外,海南橡胶集团自 2011 年进入云南以来,截至 2012 年已控制当地数家橡胶加工厂,控制天然橡胶资源量达 8 万 ~ 10 万吨,约占当地天然橡胶产量的 1/4。

(2)民营橡胶加工

截至 2012 年初,海南省现有民营橡胶加工厂 86 家,分布在 16 个市县,其中年产能万吨以上的加工厂不足10家，占总数的10%左右；年产3000吨以上的加工厂20多家，占总数的25%左右。2012年海南省民营加工企业生产的干胶为24万吨，约占全省天然橡胶干胶产量的60%。橡胶初产品的品种结构与农垦基本相似。

3. 橡胶制品业

(1) 生产与销售

受国内外橡胶市场普遍低迷的影响，海南橡胶集团对2012年橡胶制品生产部署作了相应调整。全年共生产手套25589.60万只，乳胶丝559.62吨，混炼胶395.92吨，中垫胶1.93吨，胎面胶156.02吨；产品销售量（含销售2011年生产的产品）为手套25702.20万只，乳胶丝985.55吨，混炼胶404.15吨，中垫胶1.00吨，胎面胶214.33吨；销售收入共计7517.91万元，处于亏损状态。

表2　2012年海南橡胶集团橡胶制品生产经营情况

产品	销售收入/万元	主要销售市场
手套/万只	4626.87	主要是华东地区
乳胶丝/t	2325.79	华东、华南等地区
混炼胶/t		
中垫胶/t	565.25(合计)	华北、华南等地区
胎面胶/t		

在产品销售方面，2012年，海南安顺达公司主推混炼胶产品，并同中化集团、双钱、赛轮、美卓等大型企业及国际采购商衔接，应用领域涵盖轮胎、输送带、胶管等行业；海南知知公司首批乳胶手套产品进入国药集团销售体系，并和中国医药集团开始了战略合作。

在产品质量方面，2012年，海南知知乳胶制品有限公司取得了ISO 9001、ISO 13485及产品CE三张国际认证书，海南经纬乳胶丝有限公司取得ISO 9001－2008、Oeko－Tex 100的认证证书，海南安顺达橡胶制品有限公司也通过了ISO 900质量体系和ISO 14001环境体系认证，三家公司随即根据相应的管理体系规定，制定和完善生产及产品质量安全制度，实行标准化生产和标准化管控。手套合格率90.6%，混炼胶、中垫胶、胎面胶等产品合格率均达到98%以上。

(2) 基建与技改

为提高市场竞争力，海南橡胶集团在加强技术改造，提高产品质量方面，做了大量工作。一方面，海南经纬公司通过对乳胶丝原有生产工艺、拉丝技巧、人员配备等方面进行改造和调整，生产运行情况较上年度有了较大改善，产品合格率稳步上升（比上年提高了25个百分点），乳胶丝胶含量下降了10%以上。另一方面，海南安顺达公司由生产、技术、营销共同组成的产品开发团队，先后完成了输送带覆盖胶Z320、低成本胎面胶Z213、巨型工程胎胎面胶Z226、自行车胎面胶Z211产品的开发和工艺配方调整工作，并及时处理库存混炼胶，使产品质量得到了明显的改善和提高。

(3) 科技人才创新

2012年，海南知知乳胶制品有限公司聘请马来西亚知知公司具有20多年生产手套经验的专家担任生产厂长，负责手套生产和产品质量的辅助领导；同时还邀请马来西亚知知公司有关技术人员进行生产技术指导，主要从技术顾问角度进行协助生产管理。此外，海南经纬乳胶丝有限公司组织了相关管理、技术人员集中学习乳胶丝设备和生产工艺技术方面的知识，并先后参观了温州、安徽、福建、广东等地多家乳胶丝生产厂家，积极与同行开展广泛交流。

此外，2012年底，海南橡胶集团和中橡集团曙光橡胶工业研究设计院达成合作意向，将共同研发航空轮胎、工程轮胎等专用生胶、特种混炼胶、高弹减震橡胶及军用特种橡胶制品等高端橡胶产品。

【存在问题】

橡胶制品业面临利润增长压力。2011年，中橡协统计企业销售平均利润率为3.15%，其中轮胎行业仅为2.54%。海南橡胶制品业利润率更低，仅达到0.87%。2012年，因橡胶等主要原材料价格下跌，利润率依然很低。2013年橡胶等主要原材料价格将有所回升，生产要素的成本上升对行业影响较大，此外，节能减排要求的继续提高，企业将付出更大成本。行业盈利水平很难有大的改善。

民营橡胶企业环保问题依然严重。一方面，有一部分中小型民营橡胶加工厂未建设排污设施，污水直排农田，造成周边环境污染。2012年海南省地方环保部门在胶厂环保监管方面做了一些工作，惩治了一些环保不达标的胶厂。但整体而言，2013年民营橡胶企业环境污染问题依然严重。另一方面，中小型民营胶厂由于受资金、技术等因素制约，橡胶加工普遍使用重油烘干，能耗大，污染严重，厂内到处是油污，生产的胶片不达标，无法用于生产高端橡胶制品，降低了橡胶产品的附加值，一定程度上造成天然橡胶资源的浪费。

【采取措施】

加强降耗减排，有效提高行业利润率。探索、采取有效措施，严格控制各项经营成本费用，拓展产品销售市场，提高利润。海南橡胶集团通过技改提高科技含量，实现降耗减排。一方面，从使用重油烘干改为浅层自动控温烘干，使全年石油消耗量减少2000多吨；另一方面，采取了乳清循环措施，耗水量由原来的10.5立方米/吨干胶降为5.3立方米/吨干胶。

加大对民营胶企业的监管力度。一方面，应对橡胶加工厂严格执行环境准入制度，要求其尽快完善废水处理设施升级改造工作，确保废水达标排放，并尽可能提高橡胶加工厂的中水回收利用率；另一方面，应加大对橡胶加工企业的监管力度，责令限时整改，坚决关闭无力投资完善治理设施的加工厂。同时，加大资金投入。2010年5月至2012年，海南橡胶集团先后投入9000多万元，构建环保设施，开发新能源，实行中水回用，绿化、美化厂区，使橡胶加工的环保状况得到全面改观。

【展　望】

内需支撑橡胶行业增长。据国务院发展研究中心预计，2013年中国出口增长与2012年大体持平。中国经济增长的基本动力格局没有改变，城镇化、工业化的发展步伐依然较快，公路、铁路交通等基础设施建设，对工程橡胶产品的需求量将有一定幅度的提高；根据汽车购置周期，汽车消费将保持稳定增长，对橡胶制品仍有较大需求。

天然橡胶原材料价格有望小幅回升。据美国银行美林证券《2013年全球金融市场展望报告》认为，2013年欧美经济将掉头向上；高盛《2013年亚洲宏观经济和股市展望报告》预计，2013年亚洲地区（除日本外）经济将迎来全面复苏。全球经济复苏，或将导致天然橡胶总需求的增长，但由于世界经济上行幅度有限，国际市场对天然橡胶需求增长幅度不大，而天然橡胶总体上又能继续保持相对平衡的供求关系，因此2013年天然橡胶价格回升幅度也不会太大。

（蒋菊生）

台湾地区橡胶工业

【基本情况】

根据环境与材料多元化发展需求，2012 年 2 月，台湾区橡胶工业同业公会更名为“台湾橡胶暨弹性体工业同业公会”，以扩大定义橡胶范围。

截至 2013 年 4 月，台湾橡胶暨弹性体工业同业公会有会员企业 500 家。按资本额和营业额把会员分为 5 个等级，有一级会员 90 家，二级会员 57 家，三级会员 116 家，四级会员 55 家，五级会员 182 家。台湾橡胶暨弹性体工业同业公会会员分级情况见表 1，会员资本额与产品分析见表 2。

表 1 “台湾橡胶暨弹性体工业同业公会”会员分级情况 万元新台币

分级	资本额	营业额
一级	2000 以上	12000 以上
二级	800 ~ 1999	6000 ~ 12000
三级	400 ~ 799	3000 ~ 5999
四级	200 ~ 399	1000 ~ 2999
五级	200 以下	1000 以下

表 2 “台湾橡胶暨弹性体工业同业公会”会员资本额与产品分析

会员厂资本额分布					产品分析				
资本额	家数	占比/%	资本额累计/千元新台币	占比/%	原料	轮胎	工业用品	资源回收	橡胶机械
10 亿以上	17	3.4	164497208	88.2	6	5	5	0	1
1 ~ 10 亿	52	10.4	15135741	7.6	18	4	26	0	4
1000 ~ 9999 万	248	49.6	7107958	3.8	25	21	179	6	17
999 万元以下	183	36.6	814750	0.4	30	6	132	2	13
合计	500	100	187555657	100	79	36	342	8	35
占比/%					16	7	68	4	7

【产　值】

2012 年，台湾橡胶制品总产值为 971 亿新台币，其中轮胎总产值占橡胶业总产值的 51%；非轮胎橡胶制品产值占橡胶业总产值的 49%。

2012 年，台湾橡胶制品产值占全球 1.17%，全球台商即包含台湾与海外的产值占全球的 2.87%。占台湾制造业的 0.7%。占台湾化学工业的比例从 2002 年的 3.19%，下滑到 2012 年的 2.23%。2012 年全球与台湾橡胶制品产值分析见表 3。2007 ~ 2012 年台湾橡胶制品产值比例见表 4。

表 3　2012 年全球与台湾橡胶制品产值分析表

橡胶制品	全球		台湾			全球台商	
	产值/亿美元	占比/%	产值/亿美元	台湾/%	全球/%	产值/亿美元	全球/%
轮胎类	1870.00	65	17.12	51	0.60	65.05	2.27
非轮胎类	1000.00	35	16.49	49	0.57	17.31	0.60
合　计	2870.00	100	33.61	100	1.17	82.36	2.87

表 4　2007～2012 年台湾橡胶制品产值比例　%

年度	轮胎	工业及其他橡胶制品	合计
2007	50.8	49.2	100
2008	48.2	51.8	100
2009	50.4	49.6	100
2010	49.9	50.1	100
2011	50.9	49.1	100
2012	51	49	100

【生产情况】

2012 年台湾主要橡胶制品生产情况见表 5。

表 5　2012 年台湾主要橡胶制品生产情况　亿元新台币

橡胶制品	产量	同比/%	销售值	同比/%
汽车轮胎/万条	2204.2	-5.47	3448.91	-3.82
摩托车外胎/万条	1092.9	0.82	597.38	4.5
胶管/万 m	6380.4	1.13	205.97	0.63
胶带			450.48	4.23
橡胶油封			789.46	-6.04
橡胶手套/万双	15941.7	6.00	100.11	5.78

轮胎是台湾橡胶制品中产值最大的产品。目前台湾专业生产车辆轮胎的厂商以南港、泰丰、正新、建大、华丰、台湾普利司通 6 家公司为主。在 2012 年世界轮胎 75 强中，台商轮胎 5 家上榜。正新排名由上年第 10 上升为第 9，建大排名由第 26 退至第 29，南港排名由 41 退至 45，泰丰排名第 53，华丰排名第 62。

台湾有轮胎翻新企业 13 家，年翻新量大约 120 万条，产值约新台币 12 亿元。翻新种类主要以大卡车及大客车轮胎为主。

【技术研发】

台湾橡胶工业奠基于第二次世界大战后日本留下的橡胶产业，以及战后自日返台的技术人员。目前，台湾橡胶业的技术主要来源于日本和美国。台湾主要企业与境外技术合作情况见表6。台湾橡胶弹性体产业研发经费占营业额的比例见表7。

表6　台湾主要企业与境外技术合作情况

台湾企业	合作重点	国外合作厂家
泰丰轮胎公司	轮胎	日本住友橡胶工业株式会社
正新橡胶公司	轮胎	日本 TOYO RUBBER CORP
建大工业公司	轮胎	美国 COOPER
华丰橡胶公司	轮胎	日本住友橡胶工业株式会社
台湾普利司通公司	轮胎	日本普利司通(80%)
全兴油封企业公司	油封	日本 NOK CORP
中台橡胶公司	工业用品	日本 ASAHI CORP
台裕橡胶公司	工业用品	日本丰田合成株式(45%)
亿全橡胶公司	工业用品	日本滚华护膜工业
台湾华尔卡工业	工业用品	日本 BARUKA 工业(55%)
厚生公司	一般制品	日本凡山工业
协机工业公司	工业用品	日本 YOKOHAMA RUBBER CO.(49%)
台湾合成橡胶公司	SBR	美国 B. F. GOODRICH CO.
	BR	日本宇部兴(UBE)株式会社
中国合成橡胶公司	炭黑	美国 CONTINENTAI CARBON CO.
南帝化学工业公司	NBR	美国 B. F. GOODRICH CO
	合成乳胶	日本 NIPPON ZEON CO.
国联矽工业公司	白炭黑	德国 DEGUSSA
必丕志公司	DIASI 白炭黑	日本德山曹达株式会社
	特殊用途白炭黑	美国 PPG
国成工业公司	精炼胶	日本合成橡胶公司(30%)
三五橡胶公司	PU 传动带	日本阪东化学株式会社

表7　台湾橡胶弹性体产业研发经费占营业额的比例

行　业	研发经费比例/%	家数
轮胎业	1.8	13
工业用品业	0.7	44
一般制品业	0.6	26
合　计	1.2	83

【进出口情况】

1. 出口

2012 年,台湾橡胶制品出口额为 17.62 亿美元(未包括胶鞋类),比 2011 年减少 0.17%。其出口国家仍以美国、欧洲及日本为主。主要产品轮胎出口 11.78 亿美元。出口美国的轮胎总产值仍居外销之首。2011 ~2012 年台湾橡胶制品出口统计见表 8。2011 ~2012 年台湾轮胎出口主要国家见表 9。2011 ~2012 年台湾非轮胎橡胶制品主要出口国家和地区见表 10。

表 8　2011 ~2012 年台湾橡胶制品出口统计

产　品	2012 年		2011 年		金额比/%
	数量	金额/亿美元	数量	金额/亿美元	
子午线轮胎/条	8501620	4.61	9002067	4.85	-4.77
汽车外胎/条	8385317	3.50	8107914	3.43	2.05
汽车内胎/条	224160	0.02	241138	0.02	12.84
摩托车外胎/条	5709373	1.47	5601105	1.37	7.38
摩托车内胎/条	1583200	0.06	2181789	0.07	-17.75
自行车外胎/条	8626653	0.64	8880267	0.62	4.24
自行车内胎/条	18129260	0.31	17885274	0.29	7.79
翻新轮胎/条	19879	0.01	46266	0.02	-36.06
其他外胎/条	2171391	1.10	2224078	1.13	-2.39
其他内胎/条	1494441	0.04	1781002	0.04	-15.54
轮胎类小计/条	**54845294**	**11.78**	**55950900**	**11.84**	**-0.53**
胶管/kg	5605184	0.26	5795751	0.25	6.22
V 带/kg	772243	0.06	928225	0.06	5.99
平面输送带/kg	22927366	0.96	22280584	0.89	7.01
其他传动带/kg	3071008	0.14	2829041	0.14	3.83
橡胶油封/kg	6605843	1.25	6345426	1.20	3.85
橡胶手套/kg	1547345	0.14	1389688	0.12	14.10
胶丝/kg	336619	0.02	392262	0.02	-5.09
橡胶绝缘胶带/kg	2214212	0.11	3222420	0.17	-37.52
橡胶滚筒/kg	205790	0.01	335344	0.02	-37.72
其他橡胶制品/kg	54891846	2.86	54523434	2.92	-2.07
非轮胎类小计/kg	**98177456**	**5.81**	**98042175**	**5.79**	**0.26**
合计		17.62		17.66	-0.21

表 9　2011～2012 年台湾轮胎主要出口国家

2011 年				2012 年			
排名	出口国家	金额/亿美元	占比/%	排名	出口国家	金额/亿美元	占比/%
1	美国	3.62	30.5	1	美国	3.53	29.9
2	日本	1.35	11.4	2	日本	1.40	11.9
3	巴西	0.62	5.2	3	加拿大	0.65	5.5
4	澳大利亚	0.56	4.7	4	巴西	0.60	5.1
5	加拿大	0.55	4.7	5	澳大利亚	0.47	4.0
6	英国	0.35	2.9	6	英国	0.34	2.9
7	德国	0.32	2.7	7	印度	0.24	2.1
8	越南	0.24	2.0	8	沃里斯与住塔那岛	0.24	2.0
9	澳大利亚	0.19	1.6	9	俄罗斯	0.22	1.9
10	荷兰	0.18	1.5	10	德国	0.22	1.9
	小计	7.99	67.3		小计	0.79	67.1
	其他国家和地区	3.87	32.7		其他国家和地区	3.89	32.9
	合计	11.86	100.0		合计	11.81	100.0

表 10　2011～2012 年台湾非轮胎橡胶制品主要出口国家和地区

2011 年				2012 年			
排名	出口国家和地区	金额/亿美元	占比/%	排名	出口国家和地区	金额/亿美元	占比/%
1	美国	1.50	25.9	1	美国	1.75	30.1
2	中国大陆	0.89	15.3	2	中国大陆	0.91	15.7
3	日本	0.36	6.2	3	日本	0.39	6.4
4	美属维尔京群岛	0.23	4.0	4	中国香港地区	0.27	4.7
5	中国香港地区	0.23	3.9	5	德国	0.24	4.2
6	德国	0.22	3.7	6	英国	0.21	3.6
7	英国	0.20	3.4	7	越南	0.18	3.1
8	越南	0.16	2.8	8	荷兰	0.16	2.8
9	澳大利亚	0.14	2.4	9	澳大利亚	0.15	2.6
10	荷兰	0.14	2.3	10	加拿大	0.13	2.3
	小计	4.05	70.0		小计	4.39	75.6
	其他国家和地区	1.74	30.0		其他国家和地区	1.42	24.4
	合计	5.79	100		合计	5.81	100

2. 进口

2012 年,台湾橡胶制品进口额约为 7.05 亿美元,比 2011 年增长 2.2%。其中进口轮胎 3.38 亿美元,同比增长 0.70%,占进口总额的 48%。前四大进口源中,从日本进口 0.85 亿美元,泰国 0.63 亿美元,中国大陆 0.6 亿美元,印尼 0.21 亿美元。

非轮胎类进口额为 3.66 亿美元,同比增长约 3.69%,占进口总额的 52%。前四大进口源中,从日本进口 1.22 亿美元,泰国进口 0.56 亿美元,中国大陆 0.44 亿美元,美国 0.27 亿美元。2011 ~ 2012 年台湾橡胶制品进口统计见表 11。

表 11　2011 ~ 2012 年台湾橡胶制品进口统计

产　　品	2012 年		2011 年		金额比/%
	数量	金额/亿美元	数量	金额/亿美元	
子午线轮胎/条	3214134	2.69	3263237	2.67	0.65
汽车外胎/条	47070	0.06	75846	0.08	-26.60
汽车内胎/条	339112	0.01	378368	0.01	-20.70
摩托车外胎/条	720308	0.08	651736	0.07	9.84
摩托车内胎/条	187537	0.003	192996	0.003	7.92
自行车外胎/条	5633010	0.27	6121062	0.28	-1.85
自行车内胎/条	4042124	0.04	4042805	0.04	5.97
翻新轮胎/条	1201	0.01	511	0.003	54.36
其他外胎/条	1240529	0.20	1325875	0.17	12.84
其他内胎/条	1009450	0.02	967348	0.01	7.78
车胎类小计/条	**16434475**	**3.38**	**17019784**	**3.35**	**0.70**
胶管/kg	5153440	0.51	5231649	0.53	-2.31
V 带/kg	510924	0.07	608277	0.08	-13.02
平面输送带/kg	924769	0.11	879780	0.11	-4.03
其他传动带/kg	1286413	0.35	1613322	0.40	-12.09
橡胶油封/kg	2140101	0.63	2330485	0.69	-8.41
橡胶手套/kg	6815508	0.36	6619195	0.35	0.66
胶丝/kg	3196772	0.12	2971739	0.14	-11.70
橡胶绝缘胶带/kg	183608	0.02	170885	0.03	-15.37
橡胶滚筒/kg	14096	0.004	9017	0.003	19.12
其他橡胶制品/kg	32251386	1.48	28943548	1.20	23.36
非轮胎类小计/kg	**52477017**	**3.66**	**49377897**	**3.53**	**3.69**
合计		7.05	-	6.89	2.22

【原材料】

1. 天然橡胶

台湾不产天然橡胶,全部进口。2012 年台湾进口天然橡胶 10.77 万吨,比 2011 年同期降低 1.61%。进口前四国为泰国 3.37 万吨,占进口总量的 31.3%,其次为越南 3.34 万吨,占 31%,印尼 2.69 万吨,占 31.3%,马来西亚 1.31 万吨,占 12.2%。2012 年台湾天然橡胶进口情况见表 12。

表 12　2012 年台湾天然橡胶进口情况　t

	天然橡胶液	天然橡胶	合计	2011 年进口量	同比/%
泰国	7841.98	25883.84	33725.82	31987.87	5.43
越南	3251.20	30135.79	33386.99	28080.10	18.9
印尼	2242.62	24638.58	26881.20	32890.15	-18.27
马来西亚	3047.33	10049.40	13096.73	15526.27	-15.65
柬埔寨		302.40	302.40	294.72	2.61
斯里兰卡		170.20	170.20	139.80	21.75
菲律宾		60.48	60.48	20.16	200
美国	0.25	54.08	54.33	101.14	-46.28
缅甸	20.00		20.00	35.00	-42.86
德国		1.74	1.74		
中国大陆		1.24	1.24	73.33	-98.31
其他		0.21	0.21		
合计	16403.38	91297.97	107701.34	109465.36	-1.61

2. 合成橡胶

目前,台湾生产供应合成橡胶的种类以苯乙烯-丁二烯橡胶(SBR)、聚丁二烯橡胶(BR)、丙烯腈-丁二烯橡胶(NBR)、丙烯腈-丁二烯胶乳(NBR LATEX)及热塑性橡胶(TPE)为主。其他合成胶如 IR、IIR、EPDM、CR、ECO、ACM、Q、HNBR、FKM 等特殊合成橡胶则依赖进口。尽管如此,台湾合成胶及橡胶弹性体在世界橡胶弹性体产业界仍占有重要位置。

台湾热塑性弹性体规模总产能 58 万吨,分别为李长荣 35 万吨, 奇美 13 万吨,台橡 5 万吨及英全 5 万吨。2011~2012 年台湾橡胶弹性体原材料进口情况见表 13。

3. 炭黑

中橡公司是台湾唯一的炭黑生产厂,年产能 12.5 万吨,占台湾炭黑市场约 70%~80%。目前,该公司除在台湾有 1 家工厂外,也积极通过并购等方式建厂提升竞争力,包括在大陆安徽马鞍山、辽宁鞍山和重庆等地的 3 家生产厂,以及在美国的 3 家生产厂、印度 1 家生产厂,共计 8 家生产工厂,总产能 70 多万吨。

目前台湾进口炭黑源有中国大陆、韩国、泰国、加拿大及澳洲等,2012 年进口总量为 7.56 万吨,较 2011 年增长 17.1%。其中从中国大陆进口炭黑 5.75 万吨,占进口总量的 76%,较 2011 年增长 40.1%。2012 年台湾炭黑主要进口国家和地区及数量统计见表 14。

表 13　2011～2012 年台湾橡胶弹性体原材料进口情况

产品名称	2012 年		2011 年		金额比/%
	数量/t	金额/万美元	数量/t	金额/万美元	
SBR 胶乳	8797.42	2309.6	11667.17	3097.8	-25.44
CR 胶乳	411.86	147.3	498.62	196.9	-25.19
NBR 胶乳	2201.57	318.7	104.47	27.7	1050.54
其他胶乳	85.34	24.5	55.38	20.3	20.69
TPR	8149.93	3658.2	8871.92	3977.1	-8.02
SBR	50487.41	14798.0	43224.93	13725.5	7.81
BR	23266.65	7293.6	18109.22	6369.7	14.50
IIR	3907.80	1527.2	5931.51	2638.9	-42.13
CIIR BIIR	9920.30	4765.9	9935.50	4234.5	12.55
CR	8357.37	3757.9	8918.03	3813.7	-1.46
NBR	7813.59	3311.0	9736.57	4150.2	-20.22
IR	2957.98	1312.3	2856.04	1356.2	-3.24
EPDM	17708.92	5606.0	18961.24	6272.7	-10.63
混合胶	130.93	49.6	163.52	62.3	-20.39
聚硫橡胶	120.22	101.1	51.81	36.2	179.28
其他合成胶	5550.96	2675.2	6176.32	2920.8	-8.41
小计	**257569.58**	**87172.9**	**254727.59**	**104542.7**	**-16.62**
炭黑	75562.46	10411.3	64507.45	9354.4	11.30
促进剂	2233.96	859.0	2154.21	874.4	-1.76
防老剂	4181.30	1793.8	4368.00	1968.7	-8.88

表 14　2012 年台湾炭黑主要进口国家和地区及数量统计

国家和地区	数量/t	2011 年进口量/t	同比/%	金额/万美元
中国大陆	57497.80	41050.16	40.1	6698.2
韩国	7882.04	9101.59	-13.4	1149.9
日本	2397.03	3059.24	-21.6	594.3
美国	1940.95	2376.68	-18.3	617.1
加拿大	1701.59	1815.75	-6.3	316.6
泰国	1643.00	2817.68	-41.7	280.9
俄罗斯	541.75	481.75	12.5	95.9
印度	418.00	2024.00	-79.3	55.6
比利时	391.38	329.82	18.7	165.1
德国	3372.06	346.35	-2.6	220.5
马来西亚	295.60	497.99	-40.6	42.5
荷兰	243.04	301.62	-19.4	77.5
意大利	82.41	107.82	-23.6	19.7
其他	190.67	197.07	-3.3	78.0
合　计	75562.46	64507.45	17.1	10411.8

（邓雅俐）

区域品牌建设

河北省工程橡胶

【基本现状】

随着国家对基础设施建设投资力度的不断加大,工程橡胶行业发展迅速。河北省工程橡胶企业主要集中在衡水市,已引起行业内的关注,成为我国工程橡胶行业发展的重要区域。集群发展是河北衡水工程橡胶行业发展的显著特点,产业集群已成为工程橡胶行业发展的重要组织形式和载体,并在经济发展中发挥着越来越重要的作用。衡水工程橡胶产业集群作为河北工程橡胶特色的区域性产业组织形态,2012 年被评为“河北省中小企业示范产业集群”。

河北工程橡胶产业集群内企业主要分布在衡水市桃城区、景县、冀州、武邑等县、市、区,而尤以桃城区特色最为突出。主要有防排水材料、桥梁支座 、桥梁伸缩装置、橡胶坝等四大类 168 个品种,万余种规格的产品。经过近十几年的市场培育,桃城区已经成为全国乃至世界较有影响力的工程橡胶制品生产制造基地。先后被国家和河北省认定为“中国(衡水)工程橡胶产业制造基地”、“中国橡胶制品之乡”、“中国公铁交通配套产品铸造基地”、“河北省十强特色产业”、“河北省最具成长性特色产业”。该集群占全国市场份额近 60%,成为国内具有影响力的产业集群。

1. 产业规模逐渐扩大

截至 2012 年底,河北省工程橡胶生产企业 146 家,其中 138 家在衡水地区。目前河北省衡水工程橡胶产业协会会员单位 50 家,其中生产企业 40 家(年产值在 3000 万元以上,其中产值超亿元企业 10 家,超 10 亿元企业 2 家),金融企业 6 家,流通企业 1 家,大专院校 3 家。2012 在国家紧缩银根、铁路建设速度放缓的宏观形势下仍保持了稳步发展的态势。2012 年河北省工程橡胶产业实现总收入 141 亿元,其中衡水工程橡胶产业实现总收入 138 亿元。

2. 业内影响力逐步提升

全国获得公路桥梁支座产品生产许可证的企业 130 家,其中河北省工程橡胶产业获证企业达到 78 家,占全国获证企业的半数以上;全国获得橡胶止水带产品生产许可证的企业共计 147 家,其中河北省获证企业达到 88 家,占到全国获证企业的半数以上。全国共有 16 家企业的盆式支座产品通过铁道部 CRCC 认证,进入铁路建设市场,其中河北衡水通过认证企业达到 6 家;12 家企业的桥梁伸缩装置产品通过铁道部 CRCC 认证,进入铁路建设市场,其中河北衡水通过认证企业达到 5 家;16 家企业的橡胶止水带产品通过铁道部 CRCC 认证,进入铁路建设市场,其中河北衡水通过认证企业达到 15 家。衡水工程橡胶制品在产业内产生了较大影响力。

3. 科技创新能力进一步提高

一是行业协会于 2008 年组建协会专家技术委员会 ,积极助推企业和行业技术进步。几年来协会专家技术委员会为会员企业审定企业标准 17 个,开发新产品 75 项,7 家企业参与了交通运输公路桥梁盆式支座部标准的起草和修订工作;二是拥有全国首家橡胶产业生产力促进中心;三是协会以石家庄铁道大学为技术依托以衡水市橡胶总厂有限公司为具体承办单位,建立了衡水市首家工程橡胶研究所,几年来共研发新产品和申报国家专利 14 项;四是河北省工程橡胶工程技术研究中心落户衡水宝力工程橡胶有限公司。

随着行业内科技投入的不断加大,技术水平不断提高,专利数量稳步上升,截至 2012 年底,全行业共创国家专利 356 项,客观上提升了工程橡胶产业科技创新能力,对工程橡胶产业技术提升发挥了积极的作用。

4. 名牌意识明显增强

在 2008 年衡水宝力工程橡胶有限公司、衡水中铁建工程橡胶有限责任公司、衡水橡胶股份有限公司、丰泽工程橡胶科技开发股份有限公司、衡水市橡胶总厂有限公司获得中国橡胶工业协会质量授信资格并取得协会品牌推荐的基础上,2011

年衡水中铁建工程橡胶有限责任公司的“群力”牌商标、衡水橡胶股份有限公司的“恒力”牌商标相继被认定为中国驰名商标，成为目前我国工程橡胶产业中仅有的两个中国驰名商标，这将对产业发展起到积极的推动作用。同时衡水宝力工程橡胶有限公司、衡水中铁建工程橡胶有限责任公司、衡水橡胶股份有限公司、丰泽工程橡胶科技开发股份有限公司、衡水市橡胶总厂有限公司、衡水百威工程橡胶有限公司等8家企业的27种产品获得“中国交通企业名牌产品”称号。

5. 创办产业园区

2008年3月衡水市桃城区委、区政府规划实施了总投资35.2亿元、占地3150亩的“中国（衡水）工程橡胶产业制造基地项目”。该项目被列为河北省第三批重点产业支撑项目，2012年园区内国家级工程橡胶产品质量监督检验中心为80多家企业提供了产品检测和诊断服务，橡胶工业园实现产值85亿元。

6. 产品和技术转让步伐加快

一是6家会员企业（衡水宝力工程橡胶有限公司、衡水中铁建工程橡胶有限责任公司、衡水橡胶股份有限公司、丰泽工程橡胶科技开发股份有限公司、衡水市橡胶总厂有限公司、衡水华瑞工程橡胶有限责任公司）对中交规划设计研究院有限公司按照2009盆式支座部颁标准设计的盆式支座图纸进行了转让（全国13家）；二是3家会员企业（衡水宝力工程橡胶有限公司、丰泽工程橡胶科技开发股份有限公司、衡水市橡胶总厂有限公司）取得西安中交一公院中交土木材料科技有限公司高阻尼支座转让资格（全国共计7家）；三是7家会员企业（衡水宝力工程橡胶有限公司、衡水中铁建工程橡胶有限责任公司、衡水橡胶股份有限公司、丰泽工程橡胶科技开发股份有限公司、衡水市橡胶总厂有限公司、衡水华瑞工程橡胶有限责任公司、衡水百威工程橡胶有限公司）参与了中国交通企业管理协会路桥配套产品工作委员会“桥梁伸缩装置通用图”的编制工作（全国参编单位12家）。

7. 对外交流日趋成熟

一是面对国际、国内大市场的大需求，衡水中铁建工程橡胶有限责任公司与美国D.S布朗公司合资成立了衡水中铁建布朗科技有限公司，开创了产业和国际先进水平接轨的先河，对于提升和促进衡水工程橡胶产业的整体发展水平，具有重大的战略意义。二是丰泽工程橡胶科技开发股份有限公司与日本仓敷化工的合作也日渐走向成熟。2012年3月，公司与日本仓敷化工就合作生产高阻尼橡胶材料项目签订了合作意向书和保密协议，标志双方在橡胶新材料领域的合作迈出了新步伐。三是衡水华瑞工程橡胶有限责任公司立足于国家产业政策的调整和环保的要求，就工程橡胶产品—盆式支座金属表面涂层工艺的改进同美国洛德公司进行深层次技术合作。目前项目合作协议已经签订。

【采取措施】

1. 继续强化服务职能，充分发挥行业协会的作用。一方面组织银行企业对接座谈会，积极为银行和企业创造充分沟通的平台，解决企业贷款难问题；另一方面规范企业财务管理制度，提升资本运营水平。同时引导企业积极筹备上市，拓宽融资途径，提升企业品位，扩大企业影响。

2. 引导企业实施名牌战略。鼓励企业申请驰名商标和著名商标，打造以名牌拓市场，以名牌求效益的浓厚氛围，确保企业的长远战略和短期效益得以实现。

3. 引导企业推行精益化管理。利用对标、观摩、考察等形式，借鉴学习先进管理经验，强化程序控制，减少跑冒滴漏，进一步引进新技术、新工艺，加快设备的更新换代，最大限度地提高效率，降低内耗和用工成本。

4. 鼓励企业积极与大专院校、科研院所创新合作模式。积极吸引更多优秀人才进入自己的企业，以增强企业的创新能力，提升企业自主研发水平，使企业的核心竞争力进一步增强。

5. 引导产业加快转型升级步伐，利用现有的生产能力，开发相关产品。积极向航空、航海等其他领域转型发展，开辟企业发展的第二空间。

6. 加快国家级工程橡胶产业研发基地项目立项，尽快开工建设。加强与石家庄铁道大学的战略合作，引进新技术和技术型人才，靠新技术、新产品占领市场。

（刘　卿）

中国(博野)输送带工业城

博野县橡胶输送带产业起步于20世纪70年代末,经过30多年发展,目前已成为博野县支柱产业和中国北方最大的橡胶输送带生产基地。2012年7月经中国橡胶工业协会组织专家对博野县输送带产业进行评审,认为博野县输送带产业成长进步很快,已成为我国输送带生产基地之一,授予博野县"中国(博野)输送带工业城"称号。

【基本现状】

博野县有河北省级公路保(定)衡(水)跨越南北,定(州)河(间)公路横贯东西,城乡交通四通八达。河北省政府"十二五"规划中,石津、曲港两条高速在博野交汇,博野将成为京津冀高速路网框架中的重要节点。

2012年博野县橡胶输送带总产量达1.1亿平方米,输送带产业总产值达31亿元,占国内市场份额1/4以上,年上缴税金8000多万元,占全县工业税收收入的半壁江山。

博野县橡胶机带产业出口贸易方面有了很大突破和进展,输送带产品远销欧洲、非洲、东南亚国家。主要国家有俄罗斯、英国、尼日利亚、亚美尼亚、伊朗、菲律宾、马来西亚等国。2012年博野县输送带产业出口销售额为510万美元。

博野县橡胶输送带产业发展呈现显著优势:

1. 橡胶输送带是立县产业。县政府规划8.13平方公里的橡胶工业区,组建橡胶工业协会。企业布局集中,链条完整,技术先进。橡胶工业聚集区集中了主营输送带企业73家及配套关联企业300多家,从业人员2.2万人。已形成以橡胶输送带为主,包括输送机制造、帆布制造、物流配送、市场营销、售后服务在内的完整产业链条。

2. 龙头带动强、品牌知名度高。销售收入2000万以上企业51家,产值超亿元企业10家,获得河北著名商标、省名牌、优质产品15个,保定京博橡胶有限公司"京博"牌输送带获中国驰名商标,保定华月胶带有限公司是中国输送带10强企业,现准备上市。

【科技创新】

近3年来,累计投入技改资金15亿元,引进国内最先进的钢丝绳输送带、PVC、PVG、阻燃等高端产品20多个,中高端产品占比达到50%左右。外聘技术人员近百人,培育技术骨干近千人,申报61项国家专利,其中18项已获得批准。

博野县输送带产业中有80%企业已通过ISO 9001管理体系认证。全国10强输送带企业保定华月胶带有限公司建立了市级质量检测中心。"管状环保特种输送带"和"低烟低卤环保输送带"已完成实验阶段,开始投入生产营销,"叠层阻燃带"正处在实验阶段。保定京博橡胶有限公司科研项目"超高温型耐热输送带"已投入生产,"高强度耐磨型管状输送带"正在实验阶段。三源公司、蓝箭公司、德泰公司等在"耐热抗烧阻燃带"方面也有了初步进展。

【基础建设】

保定华月胶带有限公司拟投资5亿元建设特级再生胶循环经济项目,项目建成后,年产3000万平方米高强力阻燃输送带、耐高温输送带、高倾角输送带等系列产品;高强涤纶工业丝及后加工产品6万吨;特级再生胶5万吨。

保定京博橡胶有限公司拟投资2亿元建设再生胶改扩建项目,项目竣工后,年产能达到4万吨,实现年销售收入18000万元,万元增加值综合能耗0.298吨标准煤/万元。

【采取措施】

为提高行业竞争力,县政府制定扶持橡胶输送带行业发展的实施意见,坚持地方政府发挥主导作用、橡胶协会发挥主办作用、企业发挥主体作用，推进博野县橡胶工业园区建设。

县橡胶协会积极开展行业培训活动，带领企业到外地橡胶产业集群地区参观考察学习，并组织企业进行生产工艺技术整改活动。随着博野县输送带产业设备的更新换代和一系列技改创新项目的实施，博野的输送带行业整体水平有了长足进步，管理水平有了很大提高。

【展　望】

博野橡胶输送带行业以科学发展观为指导，大力推行企业产业技术联盟，合理利用国内外两种资源，通过政策引导、市场开拓、品牌提升和平台建设，加快应用先进适用技术和设备。以新型输送带为龙头，以产业链优化和价值链提升为突破口，促进产业发展向质量保证型、品牌效益型转变，打造区域特色经济和品牌优势，实现博野输送带产业的振兴和转型升级。

到 2020 年，博野输送带产业总产值将提高到 100 亿元以上，预计出口产值 50 亿元。企业自主创新能力提升，产品附加值进一步提高，产业布局趋于合理，企业和产业集群优势明显，形成具有国际影响力的区域品牌输送带产业集群。

（王建国）

中国(景州)橡塑管业基地

景县位于河北省东南部,紧邻山东省德州市,全县总面积1183平方公里,人口52万。

近年来,景县坚持“以工强县”战略,大力发展民营经济,培育壮大特色产业,综合经济实力连续多年位居衡水市前列。2012年,全县生产总值达到120.5亿元,同比(下同)增长10.5%;财政收入达到7.62亿元,增长22%,总量在衡水各县市中位居第一;社会固定资产投资达到92亿元,增长4%;规模以上工业企业完成增加值46.7亿元,实现利税15.72亿元,分别增长16.1%和10.56%;城镇居民人均可支配收入达到15550元,增长13.6%;农民人均纯收入达到7859元,增长14.7%;社会消费品零售总额达到47.72亿元,增长15.1%;2012年该县存款总额159亿元,机动车保有量11.5万辆。

【基本现状】

橡塑管业是景县的一个支柱产业,起步于20世纪70年代,经过多年发展,特别是近几年,在中国橡胶工业协会和胶管胶带分会的关心帮助和具体指导下,实现了跨越式发展,行业规模不断扩大,企业发展水平不断提高。目前,全县拥有橡塑管业生产企业200多家,从业人员4.2万人。产品主要有高压胶管、低压胶管、聚氨酯尼龙树脂管、钢塑复合管4大系列,2012年生产各类胶管2.6亿Bm,增长21%,其中,高压胶管达到2亿Bm,橡塑行业实现销售收入150亿元。

【采取措施】

景县在培育壮大橡塑管业、提升区域品牌方面,突出以下几点:

1. 制定发展规划,推动行业科学发展

为促进橡塑产业持续健康发展,景县邀请河北工业大学制定了《2010~2015年橡塑产业发展规划》,对产业的发展作出了科学详尽的规划。《规划》坚持三个结合,即规模扩张与结构优化相结合,扶持骨干企业与带动中小企业相结合,技术创新与淘汰落后相结合。使产业布局更加合理,结构趋于优化,技术创新能力、装备水平逐步提高,实现由橡塑大县向橡塑强县的转变。

2. 实施品牌战略,打造行业集群品牌

把品牌化建设作为推动产业发展的重要措施,重点扶持技术含量高、市场潜力大的企业创建品牌,开展企业形象和品牌标识的策划,提高企业的名牌意识,鼓励企业争创省级、国家级名牌。加大对品牌建设的扶持力度,对新创“中国驰名商标”或“中国名牌产品”、“河北省著名商标”或“河北省名牌产品”的企业,在省、市政府奖励的基础上,县政府分别再奖励50万元、10万元。

同时,加大名牌推介力度,以名牌企业、名牌产品为依托,着力提升企业、产品的知名度、美誉度,打造和提升中国橡塑管业基地这一响亮的区域品牌。目前,全县橡塑管业拥有省著名商标13项,省名牌产品6项,中国驰名商标1项,正在申请中国驰名商标2项。

3. 提升研发水平,促进行业优化升级

一是开展技术改造。为鼓励企业开展技术改造,提高工装水平,引进先进生产工艺,政府出台《关于大力推进企业技术改造的实施意见》,对实施技术改造的企业给予政策倾斜和资金支持。欧亚公司、景渤公司、恒宇公司、中美公司、博通公司、欧派公司、远大公司、澳通公司等一大批企业进行了技术改造、设备更新,分别从美国、意大利引进具有国际先进水平的生产设备,提高了装备水平和产品质量。

二是加大创新力度。近年来,橡塑产业企业普遍加大了产品研发投入力度,一大批科技含量高的专利产品相继问世。欧亚公司研制开发的海洋高压输油胶管、海上平台采油立管、橡胶注水封孔器3项新产品获国家专利,达到了国际先进水平。景渤公司研制的“宝能”牌 GNG 高压耐火隔热软管总成、GJF 高压绝热阻燃耐火放喷软管总成等 13 种产品，均为国家专利产品，填补了国内空白。目前景县橡塑管业拥有专利产品 136 项。

三是推进产学研合作。大力实施“借脑工程”，按照“生产一批、储备一批、研制一批”的要求，加强与高等院校、科研院所的战略合作。目前，有 30 多家企业与清华大学、河北工业大学、青岛化工学院、河南理工大学等高等院校建立了战略合作关系，推动了产学研一体化进程。

4. 规范行业管理，创优行业发展环境

坚持自律与他律、管理与服务相结合的方式，充分发挥河北橡塑产业协会的桥梁作用，积极协调行业内部关系，监督行业产品和服务质量、经营行为，维护行业信誉，营造公平公正的竞争环境。同时，加强与中国橡胶工业协会的沟通，组织企业积极参加胶管胶带分会各种会议和活动，及时掌握行业最新动态，为企业提供信息咨询、教育培训、举办展览等服务，帮助企业解决发展中的实际问题，使企业一直沿着健康的轨道发展。

【展　望】

经过努力，到 2015 年，景县橡塑产业销售收入将达到 200 亿元，实现利税 25 亿元；汽车胶管、海油胶管、重大成套设备配套件实现规模化生产；炼胶、编缠加工、硫化、检测等基本实现专业化生产，具有国际先进水平的各类加工设备比重提高到 50%。

（曹玉领）

橡胶工业
主要科技成果

橡胶工业主要科技成果

【基本情况】

新世纪以来,我国橡胶工业始终保持健康、稳定的增长,表1是2003~2012年我国橡胶工业总产值数据,十年平均递增速度为23.3%。

表1 2003~2012年我国橡胶工业总产值数据 亿元

项 目	2003	2004	2005	2006	2007	2008	2009	2010	2011	2012
总产值	1313	1624	2189	2735	3400	4107	4740	6105	7282	8366
增长率/%	23	24	34	25	27	22	15	29	19	15

自2002年以来,我国橡胶消耗量连续10年保持世界第一,近10年来平均递增率为8.8%,2003~2012年我国橡胶消耗量见表2。

表2 2003~2012年我国橡胶消耗量 万t

项 目	2003	2004	2005	2006	2007	2008	2009	2010	2011	2012
消耗量	310	340	400	450	505	550	588	645	690	730
递增率/%	1.3	9.7	17.6	12.5	12.6	12.2	6.9	9.7	7.0	5.8

科技进步是行业发展的不竭动力,“十一五”、“十二五”期间,国家科技部在橡胶行业分别组建了橡胶助剂、轮胎工艺和控制、炭黑材料等国家工程技术中心。2013年轮胎工艺和控制工程技术研究中心经科技部批准更名为“国家橡胶与轮胎工程技术研究中心”拓宽了研究领域并以“优秀”级别通过国家验收,为企业搭建了科技创新的平台。

国家发改委批准组建的“国家认定的技术中心”仍然保持18个,分别是三角集团、华南轮胎、软控股份、风神轮胎、贵州轮胎、成山集团、双星集团、双钱轮胎、天津赛象、益阳橡机、桂林橡机、神马集团、兴达钢帘线、安徽中鼎、株洲时代、广东巨轮模具、黄海轮胎、玲珑轮胎。

“十一五”是我国橡胶工业历史上发展最快的时期,产品数量、质量大幅提高,突出的是企业创新能力有很大提高,产品结构不断优化,转变增长方式初见成效。2011年、2012年虽受国际经济形势的影响,产品产量和行业利润的增幅下降,不少产业进入微增长时期,但行业通过科技创新,进一步调整产品结构大力发展绿色轮胎,组织实施轮胎标签法,加快了原材料和橡胶制品的绿色化进程,实施“强国战略”的方针不会变。目前,橡胶助剂的绿色产品比例超过90%,清洁生产工艺取得显著成效,炭黑工业和废旧橡胶利用等产业节能减排效果显著,单位炭黑产品的CO_2排放下降19.3%,每吨再生胶电耗下降20%。

2012~2013年我国橡胶工业炼胶工艺的技术改造和创新取得显著突破;炼胶是橡胶产品性能获得保证的关键工艺,其能耗占轮胎生产总能耗的43%,环保和烟气排放的危害也很严重。近年来开发的低温一次法连续炼胶工艺和湿法混炼技术均形成了科技成果,实现降低能耗30%左右,并显著提高胶料的物理机械性能。我国软控股份、三角集团、北京万向新元公司和华工百川均具备了提供一次法低温炼胶成套装备和技术的能力，并在行业中逐步推广，湿法混炼技术首先在株洲安宝麟峰新材料公司、北京万汇一方公司和华南轮胎通过了技术鉴定，成功开发了含60份白炭黑的湿法混炼共沉胶，为绿色轮胎填充大量白炭黑提供了技术基础，北京万向新元公司开发的炼胶烟气处理技术已在“八一轮胎”获得应用。

由软控股份公司开发的RFID电子标签技术在轮胎全生命周期控制系统的应用取得行业的普遍关注。在轮胎成型中植入小小的芯片，就可以通过数据采集，解决轮胎企业从原材料、炼胶、成型、硫化、质检、仓储、物流、销售直至翻新等全过程的历史数据可追溯。大大提高了工艺执行率，该技术正逐步发展车联网技术，及时监测轮胎行驶过程的温度、压力、速度等数据，对确保轮胎和车辆的行驶安全具有重要意义。该项目已被国家科技部列入重大科技项目，项目的实施和推广应用将极大提高我国轮胎产品的国际竞争力。

【主要科技成果】

2002～2011年国家级科学技术奖励项目见表3。

2012～2013年橡胶行业主要科技成果见表4。

表3　2002～2011年国家级科技奖励项目

成果名称	完成单位	奖励等级	获奖时间
6000吨/年子午胎专用硅烷偶联剂	南京曙光化工总厂	国家科技进步二等奖	2002年
万吨级/油、油/气新工艺炭黑生产技术	炭黑工业研究设计院	国家科技进步二等奖	2002年
子午胎专用新结构钢帘线生产技术	江苏兴达钢帘线公司	国家科技进步二等奖	2004年
高精密度自动物料输送称重配料系统及产业化应用	青岛软控股份公司	国家科技进步二等奖	2004年
亲核芳环取代氢新途径及液相催化氢化新方法制备RT－培司	山东圣奥化工有限公司	国家科技进步二等奖	2004年
3万吨/年丁基橡胶生产技术	北京化工大学、燕山石化公司橡胶厂	国家发明技术二等奖	2006年
巨型工程子午胎成套生产技术和装备开发	三角集团有限公司、天津赛象科技公司	国家科技进步一等奖	2007年
高性能新型弹性体（TPV）的动态硫化制备技术	北京化工大学、山东道恩公司	国家技术发明二等奖	2008年
超低断面抗湿滑低噪声乘用子午线轮胎	山东玲珑有限公司	国家科技进步二等奖	2010年
连续低温裂解废橡胶资源化利用成套技术与装备	青岛科技大学	国家科技进步二等奖	2011年

表4　2012～2013年橡胶行业主要科技成果

成果名称	完成单位	获奖情况
高效节能安全无内胎卡车轮胎	双钱集团股份有限公司	中国石油和化学工业联合会科技进步一等奖
高性能长寿命橡胶输送带关键技术及产业化应用	无锡宝通带业股份有限公司	中国石油和化学工业联合会科技进步一等奖
全自动一次法开炼式节能炼胶新技术开发与应用	三角轮胎股份有限公司	中国石油和化学工业联合会科技进步一等奖

续表 4－1

成果名称	完成单位	获奖情况
冷态炼胶和节能硫化与轮胎低阻耐磨关键技术研究及其应用	三角轮胎股份有限公司	中国石油和化学工业联合会科技进步二等奖
RFID 轮胎全流程信息管理系统	软控股份有限公司	中国石油和化学工业联合会科技进步二等奖
农业子午线轮胎成套生产技术开发及应用	天津国际联合轮胎橡胶有限公司	中国石油和化学工业联合会科技进步二等奖
ABS 用合成橡胶 LCBR3503 和 LBS3102 工业技术开发	中国石油化工股份有限公司北京化工研究院	中国石油和化学工业联合会科技进步二等奖
油井用耐高温高压长寿命密封材料关键技术研究	青岛科技大学	中国石油和化学工业联合会科技进步二等奖
集成橡胶 DIBR 成套技术开发	中石化北京化工研究院	中国石油和化学工业联合会技术发明二等奖
橡胶复合材料短纤维径向取向挤出成型方法的研究	青岛科技大学	中国石油和化学工业联合会技术发明三等奖
热塑性弹性体面整芯阻燃输送带	安徽中意胶带有限责任公司	中国石油和化学工业联合会技术发明三等奖
氧气氧化法合成促进剂 NS 技术开发	阳谷华泰化工股份有限公司	中国石油和化学工业联合会科技进步三等奖
新型、节能型再生橡胶成型自动化生产线	常州三橡机械有限公司	中国石油和化学工业联合会科技进步三等奖
全钢载重子午线绿色轮胎 Agt 的研制开发	风神轮胎股份有限公司	中国化工集团科学技术一等奖
全钢子午线巨胎关键装备系列化开发	桂林橡机机械厂	中国化工集团科学技术一等奖
自粘性、高性能耐磨腐蚀电磁屏蔽密封条的研制	中化化工科学技术研究总院	中国化工集团科学技术二等奖
军用航空轮胎磨耗标示	中橡集团曙光橡胶工业研究设计院	中国化工集团科学技术二等奖
26.5R25 全钢工程子午胎的开发研制	风神轮胎股份有限公司	中国化工集团科学技术二等奖
工程胎及工程巨胎罐式胶囊硫化新工艺的研制	风神轮胎股份有限公司	中国化工集团科学技术二等奖
大型煤电节能设备橡胶密封技术	北京橡胶工业设计研究院	中国化工集团科学技术二等奖
800g 气象气球	中国化工橡胶株洲研究设计院	中国化工集团科学技术二等奖
轮胎全寿命周期管理系统	风神轮胎股份有限公司	中国化工集团科学技术奖二等奖
耐高温挡边输送带	青岛橡胶六厂输送带有限公司	中国化工集团科学技术三等奖
全钢载重子午线冬季轮胎的研制	风神轮胎股份有限公司	中国化工集团科学技术三等奖
3＋9＋15×0.245HT 钢丝在子午胎上的研究应用	三角轮胎股份有限公司	山东省技术创新优秀成果一等奖
改善轮胎硫化返原性的研究	三角轮胎股份有限公司	山东省技术创新优秀成果一等奖

续表 4－2

成果名称	完成单位	获奖情况
提高轮胎加工中胶料粘性的研究	三角轮胎股份有限公司	山东省技术创新优秀成果一等奖
14.00－25 TL558 花纹 70 矿用自卸车轮胎新产品设计	三角轮胎股份有限公司	山东省技术创新优秀新产品一等奖
工程胎 23.1－26 、23.5－25 等新产品设计	三角轮胎股份有限公司	山东省技术创新优秀新产品一等奖
13.00R25、26.5R25 等运输型工程子午胎	三角轮胎股份有限公司	山东省技术创新优秀新产品二等奖
固特异公司 KELLY 品牌开发	三角轮胎股份有限公司	山东省技术创新优秀新产品二等奖
全钢丝子午线轮胎新产品开发与研究	三角轮胎股份有限公司	山东省技术创新优秀新产品三等奖
6.50R16LT TR556 新规格产品开发	三角轮胎股份有限公司	山东省技术创新优秀新产品三等奖
970 花纹系列化产品开发	三角轮胎股份有限公司	山东省技术创新优秀新产品三等奖
14.00R20 安全轮胎车轮总成	三角轮胎股份有限公司	山东省技术创新优秀新产品三等奖
巨型工程子午胎产业化示范	三角轮胎股份有限公司	山东省科技进步三等奖
废旧轮胎常温机械法制取橡胶粉生产线	四川乐山亚联机械有限责任公司	四川省科技进步二等奖
汽车发电机冷却系统散热器用密封条	安徽中鼎密封件股份有限公司	国家重点新产品
车门用无异味线束橡胶护套	安徽中鼎密封件股份有限公司	国家火炬计划项目
减震降噪皮带轮	安徽中鼎密封件股份有限公司	国家火炬计划项目
中心分流式高效低温混炼胶工艺与装备研究应用	北京万向新元、八一轮胎等	成果鉴定
轮胎(S－1063)	广州市华南橡胶轮胎有限公司	2013 年广东省专利金奖
稀土异戊胶	中石油吉化研究院长春应化所	国家验收
天然胶/白炭黑湿法混炼技术及共沉胶应用	株洲安宝麟锋新材料公司、北京万汇一方科技公司、华南轮胎	成果鉴定
12R22.5、13R22.5 和 315/80R22.5 规格结构轻量化优化改进	三角轮胎股份有限公司	成果鉴定
TR257、VR916、VR989、TR978、VR255、TR977 六个花纹系列产品开发	三角轮胎股份有限公司	成果鉴定
组群硫化设备进行轮胎定型、硫化的方法	三角轮胎股份有限公司	成果鉴定
全钢丝载重子午胎缠绕贴合钢丝冠带条的生产方法	三角轮胎股份有限公司	成果鉴定
欧洲市场高性能环保轮胎 195/65R15 91H 开发	山东玲珑轮胎股份有限公司	成果鉴定

续表 4－3

成果名称	完成单位	获奖情况
11R22.5 澳大利亚长途干线轮胎开发	山东玲珑轮胎股份有限公司	成果鉴定
11R22.5 城市公交车专用轮胎开发	山东玲珑轮胎股份有限公司	成果鉴定
12.00R20 LDO910 等高强载工程型轮胎研究开发	山东玲珑轮胎股份有限公司	成果鉴定
轮胎高性能化用纳米弹性体复合材料规模化制备	山东玲珑轮胎股份有限公司	成果鉴定
欧洲市场(HP)低滚阻高性能轿车子午线轮胎	山东玲珑轮胎股份有限公司	成果鉴定
液压双模子午胎定型硫化机	山东玲珑轮胎股份有限公司	成果鉴定
节能减排、安全耐用的高性能轮胎的研制及产业化	广州市华南橡胶轮胎有限公司	成果鉴定
基于有限元仿真和优化设计方法的干湿路面高制动性能轮胎	广州市华南橡胶轮胎有限公司	成果鉴定
提高合成橡胶在全钢载重胎中的应用比例	北京橡胶工业研究设计院	成果鉴定
载重汽车轮胎滚动阻力标准测试方法研究	北京橡胶工业研究设计院	成果鉴定
某航空胎的研制(JPPT－115－572)	曙光橡胶工业研究设计院 北京橡胶工业研究设计院	成果鉴定
一种用于耐高温钢网输送带芯胶的制备方法	无锡宝通带业股份有限公司	授权发明专利
一种阻燃帆布叠层芯输送带的表面覆盖胶及其制备方法	无锡宝通带业股份有限公司	授权发明专利
钢丝绳 O 形移动分疏器	无锡宝通带业股份有限公司	授权发明专利
简易模腔开档调节器	无锡宝通带业股份有限公司	授权发明专利
钢丝绳芯胶带生产用的分疏装置	无锡宝通带业股份有限公司	授权发明专利
环保型煤矿用钢丝绳芯阻燃输送带	安徽中意胶带有限责任公司	成果鉴定
带过渡层的整芯阻燃输送带	安徽中意胶带有限责任公司	成果鉴定
高端吸尘器用吸气歧管	安徽中鼎密封件股份有限公司	成果鉴定
输送带用缓冲托辊橡胶轮	安徽中鼎密封件股份有限公司	成果鉴定
涡轮增压发动机用干净空气管	安徽中鼎密封件股份有限公司	成果鉴定
发动机曲轴箱通气用橡胶管	安徽中鼎密封件股份有限公司	成果鉴定
福特汽车后副车架衬套	安徽中鼎减震橡胶技术有限公司	成果鉴定
凯越后减上支承	安徽中鼎减震橡胶技术有限公司	成果鉴定
瑞虎 SUV 发动机液压悬置	安徽中鼎减震橡胶技术有限公司	成果鉴定
裕隆 SUV 发动机悬置	安徽中鼎减震橡胶技术有限公司	成果鉴定
塑化胶粉暨高强力特级再生胶自动化清洁示范生产线技术研发与应用	江西国燕高新材料科技有限公司	成果鉴定
矿用高耐磨节能填充器技术集成与开发	欧亚管业股份有限公司	成果鉴定
橡胶助剂白炭黑分散剂 HT254 技术研究	山东阳谷华泰化工股份有限公司 国家橡胶助剂工程技术研究中心	成果鉴定

续表 4－4

成果名称	完成单位	获奖情况
高热稳定性不溶性硫黄新工艺研究	山东阳谷华泰化工股份有限公司 国家橡胶助剂工程技术研究中心	聊城市科技进步三等奖
橡胶促进剂 TBBS 绿色环保型合成新工艺的研究	科迈化工股份有限公司	成果鉴定
橡胶硫化促进剂 DCBS 的绿色环保型合成新工艺的研究	科迈化工股份有限公司	成果鉴定
年产 5 万吨促进剂系列产品绿色环保型工艺的开发及产业化示范	科迈化工股份有限公司	天津市科技进步二等奖
高含量橡胶防老剂 TMQ(RD)的研制	科迈化工股份有限公司	滨海新区科技进步三等奖
绿色环保新型橡胶气密性增进剂	山东迪科化学科技有限公司	成果鉴定
从生产橡胶促进剂副产的酸性气体中回收硫黄的方法	山东尚舜化工有限公司	授权发明专利
高分子材料包覆制备高分散性不溶性硫黄的方法	山东尚舜化工有限公司	授权发明专利
常压连续脱硫技术及设备	都江堰新时代工贸有限公司	授权发明专利
一种密炼机进料门	广州市华南橡胶轮胎有限公司	授权发明专利
航空子午线轮胎胎圈钢丝挂胶胶料	中橡集团曙光橡胶工业研究设计院	授权发明专利
一种耐热耐寒耐油胶料	中橡集团曙光橡胶工业研究设计院	授权发明专利
采用带束层缠绕翻新民用航空轮胎的方法	中橡集团曙光橡胶工业研究设计院	授权发明专利
一种输送物料的耐高热覆盖胶的制备方法	无锡宝通带业股份有限公司	授权发明专利
聚酯树脂增韧改性用丙烯酸聚合物乳液的制备方法	河北工业大学 欧亚管业股份有限公司	授权发明专利
一种聚对苯二甲酸丁二醇酯增韧改性用丙烯酸酯共聚物乳液的制备方法	河北工业大学 欧亚管业股份有限公司	授权发明专利
环保型高品质轮胎再生胶制造方法	福建环科集团三明市高科橡胶有限公司	授权发明专利
一种汽车轮胎硫化成型的机械定型方法	巨轮股份有限公司	授权发明专利
一种基于以太网通信的机器人柔性制造单元的构建方法	巨轮股份有限公司	授权发明专利
汽车机油滤清器和进气歧管之间的进气管橡胶件及其制造工艺	安徽中鼎密封件股份有限公司	授权发明专利
一种用于滚筒洗衣机上耐铜离子的橡胶门封及其制造工艺(200910185146.7)	安徽中鼎密封件股份有限公司	授权发明专利
一种制备绕线联轴器的橡胶材料及绕线联轴器的成型方法(201010524034.2)	安徽中鼎密封件股份有限公司	授权发明专利

续表 4－5

成果名称	完成单位	获奖情况
一种邻苯二胺磷酰氯缩季戊四醇酯的制备方法（200910144694.5）	安徽中鼎密封件股份有限公司	授权发明专利
一种轮胎成型机用指形正包器	天津赛象科技股份有限公司	授权发明专利
六工位缠绕机生产线预弯曲装置	天津赛象科技股份有限公司	授权发明专利
工程轮胎卸胎装置	天津赛象科技股份有限公司	授权发明专利
帘布筒贴合鼓支撑架	天津赛象科技股份有限公司	授权发明专利
胶片冷却机的纵切装置	天津赛象科技股份有限公司	授权发明专利
六工位子午线轮胎钢丝圈缠绕机	天津赛象科技股份有限公司	授权发明专利
带束层夹胶热包装置及夹胶热包生产工艺	天津赛象科技股份有限公司	授权发明专利
钢丝胎体帘布自动缝合装置	天津赛象科技股份有限公司	授权发明专利
巨胎成型机带束层供料架	天津赛象科技股份有限公司	授权发明专利
一种新的特巨型全钢工程子午线轮胎一次成型方法和设备	天津赛象科技股份有限公司	第十三届中国专利奖优秀奖
多复合挤出机头液压锁紧结构	天津赛象科技股份有限公司	授权发明专利
氧气氧化合成橡胶硫化促进剂 DM 的方法	科迈化工股份有限公司	成果鉴定
橡胶防老剂 FR 的生产方法	科迈化工股份有限公司	成果鉴定
球粒状橡胶防老剂 FR 的生产方法	科迈化工股份有限公司	成果鉴定
高含量医药级 MBT 的生产方法	科迈化工股份有限公司	授权发明专利
橡胶防焦剂 CTP 生产过程中过滤干燥一体装置及应用	山东阳谷华泰化工股份有限公司	授权发明专利
一种不溶性硫黄的生产工艺	山东阳谷华泰化工股份有限公司	授权发明专利
高盐废水吸收环己烷法制氯代环己烷尾气工艺	山东阳谷华泰化工股份有限公司	授权发明专利
硬质炭黑反应炉	龙星化工股份有限公司	授权发明专利
一种三辊压延机	天津市曾泰化工机械设备制造有限公司	授权发明专利
一种四辊压延机	天津市曾泰化工机械设备制造有限公司	授权发明专利
脱硫下料冷却环保装置	江西国燕高新材料科技有限公司	授权发明专利
旋转雾化喷淋塔	江西国燕高新材料科技有限公司	授权发明专利

【展　望】

中国橡胶工业从 1915 年广东兄弟橡胶公司起步，1934 年在上海诞生了第一条轮胎，经历了近一个世纪的发展，已建成世界橡胶工业大国，耗胶量自 2002 年起连续 11 年世界第一，轮胎产量自 2005 年起连续 8 年世界第一，胶管、胶带、输送带、自行车胎、摩托车胎和胶鞋等产品均为世界前列。将中国建成世界橡胶工业强国是几代橡胶人的梦，只有不断树立科学发展观、坚持技术进步、坚持以人为本、创新发展、不断实现新产品、新技术的更新换代，转变增长方式建立在优化产品结构、提高效益和节能降耗的基础上，坚持发展绿色化工、绿色制造，才能实现行业的可持续发展。

“十一五”我国橡胶工业的快速发展，为我国“十二五”持续发展打下了良好的基础。“十一五”期间，国家投入几亿元经费支持的国家重点科技支撑计划项目均已通过国家验收。大量的科技成果涉及到橡胶工业原材料、装备、绿色轮胎、各类制品和循环经济等方面，这些成果在“十二五”期间的推广应用必将形成巨大的生产力，橡胶炼胶工艺的技术创新效果显著，应加快推广力度，以提高行业的整体技术水平和经济、社会效益。

新材料、新工艺成就绿色轮胎，我国轮胎行业应抓住实施轮胎标签法的契机，提高行业检测水平，推动轮胎试验场的建设，发展智能化轮胎，提高轮胎行业的整体国际竞争力，带动其他橡胶产业的发展，尽早实现进入世界橡胶强国的中国梦！

企业必须强化科技创新体系，建立健全企业技术中心，加大科技投入、实施人才战略、不断建立和完善人才培养机制，才能使企业在激烈的市场竞争中立于不败之地，才能实现企业和行业的可持续发展。

2013 年，国内外经济形势仍存在许多不确定因素，在复杂的经济形势下，更需加快科技进步的步伐，不断发展绿色化工，实现绿色制造，以绿色轮胎作为引领橡胶工业其他产业的示范，继续实施世界强国的战略方针，争取在“十三五”末全面实现“世界橡胶强国”的中国梦！

（许春华）

橡胶行业标准

软 管 标 准

全国橡标委软管分会是在橡胶或塑料软管及软管组合件专业领域内，从事全国性标准化工作的技术组织，负责本专业技术领域的标准化技术归口工作，2010 年 11 月，经筹备完成换届工作，第六届委员会现有委员单位 51 名，分别来自全国软管生产和使用单位及有关科研院所和检测机构。自 2010 年第六届委员会成立以来，共完成制修订国家标准 18 项，化工行业标准 7 项。标准应用范围涉及汽车、石油、煤炭、化工、建筑、工程机械、农林园艺、航空、航海等领域，促进了国内软管生产和检测技术的进步，为行业产品升级、结构调整、节能减排和促进贸易等方面发挥了重要技术支撑作用。

一、软管标准现状

截至 2012 年 12 月底，全国橡标委软管分会归口现行有效标准总计 90 项。其中，国家标准 62 项，行业标准 28 项。国家标准中，按标准性质分，强制性标准 5 项、推荐性标准 57 项；按标准类别分，基础通用标准 7 项，方法标准 23 项，产品标准 32 项。行业标准中，按标准性质分，强制性标准 1 项，推荐性标准 27 项；按标准类别分，基础通用标准 1 项，方法标准 1 项，产品标准 26 项。标准目录见表 1。

经过多年发展，软管标准基本形成了包括基础标准、产品标准、试验方法标准为主的比较完整的标准体系。标准体系结构见图 1。基础标准包括术语、指南和公差与配合等；试验方法标准包括通用方法和专用方法；产品标准主要包括工业用软管、机动车用软管、液压用软管、农业用软管和其他软管制品等。软管标准体系已成为一套指导我国软管生产、全面保证和提高产品质量，规范市场和贸易的完整的技术性文件，对促进我国软管行业发展起到了积极的作用。

表 1　软管分会归口现行有效标准目录

序号	项目名称	标准编号	标准性质	标准类别
国家标准				
1	橡胶和塑料软管及软管组合件 采购者、组装者、安装者和操作者使用指南	GB/T 24126 - 2009	推荐	基础通用
2	橡胶和塑料软管及软管组合件 标志、包装和运输规则	GB/T 9577 - 2001	推荐	基础通用
3	液压软管组合件 液压系统外部泄漏分级	GB/Z 18427 - 2001	指导	基础通用
4	橡胶和塑料软管及软管组合件 术语	GB/T 7528 - 2011	推荐	基础通用
5	工业通用橡胶和塑料软管内径尺寸及公差和长度公差	GB/T 9575 - 2003	推荐	基础通用
6	橡胶和塑料软管及软管组合件 选择、贮存、使用和维护指南	GB/T 9576 - 2001	推荐	基础通用
7	橡胶和塑料软管及软管组合件 试验压力、爆破压力与设计工作压力的比率	GB/T 9574 - 2001	推荐	基础通用

续表 1－1

序号	项目名称	标准编号	标准性质	标准类别
8	橡胶和塑料软管组合件 液压脉冲曲挠试验(半 Ω 试验)	GB/T 12722－2008	推荐	试验方法
9	橡胶和塑料软管 可燃性试验方法	GB/T 15907－2008	推荐	试验方法
10	橡胶和塑料软管及软管组合件 静液压试验方法	GB/T 5563－2006	推荐	试验方法
11	橡胶及塑料软管 低温曲挠试验	GB/T 5564－2006	推荐	试验方法
12	橡胶或塑料增强软管和非增强软管弯曲试验	GB/T 5565－2006	推荐	试验方法
13	橡胶或塑料软管 耐压扁试验方法	GB/T 5566－2003	推荐	试验方法
14	橡胶或塑料软管及软管组合件 无挠曲液压脉冲试验	GB/T 5568－2006	推荐	试验方法
15	橡胶或塑料软管 容积膨胀的测定	GB/T 7129－2001	推荐	试验方法
16	橡胶和塑料软管及软管组合件 电阻的测定	GB/T 9572－2001	推荐	试验方法
17	橡胶软管 外覆层耐磨耗性能的测定	GB/T 12721－2007	推荐	试验方法
18	橡胶和塑料软管 各层间粘合强度的测定	GB/T 14905－2009	推荐	试验方法
19	橡胶和塑料软管及软管组合件 透气性的测定	GB/T 18422－2001	推荐	试验方法
20	橡胶和塑料软管 氙弧灯曝晒 颜色和外观变化的测定	GB/T 18424－2001	推荐	试验方法
21	蒸汽橡胶软管试验方法	GB/T 18425－2001	推荐	试验方法
22	橡胶和塑料软管 动态条件下耐臭氧性能的评定	GB/T 18949－2003	推荐	试验方法
23	橡胶和塑料软管 静态下耐紫外线性能测定	GB/T 18950－2003	推荐	试验方法
24	内燃机用橡胶和塑料燃油软管 可燃性试验方法	GB/T 20024－2005	推荐	试验方法
25	橡胶和塑料软管 内衬层耐磨性测定	GB/T 20026－2005	推荐	试验方法
26	橡胶和塑料软管 静态条件下耐臭氧性能的评价	GB/T 24134－2009	推荐	试验方法
27	橡胶和塑料软管及软管组合件 耐吸扁性能的测定	GB/T 5567－2006	推荐	试验方法

续表 1－2

序号	项目名称	标准编号	标准性质	标准类别
28	钢丝增强橡胶和塑料软管及软管组合件 曲挠液压脉冲试验	GB/T 14904－2011	推荐	试验方法
29	橡胶、塑料软管及软管组合件 尺寸测量方法	GB/T 9573－2003	推荐	试验方法
30	橡胶和塑料软管及非增强软管 液体壁透性测定	GB/T 18423－2001	推荐	试验方法
31	气体焊接设备 焊接、切割和类似作业用橡胶软管	GB/T 2550－2007	推荐	产品
32	近海停泊排吸油橡胶软管	GB/T 10541－2003	推荐	产品
33	飞机地面加油和排油用橡胶软管及软管组合件	GB 10543－2003	强制	产品
34	矿用输送空气和水的织物增强橡胶软管及软管组合件	GB/T 19090－2003	推荐	产品
35	无气喷涂用橡胶和/或塑料软管及软管组合件	GB/T 20023－2005	推荐	产品
36	分配液化石油气（LPGs）用橡胶软管及软管组合件 规范	GB 20689－2006	强制	产品
37	消防软管 橡胶和塑料吸引软管和软管组合件	GB/T 24144－2009	推荐	产品
38	旋转钻探和减震用橡胶软管和软管组合件 规范	GB/T 24145－2009	推荐	产品
39	用于油燃烧器的橡胶软管和软管组合件 规范	GB/T 24146－2009	推荐	产品
40	压缩空气用织物增强橡胶软管	GB/T 1186－2007	推荐	产品
41	液化石油气（LPG）用橡胶软管和软管组合件 散装输送用	GB/T 10546－2003	推荐	产品
42	输送无水氨用橡胶软管及软管组合件	GB/T 16591－1996	推荐	产品
43	使用非石油基制动液的道路车辆 液压制动系统用制动软管组合件	GB/T 7127.1－2000	推荐	产品
44	使用石油基制动液的道路车辆 液压制动系统用制动软管组合件	GB/T 7127.2－2000	推荐	产品
45	汽车空气制动软管和软管组合件	GB 7128－2008	强制	产品
46	铁路机车车辆制动用橡胶软管	GB 7542－2003	强制	产品

续表 1-3

序号	项目名称	标准编号	标准性质	标准类别
47	内燃机冷却系统用橡胶软管和纯胶管规范	GB/T 18948-2009	推荐	产品
48	汽车空调用橡胶和塑料软管及软管组合件 耐制冷剂 134a	GB/T 20025.2-2005	推荐	产品
49	机动车用液化石油气的橡胶软管和软管组合件	GB 20414-2006	强制	产品
50	汽车动力转向系统用橡胶软管和软管组合件 规范	GB/T 20461-2006	推荐	产品
51	汽车用热塑性非增强软管和软管 第1部分：非燃油用	GB/T 20462.1-2006	推荐	产品
52	汽车用热塑性非增强软管和软管 第2部分：石油基燃油用	GB/T 20462.2-2006	推荐	产品
53	内燃机燃油管路用橡胶软管和纯胶管规范 第1部分:柴油燃料	GB/T 24141.1-2009	推荐	产品
54	内燃机燃油管路用橡胶软管和纯胶管规范 第2部分:汽油燃料	GB/T 24141.2-2009	推荐	产品
55	内燃机空气和真空系统用橡胶软管和纯胶管 规范	GB/T 24140-2009	推荐	产品
56	钢丝缠绕增强外覆橡胶的液压橡胶软管和软管组合件	GB/T 10544-2003	推荐	产品
57	橡胶软管及软管组合件 织物增强液压型 第1部分:油基流体用	GB/T 15329.1-2003	推荐	产品
58	塑料软管及软管组合件 液压用织物增强型 规范	GB/T 15908-2009	推荐	产品
59	矿用钢丝增强液压软管及软管组合件	GB/T 18947-2003	推荐	产品
60	橡胶软管及软管组合件 油基或水基流体适用的钢丝编织增强液压型 规范	GB/T 3683-2011	推荐	产品
61	输送混凝土用橡胶软管及软管组合件	GB/T 27571-2011	推荐	产品
62	生活饮用水用橡胶或塑料软管和非增强软管及软管组合件	GB/T28605-2012	推荐	产品
行业标准				
1	橡胶软管外观质量	HG/T 2185-1991	推荐	基础通用
2	橡胶、塑料软管 静态下耐臭氧性能的评价	HG/T 2869-1997	推荐	试验方法

续表 1－4

序号	项目名称	标准编号	标准性质	标准类别
3	耐稀酸碱橡胶软管	HG/T 2183－1991	推荐	产品
4	通用输水织物增强橡胶软管	HG/T 2184－2008	推荐	产品
5	喷砂用橡胶软管 规范	HG/T 2192－2008	推荐	产品
6	洗衣机和洗碗机橡胶软管和软管组合件 进水软管规范	HG/T 2193－2008	推荐	产品
7	压缩空气用织物增强热塑性塑料软管	HG/T 2301－2008	推荐	产品
8	计量分配燃油用橡胶和塑料软管及软管组合件	HG/T 3037－2008	推荐	产品
9	岸上排吸油橡胶软管	HG/T 3038－2008	推荐	产品
10	船/码头输油用橡胶软管	HG/T 3039－2008	推荐	产品
11	排吸用螺旋线增强的热塑性塑料软管	HG/T 3045－2008	推荐	产品
12	消防用不可折叠型橡胶和塑料软管 第1部分:定位应急设施用轴卷半硬性软管	HG/T 3842－2006	推荐	产品
13	吸水和排水用橡胶软管及软管组合件规范	HG/T 3035－2011	推荐	产品
14	饱和蒸汽用橡胶软管及软管组合件规范	HG/T 3036－2009	推荐	产品
15	油槽车输送燃油用橡胶软管和软管组合件	HG/T 3041－2009	推荐	产品
16	通用织物增强的热塑性塑料排水软管规范	HG/T 3044－2011	推荐	产品
17	塑料软管 普通用途织物增强可折叠式输水软管 规范	HG/T 2300－2011	推荐	产品
18	疏浚工程用钢丝或织物增强的橡胶软管和软管组合件 规范	HG/T 2490－2011	推荐	产品
19	吸引和低压排放石油液体用塑料软管及软管组合件 规范	HG/T 2799－2011	推荐	产品
20	内燃机车机油橡胶软管	HG/T 2540－1993	推荐	产品
21	汽车空调用橡胶和塑料软管及软管组合件	HG/T 2718－1995	推荐	产品
22	内燃机燃油系统输送常规液体燃油用橡胶软管和纯胶管	HG/T 3042－1989	推荐	产品

续表 1－5

序号	项目名称	标准编号	标准性质	标准类别
23	铁路蒸汽机车用给水胶管	HG/T 3324－1981	推荐	产品
24	内燃机燃油系统输送含氧燃油用纯胶管及橡胶软管	HG/T 3665－2000	推荐	产品
25	内燃机燃油系统输送氧化燃油用纯胶管及橡胶软管	HG/T 3666－2000	推荐	产品
26	汽车用输水橡胶软管和纯胶管	HG/T 2491－2009	推荐	产品
27	农业喷雾用橡胶软管	HG/T 3043－2009	推荐	产品
28	家用煤气软管	HG 2486－1993	强制	产品

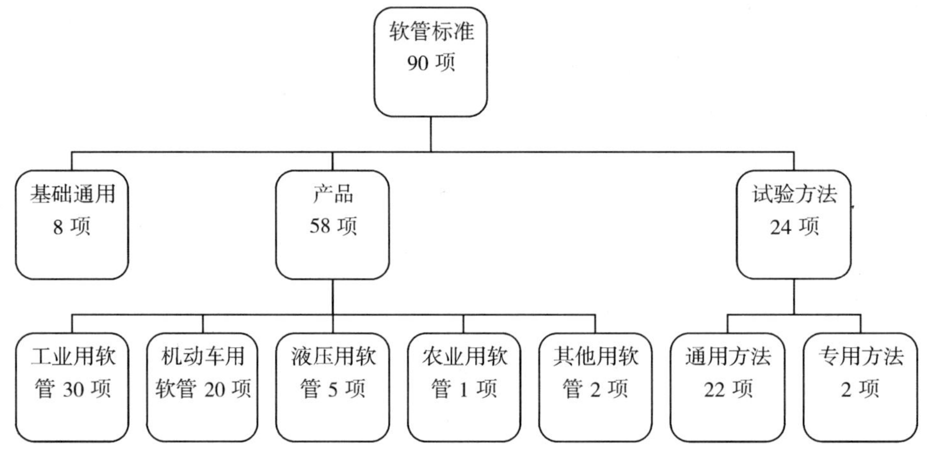

图 1　软管标准体系结构图

二、2010 年至 2012 年软管标准制修订工作

2010～2012 年期间，软管行业结合我国标准化“十二五”发展规划纲要，根据我国软管行业的特点，软管分会标准将制修订重点为十大重点产业以及与国家基础设施建设配套的软管产品，包括汽车、石化、建筑、工程机械、航空、船舶等行业应用的软管产品标准，以及试验方法标准和急需转化的 ISO 标准。

1. 2010 年，共完成 7 项标准制修订项目，目前已批准发布。2 项是国家标准，5 项是化工行业标准，均为修订项目。

（1）GB/T 7528－2011**《橡胶和塑料软管及软管组合件 术语》**

该标准使用翻译法等同采用 ISO 8330：2007《橡胶和塑料软管及软管组合件 术语》。

该标准与 GB/T 7528－2002 相比主要变化如下：

——增补了 101 条术语

——该标准的波纹软管（2.1.35），液压软管（2.1.59），节距（2.1.95）和工作压力（2.1.152）四条术语增加或修改了“注”的内容

——删除了一条术语：半埋线软管（GB/T 7528－2002 中 2.83 条）

——该标准共有两条拒用术语，即设计压力（2.1.38）和密封端（2.1.22）。其中，设计压力为新增的拒用术语，密封端未单独列出，放在冠封端（2.1.22）的后面

——保留了一条 ISO 8330 中没有，但在 GB/T 7528－2002 中已增补的术语自由长度，因为软管标准及软管生产、检测中经常使用，该术语作为

资料性附录给出(附录 B)

(2) GB/T 14904 – 2011**《钢丝增强橡胶和塑料软管及软管组合件 曲挠液压脉冲试验》**

该标准使用翻译法等同采用 ISO 6802:2005《钢丝增强的橡胶和塑料软管及软管组合件 曲挠液压脉冲试验》。

该标准与 GB/T14904—1994 相比主要技术变化如下:

——增加了试验方法一章(见第 3 章)

——在试验报告中增加了使用的方法(方法 1 或方法 2)(见第 7 章;1994 年版第 7 章)

——修改了适用范围(见第 1 章;1994 年版第 1 章)

——修改了最小弯曲半径、软管外径的字母表示(见第 4 章;1994 年版第 3 章和第 4 章)

——删除了结果表示(见 1994 版第 6 章)

(3) HG/T 3035 – 2011**《吸水和排水用橡胶软管及软管组合件 规范》**

该标准使用翻译法等同采用 ISO 4641:2005《吸水和排水用橡胶软管及软管组合件 规范》。该标准与 HG/T 3035 – 1999 相比主要技术变化如下:

——增加了 4 分类中的 3 型(见第 4 章)

——增加了内衬层和外覆层的最小厚度(见 7.4、7.5)

——增加了物理性能(见 8.1 橡胶混炼胶)

——增加了最大工作压力下的长度和外径的最大变化率(见 8.2.1)

——增加了耐低温曲挠试验要求(见 8.2.5)

——增加了试验频次(见第 9 章)

——增加了包装和贮存(见第 12 章)

(4) HG/T 3044 – 2011**《通用织物增强的热塑性塑料排水软管 规范》**

该标准使用翻译法等同采用国际标准 ISO 6224:2005(E)《通用纺织物增强的热塑性塑料排水软管—规范》。

该标准与 HG/T3044 – 1999 相比主要技术变化如下:

——增加了最大工作压力为 2.5MPa 的型别(见第 1 章)

——增加了同心度的要求(见 6.2)

——增加了内衬层和外覆层的最小厚度的要求(见 6.4)

——修改了耐老化性能的拉伸强度变化率(最大)(见 7.1 表 2,1999 年版的 6.1 表 3)

——删除了直径变化率(1999 年版的 7.1 表 5)

(5) HG/T 2300 – 2011**《塑料软管 普通用途织物增强可折叠式输水软管 规范》**

该标准使用翻译法等同采用 ISO 8029:2007(E)《塑料软管 普通用途织物增强可折叠式输水软管 规范》。

该标准与 HG/T 2300 – 1992 相比主要技术变化如下:

a) 范围:

—— 增加了低压、中压、高压、超高压四个型别工作压力的规定

—— 增加了温度在 23℃ 下和 55℃ 下的最大工作压力

b) 分类:

——原标准按型别分为:1 型和 2 型(1992 版 3.1)

——该标准按温度在 23℃ 下和 55℃ 下的最大工作压力,将软管分为低压、中压、高压和超高压的四种型别,分别以 A 型、B 型、C 型和 D 型表示(见第 4 章)

c) 尺寸:

——增加了公称内径为 250、300、350 和 400 的规格(见 7.1)

——增加了长度的公差(见 7.2)

d) 物理性能:

——增加了塑料混炼胶的物理性能要求(见 8.1)

——增加了成品软管标准实验温度下的静压性能(见 8.2.1)

——增加了成品软管标准实验光源中的暴露试验(见 8.2.5)

——增加了成品软管的磨耗试验的要求(见 8.2.6)

——删除了原标准 4.6 的加热质量损耗性能要求。

(6) HG/T 2799 – 2011**《吸引和低压排放石油液体用塑料软管及软管组合件 规范》**

该标准使用翻译法等同采用国际标准 ISO

6808:1999《吸引和低压排放石油液体用塑料软管及软管组合件—规范》。

该标准与 HG/T 2799—1996 相比主要技术变化如下：

——使用温度范围由 -10℃ ~60℃修改为 -10℃ ~45℃,并增加了储存温度要求(见第1章,1996年版的第1章)

——增加了公称内径38的软管(见5.1)

——软管的长度变化率由不大于20%修改为不大于15%(见6.3,1996年版的5.2)

——增加了3号油浸泡70h后的增强层断裂试验(见6.5)

——最小弯曲直径试验的弯曲直径由8倍公称内径修改为6倍公称内径(见6.6,1996年版的5.5)

——低温弯曲试验的弯曲直径由32倍公称内径修改为20倍公称内径(见6.7,1996年版的5.6)

——低温弯曲试验中3号标准油老化试验的试验温度由100℃ ±1℃修改为70℃ ±1℃(见6.7.2,1996年版的5.6.2)

——增加了对软管组合件的要求(见第8章)

——软管标志内容中增加了最大工作压力(见第9章)

——增加了“附录B 管接头牢固性试验”

——删除了原附录B(提示的附录)

(7)HG/T 2490 -2011《疏浚工程用钢丝或织物增强的橡胶软管和软管组合件 规范》

该标准使用重新起草法参考 ISO 28017:2009《疏浚用钢丝或纺织物增强的橡胶软管及软管组合件 -规范》编制,与 ISO 28017:2009 的一致性程度为非等效。

该标准与 ISO 28017:2009 的主要差别如下：

——增加了一个类别:负压软管

——增加了对耐磨衬里、外覆层的机械性能要求

——该标准没有按 28017:2009 对浮体材料恢复的测试进行规定,而是规定了吸水率和压缩永久变形的要求

该标准与 HG/T2490 -1993 相比主要技术变化如下：

——修改了软管的分类(见第4章,1993版的3.2)

——扩大了规格尺寸的范围:由原标准的公称直径 203 ~900mm,扩大到 100 ~1300mm(见表1,1993版的3.3)

——将原标准的工作压力最大值1.47MPa扩大至4.0MPa(见表1,1993版的表1)

——增加了对接头和连接件的要求(见5.2)

——对耐磨衬里的测试方法由 GB/T 1689《硫化橡胶耐磨性能的测定》改为与国际标准等同的 GB/T 9876《硫化橡胶或热塑性橡胶 耐磨性能的测定(旋转辊筒式磨耗机法)》(见7.1.2,1993版的5.4)

——增加了对外覆层耐臭氧性能的要求(见7.1.3)

——增加了漂浮胶管的技术要求,包括:浮体材料的要求、最低余量浮力的要求(见7.2和7.3.5)

——增加了对软管产品的拉伸性能测试(见7.3.4)

——增加了钢接头和胶层之间的粘合要求(见7.3.6)

2.2011年,共完成7项标准制修订项目,目前处于批准发布阶段。全部是国家标准,6项为修订项目,1项为制定项目。

(1)《在2.5MPa及以下压力下输送液态或气态液化石油气(LPG)和天然气的橡胶软管及软管组合件 规范》

该标准使用翻译法等同采用 ISO 2928:2003《在25bar(2.5MPa)及以下压力下输送液态或气态液化石油气(LPG)和天然气的橡胶软管及软管组合件 规范》。

该标准与 GB/T 10546 -2003 相比主要技术变化如下：

——增加了“术语和定义”(见第3章)

——增加了“分类”(见第4章)

——修改了“材料与结构”(见第5章,2003年版的第3章)

——修改了“规格尺寸”(见第6章,2003年版的第4章)

——修改了“性能要求”(见第7章,2003年

版的第 5 章)

——增加了“电性能”(见第 8 章)

——增加了“试验频次”(见第 9 章)

——修改了“标志”(见第 11 章,2003 年版的第 7 章)

(2)《输送无水氨用橡胶软管及软管组合件 规范》

该标准使用翻译法等同采用 ISO 5771:2008《输送无水氨用橡胶软管及软管组合件 规范》。

该标准与 GB/T 16591 - 1996 相比主要技术变化如下:

——规范性引用文件中引用文件有更改(见第 2 章, 1996 年版第 2 章)

——增加了术语(见第 3 章)

——增加了同心度的测定(见 6.3)

——修改了软管规格及内径公差(见表 2, 1996 年版的表 4)

——提高了内衬层粘合强度和外覆层粘合强度(见表 4,1996 年版的第 2 章)

——修改了内衬层和外覆层所用橡胶胶料的物理性能(见 7.1,1996 年版的 4.1、4.3)

——删除了 1996 年版中的表 2,在本标准中用表 3、表 4 代替

——删除了 1996 年版中的表 3

——增加了组合件要求(见第 8 章)

——增加了试验频次(见第 9 章)

——增加了包装和贮存要求(见第 11 章)

——增加了试验证书(见第 12 章)

——增加了附录 A、附录 B、附录 C

——修改了软管切割长度公差(见附录 C, 1996 年版的表 5)

(3)《橡胶和塑料软管及软管组合件 软管尺寸和软管组合件长度测量方法》

该标准等同采用 ISO 4671:2007《橡胶和塑料软管及软管组合件 软管尺寸和软管组合件长度测量方法》

该标准与 GB/T 9573 - 2003 相比主要变化如下:

——增加了试样调节和测量温度(见第 3 章)

——增加了使用锥形规测量内径的方法(见 4.2)

——增加了内径测量方法(见 4.8)

——增加了外径测量方法(见 5.6)

——增加了不同壁厚测量方法的读数部位(见 7.1)

——增加了同心度测量方法的读数部位(见 8.1)

——增加了三种测量同心度的方法(见 8.4、8.5、8.6)

——修改了内衬层和外覆层厚度的测量方法(见 9.2,2003 版第 8 章)

——修改了软管组合件通过量验证名称(见第 11 章,2003 版第 10 章)

(4)《橡胶和塑料软管及非增强软管 液体壁透性测定》

该标准使用翻译法等同采用 ISO 8308:2006《橡胶和塑料软管及非增强软管 液体壁透性测定》。

该标准与 GB/T18423 - 2001 相比主要技术变化如下:

——将试样的自由长度改为试样的自由长度和公差(见 5.2,2001 版的 5.2)

——测试方法 A 中的“主阀”、“总阀”统一为“主阀”(见第 5 章,2001 版的第 5 章)

——将体积单位由 cm^3 改为 ml(见 5.6.2, 2001 版的 5.6.2)

——测试方法 B 增加:必要时,在试验期间可补加液体(见 6.4.4)、延长试验时间和采用空白试验修正(见 6.4.10)

(5)《橡胶和塑料软管 软管规格和最大最小内径及切割长度公差》

该标准使用翻译法等同采用 ISO 1307:2006《橡胶和塑料软管 软管尺寸和最大最小内径及切割长度公差》。

该标准与 GB/T 9575 - 2003 相比主要技术变化如下:

——增加了型别内容,依照制造工艺将软管分成四种型别,并用字母表示(见第 2 章)

——修改内径公差为最小和最大尺寸(见第 2 章表 1,2003 年版的第 2 章表 1)

——增加了软管尺寸(见第 2 章表 1)

(6)《橡胶和塑料软管及软管组合件　选择、贮存、使用和维护指南》

该标准使用翻译法等同采用 ISO 8331:2007《橡胶和塑料软管及软管组合件　选择、贮存、使用和维护指南》。

该标准代替 GB/T 9576－2001《橡胶和塑料软管及软管组合件　选择、贮存、使用和维护指南》，与 GB/T 9576－2001 相比主要技术变化如下：

——增加了两个引用标准(见第 2 章)

——修改了软管贮存温度(见 3.2.3,2001 年版的 2.2.3)

——修改了软管贮存湿度(见 3.2.4,2001 年版的 2.2.4)

——删除了对液压软管的要求,采纳 ISO/TR 17165－2(见 4.9,2001 年版的 3.8)

(7)《家用燃气用橡胶和塑料软管及软管组合件 技术条件和评价方法》

该标准规定了家用燃气用橡胶和塑料软管及软管组合件的结构及材料、尺寸与公差、外观、技术条件和评价方法、试验频次、标志和包装、运输、贮存和使用。

该标准适用于使用环境温度为－10℃～70℃,工作压力 3.3kPa 以下的城镇低压燃气的燃气开关和燃烧器具之间,以及家用瓶装液化石油气的调压器和燃烧器具间连接用的橡胶和塑料软管(以下简称软管)及软管组合件。

3.2012 年,共完成 11 项标准制修订项目,已报批,目前处于批准阶段。9 项是国家标准,2 项是化工行业标准。10 项为修订项目,1 项为制定项目。

(1)《汽车制动系统高温输气橡胶软管及软管组合件》

该标准规定了汽车制动系统高温输气橡胶软管及软管组合件的分类、结构和材料、尺寸与公差、最小弯曲半径、技术要求、试验频次和标志。

该标准适用于连接汽车气压制动系统打气泵至储气罐的输送高温压缩空气的软管组合件,其最大工作压力为 1MPa,内外部温度范围为－40℃～250℃。

(2)《橡胶和塑料软管及软管组合件透气性的测定》

该标准使用翻译法等同采用 ISO 4080:2009《橡胶和塑料软管及软管组合件 透气性的测定》。

该标准与 GB/T 18422－2001 相比主要技术变化如下：

——规范性引用文件中引用文件有更改(见第 2 章,2001 年版第 2 章)

——增加了术语和定义(见第 3 章)

——删除了 GB/T 18422－2001 图 1 中的"A 端"和"图注"(见 2001 版图 1)

——增加了试验气体的要求(见第 7 章)

——修改了试验步骤(见第 10 章,2001 版第 8 章)

——表 1 的表头增加"度的十分位"(见表 1,2001 版表 1)

(3)《橡胶和塑料软管及软管组合件 耐真空性能的测定》

该标准使用翻译法等同采用 ISO 7233:2006《橡胶和塑料软管及软管组合件　耐真空性能的测定》。

该标准与 GB/T5567－2006 相比主要技术变化如下：

——修改了标准名称

——增加了一个引用标准(见第 2 章)

——增加了原理(见第 3 章)

——增加了试验装置(见第 4 章)

——增加了试验压力(见第 7 章)

——增加了试验程序(方法 C)(见第 10 章)

(4)《橡胶和塑料软管及软管组合件 电阻的测定》

该标准使用翻译法等同采用 ISO 8031:2009《橡胶和塑料软管及软管组合件 电阻和导电性的测定》。

该标准与 GB/T 9572－2001 相比主要技术变化如下：

——规范性引用文件有更改(见第 2 章,2001 年版第 2 章)

——增加了术语和定义(见第 3 章)

——增加了测定导电、抗静电和非导电软管的电阻的设备(见 4.2.1.3、4.2.1.4)

——增加了测定导电、抗静电和非导电软管的电阻的特殊电极和接触片(见 4.2.2.2)

——增加了图 1(见 4.2.2.2)

——增加了软管及软管组合件管壁电阻的测定(见4.9)

——增加了对现场试验以及在车间进行的例行试验和产品验收试验的规定(见4.2.2.1、4.4、4.5、4.6.1、4.7.1.2)

——增加了图3、图4和图5(见4.9.3、7.5)

——增加了测定软管接头与金属导线连通的软管组合件电连续性的设备(见5.2)

——增加了与金属软管接头接触的软管组合件(导静电或释放静电)内衬层或软管组合件(导静电或释放静电)外覆层电阻的测定(见第7章)

——修改了试验报告的内容(见第8章,2001年版的第6章)

——增加了附录A推荐的术语和导电性及电阻的范围(见附录A)

(5)《橡胶和塑料软管及软管组合件静液压试验方法》

该标准使用翻译法等同采用ISO 1402:2009《橡胶和塑料软管及软管组合件　静液压试验方法》。

该标准与GB/T 5563－2006相比的主要技术变化如下:

——增加了术语和定义(见第3章)

——修改了第4章(见第5章,2006版的第4章)

——增加了"当某一根特定型别或尺寸的软管需要进行更长的测量时,应在软管产品标准中作出规定。"(见6.2)

——增加了"注1:此处使用的术语'最大工作压力'代替拒用术语'设计工作压力'"(见8.1)

——修改了一般程序(见8.2.1,2006版的7.2.1)

——增加了"进行验证压力试验后,施加0.07MPa的静压约5min的压力。支撑软管或软管组合件的支架表面应平坦光滑,以确保软管或软管组合件不受约束的扩张或收缩。也可以将软管或软管组合件由滚轴支撑或垂直悬起。当用软管的某部分作为试样时,也可垂直置于试验台上。"(见8.2.1.1)

——增加了"对于软管组合件,测量软管接头端部接触面之间的距离,或在软管表面靠近插软管接头的端部位置选取参考标记。"(见8.2.1.2)

——增加了"长度变化率,在长度增加时用正(+)表示,在长度减少时用负(－)表示。"(见8.2.2)

——删除了爆破压力试验中的"当管接头出现拔脱,距管接头25mm或等于软管外径距离(取最大数值)内发生泄漏或爆破而引起的任何破坏都不应视为真正的软管爆破。"(见8.3,2006版的7.3)

——增加了图3本标准规定的静液压试验程序(见图3)

(6)《飞机地面加油和排油用橡胶软管及软管组合件》

该标准使用翻译法等同采用ISO 1825:2010《飞机地面加油和排油用橡胶软管及软管组合件规范》。

该标准与GB 10543－2003相比主要技术变化如下:

——修改了分类,取消了A型、D型型别(见第4章,2003版的4.1)

——增加了软管燃烧试验(见表5)

——修改了室温曲挠试验温度,由23℃改为20℃(见表5、附录E,2003版的表3)

——修改了低温曲挠试验温度,由－25℃改为－30℃(见表5、附录F,2003版的表3)

——修改了燃油可溶物的质量分数指标,由3%改为4%(见表4,2003版的表2)

——修改了与燃油接触前后的层间粘合强度(见表5,2003版的表3)

——修改了压力要求(见表5,2003版的表4)

——修改了标志(见第11章,2003版的第14章)

——增加了试验证明/报告(见12章)

——增加了附录F、附录I、附录N、附录O

——修改了附录A(见附录A,2003版的附录A)

——修改了附录B中低温脆性试验温度公差范围(见附录B,2003版附录B)

——修改了附录D(见附录D,2003版的附录D)

——修改了附录 E 中曲挠试验温度(见附录 E,2003 版的附录 E)

——修改了附录 F(见附录 G,2003 版附录 F)

——修改了附录 G(见附录 H,2003 版附录 G)

——修改了附录 H(见附录 J,2003 版附录 H)

——修改了附录 J(见附录 K,2003 版附录 J)

——修改了附录 M(见附录 M,2003 版附录 M)

——修改了附录 K(见附录 L,2003 版附录 K)

——删除了附录 L

(7)《橡胶软管及软管组合件 油基或水基流体适用的钢丝缠绕增强外覆橡胶液压型 规范》

该标准使用翻译法等同采用 ISO 3862:2009《橡胶软管及软管组合件 油基或水基流体适用的钢丝缠绕增强外覆橡胶液压型 规范》。

该标准与 GB/T 10544－2003 相比主要技术变化如下:

——删除了不适用于蓖麻油基和脂基流体的规定(见第 1 章,2003 年版第 1 章)

——增加术语和定义(见第 3 章)

——取消了对耐磨耗试验的要求(2003 年版 6.7)

——调整了 R13 和 R15 型软管的脉冲试验压力(见 7.4.1,2003 年版 6.3.2)

——增加/明确了涉及水基流体适用部分的内容和要求(见第 1 章、7.4.2、7.4.3 和 7.8.3)

——修改了附录 A(见附录 A ,2003 年版附录 A)

——增加了附录 B

——增加了附录 C

(8)《近海停泊排吸油橡胶软管》

该标准与 GB/T 10541－2003 相比主要技术变化如下:

——修改了"软管的分类和结构"(见第 3 章,2003 版的第 3 章)

——增加了"卷轴软管"(见 3.1 f)

——在一般要求中,增加了对材料、扭转性能、拉伸性能和吊耳验收试验的要求(见 4.1、4.10、4.11、4.12)

——将"额定压力"改为"最大工作压力",增加 1.9MPa、2.1MPa 两种工作压力的要求(见 4.2,2003 版的 4.1)

——"静液压性能"增加了对泡沫填充物和重量增加值的要求(见 4.3.2)

——"电性能"中增加了具有导电性能的软管和具有绝缘性能的软管的具体最大和最小电阻(见 4.4)

——"粘合性能"中增加了浮体材料和相邻层之间进行剥离时的损坏位置要求(见 4.5)

——"软管标准长度"中增加了 12.2m 的规格要求(见 4.7.1)

——将"弯曲试验"修改为"最小弯曲半径试验",并增加了全自浮式输油橡胶管的最小弯曲半径要求(见 4.8.1,2003 版的 4.7.1)

——海底软管标志增加了"标记字母的高度不低于 20mm"(见 5.1.5)

——增加了"带有特殊增强端软管"的"增强件"的说明(见 5.2.1)

——修改了浮力要求,"在软管浸入水中 10m 深"改为"在软管浸入水中 20m 深"(见 5.3.5,2003 版的 5.3.5)

——在"油槽用软管"中增加了"提升吊耳"的要求(见 5.4.3)

——修改了双管体软管的"一般要求"(见 5.5.1;2003 版的 5.5.1)

——增加了双管体软管的"制造及液压要求"(见 5.5.2)

——修改了鉴定用橡胶软管(见第 6 章,2003 版的第 6 章)

——增加了检验规则(见第 7 章)

——修改了挺性试验方法(见附录 D,2003 版的附录 D)

——增加了扭转试验、拉伸试验、吊耳试验(见附录 E、附录 F 和附录 G)

(9)《橡胶或塑料软管及软管组合件 无曲挠液压脉冲试验》

该标准使用翻译法等同采用 ISO 6803:2008《橡胶或塑料软管及软管组合件 无曲挠液压脉冲试验》。

该标准与 GB/T 5568－2006 相比主要技术变化如下:

——增加了低压脉冲试验方法(见第 1 章)

——增加了一个引用标准(见第 2 章)

——增加了术语和定义(见第3章)

——增加了一个试验优选温度(见第6章,2006年版的第5章)

——修改了试验流体要求(见第5章,2006年版的第4章)

——修改了试验软管自由长度计算公式的表述方式(见7.2,2006年版的6.2)

——修改了试验程序,增加了高压和低压脉冲试验脉冲频率要求(见8.2,2006年版的7.2)

——删除了软管端部接头发生损坏的结果判定(2006年版的8.2)

——增加了试验日期(见第10章)

(10)《耐稀酸碱橡胶软管》

该标准与HG/T 2183—1991相比主要技术变化如下:

—— 增加了产品的四种规格尺寸:89mm、102mm、127mm和152mm及相应的内衬层、外覆层厚度的规定(见4.1)

—— 增加了A型、C型的使用压力等级:1.0MPa(见表6)

—— 增加了软管同心度的要求(见4.2)

—— 修改了胶料的性能指标:拉伸强度由6.0MPa改为7.0MPa(见表3,1991版的表4)

—— 粘合强度由1.5kN/m改为2.0 kN/m(见第5章,1991版的第4章)

—— 修改了软管内径的公差尺寸:±0.75mm更改为±0.5mm

±1.25mm更改为±1.0mm

±1.5mm更改为±1.3mm

±2.0mm更改为±1.5mm(见第4章,1991版的3.2)

—— 增加了附录A和附录B(见附录A、附录B)

(11)《洗衣机和洗碗机用橡胶和塑料进水软管和软管组合件 规范》

该标准使用翻译法等同采用ISO 6804:2009《洗衣机和洗碗机用橡胶和塑料进水软管和软管组合件—规范》。

该标准与HG/T 2193-2008相比主要技术变化如下:

——修改了标准名称

——增加了3型塑料软管要求(见第1章、第4章、7.1.2、8.4、8.5.2、8.6)

——增加了术语和定义(见第3章)

——增加了分类(见第4章)

——修改了材料和结构内容(本版的第6章,2008年版第3章)

——增加了同心度要求(见7.2)

——增加了曲挠试验要求(见8.2)

——增加了试验频次(见第9章)

——增加了试验证书(见第10章)

——增加了包装和贮存建议(见第12章)

——增加了附录A、附录B和附录C

三、2013年软管标准制修订计划及未来几年计划

随着技术的进步和国家对新技术、新产品、新材料的新要求,软管分会针对尚未涵盖的内容,积极开展相应标准化研究,全力推进标准立项制定和修订工作,不断完善标准体系。

1.2013年软管标准制修订计划共有4项

(1)制定国家标准《具有油气回收功能的计量分配燃油用橡胶和塑料软管及软管组合件》20121099-T-606

燃油油气回收橡胶和塑料软管及软管组合件是利用一根同轴软管的连接形成一个回路,可以使机动车在加油过程中将加油管中的汽油气体抽出,使其加油和油气回收同时进行,回收利用,保护环境。

该标准将参照欧洲标准EN13483-2005《橡胶和塑料软管及软管组合件与内部油气回收系统—规格》制定,标准将规定加油站中带有油气回收系统的软管及其组合件的要求。适用温度分别为-30℃~55℃,-40℃~55℃,工作压力不大于1.6MPa的具有油气回收功能的计量分配燃油用橡胶和塑料软管及软管组合件。不适用于多种燃料加油机。

(2)制定国家标准《钻井平台用耐火液压张力橡胶软管》20121119-T-606

钻井平台用耐火液压张力橡胶软管(又称张力胶管或耐火液压胶管)被安装在钻井平台上,连接张力器,避免钻井平台在海洋中受潮汐、风浪和海流影响而垂直、横向移动，能够为隔水管提供近乎恒定的轴向张力，使钻机始终保持恒定的张力，是钻井平台与海洋钻机的高压柔性连接件，是保证海洋钻井的重要配件。随着我国海洋石油工业的发展，钻井平台的技术进步和数量的增加，钻井平台用的耐火液压张力橡胶软管的需求量也急剧增加。耐火液压张力橡胶软管是一个新产品，过去一直依赖进口，为发展我国自主知识产权的软管，国内企业研制生产了大口径耐火液压张力橡胶软管。该标准的制定将规范产品技术指标，为供需双方提供验收依据。

该标准将规定钻井平台用耐火液压张力橡胶软管的产品分类、技术要求、试验方法、检验规则、标志、标签、包装、运输与贮存。适用于在 -20℃ ~82℃环境温度下使用的钻井平台用耐火液压张力橡胶软管。

(3)修订国家标准《蒸汽橡胶软管试验方法》20121118 - T - 606

该标准将等同采用 ISO 4023:2009，对 GB/T 18425 - 2001 进行修订。

标准将规定软管或软管组合件试样的内壁暴露于饱和蒸汽以模拟使用条件的四种试验方法，即 A 法：垂直台架法；B 法：水平台架法；C 法：垂直安装曲挠试验法；D 法：水平安装曲挠试验法。

(4)制定化工行业标准《水力除焦软管及软管组合件》2012 - 0928 - HG

水力除焦软管主要用在各个石油炼化企业的迟延焦化系统，内径 76mm、89mm、102mm，工作压力为 35MPa，用于输送切割焦砂的高压水，以高压大流量的射流技术，清除焦化塔内的石油焦。在无井架除焦中代替钻杆吊重 1000 公斤，瞬间承受 300 公斤的扭矩。随着我国炼油延迟工艺中水力除焦技术的发展，促使该设备的主要配件即水力除焦软管需求不断增加，为规范产品的技术要求和市场，有必要制定该项标准。

该标准将规定石化炼油延迟工艺装备中水力除焦软管的产品分类、结构，规格尺寸及公差、技术要求，包含接头要求、胶料物性、液压性能、液压下变形、最小弯曲半径、外观质量及试验方法，检验规则，产品标志，包装，运输与贮存要求。适用于在 -20℃ ~80℃环境温度下使用的无井架或有井架水力除焦工艺的水力除焦软管。

2. 未来几年软管标准计划

未来几年软管标准计划，主要为国家重点产业以及基础设施建设配套的软管产品，包括汽车、农业、船舶、工程机械、石化等行业应用的软管产品标准。

(1)机动车用系列软管，包括机动车涡轮增压器软管、汽车用新型散热器软管、汽车用电喷双层复合燃油软管、汽车离合器回油胶管等；

(2)农业滴灌用软管；

(3)疏浚工程用系列软管，包括爬坡过度输泥软管、自浮式输泥橡胶软管等；

(4)航船内燃机排湿软管及组件；

(5)煤层探水封孔器伸缩软管等。

(李　飒)

密封制品标准

一、橡胶密封制品应用领域

橡胶密封制品是橡胶制品中的一大类，被广泛应用于各行各业的密封体系，应用的行业有液压气动系统、管道系统、建筑领域、车辆、轮船、轨道交通、石油钻井设备、采矿设备等。除了在工业领域中的应用，在我们的日常生活和工作中也随时可以遇到，如压力锅上使用的橡胶密封圈、水龙头及水管接头处使用的密封垫片、塑钢门窗上用的密封条、洗衣机和电冰箱门封等，可以说橡胶密封制品几乎涉及到各行各业及我们日常生活的方方面面。虽然橡胶密封制品通常是作为系统的配件使用，但由于系统的密封性能往往与系统的工作可靠性和安全性能密切相关，因此橡胶密封制品往往起着十分关键的作用，受到各方的重视，是标准化关注的重点之一。由于各种密封制品受关注的程度不同，其标准化的程度也不尽相同，有些制品由于应用十分广泛，普遍受到关注，很早就制定了相应的国家标准或行业标准，并且随着技术的进步这些标准也在在不断的修订之中；有些制品过去没有受到重视，但由于近年来行业发展较快，其国标或行标也在逐步申报制定；一些新兴领域的橡胶密封制品也有待于制定国标或行标；还有一些制品适用面相对较窄，生产企业依靠企业标准来组织生产和质量控制。

二、标准化工作归口管理

橡胶密封制品的标准化工作主要由全国橡胶与橡胶制品标准化技术委员会密封制品分技术委员会和全国液压气动标准化技术委员会密封装置分技术委员会承担，第一届全国橡标委密封制品标准化技术委员会大约成立于1986年，秘书处设在原西北橡胶研究所（即现在的西北橡胶塑料研究设计院），主要负责全国橡胶密封件等领域的标准化工作，历经二十多年，该技术委员会的工作一直未曾间断，至2013年该分技术委员会已届满五年，已进行第六届的换届工作；全国液标委密封装置分技术委员会是2008年国标委批复成立的，秘书处同样设在西北橡胶塑料研究设计院，主要负责液压气动系统中密封装置的标准化工作，其中包括液压气动橡胶密封制品的标准化工作，偏重于液压气动系统的基础通用橡胶密封件，2013年进行第二届换届工作。

三、橡胶密封制品标准化现状

随着技术的进步和新材料新工艺的应用，密封技术也在不断的发展，橡胶密封制品是密封技术中必不可少的产品。近年来，橡胶密封制品生产和研究呈现出以下发展现状和趋势：其一是在传统的密封材料不断改进和发展的同时，新材料也得到不断推广和应用，比如在汽车、石油等领域使用的橡胶密封圈、封隔器胶筒、防喷器等产品，传统的丁腈橡胶配方在不断改进应用，作为新材料的氟橡胶密封制品的应用也越来越多、越来越广，并且随着各行各业中新的被密封介质的出现，乙丙橡胶、硅橡胶等材料在密封液体介质的场合都有应用；其二是随着各个行业和领域的发展，对密封结构和型式的不断改进，密封垫片和垫圈，密封型材、密封条、密封带，以及其他型式密封制品在不同的行业和领域中不断涌现，这一部分的密封制品标准的数量也在增长。针对这种情况，在标准化方面，主要做了以下几方面的工作：

1. 积极制定新兴领域及新材料的密封圈、密封带、密封条及其他密封制品的标准，如已制定并发布了密封元件为聚四氟乙烯材料的旋转轴唇形密封圈的相关标准 GB/T 21283.1－5；GB/T 24798－2009 太阳能热水系统用橡胶密封件；GB 26753－2011 汽车制动气室橡胶隔膜；GB/T 27568－2011 轨道交通用车辆门窗橡胶密封条；GB/T 28604－2012 生活饮用水管道系统用橡胶密封件；GB/T 28719－2012 板式热交换器用橡胶密封垫片；HG/T

4074－2008 贮气柜用橡胶密封膜等。

2. 重视与应用相关的基础方法和成品性能试验方法标准的制定，如 GB/T 14832－2008 标准弹性体材料与液压液体的相容性试验，GB/T 28607－2012 标准弹性体材料与发动机油的相容性试验，GB/T 27800－2011 静密封橡胶制品使用寿命的快速预测方法；还有正在制定的国标《液压传动 密封装置 评定液压往复运动密封件性能的试验方法》等。

3. 随着汽车工业的发展，近几年，也加大了汽车用橡胶密封制品的制定，如 GB/T 24795.1－2009 商用车车桥旋转轴唇形密封圈　第 1 部分：结构、尺寸和公差；GB/T 24795.2－2011 商用车车桥旋转轴唇形密封圈 第 2 部分：性能试验方法；GB 26753－2011 汽车制动气室橡胶隔膜；GB 29334－2012 用于非石油基液压制动液的汽车液压制动缸用的弹性体皮碗和密封圈；HG/T 4392－2012 汽车滤清器橡胶密封件等。

密封制品分标委归口管理的标准现在共有标准数量为 81 项，其中国家标准 38 项，行业标准 43 项；密封装置归口管理的标准 17 项，其中橡胶密封制品 8 项（其余为与密封圈配合的沟槽及支撑环的相关标准），以上两个分技术委员会涉及的橡胶密封制品现有标准共 89 项，见表 1。

表 1　现有橡胶密封制品标准

序号	标准号	标准名称
国家标准		
1	GB/T 3452.1－2005※	液压气动用 O 形橡胶密封圈　第 1 部分：尺寸系列及公差
2	GB/T 3452.2－2007※	液压气动用 O 形橡胶密封圈　第 2 部分：外观质量检验规范
3	GB/T 3672.1－2002	橡胶制品的公差　第 1 部分：尺寸公差
4	GB/T 3672.2－2002	橡胶制品的公差　第 2 部分：几何公差
5	GB/T 5719－2006	橡胶密封制品　词汇
6	GB/T 5720－2008	O 形橡胶密封圈试验方法
7	GB/T 5721－1993	橡胶密封制品标志、包装、运输、贮存的一般规定
8	GB/T 9877－2008※	液压传动旋转轴唇形密封圈设计规范
9	GB/T 10707－2008	橡胶燃烧性能的测定
10	GB/T 10708.1－2000(2009)	往复运动橡胶密封圈结构尺寸系列　第 1 部分：单向密封橡胶密封圈
11	GB/T 10708.2－2000(2009)	往复运动橡胶密封圈结构尺寸系列　第 2 部分：双向密封橡胶密封圈
12	GB/T 10708.3－2000(2009)	往复运动橡胶密封圈结构尺寸系列　第 3 部分：橡胶防尘密封圈
13	GB/T 13871.1－2007	密封元件为弹性体材料的旋转轴唇形密封圈　第 1 部分：基本尺寸和公差
14	GB/T 13871.3－2008	密封元件为弹性体材料的旋转轴唇形密封圈　第 3 部分：贮存、搬运和安装
15	GB/T 13871.4－2008	密封元件为弹性体材料的旋转轴唇形密封圈 第 4 部分：性能试验程序

续表 1－1

序号	标准号	标准名称
16	GB/T 14832－2008	标准弹性体材料与液压液体的相容性试验
17	GB/T 15242.1－1994※	液压缸活塞和活塞杆动密封装置用同轴密封件尺寸系列和公差
18	GB/T 15325－1994(2009)	往复运动橡胶密封圈外观质量
19	GB/T 15326－1994(2009)	旋转轴唇形密封圈外观质量
20	GB/T 17604－1998(2009)	橡胶　管道接口用密封圈制造质量的建议　疵点分类与类别
21	GB/T 21283.1－2007	密封元件为热塑性材料的旋转轴唇形密封圈　第1部分：基本尺寸和公差
22	GB/T 21283.2－2007	密封元件为热塑性材料的旋转轴唇形密封圈　第2部分：词汇
23	GB/T 21283.3－2008	密封元件为热塑性材料的旋转轴唇形密封圈　第3部分：贮存、搬运和安装
24	GB/T 21283.4－2008	密封元件为热塑性材料的旋转轴唇形密封圈　第4部分：性能试验程序
25	GB/T 21283.5－2008	密封元件为热塑性材料的旋转轴唇形密封圈　第5部分：外观缺陷的识别
26	GB/T 21873－2008	橡胶密封件　给、排水管及污水管道用接口密封圈　材料规范
27	GB/T 21874－2008	弹性体密封件　排水管道接口密封件材料要求　热塑性弹性体
28	GB/T 23654－2009	硫化橡胶和热塑性橡胶　建筑用预成型密封条的分类、要求和试验方法
29	GB/T 23658－2009	弹性体密封圈　输送气体燃料和烃类液体的管道和配件用密封圈的材料要求
30	GB/T 23661－2009	建筑用橡胶结构密封垫
31	GB/T 23662－2009	混凝土道路伸缩缝用橡胶密封件
32	GB/T 24795.1－2009	商用车车桥旋转轴唇形密封圈　第1部分：结构、尺寸和公差
33	GB/T 24795.2－2011	商用车车桥旋转轴唇形密封圈 第2部分：性能试验方法
34	GB/T 24798－2009	太阳能热水系统用橡胶密封件
35	GB 26753－2011	汽车制动气室橡胶隔膜
36	GB/T 27568－2011	轨道交通用车辆门窗橡胶密封条
37	GB/T 27572－2011	橡胶密封件 110℃热水供应管道的管接口密封圈 材料规范

续表 1－2

序号	标准号	标准名称
38	GB/T 27800－2011	静密封橡胶制品使用寿命的快速预测方法
39	GB/T 28604－2012	生活饮用水管道系统用橡胶密封件
40	GB/T 28719－2012	板式热交换器用橡胶密封垫片
41	GB/T 28607－2012	标准弹性体材料与发动机油的相容性试验
42	GB 29334－2012	用于非石油基液压制动液的汽车液压制动缸用的弹性体皮碗和密封圈
行业标准		
1	HG/T 2021－1991(2004)	耐高温滑油 O 形橡胶密封圈
2	HG/T 2178－1991(2004)	家用煤气表橡胶膜片
3	HG/T 2181－2009	耐酸碱橡胶密封件材料
4	HG/T 2196－2004	汽车用橡胶材料分类系统
5	HG/T 2292－1992(2004)	环形防喷器胶芯
6	HG/T 2293－1992(2009)	离合器用橡胶气胎
7	HG/T 2294－2007	彩色电视机用橡胶高压帽
8	HG/T 2296－2007	彩色显像管用橡胶楔子
9	HG/T 2331－1992(2009)	液压隔离式蓄能器用胶囊
10	HG/T 2333－1992(2009)	真空用 O 形圈橡胶材料
11	HG/T 2578－1994(2009)	汽车液压制动缸用橡胶护罩
12	HG/T 2579－2008	普通液压系统用 O 形橡胶密封圈材料
13	HG/T 2700－1995(2009)	橡胶垫片密封性的试验方法
14	HG/T 2701－1995(2004)	油气田用压缩(YS)式封隔器胶筒
15	HG/T 2702－1995(2004)	油气田用扩张(KZ)式封隔器胶筒
16	HG/T 2810－2008	往复运动密封圈橡胶材料
17	HG/T 2811－1996(2009)	旋转轴唇形密封圈橡胶材料
18	HG/T 2812－2005(2010)	软木橡胶制品 第 1 部分:变压器及高压电器类用
19	HG/T 2813－2005(2010)	软木橡胶制品 第 2 部分:机动车辆
20	HG/T 2865－1997(2009)	汽车液压制动橡胶皮碗
21	HG/T 2887－1997(2009)	变压器用橡胶材料
22	HG/T 2950－1999	汽车制动气室橡胶隔膜

续表 1－3

序号	标准号	标准名称
23	HG/T 3088－1999(2009)	车辆门窗橡胶密封条
24	HG/T 3089－2001(2009)	燃油用 O 形橡胶密封圈材料
25	HG/T 3090－1987(2009)	模压和压出橡胶制品外观质量的一般规定
26	HG/T 3092－1988(2009)	燃气输送管及配件用橡胶密封圈胶料
27	HG/T 3093－1997(2009)	石油基油类输送管道及连接件用橡胶密封制品胶料
28	HG/T 3094－1997(2009)	液压气动用多层密封组件测量叠层高度的方法
29	HG/T 3095－1988(2009)	橡胶火焰试验术语
30	HG/T 3096－2011	水闸橡胶密封件
31	HG/T 3097－2006	橡胶密封件—110℃供应管道的管接口密封圈—材料规范
32	HG/T 3098－2004	混凝土道路伸缩缝用预成型硫化橡胶压缩密封件材料规范
33	HG/T 3099－2004	建筑橡胶密封垫　预成型实心硫化的结构密封垫用材料规范
34	HG/T 3100－2004	硫化橡胶和热塑性橡胶建筑用预成型密封垫的分类、要求和实验方法
35	HG/T 3326－2007	采煤综合机械化设备橡胶件用胶料
36	HG/T 3612－1999(2009)	汽车液压盘式制动缸用橡胶密封圈
37	HG/T 3784－2005(2010)	减震器唇形密封圈用橡胶材料
38	HG/T 3880－2006(2011)	耐正负压内包骨架旋转轴唇形密封圈
39	HG/T 3980－2007	汽车轴承用密封圈
40	HG/T 4074－2008	贮气柜用橡胶密封膜
41	HG/T 4116－2009	滚筒洗衣机橡胶门封
42	HG/T 4117－2009	洗衣机橡胶水封
43	HG/T 4392－2012	汽车滤清器橡胶密封件
44	JB/T 6657－1993※	气缸用密封圈尺寸系列和公差
45	JB/T 6658－2007※	气动用 O 形橡胶密封圈　沟槽尺寸和公差
46	JB/T 6659－2007※	气动用 O 形橡胶密封圈　尺寸系列和公差
47	JB/T 6660－1993※	气动用橡胶密封圈　通用技术条件

注：括号内为标准重新修订后的年份，※代表标准归口其他标委会。

此外，其他标委会零星归口的一些橡胶密封件标准，如 GB/T 21282 - 2007 乘用车用橡塑密封条；GB/T 19228.3 - 2012 不锈钢卡压式管件组件 第 3 部分：O 形橡胶密封圈；JB/T 8448.1 - 2004 变压器类产品用密封制品技术条件　第 1 部分：橡胶密封制品；QC/T 639 - 2004 汽车用橡胶密封条；QC/T 666.1 - 2010 汽车空调（HFC - 134a）用密封件 第 1 部分：O 形橡胶密封圈；JC/T 748 - 2010 预应力与自应力混凝土管用橡胶密封圈；JB/T 9669 - 1999 避雷器用橡胶密封件及材料规范等。

四、今后橡胶密封制品标准化工作重点

“十二五”期间，按照密封制品和密封装置分领域制定工作安排，近两年正在制定的标准和将要制定的标准仍主要是新兴领域（包括汽车）的橡胶密封制品标准。正在制定的标准和计划见表 2。

表 2　正在制定的橡胶密封制品标准

序号	计划号	标准名称	采标情况	标准级别
1	20080778 - Q - 606	日用压力锅橡胶密封圈		国家标准
2	20121093 - T - 606	发动机气门导杆往复油封及性能评价试验方法		国家标准
3	20101178 - T - 606	汽车液压制动系统用橡胶密封护罩	ISO 4927:2005 ISO 6117:2005，MOD	国家标准
4	20110417 - T - 606	汽车盘式液压制动缸用橡胶密封件	ISO 4930:2006 ISO 6119:2006，MOD	国家标准
5	20110416 - T - 606	汽车齿轮齿条式动力转向器唇形密封圈性能试验方法		国家标准
6	20110418 - T - 606	汽车循环球式动力转向器唇形密封圈性能试验方法		国家标准
7	20111150 - T - 604	密封元件为弹性体材料的旋转轴唇形密封圈　第 2 部分：词汇	ISO 6194 - 2:2009，IDT	国家标准
8	20111151 - T - 604	密封元件为弹性体材料的旋转轴唇形密封圈　第 5 部分：外观缺陷和疵点的识别	ISO 6194.5:2008，IDT	国家标准
9	20111154 - T - 604	液压传动　往复运动密封件的试验方法	ISO 7986:1997，IDT	国家标准
10	20120872 - T - 604	液压气动用旋转轴唇形密封圈 聚四氟乙烯及弹性体包覆材料的性能要求		国家标准
11	2011 - 0645T - HG	船用货舱盖橡胶密封带		行业标准
12	2010 - 3461T - HG	耐二甲醚橡胶密封材料		行业标准
13	2011 - 0646T - HG	汽车滑销防尘密封保护套		行业标准
14	2012 - 1457T - HG	车用空气滤清器橡胶密封件		行业标准

在今后的两三年内,行业还将重点关注核电、风力发电机、汽车等领域的橡胶密封制品,及时申报相关领域的标准化项目,目前已计划申报的项目包括:

1. 风力发电机转盘轴承橡胶密封圈;
2. 核电站反应堆厂房水闸门橡胶密封条;
3. 平板式太阳能集热器用橡胶密封条;
4. 汽车制动助力器橡胶密封件;
5. 汽车制动助力器用橡胶隔膜;
6. 汽车散热器橡胶密封件;
7. 锂电池用橡胶密封件;
8. 石油钻探设备用 O 形橡胶密封圈;
9. 汽车发动机汽缸盖罩橡胶密封垫;
10. 油气田用遇油遇水膨胀橡胶封隔器;
11. POC 柜用橡胶密封带;
12. 金属骨架发泡橡胶复合密封板;
13. 液压气动用 O 形橡胶密封圈　第 5 部分:材料的适用性;
14. 密封元件为弹性体材料的旋转轴唇形密封圈 第 6 部分:弹性体材料的性能要求;
15. 液压传动 旋转轴唇形密封圈　骨架密封圈装拆力的测定方法;
16. 液压传动 旋转轴唇形密封圈 摩擦扭矩测定方法。

(高敬茹)

检测与认证

轮胎检测

千里之行,始于足下。汽车工业的快速发展离不开轮胎技术的革新。现代汽车工业对轮胎性能的要求在传统的高速、耐久、负荷特性的基础之上更加多样化,与之对应的轮胎成品检测方法也逐步得到完善。轮胎作为国家强制认证产品根据国家法律法规的规定必须进行相关的检测以保证产品品质;同时轮胎成品特性的广泛深入检测对于合理优化产品结构配方也具有指导意义。由于轮胎价格因素,国内轮胎出口规模在不断增长的同时是无法避免贸易摩擦的,一些国家和地区势必会通过提高产品的准入门槛来缓解本土企业的生存状况,欧盟已经开始实施的标签法规就是典型的例子。而目前国内对轮胎成品检测的方法和手段在国际上相对落后的现状使得轮胎出口型企业面临的压力大大增加。

一、国内成品轮胎检测项目

国内针对成品轮胎的检测项目和方法种类繁多,大致可以分为强制性产品认证检验项目(见表1)和非强制性产品认证检验项目(见表2)。

表 1　强制性产品认证检验项目

检测项目	适用轮胎种类(新胎)	目的及意义	试验方法
高速性能	轿车轮胎 轻卡轮胎 摩托车轮胎	评价轮胎高速行驶性能	GB/T 4501－2008 GB/T 4502－2009
耐久性能	轿车轮胎 载重轮胎 摩托车轮胎	评价轮胎的耐疲劳性能	GB/T 4501－2008 GB/T 4502－2009
强度性能	轿车轮胎 载重轮胎 摩托车轮胎	检测胎冠的破坏能,评价轮胎结构性能	GB/T 4501－2008 GB/T 4502－2009
脱圈阻力	轿车轮胎(无内胎) 摩托车轮胎(无内胎)	评估无内胎轮胎胎圈脱离轮辋的阻力值	GB/T 4501－2008 GB/T 4502－2009
外缘尺寸	轿车轮胎 载重轮胎 摩托车轮胎	保证轮胎与车辆的匹配以及轮胎之间的互换	GB/T 521－2012

表 2 非强制性产品认证检验项目

检测项目	适用轮胎种类(新胎)	目的及意义	试验方法
接地压力分布	轿车轮胎 载重轮胎	反应轮胎承受负荷的能力	GB/T 22038 - 2008
刚性(横向,径向,纵向,包覆等)	轿车轮胎 轻卡轮胎	评价轮胎的操纵特性	GB/T 23663 - 2009 (纵向和横向刚性)
低气压性能	轿车轮胎 载重轮胎	评价轮胎的耐疲劳性能	GB/T 4501 - 2008 GB/T 4502 - 2009
均匀性	轿车轮胎 载重轮胎	测量轮胎滚动时产生的径向力波动,侧向力波动,锥度效应以及角度效应	GB/T 18506 - 2001 (轿车轮胎)
滚动周长	轿车轮胎 载重轮胎 摩托车轮胎	评价轮胎的速度传递能力,影响轮胎之间的互换以及与车辆的匹配	GB/T 19388 - 2003 GB/T 19389 - 2003
轮胎电阻	充气轮胎 实心轮胎	衡量轮胎释放静电荷的能力	GB/T 26277 - 2010
平衡试验	轿车轮胎 载重轮胎 摩托车轮胎	测定轮胎的不平衡度并确定其位置	GB/T 18505 - 2001
滚动阻力	轿车轮胎 载重轮胎 摩托车轮胎	测量轮胎滚动时的能量损耗,评价轮胎的节油性能	GB/T 29040 - 2012 GB/T 18861 - 2002
湿地抓着性能	轿车轮胎 载重轮胎	评价轮胎在湿滑路面制动时的安全性能	GB/T 21910 - 2008 (轿车轮胎)
通过噪声	轿车轮胎 载重轮胎	评价轮胎产生的噪音污染水平	GB/T 22036 - 2008

二、国内轮胎检测现状

随着轮胎工业的发展以及产品标准化进程的逐步完善,国内的轮胎测试技术水平也有很大提高。目前国内轮胎检测的现状是常规检验项目与国际接轨程度较高,而轮胎特性检测相对落后。造成这种现状的原因一方面是由于国内测试设备技术落后,引进进口设备价格昂贵,引进周期长,导致广泛推广难度大;另一方面是轮胎特性检测方法标准制修订的步伐比较缓慢也在一定程度上制约了轮胎检测技术的进步。以轮胎的滚动阻力检测为例,美国早在 1979 年就发布了轮胎的滚动阻力测试方法 SAE J1269 和 SAE J1270,而国内直到 2002 年才发布第一版轮胎滚动阻力测试方法标准。随着低碳节能环保理念在各行各业的深入贯彻,2007 年第一台国内自主研发的轮胎滚动阻力试验机成功问世并投入使用,在此之前国内为数不多的几台滚动阻力试验机均为进口设备。

目前国内轮胎的检测能力呈现两极分化的态势,即室内试验开展广泛,技术能力一流,室外试验普及程度不高。国内大多数轮胎企业都建立了自己的轮胎检测实验室，并且国内已经有多家国家级轮胎质量监督检验机构，这些实验室和检测机构的检测能力也仅仅局限在室内检测。

与室内试验相比，开展室外试验需要投入更多的人力物力，而且室外试验的测试结果容易受到客观条件的影响，数据分析难度大，这些都客观上阻碍了室外试验的开展。作为评定轮胎的质量水平而言，室内试验的实验条件更加容易控制，可以比较容易的在统一的条件下根据测试结果反应轮胎的质量差异，因此虽然室内试验的环境无法真实的模拟轮胎的实际使用状况，但是室内测试结果用来进行横向对比的效果要大大优于室外试验的测试结果。还是以轮胎滚动阻力测试为例，轮胎的滚动阻力的标准定义就是轮胎行驶单位距离的能量损失，更加直接的表示就是整车的油耗。但是如果通过室外试验测定轮胎的滚动阻力难度却很大，因为无法准确的将轮胎的滚动阻力从车辆的行驶阻力（包括空气阻力、坡度阻力、车辆部件之间的摩擦力等）中清晰地区分出来，另外试验时的风速、路面状况、气温等条件的差异也会增加测试结果的离散性进而降低测试结果的区分度。

目前国内轮胎检测还存在一种现象就是测试方法标准和测试技术方法结合不够紧密。原因是部分轮胎检测项目虽然有明确的国家标准但是却因为缺乏硬件设施而难以有效开展。我国在2008年就发布了GB/T 21910－2008——《轿车轮胎湿路面相对抓着性能试验方法》和GB/T 22036－2008——《轮胎惯性滑行通过噪声测试方法》，然而实际情况确是国内至今仍未建立可以应用两种检测方法的配套试验场。

三、欧盟标签法规带来的机遇与挑战

1. 欧盟标签法规的内容

法规规定对于轿车轮胎（C1）、轻卡轮胎（C2）、载重轮胎（C3）的标签中必须包含：

——轮胎的燃油消耗率等级，以根据UNECE R117.02测量的并经过EC1235法规修正的滚动阻力系数为分级指标；

——轮胎的通过噪音水平，以根据UNECE R117.02测量的轮胎通过噪声值为分级依据；

——轮胎的湿地抓着性能等级，对C1轮胎而言其使用的测试方法为EC1222/2009法规经修订后的附录5－（EU）No R228/2011。C2和C3轮胎采用（EU）No1235指定的试验方法ISO 15222：2011进行测试。

标签法轮胎性能检测见表3。

表3　标签法轮胎性能检测

检测项目	检测环境	产品认证			标签检测		
		EC661/2009			EC1222/2009		
		C1	C2	C3	C1	C2	C3
滚动阻力	室内转鼓试验机	UNECE R117.02附录6			依据UNECE R117.02附录6并经EC1235/2011修正		
湿地抓着性能	室外车辆法或拖车法	UNECE R117.02附录5	不要求		(EU) No R228/2011	ISO15222：2011	
通过噪声	室外检测	UNECE R117.02附录3					

2. 标签法规的实施对国内轮胎出口的影响

欧盟标签法对于技术已经较发达的欧美国家并无大碍；受其影响最大的当属中国。欧盟历来是中国轮胎出口的两大市场之一，根据海关的相关数据显示，国内对欧盟的出口量占出口总量的20%左右。目前，中国是全球最大的轮胎生产国、消费国及出口国，轮胎业发展潜力巨大。当下，中国受经济危机负面影响较大，轮胎业整合尚未开始，且企业凝聚力较差，标签法规的出现会加速国内轮胎产业结构的调整步伐。一些技术落后、研发能力低的企业将面临巨大的生存压力。面对贸易保护主义，积极应对、调整战略是可选的方式。一方面，国内轮胎企业应加强研发力度，提升技术水平，提供更优质的产品占领欧洲市场；另一方面，进行战略调整，积极开发新市场，实施多元化战略。

3. 国内轮胎检测能力亟待提升

(1)轮胎滚动阻力检测

作为标签法规里涉及的惟一的室内检测项目，国内对轮胎滚动阻力的检测水平还比较先进，一方面燃料价格居高不下使得消费者对低滚动阻力轮胎的需求比较迫切，另一方面轮胎滚动阻力检测方法成熟。在标签法规生效之前国家橡胶轮胎质量监督检验中心就已经根据 EU No1235/2011 与欧盟基准实验室建立了相关性，成为国内第一家获得欧盟基准实验室校准证书的第三方实验室，该实验室测量的轮胎滚动阻力结果可以直接根据标签法规的要求评定轮胎的燃油经济性等级。此外国内多家轮胎企业都先后引进了滚动阻力测试设备并与欧盟基准实验室建立相关性。

(2)轮胎通过噪声检测

对轮胎的通过噪声进行测试分析主要目的是评价轮胎噪声对环境污染的危害程度。测量轮胎的通过噪声要根据 UNECE R117.02 法规附录 3 规定的方法在满足附录 4 技术要求的场地进行测试。在测试区域半径 50m 范围内不允许有建筑物或其他遮挡存在。轮胎通过噪声测试专用路面的平面示意图见图 1。

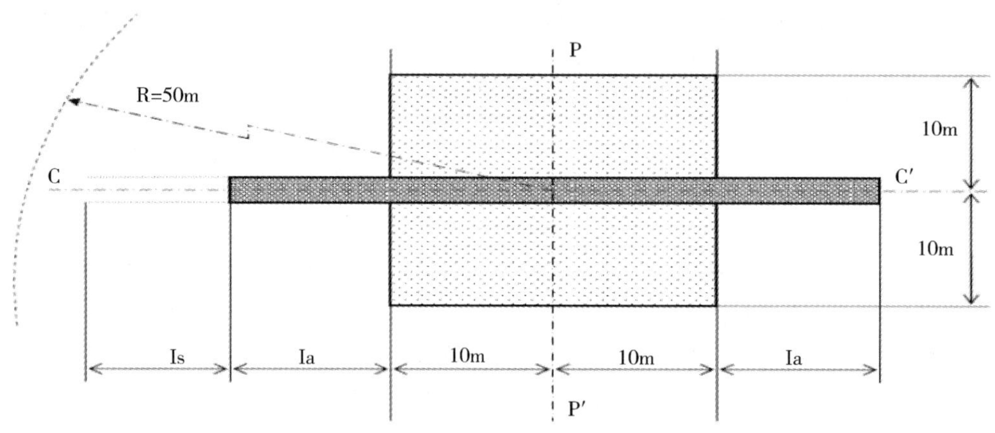

图 1　通过噪声测试路面平面示意图

注：l_s 助跑路面；l_a 车道在缓冲区的延伸；CC′车道中心线；PP′麦克风连线；A 缓冲区域

对轮胎的噪声测试分析在国内也有比较多研究，但是测试手段与法规要求存在较大差异。国内对轮胎的噪声试验较多的是在室内消声室进行的，因此测试结果与室外实验的相关性目前还没有确切的报道。目前国内尚未建成符合 ISO 10844 标准的规范的轮胎通过噪声测试路面。为了应对标签法规的要求，出口企业必须将轮胎送到境外进行检测。但这又会导致试验周期较长，附加费用高昂，这些不利因素最终会成为企业降本增效的巨大障碍。国内实验条件的欠缺使得轮胎性能优化的难度大大增加，从新产品的试制——返回测试结果——对轮胎配方、结构、花纹等进行优化调整——获得优化后的结果周期难以准确掌控。虽然国内在 2008 年就制定了 GB/T 22036－2008——《轮胎惯性滑行通过噪声测试方法》，但是配套的实验设施却至今未得到完善，使得轮胎出口的状况十分被动。

(3)轮胎湿地抓着性能检测

标签法规最初发布的时候要求轮胎的湿地抓着性能测试同样是采用 UNECE R117 及其修订版本中关于轮胎湿地抓着性能测试的方法进行检测。随着研究的广泛深入以及避免法规执行过程中出现争议的情况，在对(EU) No. 1222/2009 的修订过程中分别针对 C1 轮胎和 C2&C3 类轮胎指定了测试方法。C1 类轮胎使用 R228/2011 中的实验方法，并且改变了标准试验轮胎(SRTT)的规格。C2&C3 类轮胎则采用 ISO 15222：2011 标准方法，并指定了标准试验轮胎的规格。与 R117 法规中的试验方法相比，修订后的式样方法更适合于对轮胎湿地抓着性能指数进行等级划分，而且增加了雪地轮胎的测试要求和方法。表 4 对比了标签法指定的 C1 类轮胎湿地抓着性能指数试验方法与 UNECE117 中的测试方法的区别。

表 4　R228 与现行 UNECE117 关于 C1 类轮胎湿地抓着性能指数(G)试验方法对比

改进内容	现行 R117 法规	R228(湿滑性能分级试验方法)	
		普通轮胎	雪地轮胎
标准基准试验胎(SRTT)	SRTT14″	SRTT16″	SRTT16″
普通轮胎/雪地轮胎的分级差异	未提及	无差别	无差别
普通轮胎/雪地轮胎测试条件的差异	未提及	是	是
湿路面温度范围	5℃~35℃	5℃~35℃	2℃~20℃
环境温度范围	未提及	5℃~35℃(与路面温度尽量接近,最大相差不超过10℃)	2℃~20℃(与路面温度尽量接近,最大相差不超过10℃)
BPN 值	40~60	42~60	42~60
湿地抓着性能指数修正因数(温度和摩擦因数)	未提及	a = -0.4232 b = 8.297	a = 0.7721 b = 31.18
标准试验条件	未提及	试验车法(20℃, mfdd = 0.68) 拖车法(20℃, pbfc = 0.85)	试验车法(10℃, mfdd = 0.68) 拖车法(10℃, pbfc = 0.85)

注:1. mfdd 为车辆平均减速度;

2. pbfc 为峰值制动力系数。

通过以上项目的对比可以看出新的试验方法具有以下优点:

(1)针对普通轮胎和雪地轮胎分别提拱了标准试验条件,以及相应的修正公式。

(2)改变 SRTT 的规格为 SRTT16″,可以更加接近目前主流的轮胎规格,也就减少了在试验过程中由于 SRTT 和试验轮胎不能装配在同一辆试验车的情况发生,进而能减少控制轮胎的使用次数,提高了效率。

(3)显著提高试验结果的准确度和可靠性。

(4)新方法更适合于对轮胎湿地抓着性能进行分级。

国内于 2008 年制定的 GB/T 21910 -2008—《轿车轮胎湿路面相对抓着性能试验方法》参照了 ISO 23671:2006 中的方法。与轮胎通过噪声测试一样,受限于国内试验场建设的因素,该测试同样无法在国内进行。图 2 和图 3 是采用车辆法和拖车法进行轮胎湿地抓着性能实验的情形。

图 2　车辆法测试轮胎湿地抓着性能

图 3　拖车法测试轮胎湿地抓着性能

四、主要轮胎市场产品认证检测方法对比

1. 常规认证检测

轿车轮胎检测方法对比见表 5，载重轮胎检测方法对比见表 6。

表 5　轿车轮胎检测方法对比

性能检测项目	GB9743 – 2007 GB/T4502 – 2009	ECE30	FMVSS139
耐久性能	√	×	√
高速性能	√	√	√
强度性能	√	×	√
无内胎轮胎脱圈阻力	√	×	√
低气压耐久性能	√	×	√

表 6　载重轮胎检测方法对比

性能检测项目	GB9744 – 2007 GB/T4501 – 2008	ECE54	FMVSS119 FMVSS139
耐久性能	√	√	√
高速性能	√	√	√
强度性能	√	×	√

2. 特色认证检测项目

我国轮胎实行强制性产品认证检验制度，并对轮胎的常规性能规定了产品标准以及检测方法；目前国内针对其他方面的轮胎性能的检测认证还未起步，以下介绍一起其他国家和地区的轮胎特色认证检测项目。

美国 Smartway 认证是美国环保署 EPA 发起的旨在推广节能环保产品开展的自愿性认证。载重汽车轮胎可以通过该认证来表明产品具有较高的燃料经济性。通过 ISO 28580：2009 测得的载重轮胎滚动阻力系数达到表 7 的要求即可通过 Smartway 认证。

表 7　轮胎 Smartway 认证方法及要求

测试方法	导向轮胎	驱动轮胎	挂车轮胎
ISO 28580(2 米转鼓直径结果)	6.5N/kN	6.6 N/kN	5.1 N/kN

EEC 认证是针对欧盟所有成员国都具有强制性的整车和零部件的认证体系。EC661/2009 法规要求在规定的时间段内轮胎的滚动阻力、湿地抓着性能、滚动噪声均要满足对应的限值要求，否则该轮胎产品甚至装配该轮胎产品的整车都无法获得 e – mark 认证标识。

ECE 认证是联合国欧洲经济委员会发起的开放性的自愿零部件认证体系。ECE R117.02 要求在规定的时间段内轮胎的滚动阻力、湿地抓着性能、滚动噪声均要满足对应的限值要求，否则该轮胎产品无法获得 E – mark 认证标识。

五、开展室外轮胎性能检测的前景

纵观各大跨国轮胎企业都有专门的轮胎试验场，国内轮胎工业要进步也应该有自己的轮胎试验场。轮胎与路面密不可分，同样的轮胎在不同的路面上所展现的特性不尽相同，这些差异会直接反馈给车辆驾驶员和乘客。轮胎试验场的实验条件基本保持稳定，可以获得重现性良好的测试结果，合理的跑道设计和齐全的配套设施可以进行极限状态下的性能试验；通过合理设计实验方案可以有效的使理论研究与实际相结合。轮胎作为一种工业产品最终的目的是为人类服务，通过开展轮胎室外性能测试能够更好地了解实际用户的切实需求，使轮胎技术进步的方向朝着真正有利的方向前进。

在“人—车闭环系统”中，轮胎的安全性能、振动特性、力学特性等都会直接影响驾驶员和乘客的主观感受。目前很多大型轮胎企业都开发出了不同系列的轮胎产品来分别面向不同要求的消费者,如高速轮胎、冬季轮胎、低噪音轮胎、高舒适性轮胎。对于这些企业宣称的性能是很难在室内试验室条件下做出客观评价的。室外轮胎性能测试的结果对于国内企业在开发新类型产品时具有最直接的指导意义。

如今计算机模拟计算已在各个领域得到广泛应用,准确的模型参数设置可以有效地提高模型分析的准确度。无论是整车性能模拟还是轮胎本身特性的仿真计算,基于实际路面的轮胎特性参数建立的模型将会起到事半功倍的效果。

开展室外轮胎检测项目可以完善国内轮胎性能评价体系,缩小与国外行业的差距,改变应对贸易摩擦时的被动局面,同时也可以为国内轮胎技术水平的革新提供功能齐全的试验平台。

(孙炳光)

贸易摩擦

贸 易 摩 擦

2011 年度

1. 印度对进口我国的橡胶用炭黑发起特殊保障措施调查

2011 年 12 月 2 日,印度财政部保障措施局发布公告,对中国出口至印度的橡胶用炭黑发起特殊保障措施调查。案件系印度炭黑生产商协会代表其两家会员菲利普炭黑公司(Phillips Carbon Black Limited)和博拉集团(BORA)下属的高炭炭黑公司(Hi - Tech Carbon)提起的申请。2011 年 12 月 8 日和 28 日,商务部组织中国橡胶工业协会及主要出口企业召开了两次研讨会议。中橡协迅速组织企业开展法律抗辩工作,并与印度轮胎制造商协会积极取得联系,希望他们建议印度轮胎企业一起向印度政府反对此案。2012 年 1 月 13 ~19 日迅速组织企业出访印度,拜访印度保障措施局和双反调查局,了解印度轮胎工业、炭黑工业的基本情况,并游说印度下游用户等,取得了一定的成果。2012 年 7 月 31 日,印度保障措施局对该产品做出了保障措施终裁,提交印度财政部核准。为期三年,第一年 30% 特保关税减去反倾销税;第二年 25% 减去反倾销税;第三年 20% 减去反倾销税。

2012 年度

1. 阿根廷对原产于中国的硫化橡胶传送带开启反倾销调查

2012 年 6 月 1 日,阿根廷官方日报公布阿外贸秘书处 2012 年第 52 号决议,对原产于中国和巴西的宽度大于或等于 300 毫米、用纺织材料加固的硫化橡胶传送带(南共市税号 40101200)开启反倾销调查。

中橡协通知管带分会,查询出涉案企业,及时通报。由于涉案总体金额不大,企业不做无损害抗辩,“双箭”等企业自行应诉反倾销。

2. 印尼对进口我国的橡胶输送带和轮带制品进行保障措施调查

2012 年 2 月 16 日,印尼保障措施委员会要对进口我国的橡胶输送带和轮带制品举行保障措施调查的听证会。中橡协迅速联系管带分会,通报涉案的会员企业,请其关注印尼市场。由于涉案总体金额不大,企业不做无损害抗辩。

3. 哥伦比亚对中国卡客车轮胎发起反倾销调查

2012 年 6 月 22 日,哥伦比亚贸易、工业及旅游部(“调查机关”)在其《官方公报》上发布公告称其决定,对进口自中国的子午线卡车及公共汽车轮胎(哥伦比亚税号:4011. 20. 10. 00 及 4011. 20. 90. 00)展开反倾销调查。本次调查的申请人为哥伦比亚固特异(Goodyear)公司和米其林集团下的 ICOLLNATAS 公司。中国五矿化工进出口商会和中国橡胶工业协会联合召开哥伦比亚卡客车轮胎反倾销(预警)应诉工作会议,主要对哥出口涉案企业参加了会议。根据企业意愿,商协会组织了本案的行业损害抗辩,并积极做起诉方在华公司的工作。

哥伦比亚调查机关于 2013 年 6 月 12 日在其《政府公报》上发布了轮胎案的终裁结果。哥伦比亚调查机关决定以最低限价方式对进口自中国的子午卡车和公交车轮胎(税号:4011. 20. 10. 00)征收反倾销税,参考价格为 FOB 5. 37 美元/公斤。如果中国出口 FOB 价低于该参考价格,则出口 FOB 价同参考价格之间的差额即为反倾销税。调查机关决定不对进口自中国的斜交卡车和公交车轮胎(税号:4011. 20. 90. 00,)征收反倾销税。相关措施自该终裁在《政府公报》上公布日生效。

4. 巴西对我国输巴摩托车用新充气橡胶轮胎发起反倾销调查

2012 年 6 月 25 日,巴西贸易保护局发布公告,决定对我国输巴摩托车用新充气橡胶轮胎发起反倾销调查。涉案产品海关税号为4011.40.00。根据我国海关统计,2011年我国输往巴摩托车轮胎数量为5439.14吨,涉案金额为1764.92万美元。

2012年7月5日,中国五矿化工进出口商会与中橡协联合召开应诉协调会,并于7月9日发布通知,就本案行业损害抗辩有关事项向涉案企业征求意见。根据会后征求意见表回复及与企业协商情况汇总,最终8家企业同意参加行业损害抗辩;同时,选聘律师事务所作为本案行业损害抗辩代理律师。巴西官方公报2013年6月4日发布公告,决定对自中国进口的摩托车轮胎反倾销的调查程序延期6个月,案件目前还未披露终裁结果。

5. 巴西对我国输往巴自行车发起反倾销调查

2012年9月6日,巴西发展工业外贸部外贸秘书处发布公告,决定对进口自中国的自行车轮胎发起反倾销调查。涉案产品的南共市税号为:40115000。新充气自行车轮胎参考我国海关税号为401150,根据我国海关统计,2011年涉案金额为1870.34万美元;自行车橡胶内胎参考我国海关税号为401320,根据我国海关统计,2011年涉案金额为1633.37万美元。8月,中橡协与中国五矿化工进出口商会联合召开了应诉协调会,主要对巴西出口涉案企业参加了会议。根据企业意愿,商协会组织了本案的行业损害抗辩。

2013年(1~8月)

1. 埃及对我国卡客车轮胎反倾销发起日落复审

2013年2月26日,埃及工业外贸部发布公告,对产自印度和中国的公共汽车和卡车轮胎发起反倾销日落复审调查。3月28日,中国五矿化工进出口商会与中橡协联合发布通知,就本案行业损害抗辩有关事项向涉案企业征求意见。根据会后征求意见表回复及与企业协商情况汇总,最终5家企业同意参加行业损害抗辩。目前已经与律师事务所签订了协议,开展应诉工作。

2. 美国非公路用轮胎日落复审事宜

中国工程胎即非公路型轮胎(off – the – road)被美国商务部课以不平等的反补贴税和反倾销税已达五年,2013年9月面临日落复审。对于日落复审,美国商务部和美国国际贸易委员会一般均会应美国国内产业的要求发起调查,并很容易得出中国企业存在继续倾销及继续对美国产业造成损害的结论,从而将有关税令再延长。鉴于这五年来,该双反税的征收已经严重阻碍了我国轮胎工业的发展。希望通过日落复审将此税令取消,为此中橡协与中国五矿商会已经组织企业召开了应对会议,并邀请律师介绍美国贸易救济措施的应对,及应对输美工程胎案日落复审的法律建议。2013年8月正式应对此案。

(刘　芳)

大　事　记

2012 年中国橡胶工业大事记

1. 中橡协会召开第 30 次秘书长会议

2012 年 1 月 10 日，中国橡胶工业协会第 30 次秘书长会议在北京召开。会议总结交流了 2011 年协会工作，研究部署了 2012 年主要工作；在各分会（委员会）秘书长、直管部门负责人述职的基础上，总会秘书长与之签订了 2012 年聘任上岗协议；会议评选出 2011 年度单项先进单位。轮胎分会、胶管胶带分会、废橡胶综合利用分会统计工作先进单位。轮胎分会、橡胶制品分会、废橡胶综合利用分会被评为统计工作先进单位；橡胶制品分会、废橡胶综合利用分会、骨架材料专业委员会被评为财务工作先进单位；胶管胶带分会、轮胎分会、橡胶材料专业委员会被评为刊物工作先进单位；橡胶助剂专业委员会、炭黑分会、胶管胶带分会被评为网站工作先进单位。

会议由常务副会长兼秘书长邓雅俐主持，会长范仁德做了“巩固协会建设成果，开拓创新，争创品牌协会”的讲话，常务副会长兼秘书长邓雅俐做了“中国橡胶工业协会 2011 年工作总结和 2012 年工作计划（讨论稿）”的发言。各分会（专业委员会）秘书长、总会直管部门负责人等共 26 人出席会议。

2. 杜仲创新联盟研讨产业重点攻关项目

2012 年 2 月 17 日，中国橡胶工业协会杜仲产业促进工作委员会在京召开了杜仲产业技术创新联盟第三次理事会，讨论了杜仲产业申报国家科技指导计划事项，研讨了杜仲胶应用开发以及杜仲产业今后重点研发项目，通报了各单位在杜仲研发应用方面的最新进展。中国橡胶工业协会会长范仁德出席了会议，杜仲产业促进工作委员会秘书长王凤菊主持了会议，近 20 名重点联盟企业的代表参加了会议。

3. 中橡协启动绿色轮胎产业化战略

2012 年 2 月 15 日，为推进节能、环保、安全的绿色轮胎产业化进程，应对欧盟轮胎标签法规的实施，加快轮胎产品的质量升级和结构调整，中国橡胶工业协会提出了绿色轮胎产业化工作方案，（征求意见稿），在 3 月 20 ~ 22 日青岛 2012 中国橡胶年会上，各主要轮胎企业负责人就绿色轮胎产业化达成共识，我国绿色轮胎产业化战略正式启动。该战略将为轮胎行业产业调整、技术升级指出明确的方向。

绿色轮胎产业化工作方案主要包括：绿色轮胎的概念、绿色轮胎制造的整体要求、绿色轮胎产品的主要技术指标要求以及绿色轮胎产业化工作程序、工作进程及目标等。

4. 中国欧盟橡协在京交流绿色轮胎发展

2012 年 2 月 21 日，欧盟轮胎和橡胶制造商协会秘书长 Fazilet Cinaralp 女士和欧洲轮胎轮辋技术组织执行委员会成员 Marco Spinetto 先生拜访了中国橡胶工业协会，与中橡协会长范仁德、秘书长邓雅俐和常务副秘书长徐文英等就双方关注的轮胎标签法以及绿色轮胎发展等热点问题进行了坦诚交流。

由于中国目前还没有轮胎试验场，而标签法涉及的滚动阻力、湿滑路面抓地力和噪音 3 个指标中，其中湿滑路面抓地力和噪音 2 个指标必须要通过轮胎试验场才能得到检测数据，这给中国轮胎企业出口带来了极大的不便。目前中国轮胎企业一般是通过经销商在欧洲找有资质的试验场做检测，极大地增加了企业的负担，但因为企业要出口就必须这样做。近年来，中国几家较大的轮胎企业都有意建设轮胎试验场，中橡协为此也积极呼吁，但由于各种原因至今中国还没有轮胎试验场，但中橡协仍将积极促进这项工作的进展。双方认为，前一日召开的中国 - 欧盟轮胎工业圆桌会议将会推动中国政府加速此项工作的进展。

5. 中橡协检测专委会成立筹备会在青岛召开

2012 年 3 月 19 日，中国橡胶工业协会检测专业委员会成立筹备会议在青岛召开，来自检测仪器生产企业、大专院校、科研院所的20多位代表参加了会议,就委员会启动事项进行探讨,提出建议和意见。

检测是橡胶行业发展必不可少的重要配套领域之一。欧盟轮胎标签法、绿色轮胎等对橡胶轮胎性能测试提出了迫切要求,此外,企业对科技投入越来越重视,新产品、新工艺、新技术都需要各种各样的检测。与会代表一致认为,橡胶检测专业委员会的成立适时、很有必要。会议代表建议,委员会的会员构成要合理,既要和各检测企业建立联系,也要覆盖相关研究机构。同时加强对下游企业的吸收,及时了解下游用户的需求,才能根据行业发展不断研发出符合需要的新检测设备。

橡胶检测专业委员会的成立,将使中国橡胶工业协会架构体系更为完整,增强为行业服务的全面性。该委员会通过制订规划、召开论坛、扩大影响,将促进行业科技进步的发展,将对中国橡胶工业由大变强起到推动作用。

6.中橡协召开七届五次理事会及常务理事会

2012年3月20日,中国橡胶工业协会七届五次会议在山东青岛召开。会议审议通过了常务副会长兼秘书长邓雅俐关于《中国橡胶工业协会2011年工作总结和2012年工作计划(审议稿)》的报告。会议通报了协会2011年度会费收支情况,以及协会推介中国橡胶工业百强企业、协会推荐品牌产品、诚信橡胶贸易商、诚信轮胎经销商的工作,范仁德会长作了"做好工作,迎接中国橡胶工业协会第八届会员代表大会召开"的总结讲话。会议由中橡协主席团执行主席、贵州轮胎股份有限公司董事长马世春主持。

中国橡胶工业协会第七届理事会将于2012年9月末届满,根据《社会团体登记管理条例》(国务院令第2509号)、《国务院办公厅关于加快推进行业协会商会改革和发展的若干意见》(国办发2007第36号)和民政部、国资委有关规定,按照中国橡胶工业协会章程,中国橡胶工业协会换届选举工作,将严格遵循公开、民主、规范的工作原则,有序地进行。

理事会代表出席了同期召开的2012中国橡胶年会暨2012中国橡胶工业展。

7.中国橡胶年会和橡胶工业展隆重举行

2012年3月20日,2012中国橡胶年会暨2012中国橡胶工业展在青岛香格里拉大饭店隆重举行。本次年会以"应对挑战、加强合作、技术创新、绿色发展"为主题,来自全球1000多名橡胶业界人士参加了本次会议。

会议邀请了国务院发展研究中心,中国天然橡胶协会、中国汽车工业协会、国际合成橡胶生产者协会、天然橡胶生产国联盟、印度轮胎制造商协会等国内外相关协会,以及国内外重点企业的企业家和专家,围绕主题做精彩报告,向国内外业界人士详细分析2012年中国及世界橡胶工业的发展趋势,天然橡胶、合成橡胶等原材料国内外市场供应、消费分析,以及如何抓住机遇,应对各种挑战,为橡胶企业更好地应对目前的艰难局势提供及时、有价值的信息和指导。

会议期间,中国橡胶工业协会还向国内外发布了中国橡胶工业百强企业、协会推荐品牌、诚信轮胎经销商、诚信橡胶贸易商。在展览现场,举办了面对面交流会,参展商沙龙区,邀请橡胶行业的国内外专家和教授,现场交流解答技术问题、专利问题、人才问题以及管理等方面的各种问题。会议和展览结束后,组织参观了朗盛实验室、橡胶谷、软控科研装备制造基地、青岛赛轮轮胎工厂及翻胎厂,满足与会人员不同的参观需求。

8.中橡协首次发布子午胎工艺技术规范

2012年4月10日,中国橡胶工业协会以中橡协标字[2012]1号文发布了《子午线轮胎工艺技术规范》。这是为进一步加强轮胎会员企业子午胎生产工艺的管理和控制,稳定提高产成品质量,根据《中国橡胶工业协会自律标准管理办法》的有关规定,在征得大多数会员企业意见的基础上,中国橡胶工业协会组织制定、并首次发布了行业自律标准。该规范于发布之日起,在协会轮胎会员企业中试行。中橡协要求各轮胎会员企业在参考试行中,结合本公司的工艺技术条件,提出修订意见或建议,协会将根据企业的建议适时组织自律标准的修订。

该标准由中国橡胶工业协会技术经济委员会归口并负责解释。风神轮胎股份有限公司、三角轮胎股份有限公司、双钱集团股份有限公司、山东玲珑轮胎股份有限公司、广州市华南橡胶轮胎有限公司、贵州轮胎股份有限公司、四川海大橡胶集团有限公司、江苏韩泰轮胎有限公司、江苏通用科技股份有限公司等有关技术人员参加了自律标准的起草工作。

9. 中橡协组织起草轮胎理赔强制性标准制修订

2012年4月10日，中国橡胶工业协会印发通知，组建工作小组，负责《轮胎经销企业经营规范（理赔要求）》强制性标准和《轮胎理赔鉴定人员专业技术要求》推荐性标准的起草，这是协会参与的第一个强制性标准的制定工作。

商务部2008年9月27日发布了由中国橡胶工业协会和商业科技质量中心组织起草的SB/T10468.2－2008轮胎经销企业经营规范 理赔要求》推荐标准。该标准发布后，受到广大生产企业、经销商、用户/消费者的拥护，对行业内销售走私轮胎、割商标轮胎、不执行"三包"服务轮胎和假冒伪劣轮胎有所遏制，对轮胎"售前、售中、售后"服务质量有所提高，特别是对轮胎售后的理赔服务工作给予了引导，对促进整个轮胎营销市场向健康、规范有序方向发展，取得了一定的效果。

在此基础上，为了更好地为轮胎生产企业、轮胎经销商、用户/消费者服务，促进行业健康发展，根据三年来《SB/T10468.2－2008轮胎经销企业经营规范 理赔要求》实施情况和国家法律体系的特性，商务部办公厅近期又发布了《关于下达2012年第一批流通行业标准项目计划的通知》【商办流通函[2012]195号】。通知要求，第48项目批准制定《轮胎理赔鉴定人员专业技术要求》为推荐性标准，第49项目批准修订《轮胎经销企业经营规范（理赔要求）》为强制性标准，两项标准均由中国橡胶工业协会、商业科技质量中心负责组织起草制定和修订工作。

10. 中橡协落实绿色轮胎产业化方案具体工作

2012年4月19日，中国橡胶工业协会在北京召开绿色轮胎产业化发展工作会议。

会议对《绿色轮胎产业化工作方案》进行了认真深入的讨论，并根据工信部原材料司关于《绿色轮胎产业研究》课题立项的要求，决定成立《绿色轮胎产业研究》课题组。课题组分4个专题研究小组，分别是绿色轮胎产品指标、资源能源环保指标、绿色轮胎生产工艺研究、环保原材料指南。《绿色轮胎自律标准》的起草与《绿色轮胎产业研究》将同步进行，并将相互借鉴，争取在年底前完成《绿色轮胎自律标准》的起草工作，并适时发布。2013年4月完成《绿色轮胎产业研究》课题验收。

中橡协还将与全国轮标委建立经常性的沟通机制，互通信息，争取工作效益的最大化，共同推进中国绿色轮胎的产业化工作。同时，中橡协也将以绿色轮胎产业化为契机，全面推进轮胎行业节能、环保和清洁生产的步伐，在轮胎行业形成一整套绿色轮胎生产工艺和标准化生产模式，提高轮胎行业科学发展水平。

会议由中橡协副秘书长、技术经济委员会主任赵文权主持。工信部原材料司张凡，中国橡胶工业协会会长范仁德、常务副会长兼秘书长邓雅俐出席了会议。国家轮胎质检中心，双钱、三角、杭州中策、风神、玲珑、华南、贵州、赛轮、四川海大、北京首创、青岛双星等国内轮胎企业及自贡炭黑院等原材料企业，米其林、固特异、江苏韩泰、朗盛等外资企业参加了会议。

11. 中橡协组织研讨建设轮胎试验场

2012年5月30日，在中国橡胶工业协会召开的轮胎试验场筹备工作汇报研讨会在北京举行。

发展绿色轮胎，推动绿色轮胎产业化，既是轮胎工业发展的大势所趋，也是建设世界橡胶工业强国不可缺少的关键一环。但是目前中国轮胎工业一个绕不过去的瓶颈就是没有轮胎试验场，严重阻碍了绿色轮胎新产品的研发、检测，严重制约了中国轮胎的竞争力。大家对目前国内轮胎试验场的现状、建设试验场面临的问题、轮胎试验场的建设模式、管理模式等进行了研讨。鉴于建设轮胎试验场的重要性和紧迫性，与会的政府有关部门和轮胎企业一致认为，应采取由协会组织、企业参加、政府支持的模式加快推进轮胎试验场的建设。

国家质量监督检验总局检验监管司、工信部原材料司、国家发改委产业协调司，中国石油和化学工业联合会等有关部门的负责人应邀出席了研讨会。

中国橡胶工业协会会长范仁德、常务副会长兼秘书长邓雅俐、常务副秘书长徐文英、轮胎分会秘书长蔡为民以及中国化工橡胶总公司总经理曹朝阳、双钱集团股份有限公司总经理岳春辰、杭州中策橡胶有限公司董事长沈金荣、贵州轮胎股份有限公司董事长马世春、广州市华南橡胶轮胎有限公司总经理黎继荣、三角集团有限公司党委副书记魏楠、玲珑集团有限公司副总经理王祖键、玲珑集团有限公司副总经理李伟、赛轮股份有限公司总经理王建业,以及北京橡胶工业研究设计院副院长马良清等参加了会议。

12. 协会组织应对哥伦比亚对我国轮胎反倾销

2012 年 6 月 22 日,哥伦比亚贸易、工业及旅游部(以下称"调查机关")在其《官方公报》上发布公告,称其于 6 月 20 日作出决定,对进口自中国的子午线卡车及公共汽车轮胎(哥伦比亚税号:4011.20.10.00 及 4011.20.90.00)展开反倾销调查。本次调查的申请人为哥伦比亚的固特异公司和米其林集团旗下的 ICOLLNATAS 公司。在立案公告中,调查机关使用巴西固特异公司的轮胎作为认定正常价值的基础,计算出的正常价值为 12.68 美元/千克,中国产品的平均出口价格为 2.66 美元/千克,指控中国轮胎倾销幅度为 376.69%。

早在 6 月 11 日,公告正式发布前,中国橡胶工业协会和中国五矿化工进出口商会联合召开了哥伦比亚卡客车轮胎反倾销(预警)应诉工作会议,主要对哥出口涉案企业参加了会议。根据企业意愿,哥方一旦对我国卡客车胎正式立案,商协会将组织企业对本案进行行业损害抗辩。

6 月 27 日,中国橡胶工业协会和中国五矿化工进出口商会联合发出通知,就本案行业损害抗辩有关事项向涉案企业征求意见。根据会后征求意见表回复及与企业协商情况,15 家企业同意参加行业损害抗辩;同时,根据少数服从多数的原则,选定了律师事务所。

所谓行业损害抗辩,就是从整个行业的角度出发,争取哥伦比亚各利益方的支持,通过游说和抗辩对该案件决策形成压力,可以从整体上降低哥方对我国卡客车轮胎的征税水平或取得其他有利结果。如果行业无损害抗辩完全成功,则哥方将终止本案调查,并不对涉案产品征收任何反倾销税。行业损害抗辩无疑关系到整个行业的利益。

13. 中日轮胎圆桌会议探讨四大关切议题

2012 年 7 月 12 日,由中国工业和信息化部原材料司、日本经济产业省制造产业局共同组织的中日轮胎圆桌会议在北京万寿宾馆举行。会议就中日轮胎行业发展现状及未来发展战略、行业管理政策、绿色轮胎发展情况以及技术法规与标准等四项议程进行了详细论述和深入探讨。双方还针对轮胎产业发展及两国产业政策、市场需求、天然橡胶价格波动、绿色轮胎、轮胎试验场以及标准及进出口监管等共同关注的热点问题进行了深入交流和沟通。

工信部、国家标准委、国家认监委、山东出入境检验检疫局等政府有关部门负责人,中国橡胶工业协会、石油和化学工业规划院以及杭州中策、三角、贵州、华南橡胶、玲珑、双钱等轮胎企业共 25 人作为中方代表参加了会议;经产省、日本驻华大使馆等有关日本机构,日本自动车轮胎协会以及普利司通、住友、横滨、东洋和米其林(日本)等轮胎公司共 22 人作为日方代表参加了会议。

14. 中橡协召开 2012 秘书长工作会议

2012 年 7 月 17 日,中国橡胶工业协会 2012 秘书长工作会议在成都举行。会议总结协会上半年工作和安排下半年工作;通报了协会上半年收支情况,对财务、统计等方面存在的问题提出了改进要求。重点通报、讨论了换届工作的筹备情况以及关于章程、会费、人事、财务等文件的修改情况。会议确定 10 月下旬在杭州召开第八届会员大会上进行换届。

会议由中橡协常务副会长兼秘书长邓雅俐主持,会长范仁德作了"全力以赴搞好换届,确保协会工作平稳过渡,继续前进"的总结报告。中橡协 14 个专业分会(委员会)的秘书长和直属部门负责人参加了会议。

15. 中国橡胶工业协会顺利换届

2012 年 10 月 25 日中国橡胶工业协会在杭州召开第八届会员代表大会。

会议审议通过了第七届理事会范仁德会长关于“改革创新，建设世界橡胶工业强国”的工作报告、邓雅俐秘书长关于“中国橡胶工业协会第七届理事会会费收支情况和财务审计情况的报告”；审议通过了“中国橡胶工业协会章程(审议稿)”、“中国橡胶工业协会会费缴纳标准和办法(审议稿)”、“中国橡胶工业协会人事管理制度(审议稿)”、“中国橡胶工业协会财务管理核算制度(审议稿)”。

大会以无记名投票、等额选举形式产生了中国橡胶工业协会第八届理事会理事、常务理事和协会负责人。

第七届理事会常务副会长兼秘书长邓雅俐当选为第八届理事会会长。

丁玉华、岳春辰、沈金荣、袁仲雪、马世春、王锋(风神)、李勇、孟凡有、桂成钢、杨文平、王全基、王存金、吕务民、蔡木藩、徐承秋、刘锦兰、潘卓强、吕林汉、陆安杰、沈耿亮、黄建华、刘会春、陈文星、孔德威、张恭运、王树华、窦勇、韦平、李世强、徐文英当选副会长。徐文英兼任秘书长。

482位候选人当选理事，217位候选人当选常务理事。

会议推举范仁德为中国橡胶工业协会第八届理事会名誉会长。

会议审议通过了新任会长邓雅俐关于“中国橡胶工业协会第八届理事会工作设想及工作安排”的报告。

中国石油和化学工业联合会常务副会长李寿生到会指导工作并致辞。

16. 中橡协13个分会(委员会)顺利换聘理事长

2012年10月25日，中国橡胶工业协会第七届理事会2012年第二次会议宣布协会13个分会(委员会)理事长换聘全部完成。按照《中国橡胶工业协会分支机构管理细则》关于分会(委员会)理事长单位和理事长不搞终身制，实行轮换聘任制，聘任期为两年，不得连任的规定，经过征求意见、分会推荐，理事会(会员大会)确认、主席团审议等程序，中国橡胶工业协会13个分会(委员会)理事长单位及理事长换聘如下：

聘任江苏兴达钢帘线股份有限公司刘锦兰董事长为骨架材料专业委员会第八届第一任理事长(任期2011年8月~2013年8月)。

聘任阜新环宇橡胶(集团)有限公司孟凡有董事长为胶管胶带分会第八届第一任理事长(任期2011年9月~2013年9月)。

聘任山东尚舜化工有限公司徐承秋董事长为橡胶助剂专业委员会第八届第一任理事长(任期2011年10月~2013年10月)。

聘任广州市世达密封实业有限公司杨文平董事长为橡胶制品分会第八届第一任理事长(任期2011年11月~2013年11月)。

聘任北京正强新世纪国际贸易有限公司潘卓强董事长为营销工作委员会第五任理事长(任期2011年11月~2013年11月)。

聘任莱芜福泉橡胶有限公司吕务民董事长为废橡胶综合利用分会第八届第一任理事长(任期2011年11月~2013年11月)。

聘任大连乳胶有限责任公司王全基董事长为乳胶分会理事长(任期2011年12月~2013年12月)。

聘任风神轮胎股份有限公司董事长王锋为轮胎分会理事长(任期2012年10月~2014年4月)。

聘任苏州宝化炭黑有限公司董事长王存金为炭黑分会理事长(任期2012年4月~2014年4月)。

聘任揭阳市天阳模具有限公司董事长蔡木藩为橡胶机械模具分会理事长(任期2012年4月~2014年4月)。

聘任新东岳集团有限公司董事长李勇为力车胎分会理事长(任期2012年5月~2014年5月)。

聘任上海回力鞋业有限公司执行董事桂成刚为胶鞋分会理事长(任期2012年6月~2014年6月)。

聘任广东省广垦橡胶集团有限公司董事长吕林汉为橡胶材料专业委员会理事长(任期2012年6月~2014年6月)。

17. 欧盟轮胎标签法正式实施

2012年11月1日，欧盟轮胎标签法正式实施，即在欧盟销售的轮胎必须加贴标签，标示轮胎的滚动阻力、噪声和湿滑路面抓地力等级。标签法的实施,一方面提高了中国轮胎的出口门槛,另一方面也加速中国轮胎绿色化进程。国内轮胎企业对此高度重视,近年来一直积极应对。在欧盟标签法实施至今,大多数中国轮胎企业均可以提供符合欧盟标签法要求的产品,标签法水平已经不输于欧、美、日等国际轮胎企业二三线品牌的水平。据国家轮胎轮辋标准化技术委员会对国内部分大型轮胎企业的轮胎抽样调查,绝大部分轿车轮胎的滚动阻力为 E－F 级,其中九成以上达到欧盟第一阶段的要求。欧盟也对中国轮胎测评作出了正面评价。

18. 中橡协推进行业两大热点工作

2012 年 12 月 15 日,中国橡胶工业协会轮胎分会正副理事长会议在广州召开。会上重点研讨了建设轮胎试验场和天然橡胶稳定基金两大行业关注的热点问题。

会议交流了玲珑集团有限公司轮胎试验场建设进展情况和中国汽车技术研究中心汽车轮胎试验场的建设情况;探讨了建设轮胎试验场的初步方案。认为就目前行业的现状每家企业单独建轮胎试验场是不现实的,这几年大家都在这方面做了努力,但效果不大,一是投入大,更难的是没有土地,因此建设行业共同的轮胎试验场是可行的方案。

会议决定,将成立轮胎试验场工作小组,统一研究部署试验场的推进工作,在玲珑目前初步方案的基础上,进一步完成可研报告和设计方案,试验场公司的基本章程和运营方案,并在适当时候再组织行业研讨。

会议还重点研讨了天然橡胶稳定基金的问题。

有关负责人介绍了橡胶稳定基金的操作模式,不以赢利为目的,通过市场的高抛低吸,建立商业库存,平抑市场价格波动,使其基本反映供求基本面,在市场上发出行业的声音,掌握价格主动权。基金将由多家大型轮胎企业作为发起人,成立基金管理公司。

大家对此表示赞同,并一致同意会后由有关期货公司细化基金实施方案,并适时再次召开会议,请轮胎企业采购、财务人员参加,讨论方案细节问题。

中国橡胶工业协会名誉会长范仁德、会长邓雅俐、秘书长徐文英,轮胎分会秘书长蔡为民参加了会议。双钱集团股份有限公司总经理岳春辰主持会议。

19. 天然橡胶关税下调

2012 年 12 月 17 日,国务院关税税则委员会发布了“关于 2013 年关税实施方案的通知”。自 2013 年 1 月 1 日起,橡胶行业广泛关注的天然橡胶进口关税下调。其中,2013 年暂定税率天然胶乳为 10% 或 720 元/吨,两者从低,与 2012 年相同;烟片胶和技术分类天然橡胶均为 20% 或 1200 元/吨,两者从低,从量税分别比 2012 年降低 400、800 元/吨。目前,我国天然橡胶约 80% 左右依靠进口,关税下调是广大橡胶企业一直期盼的政策,尤其是进口量比较大的标胶下调幅度较大,为行业带来利好。

20. 中橡协会召开第 31 次秘书长会议

2012 年 12 月 26～28 日,中国橡胶工业协会第 31 次秘书长会议在北京召开。会议讨论了《中国橡胶工业协会 2012 年工作总结和 2013 年工作计划》、关于协会设立人事劳资部门的提议等,将提交于 2013 年 3 月在青岛召开的八届二次理事及常务理事会议审议。

会长邓雅俐做了“贯彻落实科学发展观,推进协会建设发展”的发言。她强调 2013 年协会要做好的几项重点工作,落实橡胶强国奋斗目标和框架意见;加快推进绿色轮胎产业化;推动轮胎试验场的建设进程;坚持推进品牌战略;促进转型升级;推进建立天然胶稳定基金;推动杜仲胶产业的发展;调整优化橡胶原材料结构;办好中国橡胶会展,打造一流的橡胶展览和论坛。同时指出,要在坚持协会改革建设所取得的成果基础上,进一步加强协会自身建设,建立协会文化,塑造团队精神,即“团结协作,执行有力,勤奋敬业,奋发有为”;并提出在不断总结经验的基础上,持续完善制度建设,一方面是重在执行落实现有制度,另一方面是探索建立有利于人才成长等新的体制机制。邓会长强调,全体协会的工作人员,要发扬协会的团队精神,全力做好 2013 年的重点工作。

各分会(委员会)秘书长、直管部门负责人在述职的基础上,总会秘书长与之签订了 2013

聘任上岗协议；会议评选出 2012 度单项先进单位。轮胎分会、橡胶制品分会、胶管胶带分会被评为统计工作先进单位；营销工作委员会、力车胎分会、橡胶机械模具分会被评为财务工作先进单位；轮胎分会、胶管胶带分会、橡胶制品分会被评为刊物工作先进单位；废橡胶综合利用分会、橡胶助剂专业委员会、炭黑分会被评为网站工作先进单位。

根据国资委对协会理事数量的有关限定，同时为方便协会专业活动的开展，会议决定，各分会（委员会）对现有会员进行梳理，原则上只有本专业的会员可在本分会（委员会）中任理事及以上职务，非专业会员不在分会（委员会）中担任理事及以上职务，但仍可交叉成为会员，参加不同专业的活动。对于现有的交叉理事等，要逐步理顺。

会议由副会长兼秘书长徐文英主持，名誉会长范仁德到会指导。各分会（专业委员会）秘书长、总会直管部门负责人等共 25 人出席会议。会议期间，还组织召开了在京全体工作人员大会。

（邓雅俐）

2012 年中国橡胶工业十大新闻

1. 橡胶原料价格持续波动，行业酝酿建立橡胶稳定基金

2012 年，橡胶原料价格总体呈现波动低迷态势。天然橡胶全年价格高点在 30000 元/吨左右，低点在 20000 元/吨左右。为了应对近年来天然橡胶价格持续大幅波动的被动局面，降低天然橡胶价格的波动幅度，轮胎行业酝酿建立橡胶稳定基金。

2. 行业经济运行增速减缓但发展趋向平稳

受全球增长需求不足，欧债危机持续蔓延，新兴经济体发展放缓，以及国内推动经济增长的动力不足等多种因素的影响，2012 年我国橡胶工业经济运行增速减缓但呈现企稳态势。虽然表现出行业经济指标继续回落，并出现了多年以来少有的 1 位数增长，但与上年较大幅度的持续收窄趋势相比有明显改观，发展趋向平稳。

3. 天然橡胶进口关税下调

2012 年 12 月 17 日，国务院关税税则委员会发布了“关于 2013 年关税实施方案的通知”。自 2013 年 1 月 1 日起，橡胶行业广泛关注的天然橡胶进口关税下调。其中，2013 年暂定税率天然胶乳为 10% 或 720 元/吨，两者从低，与 2012 年相同；烟片胶和技术分类天然橡胶均为 20% 或 1200 元/吨，两者从低，从量税分别比 2012 年降低 400、800 元/吨。目前，我国天然橡胶约 80% 左右依靠进口，关税下调是广大橡胶企业一直期盼的政策。

4. 欧盟轮胎标签法正式实施

2012 年 11 月 1 日，欧盟轮胎标签法正式实施，即在欧盟销售的轮胎必须加贴标签，标示轮胎的滚动阻力、噪声和湿滑路面抓地力等级。标签法的实施，一方面提高了中国轮胎的出口门槛，另一方面也加速中国轮胎绿色化进程。国内轮胎企业对此高度重视，近年来一直积极应对。据对国内部分大型轮胎企业的抽样调查，轿车轮胎的滚动阻力多为 E－F 级，大部分可达到欧盟第一阶段的要求。据对全国载重胎的调查，约 70% 的载重胎可达到欧盟第一阶段滚动阻力的最低要求。欧盟也对中国轮胎测评作出了正面评价。

5. 绿色轮胎产业化项目启动

为应对欧盟轮胎标签法规的实施，同时推进我国绿色轮胎产业化进程，加快轮胎产品质量升级和结构调整，在工信部的支持下，我国绿色轮胎产业化项目正式启动。在中国橡胶工业协会提出《绿色轮胎产业化工作方案（征求意见稿）》的基础上，《绿色轮胎产业研究》课题在工信部正式立项，2013 年完成课题研究及《绿色轮胎自律标准》。

6. 轮胎试验场建设提上日程

建设轮胎试验场是实现绿色轮胎产业化的重要环节，各大轮胎企业对于建设轮胎试验场的重要性和迫切性达到了高度一致。已有多家企业或机构正在以不同的方式投入轮胎试验场建设。同时，轮胎行业也达成共识，采取由政府支持、协会牵头、企业入股、实行第三方管理的方式，建设服务于行业的轮胎试验场。

7. 一批标准法规发布或完成报批

为加强工艺管理，提高产品质量，进一步加强行业自律，中国橡胶工业协会制订发布了《子午线轮胎工艺技术规范》。工信部正式发布了《轮胎翻新行业准入条件》和《废轮胎综合利用行业准入条件》，进一步规范废旧轮胎综合利用行业的发展秩序。国家正式发布了《缺陷汽车产品召回管理条例》，并于 2013 年 1 月 1 日起开始实施，轮胎召回也纳入其中，《缺陷汽车轮胎产品召回管理规定（草案 1 稿）》正在征求意见中。中国橡胶工业协会、商业科技质量中心制修订的《轮胎经销企业经营规范（理赔要求）》和《轮胎理赔鉴定人员专业技术要求》于 2013 年 9 月 1 日实施。《轮胎单位产品能源消耗限额》、《炭黑单位产品能源消耗限额》两项国家标准已通过全国能源基础与技术标准化技术委员会的审查,并形成报批稿,发布实施。

8. 中国橡胶工业协会完成换届

2012 年 10 月 25 日,中国橡胶工业协会于杭州召开了第八届会员代表大会,成功完成了协会换届选举,组成新一届理事会。会议投票选举邓雅俐为中国橡胶工业协会第八届理事会会长,徐文英为秘书长,推举第七届理事会会长范仁德为中橡协第八届理事会名誉会长。会议选举 5 名高级副会长和 25 名副会长。

9. 美国轮胎特保案结束其他国际贸易摩擦接踵而至

美国轮胎特保案于 2012 年 9 月 26 日正式终止,为中国轮胎出口美国带来利好。但橡胶全行业仍面临国际贸易摩擦不断加大的压力,2012 年多个国家对中国橡胶产品发起反倾销等调查。中国橡胶工业协会迅速有效地组织了国内企业应对印度对华炭黑特保、哥伦比亚对华卡客车轮胎反倾销、巴西对华摩托车胎反倾销、阿根廷对华硫化橡胶输送带反倾销等案件的调查。

10. 兼并重组国际化经营进程加快

2012 年,国内橡胶企业在兼并重组和国际化经营方面进程加快。多家企业通过收购股份等措施实现企业的兼并重组;多家企业在欧洲、美国、俄罗斯、印度和东南亚等地通过收购和投资等方式实现国际化经营,加快了中国橡胶企业的多元化经营步伐。

橡胶工业进出口贸易

橡胶工业进出口贸易

【基本情况】

据国家统计局统计,2012 年全国规模以上橡胶制品企业 3347 家,较 2011 年增加 160 家,其中,轮胎制造业 537 家;橡胶板、管、带的制造企业 711 家;橡胶零件制造企业 652 家;再生橡胶制造企业 152 家;日用及医用橡胶制品制造企业 217 家;橡胶鞋制造企业 530 家;其他橡胶制品制造企业 548 家。

2012 年,全国规模以上橡胶制品企业从业人员 96.08 万人。其中,轮胎企业 34.14 万人;橡胶板管带企业 12.78 万人;橡胶零件企业 12.1 万人;胶鞋企业 19.96 万人。

2012 年,我国橡胶制品进出口贸易保持较快增长,尽管增速较 2011 年大幅回落,但是超过石油和化工行业整体增速,成为拉动行业进出口贸易,尤其是出口贸易的主要动力。2012 年,全国橡胶制品进出口贸易额 537.45 亿美元,比上年增长 7.02%(见图 1),比 2011 年增速下滑 16.58 个百分点,高于全行业进出口贸易增速 1.9 个百分点。其中,进口贸易额 98.71 亿美元,增长 6.03%;出口贸易额 438.74 亿美元,增长 7.24%。增速较2010年分别下降15.77和16.86个百分点。橡胶制品进出口贸易额占石油和化工行业进出口贸易总额的 8.43%。贸易顺差 340.03 亿美元,贸易顺差比上年扩大 7.6%,增幅较 2011 年下降 17.2 个百分点。

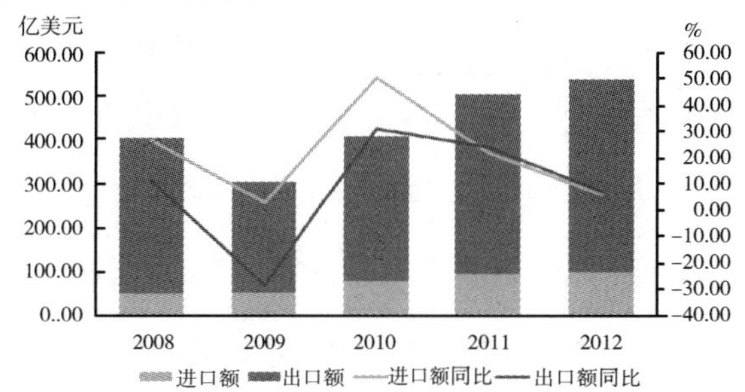

图 1　2008~2012 年我国橡胶制品进出口贸易额走势

从贸易方式情况看,橡胶制品加工贸易仍然大于一般贸易,但所占比重继续下降。2012 年,橡胶制品一般贸易 236.16 亿美元,同比增长 12.34%,占进出口贸易总额的 43.94%;加工贸易 255.99 亿美元,同比增长 1.94%,占进出口贸易总额的 47.63%,其中,轮胎外胎加工贸易 145.53 亿美元,占轮胎进出口贸易额的 87.06%。2012 年我国橡胶制品贸易方式结构见表 1。

表 1　2012 年我国橡胶制品贸易方式结构

产品名称	进出口总额/亿美元	一般贸易		加工贸易	
		进出口额/亿美元	占比/%	进出口额/亿美元	占比/%
橡胶制品	537.45	236.16	43.94	255.99	47.63
外胎	167.16	16.63	9.95	145.53	87.06
内胎	6.63	2.34	35.31	4.14	62.47
翻胎	0.37	0.23	60.62	0.04	11.74
胶带	11.24	7.80	69.37	2.81	25.03
胶管	13.12	10.37	79.05	2.00	15.26
手套	6.04	2.24	37.11	3.65	60.47
胶鞋	236.04	129.56	54.89	82.24	34.84
其他	96.85	66.99	69.17	15.56	16.06

我国大陆地区橡胶制品进出口贸易涉及220多个国家和地区,其中主要国家和地区有美国、日本、泰国、马来西亚和德国等。其中,进口贸易涉及130多个国家和地区,进口贸易额前5名国家和地区是:泰国(占22.81%)、马来西亚(占18.57%)、日本(占11.71%)、德国(占6.49%)和印度尼西亚(占5.97%);出口贸易涉及220多个国家和地区,出口贸易额前5名国家和地区是:美国(占30.17%)、俄罗斯(占4.34%)、日本(占4.24%)、英国(占3.69%)和德国(占3.1%)。

贸易顺差额前5名国家和地区是:美国(占37.59%)、俄罗斯(占5.59%)、英国(占4.45%)、中国香港(占3.60%)、澳大利亚(占3.55%);贸易逆差额前5名国家和地区是:泰国(逆差额19.73亿美元)、马来西亚(逆差额11.97亿美元)、越南(逆差额2.8亿美元)、印度尼西亚(逆差额2.1亿美元)、罗马尼亚(逆差额0.2亿美元)。2012年我国大陆地区橡胶制品进出口贸易情况见表2。

表2　2012年我国大陆地区橡胶制品进出口贸易情况

亿美元

国家和地区	进口额	占比/%	国家和地区	出口额	占比/%	国家和地区	顺差额	占比/%
泰国	22.52	22.81	美国	132.36	30.17	美国	127.82	37.59
马来西亚	18.33	18.57	俄罗斯联邦	19.06	4.34	俄罗斯联邦	19.01	5.59
日本	11.55	11.70	日本	18.60	4.24	英国	15.14	4.45
德国	6.40	6.48	英国	16.18	3.69	中国香港地区	12.23	3.60
印度尼西亚	5.89	5.97	德国	13.61	3.10	澳大利亚	12.09	3.56
越南	4.86	4.92	中国香港地区	12.32	2.81	阿联酋	10.63	3.13
美国	4.54	4.60	澳大利亚	12.25	2.79	加拿大	10.07	2.96
意大利	4.05	4.10	阿联酋	10.63	2.42	荷兰	8.16	2.40
韩国	3.90	3.95	加拿大	10.36	2.36	德国	7.20	2.12
中国台湾地区	1.84	1.86	荷兰	8.44	1.92	沙特阿拉伯	7.17	2.11
法国	1.51	1.53	沙特阿拉伯	7.17	1.63	日本	7.04	2.07
英国	1.04	1.05	墨西哥	6.91	1.57	墨西哥	6.74	1.98
西班牙	0.95	0.96	韩国	6.79	1.55	巴拿马	6.24	1.84
罗马尼亚	0.66	0.67	比利时	6.57	1.50	比利时	6.22	1.83
新加坡	0.62	0.63	意大利	6.48	1.48	南非	6.19	1.82
捷克	0.61	0.62	马来西亚	6.36	1.45	智利	5.78	1.70
印度	0.45	0.46	巴拿马	6.24	1.42	巴西	5.22	1.54
菲律宾	0.45	0.46	南非	6.20	1.41	西班牙	5.16	1.52
葡萄牙	0.35	0.35	西班牙	6.12	1.39	尼日利亚	4.63	1.36
斯洛伐克	0.35	0.35	法国	5.87	1.34	法国	4.37	1.29

【进出口贸易】

1. 橡胶原料进出口贸易

(1)天然橡胶

2012年,我国天然橡胶进口217.70万吨,比上年增长3.58%,进口额68.11亿美元,比上年下降92.74%;天然橡胶出口1.34万吨,比上年增长39.69%,出口额0.46亿美元,比上年下降90.01%,主要是国际天然橡胶价格大幅下跌,导致贸易额大幅萎缩。2012年我国天然橡胶进出口贸易情况见表3。

表3 2012年我国天然橡胶进出口贸易情况

产品名称	进口				出口			
	数量/万t	金额/亿美元	同比/%		数量/万t	金额/亿美元	同比/%	
			数量	金额			数量	金额
天然橡胶合计	217.70	68.11	3.58	-92.74	1.34	0.46	39.69	-90.01
天然胶乳(不论是否预硫化)	31.78	6.82	17.50	-15.31	0.01	0.00	-80.88	-85.69
天然橡胶烟胶片	20.81	7.14	-3.32	-29.98	0.76	0.27	93.00	40.01
技术分类天然橡胶(TSNR)	162.66	53.39	2.42	-28.24	0.48	0.16	38.73	1.40
其他初级形状的天然橡胶	2.45	0.76	-12.41	-35.15	0.09	0.02	-53.59	-75.44
天然树胶	0.00	0.00	569.10	284.62	0.00	0.00	-90.90	-40.77

2012年,我国天然橡胶进口贸易国家中,泰国居第一位,进口贸易额36.49亿美元,占全国的53.57%;印度尼西亚居第二位,进口额13.52亿美元,占全国的19.85%;马来西亚居第三位,进口额9.89亿美元,占全国的14.52%,前3位国家进口天然橡胶贸易额59.9亿美元,占全国的87.94%;越南居第四位,缅甸居第五位,分别占全国进口天然橡胶贸易额的8.23%和1.74%。2012年我国天然橡胶进口前10个国家见表4。

表4 2012年我国天然橡胶进口前10个国家

国家和地区	进口量/万t	进口额/亿美元	占比/%
天然橡胶合计	217.70	68.11	100.00
泰国	120.67	36.49	53.57
印度尼西亚	40.43	13.52	19.85
马来西亚	29.89	9.89	14.52
越南	18.76	5.60	8.23
缅甸	3.45	1.19	1.74
老挝	1.59	0.54	0.79
柬埔寨	0.71	0.21	0.31
科特迪瓦	0.56	0.18	0.26
喀麦隆	0.47	0.11	0.16
菲律宾	0.20	0.07	0.10

(2)合成橡胶

2012 年,我国合成橡胶进口量有所下降,累计进口 145.05 万吨,进口额 51.30 亿美元,比上年分别下降 0.73% 和 5.10%;出口 22.24 万吨,出口额 7.27 亿美元,比上年分别下降 24.00% 和 30.87%。我国合成橡胶进口大于出口,进口依存度比较高。进口量比较大的产品是丁苯橡胶、丁二烯橡胶、丁基橡胶以及乙丙橡胶等。其中,丁苯橡胶进口 46.84 万吨,同比下降 0.22%;丁二烯橡胶 23.57 万吨,同比下降 4.50%;丁基橡胶 23.08 万吨,同比下降 1.94%;乙丙橡胶 21.18 万吨,同比下降 5.04%。2012 年我国合成橡胶进出口贸易情况见表 5。

表 5　2012 年我国合成橡胶进出口贸易情况

产品名称	进口		同比/%		出口		同比/%	
	数量/万 t	金额/亿美元	数量	金额	数量/万 t	金额/亿美元	数量	金额
合成橡胶	145.05	51.30	-0.73	-5.10	22.24	7.27	-24.00	-30.87
丁苯橡胶	46.84	13.32	-0.22	-5.17	10.32	3.15	-36.69	-41.20
丁二烯橡胶	23.57	7.50	-4.50	-17.49	3.53	1.18	-23.24	-35.81
丁基橡胶	23.08	11.21	-1.94	-0.28	2.26	0.78	23.02	-11.88
氯丁橡胶	2.10	0.98	-2.15	6.52	0.57	0.26	-28.74	-24.81
丁腈橡胶	12.01	3.63	1.94	-6.59	1.65	0.35	-4.14	-12.17
异戊二烯橡胶	5.28	2.01	6.60	-8.55	0.23	0.08	8.89	-17.43
乙丙橡胶	21.18	8.53	-5.04	-4.64	0.34	0.12	61.61	64.26
其他	10.99	4.12	12.55	10.38	3.33	1.35	-6.80	-11.12

我国合成橡胶进口贸易国家和地区中,韩国居第一位,进口额 10.39 亿美元,占进口贸易额的 20.25%;美国居第二位,进口额 8.94 亿美元,占进口贸易额的 17.42%;日本居第三位,进口额 8.54 亿美元,占进口贸易额的 16.65%。2012 年我国大陆地区合成橡胶进口国家和地区见表 6。

表 6　2012 年我国大陆地区合成橡胶进口国家和地区

国家和地区	进口额/亿美元	占比/%	国家和地区	进口额/亿美元	占比/%
韩国	10.39	20.25	泰国	1.08	2.10
美国	8.94	17.42	英国	1.05	2.05
日本	8.54	16.65	荷兰	0.98	1.90
俄罗斯	5.15	10.05	墨西哥	0.56	1.10
中国台湾地区	2.55	4.97	波兰	0.40	0.78
比利时	2.33	4.54	意大利	0.37	0.73
法国	2.14	4.17	印度尼西亚	0.29	0.56
加拿大	1.81	3.54	巴西	0.25	0.48
德国	1.74	3.39	新加坡	0.19	0.37
马来西亚	1.58	3.08			

(3)炭黑

2012年,我国进口炭黑8.41万吨,进口贸易额2.13亿美元,同比分别下降2.80%和1.04%;我国出口炭黑65.76万吨,出口贸易额7.26亿美元,同比分别增长34.88%和20.87%。

我国进口炭黑贸易国家和地区有29个,出口贸易国家地区有93个。其中,进口贸易日本居第一位,占23.43%;美国居第二位,占21.32%;韩国居第三位,占19.39%。出口贸易泰国居第一位,占15.60%;印度尼西亚居第二位,占14.72%;印度居第三位,占13.91%。2012年我国大陆地区炭黑进出口国家和地区见表7。

表7 2012年我国大陆地区炭黑进出口国家和地区

国家和地区	进口额/亿美元	占比/%	国家和地区	出口额/亿美元	占比/%
总计	2.13	100.00	总计	7.26	100.00
日本	0.50	23.43	泰国	1.13	15.60
美国	0.45	21.32	印度尼西亚	1.07	14.72
韩国	0.41	19.39	印度	1.01	13.91
德国	0.19	8.85	中国台湾地区	0.66	9.03
中国台湾地区	0.14	6.69	日本	0.63	8.61
比利时	0.09	4.31	波兰	0.39	5.33
捷克	0.07	3.11	韩国	0.31	4.29
加拿大	0.06	3.02	越南	0.28	3.90
泰国	0.06	2.88	美国	0.20	2.78
荷兰	0.06	2.76	马来西亚	0.18	2.50

2.橡胶制品进口贸易

(1)进口

2012年,我国橡胶制品进口贸易额98.71亿美元,同比增长6.03%。其中,橡胶轮胎外胎进口8.28亿美元,同比增长7.06%;橡胶内胎进口245万美元,同比下降17.9%;翻新轮胎进口184万美元,同比增长42.73%;橡胶带进口3.07亿美元,同比下降0.2%;胶管进口5.8亿美元,同比下降12.26%;胶鞋进口11.21亿美元,同比增长13.37%。

从橡胶制品的进口产品结构看,进口橡胶制品所占比重较小,进口复合橡胶及复合胶板片带比重仍然较大。2012年进口轮胎外胎占8.39%;进口橡胶带占3.11%;进口胶管占5.87%;进口胶鞋占11.35%;进口其他橡胶制品占70.25%,其中,进口未硫化的复合橡胶及未硫化的橡胶板片带38.28亿美元,占38.78%。2012年我国橡胶制品进口情况见表8。

分省市情况看,2011年橡胶制品进口贸易排名前10位的是:山东、上海、江苏、广东、浙江、北京、辽宁、福建、云南和天津。2012年前10个省市橡胶制品进口贸易86.91亿美元,占全国橡胶制品进口贸易额的88.04%,较2011年提高0.44个百分点。2012年我国各省市橡胶制品进口情况见表9。

表 8　2012 年我国橡胶制品进口情况

产品名称	进口		同比/%		金额占比/%
	数量/万 t	金额/亿美元	数量	金额	
橡胶制品	—	98.71	—	6.03	100.00
外胎	10.70	8.28	-10.08	7.06	8.39
内胎	0.04	0.02	-16.94	-17.90	0.02
翻胎	0.01	0.02	59.28	42.73	0.02
胶带	1.87	3.07	-15.39	-0.20	3.11
胶管	3.44	5.80	-28.95	-12.26	5.87
手套	1.43	0.97	54.19	40.15	0.98
胶鞋	2.71	11.21	11.83	13.37	11.35
防水鞋靴	0.02	0.02	-6.40	8.18	0.02
滑雪、防护鞋	1.81	8.38	6.90	9.99	8.49
运动、网球、篮球鞋	0.87	2.81	24.20	24.83	2.85
其他橡胶制品	151.62	69.34	47.48	6.58	70.25

表 9　2012 年我国各省市橡胶制品进口情况

地区	进口额/亿美元	同比/%	占比/%	地区	进口额/亿美元	同比/%	占比/%
山东	19.90	-2.94	20.16	黑龙江	0.73	-26.84	0.74
上海	18.78	2.68	19.03	山西	0.63	1.32	0.64
江苏	12.28	9.47	12.44	宁夏	0.62	-26.66	0.63
广东	10.60	-0.64	10.74	广西	0.62	947.54	0.62
浙江	7.11	111.36	7.21	海南	0.43	1242.74	0.43
北京	4.95	33.66	5.02	河北	0.38	0.20	0.38
辽宁	3.90	-8.51	3.95	内蒙古	0.38	2.82	0.38
福建	3.85	24.99	3.90	江西	0.37	-36.07	0.37
云南	3.17	-12.31	3.21	四川	0.31	8.24	0.32
天津	2.37	-12.38	2.40	湖南	0.21	-3.58	0.22
重庆	1.97	60.25	1.99	陕西	0.14	36.87	0.14
吉林	1.37	-22.31	1.39	新疆	0.03	-30.45	0.03
安徽	1.07	-17.95	1.09	甘肃	0.01	-15.26	0.01
贵州	0.98	-32.06	1.00	青海	0.00	166.86	0.00
河南	0.80	6.31	0.81	西藏	0.00	-73.10	0.00
湖北	0.76	15.41	0.77				

从贸易方式分析,2012 年我国橡胶制品进口,一般贸易占比仍然较大,一般贸易进口占进口贸易额的 75.43%,比上年增加 4.23 个百分点;加工贸易进口占 11.31%,比上年下降 2.39 个百分点。2012 年我国橡胶制品进口贸易方式见表 10。

表 10　2012 年我国橡胶制品进口贸易方式

产品名称	进口总额/亿美元	一般贸易		加工贸易	
		进口额/亿美元	占对应总额/%	进口额/亿美元	占对应总额/%
橡胶制品	98.71	74.46	75.43	11.17	11.31
外胎	8.28	7.11	85.83	0.40	4.81
内胎	0.02	0.00	18.95	0.02	65.76
翻胎	0.02	0.00	12.65	0.00	0.00
胶带	3.07	1.67	54.39	1.10	35.84
胶管	5.80	4.59	79.22	0.76	13.07
手套	0.97	0.73	75.12	0.17	16.99
胶鞋	11.21	10.80	96.40	0.01	0.12
其他橡胶制品	69.34	49.54	71.45	8.72	12.57

从进口国家和地区情况看，我国大陆地区橡胶制品进口贸易排名前 10 位国家和地区是：泰国（22.52 亿美元，占 22.81%）、马来西亚（18.33 亿美元，占 18.57%）、日本（11.55 亿美元，占 11.71%）、德国（6.40 亿美元，占 6.49%）、印度尼西亚（5.89 亿美元，占 5.97%）、越南（4.86 亿美元，占 4.93%）、美国（4.54 亿美元，占 4.60%）、意大利（4.05 亿美元，占 4.1%）、韩国（3.90 亿美元，占 3.95%）、中国台湾地区（1.84 亿美元，占 1.86%）。

（2）出口

2012 年，我国橡胶制品企业积极开拓新兴国家市场，尽管增幅较 2011 年大幅回落，但出口贸易继续保持增长。统计数据显示，2012 年，全国橡胶制品出口贸易额 438.74 亿美元，比上年增长 7.24%。其中，新充气橡胶轮胎出口 440.64 万吨，出口额 158.87 亿美元，分别增长 9.57% 和 7.57%；橡胶内胎出口 19.98 万吨，出口额 6.61 亿美元，同比分别增长 10.78% 和 11.58%；胶鞋出口 202.08 万吨，出口额 224.83 亿美元，同比分别下降 1.61% 和增长 6.73%。2012 年我国橡胶制品出口贸易情况见表 11。

表 11　2012 年我国橡胶制品出口贸易情况

产品名称	出口		同比/%	
	数量/万 t	金额/亿美元	数量	金额
橡胶制品	—	438.74	—	7.24
外胎	440.64	158.87	9.57	7.57
内胎	19.98	6.61	10.78	11.58
翻胎	1.13	0.35	43.85	160.39
胶带	23.92	8.17	5.77	5.79
胶管	15.38	7.32	1.84	15.34
手套	7.49	5.07	5.86	4.67
胶鞋	202.08	224.83	-1.61	6.73
防水鞋靴	7.47	4.55	-23.20	-18.56
滑雪、防护鞋	109.66	132.32	-2.82	4.78
运动、网球、篮球鞋	84.95	87.97	2.58	11.65
其他橡胶制品	75.29	27.51	-8.26	6.59

从出口贸易额比重分析，橡胶制品出口贸易占比重较大的是胶鞋和轮胎外胎。其中，胶鞋占51.25%、轮胎外胎占36.21%、橡胶内胎占1.51%、橡胶带占1.86%、胶管占1.67%。2012年我国橡胶制品出口贸易结构见图2。

按贸易方式分析，我国橡胶制品加工贸易出口占比重较大，但在逐年下降，2012年橡胶制品一般贸易出口比重由2011年的34.92%提高至36.86%；加工贸易出口比重由2011年58.4%下降至55.80%。其中，轮胎外胎加工贸易出口占91.35%，橡胶内胎加工贸易出口占62.46%，手套加工贸易出口占68.81%，胶鞋加工贸易出口比重占36.57%(见表12)。其中，手套和胶鞋类产品加工贸易比重降幅较大。

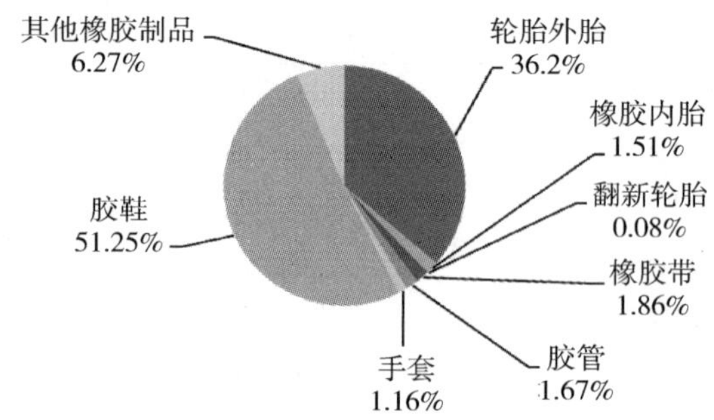

图2　2012年我国橡胶制品出口贸易结构

表12　2012年我国橡胶制品出口贸易方式情况

产品名称	出口总额/亿美元	一般贸易		加工贸易	
		出口额/亿美元	占比/%	出口额/亿美元	占比/%
橡胶制品	438.74	161.70	36.86	244.82	55.80
外胎	158.87	9.52	5.99	145.14	91.35
橡胶内胎	6.61	2.34	35.37	4.13	62.46
翻新轮胎	0.35	0.22	63.11	0.04	12.35
橡胶带	8.17	6.13	75.00	1.71	20.97
胶管	7.32	5.78	78.91	1.24	16.99
手套	5.07	1.51	29.83	3.49	68.81
胶鞋	224.83	118.76	52.82	82.23	36.57
其他橡胶制品	27.51	17.45	63.43	6.84	24.86

从地区情况看，2012年，我国橡胶制品出口贸易额排前10位的是：广东(占23.78%)、山东(占22.76%)、福建(占14.10%)、浙江(占12.11%)、江苏(占8.19%)、上海(占3.23%)、天津(占2.06%)、河南(占1.94%)、四川(占1.74%)、江西(占1.59%)。2012年我国各省市橡胶制品出口贸易情况见表13。

①轮胎出口贸易

2012年我国轮胎出口情况见表14。

由表14看出，我国轮胎出口创汇主要是小客车轮胎、客货车轮胎，两种产品出口贸易额占橡胶制品出口贸易额的比重将近90%。2012年小客车轮胎出口创汇比重占37.01%；客货车轮胎出口创汇比重占50.73%，与2011年的占比相比基本保持不变。

2012年，全球经济缓慢复苏，但欧美等发达国家经济复苏步履艰难，面对国际市场变化，我国轮胎出口贸易继续保持增长，但增速较2011年明显回落。2012年，我国轮胎出口到美国93.08万吨，出口额33.40亿美元，贸易比重分别占21.12%

表 13　2012 年我国各省市橡胶制品出口贸易情况

省、市	出口额/美元	同比/%	占比/%	省、市	出口额/美元	同比/%	占比/%
广东	104.31	4.93	23.78	黑龙江	2.17	-10.71	0.49
山东	99.84	11.73	22.76	重庆	2.09	102.10	0.48
福建	61.88	7.16	14.10	湖南	1.97	49.13	0.45
浙江	53.14	0.14	12.11	广西	1.56	56.85	0.35
江苏	35.93	2.58	8.19	山西	0.84	-26.17	0.19
上海	14.19	8.42	3.23	新疆	0.70	27.06	0.16
天津	9.04	6.24	2.06	吉林	0.58	-3.35	0.13
河南	8.49	13.57	1.94	西藏	0.47	31.37	0.11
四川	7.64	8.41	1.74	陕西	0.29	120.14	0.07
江西	6.98	32.82	1.59	内蒙古	0.24	-48.85	0.05
辽宁	6.63	25.58	1.51	云南	0.07	32.72	0.02
安徽	5.92	-16.52	1.35	海南	0.04	18.73	0.01
河北	4.06	4.64	0.92	宁夏	0.02	-38.29	0.01
北京	3.57	13.05	0.81	甘肃	0.01	186.61	0.00
贵州	3.19	8.35	0.73	青海	0.00	90.57	0.00
湖北	2.87	76.52	0.65				

表 14　2012 年我国轮胎出口情况

产品名称	2012 年		同比/%		占比/%	
	数量/万 t	金额/亿美元	数量	金额	数量	金额
机动小客车用新的充气橡胶轮胎	150.67	58.79	6.12	5.69	34.19	37.01
客或货车用新轮胎	233.43	80.59	13.04	8.87	52.97	50.73
航空器用新的充气橡胶轮胎	0.05	0.09	24.72	35.10	0.01	0.06
摩托车用新的充气橡胶轮胎	8.31	2.63	19.83	22.90	1.89	1.66
自行车用新的充气橡胶轮胎	8.79	2.49	-1.35	3.40	1.99	1.56
农业或林业车辆及机器用新充气橡胶轮胎	7.82	2.52	-10.53	-9.41	1.77	1.58
辋圈尺寸≤61CM 人字型胎面新轮胎	2.34	0.71	-27.13	-25.03	0.53	0.44
辋圈尺寸 > 61CM 人字型胎面新轮胎	4.04	1.73	14.03	17.71	0.92	1.09
其他人字形胎面或类似的新充气橡胶轮胎	1.09	0.37	-18.59	-13.39	0.25	0.23
农业或林业车辆及机器用新充气橡胶轮胎	1.29	0.44	20.87	17.86	0.29	0.28
辋圈尺寸≤61CM 新充气橡胶轮胎	4.90	1.16	38.12	23.17	1.11	0.73
辋圈尺寸 >61CM 新充气橡胶轮胎	8.94	3.99	27.30	36.80	2.03	2.51
未列名新充气轮胎	8.97	3.36	-3.84	-5.90	2.04	2.11

和21.02%，较去年同期有所增长，分别增加5.12和1.11个百分点，贸易额仍居第一位。出口到阿联酋21.94万吨，出口额7.30亿美元，贸易比重分别占4.98%和4.59%，贸易额居第二位；出口到沙特阿拉伯18万吨，出口额5.89亿美元，贸易比重分别占4.08%和3.70%，贸易额居第三位。值得注意的是，2012年，出口到沙特阿拉伯、澳大利亚和俄罗斯的轮胎总量出现快速增长，所占比例大幅提高，均超过英国，而2011年出口到英国的轮胎总量排名第三，2012年出口到英国的轮胎总量与2011年持平，因此排名下滑至第六位。2012年我国轮胎出口国家与地区见表15。

表15　2012年我国轮胎出口国家与地区

国家和地区	出口量/万t	占比/%	出口额/亿美元	占比/%	国家和地区	出口量/万t	占比/%	出口额/亿美元	占比/%
美国	93.08	21.12	33.40	21.02	德国	7.86	1.78	3.26	2.05
阿联酋	21.94	4.98	7.30	4.59	巴基斯坦	7.60	1.73	2.55	1.60
沙特阿拉伯	18.00	4.08	5.89	3.70	荷兰	7.26	1.65	2.81	1.77
澳大利亚	17.00	3.86	7.02	4.42	智利	6.65	1.51	2.36	1.49
俄罗斯	16.39	3.72	5.73	3.60	阿尔及利亚	6.32	1.44	2.17	1.37
英国	16.30	3.70	6.18	3.89	南非	5.78	1.31	2.09	1.31
墨西哥	13.95	3.17	5.02	3.16	意大利	5.77	1.31	2.29	1.44
加拿大	11.95	2.71	4.72	2.97	菲律宾	5.59	1.27	1.88	1.18
尼日利亚	9.62	2.18	3.14	1.97	委内瑞拉	5.50	1.25	1.95	1.23
巴西	9.41	2.14	3.18	2.00	马来西亚	5.27	1.20	1.82	1.14

我国轮胎出口格局总体保持稳定。2012年，我国轮胎出口山东居第一位，出口轮胎240.03万吨，占全国的54.70%，出口额82.50亿美元，占全国的51.93%；江苏居第二位，出口轮胎38.64万吨，出口额16.32亿美元，分别别占全国的8.77%和10.27%；浙江居第三位，出口轮胎33.24万吨，出口额12.23亿美元，分别占全国的7.54%和7.70%。2012年我国各地区轮胎出口贸易情况见表16。

②胶鞋出口贸易

2012年，我国胶鞋出口继续保持稳定增长，增速较去年同期大幅下降。全年累计出口胶鞋202.08万吨，同比下降1.61%，出口贸易额224.83亿美元，同比增长6.73%。2012年我国胶鞋出口贸易情况见表17。

从出口地情况看，2012年，我国大陆地区胶鞋出口贸易遍布全球。其中，出口到美国62.97万吨，出口额88.62亿美元，贸易比重分别占31.16%和39.42%，贸易额居第一位；出口到日本11.29万吨，出口额11.77亿美元，贸易比重分别占5.59%和5.24%，贸易额居第二位；出口到俄罗斯9.46万吨，出口额11.62亿美元，贸易比重分别占4.68%和5.17%，贸易额居第三位；英国、德国、我国香港地区分别居第四、第五和第六位。2012年我国大陆地区胶鞋出口国家与地区见表18。

表 16　2012 年我国各地区轮胎出口贸易情况

省、市	出口量/万 t	占比/%	出口额/亿美元	占比/%	省、市	出口量/万 t	占比/%	出口额/亿美元	占比/%
山东	241.03	54.70	82.50	51.93	四川	1.94	0.44	0.65	0.41
江苏	38.64	8.77	16.32	10.27	江西	1.39	0.32	0.56	0.35
浙江	33.24	7.54	12.23	7.70	河北	1.12	0.25	0.37	0.23
河南	18.19	4.13	6.23	3.92	新疆	0.79	0.18	0.32	0.20
福建	18.04	4.09	7.38	4.65	广西	0.53	0.12	0.39	0.25
广东	17.89	4.06	6.54	4.12	吉林	0.37	0.08	0.18	0.11
天津	15.09	3.42	5.58	3.51	黑龙江	0.24	0.05	0.09	0.06
上海	14.39	3.27	5.55	3.50	陕西	0.16	0.04	0.08	0.05
辽宁	10.30	2.34	3.79	2.39	内蒙古	0.14	0.03	0.04	0.03
安徽	8.24	1.87	3.26	2.05	云南	0.06	0.01	0.02	0.01
贵州	7.94	1.80	2.94	1.85	湖南	0.04	0.01	0.04	0.02
北京	3.33	0.76	1.27	0.80	宁夏	0.01	0.00	0.00	0.00
重庆	3.24	0.73	1.10	0.69	甘肃	0.00	0.00	0.00	0.00
山西	2.31	0.52	0.73	0.46	海南	0.00	0.00	0.00	0.00
湖北	1.98	0.45	0.70	0.44	西藏	0.00	0.00	0.00	0.00

表 17　2012 年我国胶鞋出口贸易情况

产品名称	2012 年出口		同比/%	
	数量/万 t	金额/亿美元	数量	金额
胶鞋	202.08	224.83	-1.61	6.73
防水鞋靴	7.47	4.55	-23.20	-18.56
滑雪、防护鞋	109.66	132.32	-2.82	4.78
运动、网球、篮球鞋	84.95	87.97	2.58	11.65

表 18　2012 年我国大陆地区胶鞋出口国家与地区

国家和地区	出口量/万 t	占比/%	出口额/亿美元	占比/%	国家和地区	出口量/万 t	占比/%	出口额/亿美元	占比/%
美国	62.97	31.16	88.62	39.42	法国	3.73	1.84	4.08	1.81
日本	11.29	5.59	11.77	5.24	西班牙	3.65	1.81	3.77	1.68
俄罗斯	9.46	4.68	11.62	5.17	澳大利亚	3.47	1.72	4.02	1.79
英国	8.27	4.09	8.38	3.73	菲律宾	3.44	1.70	2.32	1.03
德国	7.48	3.70	8.79	3.91	阿联酋	3.34	1.65	2.58	1.15
中国香港地区	6.17	3.05	10.06	4.47	马来西亚	3.07	1.52	3.18	1.41
巴拿马	5.73	2.83	4.78	2.13	比利时	2.85	1.41	4.35	1.94
加拿大	3.77	1.87	4.80	2.13	智利	2.69	1.33	2.80	1.25
荷兰	3.75	1.85	4.90	2.18	意大利	2.25	1.11	3.20	1.43
南非	3.73	1.85	3.26	1.45	韩国	2.25	1.11	3.46	1.54

2012 年，我国胶鞋出口贸易额广东居第一位，出口 68.26 万吨，出口额 89.52 亿美元，分别占全国的 33.78% 和 39.81%；福建居第二位，出口 51.99 万吨，出口额 52.54 亿美元，分别占全国的 25.73% 和 23.37%；浙江居第三位，出口 38.78 万吨，出口额 29.66 亿美元，分别占全国的 19.19% 和 13.19%；江苏和山东分别居第四、第五位。2012 年我国各地区胶鞋出口情况见表 19。

表 19　2012 年我国各地区胶鞋出口情况

省、市	出口量/万 t	占比/%	出口额/亿美元	占比/%	省、市	出口量/万 t	占比/%	出口额/亿美元	占比/%
广东	68.26	33.78	89.52	39.81	河北	0.57	0.28	0.36	0.16
福建	51.99	25.73	52.54	23.37	重庆	0.52	0.26	0.66	0.29
浙江	38.78	19.19	29.66	13.19	西藏	0.42	0.21	0.43	0.19
江苏	11.57	5.72	11.24	5.00	广西	0.41	0.20	0.94	0.42
山东	5.86	2.90	8.62	3.84	吉林	0.34	0.17	0.37	0.17
四川	3.72	1.84	6.76	3.01	贵州	0.16	0.08	0.08	0.04
江西	3.57	1.77	6.08	2.71	新疆	0.08	0.04	0.06	0.03
上海	3.54	1.75	3.84	1.71	内蒙古	0.07	0.04	0.17	0.08
黑龙江	3.11	1.54	2.02	0.90	陕西	0.06	0.03	0.14	0.06
天津	2.08	1.03	2.31	1.03	云南	0.02	0.01	0.01	0.00
河南	1.49	0.74	2.00	0.89	海南	0.01	0.01	0.01	0.00
安徽	1.27	0.63	1.20	0.53	宁夏	0.00	0.00	0.00	0.00
湖南	1.18	0.59	1.85	0.82	青海	0.00	0.00	0.00	0.00
辽宁	1.12	0.56	1.31	0.58	甘肃	0.00	0.00	0.00	0.00
湖北	1.11	0.55	1.96	0.87	山西	0.00	0.00	0.00	0.00
北京	0.76	0.38	0.68	0.30					

（刘国林）

中国橡胶工业统计

表 1　2008～2012 年橡胶工业总产值、工业增加值和销售收入统计

亿元

项　目	2008 年	2009 年	2010 年	2011 年	2012 年
全国工业总产值（现价）	496248.7	546320	707772.2	855136.5	
化学工业总产值（现价）	65842.9	66267.8	88797.3	112841.2	122416.9
橡胶行业（现价）	4107.3	4774.7	6105.1	7282.3	8365.8
全国工业增加值	129112	134625	160030	188572	199860
化学工业增加值	10729.9				
橡胶行业	635.93				
全国工业产品销售产值		530660.3	693109.6	837810.4	
化学工业销售产值	3605	65135.2	87293.7	111150.3	120250.4
橡胶行业销售产值	2700.03	4569.7	6004.6	7175.8	8207.7

表 2　2008～2012 年全国橡胶工业主要产品产量统计

产品名称	2008 年	2009 年	2010 年	2011 年	2012 年
轮胎总产量/万条	35000	38000	44000	45600	47000
子午胎	26300	29800	37000	39800	41400
全钢	（载重）5700	7200	8700	9000	10000
半钢	（轻＋轿）20600	22600	28300	30800	33500
斜交胎	8700	8200	7000	5800	5600
摩托车外胎/万条	13200	13720	14800	16000	17000
力车胎外胎/万条					
手推车	3200	2000	1800		
自行车	50800	50000	71200	70700	53000

续表 2

产品名称	2008 年	2009 年	2010 年	2011 年	2012 年
力车胎内胎/万条	70000	63000	81600	77100	88000
手推车	3200	3000	1500	3100	
自行车	66800	60000	60100	54000	53000
输送带/万 m^2	24490	27429	33700	42000	48000
普通 V 带/万 Am	138889	158333	172500	190000	210000
橡胶胶管/万 Bm	88889	89778	107500	110000	120000
胶鞋/万双	207410	203677	222000		
再生胶/万 t	245	250	270	300	350
钢丝帘子线/t	695400	981800	1204208	1359605	1436814
帘子布/t	349000	332600	385380	383883	363961
炭黑/万 t	245	283	337	380	425
橡胶助剂/万 t	51.7	66	76	82	89
促进剂	24.8	25.78	25	28.2	32.2
防老剂	19.52	22.8	28	27.06	32
合成橡胶/万 t	164	182	217	234	301
丁苯	75	85	94	100	123
丁腈	4	5	8	64	13
顺丁	44	48	60	10	82.5
氯丁	4	4	4	7	5.9
丁基	4	4	4	5	7.9
乙丙	1.9	1.77	2	2	1.91
SBS	30.3	34.58	45	47	64.8
天然橡胶/万 t	56	64	69	72	80

注:数据为中国橡胶工业协会调查统计。

表 3　2008～2012 年橡胶工业全部独立核算工业企业主要经济指标

产品名称	企业单位数/个					工业总产值(现价)/万元				
	2008 年	2009 年	2010 年	2011 年	2012 年	2008 年	2009 年	2010 年	2011 年	2012 年
橡胶制品业	3909	4720	4856	3186	3347	41072558	47678635	59066681	72822691	83658282
1. 轮胎制造业	398	431	443	398	537	20267500	23060090	29025348	38500228	46882504
2. 力车胎制造业	90	112	101	69		780028	922892	1133847	1111814	
3. 橡胶板管带制造业	818	1009	1086	692	711	4845962	6061131	7615389	8966671	10180632
4. 橡胶零件制造业	872	1025	1090	635	652	4029579	4575889	6325337	7055091	8215413
5. 再生橡胶制造业	209	232	234	147	152	1376011	1527745	1652524	1850393	1924395
6. 日用橡胶制品业	247	303	295	205	217	1911463	2322676	2636389	3110852	3495153
7. 橡胶靴鞋制造业	622	711	708	484	530	4186435	4710637	5068873	5945862	6190339
8. 其他橡胶制品业	598	814	814	506	548	3438691	4226502	5109667	5731709	6769847
9. 橡胶制品翻修业	55	83	85	50		236890	391108	499308	550072	
轮胎翻修业	55	83	85	50		236890	391108	499308	550072	
橡胶工业专用设备制造业	177	207	205	132	139	1235469	1323105	1605935	2350637	2585053

续表 3－1

产品名称	工业销售产值/万元					出口交货值/万元				
	2008 年	2009 年	2010 年	2011 年	2012 年	2008 年	2009 年	2010 年	2011 年	2012 年
橡胶制品业	40259244	46802751	58039387	71758172	82077178	9154982	8954936	10490721	13684168	15421885
1. 轮胎制造业	19979342	22759101	28688449	38154106	46358609	5207447	5156145	6238507	8846161	10166085
2. 力车胎制造业	777852	903191	1114267	1097380		97487	107681	96300	60692	
3. 橡胶板管带制造业	4707043	5882605	7420751	8781692	9910968	460287	460700	625685	741408	796643
4. 橡胶零件制造业	3905405	4438798	6156963	6922265	7954335	794400	626295	875265	910360	1009265
5. 再生橡胶制造业	1337648	1496994	1616199	1802496	1871742	23813	21782	7135	8849	6332
6. 日用橡胶制品业	1879375	2304290	2573484	3028215	3430838	789418	872528	703789	1029508	1152262
7. 橡胶靴鞋制造业	4070333	4612653	4982451	5835388	6063842	1126419	1174961	1282730	1383975	1648816
8. 其他橡胶制品业	3370335	4024299	5005411	5589030	6586844	655422	533350	661311	703215	642484
9. 橡胶制品翻修业	231911	380820	481413	547611		289	1495	0	0	
轮胎翻修业	231911	380820	481413	547611		289	1495	0	0	
橡胶工业专用设备制造业	1171831	1285860	1553301	2281216	2526902	127317	82238	136972	157501	152204

续表 3－2

产品名称	资产合计/万元					流动资产合计/万元				
	2008 年	2009 年	2010 年	2011 年	2012 年	2008 年	2009 年	2010 年	2011 年	2012 年
橡胶制品业	33032267	35258599	40997851	47251545	55174843	16375378	17257411	20920981	24734716	28116475
1. 轮胎制造业	18684177	19768804	23398727	28548550	33985611	7853145	8519304	10771141	13939058	15828631
2. 力车胎制造业	556021	648875	557750	504100		243133	289665	241280	220690	
3. 橡胶板管带制造业	3397398	3925073	4850596	5291893	6342383	1906004	2183190	2721243	3023907	3753867
4. 橡胶零件制造业	31685036	3365962	4158797	4378034	4712591	19134521	1983938	2433928	2601828	2755887
5. 再生橡胶制造业	555050	582455	605379	523516	613515	259066	289274	275808	238896	289240
6. 日用橡胶制品业	1287252	1396180	1587022	1605436	1864139	689277	728448	845676	870236	1049961
7. 橡胶靴鞋制造业	2565967	2545319	2791497	2702436	3417689	153678	1450107	1612821	1682286	2022179
8. 其他橡胶制品业	2654561	2820117	3048082	3419530	4238916	1597367	1685228	1868525	1996294	2416712
9. 橡胶制品翻修业	163337	205813	341911	278052		77184	128258	150560	161522	
轮胎翻修业	163337	205813	341911	278052		77184	128258	150560	161522	
橡胶工业专用设备制造业	1154179	1304576	1637286	1850312	2193522	744156	863735	1100803	1281227	1384320

续表 3－3

产品名称	产品销售收入/万元					存货/万元				
	2008 年	2009 年	2010 年	2011 年	2012 年	2008 年	2009 年	2010 年	2011 年	2012 年
橡胶制品业	41498584	46420679	57774610	71927302	91909838	4989622	4821350	5936289	6831334	7239041
1. 轮胎制造业	20423499	22624154	28802145	38831911	46261163	2659171	2609857	3458666	4166199	4389291
2. 力车胎制造业	710448	865185	1086537	1015373		99448	109581	111267	106721	
3. 橡胶板管带制造业	4981050	5835649	7355716	8518015	9725142	496066	488442	567330	689876	810124
4. 橡胶零件制造业	3736961	4360600	6154844	6655950	7742729	495090	479948	566061	597427	610098
5. 再生橡胶制造业	1367162	1473677	1589979	1773558	1856889	88352	89959	69800	56341	73590
6. 日用橡胶制品业	1967407	2258331	2615506	2969316	3504585	207629	207856	271413	279085	310409
7. 橡胶靴鞋制造业	4393064	4659375	5024145	5904160	6217787	508026	449386	446505	481234	569394
8. 其他橡胶制品业	3656186	3963756	5145738	5705490	6601544	414420	364221	416075	425516	476135
9. 橡胶制品翻修业	262807	379952	487270	553530		21419	22101	29172	28936	
轮胎翻修业	262807	379952	487270	553530		21419	22101	29172	28936	
橡胶工业专用设备制造业	1193383	1218050	1517328	1857379	2289699	271312	223184	303039	353765	401509

续表 3－4

产品名称	固定资产净值(平均余额)/万元					固定资产原值/万元				
	2007 年	2008 年	2009 年	2010 年	2011 年	2007 年	2008 年	2009 年	2010 年	2011 年
橡胶制品业	10330357	11997861	13440924	16595058		15241924	18396495	20683580	23729358	
1. 轮胎制造业	6448641	7698913	8702377	10651830		9728353	11720900	13273408	15112915	
2. 力车胎制造业	202778	195390	241259	278333		316102	329206	373297	344556	
3. 橡胶板管带制造业	795980	1025639	1273407	1605611		1276505	1594355	1945312	2264177	
4. 橡胶零件带制造业	872649	984879	1005101	1305068		1365978	1544355	1647358	2054848	
5. 再生橡胶制造业	139114	226001	220846	271478		196309	321209	321375	341214	
6. 日用橡胶制品业	322628	408704	466900	622835		475268	658668	720078	957123	
7. 橡胶靴鞋制造业	771740	713512	710603	915103		1009419	1111256	1130782	1291978	
8. 其他橡胶制品业	539863	702278	767585	944802		833997	1044806	1192766	1362548	
9. 橡胶制品翻修业	29217	42546	52847	92186		39993	67406	79206	126639	
轮胎翻修业	29217	42546	52847	92186		39993	67406	79206	126639	
橡胶工业专用设备制造业	178533	258852	264571	346622		305146	409842	423698	502799	

续表 3－5

产品名称	应收账款净额/万元					流动负债/万元				
	2008 年	2009 年	2010 年	2011 年	2012 年	2007 年	2008 年	2009 年	2010 年	2011 年
橡胶制品业	4528672	4849605	5683691	6611260	7353186	12995491	15934464	15904474	18662645	
1. 轮胎制造业	1910849	2036285	2388714	3247927	3584118	6942285	9334796	9049892	11126117	
2. 力车胎制造业	39646	48647	38421	30858		305819	212615	318868	280637	
3. 橡胶板管带制造业	688582	747562	901782	979426	1166180	1285682	1519339	1646762	1921129	
4. 橡胶零件制造业	676981	757366	914697	890479	928220	1302958	1437557	1434119	1668151	
5. 再生橡胶制造业	97033	100054	98514	73087	79287	155571	217781	219817	248455	
6. 日用橡胶制品业	201975	201341	210480	216106	229116	523485	606061	639574	736764	
7. 橡胶靴鞋制造业	359780	373085	423085	427901	524328	1461631	1246545	1275446	1309233	
8. 其他橡胶制品业	533276	564014	678180	725028	841938	980433	1295120	1234892	1372158	
9. 橡胶制品翻修业	20548	21249	29818	20449		37627	64648	85105	77701	
轮胎翻修业	20548	21249	29818	20449		37627	64648	85105	77701	
橡胶工业专用设备制造业	214874	262300	313880	388935	435412	572584	673089	762323	956378	

续表 3－6

产品名称	长期负债/万元					所有者权益/万元				
	2007 年	2008 年	2009 年	2010 年	2011 年	2007 年	2008 年	2009 年	2010 年	2011 年
橡胶制品业	2618153	3157218	3208725	3571431		11419731	13518110	15531843	18147179	
1. 轮胎制造业	2117127	2577998	2503902	2822493		5935939	6621266	7978005	9191450	
2. 力车胎制造业	19645	49649	51139	55751		240085	243375	273356	218898	
3. 橡胶板管带制造业	111060	196078	221730	225576		1216201	1624601	1906409	2561423	
4. 橡胶零件制造业	105822	109088	146650	131031		1305173	1589979	1752975	2302230	
5. 再生橡胶制造业	24901	22484	23846	20269		1746041	301382	316625	314565	
6. 日用橡胶制品业	53090	71174	66521	90242		445520	584711	660572	737226	
7. 橡胶靴鞋制造业	108902	62086	97705	110121		1068425	1192404	1085684	1315037	
8. 其他橡胶制品业	71164	59514	97705	115947		980639	1273666	1469884	1506351	
9. 橡胶制品翻修业	6443	9147	27791	17204		53109	87025	88332	217420	
轮胎翻修业	6443	9147	27791	17204		53109	87025	88332	217420	
橡胶工业专用设备制造业	42021	50680	67260	52399		289304	421252	432169	620704	

续表 3－7

产品名称	国家资本/万元					集体资本/万元				
	2007 年	2008 年	2009 年	2010 年	2011 年	2007 年	2008 年	2009 年	2010 年	2011 年
橡胶制品业	349472	422880	292813	210248		129077	140190	159913	198097	
1. 轮胎制造业	242364	312528	228000	155244		21872	32953	47712	124644	
2. 力车胎制造业	258	258	258	500		733	753	2233	0	
3. 橡胶板管带制造业	44390	40036	31020	33275		31185	14819	22950	33226	
4. 橡胶零件制造业	15262	32656	20295	5173		17486	14225	15260	14711	
5. 再生橡胶制造业	111	111	0	111		3610	6911	3326	7129	
6. 日用橡胶制品业	6326	6208	1591	3248		5506	5436	1791	2999	
7. 橡胶靴鞋制造业	16632	21514	2650	3178		16056	14721	13493	8705	
8. 其他橡胶制品业	8734	7650	2650	9520		25524	49931	13493	6684	
9. 橡胶制品翻修业	422	1918	912	912		360	441	307	257	
轮胎翻修业	422	1918	912	912		360	441	307	257	
橡胶工业专用设备制造业	14551	27086	13221	11458		6385	5315	4672	3080	

续表 3－8

产品名称	法人资本/万元					个人资本/万元				
	2007 年	2008 年	2009 年	2010 年	2011 年	2007 年	2008 年	2009 年	2010 年	2011 年
橡胶制品业	1546762	1677968	2014049	2271344		1289816	1725080	1894253	2257617	
1. 轮胎制造业	762349	823358	1023077	1145102		391482	435774	520177	687150	
2. 力车胎制造业	54173	61336	69876	20643		58577	47366	48941	59853	
3. 橡胶板管带制造业	197736	215351	262673	298995		271465	395319	451741	532525	
4. 橡胶零件制造业	122051	182958	197916	246448		186015	256471	253658	336291	
5. 再生橡胶制造业	25413	37830	33611	56256		63844	74116	100543	86161	
6. 日用橡胶制品业	65142	78779	102431	199648		51134	79558	80747	81192	
7. 橡胶靴鞋制造业	202873	101678	172660	151596		123452	2063801	156175	169504	
8. 其他橡胶制品业	97858	147537	123506	152658		133388	212686	256925	304940	
9. 橡胶制品翻修业	19169	29142	28300	26894		10460	17110	25347	35792	
轮胎翻修业	19169	29142	28300	26894		10460	17110	25347	35792	
橡胶工业专用设备制造业	55532	60384	109647	79942		38615	38493	46662	63993	

续表 3－9

产品名称	港、澳、台资本/万元					外商资本/万元				
	2007 年	2008 年	2009 年	2010 年	2011 年	2007 年	2008 年	2009 年	2010 年	2011 年
橡胶制品业	1506182	1100862	1076543	967217		2534360	3083812	3351777	3855764	
1. 轮胎制造业	944360	409765	436437	392944		1620892	2039869	2236713	2702963	
2. 力车胎制造业	1028	22616	178	271		46388	30516	45277	52217	
3. 橡胶板管带制造业	41400	51713	55713	49432		41400	204125	215000	253306	
4. 橡胶零件制造业	139039	145622	116687	86041		313820	308597	309527	314794	
5. 再生橡胶制造业	4873	15122	12387	3632		4133	6864	3392	8761	
6. 日用橡胶制品业	92860	96833	109518	101676		66902	93313	97241	101094	
7. 橡胶靴鞋制造业	187627	239500	210439	206786		105461	120901	133617	120161	
8. 其他橡胶制品业	93995	118453	134233	126435		238764	274967	306192	302469	
9. 橡胶制品翻修业	1000	1238	950	1507		2907	4659	4818	5192	
轮胎翻修业	1000	1238	950	1507		2907	4659	4818	5192	
橡胶工业专用设备制造业	19359	22384	12675	13346		34284	45204	43646	62689	

续表 3 – 10

产品名称	利润总额/万元					利税总额/万元				
	2008 年	2009 年	2010 年	2011 年	2012 年	2008 年	2009 年	2010 年	2011 年	2012 年
橡胶制品业	1804779	3221066	3956043	3997819	5104374	3323455	4854735	5775823	5889726	7388352
1. 轮胎制造业	490981	1576901	1657822	1810512	2753863	1133505	2298238	2485472	2635266	3833660
2. 力车胎制造业	26722	52638	66799	59741		59030	86368	107007	97040	
3. 橡胶板管带制造业	355255	456083	641595	676902	775892	574377	695763	912681	978975	1139763
4. 橡胶零件带制造业	260236	327104	640573	494205	565065	445560	513251	861656	723932	852146
5. 再生橡胶制造业	88183	118049	118432	116813	117021	149449	196558	189728	191479	193328
6. 日用橡胶制品业	116745	153485	153082	154302	194211	170724	216977	223513	227490	287735
7. 橡胶靴鞋制造业	241922	259639	330270	284296	273587	413232	422601	494682	445672	460023
8. 其他橡胶制品业	204364	253956	347470	363003	424735	344161	387960	501084	532150	621698
9. 橡胶制品翻修业	20371	23212	31996	38045		33418	37019	49147	57721	
轮胎翻修业	20371	23212	31996	38045		33418	37019	49147	57721	
橡胶工业专用设备制造业	104579	81470	130252	96294	104927	144264	130174	179772	150029	174932

续表 3 – 11

产品名称	全部从业人员平均人数/人				
	2008 年	2009 年	2010 年	2011 年	2012 年
橡胶制品业	972851	979660	1029290	928680	960758
1. 轮胎制造业	276310	289511	303128	299915	341394
2. 力车胎制造业	22428	26232	22938	18876	
3. 橡胶板管带制造业	125516	126188	139478	128006	127835
4. 橡胶零件带制造业	138693	138421	154107	127938	120978
5. 再生橡胶制造业	21530	23880	22631	19161	19218
6. 日用橡胶制品业	56232	57353	60091	51432	54545
7. 橡胶靴鞋制造业	228148	214244	216882	189404	199550
8. 其他橡胶制品业	98140	96809	103343	88134	97238
9. 橡胶制品翻修业	5854	7022	6692	5814	
轮胎翻修业	5854	7022	6692	5814	
橡胶工业专用设备制造业	26811	24132	26270	24264	24611

表 4　2008～2012 年橡胶制品出口量和出口额

产品名称	2008 年		2009 年		2010 年		2011 年		2012 年	
	出口量	出口额	出口量	出口额	出口量	出口额	出口量	出口额	出口量	出口额
一、(4011)新的充气橡胶轮胎/万条、万美元			30221	768561	36968	1038786	39737	1476885	4406000	1588740
机动小客车用新的充气橡胶轮胎	10980	314035	11489	319915	13761	404979	14932	556294	1506750	587949
客车或货运机动车辆用新的充气橡胶轮胎	4000	375988	3814	351675	4931	504869	5320	740269	2334272	805942
航空器用新的充气橡胶轮胎	1	187	1	375	1	424	1	659	502	890
摩托车用 新的充气橡胶轮胎	1385	8706	1343	8172	1972	13347	2529	21422	83106	26327
自行车用新的充气橡胶轮胎	9981	17108	8389	14514	11363	19610	11957	24036	87884	24854
其他新的人字形等胎面的充气橡胶轮胎	469	3213	290	2470	316	3003	305	4221	10863	3656
未列名新的充气橡胶轮胎	882	22362	867	21170	1024	28184	1011	35659	89704	33556
二、(4013)橡胶内胎/万条、万美元			35983	37036	39342	44777	44043	59232	200000	66094
客车、货运机动车辆用橡胶内胎	7274	23431	4579	14445	4794	17033	4354	20960	62236	21057
自行车用橡胶内胎	21265	14593	16726	11947	20633	15161	22292	19331	49624	22409
航空器用橡胶内胎	0	7	2	13	0	4	0	5	3	9
未列名橡胶内胎	11598	10701	14676	10631	13916	12579	17397	18936	97963	22619
三、(40121100－40121900)翻新轮胎/万条、万美元	32	725	34	618	71	1097	83	1359	11000	3539
四、(40122010－40122090)汽车用旧轮胎/万条、万美元	4	86	11	214	1308	162	22	353	3660	531
五、(40129010－40129090)实心或半实心轮胎、胎面及轮胎衬带/t、万美元	52615	11337	39622	8943	53481	13039	56228	16935	58932	18375
六、(40101100－40103900)橡胶输送带、三角带、传动带/t、万美元	141742	41529	118280	33768	178628	53169	226000	77213	239154	81687

注 1:2010 年旧轮胎出口量以吨计。

注 2:2012 年出口量以吨计。

续表 4

产品名称	2008 年		2009 年		2010 年		2011 年		2012 年	
	出口量	出口额	出口量	出口额	出口量	出口额	出口量	出口额	出口量	出口额
七、(40141000 - 40149000)橡胶避孕套等卫生医疗用品/t、万美元	14325	7146	8590	5273	9347	6868	9988	9069	10283	10196
八、(40151100 - 40151900)外科手套及其他手套/万双、万美元	373897	34576	359373	32356	83675	39972	70765	48451	74912	50712
九、(40161010 - 40169990)橡胶杂件/t、万美元	334481	111564	316793	97910	370500	133136	418315	171005	380169	190826
十、(40091100 - 40094200)橡胶管/t、万美元	92852	33109	80876	29025	127375	49388	150989	63458	153768	73194
十一、(40159010 - 40159090)橡胶医疗用衣着用品/t、万美元	5429	1592	3121	1284	2976	1888	3725	2125	3129	2229
十二、(40051000 - 40069020)未硫化橡胶板、片、带及制品/t、万美元	29897	6521	17989	4534	21822	5068	35359	12639	18956	5998
十三、(40070000 - 40082900)硫化橡胶线、绳、板、片、带 及型材/t、万美元	154004	18287	131616	17124	147511	24777	177443	32297	171544	33205
十四、(40170010 - 40170020)硬质橡胶及制品/t、万美元	14026	3799	12412	2825	83348	6938	16141	4683	10968	6384
十五、(40030000 - 40040000)再生胶等/t、万美元	45921	3673	47791	3497	83348	6938	100844	8797	95235	9957
十六、胶鞋										
1.(64011010 - 64019900) 防水鞋靴/t、万美元	6639	33315	8312	34558	8068	46441	7891	55819	74716	45460
2.(64021200 - 64029910)滑雪鞋、防护鞋等/万双、万美元	424748	1062180	183859	1105372	168406	296800	180597	349474	550371	395856
3.(64041100 - 64041900)运动鞋、网球鞋、篮球鞋等/万双、万美元	138036	394343	595487	412813	179324	563740	185850	708481	812102	815021

注 1:(40151100 - 40151900)外科手套及其他手套 2010、2011 年出口以吨计。

注 2:2012 年出口以吨计。

表 5　2008～2012 年橡胶制品进口量和进口额

产品名称	2008 年		2009 年		2010 年		2011 年		2012 年	
	进口量	进口额	进口量	进口额	进口量	进口额	进口量	进口额	进口量	进口额
一、(4011)新的充气橡胶轮胎/万条、万美元			75146	43240	1035.4	60043	1149	77378	107000	82838
机动小客车用新的充气橡胶轮胎	282	17525	39419	21024	539	31412	593	43327	64556	49553
客车或货运机动车辆用新的充气橡胶轮胎	54	10860	17225	8429	58	11788	62	14605	17076	10121
航空器用新的充气橡胶轮胎	3.8	1773	2817	2168	5	2685	6	3048	4149	4345
摩托车用 新的充气橡胶轮胎	3.8	46	26.4	13	2	41	7	127	356	405
自行车用新的充气橡胶轮胎	231	806	1264	892	320	1167	373	1661	1573	1557
其他新的人字形等胎面的充气橡胶轮胎	0.03	10	97.0	52	0.2	113	0.2	173	43	21
未列名新的充气橡胶轮胎	95.8	571	1828	861	102	1122	98	789	1430	1270
二、(4013)橡胶内胎/万条、万美元			138	56	204	219	257	298	365	245
客车、货运机动车辆用橡胶内胎	10.3	148	138	56	4.3	56	3.4	55	65	22
自行车用橡胶内胎	103	72	63.0	54	76	92	131	169	136	151
航空器用橡胶内胎	0.01	1	0.1	0.95	0.00	2.00	0.1	6	1	7
未列名橡胶内胎	65	27	96	44	124	69	122	68	163	64
三、(40121100－40121900)翻新轮胎/万条、万美元	1	115	26	22	0.4	115	0.1	129	137	184
四、(40122010－40122090)汽车用旧轮胎/万条、万美元	4.3	86	2271	112	3.7	145	4.2	172	4174	183
五、(40129010－4012900)实心或半实心轮胎、胎面及轮胎衬带/t、万美元	3954	1301	3103	1933	3929	2178	4662	2783	4342	2914
六.(40101100－40103900)橡胶输送带、三角带、传动带/t、万美元	15675	21397	18303	20131	16083	28220	22100	30745	18670	30684

注 1:2009 年轮胎进口量、旧轮胎进口量以吨计。

注 2:2012 年进口量以吨计。

续表 5

产品名称	2008 年		2009 年		2010 年		2011 年		2012 年	
	进口量	进口额	进口量	进口额	进口量	进口额	进口量	进口额	进口量	进口额
七、(40141000－40149000)橡胶避孕套等卫生医疗用品/t、万美元	2193	2751	2511.664	3480.8	2634	3793	2831	5128	3210	5923
八、(40151100－40151900)外科手套及其他手套/万双、万美元	97904	3856	96953	3568	13844	5227	9291	6932	14325	9715
九、(40161010－40169990)橡胶杂件/t、万美元	56621	129861	48365	121334	64187	168759	72630	192838	65294	188277
十、(40091100－40094200)橡胶管/t、万美元	33957	42808	27394	36560	44679	56444	48406	66058	34389	57957
十一、(40159010－40159090)橡胶医疗用衣着用品/t、万美元	453	763	404	593	431	827	402	811	315	843
十二、(40051000－40069020)未硫化橡胶板、片、带及制品/t、万美元	559038	155525	1224550	193062	1003170	323621	855273	402483	1333803	447795
十三.(40070000－40082900)硫化橡胶线、绳、板、片、带及型材/t、万美元	61918	24551	75663	29441	93650	44461	65931	42437	80662	43746
十四、(40170010－40170020)硬质橡胶及制品/t、万美元	763	1686	776	2060	988	1602	746	1228	423	956
十五、(40030000－40040000)再生胶等/t、万美元	20532	2455	13824	1231	19035	1989	22300	2707	23993	2748
十六、胶鞋										
1.(64011000－64019900)防水鞋靴/万双、万美元	15.1	151	11	164	10	143	10.3	162	181	176
2.(64021200－64029900)滑雪鞋、防护鞋等/万双、万美元	900	9042	195	8369	254	3246	330	4466	1560	4016
3.(64041100－64041900)运动鞋、网球鞋、篮球鞋等/万双、万美元	703	12042	419	10869	761	13350	1065	19922	8041	24130

注 1:(40151100－40151900)外科手套及其他手套 2010、2011 年进口量以吨计。

注 2:2012 年进口量以吨计。

表 6 2008~2012 年部分橡胶原材料进口情况

万 t、万美元

产品名称	2008 年		2009 年		2010 年		2011 年		2012 年	
	数量	金额	数量	金额	数量	金额	数量	金额	数量	金额
天然橡胶	168.19	430349	171.06	281345.38	186.1	566665	210.2	938199	217.7	681081
胶乳	24.62	41971	30.01	37948.34	25.1	52616	27.1	80522	31.8	68196
合成橡胶	68.98	179428	59.9	136304	105.6	287081	146.1	540549	145.0	512961
丁苯	25.7	55716	12.1	17954.95	42.9	96952	46.9	140427	46.8	133167
顺丁	12.4	34876	13.7	21384.77	26.2	63717	24.7	90838	23.6	74954
丁基	4.4	20586	11.53	41829.67	17.0	69363	23.5	112446	23.1	112130
氯丁	1.78	6018	0.33	1234.77	2.5	8682	2.1	9185	2.1	9784
丁腈	8.7	18449	6.32	12489.22	10.5	28558	11.8	38905	12.0	36340
异戊胶	7.1	19427	2.47	4554.7	6.6	19809	5.0	22022	5.3	20139
橡胶助剂	19.3	28795	18.12	47449.66	19.9	58282	16.9	55988	15.3	53857
促进剂	1.5	6332	1.61	6264.45	1.7	8000	1.5	8067	1.3	7291
防老剂	1.2	4873	1.44	4917.46	1.5	5201	1.4	4794	1.6	5404
炭黑	8.2	15500	8.9	15643.74	8.9	20258	8.7	21490	8.4	21266
尼龙帘子布	0.73	3979	0.63	3694	0.6	4068	0.64	4726	0.8	5570

表 7　2008 ~ 2012 年部分橡胶原材料出口情况

万 t、万美元

产品名称	2008 年		2009 年		2010 年		2011 年		2012 年	
	数量	金额	数量	金额	数量	金额	数量	金额	数量	金额
天然橡胶	0.32	864	0.346	631	2.54	8006	0.96	4585	1.3354	4580
胶乳	0.03	64	0.003	5	0.09	207	0.03	96	0.0054	14
合成橡胶	5.484	15588	1.96	4408	1.6073	4198	29.26	105148	22.23	72693
丁苯	2.22	5631	1.08	1780	1.2656	3081	16.3	53627	10.32	31534
顺丁	2.3	6146	0.25	460	0.1827	543	4.6	18416	3.53	11821
丁基	0.004	12	0.086	438	0.0105	41	1.84	8810	2.26	7763
氯丁	0.6	2686	0.024	97	0.0674	240	0.81	3443	0.57	2588
丁腈	0.11	338	0.041	98	0.0103	31	1.72	3982	1.65	3497
异戊胶	0.25	775	0.046	76	0.0708	262	0.21	949	0.23	784
橡胶助剂	10.4	35306	8.7792	22877	13.15	38208	12.69	40310	12.68	36658
促进剂	3.9	14597	3.54	8910	6.90	19668	6.78	21808	6.17	15568
防老剂	1.8	4242	0.88	1476	0.80	1742	0.97	2344	1.79	4235
炭黑	18.18	18019	16.19	14999	22.49	23831	48.75	60083	65.75	72625
尼龙帘子布	8.39	31920	8.01	25777	8.72	33638	9.21	43183	9.85	41557

表 8　2012 年全国子午胎产量汇总表

条

企业名称	子午胎	全钢子午胎
双钱集团股份有限公司	7048685	6623266
杭州中策橡胶有限公司	32162970	10698845
三角集团有限公司	20673138	5241370
山东玲珑橡胶有限公司	27794289	4355106
风神轮胎股份有限公司	5378845	4838259
贵州轮胎股份有限公司	3089760	3089760
广州市华南橡胶轮胎有限公司	10608075	851067
双星集团有限责任公司	9814057	3940682
青岛黄海橡胶集团有限责任公司	278805	278805
北京首创轮胎有限责任公司	4262900	0
山东三工橡胶有限公司	2394550	2394550
朝阳浪马轮胎有限责任公司	1522096	1522096
双喜轮胎工业股份有限公司	1625617	1625617
四川海大集团有限公司	5306193	321505
山东盛泰橡胶集团有限公司	2818922	2818922
山东金宇轮胎有限公司	14744415	2766830
山东兴源轮胎集团有限公司	4916833	4916833
山东万达轮胎有限公司	2283959	2283959
江苏通用科技股份有限公司	2258998	2258998
青岛赛轮股份有限公司	10563785	2074253
新疆昆仑轮胎有限公司	259394	259394
山东泰山轮胎有限公司	518	518
中国化工橡胶桂林有限公司	7041	7041
河南好友轮胎集团	1857035	640434
广州珠江轮胎有限公司	271170	0
张家港南港橡胶轮胎有限公司	5498463	0
佳通轮胎(中国)有限公司	37748894	4970140
米其林(中国)投资有限公司	9116608	577280
固铂成山(山东)轮胎有限公司	10668503	4441210
江苏韩泰轮胎有限公司	9116967	1655255
南京锦湖轮胎有限公司	9560418	354888
普利司通天津公司	4498092	
厦门正新橡胶工业有限公司	20269820	2603891
中国倍耐力轮胎有限公司	5491739	473046
江西泰丰轮胎有限公司	3038669	
天津国际联合轮胎橡胶有限公司	9215	
韩泰轮胎(嘉兴)有限公司	17500000	0
大连固特异轮胎有限公司	6800000	0
锦湖轮胎(天津)有限公司	8800000	0

续表 8

企业名称	子午胎	全钢子午胎
锦湖轮胎(长春)有限公司	3400000	0
普利司通沈阳公司	740000	740000
普利司通无锡公司	3860000	0
普利司通惠州公司	870000	870000
住友橡胶(常熟)有限公司	11250000	750000
住友橡胶(湖南)有限公司	900000	0
杭州横滨轮胎有限公司	3570000	0
苏州横滨轮胎有限公司	160000	160000
中国建大轮胎有限公司	5800000	0
天津诺曼地橡胶有限公司	660000	0
青岛耐克森轮胎有限公司	7500000	0
固铂建大(昆山)轮胎有限公司	4900000	0
东洋轮胎(诸城)有限公司	380000	380000
东洋轮胎张家港有限公司	1800000	0
大陆马牌轮胎(合肥)有限公司	1700000	0
肇庆骏鸿轮胎实业有限公司	2800000	0
常熟华丰橡胶(中国)有限公司	980000	0
广东梅雁轮胎有限公司	940000	0
山东永盛橡胶集团有限公司	14200000	2100000
山东永泰化工集团有限公司	3100000	500000
山东恒丰橡塑有限公司	11800000	1600000
山东恒宇橡胶有限公司	540000	540000
山东八一赛轮轮胎制造有限责任公司	770000	770000
山东豪克国际橡胶工业有限公司	610000	610000
山东奥戈瑞轮胎有限公司	600000	600000
青岛森麒麟轮胎有限公司	4900000	0
青岛光明轮胎制造有限公司	170000	170000
山东银宝轮胎集团	630000	630000
潍坊跃龙橡胶集团	600000	600000
潍坊华东橡胶有限公司	580000	580000
潍坊顺福昌橡塑有限公司	220000	220000
陕西延长石油(集团)橡胶有限公司	440000	440000
沈阳和平轮胎有限公司	700000	700000
辽宁鞍轮集团	560000	560000
大连轮胎厂有限公司	550000	550000
山东宏盛橡胶集团有限公司	700000	700000
山东万鑫轮胎有限公司	80000	80000
百力橡胶轮胎有限公司	420000	0
福建海安橡胶有限公司	4500	4500
山东时风巨兴轮胎有限责任公司	1200	1200
合　计	414445138	93739520

表 9　2012 年全国钢帘线、钢丝、帘子布生产情况

t

企业名称	钢帘线	管带钢丝	胎圈钢丝	锦纶	涤纶
江苏兴达钢帘线股份有限公司	405401	10494	65182		
中国贝卡尔特	380000	19000	22000		
中国高丽制钢	58000	2000	56000		
中国首长宝佳	170000				
安赛乐米塔尔荣成钢帘线	33000		30000		
湖北福星科技股份有限公司	96000		22000		
江苏法尔胜特钢制品有限公司		45000			
东京制纲(常州)有限公司	13000				
湖北佳通钢帘线有限公司	20000		20000		
浙江天伦钢丝有限公司			35347		
上海天轮钢丝有限公司			18363		
骏马化纤股份有限公司	63300				
山东胜通钢帘线有限公司	188309	17647	60051		
山东大业股份有限公司	6285	8733	134714		
山西腾升钢帘线有限公司	3519	6123			
张家港市胜达钢绳有限公司			70000		
骏马化纤股份有限公司				72100	4200
宁波锦纶股份有限公司				45000	
神马集团实业有限公司				53000	
江苏海阳化纤有限公司				28900	
杭州帝凯工业布有限公司				8401	
晓星化纤(嘉兴)有限公司					39000
山东博莱特化纤有限公司					13732
科赛(青岛)尼龙有限公司				3500	
安徽佳元工业纤维有限公司				4380	13500
亚东工业(苏州)有限公司				2000	11400
联新高性能纤维有限公司					29000
无锡太极实业有限公司					17170
山东东平金马有限公司				3800	
山东天衡化纤有限公司				9836	2542
浙江尤夫科技工业有限公司					2500
合　计	1436814	108997	533657	230917	133044

表 10　2008～2012 年全国公路里程及构成　　万 km

项　目	2008 年	2009 年	2010 年	2011 年	2012 年
公路总里程	373.00	386.08	400.82	410.64	423.75
高速公路	6.03	6.51	7.41	8.49	9.62
一级公路	5.42	5.95	6.44	6.81	7.43
二级公路	28.52	30.07	30.87	32.05	33.15
三级以下	237.88	343.56	356.10	363.28	373.56

表 11　2008～2012 年全国汽车产量统计　　万辆

项　目	2008 年	2009 年	2010 年	2011 年	2012 年
汽车总产量	935.3	1414.6	1865.4	1919.1	2059.7
货车	229.3	318.4	401.5	356.7	339.9
客车	124.9	207.6	253.8	243.2	304.4
轿车	508.1	761	984	1045	1119.1
大中型拖拉机	30.31	36.04	38.35	46.05	46.30
摩托车	2752	2714.7	2761.9	2732.8	2593.6
自行车	6843.7	6228.9	7038.7	6001.6	5912.5

表 12　2008～2012 年全国民用车辆拥有量　　万辆

项　目	2008 年	2009 年	2010 年	2011 年	2012 年
汽车保有量总计	6467	7619	9086	10578	12089
私人汽车保有量				7872	9309
民用轿车保有量				4962	5989
私人轿车				4322	5308
载客汽车	3850	4841	6119		
载货汽车	1125	1369	1597		
其他专用车辆	1627	1816	2042		
特种车辆	101	120	150		
轮式拖拉机	1464	1463	1465		
其他机动车	8956	9455	10002		
摩托车	8953	9453	10000		

表 13　2012 年中国橡胶工业协会会员企业排行榜
（按销售收入）

一、轮胎

企业名称	销售收入/万元
杭州中策橡胶有限公司	2392851
佳通轮胎(中国)有限公司	1698392
三角集团有限公司	1555992
中国正新橡胶公司	1224428
山东玲珑橡胶有限公司	1149503
双钱集团股份有限公司	1134366
兴源集团有限公司	962816
风神轮胎股份公司	901359
青岛双星轮胎工业有限公司	813369
固铂成山(山东)轮胎有限公司	765735

二、力车胎

企业名称	销售收入/万元
厦门正新橡胶工业有限公司	405521
杭州中策橡胶有限公司	253577
山东新东岳集团有限公司	111707
江苏飞驰股份有限公司	89358
青岛喜盈门双驼轮胎有限公司	89196
四川远星橡胶有限公司	85875
天津万达集团公司	77765
青岛东方工业品(集团)有限公司	62157
重庆威星橡胶工业有限公司	46609
江苏通用科技股份有限公司	36895

三、胶鞋

企业名称	销售收入/万元
际华 3537 制鞋有限责任公司	260998
际华 3517 橡胶制品有限公司	111069
青岛环球集团股份有限公司	74540
四川省资阳市征峰胶鞋有限公司	70731
际华 3539 制鞋有限公司	68326
上海回力鞋业有限公司	51647
荣光集团有限公司	32190
鹤壁飞鹤股份有限公司	27260
河北三五五四鞋业有限公司	22578
秦皇岛际华 3544 鞋业有限公司	21235

四、胶管胶带

企业名称	销售收入/万元
山东安能输送带橡胶有限公司	178264
山东祥通橡塑集团有限公司	125968
浙江双箭橡胶股份有限公司	118012
阳泉煤业奥伦胶带分公司	106073
浙江三力士橡胶股份有限公司	92719
浙江三维橡胶制品有限公司	88793
天津鹏翎胶管股份有限公司	79464
保定华月胶带有限公司	79033
张家港市华申工业橡塑有限公司	62810
青岛橡六集团有限公司	56447

五、橡胶制品

企业名称	销售收入/万元
安徽中鼎控股(集团)股份有限公司	624129
株洲时代新材料科技股份有限公司	370000
宁波拓普集团股份有限公司	178496
凯迪西北橡胶有限公司	133735
际华三五一七橡胶制品有限公司	111069
贵航股份红阳密封件公司	70525
江阴海达橡塑股份有限公司	54517
山东美晨科技股份有限公司	44055
衡水橡胶股份有限公司	29494
保定市诺博橡胶制品有限公司	29447

六、乳胶制品

企业名称	销售收入/万元
北京华腾橡塑乳胶制品有限公司	27033
桂林紫竹乳胶制品有限公司	26048
福建三信织造有限公司	18191
张家港大裕橡胶制品有限公司	17182
镇江苏惠乳胶制品有限公司	16935
上海科邦医用乳胶有限公司	16903
安徽豪杰塑胶制品有限公司	16359
广州广橡有限公司双一乳胶厂	16231
张家港宏裕乳胶手套有限公司	16008
北京瑞京乳胶制品有限公司	13608

七、炭黑

企业名称	销售收入/万元
江西黑猫炭黑股份有限公司	413881
龙星化工股份有限公司	174887
苏州宝化炭黑有限公司	110853
山东华东橡胶材料有限公司	96203
山东金能科技股份有限公司	95287
大石桥市辽滨炭黑厂	93150
石家庄市新星化炭有限公司	77130
河北大光明实业集团公司	75141
山西永东化工有限公司	71773
曲靖众一精细化工股份有限公司	63291

八、助剂

企业名称	销售收入/万元
江苏圣奥化学科技有限公司	250800
山东尚舜化工有限公司	156605
天津科迈化工有限公司	109179
东北助剂化工有限公司	68752
天津一化有限公司	67563
南京化学工业有限公司	66739
濮阳蔚林化工股份有限公司	54135
江苏爱特恩	52500
山东天源化工有限公司	50000
阳谷华泰化工有限公司	45218

九、钢丝帘线

企业名称	销售收入/万元
江苏兴达钢帘线股份有限公司	501013
中国贝卡尔特	450500
山东胜通钢帘线有限公司	265058
中国首长宝佳	187000
湖北福星科技股分有限公司	121000
山东大业股份有限公司	109073
中国高丽制钢	104800
骏马化纤股份有限公司	69630
安赛乐米塔尔荣成钢帘线	57300
张家港市胜达钢绳有限公司	49000

十、化纤帘线

企业名称	销售收入/万元
骏马化纤股份有限公司	228060
神马集团实业有限公司	159000
宁波锦纶股份有限公司	135000
晓星化纤(嘉兴)有限公司	109200
江苏海阳化纤有限公司	86700
联新高性能纤维有限公司	85850
无锡太极实业有限公司	82897
山东海龙博莱特化纤有限公司	61802
安徽佳元工业纤维有限公司	50940
山东天衡化纤有限公司	41330

十一、轮胎模具

企业名称	销售收入/万元
豪迈集团股份有限公司	125374
广东巨轮模具股份有限公司	76812
揭阳市天阳模具有限公司	50321
山东大王金利轮胎装备有限公司	19365
山东万通模具有限公司	17693
青岛元通机械有限公司	9476
山东鸿基机械科技有限公司	9189
安徽迈吉尔模具有限公司	8764
荣成宏昌模具有限公司	8353
合肥大道股份有限公司	6946

十二、废橡胶综合利用

企业名称	销售收入/万元
南京金腾橡塑有限公司	83365
南通回力橡胶有限公司	74275
福建环科化工橡胶集团有限公司	40914
莱芜市福泉橡胶有限公司	27871
唐山兴宇橡塑工业有限公司	27200
江西国燕高新材料科技有限公司	26387
京东橡胶有限公司	25164
金轮橡胶(海门)有限公司	24311
浙江杭园特种橡胶有限公司	14268
河南新艾卡橡胶工业有限公司	13534

(中国橡胶工业协会秘书处)

全球橡胶工业概况

全球轮胎行业市场概况

【基本情况】

2012 年,全球经济增长率为 3.5%,美国、欧洲等主要市场经济复苏乏力,新兴经济体市场需求增速放缓,实体经济的自由落体超出预期,轮胎橡胶行业开工率低于往年。据国际橡胶研究组织(International Rubber Study Group, IRSG)统计,2012 年全球橡胶消费总量为 2597.8 万吨,其中天然橡胶 1100.5 万吨,合成橡胶 1497.3 万吨;全球橡胶生产总量为 2650.7 万吨,其中天然橡胶 1132.7 万吨,合成橡胶 1518.0 万吨。最近四年全球橡胶消费情况见 1。

表 1　2010 ~ 2012 年全球橡胶消费情况

年　份		消费量/万 t	同比增长/%	全球经济增长率/%
2010 年		2504.6	/	5.1
2011 年	预测	2590	3.41	3.8
	实际	2579.1	2.97	
2012 年	预测	2660	3.14	3.5
	实际	2597.8	0.73	
2013 年	预测	2820	8.55	3.25

注:橡胶消费数据来源于 IRSG 统计资料;全球经济增长数据来源于国际货币基金组织(International Monetary Fund, IFM)发布的 World Economic Outlook 报告。

从表 1 可见,2011 ~ 2012 年,全球橡胶实际消费量均比预测数据低。特别是 2012 年,尽管 IRSG 在当年的 8 月将年初预测值(2680 万吨)调低到 2660 万吨,但实际消费量还是低于预期。

受 2012 年全球经济运行质量拖累,轮胎需求大幅下滑,随着轮胎主要原材料价格大幅下降,轮胎价格呈现下降趋势,轮胎橡胶行业销售收入增幅缩减。据 Freedonia 预测,2012 年世界轮胎行业销售收入达 1970 亿美元,比 2011 年增长 5%,全球轮胎总产量约 28 亿条,其中汽车轮胎 17 亿条,其他非汽车轮胎(自行车轮胎、摩托车轮胎、两轮车轮胎、畜力车轮胎、工程轮胎、工业轮胎、航空轮胎等)11 亿条。

国际货币基金组织(IMF)预测 2013 年全球经济增长率达到 3.25%,美国 Freedonia 集团公司预测,在 2016 年前全球轮胎需求年均增长 4.7%,在 2015 年底达到 33 亿条(含汽车轮胎、自行车轮胎、摩托车轮胎、工程轮胎、工业轮胎、航空轮胎等各种类型的轮胎),按货值计算约 2200 亿美元;全球行业分析公司(Global Industry Analysts Inc., GIA)预测,到 2018 年,全球汽车轮胎需求将达到 20 亿条。全球轮胎需求的增长情况见表 2。

表 2　全球轮胎市场需求增长情况　　亿条

地 区	2005 年	2010 年	2015 年	年均增长率/%	
				2005～2010 年	2010～2015 年
世界总计	21.03	25.85	32.60	4.2	4.7
北美	4.74	4.60	5.00	-0.6	1.7
西欧	3.85	3.80	4.05	-0.3	1.3
东欧	1.33	1.67	1.98	4.6	3.5
亚太	9.14	13.25	18.45	7.7	6.8
拉美	0.89	1.20	1.53	6.2	5.0
非洲/中东	1.07	1.32	1.58	4.3	3.7

注:数据来源于 Freedonia 报告。

【美国轮胎现状】

据国际橡胶研究组织(IRSG)统计,2012 年,北美橡胶消费总量为 450.1 万吨,同比下降 5.0%,其中天然橡胶 166.6 万吨,同比下降 5.8%;合成橡胶 283.5 万吨,同比下降 4.5%。

据美国橡胶制造商协会(Rubber Manufacturers Association,RMA)统计,2012 年,美国国内共生产轮胎 1.62 亿条,比 2011 年下降 5.6%,其中,乘用轮胎、轻卡轮胎和载重轮胎分别下降 6.1%、2.3% 和 7%;共销售轮胎 2.85 亿条,仅比 2011 年增加 60 万条,小幅提升 0.2%。其中,原配胎销售量为 0.5 亿条,同比增长 17%,实际情况比预测好;替换胎销售量为 2.35 亿条,同比下降 2.8%,实际情况比预测好但略差。替换胎对总销售量的贡献率为83%。2012年美国市场原配胎与替换胎在总销售量中的比例见图 1。

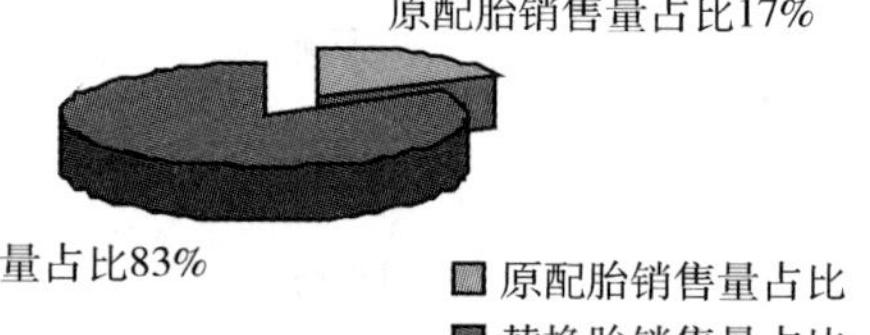

图 1　2012 年美国市场原配胎与替换胎在总销售量中的比例

2012 年美国市场原配胎销售呈现“两个增长,一个持平”的态势。其中,乘用原配胎销售增长 12%,达到 4000 万条;轻卡原配胎销售量为 420 万条,与上年持平;载重原配胎与公交原配胎的销售增长 4%,达到 510 万条。2010～2013 年美国市场原配胎销售情况见表 3。

表 3　2010～2013 年美国市场原配胎销售情况

年份	乘用轮胎/万条	同比/%	轻卡轮胎/万条	同比/%	载重/公交轮胎/万条	同比/%
2010 年	3311	/	360	/	320	/
2011 年	3570	7.8	420	16.6	490	53.1
2012 年	4000	12	420	持平	510	4.0

注:数据来源于 RMA 统计资料。

在替换胎市场，各细分品类情况如下：乘用替换胎销售量下降1.5%，由上年的1.94亿条降至1.91亿条；轻卡替换胎销售量下降2%，由上年的0.29亿条降至0.28亿条；载重替换胎及公交替换胎的销售量下降3.6%，由上年的0.17亿条降至0.16亿条。2010～2013年美国市场替换胎销售情况见表4。

表4　2010～2013年美国市场替换胎销售情况

年份	乘用轮胎/亿条	同比/%	轻卡轮胎/亿条	同比/%	载重、公交轮胎/亿条	同比/%
2010年	2.01	/	0.29	/	0.16	/
2011年	1.94	-2.8	0.29	持平	0.17	4.4
2012年	1.91	-1.5	0.28	-2.0	0.16	-3.6

注：数据来源于RMA统计资料。

2012年轮胎销售整体增长疲软主要归因于美国经济持续的不景气所致。据RMA预测，基于美国2013年经济有望增长2.5%，由此将带来汽车里程数增加，从而促使轮胎销售增长，有望达到2.9亿条，其中轻卡原配胎和载重原配胎的销售量预计将比2012年增长近13%，替换胎销售量会增加300万条以上。2010～2013年美国市场轮胎销售情况见表5。

表5　2010～2013年美国市场轮胎销售情况

年份		轮胎总销售量/亿条	同比/%	原配胎销售量/亿条	同比/%	替换胎销售量/亿条	同比/%
2010年		2.85	/	/	/	2.37	/
2011年		2.84	-0.2	0.42	/	2.42	2.1
2012年	预测	2.90	2.1	0.48	15	2.42	持平
	实际	2.84	0.2	0.49	17	2.35	-2.9
2013年	预测	2.90	2.1	0.56	13	2.38	1.3

注：数据来源于RMA统计资料。

据美国知名产业咨询机构IBIS World报告，2012年美国废旧轮胎回收行业的收益增长2.4%，达到10亿美元。回收的废旧轮胎主要用在能源利用方面，水泥和玻璃制造业是最大用户，其次是城市供热、发电厂和烧锅炉。

【欧洲轮胎现状】

据国际橡胶研究组织（IRSG）统计，2012年，欧盟27国橡胶消费总量为342.7万吨，同比下降9.5%，其中天然橡胶107.2万吨，同比下降12.3%；合成橡胶235.4万吨，同比下降8.2%。

据欧洲轮胎与橡胶制造商协会（European Tyre & Rubber Manufacturers' Association，ETRMA）统计，在橡胶消费中，有75%的天然橡胶用于轮胎制造，有54%的合成橡胶用于通用橡胶制品生产。世界非轮胎橡胶制品前10强企业有4家在欧洲，分别是德国大陆集团公司、佛雷依登贝克公司、法国哈钦森公司、瑞典特瑞堡集团公司。2012年共生产通用橡胶制品约160万吨。

据ETRMA统计，2012年，欧洲市场轮胎总销售量在经过连续两年温和增长之后，出现全面跳水。与2011年相比，原配胎、替换胎销量均下降超过10%，跌落到近7年以来的最低点。

欧洲轮胎市场需求疲软主要受国际金融和欧债危机影响，经济持续不景气所致。2012年欧盟27国GDP总和下降0.3%，欧洲市场的新车销量仅为1257万辆，与2007年的最高销量1600万辆相比，下降约20%。除英国汽车销售增长1.5%外，其他国家汽车销售量均有所下降，其中西班牙下降11%，德国下降0.6%。在经济危机时期，“少出门，少开车，轮胎买二手”的建议得到了大多数欧洲人的认可，导致汽车行驶里程数大幅度降低，新轮胎销售极度缩减。

据ETRMA统计，2012年，欧洲替换胎市场销售量约为2.5亿条，所有轮胎产品销售均呈现负增长，其中跌幅最大为载重替换胎，同比下降19%，其次是消费类替换胎，同比下降13%。此外，冬季轮胎需求更是进入饱和状态，其销售量比2011年下降20%。其他从非欧盟成员国进口的轮胎也遭遇同样经历。2012年欧洲市场替换胎销售情况见表6。

表6　2012年欧洲市场替换胎销售情况　　千条

轮胎类别	2011年	2012年	同比/%
消费类轮胎(Consumer)	223597	194618	-13
载重轮胎(Truck)	10172	8231	-19
农用轮胎(Agri.)	1866	1652	-11
两轮车胎(Two-wheel)	8568	7611	-11

注:数据来源于ETRMA统计资料。消费类轮胎是指由最终消费者购买并用于个人消费的轮胎，如轿车轮胎、家用皮卡(Pick-up)轮胎等。

从2012年年底开始，ETRMA努力促进《汽车行业2020年行动计划》(CARS 2020 Action Plan)实施，期望2013年欧洲轮胎业能够有所好转。《汽车行业2020年行动计划》主要包括如下四个方面的内容:(1)促进先进技术和清洁汽车创新领域投资;(2)改善市场环境;(3)为汽车行业进入全球市场提供支持;(4)增加技能和培训方面投入。

欧盟委员会(European Commission)于2012年11月8日公布该行动计划的目的，是通过刺激汽车行业复苏，带动其他行业摆脱经济危机。汽车行业(包括汽车制造商、供应商和售后服务，其中涉及上千家中小企业)对于欧洲经济具有重要战略意义，直接或间接创造就业岗位1200万个，年研发和创新投入达300亿欧元，是研发领域投入规模最大的私营行业。2011年该行业创造了900亿欧元贸易顺差。

据欧盟委员会预计，2013年欧盟GDP约仅有0.4%的上涨，新车销量有可能下跌至1200万辆。欧洲汽车市场要经过7年才有可能恢复到2008年销售水平。受欧洲经济持续低迷的影响，2013年欧洲轮胎市场销量有可能再创新低。

【印度轮胎现状】

印度信用等级评估机构ICRA(ICRA Limited)报告，与前几年“井喷式”发展相比，2012～2013财年(2012年4月至2013年3月)需求相对平缓，原配胎销量下降4.5%～5%，替换胎销量增长5%～7%，销售总收入增长13%～14%。近4～5年间印度市场主要品种轮胎销售情况见表7。从表7可见，与前几年相比，目前印度市场对轮胎需求的增长速度已大幅下降，特别是中/重型载重轮胎，与全球市场的变化情况是一样的。

据印度主要轮胎厂商陆续发布的2012财年前9个月(2012年4月1日至12月31日)的财务报告显示，企业销售量出现下降，但盈利大幅增加，销量与盈利指标严重背离。这是世界轮胎行业新世纪以来少有的现象。其中，阿波罗轮胎公司(Apollo Tyres Ltd.)、西亚特轮胎公司(Ceat

表 7 近年印度市场主要品种轮胎销售情况

主要轮胎品种	FY10－11		FY11－12		FY12－13		FY13－14(预测)	
	销量/万条	同比/%	销量/万条	同比/%	销量/万条	同比/%	销量/万条	同比/%
载重/公交轮胎	1410	19	1523	8	1554	2	1445	－7
乘用轮胎	2360	19	3091	31	3183	3	3373	6
轻卡轮胎	430	17	460	7	501	9	571	14
两轮车轮胎	4880	21	6295	29	6609	5	7005	6

注:数据来源于 ATMT 统计资料。

Tyres Ltd.)、JK 轮胎工业公司(JK Tyre & Industries Ltd.)和 MRF 公司(MRF Ltd.),这四家企业的总销售量同比下降 8%,利润增长 26%。其中,阿波罗轮胎公司 2012 财年首季度(4 月 1 日至 6 月 30 日)销售额达 3.68 亿英镑,同比增长 12%;销售利润达 4190 万英镑,同比增长 48%;净利润达 1600 万英镑,同比增长 79%。该公司表示,盈利增加主要是由于提高产品价格以及高端市场客户增多,是产品和客户服务的优化组合。

汽车产业是印度利用外资数额最大的制造业部门,对外资的依赖给其未来发展带来危机。据印度政府公布的数据,2011～2012 财年引进外资为 291.1 亿美元,2012～2013 财年减少到 169.4 亿美元,同比下降 42%。印度汽车、轮胎业在完成了“井喷式”发展之后,现已进入平稳发展阶段。基于此,2013～2014 财年,印度轮胎市场的增长速度预计在 6%～7%,但相对于美国和欧洲市场,印度依然是有吸引力的地方。

据印度汽车轮胎制造商协会(ATMT)最新统计资料,目前印度有 43 家轮胎企业,共 62 个轮胎厂。印度前 10 家轮胎企业的轮胎销售额占到印度市场总销售额的 90%～92%,其中 MRF 公司、阿波罗轮胎公司和 JK 轮胎工业公司是这些企业中的佼佼者,这 3 家企业在印度轮胎市场占有率超过 60%。

2012～2014 年印度建成投产轮胎项目见表 8。

表 8 2012～2014 年印度建成投产轮胎项目

项目归属	产品品种	工厂位置	投产时间
JK 轮胎公司	乘用胎、载重胎	泰米尔纳德邦钦奈	2012 年 3 月
西亚特公司	工程胎	马哈拉施特邦安波奈子	2012 年 12 月
BKT 公司	工程胎	古吉拉特邦普杰	2013 年 10 月
普利司通印度公司	乘用胎、载重胎	普纳邦	2013 年 1 月
米其林印度公司	载重胎	泰米尔纳德邦钦奈	2012 年 12 月
大陆印度公司	乘用胎、载重胎	新德里	2013 年 7 月
横滨(印度)有限公司	乘用胎	哈里亚纳邦	2014 年 7 月

在过去三年里,印度市场越来越认可子午线轮胎的优势,尤其是在中/重型卡车(M&HCV)领域。这直接推动了印度轮胎厂商投资子午线轮胎项目的步伐。粗略估计,印度轮胎生产能力已经提升了 16%,其中,2011～2012 财年,新上项目投资达 359 亿卢比。在此基础上,2012～2013 财年

还将新增投资542亿卢比。

印度信用等级评估机构ICRA对子午线轮胎产能扩张过快表示担忧，当所有新项目投产后，轮胎行业或将面临产能过剩。目前印度汽车工业发展速度已经放缓，加上轮胎企业的固定成本上升，在未来两三年间，TBR（子午线载重/公交）轮胎将首先面临价格压力。

在工业橡胶制品方面，印度市场2011～2012财年销售收入达5.6亿美元（不含汽车配件）。印度制造业（包括化工、纺织、食品加工、钢铁、家居用品等）是工业橡胶制品的最大消费群体，2011～2012财年达到2.48亿美元，占总销售收入44%。

【2012～2013年项目情况】

2012年，世界轮胎行业迎来投资高峰，累计投资超百亿美元，除新上项目外，大部分用于扩大产能和制造升级。2013年世界轮胎投资依旧火曝，不仅法国米其林集团公司、日本普利司通公司等世界轮胎巨头都有宏大的扩产计划，印度阿波罗轮胎公司、山东玲珑轮胎有限公司等世界轮胎第三梯队也加入扩产行列。其中投资额最大地区在亚州，其次是北美、东欧。

这波投资潮具有三大特点：(1)原材料生产地区成轮胎投资首选。代表地区主要是印度尼西亚、泰国、马来西亚、越南等东南亚天然橡胶主产国。作为轮胎制造的最主要原料，天然橡胶成本占轮胎总成本的一半以上。因此，在橡胶主产国建轮胎厂，成为企业降低原料成本的捷径。(2)新兴经济体市场为轮胎投资的重点。主要地区有印度、中国、巴西、俄罗斯以及土耳其等新兴经济体市场国家。近年来欧洲经济增长乏力，制造业颓势难转，汽车产业市场需求不振，跨国汽车集团开始转向新兴经济体或汽车市场状况良好的国家寻求出路。在这个过程中，上述国家因经济发展态势较好，市场需求潜力大，或本身没有自主汽车品牌等原因，成为众多汽车制造商投资的重点地区。轮胎离不开汽车，汽车制造基地迁移带动轮胎企业跟进。(3)优惠政策对轮胎投资起到促进作用。各国政府“挽留”轮胎企业，基本上是出于招商引资、带动当地经济发展和促进就业等方面的考虑。2012年，加拿大是为企业提供优厚待遇的代表国之一。加拿大新斯科舍省成立专门工作小组，研究机场搬迁事宜，腾出空地，方便米其林旧厂扩建；还承诺在政策上给予一定的照顾，帮助米其林在当地发展。这直接促成了米其林7300万美元的投资项目落地。泰国政府也为引入高水平的轮胎制造项目提供了优厚的政策。据2012年8月1日泰国投资促进委员会的通知，进入园区的企业可享受“减免设备、原材料进口税；所得税八免五减半；运输费、电费和水费可在成本中双倍列支；公用设施建设费的25%可列入生产成本以及允许引进外籍技术人员来泰工作，允许拥有土地所有权，允许利润汇出”等多项优惠政策。俄巴什科尔托斯坦共和国也出台了类似的政策。这些优惠政策对轮胎企业战略投资起到积极推动作用。

◆ 日本普利司通公司

普利司通公司平均每年进行2500亿日元（约合30.29亿美元）的设备投资，增加在泰国及印度的产能。

投资500亿日元（约合6亿美元或4.67亿欧元），在泰国罗永府安美德工业园区（Amata City Industrial Estate）新建一间全钢巨胎厂。设计产能85吨/天，可生产OTR轮胎规格最大为51英寸。工程分两期完成，拟于2015年上半年投产，2019年上半年达到设计产能。为保障新建全钢巨胎厂的原材料供给，还计划在附近建一间专用钢丝帘线厂。

投资47亿日元（约合6000万美元），提升日本北九州OTR轮胎厂的产能。该项目包括两个子项目：(1)北九州轮胎厂的产能由原来的90吨/天扩增至110吨/天，到2014年上半年达到165吨/天；(2)提升日本佐贺钢帘线厂的产能，使之与北九州轮胎厂产能增长相配套。该钢帘线厂的原有产能为270吨/天。北九州OTR轮胎厂主要生产供建筑业、矿业大型车辆配套用的全钢巨胎。

2012年4月宣布，投资1950万美元扩建其美国伊利诺伊州卢明顿（Bloomington）OTR轮胎厂，包括添置1台成型机和6台硫化机，2013年中期竣工投产。同年9月再次宣布，追加投资2730万美元扩建美国布鲁明顿（Bloomington）OTR轮胎厂。该厂隶属于普利司通（美洲）公司（Bridgestone Americas），主要生产工程机械轮胎，目前有员工420人。扩建完成后，可为当地增加47个工作岗位。

在2010年3月投资7700万美元扩产的基础上，再追加7400万美元对美国衣阿华州得梅因（Des Moines）农用轮胎厂实施技改。此次投资主要用于购买生产用的成型设备、硫化设备及辅助设备。项目计划2013年完成，届时该厂产能将翻番。在此之前，得梅因农用轮胎厂日产轮胎 12100 条，员工 1673 人。

投资 1.2 亿欧元，扩大波兰卡客车子午线轮胎厂产能。该项目预计在 2014 年下半年完成，目的是提高 50% 产能，即在原有水平基础上每日产能提升 1350 条，达到每天生产 3750 条轮胎。该厂隶属于日本普利司通公司的波兰子公司——普利司通 Stargard 公司（Bridgestone Stargard Sp. z o.o）。

投资 2.67 亿欧元（约合 3.46 亿美元），扩大匈牙利陶陶巴尼奥（Tatabanya）乘用子午线轮胎厂产能。该项目预计在 2017 年上半年完成，目的是提高 50% 产能，即在目前日产 1.2 万条的基础上提升到日产 1.8 万条轮胎。截至 2012 年 6 月，该厂有职工 350 人，实际日产轮胎 6000 条。

越南轮胎厂建设项目已于 2012 年 6 月 27 日按原订计划破土动工。该厂位于海防庭武工业区，占地面积 102 万平方米，总投资 355 亿日元（约合 5.7 亿美元），计划 2014 年上半年建成投产，2016 年上半年达产（日产 24700 条轿车轮胎和轻卡轮胎），届时可为当地提供 1900 个工作岗位。这是普利司通在我国全球 21 个国家设立的第 50 家工厂。

台中奔达可翻胎厂已于 2012 年 2 月 15 日正式投入运营。该项目投资 230 万英镑，主要翻新卡客车子午线轮胎，初始阶段年翻新能力为 1.2 万条。这是普利司通在我国台湾组建的第一家奔达可翻胎厂。

天津工厂技术改造项目已于 2012 年 8 月初竣工投产，日产规模从原有 1.65 万条提升至 2.53 万条，乘用车冬季专用子午线轮胎产品—BLIZZAK（冰锐客）中国制造 1 号轮胎同期下线。该项目于 2011 年 7 月动工，主要建设内容是在原有产品线的基础上，引进 BLIZZAK（冰锐客）产品生产技术并实现量产。作为首次实现海外生产的冰锐客轮胎是普利司通研发的冰雪专用胎，使用了独特的发泡橡胶技术。

2013 年投资 37 亿日元（约合 4100 万美元）在泰国新建一座技术中心。新技术中心位于泰国首都曼谷郊区，由普利司通的子公司——普利司通亚太公司（BSAP）完全持股。该中心将负责轮胎及产品技术的研发、质量管理与采购等业务，其员工总数到 2015 年将达到约 100 人。

◆ **法国米其林集团**

在 5 年内投资 10 亿欧元，实施提高生产营运竞争力一揽子计划，以便实现到 2015 年公司营运利润达到 25 亿欧元的目标。

投资 2.27 亿美元，在 4 年内将塞尔维亚皮罗特轮胎厂的产能扩大 50%，由目前的 800 万条/年提升至 2016 年底的 1200 万条/年，并新增 700 个就业岗位，使员工总数达到 2600 人。该项目于 2013 年初动工，预计 2015 年中期竣工投产。皮罗特轮胎厂迄今已有 77 年的历史，2005 年被法国米其林集团收购，生产 Tigar、Kormoran 和 Riken 品牌轮胎，供应俄罗斯、中欧和东欧、非洲和中东市场。该厂目前隶属于法国米其林集团的塞尔维亚子公司——蒂加尔轮胎公司（Tigar Tyres）。

投资 7.5 亿美元，在美国南卡罗来纳州安德森县建新厂，生产全钢巨胎。项目计划于 2013 年底竣工投产，届时将为当地新增 500 个就业岗位。此前，米其林在美国南卡罗来纳州列克星敦有一间 OTR 轮胎厂（该厂同时生产乘用轮胎），综合产能 2.4 万条/天；在加拿大新斯科舍省沃特维尔也有一间 OTR 轮胎厂（该厂同时生产卡客车轮胎），综合产能 4200 条/天。

投资 7300 万美元，扩建加拿大新斯科舍省沃特维尔（Waterville）载重轮胎厂，包括更新设备，扩大成型车间（增加面积 3000 平方米）。该项目完成后，沃特维尔载重轮胎厂将增加 50 个就业岗位，并可满足今后 4～5 年内北美地区对米其林 X One 等轮胎产品需求的不断增长。该厂于 1982 年投产，主要生产子午线载重轮胎、工程机械轮胎，目前日产 4500 条轮胎。

美国南卡罗来纳州列克星敦厂扩产项目已于 2012 年 10 月 12 日竣工投产。该项目投资 2 亿美元，于 2011 年 5 月动工。此次扩建主要是提升乘用/轻卡/SUV 轮胎的产能。

◆ **美国固特异轮胎橡胶公司**

投资 2.5 亿美元，在其位于日本龙野的全资子公司——Nippon Giant Tire（简称 NGT）内，建设一条全钢巨胎生产线，用于生产 57 英寸和 63 英寸规格的 OTR 轮胎。该项目计划于 2014 年完工投产，届时 NGT 工厂的员工数量也由目前的 100 人增至 400 人。

投资 10 亿美元，对包括智利、美国、巴西、德国及中国在内的轮胎厂实施升级改造，扩大高性能轮胎产量，提升高档轮胎产品的销售比重。

◆ **德国大陆集团**

在 2011 年投资近 10 亿美元提升美洲地区轮

胎产能的基础上,2012 年计划在未来数年内分期分批再投资 13 亿美元(即每年投资最少 4 亿美元,最多不超过 6.65 亿美元),在美国、俄罗斯新建轮胎厂,在印度、巴西扩建轮胎厂,并加强北美专区和金砖四国(巴西、俄罗斯、印度和中国)的替换轮胎市场业务,以便满足当地不断增长的轮胎需求。

2012 年 3 月,在中国合肥投资 1.34 亿欧元(约合 2.15 亿美元)建设乘用/轻卡子午线轮胎厂二期工程,计划 2014 年底或 2015 年初建成投产,届时年产能将达到 800 万条,员工人数增加到 680 名。该厂目前占地面积 75.3 万平方英尺,一期投资 1.85 亿欧元(约合 2.6 亿美元),于 2011 年 5 月 18 日投产,年产能 425 万条。在二期工程完成之后的适当时间,将再追加投资扩建,最终实现年产能 1600 万条的目标。

2012 年 8 月,合肥新建两轮车轮胎厂竣工投产,达产后可实现年产值 0.96 亿元,实现税收 100 万元。工厂占地 6000 平方米,总投资 1200 万美元。一期设计产能为 170 万条/年,主要为包括中国在内的亚洲市场配套山地车和两轮赛车。该厂是继 2011 年乘用子午线轮胎厂在合肥投产以来,德国大陆在中国设立的第二家轮胎厂,也是在中国的第一个高档自行车轮胎生产基地。

投资 1.5 亿美元(含合同外资 5000 万美元),在安徽省芜湖经济技术开发区设立大陆汽车车身电子系统(芜湖)有限公司,主要生产乘用车触控、空调、汽车显示器及仪表等零部件,同时将德国总部的标牌生产线迁入芜湖,今后所有在中国销售的标牌都将在芜生产。该项目是德国大陆集团在芜湖投资的第二个项目,建成后年销售收入预计将达 50 亿元。至此,德国大陆集团累计已在安徽省投资了 4 个项目,投资总额合计 6.1 亿美元(含合同外资 2.2 亿美元)。

投资 1000 万欧元,在德国汉诺威新建一家翻胎厂和一家橡胶回收厂。该项目计划 2013 年建成投产,翻胎厂设计产能为年翻新 18 万条轮胎,翻胎过程中产生的废旧胎面胶屑被集中运送到橡胶回收厂,橡胶回收厂利用大陆集团开发的专利技术将其重新资源化。

投资 400 万美元,扩建印度轮胎厂。该项目完成后,厂房占地面积将由原来的 7.5 万平方英尺(约 6968 平方米)扩大到 9.5 万平方英尺(约 8454 平方米),员工人数由目前的 375 名增加到 455 名。

俄罗斯卡卢加州轮胎厂已于 2011 年 12 月初动工兴建,目前进展顺利。该项目一期投资 2.4 亿欧元(约合 3.2 亿美元),计划 2013 年底投产,2015 年建二期工程,2016 年达到年产 400 万条乘用轮胎。欧洲复兴开发银行已向该项目提供价值 9000 万欧元的卢布贷款,贷款期 8 年。从长远的角度来看,卡卢加州轮胎厂的年产能有可能最终提升至 800 万条。

美国南卡罗莱纳州萨姆特(Sumter)轮胎厂已于 2012 年 3 月 27 日破土动工。该项目一期投资 5 亿美元,计划于 2013 年底完工,2014 年初开始生产乘用/轻卡子午线轮胎。该厂位于 521 高速公路出口处,厂区面积接近 330 英亩,厂房面积预计 100 万平方英尺。一期工程投产后,需雇佣 300 名员工,并于 2017 年达到年产 500 万条乘用/轻卡轮胎。待二期工程建成后,年产能预计将于 2021 年达到 800 万条,届时员工人数也随之增加到 1600 名。

南非伊丽莎白港轮胎厂技术改造项目已于 2012 年 8 月初竣工投产,投资 850 万英磅购买的大型密炼机同期投入使用。该密炼机从德国进口,具有非常好的温度控制功能,可确保更好的混炼重现性和填料分散性。伊丽莎白港轮胎厂主要生产轿车轮胎、卡客车轮胎、中重型载重轮胎。目前,该厂年产能已达到 350 万条。2013 年计划再向南非伊丽莎白港轮胎厂追加 9100 万兰特(约合 650 万英磅)的投资,继续进行升级改造并增添新设备。过去四年中,该厂累计投资已达 4 亿兰特(约合 2860 万英磅)。

◆ 意大利倍耐力公司

投资 1.05 亿欧元(约合 1.34 亿美元),扩建罗马尼亚斯拉蒂纳(Slatina)轮胎厂,计划在未来五年内使该厂成为倍耐力在全球范围生产规模最大的轮胎厂。扩建工程分两期完成:2013 年底轮胎产能由 2012 年底的 850 万条/年提升到 1000 万条/年;2017 年轮胎产能达到 1300 万条/年,劳动用工人数也相应地由 2012 年底的 3000 人增加到 3500 人。斯拉蒂纳轮胎厂是倍耐力最先进的轮胎厂之一,为梅赛德斯 - 奔驰、奥迪等系列豪华汽车配套高性能轮胎。

俄罗斯沃罗涅日(Voronezh)轮胎厂 7600 万美元技改项目已于 2013 年 2 月竣工投产,产能提升到 200 万条/年。计划 2015 年再向该厂投资6000万美元，使产能翻番到400万条/年，并增设一座物流中心，负责俄罗斯国内及海外的轮胎运输。

投资1.26亿美元在印度尼西亚建新厂，生产摩托车轮胎。计划2013年投产，2016年达产。

◆ **日本住友橡胶工业公司**

住友橡胶工业公司计划，到2019~2020财年，其新兴经济体市场的销售比例提高至20%，达到2011年的两倍。为实现该目标，目前需要继续加大在本土之外的项目建设。

投资100亿日元（约合人民币7.8亿元），在泰国建设一个农用轮胎生产基地。该项目占地约13万平方米，已于2012年8月22日奠基，计划2014年5月投产，生产能力为800吨，到2017年达到产农用轮胎5万条。这是住友橡胶首次在海外设立农用胎工厂。

隶属于住友橡胶（巴西）公司的位于巴西里奥格兰德庄园市（Fazenda Rio Grande City）的新工厂正在建设中。该厂投资5.6亿雷亚尔（约合2.06亿美元），占地50万平方米，计划2013年10月完成一期工程，2016年年底达到每天生产1.5万条乘用子午线轮胎（约合每月2200吨）的设计产能。这是住友橡胶工业公司在中美洲和南美洲的第一家轮胎工厂。

投资400亿日元（约合3.9亿欧元）在土耳其昌克勒（Cankiri）新建轮胎厂，于2013年动工，在2014~2015年分阶段达到设计产能。该厂主要生产乘用轮胎，销往欧洲和中东地区。

◆ **日本横滨橡胶公司**

在日系轮胎生产商中，横滨橡胶公司是第一家在俄罗斯设立生产基地的企业。佩茨克（Lipetsk）轮胎厂于2010年3月动工兴建，2012年5月开始试产，目前日产0.4万条（年产140万条）轮胎。2013年计划对佩茨克（Lipetsk）轮胎厂追加投资5亿日元进行扩建，年产能从140万条提升至160万条。扩能工程计划2014年秋季完成。

投资500亿日元（约合6.39亿美元），扩建菲律宾轮胎厂。该项目已于2011年5月23日破土动工，目前进展顺利。扩建工程计划在2017年前完成，届时该厂面积将扩大三倍，增至46万平方米，年产能也随之由现在的700万条乘用/轻卡轮胎分步提升到1250万条再到1700万条。该厂位于菲律宾首都马尼拉西北约40英里处的克拉克经济特区内，隶属于日本横滨橡胶公司在当地的子公司——横滨轮胎菲律宾公司。

投资44亿日元（约合5300万美元），在印度哈里亚纳邦（Haryana）德里附近新建一家轮胎厂。工厂占地面积25英亩（约合10万平方米），一期规模为年产70万套子午线结构的轿车轮胎和轻卡轮胎，雇佣员工350名。该项目最初计划2008年动工，因世界经济衰退而推迟，现计划2014年7月建成投产，届时将交付日本横滨橡胶公司在当地的子公司——成立于2007年的横滨（印度）有限公司管理。

◆ **韩国韩泰轮胎公司**

投资9.54亿美元建设的重庆轮胎厂，已于2013年1月投产。该厂位于重庆市两江新区鱼嘴镇鱼复工业园区，占地约53万平方米，于2011年5月开始动工，分四期建设。其中，一、三期为卡客车子午线轮胎；二、四期为乘用子午线轮胎。目前投产的是一期工程，日产2400条卡客车轮胎。计划2015年底全部竣工，届时年产能将达到1150万条，其中卡客车轮胎160万条，年销售额达10亿美元。这是韩泰轮胎在中国的第3家工厂，在全球的第6家工厂。

投资3.53亿美元在印尼建新轮胎厂。该厂位于西爪哇省贝克西（Bekasi）工业园区，占地约60万平方米，已于2011年6月动工，目前进展顺利。项目设计年生产能力600万条轮胎，计划2014年9月投入商业运营，前期只生产轻型载重轮胎，后期将根据市场需要生产轿车轮胎。这是韩泰轮胎在全球的第7家轮胎厂。该项3.53亿美元的投资仅是韩泰轮胎计划在印尼投资11亿美元项目的一期工程。

印尼西卡朗（Cikarang）轮胎厂已于2012年10月投入运营。该项目投资11亿美元，于2010年开始建设，初始年产能为450万条乘用轮胎，计划2014年扩大至600万条/年。

投资860万欧元启动匈牙利拉曹尔马什（Racalmas）轮胎厂三期工程，2013年下半年完成。此前，该厂已完成二期工程，累计投资达5.5亿欧元。目前，该厂拥有员工2200名，日产3.4万条轮胎，包括数百种不同规格的乘用轮胎、SUV轮胎和轻卡轮胎，主要在欧洲市场销售。

◆ **中国台湾正新橡胶公司**

投资200亿新台币（约合人民币42.8亿元），在重庆、漳州、厦门以及台湾等地扩产，同时对旗下现有工厂设备汰旧换新。

正新橡胶玛吉斯轮胎昆山试验场已于2012年11月16日正式投入使用。该项目由正新橡胶(中国)有限公司投资建设,总投资额1.5亿美元,历时3年多建成。该试验场占地面积86万平方米、周长6000m,拥有最齐全的测试跑道,配置最先进的检测、实验设备,属于目前世界一流的专业测试场。高速周回道坡度达45.5度,可满足Z速度级轮胎的测试。湿地刹车跑道设5种摩擦系数,从0.2到0.8不等,覆盖现实冰雪路面的所有情况。水膜摄影测试区跑道地面下为机坑,上面为强化玻璃,机坑内安装超高速摄影机,每秒可以拍摄5000张照片。利用该高速摄影机,采集轮胎在进入积水区域之前、进入时以及离开后花纹排水情况,藉此分析胎面花纹设计的合理性。

◆ **日本东洋轮胎公司**

东洋橡胶工业公司计划在2013年5月正式开始启用在东盟的第一个生产据点——马来西亚工厂,预计年产能600万条。

投资2.6亿美元,在马来西亚银石轮胎厂附近新建一家乘用轮胎及轻卡轮胎厂,并计划在4年内完工投产。

◆ **印度阿波罗轮胎公司**

投资1亿欧元(约合1.33亿美元),5年内在西欧建成一个轮胎生产基地,主要生产乘用轮胎。厂址拟在波兰、匈牙利以及斯洛伐克三个国家进行选择。该轮胎生产基地将成为全球最现代化、技术最先进的工厂之一。

◆ **芬兰诺基亚轮胎公司**

计划在未来三四年内,在俄罗斯新建一家年产能在500万~600万条的轮胎厂,以便进一步完善诺基亚轮胎的全球生产布局。

◆ **中国山东玲珑轮胎股份有限公司**

投资1.15亿美元在泰国建新轮胎厂。该项目位于罗勇府合美乐东海岸工业区,占地121英亩,已于2013年1月开工建设,计划2014年1月竣工建成,6月正式投产。设计年产能为200万条乘用/轻卡轮胎。这是玲珑轮胎在中国境外的第一家工厂。

◆ **中国风神轮胎股份有限公司**

投资10.49亿元建设的500万条/年高性能乘用子午线轮胎项目,已于2012年2月全面建成投产,投产后可实现年销售收入13.36亿元,利税总额2.82亿元。

◆ **韩国下世纪轮胎公司**

2012年5月22日,昌宁轮胎厂建成投产。该项目投资10亿美元,2010年6月动工;现有员工500名,年产300万条轿车轮胎和轻卡轮胎。这是该公司在本土的第二家轮胎厂、全球的第三家轮胎厂。计划追加投资,扩大昌宁轮胎厂的生产能力,到2018年达到年产2100万条轮胎,员工人数增加到2000名。

◆ **中国台湾建大橡胶有限公司**

投资100亿新台币(约合人民币21.4亿元),在广东惠州建新厂,并计划把目前位于深圳的轮胎厂搬迁到惠州。已在惠州征得466667平方米土地。新厂主要生产摩托车轮胎和自行车轮胎,计划2016年实现日产量8.3万条。

投资50亿新台币(约合人民币10.7亿元),正在建设的天津新厂,目前进展顺利,2013年第二季度投产。

◆ **印度J.K.轮胎公司**

拟投资22亿卢比(约合4000万美元),扩充钦奈(Chennai)轮胎厂产能。计划未来两到三年内,将该厂年产能扩大至900万条轮胎,其中包括750万条乘用子午线轮胎和160万条卡客车子午线轮胎。目前,钦奈轮胎厂每年可生产250万条乘用子午线轮胎和40万条卡客车子午线轮胎。

◆ **俄罗斯卡迪安特股份公司**

拟投资3亿美元,扩大鄂木斯克(Omsk)轮胎厂产能。该厂目前主要生产卡客车轮胎和巨型工程轮胎。

◆ **美国特种轮胎公司(STA)**

投资150万美元,扩建其位于印第安纳州的总部工厂,其中包括新建厂房1万平方英尺(约合9290平方米),增添新设备,提升特种子午线轮胎生产能力。

◆ **越南南方橡胶工业股份公司(Casumia)**

2012年2月16日,投资1.6亿美元的全钢子午线载重轮胎厂在平阳省破土开建。该项目占地7万平方米,设计年产能100万条,分三期建成。预计一期工程于2013年一季度完工,年产轮胎35万条,供应国内市场并部分出口;二期工程拟于2015年完工,年产轮胎60万条;三期工程于2017年完工,年产轮胎100万条。待项目全部竣工后,年产值将达5万亿盾(约合15亿元人民币),并创造1200个就业机会。

(邓海燕)

杭州中策清泉实业有限公司

公司宗旨

为客户提供优质的产品和优良的服务

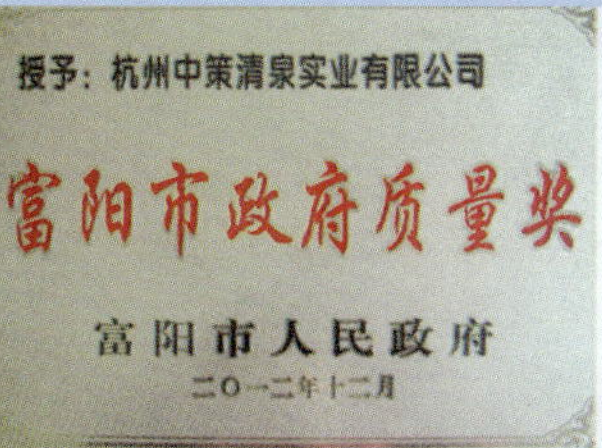

公司简介

杭州中策清泉实业有限公司系杭州中策橡胶有限公司与富阳市工贸资产经营投资集团有限公司的联营企业，始建于1992年，是一家集混炼胶加工、炭黑制造和尾气发电为一体的资源综合利用型企业。

公司生产的“利泰”牌炭黑被评为“浙江名牌产品”，“利泰”商标被评为“浙江省著名商标”。坚持“为客户提供优质的产品与优良的服务”宗旨，不断调整产品结构、研发新产品，“利泰”牌炭黑投入市场20年来，深受广大用户的好评和青睐。

生产线　　检测设备　　炭黑图片

检测设备：

检测中心配备了Brabender小型密炼机（德国）、埃尔法2000无转子硫变仪（美国）、康塔NOV2000氮吸附比表面积测定仪（美国）。

产品介绍

公司专业生产中超耐磨（N200）系列，高耐磨（N300）系列、快压出(N500)系列、通用(N600)系列干法、湿法炭黑。主要用于橡胶工业，如轮胎、车胎、胶鞋、电缆、密封圈、胶带、三角带等各类橡胶制品。

产品有：N220、N234、N326、N330、N339、N375、N539、N550、N660等产品，并可根据用户要求组织生产各类硬质、软质特殊炭黑。

About us

Hangzhou Zhongce Qingquan Industrial Co., ltd. have become a comprehensive utilization enterprise of resources, and our business includes production of carbon black, processing of compound mixed rubbers, and generation of power.

"Litai" brand carbon black was honored as "Famous Brand Product of Zhejiang Province".

"High quality products and excellent service for our customers" is our purpose. We are trying to adjust the produce structure, research and develop new products, the products have been on the market for 20 years, highly praised and appreciated by users at large.

Tection Device

It is equipped with Brabender Mini Mixer from Germany, Rotor of Erffa 2000 no sulfur Analyzer and Cantat NOV2000 nitrogen adsorption surface area Analyzer from USA.

About our products

Our company manufactures the black carbon series of superior-wear resisance(N200), high-wear resistance (N300), quick-press(N500), and common(N600) of dry process and wet process, mainly applied to various rubber products such as tires, rubber overshoes, cable, seal ring, tape etc. Moreover they can be applied to such relevant industries such as plastic manufacture.

Our products are N220, N234, N326, N330, N339, N375, N539, N550, N660 etc. Besides, we can manufacture various special hard and soft black carbon according to customers' demands.

地址：浙江省杭州富阳市高桥镇新桥新路198号

电话（Tel）：0571-63431985　　网址:www.litai-cb.com

传真（Fax）：0571-63431985

东营中一橡胶有限公司坐落于大王经济技术开发区，是一家以生产高性能半钢子午胎、钢丝绳芯及织物芯橡胶输送带为主的研发制造型企业。公司创建于2004年，占地面积60万平方米，总投资15亿元，现拥有职工1300人。公司拥有一流的生产线，先进的生产研发检测设备，专业的技术和管理团队，建立了完善的质量保证体系，公司初期形成年产1800万套全系列半钢子午胎的生产能力，橡胶输送带年生产能力2500万平方米，产品销售市场遍及全国各地并出口到世界50多个国家和地区，深得客户好评。

东营中一橡胶有限公司坚持“合作共赢”的理念，以“全心全意为客户提供更有价值的产品和服务”为目标。公司总经理携全体员工热忱欢迎国内外友人光临惠顾。

中一橡胶有限公司

公司的一角

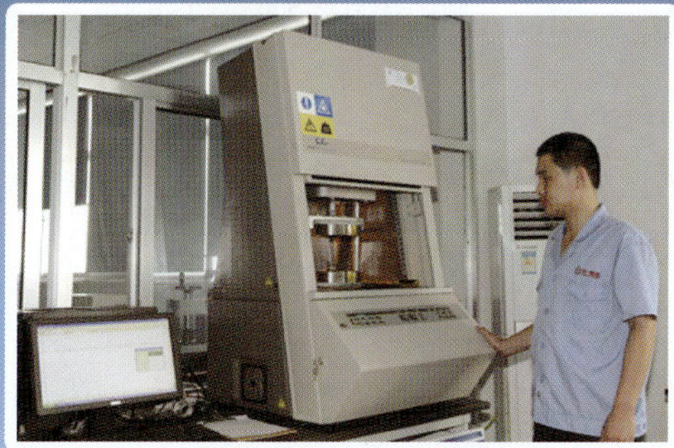

公司的荣誉

地址：山东东营大王经济技术开发区
电话：0546-6850299　　6850777
传真：0546-6850199　　6850555
网址：www.zhongyirubber.com
服务热线：400-6617-999

芳烃油DX-A03
生产工艺：以环烷基原油生产润滑油所产出的抽余油为主原料，加入适当的添加剂调制而成。
性能与用途：本产品机油良好的与橡胶相容性，降低混炼时间，可提高胶料的交联度，操作安全性好，橡胶制品的物理性能和生产工艺条件稳定，主要用于子午线轮胎等橡胶制品的软化剂和增塑剂，已达到意大利皮里列公司子午线轮胎填充剂的标准。
注意事项：严禁其它油品、水、机械杂质等混入该油品中。

芳烃油DX-A04
生产工艺：以生产润滑油的副料和橡胶中间基馏分油为主原料，经加入适量添加剂调制而成。
性能与用途：本产品与天然胶、顺丁胶和丁苯胶混炼后，明显提高橡胶的可塑性和填料的分散程度，降低混炼时间改善了硫化胶料的伸长率，回弹性好，而耐磨性能强，是半钢子午线轮胎的理想助剂
注意事项：产品存放时避免进水和杂质。

芳烃油DX-A05
生产工艺：以大港原油生产润滑油的副料和兰州中间基馏分油为原料，经加入适量添加剂调制而成。
性能与用途：本产品与天然胶、顺丁胶和丁苯胶混炼后，明显提高橡胶的可塑性和填料的分散程度，改善了硫化胶料的伸长率，回弹性好，耐磨性能强，广泛应用于再生胶、传动带，胶板等生产工艺。本产品根据客户要求可生产2kg、3kg、4 kg小包装，方便客户使用。
注意事项：在代替机油时应加热70℃左右，使其流动便于操作。

烷烃油DX-P01(300#石蜡基操作油)
生产工艺：以大庆低硫烷基中性油与光亮油作基础油，经溶剂脱蜡糠荃精制，并加入添加剂调制而成。
性能与用途：用于丁基胶全钢、半钢内胎和浅色橡胶加工，不污染原胶，有良好的色泽稳定性，热安定性，耐久性能好。
注意事项：产品贮存时严禁进水，杂质和其它油品。

芳烃油DX-P02(石蜡基操作油)
生产工艺：以大连、抚顺等地炼制馏分油，经加氢精制加入添加剂调和而成。
性能与用途：用于丁基胶全钢、半钢内胎和浅色橡胶加工，不污染原胶，有良好的色泽稳定性，热安定性，耐久性能好。
注意事项：产品贮存时严禁进水，杂质和其它油品。

环烷油DX-N01
生产工艺：采用环烷基原油的减压馏分为原料，经加氢精制加入添加剂调和而成。
性能与用途：该产品颜色浅，低温性能好，适用于丁苯橡胶（SBR）、丁二烯橡胶的软化剂和填充剂，制造浅色（如医用）橡胶制品，效果甚佳。
注意事项：本产品特别惧怕污染，任何微量污染都会造成产品色度上升。在转运过程中应将所使用的容器、油罐、管线、阀门等认真清洗，检验合格。

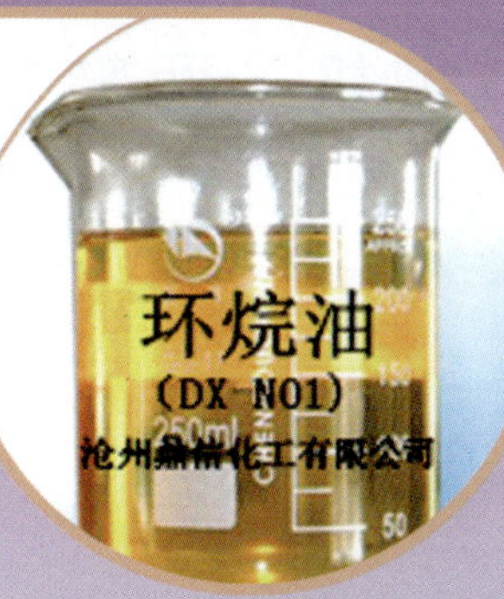

环烷油DX-02
生产工艺：采用环烷基原油的减压馏分为原料，经糠荃精制加入添加剂调和而成。
性能与用途：该产品颜色较深，低温性能好，适用于丁苯橡胶(SBR)、丁二烯橡胶的软化剂和填充剂，制造深色橡胶制品，具有价格低效果甚佳等优点。
注意事项：本产品特别惧怕污染，任何微量杂质、水分等都会造成产品质量下降，影响使用。在转运过程中应将所使用的容器、油罐、管线、阀门等认真清洗，检验合格。

防水卷材用油DXS-01
生产工艺：以兰炼及独炼等所产的抽出油、抽余油和炼厂重油为原料，加入适当添加剂调和而成。
性能与用途：本产品具有与橡胶相容性好，增塑、增粘、耐寒、增强抗老化性能，流平性等优点。本产品可生产小包装，是防水卷材产品的理想选择。
注意事项：严禁其它油品、水、杂物等混入。

北京敬业机械设备有限公司

北京敬业机械设备有限公司创立于1996年，是专门致力于研发与制造橡胶机械产品的高新技术企业。专业开发、研制、生产轮胎成型机设备及其相关的专用、非标的橡胶机械产品，并为用户提供轮胎制造和成型的整体软、硬件技术服务。

公司所生产的轮胎成型机被国内及国际轮胎企业广泛选用，在国内外拥有七十余家优质的客户资源，产品出口到日本、西班牙、泰国、越南、印尼、马来西亚、印度、斯里兰卡、土耳其等国家及中国台湾地区。目前，国际诸多著名品牌、国内前20强轮胎企业都是敬业公司的长期友好合作伙伴。在东南亚绝大多数来自中国制造的半钢乘用子午胎成型机都是敬业公司的产品。

敬业公司的主要产品有：半钢乘用及轻卡子午胎两次法成型机组，全钢轻卡一次法成型机，半钢乘用及轻卡子午胎一次法成型机，工程斜交轮胎成型机，载重斜交轮胎成型机，轻卡斜交轮胎成型机，航胎两次法成型机，农用子午胎成型机，子午摩托车胎成型机，纤维帘布及胶片多刀纵裁机，胶片切条机，尼龙冠带条分条机等诸多产品。其中，公司主导的半钢子午胎成型机系列产品连续多年位居中国市场及东南亚市场前列，多次荣获科技进步奖，拥有多项自主知识产权，在2011年被中国橡胶工业协会推荐为橡机行业的成型机品牌产品。公司于2003年通过了ISO9001质量认证及CE认证。多年来一直位居中国橡机行业前十位，入围欧洲行业协会评选的世界橡机企业前20强。

作为中国橡胶机械行业著名的成型机专业研发和制造公司，我们长期坚持满足用户需求的宗旨，凭借领先的研发技术、完善的全过程服务（包括售前咨询、售中培训、售后定期回访、详尽完整的用户手册、充足的备品配件供应、快速反应的上门技术服务）、优良的资信是用户放心使用公司产品的有力保障。

半钢子午胎一次法成型机（两鼓）

半钢子午胎一次法成型机（三鼓）

乘用（轻卡）半钢子午胎两次法全自动第一段成型机

乘用（轻卡）半钢子午胎两次法全自动第二段成型机

大规格半钢子午胎两次法第一段成型机

大规格半钢子午胎两次法第二段成型机

全钢轻卡三鼓一次法成型机

航胎两次法第一段成型机

航胎两次法第二段成型机

农用斜交胎成型机

轻卡斜交胎成型机

胶片及帘布两用多刀纵裁机

摩托车轮胎成型机

农用子午胎第一段成型机

工程斜交胎成型机

载重斜交胎成型机

冠带条分条机

公司简介

平陆康乐橡塑科技开发有限公司，是“全国轮胎翻新与循环利用行业十佳科技创新企业”，是中国轮胎翻修与循环利用协会复原橡胶分会万吨常压塑化法生产线示范基地和技术研发中心。其自主研发且规范化、标准化、系列化硫化橡胶粉塑化机，成熟、稳定、安全、环保、节能、实用，全覆盖不同投资能力、规模、品种的客户需求，已遍布河北、山东、江苏、河南、陕西、甘肃等市场。其高品质、无味、普通等各种再生胶，断硫彻底，流动性好，使用性能佳，畅销山东、河北、河南、山西等用户。公司现有固定资产1.4亿元，员工382人，其中博士1名，高工3名，编外专家12名、各类技术研发人员98人。

以机代罐是出路，唯选康乐方成真。来吧，康乐满足你的需求来吧，康乐超越你的期望；来吧，康乐与你一道走向美好的明天！

46型塑化机

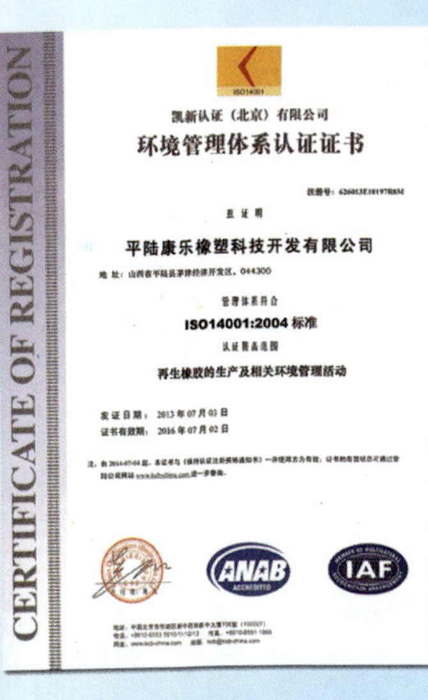

CERTIFICATE OF REGISTRATION

凯新认证（北京）有限公司

环境管理体系认证证书

平陆康乐橡塑科技开发有限公司

ISO14001:2004 标准

再生橡胶的生产及相关环境管理活动

CERTIFICATE OF REGISTRATION

Kaixin Certification (Beijing) Co.,Ltd.

Certificate of Registration

Pinglu Kangle Rubber and Plastic Science and Technology Development Co., Ltd.

ISO14001:2004 standard

Scope: The Relative Environmental Management Activities about Production of Reclaimed Rubber

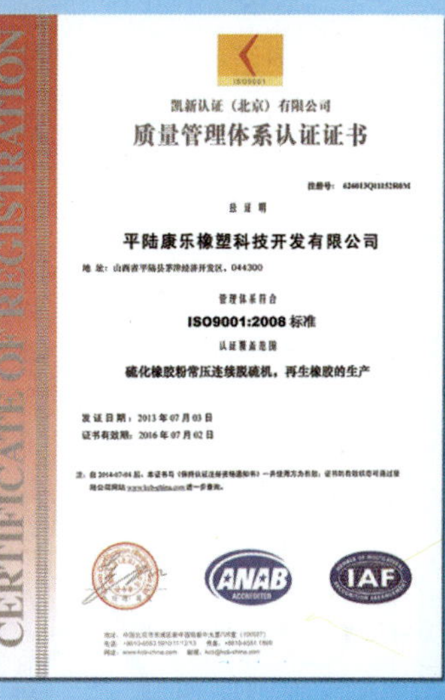

CERTIFICATE OF REGISTRATION

凯新认证（北京）有限公司

质量管理体系认证证书

平陆康乐橡塑科技开发有限公司

ISO9001:2008 标准

硫化橡胶粉常压连续脱硫机、再生橡胶的生产

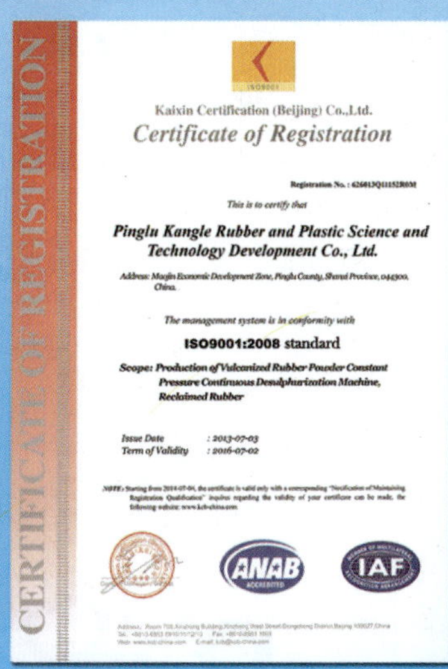

CERTIFICATE OF REGISTRATION

Kaixin Certification (Beijing) Co.,Ltd.

Certificate of Registration

Pinglu Kangle Rubber and Plastic Science and Technology Development Co., Ltd.

ISO9001:2008 standard

专 利 号：ZL201120053938.1

地　　址：山西省平陆县茅津经济开发区（黄河大桥北2公里）

垂询电话：13703594610　13835946561

总　　机：0359-3553087

传　　真：0359-3552959　　3553097

网　　址：www.kanglexs.com

邮　　箱：sxplhkf@163.com

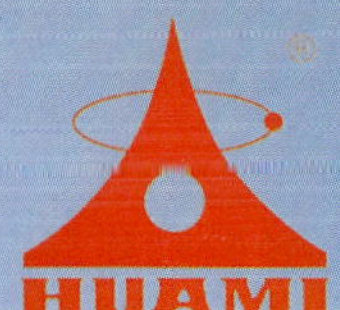

河北华密橡胶有限公司

河北华密橡胶有限公司始建于1989年，是生产特种橡胶混炼胶、橡胶密封件及减震制品的专业厂家。公司位于河北省邢台市京港澳高速公路东四公里处，交通便利；公司现总资产8600万元，后续扩建新厂占地面积约99000平方米，其中厂房面积60000平方米；拥有员工近500名。华密工程技术中心，被认定为“橡胶密封与减震工程技术研究中心”，公司被评为“河北省著名商标企业”、“河北省高新技术企业”、“河北省产业集群龙头企业”，且先后通过了ISO9001、ISO14001、OHSAS18001、ISO/TS16949:2009、GJB9001B-2009等体系认证。

公司主要产品有油封、O型圈、组合垫、防尘罩、各种减震件及橡胶混炼胶。华密牌产品曾荣获“河北省优质产品”、“中国知名品牌”等称号，并且，华密公司已与一汽、北京现代、保定长城、北奔重卡、丹东曙光、华泰汽车、大运汽车、三一重工、黎明航空、中石化、北车集团等多家知名企业建立了紧密的配套关系。产品不仅在中国的26个省份占有市场份额，并远销德国、英国、美国、俄罗斯等数十个国家。完善的质量体系，优质的服务使华密产品享誉全球，畅销海内外。

我们遵循“技术服务为根本，产品质量为核心，规范管理为手段，顾客满意为目标的”质量方针，坚持“做精致产品，创国际品牌”的企业经营理念，真诚希望海内外客户前来惠顾，携手共创辉煌！

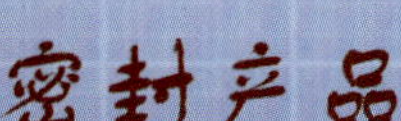

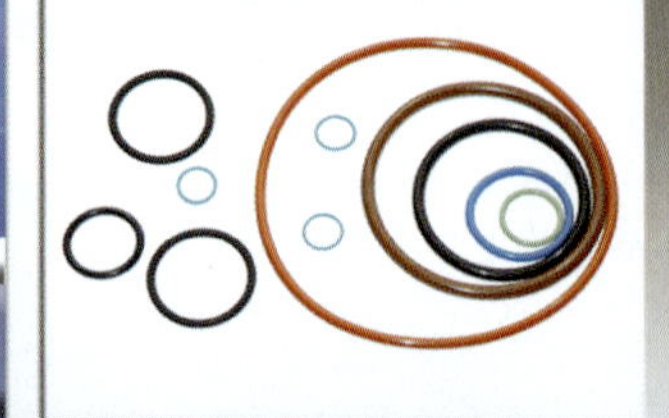

联系方式：

地址：河北邢台市任县河头工业区　　电话/Tel：(86)0319-7609666　7609668

传真/Fax：(86)0319-7609988　E-Mail：business@hmxj.com　网站（Web）：www.hmxj.com

中国橡胶工业协会会员展示专版

青岛森麒麟轮胎有限公司

标签法用绿色环保轮胎

为推动绿色环保轮胎的发展并适应欧盟绿色轮胎标签法要求，由公司研发团队独立开发了标签法用冬夏全系列轮胎配方，并同时开发了超静音PCR、SUV等多款新花纹，经国家橡胶轮胎质量监督检验中心和荷兰RDW等权威检测机构测试后证明，滚动阻力及湿滑指标达到欧盟标签法B/B等级、噪声测试水平68dB，超过欧洲2018年标准，这标志着我公司成为中国较早达到欧盟绿色轮胎B/B/2级要求的轮胎企业。

32寸超高性能轮胎

公司目前已成功完成32寸高性能轮胎的试制并投入量产。

公司是较早设计及生产该规格的中国轮胎企业。设计规格为305/25ZR32，该规格是目前国内轮辋尺寸较大的轿车子午线轮胎，针对其尺寸大、系列低，设计要求高、技术含量大、生产工艺难度大的特点，我公司通过先进的设计手段及稳定的过程控制实现了批量生产，填补了国内轮胎行业在该规格超高性能大尺寸轮胎设计、生产上的空白。

公司规划占地面积1349亩，位于即墨西部新经济区，紧邻青岛流亭国际机场、胶济铁路、济青高速公路、烟青公路、青银高速公路等多条主干要道贯穿区内，交通便利。项目整体投资规划到2022年，年产半钢子午线轮胎4800万条，航空轮胎1万条，预计项目完成后可实现年销售收入150亿元。自2009年5月12日第一条轮胎下线，公司现已完成一期的全部投资计划，占地面积32万平方米，建筑面积23万平方米（其中拥有一座建筑面积10万平米的现代信息化（WMS物流仓库管理系统）立体物流仓储中心），员工1200多人，工程技术人员100多名，总资产10亿多元，并形成年产700万条高性能轿车子午线轮胎的生产能力。

公司拥有路航、德林特和森麒麟三个轮胎品牌，产品主要有高性能轿车胎、越野车胎、轻卡胎、出租车专用胎和雪地胎等，共计10多个系列300多个规格，畅销欧洲、美洲、东南亚和中东等150多个国家和地区。其中超高性能轮胎产品的研发和生产方面已处于国际先进水平，315/20ZR30、275/25ZR30和305/25ZR32等多个规格的超高性能轮胎先后成功下线，成为全球少有的一家批量生产和稳定销售32英寸超高性能轮胎的企业。

为填补国内企业制造民用航空轮胎的空白，自2010年开始公司自主研制航空轮胎，通过与欧洲著名轮胎公司航空轮胎技术团队的交流与合作，积极推行航空轮胎质量保证体系，于2012年1月成功研制出波音737系列的飞机轮胎，2013年4月30日通过民航局目击动态模拟试验及其他相关试验项目，标志着公司生产的H44.5×16.5-21 28PR轮胎已全部通过中国民航局《技术标准规定项目批准书（CTSOA）》（适航证书）规定的全部试验项目，成为世界上屈指可数掌握高端航空轮胎核心技术的轮胎企业，也是中国较早掌握该技术的民营企业。

森麒麟将坚持走以技术创新带动产业发展之路，打造世界一流的轮胎品牌企业，振兴民族轮胎业！
热烈欢迎国内外客户到我们公司参观考察，共同发展！

欧洲顶尖技术

森麒麟引进整套欧洲的轮胎技术，开发了LS188、LS288、LS388、LS588、LS988、LSV88、CLV1、CLV2、CLV3和CLV6共10个系列的300多个规格产品，产品覆盖了超高性能轿车胎、高性能轿车胎、出租车轮胎和商务轻卡轮胎等，外观及性能均得到客户好评。

销售网络

青岛森麒麟轮胎有限公司现以路航和德林特轮胎为龙头品牌，积极开拓国内外市场。国内市场主推路航轮胎，提高路航轮胎的品牌知名度和美誉度，逐步建立路航轮胎的品牌店网络和签约网络，为将来的多品牌运作打下坚实基础。国外市场以德林特轮胎为主导产品，实施多品牌的发展战略，现已建立遍布150多个国家和地区的销售网络。

产品质量

质量方针
承载期望，严抓细管，持之以恒，追求卓越

质量体系
严格按ISO/TS16949标准建立质量保证体系

技术开发
引进欧洲技术和团队，新产品的开发及持续改进严格按照产品开发流程执行

生产ERP
引入ERP系统，充分利用各种资源，保证产品的可追溯性

质量认证
已通过ISO/TS16949质量体系认证

卓越品质
湿地和滚阻性都能达到欧洲标签法中规定的B级标准

认证证书
2009年8月，公司通过欧洲经济委员会E-mark产品认证。
2009年9月，公司通过国家强制性产品认证（CCC）。
2009年10月，公司通过美国交通部DOT产品认证。
2010年1月，公司通过欧盟轮胎滚动噪声e-mark认证。
2010年4月，公司通过巴西INMETRO产品认证。
2010年4月，公司通过ISO/TS16949：2009质量管理体系认证。
2010年6月，公司通过海湾认证。
2010年8月，公司通过欧洲经济委员会轮胎滚动噪声及湿地抓着力E-mark认证。
2012年1月，公司生产的波音737飞机轮胎通过国家航空轮胎实验室的检测。
2012年3月，公司通过尼日利亚SONCAP产品认证。
2012年12月，公司通过质量管理体系ISO9001：2008 认证、 环境管理体系ISO14001：2004认证和职业健康安全管理体系OHSAS18001：2007认证。

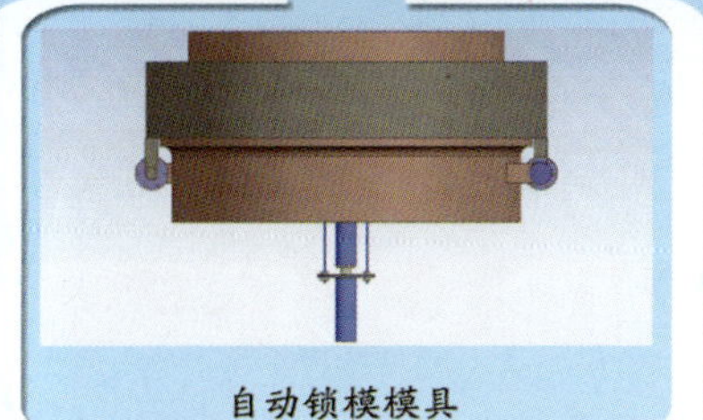
自动锁模模具

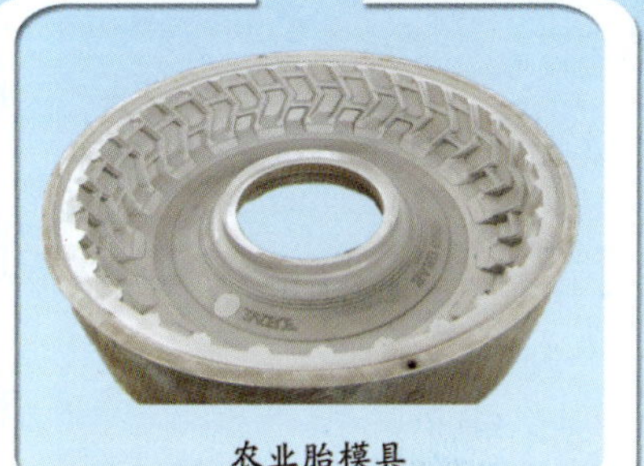
农业胎模具

机模一体化模具

活络模具

安徽迈吉尔模具有限公司是专业从事轮胎模具的大型生产制造企业，位于宁国市经济技术开发区.公司新征地119亩（79287m²），项目总投资1.58亿元。项目计划将于2013年年底建成，建成后具备年规模生产各类全钢、半钢子午线轮胎活络模具、工程胎模具、巨胎模具、农用胎模具、轻卡、载重胎模具1200余付，产值3.6亿元。

公司拥有国内外先进的数控加工设备，同时公司引进专业人才参与技术、生产管理，严格控制技术与生产环节。

公司的质量管理在同行业中处于领先地位,荣获“2011年度中国轮胎模具行业十强企业”称号，已通过ISO9001:2008质量管理体系认证；现为中国橡胶工业协会机械模具分会常务理事单位、安徽省模具协会常务理事单位；安徽省重点模具骨干企业；获得国家科技中小企业技术创新基金项目企业；同时拥有多项自主知识产权和实用型专利、省级科技进步奖；荣获中国机械工业科学技术奖一等奖；并在十三届国际模具和设备展览会上获得模具“精模奖”一等奖。2013年,公司本着优越的技术条件和雄厚的实力，进一步完善内部管理体系，力图更上一个新台阶！

活络模具花纹圈铣床

龙门加工中心

地址:安徽省宁国经济技术开发区白云路1号
网址：www.mcgillmould.cn　邮箱：mcgillmould@163.com
电　话：86- 563-4180523　传真：86-563-4180458

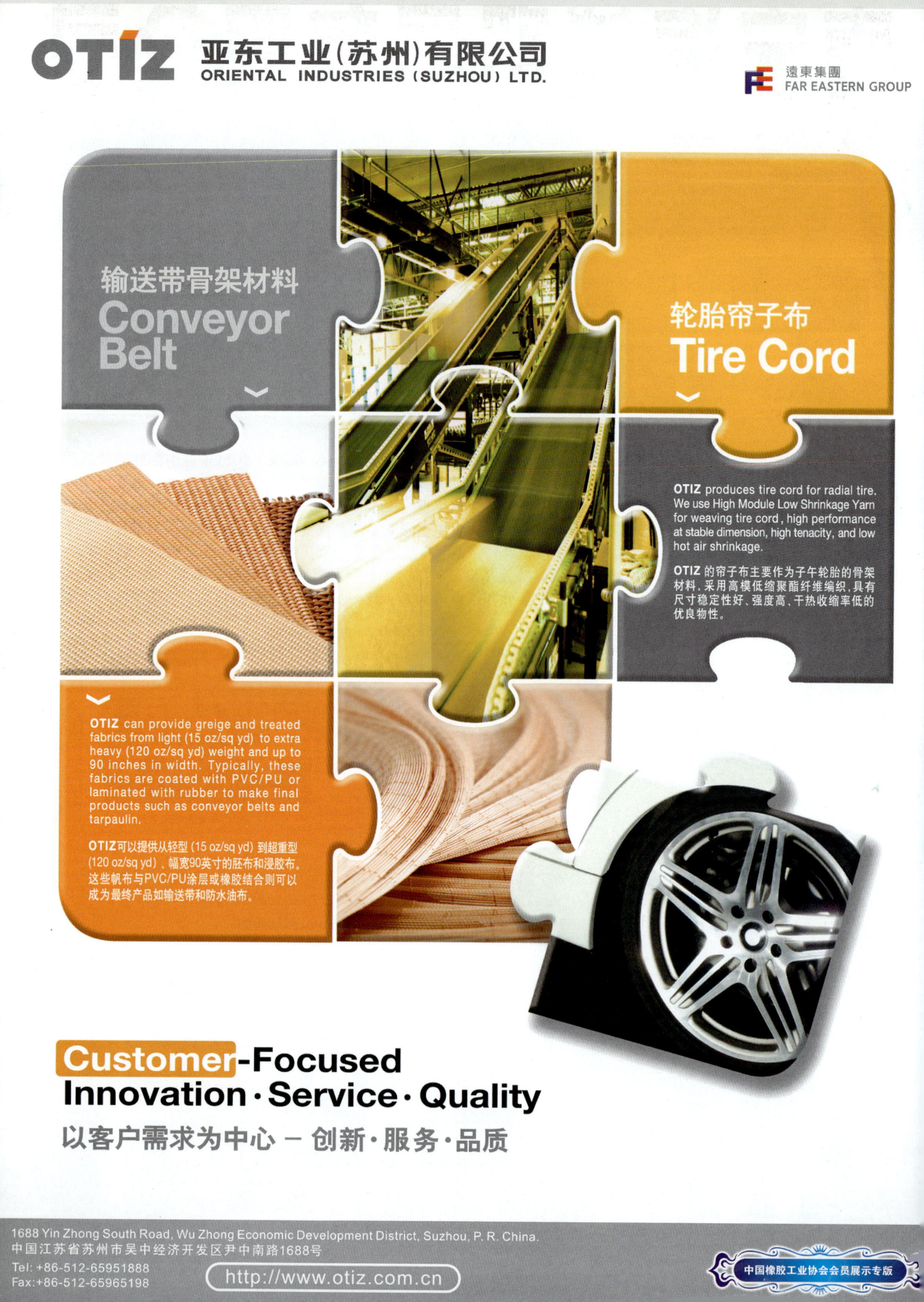

视质量为生命

尊客户为上帝

河北一川胶带集团有限公司

河北一川胶带集团有限公司是一家集工业输送机、工业输送带、医用橡胶、投资担保、房地产开发为一体，下辖12家子公司的多元化现代“集团公司”。

公司始创于1988年，总投资5.1亿元人民币，总占地面积400余亩，职工总数2000余人，年产值10亿元。 集团下属企业有石家庄第一橡胶股份有限公司、保定一川商贸有限公司、蠡县大有纺织有限公司、河北同合投资有限公司、河北天润投资有限公司、河北中研管网有限公司、保定富润德橡塑制造有限公司、保定德盛担保有限公司、河北长瑞房地产开发有限公司、河北长瑞文化传播有限公司、蠡县小额贷款公司等子公司。

公司自创建以来始终坚持“创新，进取，高效，优质”的经营理念，坚持质量至上，倾力打造在输送带行业的专家地位。先后吸纳引进大批先进的管理和科技人才，完善管理机构，健全管理制度。公司内设有供应、销售、检测、质检、考核、生产等二十多个部室，在全国多处城市设立了办事处。公司生产的“金川”牌分层输送带、阻燃输送带、钢丝绳芯输送带、管式输送带、波形挡边大倾角输送带被广泛应用于煤炭、矿山、冶金、港口、电力、化工、建材等规模生产行业。“金川”牌输送带在2008年被“全国质量万里行”评为“信得过产品”，2008年被评为“河北省名牌产品”，“金川”牌商标2010年被评为“河北省著名商标”，2011年河北一川胶带集团有限公司被授予AAA级质量信用企业。河北一川胶带集团有限公司因为业绩显著，贡献突出，多年来不断受到省、市、县政府及有关部门的表彰、嘉奖。诸如省“名牌商标企业”，省“青年文明号企业”，“重合同守信用单位”等等。

在售后服务方面，河北一川胶带集团有限公司拥有一支高素质的技术服务队伍，在全国多处城市设有售后服务办事处，保证全天候的24小时销售服务体制，保证服务人员在24-72小时之内赶赴现场进行技术服务，并以合理的收费保证产品正常运行。每年还不定期到使用现场进行2-3次技术咨询，保障质量可控，更好为用户服务。

面对日趋激烈的行业竞争，一川集团紧跟时代脚步努力拼搏，不断进取，以振兴民族产业、构建社会主义和谐社会为己任，树立长远发展的战略目标；2012年，河北一川胶带集团有限公司将加快发展立足为做成华北地区胶带行业的龙头企业努力奋斗。

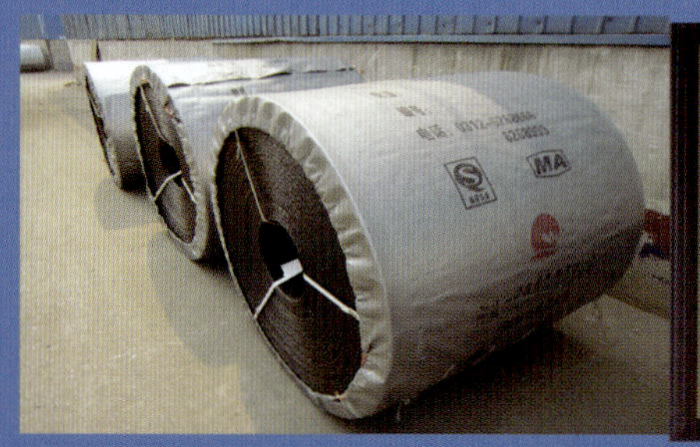

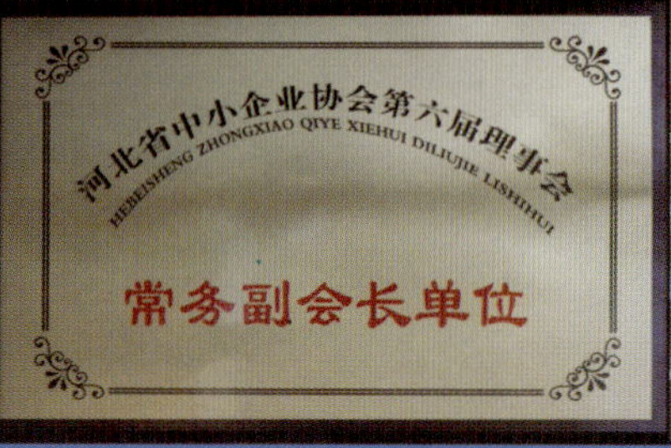

无锡市万丰橡胶厂

无锡市万丰橡胶厂坐落于无锡市东港镇，企业创建于 1997 年 8 月，属民营企业，工厂占地面积 98 亩，拥有总资产 7000 多万元，现有职工 320 人，工程技术人员 28 名。全年回收废旧轮胎生产各种再生橡胶 40000 吨，其中胎面再生胶 15000 吨，丁基再生胶 15000 吨，精细胶粉 10000 吨，特别是本厂生产的汽车制动气室皮膜，年产量达 600 万只。企业拥有自营进出口权，2008 年再生橡胶出口创汇超过 800 万美元，目前企业综合实力在全国同行业中名列前十强，2006 年“万丰”牌再生橡胶被中国橡胶工业协会评为“行业推荐品牌”，2007 年 6 月被评为“安全环保清洁生产先进企业”，同年 8 月又被中国橡胶工业协会评为“全国废橡胶循环利用示范企业”，是江苏省循环经济试点企业。

企业在 2001 年通过了 ISO9001：2000 以及 TS-16949 质量体系认证，已形成了严格的科学管理、技术先进和高品质的质量保证体系，企业始终坚持“科技领先市场，品质追求卓越“的方针。

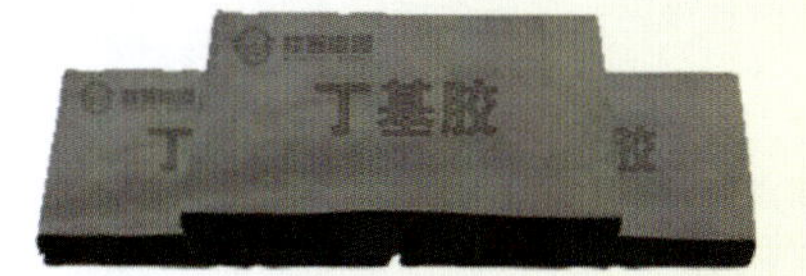

丁基再生胶

精细胎面再生胶

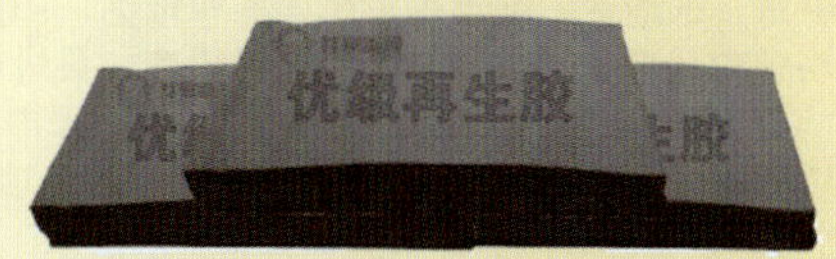

优级胎面再生胶

自行车衬带

叉车垫带

汽车密封件（皮碗）

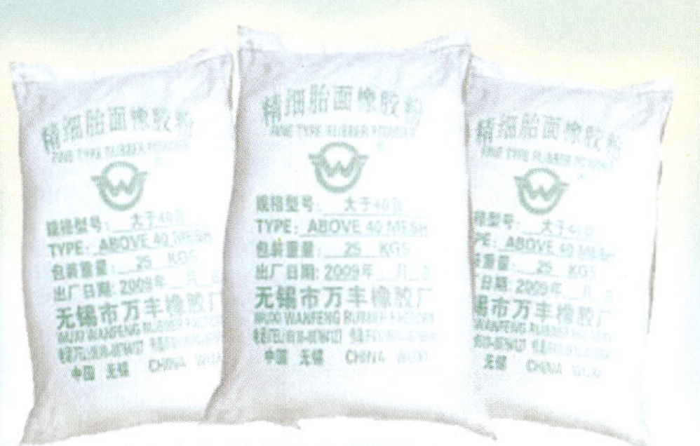

胶粉（胶末）

地址：江苏省无锡市锡山区东港镇建港路 47 号　　厂长：尤万民
电话：0510-88764127/88766127/88350127　　传真：0510-88768940/88353127

潍坊市跃龙橡胶有限公司

潍坊市跃龙橡胶有限公司创建于1998年7月，位于中国"蔬菜之乡"的寿光市台头镇工业园，属国家中型企业，注册资本10608万元。公司职工1650余人，其中高中级技术人员136人，高级工程师54人。公司先后被评为"潍坊市纳税先进企业"、"山东省橡胶行业50强"、"山东省著名商标"、"省高新技术企业"、"省级诚信民营示范企业"、"省级守合同重信用企业"、"低碳山东模范企业"、"中国山东专利明星企业"、"山东省质量奖"、"劳动关系和谐企业"等，跃龙商标被认定为"山东省著名商标"。

公司主营业务为全钢子午线轮胎，辅助生产工程轮胎。公司现有年产260万套子午线轮胎生产能力，主要设备有天津赛象内衬层生产线、双复合生产线，两鼓、三鼓子午线轮胎成型机，福建华橡轮胎硫化机、日本IHI钢丝压延生产线，德国X光轮胎检测机等国内外先进设备。目前，我公司已开发出全钢中型货运载重子午线轮胎、全钢轻型货运载重子午线轮胎、全钢无内胎货运载重子午线轮胎、宽基工程机械轮胎、中短途承载型有内胎系列、短途工矿型有内胎系列、中短途承载型无内胎系列等七大系列100多种不同规格型号、不同花纹品种的轮胎产品。产品供应国内外市场，产品需求量、销售稳定，市场潜力巨大。公司生产的"跃龙"牌轮胎在2003年一次性通过产品强制性（CCC）认证，产品通过ISO9001：2008质量管理体系认证、ISO14001环境管理体系认证和GB/T28001职业健康安全管理体系认证。产品质量稳定，是山东省橡胶协会会员单位。公司拥有自营进出口经营权，根据国内外市场需求及形势制订了正确的销售政策。公司拥有国际贸易部，专业从事外贸出口业务，产品出口中东、东南亚、欧洲等多个国家和地区。国内部分以全国区域代理商代理为主，目前国内各地区，各省会城市均分布代理商，并覆盖辖区各地级市、县级市，客户遍布大江南北。

公司于2010年投资20亿元在山东省菏泽市曹县新上年产2000万套半钢子午线轮胎项目，该项目为山东省龙跃橡胶有限公司，该公司占地面积700余亩，项目于2011年11月竣工并投产，预计年销售收入可达80亿元，利税8亿元。该项目采用法国米其林公司生产技术，购置密炼机、热炼机、挤出机、成型机、硫化机、耐久性试验机、X光检验机、钢丝压延机等主要设备共计1246台套。投产达效后，主要生产低能耗拖车专用轮胎及高性能轿车轮胎，新增就业4000人，具有良好的经济效益和社会效益。

公司注重现场质量管理，采用现代化数字管理技术，重视科学研发活动，被认定为"潍坊市全钢无内胎子午胎工程技术研究中心"，2010年11月30日公司被认定为"省高新技术企业"。公司已先后注册实用新型自主知识产权和发明自主知识产权共计25项，同时公司组织研发的"全钢子午胎新型胎圈填充胶"和"全钢子午胎间歇式热水循环保温稳压硫化工艺"等5项科技项目通过省专家组的鉴定，达到"国际先进"水平。公司科技成果分别获得多项潍坊市科学技术进步奖。

展望未来，公司将继续坚持以科技发展为依托，不断调整和优化产业结构，扩大生产规模，引进优秀人才，增强企业竞争力。公司今后将继续依托沿海资源、基础建设、配套服务、科研开发等方面的优势，抓住发展黄河三角洲和山东半岛蓝色经济区的国家战略这一历史机遇，加快公司发展的步伐，以新型产业技术创新示范基地的建设为依托，积极探索并创新公司在组织结构、运作模式、目标定位、经营理念、风险控制等方面的新思路和新举措，提高经营管理水平和依法经营意识，推动当地经济、社会和环境的可持续发展，为和谐社会的建设作出应有的贡献！

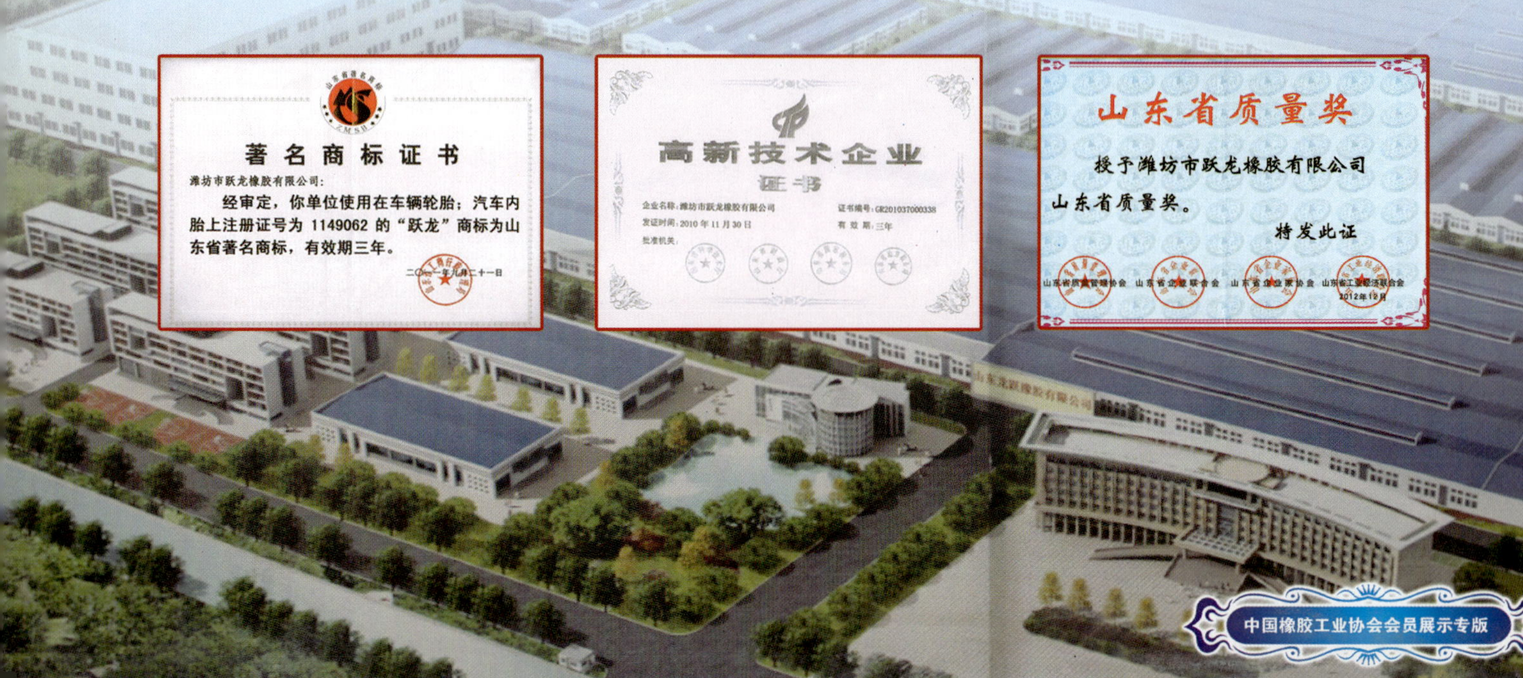

著名商标证书

潍坊市跃龙橡胶有限公司：

经审定，你单位使用在车辆轮胎；汽车内胎上注册证号为 1149062 的"跃龙"商标为山东省著名商标，有效期三年。

二〇一一年九月二十一日

高新技术企业证书

企业名称：潍坊市跃龙橡胶有限公司　证书编号：GR201037000338

发证时间：2010年11月30日　有效期：三年

批准机关：

山东省质量奖

授予潍坊市跃龙橡胶有限公司山东省质量奖。

特发此证

山东省质量管理协会　山东省企业联合会　山东省企业家协会　山东省工业经济联合会

2012年12月

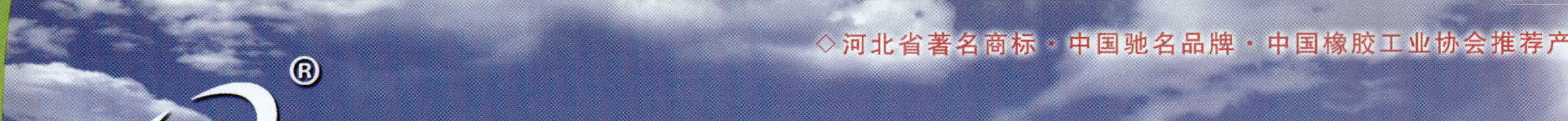

河北协美橡胶制品有限公司

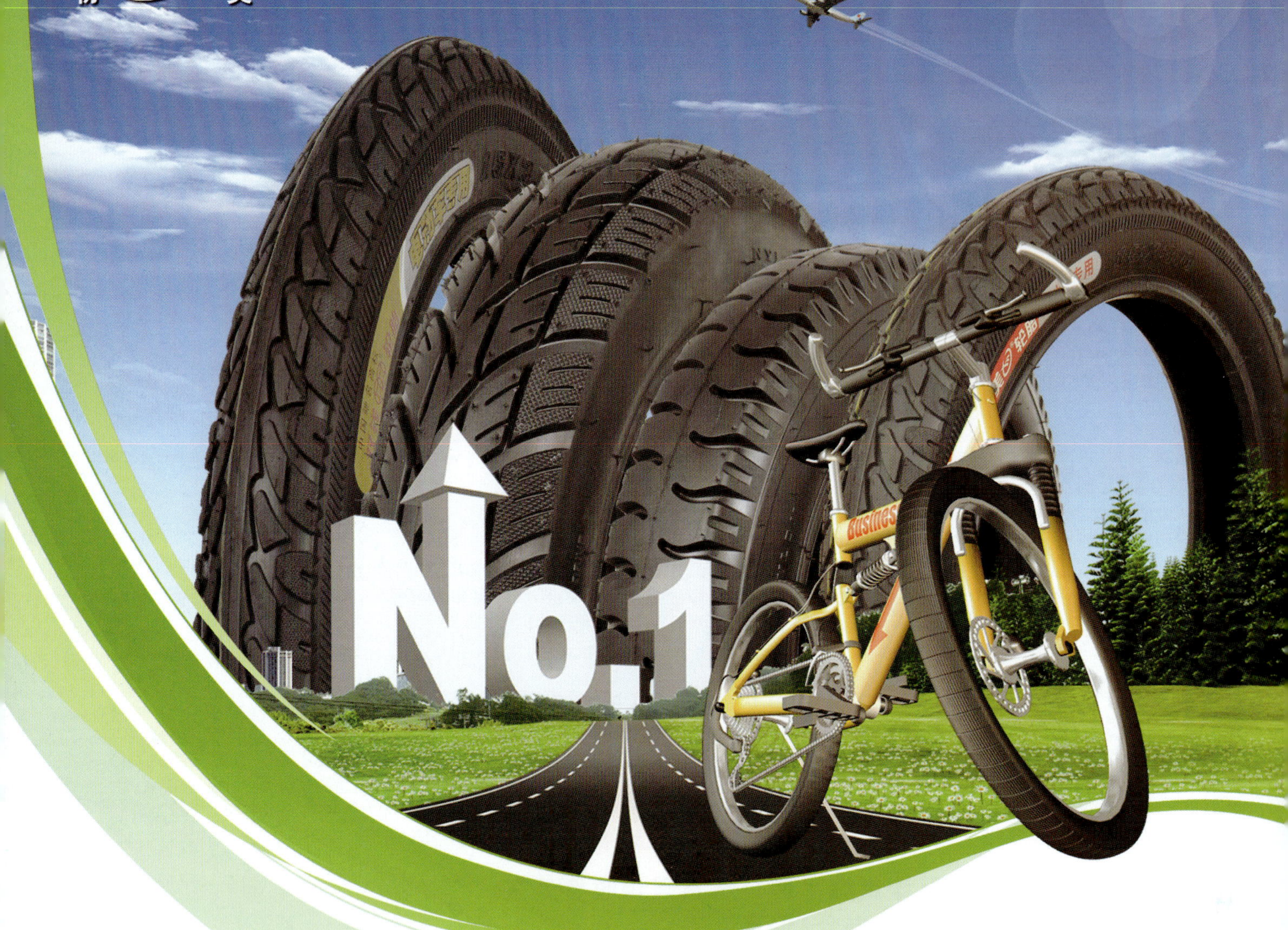

企业简介

河北协美橡胶制品有限公司是一家与台湾合资的企业。公司始建于1997年，位于中国自行车零件城西北约5公里处的董庄工业园区，毗邻邢清公路，交通十分便利。

公司占地百余亩，建筑面积3万平方米，建有现代化生产线12条，生产工艺先进，产品检测项目齐全，手段完善，公司是生产力车胎的专业厂家。主要产品为自行车、电动车内外胎，各种花色品种有200多个，年生产外胎能力900万条，内胎3000万条。

公司现有员工800人，各类技术人员80多人，技术力量十分雄厚，产品档次不断提高，产品销往全国各个省市，并出口南美洲、东南亚、中东、非洲、欧美等国家，深受国内外消费者青睐。真诚树信誉，质量创品牌是协美人永恒的追求。

董庄工业园生产基地

丰州镇工业园生产基地

地址：河北省平乡县董庄工业园001号　电话：0319-7936698/7936699　传真：0319-7936326

网址：www.xiemei.com　E-mail：hbxiemei@163.com

福建省海安橡胶有限公司

朱晖董事长

福建省海安橡胶有限公司（以下简称海安橡胶公司）创办于2005年12月，座落于福建省仙游经济开发区枫亭工业园区南片区内，企业占地面积475亩，注册资金1亿元人民币。一期已建厂房及配套设施面积达10万多平方米。二期扩建以后建筑面积可达20多万平方米。公司现有职工1500多人（含公司设在省外的其他5家具有独立法人资格的企业员工），其中专业技术和管理人员153人，至目前为止企业总资产已达十亿多元人民币。海安橡胶公司是一家拥有自主品牌，具有独立研发、制造和掌握核心技术的专业生产和翻新巨型工程子午线轮胎的民营独资企业。

为了扩大产业规模，不断优化产业结构，打造完整的产业链条，2006年下半年开始，海安橡胶公司在原有翻、修、检、管、用一条龙工程轮胎消耗费用定额承包服务的基础上，经过充分的市场调研，决定与北京橡胶工业研究设计院和青岛科技大学橡胶学院携手进行技术合作，联合开发高性能巨型工程子午线轮胎生产技术。经过厂院双方研发人员的刻苦攻关和充分利用巨型子午线轮胎翻新的技术优势，海安橡胶公司在轮胎结构、胶料配方和工艺技术等设计方面取得了多项关键性的技术突破。2008年6月30日，海安橡胶公司第一条37.00R57巨型工程子午线轮胎开发成功顺利下线，从此拥有了57″系列巨型工程子午线轮胎生产技术的自主知识产权，同时，打破了巨型工程子午线轮胎国外一家独大的垄断局面，为民族工业的振兴作出了应有的贡献。2009年4月24日，海安橡胶公司的57″系列巨型全钢工程子午线轮胎的生产技术成果顺利通过中国石油和化学工业协会的科学技术鉴定（石化协科鉴字（2009）第032号），2011年10月18日又获得了中石化联合会颁发的科学技术进步二等奖。在此基础上，海安橡胶公司又陆续成功开发出46/90R57、50/80R57、40.00R57、36.00R51、30.00R51、27.00R49、24.00R49等规格的巨型子午线轮胎。2013年5月将继续开发53/80R63、59/80R63等63″系列轮胎。产品开发成功后并在国内的南芬铁矿，江西德兴铜矿和澳大利亚的部分矿山现场使用和检验，产品的载重负荷，安全性能，耐磨、耐扎刺、散热、抓着力以及使用寿命可与进口产品相媲美，受到了国内外客户的一致好评。雄厚的经济实力，良好的经营业绩，诚信的银行信用AA等级，富有创新的研发团队，优质的售后服务和积极为地方经济发展作贡献大爱精神，为海安橡胶公司赢得了各级领导和地方政府的高度赞誉。公司董事长分别在2009年被莆田市授予“全市重点项目建设先进个人”、“莆田市十大民营工业经济人物”，2010年被授予“闽商建设海西突出贡献奖”。2011年、2012年海安橡胶公司又分别被省市有关部门评为“民营经济十强企业”、“高新技术企业”和福建省“百家重点工业企业”荣誉称号。省领导在海安橡胶公司考察调研期间，对海安橡胶公司的经营模式、企业的发展现状和为地方经济发展作出的巨大贡献予以充分肯定，并对企业的发展前景寄予殷切期盼。

优质的产品是品牌的基石，好产品永远是好广告。海安橡胶公司将始终秉承“以人为本，科技为先，品质为大，客户至上，诚信经营，争创一流”的经营理念，紧紧扭住巨型工程子午线轮胎当前发展的难得机遇，加大新产品的开发力度，再接再厉，乘势而上，不断开拓市场，提升品牌知名度和市场占有率，为做强做大海安企业，实现2013年生产规模和出口创汇翻两番的经营目标再作新的项献。

转鼓试验机　　X光机　　生产现场　　生产现场

山东亿和橡胶输送带有限公司隶属于山东能源枣矿集团，是一家集各类输送带产品研发、生产、销售于一体的大型国有现代化企业。是山东能源集团“煤--水煤浆--热电--带芯--泰国橡胶园--输送带--轮胎”循环产业链条中的重要环节。

公司主要生产钢丝绳芯阻燃输送带、织物整芯阻燃输送带（PVC型）、织物整芯阻燃输送带（PVG型）、帆布层芯阻燃输送带等四大系列上百种规格的产品，拥有专业技术人员90余人，建有国内领先实验室和研发中心。被评为“山东省橡胶行业50强企业”、“企业质量信用AAA等级”、“安全质量标准化企业”。已顺利通过“煤安”标志认证、ISO9001质量体系认证、ISO14001环境体系认证、GB/T28001职业健康安全管理体系认证。

公司主要设备采用国内外先进技术，硫化方面，拥有7套采用德国辛拜尔康普技术的硫化设备。塑化方面，设备采用国际上先进的英国芬纳技术。胶料采用SSM低温一次炼胶工艺，该工艺被山东省评定为国际先进、国内领先水平，并扶持专项科研资金1000万元。自主研发生产出了国内领先的耐灼烧钢帘网输送带、耐热输送带、耐寒输送带、高级别PVG输送带等高端输送带，拥有自主配方33个，完成试生产的特种输送带31种，产品具有阻燃性高、使用寿命长、节约能源、安全实用等显著特点，受到众多客户的青睐和支持，产品已远销南非、韩国、伊朗、西班牙、俄罗斯、巴基斯坦、越南、东南亚等30多个国家（地区）以及新疆、贵州、云南、山西、江西、上海等省（市）自治区。

高强力钢丝绳输送带

高级别PVG输送带

国内领先的PVC/PVG输送带生产线

国内领先的钢丝绳输送带生产线

出口国外的高规格分层输送带

地址：山东省枣庄高新技术产业开发区泰山北路　电话：400-812-8181　邮编：277800　邮箱：yihexj@163.com

网址：http://www.yihexj.com

山东省橡胶行业50强企业　普通钢丝绳输送带标准起草单位　全国摩托车越野锦标赛冠名赞助商

企业质量信用AAA等级　安全质量标准化企业

广州明峻巴夫斯胶管有限公司

广州明峻巴夫斯胶管有限公司创建于1989年，专业生产LIEBAO猎豹、雷宝牌各类橡胶软管，包括钢丝液压橡胶软胶管、纤维增强胶管、特种胶管三大系列，共十多个型号，近千种规格。

公司技术力量雄厚，生产、检查设备先进，企业管理制度完善、规范，先后获得了《石化企业质量检验机构（B）级认证》、《矿用产品安全标志证书》、《钢丝增强橡胶软管级软管组合件全国工业产品生产许可证》、《安全生产标准化证书》。同时，公司按照GB/T19001-2008 idt ISO9001:2008质量管理体系标准，建立、实施和保持质量管理体系，获得了ISO9001标准质量体系认证中心、英国皇家（UKAS）联合颁发的《ISO9001：2008质量体系认证证书》、《测量ISO 10012：03:2管理体系认证证书》、《ISO 14001:2004环境管理体系认证证书》、《OHSMS18001职业健康安全管理体系认证证书》。LIEBAO猎豹牌钢丝液压橡胶软管获广东省名牌产品，LIEBAO猎豹牌商标分别获广州市著名商标、广东省著名商标。

随着全球特别是中国工程机械等行业的迅速发展，为满足国内中高端液压胶管的市场需求，公司董事会于2005年在广州市花都区梯面镇，成立兄弟公司——和峻（广州）胶管有限公司，先后投入巨资从韩国、意大利引进多套国际先进的胶管生产、检验设备，包括韩国RB-Ⅱ、RB-Ⅲ，意大利合股机、钢编机、钢缠机、缠解水布机，并依靠自身雄厚技术力量自主研发了多套先进设备，包括超大口径多复合结构缠绕机、超大口径胶管绕解水布机等。专业生产“WOJUN”牌、“LIEBAO”牌橡胶软管，包括高压编织软管、高压和超高压钢丝缠绕软管、加油机管、氧气管、乙炔管及软管组合件，各项产品性能指标达到国际先进水平，广泛应用于工程机械、煤矿机械、石油化工、冶金、矿山、建筑及交通运输领域。

公司始终贯彻：“顾客至上，诚信经营，持续创新，追求卓越”的企业方针，努力创建世界一流软管品牌。

广州市著名商标
LIEBAO
猎豹
广州市工商行政管理局

和
峻

联系方式：
地址：广州市花都区梯面镇　邮箱：sales@gzwojun.net
订购热线：400-886-9596　官方网址：
电话：020-86782928　广州明峻巴夫斯胶管有限公司—http://www.gzmingjun.com
传真：020-86782918　和峻（广州）胶管有限公司—http://www.gzwojun.net

中国（博野）输送带工业城

2013（青岛）中国橡胶年会，中橡协邓雅俐会长（右）与博野县领导（左）交谈

河北省博野县橡胶输送带产业起步于20世纪70年代末，经过30多年发展，目前已成为博野县支柱产业和中国北方较大的橡胶输送带生产基地。2012年7月经中国橡胶工业协会组织专家对博野县输送带产业进行评审，认为博野县输送带产业成长进步很快，已成为我国输送带生产基地之一，授予博野县“中国（博野）输送带工业城”称号。

【基本现状】

博野县有河北省级公路保（定）衡（水）公路跨越南北，定（州）河（间）公路横贯东西，城乡交通四通八达。河北省“十二五”规划中，石津、曲港两条高速在博野交汇，博野将成为京津冀高速路网框架中的重要节点。

2012年博野县橡胶输送带总产量达1.1亿平方米，输送带产业总产值达31亿元，占国内市场份额1/4以上，年上缴税金8000多万元，占全县工业税收收入的半壁江山。

博野县橡胶机带产业出口贸易方面有了很大突破和进展，输送带产品远销欧洲、非洲、东南亚国家。主要国家有俄罗斯、英国、尼日利亚、亚美尼亚、伊朗、菲律宾、马来西亚等国。2012年博野县输送带产业出口销售额为510万美元。

博野输送机带产业2013（北京）推介会

博野县橡胶输送带产业发展呈现显著优势：

1. 橡胶输送带是立县产业。博野县规划8.13平方公里的橡胶工业区，组建橡胶工业协会。企业布局集中，链条完整，技术先进。橡胶工业聚集区集中了主营输送带企业73家及配套关联企业300多家，从业人员2.2万人。已形成以橡胶输送带为主，包括输送机制造、帆布制造、物流配送、市场营销、售后服务在内的完整产业链条。

2. 龙头带动强、品牌知名度高。销售收入2000万元以上企业51家，产值超亿元企业10家，获得河北省著名商标、省名牌、优质产品15个，保定京博橡胶有限公司“京博”牌输送带获中国驰名商标，龙头企业保定华月胶带有限公司是中国输送带10强企业，现准备上市。

【科技创新】

近3年来，累计投入技改资金15亿元，引进国内先进的钢丝绳输送带、PVC、PVG、阻燃等高端产品20多个，中高端产品占比达到50%左右。外聘技术人员近百人，培育技术骨干近千人，申报61项自主知识产权，其中18项已获得批准。

密炼中心中央控制室

博野县输送带产业有80%企业已通过ISO9001管理体系认证。全国十强输送带企业保定华月胶带有限公司建立了市级质量检测中心。科研项目现研发3种：“管状环保特种输送带”和“低烟低卤环保输送带”已完成试验阶段，开始投入生产营销，“叠层阻燃带”正处在试验阶段。“京博”牌中国驰名商标企业，保定京博橡胶有限公司科研项目“超高温型耐热输送带”已投入生产，“高强度耐磨型管状输送带”正在试验阶段。三源公司研发的“耐热抗烧输送带”已获自主知识产权，蓝箭公司、德泰公司在“阻燃耐磨输送带”研发方面也有了较大进展。

【基础建设】

保定华月胶带有限公司拟投资5亿元建设特级再生胶循环经济项目，项目建成后，年产高强力阻燃输送带、耐高温输送带、高倾角输送带等系列产品3000万平方米；高强涤纶工业丝及后加工产品6万吨；特级再生胶5万吨。

先进的硫化机生产线

保定京博橡胶有限公司投资5亿元建设年产6000吨EP布及5000吨尼龙布建设项目，年销售收入达31700万元，工业增加值为6555.56万元。

保定三源橡胶有限公司已投资1.5亿元筹建高科技含量全自动“密炼中心”，拟建钢丝绳芯输送带生产线，项目投产后，将实现年产输送带2000万平方米。

【采取措施】

为提高行业竞争力，博野县制定扶持橡胶输送带行业发展的实施意见，坚持地方政府发挥主导作用、橡胶协会发挥主办作用、企业发挥主体作用，推进博野县橡胶工业园区建设。

县橡胶协会积极开展行业培训活动，带领企业到外地橡胶产业集群地区参观考察学习，并组织企业进行生产工艺技术整改活动。随着博野县输送带产业设备的更新换代和一系列技改创新项目的实施，博野的输送带行业整体水平有了长足进步，管理水平有了很大提高。

【展望】

博野橡胶输送带行业以科学发展观为指导，大力推行企业产业技术联盟，合理利用国内外两种资源，通过政策引导、市场开拓、品牌提升和平台建设，加快应用先进适用技术和设备。以新型输送带为龙头，以产业链优化和价值链提升为突破口，促进产业发展向质量保证型、品牌效益型转变，打造区域特色经济和品牌优势，实现博野输送带产业的振兴和转型升级。到2020年，博野输送带产业总产值将提高到100亿元以上，出口产值50亿元。企业自主创新能力提升，产品附加值进一步提高，产业布局趋于合理，企业和产业集群优势明显，形成具有国际影响力的区域品牌输送带产业集群。

广州钻石车胎有限公司成立于2009年，是由广州国际集团有限公司、广州市华南橡胶轮胎有限公司共同出资组建的，承接广州广橡企业集团有限公司钻石车胎厂（原广州第一橡胶厂）“钻石”牌摩托车胎业务的国有控股企业，总投资规模为2.3亿元。公司拥有先进的生产设备和检测装备，广泛植入汽车轮胎制造与研发的先进工艺技术，年产摩托车外胎1000万条、摩托车内胎1600万条，是华南地区大型的现代化摩托车轮胎生产企业之一。

“钻石”车胎品牌具有65年的深厚历史底蕴，以质量过硬、品质超卓而风行神州，蜚声海外。企业通过ISO9001：2000国际质量体系和“3C”等多项国内外认证，“钻石”摩托车胎分别为广东省、广州市名牌产品，“钻石”商标被认定为广东省、广州市著名商标。

目前，钻石摩托车胎为五羊-本田、大阳、大运、嘉陵等国内多家知名摩托车生产企业提供配套，产品远销全球多个国家和地区。

钻石车胎，驱动未来！

INTRODUCTION FOR GUANGZHOU DIAMOND TIRE CO., LTD.

“GUANGZHOU DIAMOND TIRE CO., LTD.”, A STATE HOLDING ENTERPRISE, WAS ESTABLISHED IN 2009 BY GUANGZHOU INTERNATIONAL CO., LTD, SOUTH CHINA RUBBER & TIRE CO., LTD AND GUANGZHOU FENGLI RUBBER & TIRE CO., LTD..IT CARRIESON “DIAMOND” BRAND MOTORCYCLE TIRE BUSINESS OF “GUANGZHOU GUANGXIANG ENTERPRISES GROUP CO., LTD.” (FORMER GUANGZHOU NO.1 RUBBER FACTORY). THE CAPITAL IS INVESTED BY THESE 3 COMPANIES, TOO. THE TOTAL AMOUNT OF INVESTMENT IS 230 MILLION RMB. THE COMPANY HAS THE ADVANCED PRODUCTION EQUIPMENT AND TEST INSTRUMENTS. IT IS ONE OF THE LARGE SCALE & MODERN MOTORCYCLE TIRE PRODUCERS IN SOUTH CHINA WITH THE ADVANCED TECHNOLOGY OF CAR TIRE PRODUCTION AND DEVELOPMENT. THE COMPANY CAN PRODUCE 10 MILLION PIECES OF TIRES AND 16 MILLION PIECES OF TUBES EACH YEAR.

“DIAMOND” BRAND TIRE HAS 65 YEARS OF HISTORY. IT'S FAMOUS AND WELL-KNOWN BOTH IN CHINA AND ABROAD BECAUSE OF ITS CONCEPT OF “QUALITY FIRST” AND THE TOP QUALITY. THE COMPANY HAS BEEN PASSED BY VARIOUS CERTIFICATIONS BOTH IN CHINA AND ABROAD, SUCH AS ISO9001：2000, ”3C” AND SO ON. “DIAMOND” BRAND MOTORCYCLE TIRE HAS BEEN AWARDEDAS THE “FAMOUS PRODUCT” AND “FAMOUS BRAND” OF GUANGZHOU CITY AND GUANGDONG PROVINCE.

“DIAMOND” MOTORCYCLE TIRES ARE MATCHED WITH MANY FAMOUS MOTORCYCLE PRODUCERS IN CHINA, LIKE WUYANG-HONDA, DAYANG, DAYUN, JIALING AND SO ON. THE GOODS ARE EXPORTED TO MANY COUNTRIES AND AREAS ALL OVER THE WORLD.

“DIAMOND” TIRE, “DIAMOND” QUALITY!

天阳模具有限公司

公司简介

天阳模具有限公司是中国重点骨干模具企业，设汕头天阳模具有限公司和揭阳市天阳模具有限公司。专业生产各类轮胎模具，轮胎成型鼓和其它橡胶模具等产品。

企业于1980年开始专业生产斜交轮胎模具、工程车轮胎模具、摩托车轮胎模具、胶囊模具、内胎模具、垫带模具等产品。

1984年设计制造轮胎成型鼓；

1986年开发研制子午线轮胎活络模具并获得成功；

1991年合资成立揭阳市天阳橡胶机械有限公司；

2000年注册更名为揭阳市天阳模具有限公司；

1999年在经济特区注册成立汕头天阳模具有限公司，引进高精度加工设备和优秀专业技术人才，继续扩大生产规模，以适应国内外轮胎行业日益发展的需求。

天阳模具有限公司以“真诚、务实、优质、高效”为企业宗旨，以先进的技术装备、一流的制作工艺、完善的售后服务，竭诚为国内外轮胎制造业提供优质的轮胎模具。

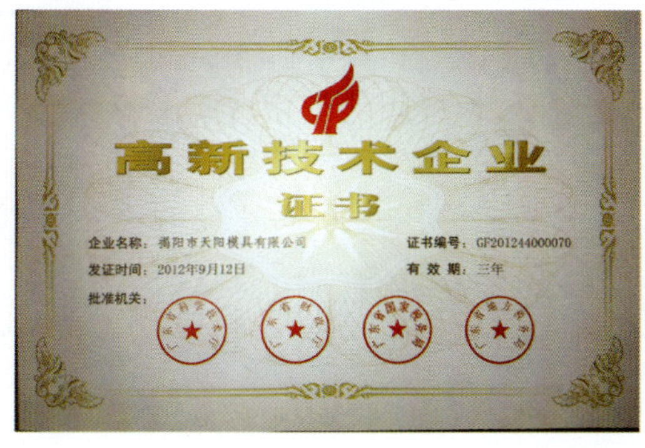

高新技术企业

证书

企业名称：揭阳市天阳模具有限公司　　证书编号：GF201244000070

发证时间：2012年9月12日　　有 效 期：三年

批准机关：

证　书

中模企证〔2012〕073 号

揭阳市天阳模具有限公司：

经中国模具工业协会审核批准，授予你单位为中国子午线轮胎模具重点骨干企业。

有效期：四年

中国模具工业协会

二〇一二年五月

民营科技企业资格证书

山东豪克国际橡胶工业有限公司

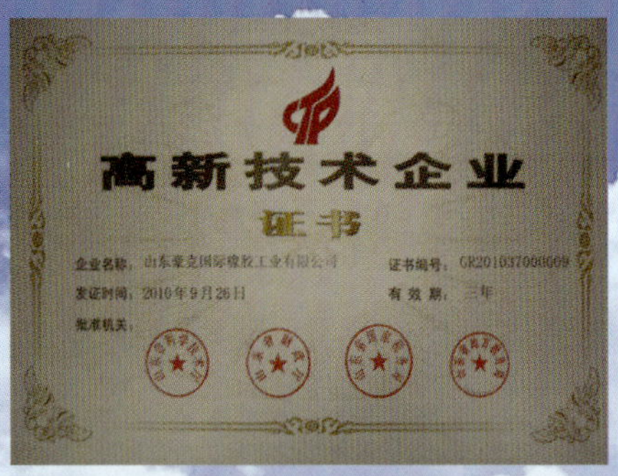
高新技术企业
证书

中国合格评定国家认可委员会
实验室认可证书
（注册号：CNAS L5417）
山东豪克国际橡胶工业有限公司实验中心

山东豪克国际橡胶工业有限公司位于莱州经济技术开发区，占地面积50余万平方米，现有职工1800人，其中高中级工程技术人员258人，质保体系优效，技术力量雄厚。公司引进一整套美国、意大利、德国、荷兰等轮胎制造设备和化验检测设备。主要产品有全钢、斜交巨型工程机械轮胎；全钢、斜交载重汽车轮胎；全钢、斜交工程机械轮胎；工业车辆轮胎等多系列规格型号轮胎。是国内专业轮胎生产制造企业。公司现拥有固定资产10.1566亿元，年产轮胎220万套。2012年实现销售收入12亿元，实现利税8707万元，出口创汇7800万美元。产品畅销全国各地，并远销美国、澳大利亚、比利时、新加坡、印度等国家。

公司始终坚持“市场为本，质量是根，真诚服务，持续改进”的质量方针，通过了中国国家强制性产品认证、ISO9001：2008质量管理体系认证、TS16949认证，以及美国DOT、欧洲ECE、海湾GCC、印尼SNI、尼日利亚SONCAP、印度BIS等国外认证。“雄鹰”、“鹰霸”、“舒玛”品牌轮胎荣获山东省著名商标，公司被省橡胶行业协会评为山东省橡胶行业综合实力50强企业。2012年公司被认定为省高新技术企业、荣获国家标准化良好行为证书、省计量保证确认合格证书、省守合同重信用企业、烟台市企业技术中心，公司连年被评为质量兴市先进单位、技术创新先进企业、外经贸先进企业等荣誉称号。2012年本公司实验中心获中国合格评定国家认可委员会实验室认可证书，为企业做大做强，奠定了坚实的基础。

公司地址：山东省莱州经济技术开发区凤凰工业园

电话：0535-2717007

传真：0535-2717007

网址：www.superhawktyre.com

集团进出口公司地址：青岛市南区山东路9号深业大厦A座28F

邮编：266071

电话：+86 532 85800503

传真：+86 532 85811503

三维® THREE V® 浙江三维橡胶制品股份有限公司

浙江三维橡胶制品股份有限公司创建于 1990 年，公司坐落于浙江省三门县沙田洋工业开发区，是集产品科研、设计、开发、生产、销售和服务于一体的国内胶带重点生产企业。公司占地面积18万㎡，建筑面积12万㎡，现有总资产7.2亿元，注册资本6800万元，在职员工1360多人，其中具有中高级职称专业技术人员 126 人。

公司主要生产产品有：年产2.5亿Am的橡胶V带和2500万㎡输送带，形成了规模经济。橡胶V带、输送带产品为浙江省名牌产品，输送带产品还被认定为浙江省出口名牌。三维® THREE V® 被认定为中国驰名商标、浙江省著名商标。

公司相继通过了 ISO 9001:2000 质量管理体系，ISO 14001:2004 环境管理体系，OHSAS 18000 职业健康安全管理体系，ISO 10012:2003 测量管理体系，标准化管理体系；一般用普通V带、汽车V带、多楔带、输送带产品通过了质量认证；汽车V带、多楔带和阻燃输送带获得生产许可证。

公司依靠科技进步，坚持科技创新，充分发挥技术研发优势，相继开发出农用联组V带，安全型、节能型、环保型V带，阻燃钢丝绳芯高强力输送带和 PVC/PVG 织物整芯阻燃输送带产品等。强大的品牌优势使企业得到了快速的发展，产品畅销国内30多个省市区，出口到东南亚、欧美、南非、中东等30多个国家和地区，在国内、外市场享有良好的信誉。

公司坚持“开拓创新、品质立业、顾客满意、诚信三维”的经营理念，以“铸造知名品牌，取信天下客户”为己任，致力于胶带产业长期稳定发展的同时竭诚为用户提供满意的产品。

地址：浙江省三门县海游镇下坑村 邮编：317100 网址：www.three-v.com
传真：0576 83371060 邮箱：threev@163.com

国家橡胶及橡胶制品质量监督检验中心

国家橡胶及橡胶制品质量监督检验中心（广西），坐落于山水甲天下的广西桂林市，2012年11月经批准成立。中心拥有专业技术人员54名，其中博士2名，硕士研究生8名；有高级工程师14名（其中教授级高工1名），建筑面积1.4万平方米，2012年9月荣膺“全国中小学质量教育社会实践基地”。

中心在2011年通过三合一评审，获得国家认定计量认证证书、资质认定授权证书和CNAS实验室认可证书，有108个产品、877个参数检测项目获得授权，涵盖载重汽车轮胎、轿车轮胎、摩托车轮胎、橡胶原料、橡胶制品、乳胶制品检验项目。

中心配置了达到国内一流、国际先进水平专业检测设备600台（套）。包括轮胎滚动阻力试验机、载重汽车轮胎里程试验机、轿车轮胎里程试验机、摩托车轮胎里程试验机、轮胎综合试验机等专业轮胎检测设备，爆破仪、测漏仪等乳胶制品检测设备，气相色谱仪、液相色谱仪、气相色谱-质谱联用仪、原子吸收光谱仪等橡胶原材料检测设备。

中心坚持“管理规范、技术先进、服务一流”的原则，严格按照实验室认可准则的要求，建立和实施质量管理体系，以“科学、公正、规范、高效”为质量方针，保障了检验结果的科学性、公正性、权威性。

中心大力开展科研活动，积极与国内外高校、科研院所合作，实现人才、仪器设备、理论研究等资源共享。目前已成为全国轮胎轮辋标准化技术委员会、全国橡胶与橡胶制品标准化技术委员等国内知名技术团体委员。同时与桂林电子科技大学、桂林理工大学等开展合作，是教育教学、实习实践培养基地，新材料和工程技术研发中心。

国家橡胶质检中心建成以来，着力开展综合能力建设，已形成集“检验检测能力、科研创新能力、标准制修订能力和技术服务能力”四位一体的公益性检验检测公共技术服务平台，能够为政府、社会、企业提供卓越的服务。

今后国家橡胶质检中心将以建设“国内一流、国际先进”的国家检测中心为定位，肩负起“抓质量、保安全、促发展、强质检”的重任，立足国内、放眼东盟，以促进产业转型升级为契机，积极开拓国内、国际两个检测市场，重点围绕国家相关产业发展方向，不断提升文化软实力，为地方和国家经济建设作出积极贡献。

各级领导来访中心

喜迎全国中小学质量教育社会实践基地牌匾

轮胎综合试验仪

汽车轮胎高速耐久试验机

先进的滚动阻力试验机

基本信息：
单位名称：桂林市产品质量监督检验所
国家橡胶及橡胶制品质量监督检验中心
通讯地址：桂林市高新区铁山路12号
邮政编码：541004
业务电话：0773-3133188
传　　真：0773-3133168
网　　址：www.glqti.com
E—MAIL：glqti@gxqts.gov.cn

青岛双凌科技设备有限公司

汽车制动气室橡胶隔膜产品寿命试验装置　汽车液压制动橡胶皮碗工作耐久性试验装置　输送带接头动态耐久性强度试验机　汽车制动橡胶皮碗低温密封性能试验装置

青岛双凌科技设备有限公司（原青岛双凌科技电气有限公司）是以研制、开发、生产橡胶类产品的专用试验、检测设备，仪器仪表、工业自动控制系统，橡胶机械电脑自控系统，环境保护水处理控制系统为一体的综合性高科技开发公司。从事橡胶机械、化工机械以及工业自动化控制的研究、设计、生产已有十几年的历史，产品已销往美国、英国、印尼、泰国、印度等国家以及中国台湾地区。公司技术力量雄厚，设备先进，组织和管理机构完善，全面实施ISO9001系列标准，秉承“质量为本、科技依靠、精诚服务、用户至上”的宗旨。公司现有高级工程师3名，工程师10余名，有丰富的理论和生产实践经验，公司得到了迅速地发展。现在公司技术开发更加成熟，产品性能更加完善、稳定、可靠，圆满地完成了公司承担的国内外工程，得到了用户一致肯定和赞扬。

另外，公司依托青岛科技大学的科技实力于2008年开始致力于研发、制造全国工业产品生产许可证和矿用产品安全标志管理的橡胶输送带、传动带、胶管类产品的专用试验、检测设备，以“满足标准要求，保证产品质量，提高服务水平，实现互利共赢”作为公司的基本经营方针。

近几年来，公司研制开发数十种橡胶类产品的专用试验、检测设备，其中（悬浮式）输送带接头动态耐久性强度试验机、输送带智能滚筒摩擦试验机都是之前国内外从未生产过的，尚属国际领先；汽车制动气室橡胶隔膜产品寿命试验装置、汽车液压制动橡胶皮碗工作耐久性试验装置、汽车制动橡胶皮碗低温密封性能试验装置、曲折试验机、输送带耐撕裂强度试验机等试验设备都是之前国内从未生产过的，均属国内领先。这些试验装置也获得了多项自主知识产权。中煤平朔煤业有限责任公司、台湾鑫永铨股份有限公司、安徽省产品质量监督检验研究院、浙江质监局、长沙煤矿研究院、河北蠡县质监所、鲁南质监局、神华集团、无锡宝通带业股份有限公司、山东安能输送带橡胶有限公司等单位均采购、使用过由我公司生产的橡胶类产品专用试验、检测设备。公司承接的各种橡胶输送带压延机（包括S型四辊压延机、各类三辊压延机）、输送带平板硫化机生产线等橡胶生产设备的工业自动化控制也广受好评。

车间一角1　车间一角2　输送带智能滚筒摩擦试验机

广西远景橡胶科技有限公司

广西远景橡胶科技有限公司成立于2008年,是一家集橡胶粉研发、生产、销售为一体的现代化企业。公司是中国橡胶工业协会废橡胶综合利用分会常务理事单位,中国建筑防水协会会员,国家高新技术企业。

公司以销售YP03活化胶粉系列产品和SBS卷材改性剂系列产品为主,产品主要应用于改性沥青防水卷材生产企业的沥青改性。YP03活化胶粉系列产品采用特有的原材料,在生产过程运用特殊工艺进行处理,用于沥青类卷材的沥青改性性能优异。SBS卷材改性剂系列产品可以明显提高改性沥青软化点,并提高卷材出卷率,有效降低成本。

公司获得废橡胶加工与应用技术创新自主知识产权8项,发明自主知识产权4项。公司独立的研发中心2011年被钦州市认定为"钦州市废橡胶循环利用工程技术研究中心",2012年被确定为"钦州市再生资源回收利用体系试点项目龙头企业"。

公司现有生产线5条,年生产能力为YP03活化胶粉系列产品6万吨,SBS卷材改性剂系列产品3万吨。

"远景胶粉,品质如一"是我们对客户的永恒承诺。"没有最好,只有更好",我们将不断超越自己,与客户携手共创辉煌。

产品推介会

领导来访指导工作

胶粉应用技术改性沥青研

废橡胶综合利用分会曹秘书长来访

独立的研发中心

先进的现代化生产设备

废橡胶综合利用分会理事单位到我司参观、指导

烟台中策橡胶有限公司

烟台中策橡胶有限公司位于风景秀丽、气候宜人的沿海开放城市－山东烟台，是目前国内乃至亚洲规模较大的实心轮胎专业生产基地，企业性质为中外合资，公司注册资金 6000 万元，占地面积 10 万平米，年生产各种规格的实心轮胎 60 万条。

烟台中策橡胶有限公司拥有各种尺寸的平板硫化机 80 多台，目前世界上先进的钢圈压配式实心轮胎注射生产线 2 条，各种实心轮胎模具 600 多付，产品分为：充气形态式实心轮胎，钢圈压配式实心轮胎，幅板式实心轮胎三大系列，180 多个规格品种，可以生产 29.5-25 以下的各种规格的实心轮胎（含无印痕轮胎），产品通过 ISO9001/2000 质量体系认证，多次获得“国家新产品”等奖项，拥有实心胎行业的多项自主知识产权，50% 的产品出口到北美、欧洲、东南亚等地，在国内外拥有完善的销售网络体系。

公司产品配套品牌：丰田，林德，卡特彼勒，合力，小松，日立-TCM，海斯特，力至优，斗山，克拉克，台励福等。

烟台中策有限公司本着“专业生产，国际化发展”的经营方针，欢迎海内外的同行业朋友前来加盟合作，共同发展！

轮胎国内业务　电话：0535-6530702/6529584　传真：0535-6533493　邮箱：ytzcwsr@163.com

轮胎国际业务　电话：0535-6529547　传真：0535-6529624/6525674　邮箱：ytzc@ec.com.cn

http://www.csirubber.com

西布尔集团股份公司

西布尔—俄罗斯、独联体和东欧油气化工的龙头企业

西布尔集团是一家拥有的商业模式的天然气加工和石化公司，该商业模式定位于两大主要板块的一体化——燃料－原料板块与石化加工板块（加工成基础聚合物、合成橡胶、塑料、有机合成产品、半成品和其他的石化产品）。

截止2012年12月31日，西布尔集团在27个生产基地为来自世界大约60个国家、分布在燃料能源、汽车制造、建筑、化工及其他行业超过1500家大型消费者制造产品，集团员工总人数超过3万人。按集团合成橡胶生产能力（年62.2万吨），西布尔集团跻身世界十大领先企业。

2011年，西布尔集团在俄罗斯的产品份额为：合成橡胶34%，异戊二烯橡胶16%，丁基橡胶29%，丁二烯橡胶35%，乳聚丁苯橡胶50%，溶聚丁苯橡胶100%，丁腈橡胶82%，热塑性弹性体100%。

作为公司主要部门之一的合成橡胶部包括3个主要企业：“陶里亚蒂橡胶”有限责任公司、“沃罗涅日合成橡胶”开放式股份公司、“克拉斯诺亚尔斯克合成橡胶厂”开放式股份公司。

“沃罗涅日合成橡胶”公司是俄罗斯较大的高品质橡胶、乳胶和热塑性弹性体生产者之一，并且是较大的丁二烯橡胶的生产者。2012年末，“空气产品公司”（美国）生产氮气和干燥压缩空气的空气分离装置投产。这种本身不会排放污染空气物质的装置是与美国公司在互利合作的基础上建立的，其具备额外的产能储备，并将按照双方确定的价格公式向“沃罗涅日合成橡胶”公司供应工业气体。

2013年8月初，西布尔与中石化集团以“克拉斯诺亚尔斯克合成橡胶厂”开放式股份公司为基础建立合资企业的交易正式交割。交易的结果是中石化收购了克拉斯诺亚尔斯克合成橡胶厂25%+1股，交易得到相关管理机构的批准。股东们还另外计划研究是否将克拉斯诺亚尔斯克合成橡胶厂丁腈橡胶产能从每年4.25万吨扩大到每年5.6万吨的问题。

“陶里亚蒂橡胶”公司生产3种橡胶：丁基橡胶、共聚橡胶和异戊二烯橡胶，除此之外，还生产单体、馏分和高辛烷值汽油添加剂。牌号SKI-3S的异戊二烯橡胶得到俄罗斯消费者权益保护局的批准，可在食品工业中使用（用来生产可与食品接触的设备填充成分和包装材料）。企业内正在完成将产能扩大10%、达到每年5.3万吨的丁基橡胶生产装置改造。与陶里亚蒂市地方部门的紧密合作下，公司建设了配备必要的基础设施及其他服务综合体的石化工业园，在此，“陶里亚蒂橡胶”公司将起到“锚”的作用，工业园也已对外来公司的投资开放。

在西布尔集团科技综合体的组成内（以过去的沃罗涅日合成橡胶科技中心为基础），建立了合成橡胶研究中心作为公司研究和开发合成橡胶的主要平台。新的研发中心，就像西布尔集团化学工艺科学中心“托木斯克石化科研所”一样，将从事有前景的研发，参加用于许可的工艺包的编制以及制定实用性的商业计划。

2012年，在与印度的私人公司信诚工业合资企业的框架内，在贾姆讷格尔（印度）建设年产能10万吨的丁基橡胶生产工厂。鉴于此，西布尔集团的子公司西布尔印度石化（SIBUR Petrochemical India）投入运作。新公司的任务在于支持该丁基橡胶大型项目的建设，在整个南亚地区促进西布尔集团的利益。

在中国运营着贸易公司西布尔国际贸易（上海）有限公司，其在上海、天津、青岛和广州设有办事处，是西布尔集团下属企业产品的独家销售公司。

俄罗斯西布尔有限责任公司北京代表处 (SIBUR)
北京市朝阳区建国门外大街甲六号中环世贸中心D座25层2504室
邮编:100022
电话: 010-85679790, 85679791, 85679793;
传真: 010-85679792
e-mail: sibur_china@foxmail.com;
starag2@gmail.com
Website: www.sibur.ru
www.siburchina.cn

西布尔国际贸易（上海）有限公司 (SIBUR International Trading (Shanghai) Co., Ltd)
中国上海浦东新区世纪大道88号金茂大厦2508B室
总机: 021- 50988933/5098 8577
传真: 021- 5098 8600
e-mail: almaz@sibur-int.cn;
Office@sibur-int.cn
Website: www.sibur-int.com

烟台宏泰达化工有限责任公司
地址：山东省烟台市莱山区轸大路66号

ST轮胎防肩空剂

ST轮胎防肩空剂是我公司与山东大学、青岛科技大学等国内多所研究机构经多年共同研究而成的高科技产品。于2007年11月通过了山东省科技成果鉴定，填补国内空白，技术国内领先。

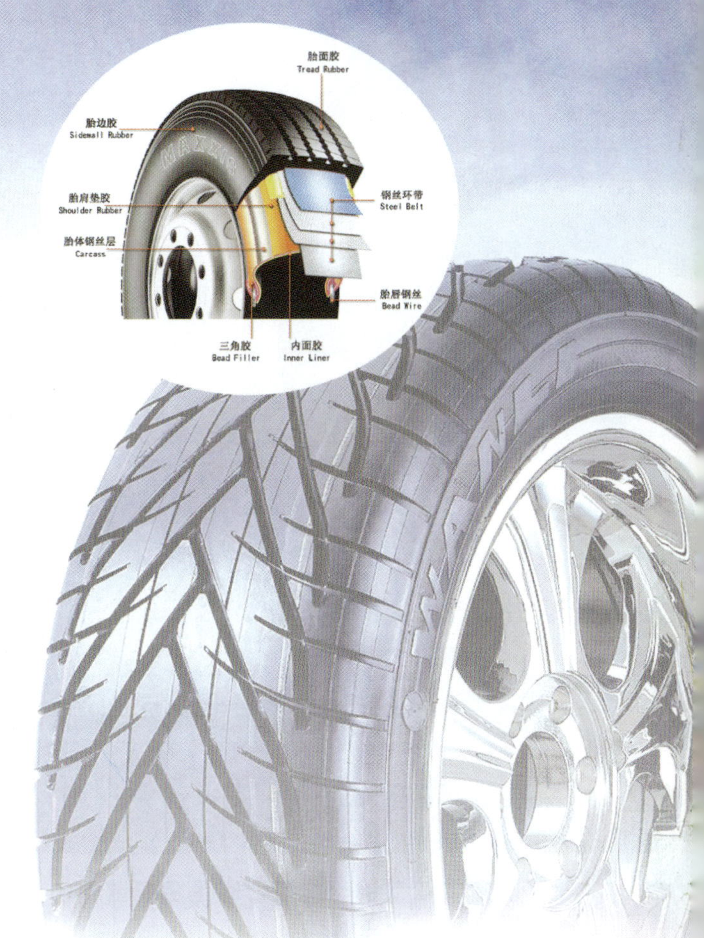

ST轮胎防肩空剂是一种超细粉体材料，由特制的纳米氧化物与优良特性化学因子的化合物、有机硅高聚物等化工材料在高温、高压下功能化的一种新型橡胶助剂。

ST轮胎防肩空剂具有低生热、高补强、耐高温、耐老化、耐曲挠、导热好等性能，能有效地解决轮胎肩空的问题，是一种优良的多功能橡胶助剂。

ST轮胎防肩空剂应用于轮胎和高性能要求的橡胶制品，是一种解决斜交轮胎胎肩早期肩空的不可缺少的优良材料，也是子午胎和高性能橡胶制品降低胶料生热、提高强度、提高部件之间粘着力、提高耐屈挠和耐老化性能、提高导热性所必须的橡胶助剂。

该产品在生产过程中无环境污染，符合国家倡导的“绿色橡胶助剂”的要求。

实践证明在斜交轮胎胎肩胶中添加8－12份量的ST轮胎防肩空剂就可起到明显的防肩空效果，如果在帘布胶中配合使用ST轮胎防肩空剂的系列产品ST－V2、ST－V3，轮胎的各项物理性能可得以大幅度的提高，防肩空效果更佳。

经徐工轮胎等多个著名轮胎厂家试用结果及国家橡胶轮胎质量监督检验中心检测表明：添加防肩空剂的轮胎同没有添加防肩空剂的正常轮胎相比，耐久性能和高速性能大幅提高，行驶里程提高了70%~500%，彻底解决了斜交轮胎早期肩空的问题。

ST轮胎防肩空剂可用在子午胎的胎面基部胶、钢丝帘线胶、胎肩胶、带束层胶；用于实心轮胎、大型橡胶护舷等厚橡胶制品及高性能和特种性能要求的汽车用橡胶件、金属骨架橡胶密封件、硅橡胶制品、高档胶管等。

产品技术指标

项目		指标
外观		淡红色粉末
加热减量，%	≤	4.0
PH值		7.5±1.5
吸油值，cm^3/g		0.5—2.5
拉伸强度，Mpa	≥	20
扯断伸长率，%	≥	450
300%定伸应力，Mpa	≥	6.5

备注：硫化胶的拉伸性能采用GB/T528种的1型哑铃裁刀，选用正硫化点试验结果为准。

电话：0535-2948822
传真：0535-6719752

BAOSTEEL 宝钢金属

宝钢集团是国内较大的以钢铁为主业，生产高技术含量、高附加值钢铁精品的制造企业。2012年，宝钢集团连续9年入选世界500强，位列197位，并当选为“全球受尊敬的公司之一”。

宝钢金属有限公司是宝钢集团多元业务旗舰子公司之一。业务涵盖钢铝两片罐、印铁、工业气体、线材制品、型钢、汽车服务等。服务区域遍布全国，积极开拓海外业务。第一个海外制造单元已在越南建成投产。

江苏宝钢精密钢丝有限公司是宝钢金属的全资子公司，坐落于江苏省海门市经济开发区，东依黄海，南邻长江，地理位置优越，交通便捷。

公司主营汽车轮胎用钢帘线、硅片切割用钢丝等线材制品延伸加工业务。一期项目投产后将形成年产5万吨精密钢丝生产能力，其中钢帘线4.5万吨，超细钢丝0.5万吨，远期规划海门基地将达到年产20万吨的生产能力，并在未来5年内成为国内具有竞争力的钢帘线和超细钢丝生产企业之一。

依托宝钢优质原料的供应优势、技术创新和协同研发机制，公司将着力于为国内外客户提供高品质、高性价比的产品，对客户需求有更加灵敏的响应，为客户创造更大的价值。

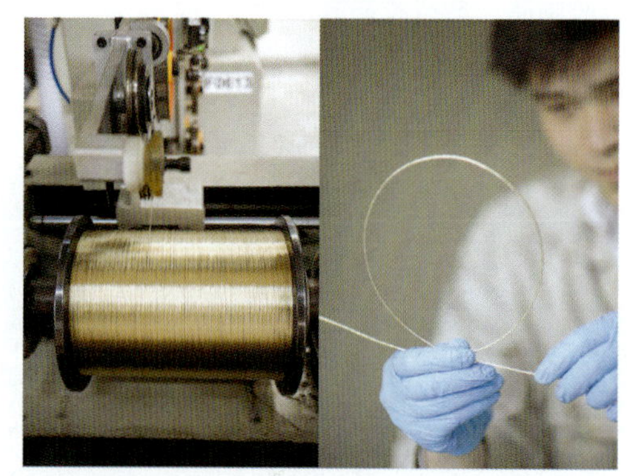

勇于负责·变更创新

诚信协同·创造价值

江苏宝钢精密钢丝有限公司

活络模

两瓣模

江苏省海门港新区
——橡胶工业园

新区介绍

海门港新区行政区域面积达205平方公里，人口15万多。新区拥有海岸线25公里，2个5万吨级通用码头泊位已开放运行。新区储备用地充足，已完成道路、电力、供水、排水、燃气、通讯宽带、有线电视、土地平整等“七通一平”，金融、商业、物流、宾馆、旅游休闲设施配套齐全。世界500强美国泰森，中国建材、中石油海工钢绳等一批“中字头”、“国字号”项目竣工投产。一座以临港新城、深水海港物流中心、现代工贸中心、生态旅游中心和渔货集散中心等“一城四中心”为框架的现代化港口新城正加速崛起于黄海之滨。

江苏省海门港新区交通区位图

独特的区位交通

海门港新区位于中国沿海沿江两大开发带的交汇点，是中国黄金水道和黄金海岸“T”字型的结合点，东临黄海，与日本、韩国隔海相望；南依长江，与上海、苏南灯火相依，至上海浦东国际机场70分钟车程，至上海虹桥国际机场和无锡硕放国际机场各90分钟车程，至南通机场40分钟车程。新区目前已建或即将建成的高速公路有宁启高速、扬启高速、海启高速等，还有335省道、221省道以及6车道的高等级沿海公路。另外，江苏省“十二五”规划建设中的宁启铁路预计今年下半年开工，在海门港新区设有站点，并有支线连接深水码头，实现水铁连运。

良好的投资载体

海门港新区拥有原6个乡镇一个农场的行政区域，总面积为205平方公里，为海门市2012年底区划调整后较大的行政区。临港产业园区拥有近2万亩已批指标的工业建设用地。港区规划港口岸线16.1公里，港口岸线规划布置5万吨级及以下泊位46个，总通过能力约4100万吨，港区陆域总面积约14.5平方千米。海门港新区东灶港作业区将通过逐步规划建设成为具备装卸储存和中转换装、运输组织管理、现代物流服务、临港工业、信息服务和综合服务等功能于一体的区域性装备制造基地、临港产业基地以及物资中转基地。特别说明，自2012年5万吨级码头试运作以来，已有10多艘2万～5万吨级的船在码头停泊作业，预计2013有望突破运载能力100万吨。

海门港新区总体规划图

办公、学习、生活、休闲与旅游于一体的滨海新城

海港大厦：占地80亩，建筑面积40000平米，层高22层，现全面投入使用。

滨海风情街：占地面积1500亩（滨海亲水广场、海鲜城、五星级酒店、写字楼、购物一条街、涉外高档别墅、董竹君纪念馆、海洋文化博物馆等）。

城市森林公园：占地面积2000亩（休闲娱乐中心、现代办公、青少年宫、老年活动中心等），绿化率75%。

海湾假日花园：占地面积360亩，包括住宅、配套公建、商业、酒店等。

科技创业园：占地面积120亩，建筑面积18万平方米，一期已开工建设，可同时入驻科创人员2000人研发。

四星级酒店：四星级酒店金黄海锦江国际酒店现已全面投入运营，各类客房、会议室、停车场、商务中心、餐厅等配套齐全。

南通纺院海门港新校区：占地面积1390亩。一期工程已竣工，首批学生入驻，二期工程现已开工建设。

优质的服务团队

海门港新区除了有良好的创业投资环境，新区还将为每个落户的项目提供优质的配套服务。新区将为每个项目的落户、图纸设计、开工、推进、投产和招工等各个环节安排人去服务，新区各部门对各项目服务一路畅通，以确保项目顺利落户，早日投产。

橡胶工业园规划

海门港新区橡胶工业园位于新区西北部，总规划占地面积约2000亩，主要引进各类橡胶机械、各种轮胎、高附加值橡胶制品、乳胶制品等项目。目前已入驻的代表性企业有中国一流的再生橡胶生产企业、国家高新技术企业南通回力橡胶有限公司，该公司拥有先进的生产检验设备、雄厚的技术力量、厚实的经济基础和科学和管理体系。

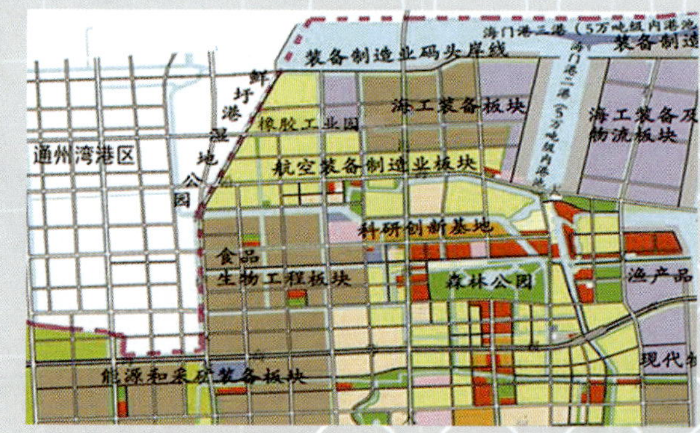

单位地址：海门市海门港新区发展大道99号　　邮编 226156　　联系人 赵军 手机：13962878700
联系电话：0513-80787179　　传真：0513-80786388　　电子邮件：junzhaohmcn@126.com

济南仙峰泰山化工设备有限公司

氮气硫化动力站知识产权单位

济南仙峰泰山化工设备有限公司始建于1988年，属于以压力容器设计、制造为主的化工类企业。

氮气硫化动力站是本公司科研人员结合国外使用经验经多年精心研制而成的一项高科技成果，并于2006年获国家专利《专利号：ZL200620009820.8》是国家提倡的节能减排高新技术，是国内较少具有知识产权的研发生产单位。

目前国内大多数轮胎生产企业使用蒸汽、过热水硫化。氮气硫化不仅能够缩短轮胎硫化周期，提高轮胎的生产效率，而且还可提高胶囊使用次数，降低能耗和设备损耗以及维修费用等。是轮胎企业内部挖潜降耗、降低成本的关键环节。

我们以成熟的技术、优质的服务、合理的价位及丰富的工艺参数调整经验为国内外众多的轮胎企业完成了老系统改造和新建项目，获得了用户的好评和赞赏，并得到了行业协会的推荐，同时获得山东省机械工业资源节约环保型企业的推荐。

公司本着“用户的小事情就是我们的大事情”的诚信理念，狠抓质量管理，以优质的产品与完美的服务与尊敬的用户携手并进。

公司总部：山东省济南市长清区大学城数娱大厦B座7楼
生产基地：济南市经济开发区经十西路平安工业园
电　　话：0531-87209998、87453651
传　　真：0531-87209990、87461588
手　　机：18754132631　　18253158116
邮　　箱：9898xf@163.com
网　　址：sd-xf.com
邮　　编：250300

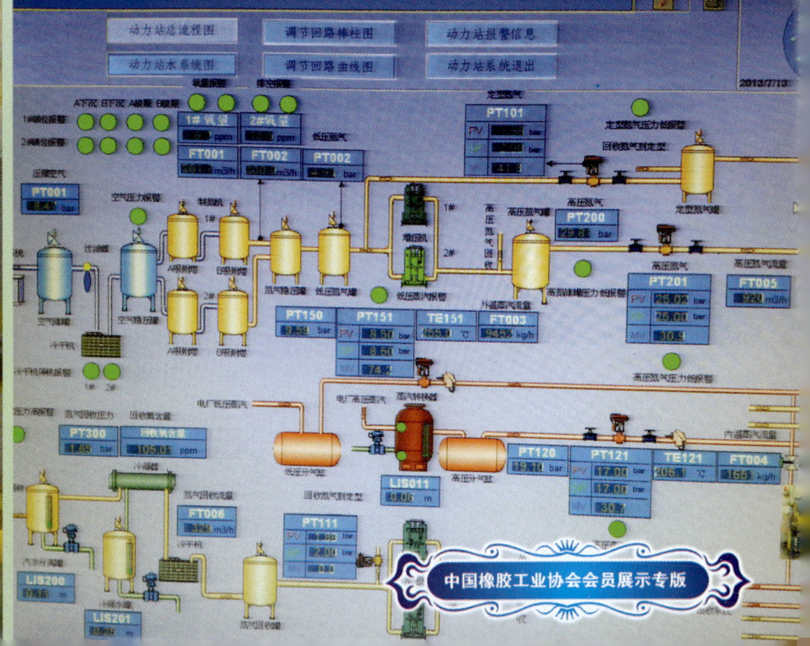

泉州金鹰机械有限公司

泉州金鹰机械有限公司，是国内生产带机械手，合模力2600吨，主机重量达220吨的胎面硫化机，国内占有率高，并集设计、开发、生产于一体的高新技术企业。公司拥有标准化的厂房，现代化办公系统，设计制造经验丰富的工程师，技术人员，专业生产各种平板硫化机，腭式胎面橡胶机，胎面打磨机，液压冲锻拉伸机，液压轮胎硫化机，内胎硫化机及各种压力成型机，还可根据用户需要设计各种特殊规格的橡胶机械成套设备。公司本着“平等互利，共同发展”的原则为用户提供优质的产品，优良的服务，“一切为了客户，开拓创新”是本公司的经营理念。公司不仅在国内形成了较完整的市场营销网络，市场范围还拓展至国际市场———接受了非洲,中东,南美洲及东南亚地区的大量订单。

泉州金鹰机械有限公司以“创建知名品牌、满足市场需要”为永恒的追求，针对国内外市场需要开发生产的“胎面橡胶机械成套设备”、“胎面打磨机械成套设备”、“液压轮胎硫化机”、“内胎硫化机”品牌系列是公司基础的核心资源；具有高度责任意识，创新精神，敬业精神，团队精神，讲究效率的员工是公司巨大的财富；建立以顾客利益为导向的人性关怀目标，坚持诚实、守信、理解、平等和尊重的原则，与客户建立真诚合作的伙伴关系，共同发展实现双赢是公司的核心价值观。

面对全球经济一体化，激烈竞争的环境和日益复杂多变的市场需求，泉州金鹰机械有限公司以卓越的品质、一流的产品、真诚的服务、积极迎接挑战。聚集现代优秀的人才和文化，建立科学的管理体系，汲取先进的工艺技术，不断完善自我、超越自我、持续进步、再创辉煌！

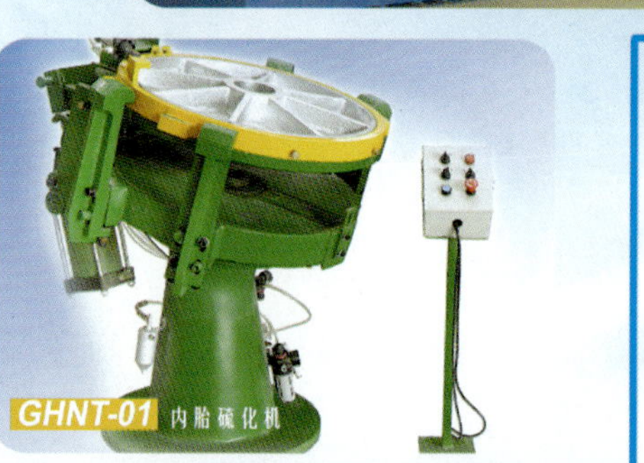

名称：泉州金鹰机械有限公司
外贸部：0595-86799070
西南销售：15260733816
邮箱：jinying@qzjinying.com
地址：福建省泉州市南安市丰州镇亿达工业区
广东销售：13599299544　江浙沪销售:13905056970
售后服务：13906996360　电话：0595-86799000
网址：www.qzjinying.com
免费服务热线：400 800 7899
华北销售：13905056730
传真：0595-86799091

Good Friend Tyre Co.,Ltd Chairman of the Board Wang Liqi

好友轮胎有限公司在前进

好友轮胎有限公司位于河南焦作博爱工业集聚区，是一家专业从事子午线轮胎及相关产品开发生产的中港合资企业。始建于2005年8月，占地面积55.6万平方米，注册资金2.6亿元人民币，现有员工1500余人，法人代表王立旗。

公司系中国橡胶工业协会会员单位，是国家火炬计划汽车零部件特色基地、全国质量诚信承诺优秀示范企业、河南高成长型民营企业、河南省重点出口企业、河南省重点转型升级企业、全球轮胎75强中名列第61名，曾荣获《全国先进基层党组织》光荣称号，“好友”商标为河南省著名商标。

好友公司始终秉承“开拓创新、求真务实、以人为本、合作共赢”的经营理念，目前已形成120万套全钢载重子午线轮胎、500万套高性能乘用轿车子午线轮胎和1000万条高性能全钢载重子午线轮胎专用垫带的生产能力。产品先后通过了ISO9001:2000国际质量管理体系认证、ISO/TS16949国际质量标准体系认证、国家3C强制性质量认证、美国DOT、欧盟ECE、印尼SNI等国内外权威认证，产品出口到欧美、中东、东南亚等50多个国家和地区，公司在国内已建立了300余家销售网点，与中国一汽、中国二汽、中国重汽等国内著名汽车生产厂家配套销售，有着完善的销售网络。

在竞争中合作，在合作中发展。公司将始终坚持”卓越品质加金牌服务”的营销宗旨，为顾客提供一流的产品和服务，让用户放心满意。

“长路漫漫，好友相伴”。董事长王立旗先生携全体员工热诚欢迎各界朋友参观指导、洽谈合作、共谋发展、共创辉煌！

2012年8月6日，柬埔寨国王诺罗顿•西哈莫尼访华团莅临好友公司参观考察。

“中国橡胶网”——竭诚为企业服务

“中国橡胶网”（www.cria.org.cn）是中国橡胶工业协会主办的专业网站（中英文版），为橡胶行业提供信息发布与展示的平台，竭诚为广大橡胶企业服务。内容如下：

企业宣传服务：

位　置	规格像素（宽*高）	备　注
顶通或通栏	960*60像素	位置突出，便于访客点击
旗帜	630*80像素	
中方位置	475*90像素	便于客户在浏览信息的同时直接注意到该单位的名称或产品，以链接的方式可以直接达到该企业的网站，对于企业的宣传起到很好的宣传效果。
图标位置	130*45像素	嵌入网页中间，保留时间长，便于访客点击；内容丰富；价位较低。

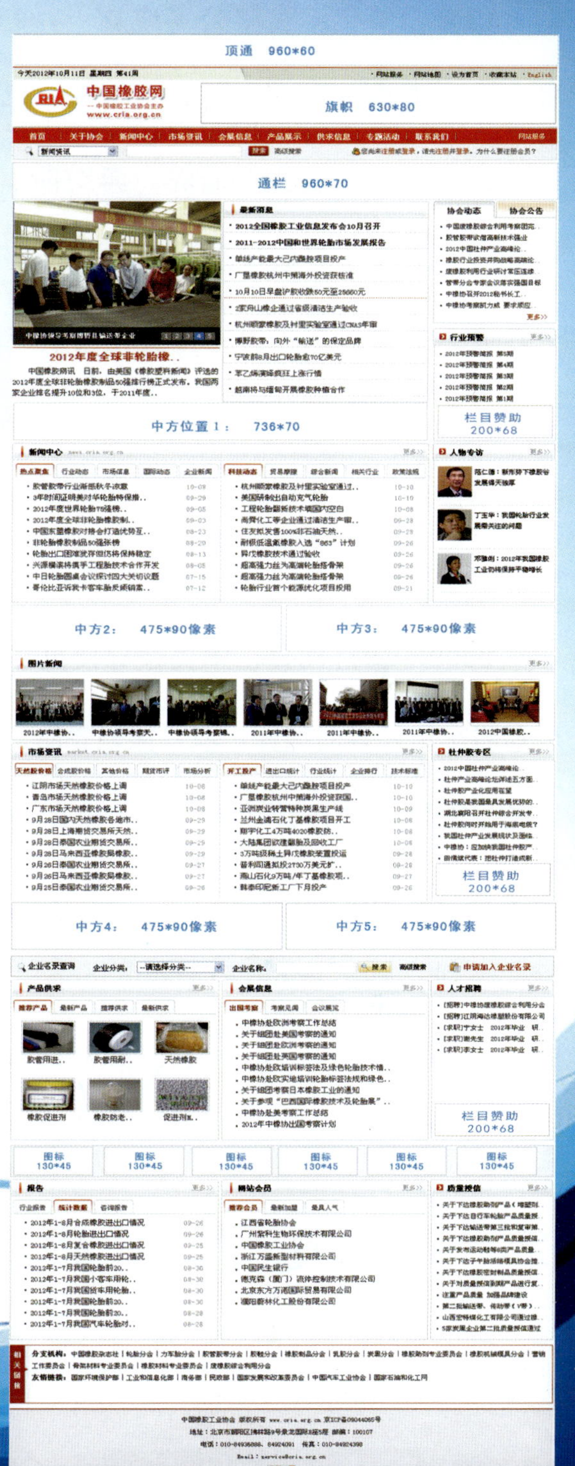

网站会员服务：（会员按级别享受如下服务）

服务内容	一级会员	二级会员	VIP会员
接收公告通知	✔	✔	✔
订阅查收邮件	✔	✔	✔
收藏管理内容	✔	✔	✔
追踪访问足迹		✔	✔
发布供求信息	✔	✔	✔
发布展示产品		✔	✔
开通迷你站点		✔	✔
查询企业名录	✔	✔	✔
查询行业报告		✔	✔
查询统计数据			✔
发布招聘信息	✔	✔	✔
行业预警服务		✔	✔

《咨询报告》服务：中国橡胶工业协会作为橡胶行业的权威专业机构，特组织业内专家编写相关报告。 如：轮胎行业报告，具体内容请浏览中国橡胶网。

诚邀广大企业加盟中国橡胶网、为中国橡胶网投稿！

咨询电话：010-84915391或发邮件至chinarubber@cria.org.cn